스페인 모로코 인문 기행

스페인
모로코
인문 기행

김종엽 지음

일러두기

1. 본서의 전권(前卷)은 『타오르는 시간: 여행자의 인문학』(김종엽 지음, 창비 2022)이다.
   독자들의 편의를 위해 이 책의 목차를 16~17면에 실었다.
2. 외국 인명과 지명은 국립국어원 표기를 따랐다.
3. 카탈루냐, 바스크 지역의 명칭은 각기 카탈루냐어, 바스크어로 표기했다.
   단, 스페인어 표기가 더 익숙한 경우에는 스페인어로 표기했다.
4. 성경 구절 및 명칭은 『성경』(한국천주교주교회의, 2005) 표기에 맞추었다.
5. 논문, 에세이, 시, 미술작품, 영화, 노래는 「 」로, 서적은 『 』, 오페라는 《 》로 표시했다.

여행기를 쓴다는 것

이 책의 1부에 해당하는 『타오르는 시간: 여행자의 인문학』을 펴낸 지 2년 만에 2부에 해당하는 책을 출간한다. 처음 계획대로 한권의 책에 1부와 2부를 모두 담았다면, 머리말을 또 쓸 일은 없었겠지만, 두권으로 나눠 내게 되면서 다시 머리말을 쓰게 되었다. 앞서 출간한 책에서 이미 말했듯이, 이 책은 2017년 가을 아내와 함께 스페인과 모로코를 여행했던 이야기를 담고 있다. 그런데 지난번 책만큼은 아니어도 이번 책 역시 '전형적인' 여행기와는 거리가 있다. 그렇게 된 가장 큰 이유는 여행기를 여행 직후에 쓴 것이 아니어서이다. 여행기를 쓰자고 마음먹은 게 여행을 마치고 2~3년 뒤였다. 방학을 이용해서 조금씩 써나가다보니, 여행기에 자기 낭만화 경향이 있다는 것을 금세 깨닫게 되었다. 그런 점을 어느 정도는 제어해보고자 '여행과 관광의 근대적 조건'을 해명하는 서설 격의 글을 덧붙여야겠다 싶었다. 설령 내 여행기가 낭만화된 서술로 흐른다고 하더라도 여행을 조건 짓는 사회적 상황과 그것의 의미화 방식을 다룬 서설 격의 글을 염두에 두고 읽어주길 바란 것이다. 그런데 그 서설에 해당하는 글이 계획과 달리 몇개의 장으로 분화되어 1부로 독립할 정도가 되었고, 결국 별도의 책으로 출판할 정도까지 양이 늘었다. '여행과 관광

의 근대적 조건'을 대략이라도 그려내는 일이 그리 간단한 일은 아니었던 셈이다(물론 분량이 부풀어 책이 되었다고 해도 그것에 할당된 기능은 마찬가지이므로, 이 책의 독자가 가능하면 이전 책도 읽었으면 한다).

작업 결과를 『타오르는 시간: 여행자의 인문학』으로 정리해서 출간한 다음, 다시 애초의 작업으로 돌아갔다. 그런데 그때는 이미 여행이 끝난 지 4~5년이 지난 때였고, 기억만으로 쓰기는 어려웠다. 그래서 여행 중에 썼던 일기를 다시 들춰보았다. 일기는 간략할뿐더러 그것을 다시 들춰볼 무렵까지도 나에게 강렬하게 남아 있는 기억들과는 꽤 거리가 있었다. 가령 프라도 미술관에서 프란시스코 데 고야의 「마드리드의 1808년 5월 3일」을 보았던 일은 나에게 잊을 수 없는 '사건'으로 남아 있다. 하지만 일기 속에서 그것은 서너줄로 간단히 언급된다. 일기는 기본적으로 식당과 음식, 계속되는 기차, 비행기, 고속버스 또는 호텔과 에어비앤비 예약 작업, 장보기, 의류나 소품 쇼핑을 비롯한 잡다한 사무를 내가 본 멋진 풍경, 미술관 관람, 음악회, 공원 산책 등과 비슷한 비중으로 다루고 있었다. 여행에서 일상적으로 겪은 것과 그것이 시간에 씻겨나간 뒤 남은 것 사이에 꽤 차이가 났다. 풍화작용이 무른 것들을 쓸어내어 골짜기가 패이면 단단한 것들이 봉우리로 뾰족하게 남듯이, 시간이 갈수록 여행은 몇개의 빛나는 정점 체험들(peak experiences)로 응결되는 듯하다.

나는 여행기를 일기에 기록된 여정(itinerary)을 충실하게 따르며 일기에는 비어 있는 세부를 기억에 의존해 채워갈지, 내게 깊게 각인된 정점 체험을 중심으로 삼을지 결정해야 했다. 전자를 따른다는 건 괴테의 『이탈리아 여행』과 유사한 형식을 채택하는 것이다. 그런데 '18세기 관광/여행'을 연구주제로 삼은 역사학자나 관광학자가 아닌 누군가가 『이탈리아 여행』에 흥미를 갖는다면, 그 이유는 그것이 '괴테'의 여행기이기 때

문일 것이다. 괴테 같은 대문호는 어린 시절부터 말년까지의 일거수일투족이 모두 관심 대상이 되며, 그의 작품 애독자나 연구자에게는 그가 여행기를 남겼다는 것이 반갑기조차 한 일일 것이다. 그러나, 아니 그렇기 때문에 나 같은 사람이 『이탈리아 여행』과 유사한 유형의 여행기를 쓰는 것은 우스꽝스러운 일이다. 누가 '나'에게 흥미를 느끼겠는가? 써볼 만한 것은, 체험 주체가 아니라 체험을 불러일으킨 대상, 그러니까 내가 아니라 나를 흔들어놓았을 뿐 아니라 다른 사람들도 그렇게 할 개연성 높은 매혹적 대상을 중심에 놓는 여행기였다.

어떤 것이 나에게 정점 체험이었을까? 몇점의 회화 그리고 건물 또는 풍경 앞에 섰던 순간들이다. 예컨대 벨라스케스의 「시녀들」(1장), 고야의 「마드리드의 1808년 5월 3일」(2장), 피카소의 「게르니카」(3장), 가우디의 '카사 밀라'와 '성가족 성당'(4장), 엘 그레코의 「엘 엑스폴리오」(5장), 네르비온 강가의 '구겐하임 빌바오 미술관', 안젤름 키퍼의 「두 강 사이의 땅」, 수르바란의 「베로니카의 수건」(6장), 토엔의 「휴식」과 캐링턴의 「거인 소녀」(7장), 세비야 대성당의 지붕, 무리요의 「냅킨의 성모」, 수르바란의 「십자가에 못 박히신 그리스도」(8장), 그리고 모로코의 막막한 사막과 사막에서 보았던 일몰 풍경 또는 짙은 은하수를 헤집고 하늘로 치솟는 오리온자리의 모습(9장) 같은 것들이었다. 이런 작품, 건물, 그리고 풍경은 그앞에 내가 서 있던 장면으로 반복해서 나를 데려갔다(커다란 감동 속에서 관람했음에도 불구하고 알람브라 궁전은 이상하게도 그렇지 않았다. 알람브라 궁전 방문기가 이 여행기에서 빠진 것은 그 때문이다). 그런 장면들이 나의 내면에 일으킨 일은 물에 떨어진 한방울의 잉크가 복잡한 문양을 그리며 천천히 오래 일렁일렁 퍼져나가는 것과 같은 것이었다.

농밀한 감흥을 불러일으켰던 것들, 일상에서 불현듯 나를 빼내어 다시 그앞으로 데려가는 것들… 그것을 여행기의 초점으로 삼기로 마음먹었지만, 방향을 정한 것이 다른 글쓰기의 경우와 달리 그리 큰 진전이 되진 못했다. 방향 설정보다 더 까다로운 작업, 그러니까 내 안에 고립된 체험을 소통할 수 있는 경험으로 변환하는 작업이 기다리고 있었기 때문이다. 여행기는 내가 느낀 감흥의 언어화, 그러니까 작품 또는 풍경과 나의 마주침 속에서 일어난 일을 복원하고 그것을 일반적 어휘와 구문 가까이 끌어오는 작업을 요구한다. 그것은 자신에게도 반쯤은 불투명하게 남아 있는 감흥의 내용과 원인을 해명하는 작업을 요청하는데, 그것을 위해서는 다양한 의미 자원이 필요하다. 해서 내 직업상 별로 읽을 일 없을 미학 논문이나 예술비평을 뒤적이고, 내가 느낀 것과 대조해보아야 했다. 이런 작업은 개인적으로 뜻깊은 것이었지만 어느 정도 일반적 의의도 있는 듯하다. 오늘날 우리가 겪고 있는 문제 많은 경향 가운데 하나가 체험은 넘쳐나지만 (그것에 비례해서, 라고 말해도 될 정도로) 경험은 빈곤해지고 있는 것이기 때문이다.

 경험이 빈곤해지는 원인의 하나는 체험을 언어의 문턱까지 끌어가는 노고를 감당하지 않으려 하기 때문이다. 힘겨운 일을 피하는 것은 물론 인간학적 상수이다. 그러나 테크놀로지의 발전 때문에 기피 경향이 심해질 수도 있다. 일례로 (스마트폰에 내장되어) 우리 모두 항상 소지하다시피 한 카메라를 생각해보라. 우리는 본 바를 찍는다. 찍힌 것이 지각 체험에 좀더 유사해지도록 화면을 약간 다듬고(trimming) 손질하면(retouching), 사진은 곧장 체험의 자명한 객관적인 보증물 행세를 한다. 그런 문화에서 정점 체험은 '인생샷'과 동일시되기도 한다(인생샷이 없으면 정점 체험도 없는 듯이 말이다). 하지만 '말'의 도움 없이 홀로 의기

양양한 인생샷이 체험을 구제할 수 있을지(그러기엔 너무 표준화된 것 아닌가?), 그리고 모두를 풍요롭게 하는 경험이 될 수 있을지(공유되기보다는 시기를 부르는 자랑거리가 되지 않는가?) 의문이다.

경험의 빈곤화가 심해지는 원인은 체험의 편뿐 아니라 언어의 편에도 있다. 지각과 기억의 세계를 물들이는 생생함, 농밀함, 미세함이 언어화의 입구에 세워진 날카로운 칼날에 잘려나가는 일을 우리는 심심치 않게 겪는다. 그런 일이 선명하게 (그래서 끔찍하게) 드러나는 건 멋진 체험이 빛을 잃는 때가 아니라 절절한 고통이 진부한 것으로 전락할 때이다. 고통스러운 사건에 대한 책임에서 벗어나기 위해서, 또는 사건을 자신과 무관한 일로 밀쳐냄으로써 심리적 평온을 얻기 위해서, 비열하고 끔찍한 언어가 동원되고, 그렇게 동원된 날 선 언어는 체험을 난도질하고 만다. 그런 일을 겪은 이는 언어화를 체험의 훼손 또는 파괴와 동일시하고, 언어화를 위해 손을 내미는 타자의 진정성 어린 시도조차 의심하게 된다. 그렇게 해서 소통 영역에 들어오지 못한 체험은 울혈과 비명 사이를 진자처럼 오가게 된다.

양 갈래 가운데 어느 편에서 기인하든 경험의 빈곤화는 우리가 저항해야 할 경향이다. 체험이 고립을 깨고 경험으로 이행할 때만 우리는 의미의 공유재(commons)를 더 풍부하게 할 수 있기 때문이며, 그럴 때 좋음을 '함께' 누릴 수 있고, 나쁨에 대항해 '함께' 투쟁할 수 있기 때문이다.

여행기는 전자의 일을 하려는 것이다. 나쁨과 싸워야 할 일이 많은 우리 사회에서 여행기를 쓰는 것에 한가한 면이 있음을 부인할 수 없다. 그러나 나쁨과 싸울 힘을 삶과 세계가 우리에게 베풀어준 좋았던 일 아닌 어디서 찾을 수 있는가? 그러니 여행기에 필요한 것은 '죄의식'에 빠지는 것이 아니라 제 나름의 과제를 제대로 해내는 것이다.

문제는 출간을 앞두고 돌아보건대 내가 그 일을 잘해낸 것 같지 않다는 것이다. 아마도 잘 쓰인 여행기는 잘 빚어진 술과 같을 것이다. 경험이 증류된 술이라면, 체험은 그 안에 과일 또는 곡식의 은미(隱微)한 향과 맛으로 남아 있을 것이다. 그러나 내 여행기는 향과 맛의 적절함과 균형감이 부족하다.

예컨대 스페인의 역사를 서술할 때 그렇다. 내가 느낀 감흥을 맥락화하기 위해서는 스페인 역사를 다루어야 했다. 그런데 책 전반에 걸쳐 스페인 역사가 듬성듬성 중복적으로 그리고 연대기적 정연함 없이 오락가락 다뤄진다. 17세기를 다루고(1장), 18세기 말~19세기 초를 다루는 데까지는 흐름이 좋다(2장). 그러나 다음 장에서 20세기 얘기가 나오고(3장), 그다음 장에서 19세기 중후반으로 되돌아간다(4장). 그랬다가 돌연 16세기가 톨레도 방문기(5장)에서 다뤄지는 식이다. 물론 여행기는 역사서가 아니므로 그렇게 서술된 것 자체가 문제는 아니다. 그러나 그렇게 여기저기를 오가는 역사 서술이 미덕이 될 때 여행기는 독자적 의의를 뽐낼수 있을 텐데, 그런 경지까지 가진 못했다.

역사서나 예술비평서가 아니긴 하지만 여행기도 체험(감흥)의 경험화를 위해서는 감식(鑑識) 능력을 요구한다. 그런데 그런 능력은 개인적 재능의 몫도 있지만 기본적으로 시간을 요하는 훈련에 의존한다. 근대 사회에서 그런 능력의 함양은 전문가 제도를 통해 체계적으로 이뤄진다. 따라서 오늘날 시간의 분쇄를 어느 정도라도 견딜 수 있는 비평과 논의는 오직 전문가적 열정의 산물로서만 가능할 뿐이다. 스페인 역사나 스페인 회화에 관해 초보적인 수준의 지식을 갖췄을 뿐, 기껏해야 딜레탕트에 불과한 나는 그런 기준을 충족했다고 하기 어렵다. 맛과 향의 불균형에 더해 알코올의 순도도 부족한 셈이다.

그런데도 책을 써나갈 수 있었던 것은, 특정한 시간에 어떤 '장소'에 어떤 주체가 현존했다는 것, 그때 주체의 모든 감각이 그 장소와 거기 있는 대상을 향해 열려 있었다는 것, 그리고 바로 그 감각적 사실을 서술하고 있다는 이유로 여행기에만 허용되는 면책특권 덕분이었다. 여행기는 그런 의미에서 자의식을 거두고 대부분의 글쓰기에서는 범죄나 다름없는 순진성에 빠져들어도 좋은 '행복한' 글쓰기 장르이다. 내 경우, 정점 체험의 모든 자리에 함께했던 아내에게 헌정된 여행기였기에 더욱 그랬다.

이 책의 서론 격이었던 전작은 코비드-19 팬데믹 상황이 종식되지 않은 시기에 출간했다. 관광/여행이 얼어붙은 시대에 관광/여행에 관한 책을 출간하는 것은 그리 부담스럽지 않았다. 관광/여행을 떠날 수 없는 시대에 그것에 관해 생각하는 책도 못 쓸 것까진 없지 않은가? 하지만 공식적으로 팬데믹 상황이 종식된 지 1년 좀더 지난 지금, 그러니까 몇년간 억눌렸다가 분출된 관광/여행의 열기로 세계가 몸살을 앓고 있는 때에 여행기를 출간하려니, 관광/여행의 '윤리'에 대해서 생각하지 않을 수 없다.

베네치아나 두브로브니크가 관광세를 거두기로 했다는 소식이 말해주는 바는 관광객/여행자가 자신이 찾아보기를 앙망했던 장소와 대상을 파괴하고 있다는 것이다. 산소통을 지고 수백명이 줄을 지어 에베레스트산에 오르는 모습을 찍은 사진 같은 걸 보면, 뭔가 교정이 필요한 잘못된 상황에 우리가 처해 있다는 생각이 들지 않을 수 없다. 기후위기 때문에도 관광/여행은 점점 더 문제적인 것이 되고 있다. 온실가스를 대규모로 배출하는 것이 관광/여행만은 아니지만, 생존이나 업무 또는 일상적 필요 때문이 아니라 여가와 휴식 또는 쾌락이나 향유와 관련된 관광/여행의 경우, 탄소를 뿜어내는 장거리 이동의 정당성은 훨씬 더 허약할 수밖에

없다.

그러나 기후위기가 심각하다고 해서 멀리 있는 문화적 자산이나 풍경을 향한 열렬한 소망을 송두리째 단념시키긴 어려울 것이다. 하지만 자연적·문화적 공유재를 보존하기 위해서, 그리고 '절대적' 공유재인 기후의 악화를 막기 위해서 관광/여행을 위한 모종의 규칙을 세울 필요는 분명한 듯하다. 관련해서 예컨대 설악산국립공원을 보자. 대청봉에 오르고 싶은 생각이 전혀 없는 이들도 있지만, 거기에 오르고 싶은 이들만으로도 설악산은 힘겨워하고 있다. 그들 모두가 아무 때나 원하는 만큼 오른다면, 설악산은 황폐해질 것이다. 그러므로 모든 시민에게 생애에 걸쳐 설악산을 등산할 수 있는 횟수를 동등하게 그리고 적절하게 배분하는 방안을 모색할 수 있다(국립공원 내 임의의 야영을 금지하고 '대피소'를 예약하게 하는 시스템도 다른 방식이지만 등산을 어느 정도는 억제하고 조절하는 하나의 규칙을 도입한 것이다). 한 국가 내에서 이런 규칙을 수립하는 것이 가능하다면, 관광/여행의 국제적 규칙을 수립하는 것도 아예 불가능하지는 않을 것이다. 물론 원거리 이동의 다양한 동기나 국가마다의 이해 관심을 고려할 때, 규칙 수립은 매우 까다롭고 엄청나게 복잡할 것이다.

그래도 생애를 통해 관광/여행에 할애할 수 있는 시간과 거리가 엄격하게 규정되는 세상이 도래했다고 해보자. 그런 가상적 세계가 불편하고 짜증나는 곳일 수 있지만, 그런 세계에서 여행할 곳을 정할 때, 우리는 자신의 욕망에 대해 생각하게 될 것이다. "왜 나는 그곳에 가려고 하는가?" "그곳은 나에게 어떤 의미가 있는가?" "그곳에 가서 나는 무엇을 하고 싶은가?" 관광/여행의 기회가 엄격히 규정되는 세계에서는 이런 질문이 정말 진지하게 제기되고 숙고될 것이다. 그런데 자신의 욕망에 관한 이 진

지한 숙고야말로 그런 가상적 세계가 도래하지 않은 오늘날에도 관광/여행과 관련해 우리에게 필요한 최소 윤리이지 않을까?

책을 쓰는 일은 늘 가까운 사람들을 배려할 마음의 여유와 시간을 빼앗는다. 이번 책 때문에 소홀했던 사람들 가운데는 2년 전에 태어난 손녀 은하도 있다. 책을 쓰느라고 많이 놀아주지 못한 손녀에게 미안한 마음을 전한다. 두번째 책도 변함없이 출간해준 창비의 염종선 사장, 그리고 지난 책에 이어 다시 책의 편집을 맡아준 김새롬 씨에게 감사드린다.

2024년 12월

김종엽 삼가 씀

차례

차례

1장

「시녀들」, 회화의 신학

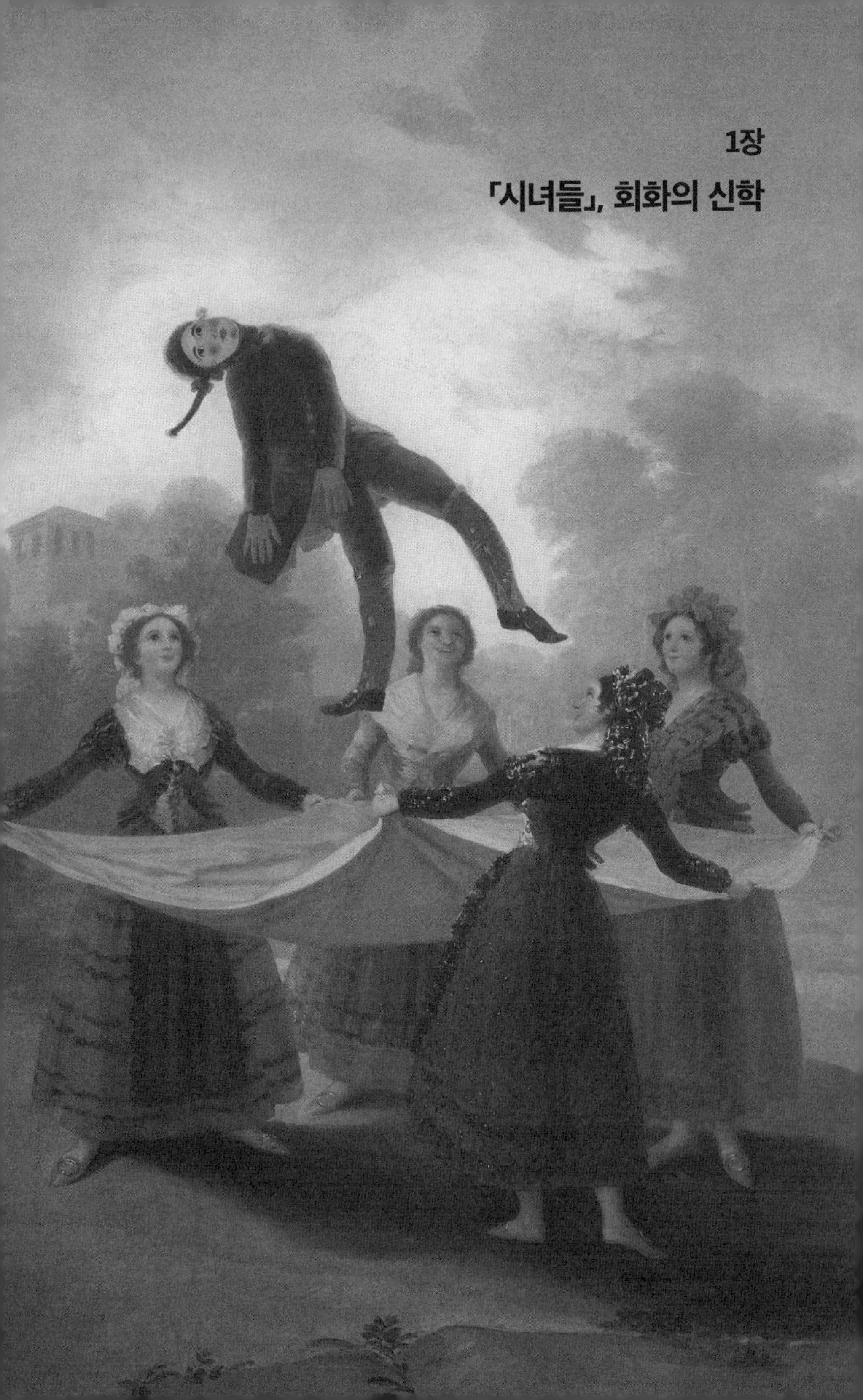

자연적 외관 아래 기묘한 혼돈이

감히 말하건대, 스페인에 간다는 것은 마드리드에 간다는 것이고, 마드리드에 간다는 것은 프라도 미술관(Museo del Prado, 이하 '프라도'로 약칭)에 간다는 것이고, 프라도에 간다는 것은 디에고 로드리게스 데 실바 이 벨라스케스(Diego Rodríguez de Silva y Velázquez, 1599~1660)의 「시녀들」(Las Meninas) 앞에 선다는 것이다.

「시녀들」은 작품이 그려진 뒤 얼마 지나지 않았을 때부터 화가와 비평가들에 의해 최상급의 찬사를 계속해서 받아왔다. 누가 더 강렬한 찬사를 생각해낼 수 있을지 경쟁이라도 하는 것처럼 말이다. 아마도 그런 찬사 중에서 가장 저명한 것은 루카 조르다노(Luca Giordano, 1634~1705)가 했던, "「시녀들」은 회화의 신학(the theology of painting)"이라는 말일 것이다.

마드리드에 도착한 지 일주일쯤 되는 날, 나는 마침내 「시녀들」이 있는 프라도 12번 전시실에 섰다. 12번 전시실은 여느 전시실과 달리 타원형의 커다란(아마 가장 커다란) 방이다. 그 방에 사람이 없기를 바랄 수

는 없고, 그저 적기만을 바랐다. 하지만 내가 간 날에도 그 방은 관람객들로 북적였다. 그래도 몇년 전 루브르 미술관(Musée du Louvre)에서 「모나리자」를 보았을 때처럼 인파에 밀려 다가서기조차 어려운 정도는 아니었다. 조금씩 조금씩 그림에 다가갔다. 여러번 도판으로 본 그림이지만, 화면 앞쪽 인물이 거의 등신대로 그려진 커다란 그림을 느끼기 위해서는 그 그림 앞에 직접 서봐야 했다.

회화에 문외한인 나에게도 회화를 향한 순례랄 게 있다면, 그리고 그 순례의 대상이 될 한 점의 그림을 뽑으라면 그것은 「시녀들」일 것이다. 비록 도판을 통해서였지만 「시녀들」을 처음 본 순간은 지금도 생생히 기억난다. 대학 2학년 2학기 말, 나는 그 당시 유일하게 개가식이었던 서울대 '참고 도서실'에서 케네스 클라크의 『회화감상 입문』이라는 책을 뒤적이고 있었다. 이 책은 서양회화사의 걸작 16점을 골라 하나씩 해설하는데, 내가 읽었던 열화당 판은 절판되었고, 지금은 다른 출판사에서 『그림을 본다는 것』(엑스오북스 2012)으로 재출간되었다. 그 책의 첫번째 그림은 티치아노 베첼리오(Tiziano Vecellio, 1488/90~1576)의 「그리스도의 매장」이었다. 티치아노는 「그리스도의 매장」을 여러번 그렸다. 클라크가 걸작으로 꼽으며 해설을 시도한 것은 루브르 미술관 소장품이다. 프라도에도 티치아노의 「그리스도의 매장」은 두 작품이나 있다. 그 가운데 하나는 습작에 가까워 보이지만 다른 하나는 루브르 미술관 소장품만큼 걸작이다.

지금 와서 보면 티치아노의 그림에도 관심이 꽤 간다. 하지만 처음 책을 읽을 때 나의 눈길을 끌었던 그림은 단연 두번째 장에 등장하는 「시녀들」이었다. 그의 해설 가운데 인상적인 구절을 조금 옮겨보면 이렇다.

이 그림은 가로로 4등분, 세로로 7등분 된다. 시녀와 난쟁이들은 밑변이 화면 아래쪽에서 7분의 1이 되는 곳에 있고, 꼭짓점은 7분의 4에 위치하는 삼각형 구도를 이룬다. 이 커다란 삼각형 안에 딸려 있는 삼각형이 셋인데, 그중 하나는 꼬마 공주가 중심을 차지한다. 이런 구도나 그외 장치들은 중세 회화 공방의 전통에서 상식으로 통했다. 17세기 이탈리아의 회화 공방의 평범한 도제라면 누구라도 벨라스케스와 똑같이 화면을 구성할 수 있었겠지만, 우리가 그 결과물을 보고 호기심을 느끼진 않았을 것이다. 독특하게도 벨라스케스의 그림에서는 이런 계산이 그림을 완벽하게 사실인 것처럼 느껴지게 하는 데 기여한다. 강조되는 것도, 강요되는 것도 없기 때문이다. 벨라스케스는 환호성을 지르며 자기가 얼마나 영리하고 통찰력 있으며 지략이 뛰어난지 우리에게 보여주는 대신, 우리가 스스로 이 모든 것을 발견하게끔 이끈다.[1]

그렇다. 화면의 정교한 구성이나 디테일에 주목하라고 "강조되는 것도, 강요되는 것도 없"다. 클라크가 「시녀들」에서 발견하는 미학적 매력은 바로 이 자연스러움이다. 실제로 이 그림은 마치 스냅숏 사진처럼 보인다. 왼쪽 구석에는 커다란 캔버스가 거의 육중하다 싶게 서 있다. 늘어뜨린 손에 걸린 팔레트와 오른손에 든 붓으로 보아 화가로 추정되는 인물이 자신이 그리던 그림에서 눈을 떼고 뒤로 몇걸음 물러나서, 관람자인 우리가 위치한 곳을 바라보는 것 같다. 사념에 잠긴 듯도 하고 그가 그리고 있는 대상을 응시하는 듯도 하다. 그옆의 하녀는 은쟁반에 받친 물

---

1 케네스 클라크『그림을 본다는 것』, 엄미정 옮김, 엑스오북스 2012, 38~39면.

잔을 중앙의 흰옷 입은 공주에게 올리고 있다. 고개를 오른쪽으로 향하고 있는 앙증맞고 어여쁜 공주는 관람자 위치를 향해 방금 눈길을 돌린 듯하다. 그 옆에 있는 또 한명의 하녀는 공주가 눈길을 돌리는 것을 보고 따라 눈을 돌리고 있다. 오른쪽 구석에는 여자 난쟁이가 공주가 보는 곳을 본다. 그러나 똑같은 곳을 보는지는 약간 불명료하다. 그리고 또 한명의 소년 난쟁이가 개에게 장난을 친다. 개는 무심하게 눈을 감고 있다. 뒤편으로는 수녀복을 입은 약간 늙어 보이는 여성과 그녀를 호위하는 듯이 보이기도 하는 한 남자가 있다. 더 뒤편으로는 지나가다가 커튼을 들어올리며 문 안쪽 방을 향해 시선을 돌린 한 남자가 있다. 그가 커튼을 들어올린 덕에 빛이 방 안으로 더 많이 흘러들어오는 듯이 보인다. 그 옆 벽에 액자처럼도 보이지만 사실은 희미한 이미지를 반조하고 있는 거울이 있다. 거울 속에는 한쌍의 남녀가 붉은 커튼 아래 있다. 벨라스케스가 살던 스페인 궁정의 어느 한때를 그린, 마치 사진이 발명되기도 전에 사진의 도래를 예고하는 듯이 보이는 그림이며, "완벽하게 사실인 것처럼 느껴지는" 그림이다.

그러나 「시녀들」을 사진과 유비해서 보는 것, 또는 클라크처럼 그것의 일상성과 핍진성에 주목하는 것은 서구 19세기 미학에서 유래한다. 「시녀들」의 그런 측면에 대한 비평적 언급으로 잘 알려진 것은 프랑스 시인 테오필 고티에(Théophile Gautier, 1811~72)가 한 말, "그러니까 그림은 어디 있는 거죠?"(Où est, donc, le tableau?)이다. 고티에의 말은 기원전 5세기 고대 그리스의 화가 제우시스와 파라오시스의 그림 겨루기 이야기를 은연중에 참조하고 있다.

그림 실력이 출중했던 두 사람은 누가 더 잘 그리는지 시합을 했다. 제우시스는 포도를 그렸다. 둘의 경합을 평가할 사람들이 모두 모이고 제

1-1. 디에고 벨라스케스 「시녀들」, 1656, 318×276cm, 프라도 미술관

우시스가 그림을 가린 베일을 거두자, 지나가던 새들이 포도를 따 먹으려고 날아들었다. 새의 눈을 현혹할 만큼 뛰어난 솜씨에 사람들이 감탄했다. 의기양양해진 제우시스는 파라오시스에게 "자네 그림의 베일도 걸어보게" 하고 말했다. 그러자 파라오시스는 "자네가 들추라고 하는 그 베일이 바로 내가 그린 그림일세"라고 답했다. 파라오시스의 현혹에 넘어간 제우시스는 깨끗이 패배를 인정했다. 고티에는 벨라스케스를 파라오시스에 견줄 만한 화가로 치하한 것이다.

그러나 「시녀들」을 조금만 골똘히 들여다보면, 처음 그림을 볼 때 느끼게 되는 자연적 외관 아래 기묘한 혼돈이 자리잡고 있음을 느끼게 된다. 창, 문, 거울, 캔버스, 팔레트와 붓, 그리고 벽에 잔뜩 걸린 그림들까지, 온갖 광학적 장치들로 가득 차 있는 「시녀들」은 눈을 감고 있는 라만차산 마스티프(Mastín de la Mancha)종 개 한마리를 제외한 모든 등장인물의 시선이 겹치고 분산되는 공간을 펼친다. 오직 빛과 시선만이 넘실거리고, 걸린 그림 외에는 가구 하나 없는 그 공간 속에서 왼쪽에 말없이 버티고 선 커다란 캔버스에 그려지고 있는 그림은 무엇에 대한 것인가? 물러서서 슬쩍 고개를 기울인 화가는 누구를 또는 무엇을 보고 있는가? 화가를 그린 이 그림은 도대체 누가 그린 것인가? 거울에 비친 것은 누구인가? 그들은 이 화가가 그리던 그림의 모델인가? 아니면 이 방을 방문한 사람인가? 공주는 왜 약간 놀란 듯이 시선을 돌리고 있는가? 화가의 눈길이 닿는 곳과 같은 곳을 보는 그녀는 누구 또는 무엇을 보고 있는가? 이 그림을 보고 있는 우리를 보는 그 눈길은 수백년 전부터 그림에 나타나는 누군가를 흠칫 돌아보고 있는 것처럼 느껴진다. 그렇게 시선을 쫓는 우리의 시선은 방황하게 되고 약간의 어지러움마저 피할 수 없게 된다.

푸코의「시녀들」

　「시녀들」이 자아내는 현기증을 내게서 한꺼풀 벗겨준 것은 미셸 푸코 (Michel Foucault, 1926~84)의 『말과 사물』(1966)의 1장 '시녀들'이었다. 대학원 석사 시절 내내 열심히 읽었던 이론가가 푸코였고, 『말과 사물』을 처음 읽은 것도 석사 첫 학기 때였다. 사실 푸코의 책은 그때나 지금이나 어렵다. 프랑스 지방정부의 구석진 고문서 창고에나 있을 법한 문헌들과 철학자·언어학자·생물학자·경제학자의 저술을 종횡무진 오가는 그의 책들을 비평적인 태도로 전거를 따지고 검토하는 일은 아주 까다로운 일이며, 학자들 대부분에게 힘에 부치는 일이다. 가령 『말과 사물』이 그렇듯이, 푸코가 칼 폰 린네(Carl von Linné, 1707~78)나 조르주-루이 르클레르 드 뷔퐁(Georges-Louis Leclerc de Buffon, 1707~88)의 자연사 연구를 인용하며 논지를 전개하면, 나 같은 독자는 그냥 그런가, 할 수밖에 없다. 내가 린네의 저서를 읽을 엄두를 못 내는 것이 비단 내가 '한국의' 사회학자여서만은 아닐 것이다. 그런데도 그의 저서가 매료하는 힘을 갖는 이유 가운데 하나는 아주 인상적인 사례들을 끌어오고 분석하는 데 있다. 『광기의 역사』의 '대감금'의 분석이 그렇고, 『감시와 처벌』의 국왕 시해 미수범 다미엥의 처형 장면과 파리 감화원의 행동수칙을 대조하는 분석이 그렇다. 그리고 『말과 사물』이라면, 「시녀들」을 분석하는 1장이 그렇다.

　종종 철학자들이 예술비평에 뛰어든다. 대표적인 예가 마르틴 하이데거(Martin Heidegger, 1889~1976)가 했던 빈센트 반 고흐(Vincent van Gogh, 1853~90)의 「구두」(Schoenen, 1886) 분석일 것이다.[2] 아마도 평생 예

술비평이나 예술사 연구에 종사해온 사람들에게 이런 하이데거의 개입은 불쾌한 것일지도 모른다. 철학자는 자신이 이룩한 독특한 개념체계와 세계관을 통해 예술사 연구자의 의표를 찌르며 새로운 해석을 창설한다. 그리고 예술비평가는 그런 해석이 예술비평에 평생을 바친 자신이 쓴 글보다 더 큰 조명을 받고 논란의 주역이 되는 것을 우두커니 바라보는 처지가 된다. 심정이 결코 편하지 못할 것이다.

철학의 예술비평 개입에서 하이데거의 예에 비교될 만한 것이 푸코의 「시녀들」 분석일 것이다. 하지만 내 보기에 둘 사이에는 차이가 있다. 하이데거는 고흐의 그림을 자신의 존재 탐구로 향해 가는 좁은 숲길로 데려가버렸고, 그렇기 때문에 고흐에 관한 미술사 연구와 미술비평에 미친 영향이 미미했던 반면, 푸코의 개입은 미술사와 미술비평에 깊은 영향을 미쳤다. 푸코는 「시녀들」을 매개로 그가 고전주의 시대라 부른 시기, 대략 17세기에서 18세기 말까지 서구 표상체계의 본질에 대해 질문을 던지는데, 그것이 미술사 연구에서도 중요한 주제였기 때문이다.

푸코의 「시녀들」 분석은 국역본 기준으로 고작 19면에 지나지 않는다. 하지만 그의 분석은 그림의 디테일이나 도상적 또는 양식적 특성을 도외시하고 그것의 구조적 특성 규명을 향해 숨 가쁘게 직진한다. 그러면서 그는 내가 느꼈던 혼돈을 명료하게 언어화했다(이 점이 이 글이 나에게 그리고 수많은 사람들에게 그렇게 매혹적인 이유였을 것이다).

겉보기에 그 장소는 단순하고 전적으로 상호적이다. 우리는 그림을 바라보고, 그림 속의 화가는 우리를 응시한다. 더도 덜도 아닌 대면(對

---

2 마르틴 하이데거 『숲길』, 신상희 옮김, 나남 2008, 1장 '예술작품의 근원' 참조.

面), 갑자기 서로 마주친 눈길, 서로 교차되면서 겹치는 곧은 시선. 그렇지만 이 상호적 가시성의 가느다란 선에는 불확실성, 교환, 회피하는 시선을 포괄하는 복잡한 망 전체가 내포되어 있다.[3]

푸코가 말하는 "시선을 포괄하는 복잡한 망"이란 어떤 특정 시선이 아니라 시선들 사이의 마주침과 교차와 자리바꿈이 일어나고 있는 장을 뜻한다. 예컨대 그림 앞에 선 우리는 화가가 우리를 바라보는 것을 본다. 그러나 그의 눈길은 우리가 아니라 우리의 '자리', 모델의 자리이기도 한 바로 그 자리를 향하고 있으며(푸코의 생각처럼 그곳이 모델의 자리인지는 불확실하다. 이 점은 곧 볼 것이다), 그런 한에서 모델이 아닌 우리를 축출하는 동시에 우리를 포함하는 잠재적인 모든 관람객을 모델로 수용하고 있다. 화면의 희미한 거울에서 관람객/모델의 자리까지 수직으로 이어지는 중립적 궤적 속에서 주체와 객체, 관람자와 모델의 역할이 계속해서 뒤바뀌고 시선은 동요 상태를 벗어날 수 없다.

푸코가 구조적 또는 구조주의적이라고 할 만한 분석을 시도한다고 해서 그가 그림의 디테일에 대해 잘 모르는 것은 아니다. 아니 모르지 않는다는 것을 슬쩍 드러내기조차 한다. 가령 그는 그림 속의 거울이 그림 밖의 존재를 드러내고 있음을 지적하며 이렇게 말한다. "늙은 파체로(파체코)가 세비야의 화실에서 작업 중인 제자에게 했다는 조언, 즉 '이미지는 액자의 경계를 넘어서야 한다.'라는 말을 문자 그대로이지만 뒤집어 적용하는 이상한 방식"[4]이라고 덧붙인다. 「시녀들」이나 벨라스케스에 대해 조금만 관심이 깊다면, 누구나 이 파체코가 바로 벨라스케스의 스승이자

---

3 미셸 푸코 『말과 사물』, 이규현 옮김, 민음사 2012, 27면.
4 같은 책 33면. 괄호는 인용자 보충.

장인이고, 17세기 스페인 화단에서 중요했던 저술인 『회화 기법』(*El arte de la Pintura*, 1649)의 저자라는 것, 그리고 "세비야의 화실에서 작업 중인 제자"가 벨라스케스를 지칭한다는 것을 안다. 푸코는 표준적인 미술비평의 노선을 따르지 않는 자신을 곱게 보지 않을 게 틀림없을 까탈스러운 미술사가나 비평가들에게 그들의 연구와 분석을 어지간히 섭렵했음을 이렇게 넌지시 일러두고 있는 셈이다.

대가(virtuoso) 비평이 대개 그렇듯이 푸코의 「시녀들」 분석도 요약하기 쉽지 않다. 더구나 푸코에게서 「시녀들」 분석은 푸코가 설정한 르네상스 이래 서구 진리체계(즉, 참된 지식이 무엇인지 정의하는 체계로 푸코의 용어로는 "에피스테메")의 (단절적) 역사 분석을 위해 사용된 사례이다. 하지만 여기서는 그저 가능한 범위에서 「시녀들」 분석만을 정리해볼 수 있을 뿐, 『말과 사물』 전체 내용을 자세히 다룰 수는 없다.

푸코의 「시녀들」 분석에서 중심을 차지하는 것은 그림 속 뒷벽에 걸린 거울, 그리고 그 거울에 비친 왕과 왕비이다. 그런데 르네상스 이래로 거울이 등장하는 그림은 많다. '바니타스화'(Vanitas) 같은 양식적 회화에서 거울은 거의 빠짐없이 등장한다. 그림이 그려지는 공간을 요약하기 위한 장치로 구(球) 모양의 거울을 그려 넣은 그림도 많다. 그렇다면 「시녀들」의 거울은 어떤 점이 특별한가? 이런 질문이 제기될 것을 의식한 듯, 푸코는 이렇게 말한다. "네덜란드 회화의 전통에서는 거울이 이중화의 역할을 했다. 변형되고 축약되고 가운데가 오목한 비현실적 공간의 내부에서, 거울은 화가가 본래 그리고자 했던 그림의 내용을 나타내는 것이었다."[5]

---

5 같은 책 31~32면.

1-2. 얀 반에이크 「아르놀피니 부부의 초상」, 1434, 82.2×60cm, 런던 내셔널갤러리

　푸코가 여기서 거론하는 그림은 네덜란드 화가 얀 반에이크(Jan van Eyck, 1390~1441)의 「아르놀피니 부부의 초상」(The Arnolfini Portrait)이다. 푸코는 그림 한가운데 있는 볼록거울을 오목거울로 착각하고 있다. 대가답지 않은 실수지만, 대가의 실수는 우리를 위로하는 바가 있으니 편하게 넘겨두자. 이 그림은 지금은 런던의 내셔널갤러리에 걸려 있다. 하지만 「시녀들」이 그려진 시기에는 마드리드 궁정 소장품이었다. 그리고 벨라스케스는 미술 애호가였던 펠리페 4세(Felipe IV, 1605~65)의 수집품 관리자이기도 했다. 그러니 벨라스케스가 반에이크의 그림기법을 충실히 연구한 것은 당연한 일이다. 그런 면에서도 이 그림과 「시녀들」의 차이를 대조해보는 것은 의미가 있다.

푸코는 앞의 인용문에서 「시녀들」과 「아르놀피니 부부의 초상」 뒷벽에 각각 걸린 거울의 기능 차이를 분명하게 드러내고 있다. 확실히 「아르놀피니 부부의 초상」의 거울은 그림이 그려지고 있는 공간 전체를 재현하는 방법, 즉 아르놀피니 부부가 거주하는 방 전체를 모두 재현하는 기법으로 활용된다. 뒷벽의 작은 볼록거울 속에는 그림을 그리는 화가와 그의 조수가 정교하게 그려져 있다. 그렇기 때문에 「아르놀피니 부부의 초상」은 재현의 논리라는 측면에서도 완벽하게 '합리적'이다. 이 그림은 완성에 다다른 창작 상황을 그린 것이며, 그렇게 그리는 것이 '가능한' 그림이다. 하지만 「시녀들」은 그렇지 않다. 만일 「시녀들」이 「아로놀피니 부부의 초상」처럼 그려졌다면, 벨라스케스는 「시녀들」에 팔레트와 붓을 들고 등장하는 대신 거울 속의 이미지로 등장했어야 했다. 그런데 「시녀들」에서 거울 속에 비치고 있는 이는 왕과 왕비이다.

화가의 자리를 왕과 왕비가 차지한다면, 「시녀들」은 어떻게 그려진 것일까? 당연히 벨라스케스는 「시녀들」의 장면을 눈앞에 두고 그것을 모사한 것이 아니라 「시녀들」의 요소들을 조합했을 것이다. 「시녀들」을 바라보는 관람자 위치에 커다란 거울이 놓여 있고, 그 거울에 비친 모습을

그런 것이 「시녀들」이라는 억측도 있다. 하지만 그런 거울이 있다면 「시녀들」 안의 거울에 비친 인물들은 어떻게 그림에서 배제될 수 있겠는가? 이런 생각은 「시녀들」을 「아르놀피니 부부의 초상」과 같은 논리적 그림으로 만들어보려는 잘못된 시도이다. 벨라스케스의 그림은 화가의 기획에 의해 상상적으로 조합된 것을 그려놓은 것이다. 놀라운 점은 그런 조합된 그림이 스냅사진과 같은 리얼리티를 제공한다는 사실이다(그런 의미에서 「시녀들」도 독특한 방식의 트롱프뢰유trompe-l'œil, 눈속임 기법라고 할 수도 있다).

하지만 자연스러워 보이는 외관과 달리 「시녀들」은 현실적으로는 '불가능한' 장면의 조합이다. 「시녀들」에서 "재현은 여기에서 자체의 모든 요소, 자체의 이미지들, 가령 재현이 제공되는 시선들, 재현에 의해 가시적이게 되는 얼굴들, 재현을 탄생시키는 몸짓들로 스스로를 재현하고자 한다."[6] 그림이 있고, 그림 그리는 이가 그림 속에 있고, 그려지는 대상이 거울 속에 나타난다. 그림 바깥에 하나의 공백으로 존재하는 그림을 그리는 주체의 자리와 모델의 자리와 그것을 감상하는 우리들의 자리가 거울을 통해 그림 내부로 투사되기 때문이다. 그렇게 해서 절대로 같은 재현 공간 안에 동시에 현존할 수 없는 재현 대상, 재현하는 주체, 그리고 재현 과정 자체가 함께 나타나 있는 것이다.

푸코는 이 공백을 다시 재현 공간 안으로 환수하는 대신 그 공백을 메우는 주체를 인식체계의 중심으로 가져오게 될 때, "고전주의적 에피스테메"(즉, 바로크 시대의 진리체계)가 "근대적 에피스테메"로 교체된다고 본다. 그리고 근대적인 우리는 모두 보편적으로 관철된 재현 속에서

---

6 같은 책 43면.

빼내어 초월적인 위치를 부여해야 할 것이 주체의 자리라는 것을 느낀다. 그리고 같은 맥락에서 푸코가 「시녀들」에서 어떤 예외적인 가치를 발견했는지도 알게 된다. 이 그림은 마치 공백이 존재하지 않는 듯이 그려져 있지만, 그 공백의 존재를 드러내고 있기도 하기 때문이다. 그런 의미에서 "벨라스케스의 이 그림에는 아마도 고전주의적 재현의 재현 같은 것, 그리고 고전주의적 재현에 의해 열리는 공간의 정의(定義)가 들어"[7] 있다고 할 수 있다.

「시녀들」 또는 벨라스케스의 자화상

『말과 사물』에 제기된 푸코의 「시녀들」 논의는 디테일에 관한 도상학적 연구나 통상적인 미술사 연구와는 전연 다른 방향의 연구를 자극했다. 사실 「시녀들」만큼 그림의 모든 세부가 면밀하게 검토되고 잘 분석된 그림도 별로 없다. 가령 거울 속 이미지를 포함해서 그림에 등장하는 11명 가운데 한명을 제외하고는 이름과 신분이 모두 알려져 있다. 이런 해명은 그림이 그려진 지 몇십년이 지나지 않아 「시녀들」이 불멸의 명성을 획득하리라 생각했던 안토니오 팔로미노(Antonio Palomino, 1655~1726)가 「시녀들」이 그려질 때 마드리드 궁정에 살았던 사람들을 인터뷰해서 기록한 덕이거니와, 푸코 역시 "고유명사들은 유용한 지표(指標)가 될 것이고, 애매한 호칭을 사용하지 않아도 되게 해줄 것이며, 어쨌든 화가가 바라보는 대상과 그림 속 인물들 대부분이 누구인지 일러줄

---

7 같은 면.

것이다"라며, 그림의 세부를 연구하는 것의 의의를 일부 인정한다. 그래서 그 역시 그림의 인물들을 소개한다. "벨라스케스가 그림을 하나 그렸는데, 그가 자신의 화실 또는 에스코리알 궁의 한 거실[8]에서 두 인물을 그리다가 자기 자신을 그림에 포함시켰고, 마르가리타 공주가 수행시녀와 시녀 및 궁신, 난쟁이를 대동하고 두 인물을 보러 왔으며, 이 사람들의 정확한 이름을 밝힐 수 있다고, 즉 전승(傳承)에 의하면 이 사람은 마리아 아구스티나 사르미엔타(사르미엔토) 양이고 저 인물은 니에토이며 전경에는 이탈리아 광대 니콜라소(니콜라스) 페르투사토가 있다고 말하는 것으로 충분할지도 모른다. 또 모델의 역할을 하고 있는 두 인물은 직접 보이지는 않지만 적어도 거울을 통해서는 알아차릴 수 있다고, 그들은 의심할 여지없이 국왕 펠리페 4세와 왕비 마리아나라고 덧붙이는 것으로 충분할지 모른다."[9]

하지만 푸코는 켜켜이 쌓인 예술사 연구를 오히려 회피해야 할 이유를 이렇게 말한다.

언어와 회화는 서로 환원될 수 없다. 보는 것을 말한다 해도, 보는 것은 결코 말하는 것 속에 존재하지 않고, 말하고 있는 것을 이미지, 은유,

---

8 푸코는 「시녀들」이 그려진 공간이 화가의 화실 또는 엘에스코리알(El Escorial, 펠리페 2세가 건축한 마드리드 북부 지역에 위치한 궁전)의 한 방이라고 말하고 있는데, 이는 미술사가들이 밝힌 바와는 다르다. 미술사가들에 의하면, 그림이 그려진 장소는 마드리드의 알카사르(현재 마드리드 궁정이 건립되기 이전의 궁전) 안의 방이며, 그 방은 펠리페 4세의 아들이자 황태자였지만 17세에 죽은 발타사르 카를로스가 쓰던 방〔이른바 "왕자의 방"(Cuarto del Príncipe)〕이다.
9 같은 책 34면. 괄호는 인용자 보충. 푸코는 「시녀들」의 등장인물이 누구인지 잘 알았겠지만, 일부는 거명하지 않았다. 거명되지 않은 이는 마르가리타 공주 오른쪽에 있는 귀족 출신 시녀 도냐 이사벨 데 벨라스코, 난쟁이 여인 마리아 바르볼라, 수녀복을 입은 도냐 마르셀라 데 울로아다. 그리고 마르셀라 옆에 서 있는 남자는 누구인지 알려지지 않은 유일한 사람이다.

직유에 의해 본다고 해도, 이것들이 반짝이는 장소는 우리의 눈앞에 펼쳐지는 장소가 아니라 통사법의 연속에 의해 규정되는 장소이다.[10]

이어서 푸코는 언어로 구성된 비평이 시각적 대상을 향해 열린 작업을 수행하기 위해서는 언어와 시각 사이의 양립불가능성을 장애가 아니라 출발의 조건으로 삼아야 한다고 주장한다. 그러면서 거울 안쪽에 누가 비치는지 따위에 관한 관심을 거두어 그 존재의 이름조차 짐짓 알지 못하는 척하면서, 거울 속 반영을 존재하는 그대로 관찰하고 탐구하는 과정이 필요하다고 말한다.

거울에 반영된 존재는 어떤 사람 또는 사물이고 왜 그렇게 묘사되었는가, 하는 통상적인 미술사 연구보다 반영의 구조 자체를 검토해야 한다는 푸코의 주장은 확실히 미술사가들에게 뼈아픈 것이다. 세부에 관한 박식함의 댓가로 회화의 본질을 놓치고 있음을 지적하고 있기 때문이다. 하지만 푸코의 제안, 즉 회화 자체의 구조 그리고 광학적(光學的) 틀과 재현 논리의 관점에서 그림을 살펴보자는 제안이 미술사가에게 아예 낯선 것은 아니다. 어떤 의미에서 그런 광학적 분석은 미술사 연구와 내면적으로 맞닿아 있다고 해도 과언이 아니기 때문이다. 이 점을 「시녀들」의 화가 벨라스케스의 경우와 관련지어 검토해보자. 「시녀들」은 화가의 자화상, 그것도 자신의 작업 공간과 작업 순간을 그린 자화상이기도 하니 말이다.

「시녀들」 속의 벨라스케스의 표정은 무심하다. 하지만 「시녀들」에는 그의 강렬한 자의식이 스미어 있다. 가령 그의 오른쪽 허리춤의 열쇠꾸러미

---

10 같은 책 34~35면.

를 보라. 그것은 그가 궁정화가일 뿐 아니라 왕의 시종장(aposentandor)이기도 함을 뜻하거니와, 그는 자신이 궁전의 모든 방, 심지어 왕의 침실 문의 열쇠마저 지닐 정도로 대단한 권세를 가지고 있음을 드러내고 있다. 하지만 그보다 더 흥미로운 것은 화가 벨라스케스의 가슴에 그려진 칼 모양의 십자가 문장이다. 이 문장은 '산티아고 기사단'(Order of Santiago)의 기장(insignia)으로서, 벨라스케스가 산티아고 기사임을 상징한다. 그런데 이 기장은 그림이 처음 완성될 때 그려져 있었던 것이 아니라, 벨라스케스 사후에 펠리페 4세의 지시로 덧그려진 것이다. 벨라스케스가 기사 작위를 얻은 것은 죽기 9개월 전인 1659년 겨울로, 「시녀들」을 그린 1656년 당시 그는 기사가 아니었다.

벨라스케스가 기사 서임을 처음 청원한 것은 1649년경으로 추정된다. 그러니 그는 10년에 걸친 노력 끝에 기사 작위를 획득한 셈이다. 그러므로 펠리페 4세가 이미 죽어버린 벨라스케스를 위해 「시녀들」 속 그의 가슴에 기사단 기장을 그려 넣게 했다는 사실은, 한편으로는 기사 서임이 평생에 걸친 벨라스케스의 열망과 분투의 결과였다는 것, 다른 한편으로는 벨라스케스에 대한 펠리페 4세의 지지와 우정이 확고한 것이었음을 말해준다.[11]

벨라스케스의 분투는 물론 르네상스 이래 화가의 지위 상승을 향한 노력(이것은 근대적인 자율적 예술개념의 형성 과정이기도 하다)이라는 큰 흐름의 일환이다. 전근대 세계 대부분에서 그랬듯이, 유럽에서도 화가

---

11 이하 벨라스케스의 기사 서임 과정에 대한 논의는 다음 문헌들에 의존했다. Jonathan Brown, *Images and Ideas in Seventeenth-Century Spanish Painting*, Princeton University Press, 1979, chap. 4; Madlyn Millner Kahr, "Velázquez and Las Meninas," *The Art Bulletin*, 1975, Vol. 57, No. 2, pp. 225~46.

는 그저 '환쟁이'에 불과했다. 궁정화가가 된다고 해도 그들의 지위는 궁정요리사의 지위와 별반 다르지 않았다.[12] 르네상스 이래로 화가들은 과세 대상이 되는 장인적 작업(craft)으로 취급되는 회화를 '고귀한'(noble) 작업으로 끌어올리고자 했는데, 그런 시도는 점차 성공을 거두었다. 하지만 스페인에서는 17세기 중반까지도 여전히 화가는 공산품을 생산하는 장인으로 취급되고 있었다.

그런 스페인에서도 이미 화가가 높은 지위를 누리던 이탈리아에서 온 티치아노는 1532년경 기사로 서임되었으며, 국제적 명성이 드높았고 화가의 사회적 지위가 높았던 네덜란드에서 온 페테르 파울 루벤스(Sir Peter Paul Rubens, 1577~1640)도 1630년에 영국에서 작위를 받았고, 합스부르크가도 그 작위를 승인했다. 벨라스케스는 당연히 자신도 티치아노나 루벤스처럼 기사가 될 자격이 있다고 생각했고, 그래서 기사 서임을 청원했다. 그리고 그가 청원한 기사단은 산티아고 기사단이었다.

산티아고 기사단은 '레콩키스타'(Reconquista)[13] 과정에서 스페인에서

---

12 그러나 화가는 17세기 네덜란드를 시작으로 여러 지역에서 빠르게 지위 향상을 이루었다. 이에 비해 요리사의 지위 상승 과정은 20세기 말부터 시작된 현상으로 보인다. 먹으면 사라지는 요리는 퍼포먼스로만 예술화될 수 있다. 요리의 퍼포먼스는 미세하고 집중적인 카메라 작업 없이는 잡아내기 어렵다(다수가 발레를 보듯이 관람할 수 없다). 또한, 그런 퍼포먼스도 시각적 체험을 넘어 미각적 체험으로 이행되어야 한다. 이 때문에 요리의 예술화는 발달된 영상기술에 더해 (우리를 대신해서 미각적 체험을 해줄) 심사원들(말과 표정으로 맛을 전달해야 하는)을 필요로 한다. 기술적·문화적 변동을 통해 충족되어야 하는 이런 조건들은 20세기 말 이전에 갖춰지지 않았다. 오늘날 뛰어난 요리사들은 엄청난 부와 명성을 누리는 데까지는 나아갔다. 그런 만큼 요리사는 존경받는 직업이 되었다. 그럼에도 불구하고 '예술가'가 되는 문턱을 넘지는 못한 상태로 보인다.

13 718년부터 1492년까지, 약 7세기 반에 걸쳐서 이베리아반도 북부의 로마가톨릭 왕국들이 이베리아반도 남부의 이슬람 국가를 축출하고 이베리아반도를 회복하는 일련의 군사적 과정을 말한다. 이 과정을 정복(콩키스타)이 아니고 '재'정복이라고 명명한 것은 매우 이데올로기적인 것이다.

형성된 4개의 유명한 기사단 가운데 가장 높은 명예를 누리는 기사단이었다(다른 세 기사단은 칼라트라바, 몬테사, 그리고 알칸타라이다. 공식적으로 네 기사단은 동급이지만, 실제로는 그렇지 않았다).[14] 티치아노가 카를 5세의 추천으로 속하게 되었던 황금의 박차 기사단(Order of Golden Spur)은 교황청 소속 기사단이었는데, 교황청이 있는 이탈리아는 이미 화가의 지위가 상당히 격상된 상태라서 그의 기사 서임이 그렇게 어려운 문제는 아니었다. 루벤스는 화가로서가 아니라 스페인과 영국 사이의 외교적 문제 해결에 기여한 공으로 작위를 받았다(실제로 루벤스는 외교 사절로서 펠리페 4세의 메시지를 영국의 찰스 1세에게 전하기도 했지만, 그것은 루벤스가 화가로서 기사에 서임되는 것이 일으킬 논란을 회피하기 위한 책략이기도 했다). 그러므로 벨라스케스가 산티아고 기사단에 속하길 열망했다는 것은, 그가 보수적인 스페인 귀족사회의 반대를 정면으로 돌파하여 화가의 지위를 티치아노와 루벤스가 도달한 곳보다 더 높이 끌어올리려 했음을 시사한다.

벨라스케스의 기사 서임 청원이 받아들여지기 위해서는 두가지 문제

---

14 산티아고 기사단은 스페인과 갈리시아의 수호성인 대(大)야고보를 기리는 기사단이다(그는 기사의 수호성인이기도 하다). 야고보 성인을 섬기는 기사단 이름이 '산티아고'인 것은, 야고보가 라틴어로는 '이아코부스'(Iacobus), 스페인어로는 '이아고'로 발음되기 때문이다. 성(聖) 야고보는 '산토 이아고'(Santo Iago)가 되는데, 이것이 변하여 '산티아고'가 되었다. 우리나라 사람들이 많이 찾는 산티아고 순례길은 피레네산맥에 있는 프랑스 국경도시 생장피에드에서 산티아고 데 콤포스텔라(9세기에 야고보 성인의 유해가 '발견되었다'는 신앙에 입각해 그를 기리는 대성당이 지어지는데, 그것을 중심으로 형성된 도시)까지 약 800킬로미터의 길이다. 이 길은 순례가 시작된 9세기 무렵 이베리아반도의 이슬람왕국과 스페인 사이의 국경이기도 하며, 따라서 그 길의 순례는 이슬람왕국 축출을 다짐하는 종교적·군사적 캠페인의 일환이었다. 물론 오늘날 산티아고 순례길은 종교적·군사적 의미(오늘날의 순례자에게는 개운치 않을 수도 있는 의미)를 잃었고, 그 대신 명상과 자기성찰의 길로 여겨지고 있다.

가 해결되어야 했다. 하나는 출신성분 문제였다. 귀족의 혈통과 이어져야 하고, 기독교도여야 하며(유대인 피가 섞인 흔적이 전혀 없어야 했다), 4대 선조까지 종교재판에 넘겨진 적이 없어야 했다. 당대 여느 유럽 국가와 달리 수세기에 걸쳐 이슬람왕국이 건재했고, 유대인이 큰 규모의 인구집단이었으며(엄청나게 추방되기도 했다), 반종교개혁(Counter-Reformation)이 횡행하던 이베리아반도에서는 귀족집단의 순혈주의 추구가 엄청나게 강력했다. 그래서 기사 서임을 위해 벨라스케스가 받아야 했던 조사는 엄격하다 못해 지독한 것이었다. 1658년 펠리페 4세가 벨라스케스의 산티아고 기사 지명을 공식화하자, 두 명의 조사관은 출신성분 조사를 위해 3개월간 마드리드를 뒤지고 다닌 것은 물론이고, 벨라스케스의 고향 세비야까지 헤집고 다니며 148회의 공식적 증언을 청취했고, 그것에 기초한 보고서를 작성해서 제출했다. 하지만 심사위원회는 외가에 대한 조사가 미진하다는 이유로 벨라스케스에게 추가 증거 제출을 요구했다. 물론 벨라스케스는 열심히 증거를 준비해서 제출했다.

하지만 보완자료를 제출해도 기사 청원은 지지부진 받아들여지지 않았다. 그 이유는 또다른 문제, 즉 화가가 고귀한 직업인가 하는 문제가 해결되지 않아서였다. 당대 스페인에서는 화가는 여전히 석공이나 필경사처럼 직인이나 장인에 속하는 직업과 확연하게 구별되지 않았다. 결국, 펠리페 4세가 나서서 심사위원회에 압력을 행사했다. 그러자 위원회는 왕에게 교황의 양해 문서를 받아 올 것을 요구했다. 왕이 교황의 양해 문서를 받아다 제출하자, 위원회는 다시 벨라스케스 족보에 미심쩍은 부분이 새롭게 발견되었다며 어깃장을 놓았다. 결국, 교황의 또다른 양해 서신이 위원회에 제출되고서야 벨라스케스는 기사에 서임될 수 있었다.

이런 분투 속에서 그려진 「시녀들」에는 그 흔적이 남아 있거니와, 그것

은 벨라스케스의 가슴 위에 덧그려진 산티아고 기사단 기장에 그치지 않는다. 그 흔적은 푸코가 분석의 중심에 둔 재현양식 자체에 나타나 있다. 그것도 푸코가 말하는 것보다 한층 복잡한 형태로…

「시녀들」의 원근법

회화를 단순한 수공업적인 것 이상의 고귀한 작업으로 규정하기 위해 르네상스 시대 화가들이 취한 전략은 회화가 단순한 손기술의 소산이 아니라 정신적 차원 그리고 참된 지식을 내포한 것이며 따라서 '리버럴 아트'(ars liberalis)에 속한다고 주장하는 것이었다. 레온 바티스타 알베르티(Leon Battista Alberti, 1404~72)와 필리포 브루넬레스키(Filippo Brunelleschi, 1377~1446)의 기하학적 원근법 탐구 그리고 그외의 다양한 광학적 연구를 경유한 회화의 과학화는 바로 그런 기획의 일환이었다. 벨라스케스 또한 매우 철저히 원근법을 연구했던 것으로 알려져 있으며, 이 점은 그가 소장했던 도서 가운데 유클리드의 『기하학 원론』, 알브레히트 뒤러(Albrecht Dürer, 1471~1528)의 원근법에 대한 저서, 그리고 다빈치의 원근법을 상세히 다루고 있는 프란시스코 파체코(Francisco Pacheco, 1564~1644)의 『회화 기법』이 포함된 것으로 잘 알 수 있다. 렘브란트 하르먼스 판레인(Rembrandt Harmensz van Rijn, 1606~69)이 활약한 플랑드르 지역에서는 일반인들의 초상화 수요가 광범위했고, 그것을 토대로 화가의 지위 상승이 일어났다. 하지만 그런 활발한 회화시장이 없었던 스페인에서는 회화를 리버럴 아트로 간주할 수 있게 하는 작업이 중요했다. 그런 벨라스케스의 처지를 생각하면, 「시녀들」에 나타난 원근법은 좀더

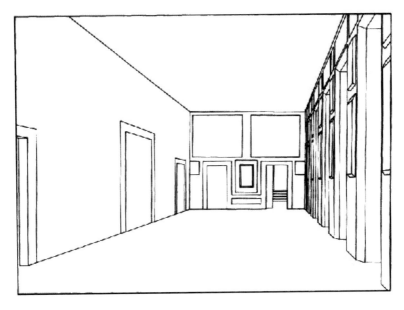

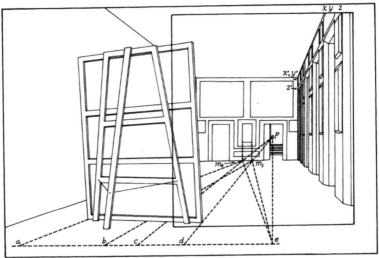

1-4. 조엘 스나이더가 배치해본, 실제 방 안의 「시녀들」(위)과 「시녀들」의 원근법(아래)

꼼꼼하게 검토될 필요가 있다.

앞서 지적했듯이 「시녀들」이 그려진 방은 요절한 황태자 발타사르가 쓰던 방이다. 그 방은 「시녀들」에서 보이는 것보다 훨씬 더 길고 넓은 방이다. 조엘 스나이더는 이 점을 고려해서 「시녀들」의 회화적 공간이 실제 방 안에 어떻게 위치하는지 그림 1-4와 같이 보여준다.[15]

스나이더가 구성한 투시도를 통해서 우리는 여러가지를 새롭게 발견하게 된다. 우선 「시녀들」의 소실점(vanishing point, 그림에 p점으로 표시되어 있다)이 후면 벽에 걸린 거울이 아니라 빛이 들어오는 뒷문 쪽 계단에 서 있는 남자[16]의 팔꿈치 위편(전체 화면에서 가장 밝은 지점)이라는 것이다(실제로 「시녀들」 도판의 오른쪽 벽의 천장선, 즉 X-X′ 선이나 바닥 선 위에 곧은자를 놓아보면, 그것이 p점으로 이어진다는 것을 금세 확인할 수 있다). 다음으로, 이렇게 소실점이 확정되면, 원근법적으로 가정된 관람자 또는 화가의 위치도 확정된다. 소실점으로부터 수선(垂線)으로 이어진 지점 e가 그 위치이다(사실 그림의 관람자는 반드시 소실점의 수선 위치에 있어야 할 필요는 없다. 좀 옆에서 본다고 그림 감상에 지장이 있지는 않다. 그러나 원근법적 투시의 주체로서 「시녀들」을 그리는 화가는 e의 자리에서 그림의 구도를 확정할 수밖에 없다). 그리고 끝으로 「시녀들」의 거울에 비친 것이 무엇의 이미지인가 확정할 수 있다. 선원근법적으로 구성된 「시녀들」의 경우, 귀퉁이에 일부가 드러난 거대한 캔버스 또한 소실점을 향해 비례적으로 그려진 것으로 보아야 한다. 따라서 스

---

15 Joel Snyder, "'Las Meninas' and the Mirror of the Prince," *Critical Inquiry*, 1985, vol. 11, no. 4, pp. 539~72 참조.

16 푸코가 짧게 언급한 그 남자의 전체 이름은 호세 니에토 벨라스케스다. 화가 디에고 벨라스케스와 성이 같은 이 남자는 왕비의 시종장이었다. 그의 등장이 가진 의미는 뒤에서 다시 살펴보기로 하자.

나이더가 재구성한 캔버스 전체 면을 소실점과의 관계에 놓아보면, 캔버스 좌우 끝(a-d)과 뒷면 거울의 좌우 폭(m_2-m_1)이 대응한다는 것을 알수 있다. 그러므로 거울은 캔버스 오른쪽에 있는 무엇을 반영할 수 없다. 그것이 반영하는 것은 바로 캔버스이고, 따라서 우리에게 뒷면 일부만 보이는 캔버스에 그려지고 있는 이는 왕과 왕비이다.[17]

이런 사실은 거울 이미지의 주인공이 실제의 왕과 왕비이며, 거울로부터 수선으로 내린 곳이 관람자의 위치이자, 왕과 왕비의 위치이고, 「시녀들」을 그리는 화가의 위치라는 푸코의 주장을 정면에서 반박한다. 소실점의 위치는 오인되었고, 원근법적으로만 보면 「시녀들」은 푸코가 가정하듯이 그림이 그려지는 장소에 왕과 왕비가 현존할 필요도 없기 때문이다.

확실히 푸코처럼 박식한 사람이 고전주의 에피스테메를 단번에 요약하고 있는 사례로 제시한 회화 분석에서 이런 오류를 저지른 것이 뜻밖이긴 하다. 그렇다고 해서 푸코의 문제 제기가 송두리째 기각되는 것은 아니다. 오히려 더 복잡해진다고 봐야 할 것이다. 거울은 실제가 아니라 그림을 비추는, 재현의 재현이라고 할 수 있으며, 그런 의미에서 푸코가 설정한 것보다 한층 더 강한 의미에서 총체적인 재현 논리를 보여주기 때문이다. 여전히 그가 문제 삼은 현상, 즉 "캔버스를 수직으로 관통하는

---

17 거울 속 왕과 왕비가 캔버스에 그려지고 있는 왕과 왕비라는 주장은 스나이더 외에도 마틴 켐프(Martin Kemp), 토머스 글렌(Thomas L. Glen), 조너선 브라운 등이 지지한다. 관련해서 펠리페 4세와 마리아나 왕비가 함께 그려진 초상화의 존재가 전해지지도 않고 문헌으로 확인되지 않는다는 점을 들어서 캔버스에 그려지는 이가 왕과 왕비가 아니라는 반박도 있다. 하지만 이런 반박은 근거가 약하다. 펠리페 4세는 왕비보다 44세나 연상이기 때문에 자신이 왕비보다 너무 나이 들었음을 드러낼 이중 초상화를 원치 않았다는 주장도 있다. 그러므로 펠리페 4세가 「시녀들」 정도의 형태로 이중 초상화를 원했다는 가설도 세워볼 수 있다.

시선의 중립적 궤적 속에서 주체와 객체, 관람자와 모델의 역할이 한없이 뒤바"[18]뀌는 현상이 더 강렬하게 일어나기 때문이다. 우리들 관람자는 화가가 설치한 뫼비우스의 띠를 따라서 끊임없이 응시의 지점을 바꾼다. 나는 나의 자리에서 보고, 벨라스케스의 자리에서 보고, 왕 혹은 왕비의 자리에서 본다(고 느낀다). 우리의 시선은 특권적인 동일시 지점 없이 방황하며 이동한다. 「시녀들」은 푸코가 생각하듯이 고전주의적 에피스테메의 틈새가 거울이라는 "명확하나 중립적인 장소"를 통해서 드러나는 예외적 회화라기보다 고전주의적 에피스테메의 작동을 전형적이고 가장 강도 높게 보여주는 회화라고 할 수 있다.

따라서 푸코의 오류와 관련해서 우리가 물어야 할 질문은 왜 박식한 푸코조차(푸코뿐 아니라 숱한 미술사가들 또한) 소실점의 위치를 오인했는가, 하는 것일 게다. 살펴보면, 이 그림이 그런 오인을 유발하는 원인을 몇가지 찾을 수 있다. 우선 그림이 매우 크다. 그러므로 관람자가 그림에 가까이 다가서면, 시각적 장악이 쉽지 않다. 그림은 질서가 잘 잡혀 있고, 많은 19세기 비평가들이 말했듯이 자연스럽다. 우리를 당혹스럽게 하는 것은 그림에 대한 시각적 체험에서 오는 것이 아니라 그림을 이해하려고 하는 순간에 닥쳐온다. 시각적 체험 다음에 오는 이해의 시도는 시지각에 의해 조건화되기 마련이다. 다음으로 벨라스케스는 왼쪽 벽을 조금만 그렸는데, 그로 인해 원근법적 구도가 잘 포착되지 않게 되었고, 소실점 대신 거울이 화면 중앙에 자리잡게 되었다. 그리고 흐릿한 거울 속의 왕과 왕비의 이미지를 화면 속의 다섯 인물, 왼쪽부터 벨라스케스, 도냐 마리아 아우구스티나, 마르가리타 공주, 도냐 이사벨 데 벨라스코, 그

---

18 푸코, 앞의 책 27면.

리고 니에토가 둥글게 감싸고 있다. 그래서 거울 속 이미지는 희미한데도 우리의 시선을 잡아끌며 전체 그림의 중심으로 느껴지게 되는데, 그렇게 된 이유는 결코 우연이 아니라 바로크 시대 최고의 화가 벨라스케스가 그림을 그렇게 구성했기 때문이다. 그가 우리의 시각경험을 그렇게 이끈 이유는, 이 그림이 후대에 "시녀들"로 불리게 되었지만, 당연하게도 펠리페 4세의 허가를 받아 그려진, 왕과 왕비 그리고 공주 마르가리타가 주인공인 그림이기 때문일 것이다.

하지만 왜 벨라스케스는 왕과 왕비를 거울을 통해서만 캔버스에 등장시키는 것일까? 실제의 왕과 왕비는 정말로 「시녀들」 외부에 하나의 준거로서 실존하지 않는 것일까? 그 점을 해명하기 위해서는 시각경험의 또다른 차원에 대해 생각해볼 필요가 있다. 원근법적 투시 논리로는 왕과 왕비의 실존이 필요하지 않지만, 시각현상은 원근법에 한정되지 않고, 응시의 차원 또한 포함하기 때문이다. 따라서 「시녀들」의 등장인물은 어디를 혹은 무엇을 바라보는지, 따져볼 필요가 있다.

거울 속의 왕과 왕비를 제외한 아홉명의 인물 가운데 도냐 마리아는 공주를 보고 있고, 난쟁이 바르볼라의 시선은 약간 공허하고 초점이 없다. 그리고 수녀복을 입은 도냐 마르셀라는 자신을 호위하는 듯한 남성과의 대화에 몰입한 듯이 보인다. 개를 발로 건드리고 있는 난쟁이 소년 니콜라스 페르투사토는 화면 바깥에 대해 별 관심이 없어 보인다. 그러나 공주 마르가리타는 그렇지 않다. 그녀는 벨라스케스가 그리던 그림을 보다가 시녀(도냐 마리아)에게 물 한잔 달라고 했는데, 그 물을 받으려는 순간 무엇 또는 누구인가의 출현을 느끼고 그 방향을 올려다보는 듯한 모습이다. 다소 흐릿하게 그려졌지만, 소실점에 자리잡고 서 있는 니에토도 무엇/누구인가를 바라보고 있다. 니에토와 공주를 잇는 점이 닿는 화면

하단 방향에 그들의 시선을 잡아당기는 무엇/누구인가 있는 것처럼 보인다. 그리고 그 지점은 벨라스케스의 시선이 향한 곳인 동시에 아직 완전히 고개를 돌리지 않았지만 도냐 이사벨이 공주의 응시를 쫓으며 고개를 돌리고 있는 방향이다. 적어도 이 네 사람의 시선이 향한 곳은 도냐 마리아에게서 수선을 그은 지점 또는 커다란 캔버스의 오른쪽 화면 바깥으로 수렴된다. 누가 그곳에 출현한 것일까?

실마리는 니에토가 준다. 궁정 의례상으로도 그렇지만, 그림이 그려질 당시에 이미 왕비를 20여년간 모셔온 시종장인 니에토의 현존은 그의 시선이 닿는 범위 안에 왕비 또한 있다는 것을 함축한다. 그리고 우리는 그 왕비 옆에 당연히 왕이 있으리라 짐작할 수 있다. 따라서 왕과 왕비가 화가의 작업실을 방문한 것으로 볼 수 있으며, 그것의 논리적 귀결로서 우리는 왕과 왕비가 그림의 모델로 거기 앉아 있었다는 여러 미술사가와 푸코의 해석을 기각해야 한다. 이미 지적했듯이, 만일 그들이 모델로 앉아 있었다면, 마르가리타 공주의 응시에 놀라움과 가벼운 당혹이 서릴 이유는 없기 때문이다. 「시녀들」은 재현된 왕과 왕비가 있는 공간에 실제의 왕과 왕비가 불쑥 난입한 순간을 그린 것이라고 할 수 있다.[19]

---

19 「시녀들」이 어떤 장면을 그린 것인지에 대해서는 세가지 주된 입장이 있다. 첫째는 왕과 왕비가 그림의 모델로 앉아 있는 장면이라는 존 모핏(John F. Moffitt, "Veláazques in the Alaácazar palace in 1656: The Meaning of the Mise-en-scène of Las Meninas," *Art History*, Vol. 6, No. 3 (September 1983), pp. 271~300 참조)의 입장이 대표적이다. 이 입장은 공주의 응시를 비롯하여 「시녀들」 내 인물들의 동작과 눈빛을 설명하기 어렵다는 약점이 있다. 둘째는 브라운의 입장이다(J. Brown, 앞의 글 참조). 그는 공주가 난쟁이 쪽을 바라보다가 왕과 왕비가 작업실에 입장하자 눈만 돌려서 발견하는 순간을 그린 그림이라고 본다. 마지막으로 글렌의 입장이 있다(Thomas L. Glen, "Should Sleeping Dogs Lie?: Once Again, 'Las Meninas' and the Mise-en-Scène," *Source: Notes in the History of Art*, Vol. 12, No. 3 (Spring 1993), pp. 30~36 참조). 그는 왕과 왕비가 모델로 앉아 있다가 다른 일정을 위해 일어서는 순간을 그린 것이라고 본다. 그는 이런 해석의 주된 근거를 둘 제시한다. 하나는 니에토의 모습이다.

그렇다면 왕과 왕비의 등장은 어떤 의미를 지닌 것일까? 내 보기에 해석의 가능성은 두 갈래로 열려 있다. 한 갈래는 지금까지 우리가 문제 삼은 벨라스케스의 화가로서의 자의식이 「시녀들」에 투영된 양상의 다면성과 관련된다. 이에 비해 다른 한 갈래는 이 그림을 왕가에 대한 그림으로 파악하는 것이다. 그럴 때 문제가 되는 것은 왕과 왕비의 재현(캔버스)의 재현(거울)으로 구성된 그림에 외부로부터 현실의 왕과 왕비가 개입하는 사건과 관련된다. 푸코는『말과 사물』말미에서 「시녀들」이 자신 외부 그리고 너머를 지시하지만, 그럼에도 불구하고 그것을 완전하게 할 현실을 간청하지 않는다고 다시 한번 지적한다. 하지만 간청받지 않은 현실이 개입해올 수 있으며, 그럴 때 현실은 푸코의 말과 달리 그림을 완전하게 하기보다 불완전하게 만드는 것 같다. 두 갈래 해석 노선을 각기 절을 달리해서 살펴보자.

니에토는 그림 속의 위치에서 왕과 왕비에게 다음 행사로 이동해야 함을 자신의 출현과 눈빛으로 알리고 있다는 것이다. 만일 왕과 왕비가 입장하는 장면이라면, 니에토가 정확히 동시에 뒤편 문에서 등장하기도 어렵고 그럴 이유도 없다는 것이다. 다른 하나는 난쟁이 페르투사토가 마스티프종 개를 건드리는 장면이다. 이 장면은 개에게 장난을 치는 것이 아니라 왕과 함께 와서 왕이 모델을 하는 중에 잠이 든 개에게 이제 왕이 떠나니 일어나라고 깨우는 중이라는 것이다. 글렌의 주장에 상당한 설득력이 있기는 하다. 하지만 그의 주장은 증거에 입각한 것은 아니다. 마스티프종의 개가 왕의 사냥개인지, 아니면 왕이 공주에게 준 개인지 확실치 않다(「시녀들」에 등장하는 인물들이 대부분 마르가리타 공주를 보필하는 이들인 것으로 보아, 개도 공주의 애완견일 가능성이 충분히 있다). 니에토의 등장에 대한 해석도 그렇게 명료해 보이지는 않는다. 니에토가 어쩌다보니 왕과 왕비가 입장하는 순간 그 반대편에서 상황을 모니터하고 있을 수도 있다. 따라서 나는 두번째 입장이 가장 설득력 있다고 판단했다(두번째 입장은 곧이어 5절에서 다룰, 「시녀들」이 '아펠레스 일화'를 수용하고 있다는 주장과도 잘 부합한다). 그런 내게 당혹스러운 것은 브라운이 2008년에 낸 저술(*Collected wrtings on Velazquez*, Yale University Press)에서 기존 입장을 버리고 글렌을 전적으로 수용한 일이다. 분명한 것은, 거울에 비친 것이 캔버스 자체인지 모델 노릇을 하며 앉아 있던 왕과 왕비인지 하는 문제는 원근법에 근거해서 확정할 수 있는 문제이지만, 화면 내부의 응시에 입각해서 그 외부 상황을 제대로 추정하기는 어렵다.

왕의 화실 방문

「시녀들」은 이미 지적했듯이 벨라스케스의 자화상이다. 그 자신 그리고 자신의 직업과 작업에 영원성을 부여하려는 시도이다. 회화의 전통에서 이런 자기 불멸화의 전형적인 방식은 잘 알려진 문화적 전통이나 신화적 일화 속에 자신을 적극적으로 편입시키는 것이다. 「시녀들」에 대해 앞서 제시한 우리의 해석이 옳다면, 즉 「시녀들」 내부 인물의 응시가 화가의 작업실을 방문한 왕과 왕비를 함축하고 있는 것이 옳다면, 그것은 매우 잘 알려진 전설로 소급된다. 바로 플리니우스(Gaius Plinius Secundus, 23~79)의 『박물지』에 수록되어 전수된 '알렉산더대왕과 화가 아펠레스' 이야기이다.

가령 우리 시대에 서양에서 어떤 화가를 칭송한다면, "라파엘로처럼" 또는 "렘브란트처럼 잘 그린다"라는 말을 할 수 있을 것이다. 하지만 라파엘로나 렘브란트가 그림을 그리던 시절에는 화가를 칭송할 때 "아펠레스처럼 잘 그린다"라고 말했다. 그래서 티치아노는 「악타이온의 죽음」(Morte di Atteone, 1559~75)을 그리고 나서 "제2의 아펠레스"라는 말을 들었고, 라파엘로 산치오(Raffaello Sanzio, 1483~1520)는 「아테네 학당」(La Scuola di Atene, 1509~11) 속의 아펠레스의 얼굴 자리에 제 얼굴을 그려 넣기도 했다.

이런 명성을 누린 화가 아펠레스는 알렉산더대왕이 몹시 아낀 그의 전속 화가, 즉 대왕이 요청한 것만을 그리는 조건으로 고용된 화가였다. 어느 날 알렉산더대왕은 자신의 애첩 캄파스페의 아름다운 나신을 그려달라고 아펠레스에게 부탁했다. 그런데 아펠레스는 그림을 그리던 중에 모

델인 캄파스페와 사랑에 빠졌다. 알렉산더대왕은 그림이 완성되기를 애
타게 기다리다 못해 화가의 작업실을 찾아왔다. 거기서 대왕은 사랑을
나누고 있는 아펠레스와 캄파스페를 목격하게 된다. 대왕은 몹시 분노했
지만, 아펠레스가 그린 캄파스페의 누드화를 보고, 그가 자신보다 더 깊
이 캄파스페의 아름다움을 알아보고 그려냈음을 깨닫게 된다. 분노를 누
그러뜨린 알렉산더는 그림을 가진 대신 캄파스페를 아펠레스의 품에 넘
겨준다. 이런 '알렉산더대왕과 아펠레스 이야기'에 르네상스 화가들이
매혹된 이유는, 그것이 그들이 생각하는 '이상적인 후원자(patron)-화가
관계'를 표상한다고 여긴 때문이었다.[20] 그래서 많은 화가가 이 주제로
그림을 그렸으며, 벨라스케스와 동시대인이었던 플랑드르 화가 빌럼 반
헤흐트(Willem van Haecht, 1593~1637)의 「캄파스페를 그리는 아펠레스」
(Apelles malt Campaspe)가 보여주듯이, 그런 경향은 르네상스를 넘어서
벨라스케스 시대에도 이어지고 있었다.

　물론 「시녀들」에서 '왕의 방문' 테마가 선명하지 않은 것은 사실이다.
「시녀들」에서 일어나는 일은 '왕'의 방문이 아니라 '왕과 왕비'의 방문이
며, 방문한 그들은 화면 내부가 아니라 그 외부에 현존이 함축되고 있을
뿐이다. 그럼에도 불구하고 「시녀들」이 '아펠레스 일화'를 수용하고 있
는 것은 세부에서 확인된다. 예컨대 벨라스케스의 팔레트를 보라. 거기
엔 빨강색, 검정색, 노랑색, 그리고 흰색의 물감이 묻어 있다. 이 네가지
색은 '아펠레스의 네가지 색깔'로 불리며, 플리니우스는 『박물지』에서
(아펠레스를 비롯하여 고대의 여러 뛰어난) "이런 화가들은 네가지 색만

_____

20 산티아고 기사단의 기장을 벨라스케스 사후에 「시녀들」 속 그의 가슴에 그려 넣게 했던 펠
　리페 4세는 벨라스케스에게 알렉산더대왕 못지않은 좋은 후원자가 되어준 셈인데, 그것은
　펠리페 4세 편에서는 자신을 알렉산더대왕과 동일시하는 행위였을 수도 있다.

1-5. 빌럼 반 헤흐트 「캄파스페를 그리는 아펠레스」 c. 1630, 105×149cm, 헤이그 마우리츠호이스 미술관

으로도 불멸의 작품을 그려냈다"(Quattuor coloribus solis immortalia illa opera fecere)고 말했다. 그림의 구성방식에서도 아펠레스 일화는 심층적으로 수용되고 있다. 방금 아펠레스 일화가 얼마나 당대 회화에서 널리 수용된 주제였는지와 관련해서 반 헤흐트의 「캄파스페를 그리는 아펠레스」를 인용한 바 있다. 그런데 「시녀들」은 마치 반 헤흐트의 그림을 상당히 깊게 논구한 듯이 보이는 면마저 있다. 그렇게 판단되는 이유는 「시녀들」이 화제(畵題)를 넘어서 화면 구성이나 화가의 작업실 특성에서도 「캄파스페를 그리는 아펠레스」와 뚜렷한 연속성을 보이기 때문이다. 천장과 윗벽, 문과 뒷벽, 바닥으로 나뉘는 화면, 그리고 오른쪽 뒤편의 열린 문으로 소실점이 형성되는 원근법적 구도가 그렇고, 반 헤흐트의 그림만큼은 아니지만 수집된 회화가 벽면에 여럿 걸려 있는 것도 그렇다. 그리고 걸려 있는 수집품의 규모로 짐작컨대 그 공간이 화가 자신이 소유한 작업

1-6. 페테르 루벤스 「아라크네를 징벌하는 아테네」, 1636~37, 26.67×38.1cm, 버지니아 미술관

실이라기보다는 화가를 고용한 사람[21]이 소유한 공간이라는 점도 「시녀들」과 「캄파스페를 그리는 아펠레스」의 공통점이다.

  하지만 반 헤흐트의 그림과 「시녀들」 사이의 영향 관계뿐 아니라 차이점에도 주목할 필요가 있다. 코르넬리스 반 데르 헤이스트의 수집품을 펼쳐 보이려는 반 헤흐트와 달리 벨라스케스는 펠리페 4세의 수집품 가운데 뒷벽에 걸린 두 작품에 특별히 초점을 부여하려고 했던 것 같다. 지금은 많이 흐릿해져서 분명하게 식별되지 않는 두 작품은 벨라스케스의 사위이자 후임 궁정화가가 된 후안 바우티스타 마르티네스 델 마소(Juan

---

21 반 헤흐트의 경우, 안트베르펜의 부유한 향신료 상인인 코르넬리스 반 데르 헤이스트로 알려져 있으며, 반 헤흐트는 반 데르 헤이스트가 수집한 그림이 잔뜩 걸려 있는 방을 그린 「코르넬리스 반 데르 헤이스트의 갤러리」도 그린 바 있다. 그리고 「시녀들」이 그려지고 있는 공간은 이미 지적했듯이 벨라스케스 소유의 공간이 아니라 마드리드 알카사르 안에 있는, 왕자가 죽기 전에 썼던 방이다.

1-7. 야코프 요르단스 「판을 이긴 아폴로」, 1636~38, 180×270cm, 프라도 미술관

Bautista Martínez del Mazo, ?1612~67)가 복제한 그림들로 알려져 있다. 복제 대상이 된 그림 가운데 왼편 그림은 루벤스의 「아라크네를 징벌하는 아테네」(Minerva Punishing Arachne)이고, 오른편 그림은 야코프 요르단스(Jacob Jordaens, 1593~1678)의 「판을 이긴 아폴로」(Apolo vencedor de Pan)이다. 후자는 현재 프라도에 전시되어 있지만, 전자는 없어졌고 남은 것은 유화 작업을 위한 작은 스케치 판본뿐이다.[22]

두 그림 모두 신에 대한 예술가의 도전을 주제로 삼는다. 아폴로와 판의 대결에서는 판의 아울로스(고대의 피리) 연주가 아폴로의 리라(칠현금) 연주보다 낫다고 판단한 미다스가 징벌을 받고(이 그림 자체는 미다스가 징치되는 장면이 아니라 트몰로스가 아폴로의 승리를 선언하는 장면

---

22 「시녀들」이 그려진 방의 건축적 구조와 거기에 전시되었던 펠리페 4세 수집 회화에 대한 상세한 논의는 Moffitt, 앞의 글 참조.

이기는 하다), 아라크네는 아테네를 능가하는 직물을 짜지만, 신들을 웃음거리로 만들기 위해서 직물에 신들의 불륜을 수놓았고, 그것에 분노한 아테네로부터 징벌을 받는다.[23] 하지만 여기엔 인간이 신을 능가하는 길로서의 예술이 표상되고 있다. 예술가들은 신에게 승리를 거둔다. 그 결과 신들에 의해서 파괴될 수도 있지만, 그래도 예술이 파괴되는 것은 아니다. 벨라스케스는 자신이 그리는 「시녀들」 또한 루벤스의 그림처럼 후대의 화가들에 의해서 모사될 것이며, 또 그렇게 궁정 벽에 걸릴 것임을 믿고 있는 듯하다.

「시녀들」 또는 왕가의 초상화

이제 「시녀들」을 왕가에 대한 그림으로 보는 다른 갈래의 해석을 시도해보자. 즉, 화가의 작업실에 출현한 것이 왕이 아니고 '왕과 왕비'임에 주목해보자. 만일 「시녀들」이 아펠레스 일화만을 참조한 것이었다면, 왕비가 등장할 필요가 없다. 하지만 이미 지적했듯이, 소실점에 위치한 니에토는 왕비의 현존을, 그리고 왕비는 왕의 현존을 함축한다. 그러니 「시녀들」이 아펠레스 일화에 한 발 걸치고 있지만, 왕과 왕비의 방문은 벨라

---

23 아라크네 이야기는 프라도에 전시된 벨라스케스의 또다른 걸작 「직녀들」(Las Hilanderas, 1657)의 테마이기도 하다. 티치아노의 「에우로페를 납치하는 제우스」의 루벤스 모작이 마드리드 궁정에 소장되어 있었다(현재 프라도에 전시되고 있다). 이 루벤스 모작을 태피스트리로 짜는 작업을 그린 그림이 「직녀들」이다. 태피스트리를 위한 밑그림(루벤스의 모작의 모작)을 그린 것은 벨라스케스라고 할 수 있다. 모작의 연쇄를 다룬 이 걸작은 구도와 구성면에서 「시녀들」과 깊은 상관성을 가지며, 그래서 종종 함께 분석되기도 한다. 벨라스케스의 작품들 사이의 관계라는 관점에서 「시녀들」을 본다면, 「시녀들」은 그 이전 숱한 작품들에서 실험된 것의 거의 완전한 종합이자 그 정점에 있는 작품이라고 할 수 있다.

스케스를 보러 온 것이 아니라 공주를 보러 온 것으로 볼 수 있다. 더구나 전체 그림의 중심에는 밝은 빛의 옷을 입은 마르가리타 공주가 있다. 그림 속의 모든 시녀는 공주를 중심으로 공전하고 있는 셈이다. 따라서 우리는 후대에 붙여진 제목에 현혹되지 말고 「시녀들」을 왕가의 초상화로 조명할 필요가 있다.

왕과 왕비(펠리페 4세의 두번째 부인) 그리고 공주로 구조화된 「시녀들」을 이해하기 위해서는 「시녀들」이 그려지던 방의 '원래' 주인이었던 발타사르 카를로스 왕자와 펠리페 4세 그리고 그의 첫번째 부인이 등장했던 그림, 「승마학교의 발타사르 카를로스 왕자」(La lección de equitación del príncipe Baltasar Carlos)를 살펴볼 필요가 있다. 이 그림에서 왕과 왕비는 멀리 테라스에서 승마술을 배우는 왕자를 바라보고 있다. 여기엔 왕가의 미래인 자식이 잘 자라기를 바라는 염원 같은 것이 스며 있고, 부모란 멀리서 후견하는 것이 마땅하다는 태도도 드러나 있다.

하지만 이 그림을 그린 뒤 20년 뒤에 「시녀들」을 그리는 벨라스케스에게는 스페인 합스부르크왕조를 바라보는 태도에 어떤 변화가 감지되는 듯하거니와, 그 차이는 내 보기에 마르가리타 공주의 응시에 드러나 있다. 사실 「시녀들」에 어떤 스냅숏과 같은 현실감을 부여하는 가장 중요한 요소는 마르가리타 공주의 자세와 몸짓 그리고 무엇보다 결정적인 것으로서 그녀의 응시라고 할 수 있다. 우리는 그 응시가 누구를 향한 것인지는 추정할 수 있었다. 그런데 눈은 외부를 보는 기관일 뿐 아니라 내면을 보여주는 기관이기도 하다. 그러므로 우리는 마르가리타의 응시에 드러난 내면 상태가 어떤 것인지 물을 수 있는데, 이 점에 대해 앞에서 이미 "놀라움과 가벼운 당혹"이라고 지적한 바 있다. 과연 그런 것일까? 공주의 표정은 보기에 따라서는 무심해 보일 수도 있다. 하지만 그러기엔 약

간 붉은빛을 띠며 굳어진 듯한 공주 볼은 '가벼운 당혹'이라는 해석을 지지하는 듯이 보인다. 물론 확언은 어렵다. 그래도 그것이 부모의 출현에 "놀라워하는 동시에 반가워하는" 아이의 눈빛이라고 하기는 어려워 보인다.[24] 반가워하지 않는다면, 그 이유는 무엇일까?

그 의미를 생각해보기 위해 「승마학교의 발타사르 카를로스 왕자」를 응시의 관점에서 다시 보자. 이 그림 속에서 왕자는 말을 달려서 나아갈 자기 앞(의 세계)을 응시한다. 그리고 왕과 왕비는 그런 왕자를 멀리서 응시한다. 아주 간명한 구도이고, 그런 단순함에는 부모로서의 평범함과 아들의 자연스러움 그리고 왕가의 가벼운 자신감이 스미어 있다. 하지만 「시녀들」에서 왕과 왕비는 거울의 이미지를 통해서이지만 한참 뒤에서 공주를 바라보고 있는 동시에 화면 외부로부터 나타나 공주를 본다. (캔버스에) 그려진 부모/군주를 보는 딸/공주를 (거울을 매개로) 그려진 부모/군주가 보는 원환적 관계 속에 실제의 부모/군주가 개입하는 것이다. 그려진 부모는 당연히 회화적 이상화(idealization) 작업을 거친 상징적 부모(부모다움을 정의하는 상징에 부합하게 그려진 부모)이고, 그려진 왕과 왕비는 위엄(majesty) 있게 군림한 상징적 군주이다. 이에 비해 실제의 부모/군주는 한편으로는 생로병사의 시름에, 다른 한편으로는 반란과 전쟁의 위협에 시달리는 존재이다. 그러므로 공주의 응시에 서린 당혹, 그려진 왕과 왕비라는 안온한 상징의 세계로 들어왔다가 갑자기 실재와 조우한 것에서 온 당혹은 상징과 실재 사이의 간극, 예술의 황금기였던

---

24 공주의 표정은 내 해석과 달리 부모의 출현에 놀랐지만 '아직' 반가워하기 전의 표정으로 볼 수도 있다. 그러나 나는 그럴 개연성은 낮다고 본다. 쥐 실험에 의하면, 시지각이 감정을 관장한 편도체의 반응을 유발하는 데 걸리는 시간은 약 0.012초밖에 걸리지 않는다. 우리의 경험에서 이런 속도는 "동시적"인 것에 가깝다.

1-8. 디에고 벨라스케스 「승마학교의 발타사르 카를로스 왕자」, 1636, 144.2×97cm, 월러스 가문 컬렉션

스페인의 17세기가 정치·경제적으로는 몰락의 시기였다는 간극에 대응한다고 할 수 있다. 다시 말해 펠리페 4세 시대는 스페인 합스부르크 '왕가'의 위기이자 '제국'의 위기라는 이중적 위기, 뫼비우스의 띠처럼 서로 연결된 위기에 시달리고 있었다. 우선 이 문제를 띠의 안쪽 면에서부터 살펴보자. 그러기 위해서는 유럽사에서 대단한 명성을 남긴 합스부르크가에 대해 조금 더 알 필요가 있다.

합스부르크 가문은 취리히 인근 지역에 세워진 요새 합스부르크("매의 성"이라는 뜻이다)를 중심으로 11세기 중엽부터 발흥한 가문이다. 합스부르크 가문에 약간의 무훈이 없지는 않으나 그들이 가장 뛰어난 재주를 보인 것은 봉건적인 '결혼 비즈니스'를 통해 영토와 (왕위는 물론이고 신성로마제국의 황제 자리까지 포함한) 작위를 획득하는 것이었다. 13세기 말 이 가문의 루돌프 폰 합스부르크는 친척관계에 있었던 독일 지역의 몇몇 왕가(예컨대 호엔촐레른가)와의 동맹에 기초해서 '독일의 왕'에 등극한다. 왕가가 된 합스부르크는 이어지는 일련의 혼인관계를 통해 샤를마뉴대제만큼 방대한 유럽 영토에 아메리카 식민지까지 더한 대제국으로 발돋움했다.

이 왕가의 사람으로서 신성로마제국의 황제이기도 했던 카를 5세(Karl V, 1500~58. 스페인 왕으로서는 카를로스 1세이다)는 이렇게 칭해진다. "카를, 하느님의 은혜로 신성로마 황제, 영원한 아우구스투스이자, 독일의 왕, 이탈리아, 카스티야, 아라곤, 레온, 시칠리아, 예루살렘, 나바라, 그라나다, 톨레도, 발렌시아, 갈리시아, 마요르카, 세비야, 사르데냐, 코르도바, 코르시카, 무르시아, 하엔, 알가르베스, 알헤시라스, 지브롤터, 카나리아제도, 서인도 및 동인도 제도, 대양의 섬들과 본토 등등의 왕이며, 오스트리아의 대공이시고…" 이것에 이어 플랑드르를 비롯한 숱한 그의 공작령들이

한참 동안 거명되고, 다음으로 후작이나 백작으로서 권리를 가진 영토들이 이어진다.[25]

결혼을 통한 제국의 확장을 위해서는 한편으로는 세력이 큰 다른 왕가와의 혼인이 필요하지만(그래야 동맹관계를 통해 권력을 가질 수 있는 동시에, 혼인관계를 맺은 왕가의 계승 위기가 발생할 경우, 그 상황에 개입해서 계승권이나 지분을 주장할 수 있다), 다른 한편으로는 금세 크게 불어날 왕가의 자손들로 영토가 자잘하게 분할 상속되는 것을 제어해야 한다. 후자를 위해 합스부르크가는 근친혼에 자주 의존했다. 비근한 예로 카를로스 1세나 펠리페 3세는 사촌과, 펠리페 2세는 조카와 결혼했다. 통상의 가계도는 넓게 퍼져나가는 개방적인 형태를 띠는 데 반해, 합스부르크가의 가계도는 뻗어가던 가지가 다시 안쪽으로 연결되는 매우 폐쇄적인 형태로 그려진다. 그런 형태가 그려지는 것은 근친혼 때문인데, 그 덕분에 영토의 응집성은 유지했지만, 대신 엄청난 댓가를 치러야 했다. 합스부르크가 사람들은 유전질환에 시달렸으며, 가장 대표적인 증상이 주걱턱(하악전돌증)이었다. 그들 중 일부는 주걱턱이 너무 심해서 부정교합으로 식사에 어려움을 겪었고 그 결과 위장장애로 고생하기도 했다. 다른 일부는 첨두증이나 뇌전증 같은 더 심한 병도 앓았으며, 체질적 허

---

25 결혼을 통한 제국 형성이 지금 우리 눈에는 기괴해 보인다. 국가 같은 최고의 공적 기관과 영토가 사적 상속 대상이 된다는 것이 지금의 세계관으로는 잘 이해가 되지 않기 때문이다(중국의 어느 가문이 우리나라 경상도를 상속받는다거나, 우리 사회 어떤 가문이 일본의 어느 가문과의 혼인관계를 기초로 홋카이도를 상속받는 것을 상상하기는 어렵다). 하지만 오늘날에도 거대한 기업들의 소유권과 지분이 결혼과 상속을 통해 변동하는 것은 흔한 일이며, 우리 사회 재벌은 사실상 중세적 가문과 다름없이 활동하지만, 그것을 우리는 '당연시' 한다. 이런 사실은, 현재의 우리도 어떤 면에서는 유럽 중세인들과 크게 다르지 않은 면이 있다는 것이고, 또 언젠가 시간이 지나면 거대 기업의 소유권이 결혼과 상속을 통해 이렇게 저렇게 나뉘고 이전되고 합쳐지는 지금의 관행이 생각조차 할 수 없는 한심한 짓거리로 보이는 세상이 올 수도 있음을 뜻한다.

약함에 시달리다가 요절하는 경우가 아주 많았다.

펠리페 4세도 건강한 편은 아니었으나, 합스부르크가의 일원치고는 괜찮은 편이었다. 하지만 건강한 후손을 얻는 데 큰 어려움을 겪었다. 왕은 30여명의 혼외 자녀를 둘 정도로 문란했지만, 적통 자녀들은 하나같이 허약했다. 1644년에 죽은 첫 부인, 프랑스의 엘리자베스 왕비와의 사이에 여덟명의 아이가 있었지만, 여섯명의 아이가 태어난 지 얼마 안 되어 죽었고, 왕자였던 발타사르는 열일곱살에 죽었다. 루이 14세와 혼인하게 되는 막내딸 마리아 테레사만이 쉰살까지 살았다. 펠리페 4세의 둘째 부인 마리아나는 애초에 왕자 발타사르의 왕비로 예정되었던 자신의 조카딸이었다. 왕자도 죽고 첫 부인도 죽자, 펠리페 4세는 마리아나와 결혼했다. 그녀와의 사이에서 태어난 첫 아이가 바로 「시녀들」의 마르가리타 공주이다. 그러므로 마르가리타 공주가 왕과 왕비에게 차지하는 심리적 비중이 얼마나 컸을지 짐작할 수 있다. 그녀는 왕조 계승의 '희망'이었지만 동시에 '불안한' 희망이었다. 어린 소녀에게는 병약한 부모의 불안한 희망이 아마도 불편하고 힘겨웠을 것이고, 그런 심리적 어려움이 「시녀들」 속 공주의 모호한 눈빛의 한 원인이었을 것이다.

마리아나 왕비는 마르가리타 공주 이후 딸과 아들을 둘 더 낳았지만, 모두 요절했다. 그리고 마지막으로 낳은 아들이 마침내 왕위계승을 이뤘다. 그가 카를로스 2세이다(앞서 지적했듯이, 신성로마제국의 황제 카를 5세는 스페인 왕으로서는 카를로스 1세였으므로, 신성로마제국의 황제가 아니었던 펠리페 4세의 아들은 카를로스 2세가 된다). 합스부르크가에서 가장 허약하고 심한 정신적 질환에 시달렸고 그래서 '넋 나간 자'(El Hechizado)란 별칭을 얻었던 그를 끝으로 스페인 합스부르크가의 남성 가계는 단절되고 만다.[26]

이런 왕가의 상황을 생각하면, 「시녀들」에 나타난 일견 평범한 왕가의 일상은 '겨우' 유지되는 것이었으며, 거기에 은밀히 스민 분위기는 몰락과 데카당스임을 알 수 있다. 하지만 동시에 「시녀들」은 그 이전부터 그 이후까지 계속해서 그녀를 그렸고, 그녀의 운명을 예감했던(그녀는 오스트리아 합스부르크 가문으로 시집가서 스물둘에 요절했다) 벨라스케스가 그녀의 가장 아름다운 한때를 기록(하고자)한 것일 수도 있다. 「시녀들」은 다섯살이었던 마르가리타 공주를 그리고 있는데, 그것이 그녀에게는 주걱턱이 나오기 전 마지막 초상화였다.

「시녀들」의 세계경제

스페인이 세계사의 무대에 화려하게 등장한 것은 카스티야의 여왕 이사벨과 아라곤의 왕 페르난도 2세가 혼인한 뒤 그라나다에서 레콩키스타를 완료하고 콜럼버스를 신대륙에 보낸 1492년을 기점으로 해서이

---

26 「시녀들」을 왕가의 초상화로 본다면, 당시 열여덟살이었던 마리아 테레사의 부재에 주목할 필요가 있다. 「시녀들」이 그려질 때, 프랑스-스페인 전쟁(1635~59)을 끝내는 양국의 강화조약 조건이 맺어졌고, 그 강화조약의 일환으로 펠리페 4세의 딸 마리아 테레사와 루이 14세의 결혼이 예정되어 있었다. 펠리페 4세는 이런 상황에서 스페인 왕위계승권을 마르가리타 공주에게 주기로 결정했고, 「시녀들」은 이런 결정을 가시화하고 있다고 할 수 있다. 그러나 이런 결정은 두말할 나위 없이 불안정한 것이었다. 알려져 있듯이, 루이 14세의 재상 마자랭은 스페인의 왕위계승이 위기에 처할 것을 염두에 두고 마리아 테레사 공주와 루이 14세의 결혼을 프랑스와 스페인의 강화조약 조건에 집어넣었다. 마자랭의 예상대로 카를로스 2세가 후사 없이 죽음으로써 왕위계승 위기가 현실화되자, 프랑스 왕정은 스페인에 대한 왕위계승권을 주장했다. 결국 루이 14세와 마리아 테레사의 손자인 앙주의 필리프 공작이 스페인의 군주 펠리페 5세(Felipe V, 1683~1746)가 되었다. 이로써 스페인 왕가가 합스부르크에서 부르봉으로 전환된 것이다.

다. 그리고 스페인이 합스부르크가의 손에 들어간 것은 이사벨 여왕과 페르난도 왕의 막내딸이자 유일하게 남은 왕위계승권자인 '미친 후아나'(Juana la Loca)가 합스부르크가의 펠리페 1세와 혼인함으로써이다. 하지만 거대한 제국이 된 스페인 합스부르크가가 세계경제의 중심을 차지했던 기간은 15세기 말~16세기 전반부의 대략 60여년으로 매우 짧다. 그 과정을 이매뉴얼 월러스틴(Immanuel Wallerstein, 1930~2019)은 『세계체제론』 1권 4장 제목으로 간결하게 요약한다. "세비야에서 암스테르담까지: 제국의 실패."

스페인은 레콩키스타에 기초해서 세워졌기 때문에 봉건제가 발달한 나라는 아니었다. 따라서 근대적 국가로 발전하기 위한 장애(봉건귀족의 저항)는 별로 없었다. 하지만 스페인은 그런 기회를 살리면서 발전해나가지 못하고 유럽 내 반주변부로 전락했다. 거대한 제국, 더구나 엄청난 양의 귀금속이 아메리카로부터 쏟아져 들어오던 제국이 허약해져간 이유를 이해하기는 어렵지 않다. 늘 그렇듯이 거대한 제국이 유지되고 힘을 팽창하기 위해서는 세계 지배의 성과를 분배받는 동시에 생산성 높은 산업을 운영하는 상공인집단, 이런 집단으로부터 걷을 수 있는 조세에 기반을 둔 관료제와 군대의 확장과 발전이 필요하다. 다시 말해 강한 국가기구와 강한 자본가집단 간의 상호강화적 발전이 필요하다. 그런데 스페인은 이런 요소를 갖추지 못했다. 오히려 커다란 영토는 제국의 헐거움을 뜻할 뿐이었다. 스페인과 신대륙 무역의 중심인 세비야와 카스티야를 잇는 경로에서는 제국이 생기와 응집력을 유지했지만, 이베리아반도의 나머지 부분은 그런 과정에서 소외되어 있었고 또 무관심했다. 국내 산업이 네트워크를 이루며 발전하지 않았고, 국가재정이 푸거 가문이나 제노바 상인집단 같은 국제적 금융세력에 깊이 의존했다. 스페인 군주는

유럽 전역에서 벌이는 제국주의적 군사활동을 위해 그들에게 손을 벌렸고, 그들은 식민지 광산을 장악하기 위해 스페인 왕가에 점점 더 많은 돈을 대부했다. 그래서 세비야로 흘러든 아메리카의 귀금속은 대출금 상환과 그외 무역대금 지급을 위해 신속히 스페인 밖으로 빠져나갔다. 이런 상황에 대해 발타사르 그라시안(Baltasar Gracián, 1601~58)은 「시녀들」과 거의 동시대에 출간한 『비판자』(El Criticón)에서 "만일 플랑드르라는 배수로, 이탈리아라는 출혈, 프랑스라는 배수구, 그리고 제노바라는 거머리가 없었다면, 오늘날 스페인의 도시는 모두 금으로 도배되고 은으로 둘러싸이지 않았겠는가?"[27]라고 적었다.

카를로스 1세가 퇴위하자 제국은 쪼개졌다. 스페인과 아메리카대륙은 아들인 펠리페 2세가 물려받았지만, 중부유럽의 영토와 신성로마제국의 황제 자리는 동생인 페르디난트 1세에게 넘겨졌다. 그리고 카를로스 1세는 아들에게 3600만 두카트[28]의 채무를 남겼고, 펠리페 2세는 제위를 물려받은 이듬해 파산을 선고할 수밖에 없었다(그는 제국주의적 전쟁 비즈니스 때문에 그 이후에도 세번이나 더 파산한다). 그는 오스만튀르크와

---

27 Byron Ellsworth Hamann, "Interventions: The Mirrors of Las Meninas: Cochineal, Silver, and Clay," *The Art Bulletin*, Vol. 92, No. 1/2 (Mar–Jun 2010), p. 18에서 재인용. 이 절의 논의는 이 글과 Geoffrey Waite, "Lenin in Las Meninas: An Essay in Historical-Materialist Vision," *History and Theory*, Vol. 25, No. 3 (1986), pp. 248~85, 그리고 이매뉴얼 월러스틴 『근대세계체제 1』, 나종일 외 옮김, 까치 1999에 의존하고 있다.

28 르네상스 시기에 널리 쓰인 베네치아 두카트의 경우, 1두카트는 금 3.545그램이다. 한돈이 3.75그램이니, 한돈보다 약간 적은 양의 금이고, 3600만 두카트는 약 12.8톤의 금화이다. 아메리카 귀금속의 지속적인 유입으로 두카트의 가치는 계속해서 하락했을 것이다(이런 현상, 즉 16세기 내내 그리고 17세기 초까지 이어졌던 지속적 인플레이션 현상을 역사학자들은 '가격혁명'이라고 부른다). 그러므로 뒤에 펠리페 4세 시대의 경제 상황을 언급하기 위해서 제시되는 17세기 중엽의 두카트 가치는 16세기 중엽 펠리페 2세 시대와 상당한 차이가 있다고 보아야 할 것이다.

대결한 레판토해전에서의 승리(1571) 같은 무훈과 포르투갈 합병(1581) 같은 성공을 거두기도 했다. 하지만 카토-캉브레시 강화조약(1559)으로 끝난 프랑스와의 전쟁으로 인한 재정 악화, 그리고 네덜란드의 반란, 영국과의 칼레해전에서의 패배 등을 겪으며 그의 제국은 금세 수축의 길로 접어들었다.

17세기 전반기는 한편으로는 유럽 전체의 심각한 경제적 후퇴기였고, 30년전쟁(1618~48)의 시기였다. 30년전쟁은 펠리페 2세 시기에 시작된 네덜란드 반란의 귀결이었다. 이 전쟁 결과로 스페인은 네덜란드 북부 연합주를 상실했는데, 30년전쟁 이전부터 이미 암스테르담이 세계경제의 중심지로 자리잡았음을 생각하면, 스페인이 30년전쟁으로 네덜란드 북부를 잃는 것은 예정된 과정이었다고 해도 과언이 아니다. 아무튼, 유럽 경제 전반의 수축 상황 속에서 1621년에 즉위해서, 30년전쟁은 물론이고 프랑스와의 전쟁, 그리고 포르투갈의 저항과 카탈루냐의 반란을 진압해야 했던 펠리페 4세가 세번의 파산(1627, 1647, 1652)을 겪은 일은 그렇게 놀라운 일은 아니다.

실제로 1650년대 마드리드 왕정의 재정은 매우 어려웠다. 당대 기록에 의하면, 매년 왕실에 필요한 경비는 2700만 두카트인데, 수입은 600만 두카트에 지나지 않았다고 한다. 궁정의 빈곤은 「시녀들」에도 넌지시 드러나 있다. 「시녀들」의 천장 상들리에에는 초가 없다. 당대의 양초값은 빵값의 3배였고, 양초와 함께 태우는 향료는 빵값의 16배였다. 그리고 마드리드 알카사르의 상들리에는 7000~8000개에 이르렀다. 이런 사실은 궁정 상들리에에 넉넉하게 초를 꽂는 데 필요한 예산이 만만치 않음을 말해주긴 하지만, 그렇다 해도 상들리에에 꽂을 초가 모자란 스페인 궁정은 영광의 정오가 이미 오래전에 지나버린 곳임을 뜻하기도 한다.[29]

그러나 「시녀들」은 예술을 애호한 펠리페 4세의 취향, 그리고 어려운 시절에도 궁정인들(courtiers)의 운명과도 같은 과시적 소비취향을 잘 드러내고 있다. 궁정의 곤궁은 은밀하고 흐릿하게 묘사된 반면, 화려함을 과시하는 소품들은 눈길을 끌 수 있게 그려져 있다. 특히 다음 세가지 물품이 주목할 만하다. 거울 속 왕과 왕비의 오른편에 드리운 붉은색 커튼, 도냐 마리아가 마르가리타 공주에게 건네주는 붉은색 세라믹 병, 그리고 그것을 받치고 있는 은쟁반.

붉은색 커튼은 거울 속뿐 아니라 니에토가 서 있는 문에도 드리워져 있는데, 「시녀들」에 그려진 방의 커튼은 여름용 직물인 타페탄 카르메시(tafetan carmesí)다. 타페탄은 얇게 짜인 비단의 일종이고, 카르메시는 아메리카대륙에 서식하는 노팔선인장에 붙어사는 연지벌레로부터 추출한 염료인 코치닐(cochineal)로 물들인 천을 가리킨다. 코치닐 염료는 유럽에서 대단한 인기를 끌었다. 1560~1600년 기간 동안 세비야로 들어온 코치닐 수입량은 연평균 18만 3000파운드였고, 18세기 중엽에는 연평균 44만 1000파운드에 이른다. 타페탄 카르메시는 코치닐 염료로 물들인 대단히 비싼 비단이었다.[30] 왕과 왕비가 등장하는 거울상에 왕과 왕비를 치장하는 유일한 요소가 타페탄 카르메시라는 것은, 그것이 벨라스케스에 의해 신중하게 선택된 것임을 뜻하며, 그렇게 선택된 이유는 충분한 과시적 가치를 지닌 것이었기 때문이다.

---

29 펠리페 4세 궁정의 경제적 곤궁을 보여주는 사례는 많다. 예컨대 벨라스케스가 사망했을 때 그의 급료는 17개월이 연체된 상황이었다. 당연하게도 급료가 연체된 신하가 벨라스케스만은 아니었다.

30 코치닐 염료가 낯설게 느껴질 수도 있지만, 코치닐 염료는 오늘날에도 직물 염료, 립스틱 색소, 심지어 딸기우유의 붉은색을 내는 색소로 사용되고 있다(요즘은 채식주의자들의 항의로 딸기우유에는 토마토에서 추출한 리코펜을 색소로 사용하는 경우가 많다).

1-9. 「시녀들」 세부

다음으로 앙증맞은 붉은색 병을 보자. 이것은 부카로(búcaro)이다. 지금은 그저 '병(瓶)'을 뜻하는 말이지만, 17세기에는 "곱고 향내 나는 진흙으로 빚은 그릇"으로 정의되었다. 그 병에 물을 담아 마시면 물이 향긋해지고 건강에도 좋다고 여겨졌다. 그릇에서 나는 향내 면에서 최고이고 밝은 붉은색 광택이 좋은 최고 품질의 것은 중부 아메리카의 과달라하라산(産)이었다. 「시녀들」에 그려진 부카로의 고운 빛깔은 그것이 과달라하라산임을 말해준다.

그리고 마지막으로 은쟁반은 현재 볼리비아 영토인 포토시(Potosí) 지역에서 은괴로 들어온 것을 세비야나 마드리드에서 쟁반으로 가공한 것이다. 아메리카대륙의 금과 은은 유럽사를 근본적으로 바꾼 세계사적인 상품이다. 그런 금과 은을 스페인 정복자들은 처음에는 아스테카왕국이나 잉카제국의 사람들이 제식용으로 쓰던 것을 뺏고 거둠으로써 얻었지만, 그런 금과 은은 급속히 고갈되었다. 유럽인들은 금과 은을 얻기 위해 점점 더 깊이 땅속으로 파고들어가야 했는데, 그런 노동을 감당한 것은 처음에는 아메리카 원주민, 나중에는 주로 흑인 노예들이었다. 개발된 광산들도 자주 고갈되었지만, 18세기까지 채굴될 정도로 거대한 은광

이 발견됨으로써 고갈이 중단되었거니와, 그것이 1545년에 발견된 당시 세계 최대 규모였던 포토시 은광이었다. 같은 시기에 아말감 제련법[31]이 발명되고 적용된 것도 생산성 향상에 큰 도움이 되었다. 아말감 제련법을 활용한 포토시 은광 덕에 1650년대에 아메리카에서 생산된 은은 연간 100만 파운드에 이르렀다고 한다.[32] 하지만 이미 지적했듯이, 스페인은 아메리카의 귀금속이 유럽으로 들어오는 관문이었지만, 그 귀금속은 들어오는 속도보다 더 빨리 스페인 밖으로 빠져나갔다. 그래서 은화 부족에 시달렸던 펠리페 4세는 은쟁반을 조폐국에 제출하면 동전으로 바꿔주는 법을 제정하기도 했다. 펠리페 4세 왕정의 파산과 재정위기를 생각하면, 「시녀들」의 은쟁반은 화폐 주조의 위험을 가까스로 피한 물건이라고 해도 과언이 아니다.

지금 우리들은 예술사가의 도움을 얻고서야 부카로와 은쟁반과 코치닐 염색 커튼을 알아보지만, 당대에 이 그림을 본 스페인 사람들 또는 유럽인들은 모두 그런 세부를 즉각적으로 알아보았다(부카로를 검색해보면, 그 시대 정물화에서 부카로가 얼마나 즐겨 다뤄졌는지 쉽게 알 수 있다. 마드리드를 방문한다면 '아메리카 박물관'Museo de America에서 다양한 형태의 부카로를 볼 수 있다). 마치 지금 우리가 몇년 전에 그려진 초상화 속의 어린 소녀가 아이폰 4s나 닌텐도게임기를 쥐고 있다면, 그것이

---

31 잘게 빻은 금이나 은이 포함된 광석을 수은과 섞으면 금이나 은과 수은 사이의 합금이 형성된다. 이 합금을 아말감이라고 하는데, 그것을 가열해서 수은을 제거하면 금이나 은을 얻을 수 있다. 이러한 방식을 아말감 제련법이라고 한다.

32 세비야로 들어온 은은 정부에 등록을 해야 했는데, 카를로 치폴라가 지적했듯이 등록되지 않고 몰래 들어온 은이 너무 많았다(그래서 1660년에는 아예 등록제가 폐지된다). 따라서 유럽으로 유입된 은의 규모에 대한 정확한 통계를 작성하기는 매우 어렵다. 카를로 M. 치폴라 『스페인 은의 세계사: 1500~1800년, 아메리카의 은은 역사를 어떻게 바꾸었는가?』, 장문석 옮김, 미지북스 2015 참조.

무엇을 의미하는지 금세 알아볼 수 있는 것처럼 말이다.

「시녀들」 안에서 이 세가지 품목은 한편으로는 스페인 왕정이 선망의 대상이 되는 물건을 소비할 능력이 있다는 것을 과시하고 있으며, 벨라스케스, 스페인 궁정인들, 그리고 당대 스페인 사람들이 품었던 "상상의 지리학"을 표상하고 있기도 하다. 17세기 판 지구화 속에서 그들의 생활 감각은 이렇게 대서양 항해와 아메리카에서의 노동과 유기적으로 연결된 것이다. 지금도 그렇지만, 「시녀들」에 드러난 '멋진' 소비주의적 근대성의 이면은 전지구적으로 연결된 지저분하고 고통스러운 생산의 근대성이다. 코치닐 염료 커튼과 은쟁반과 세라믹 잔이 반짝거리며 등장하는 「시녀들」은 선인장에서 연지벌레를 채취하고, 과달라하라에서 점토로 세라믹 병을 빚고, 점점 깊은 땅속 광산에서 작업하며 아말감 제련에 쓰이는 수은에 노출되었던 아메리카 노동자들 또는 노예들의 초상화이기도 하다. 카를 맑스(Karl Marx, 1818~83)가 말했듯이, 모든 예술은 세계사적 노동의 산물이다. 「시녀들」을 그린 물감에서 거기 그려진 커튼을 물들인 코치닐 염료에 이르기까지, 모든 예술은 인간의 노동 그리고 그것과 언제나 얽혀 있는 착취와 결부되어 있다. 그리고 위대한 예술작품은 그것을 솔직하게 드러낸다. 그러므로 푸코가 그려낸 깔끔한 지식의 고고학은 탈식민주의적 해석학(또는 도상학)을 통해 보충되어야 한다.

「시녀들」 또는 바르볼라의 초상화

「시녀들」은 왕가의 초상화이고, 그 점에 대해서 지금까지 말했다. 하지만 「시녀들」은 무엇보다 '시녀들'이 아닌가? 「시녀들」은 스페인 왕실 소

장 미술품이 프라도로 공공화된 1843년 카탈로그에서 그렇게 명명된 이래로 그렇게 불리고 있지만, 그런 명칭을 얻은 경위는 불분명하다. 그럼에도 불구하고, '시녀들'이라는 명명 때문에 우리는 이 그림 속의 도냐 마리아 아우구스티나 사르미엔토, 도냐 이사벨 데 벨라스코, 수녀복을 입은 도냐 마르셀라 데 울로아, 그리고 난쟁이 여인 마리아 바르볼라(그리고 시 '녀'는 아니지만, 난쟁이 소년 니콜라스 페르투사토)에 주목하게 된다.

이들이 누구인지는 잘 알려져 있다. 문제는 이들이 여기에 왜 등장하는가이다. 이 그림을 그린 화가는 궁정화가이고, 왕가의 초상화가 아닌 한, 그가 이런 대작을 그려도 좋다는 허락을 받을 수는 없었을 것이다 (「시녀들」은 벨라스케스의 작품 가운데 크기가 가장 큰 작품이다). 그러므로 왕가의 초상화에 이들이 등장하는 이유에 대해 생각해볼 필요가 있다. 시녀들의 등장은 「시녀들」이 왕가의 초상화라는 사실과 부합하는가, 모순되는가?

우리 시대의 감수성에 비춰 보면, 「시녀들」 안에 가족은 왕과 왕비 그리고 마르가리타 공주로 구성된다. 부부와 미혼 자녀, 핵가족의 정의에 정확히 일치한다. 그러나 중세 또는 초기 근대적인 관점에서 보면, 가(家) 또는 가문(家門), 파밀리아(familia)는 지금과는 다르게 정의된다. 이미 지적했듯이, 중세 유럽의 세계관에서 파밀리아는 국가와도 명료하게 구별되지 않는다. 합스부르크가의 관점에서 보면, 국가 또한 가문의 재산, 즉 가산이다. 그리고 이런 가산의 인간적 형태는 가신이다. 그래서 왕가의 초상화인 「시녀들」이 후덥지근한 마드리드의 여름을 달랠 향긋한 냉수를 담고 있는 붉은빛의 부카로 같은 가산뿐 아니라 가신들을 포함하는 것이며, 왕족 이외의 귀족층(도냐 마리아, 도냐 이사벨, 도냐 마르셀라), 중간층 실무자(벨라스케스와 니에토 그리고 도냐 마르셀라를 호위하는 듯한 정체가 불분명한

기사), 그리고 최하층인 난쟁이 어릿광대까지 모두 「시녀들」 안에 등장하게 되는 것이다.

「시녀들」의 등장인물은 궁정생활의 한 장면을 그린 그림의 개연성을 높이기 위해 신중하게 선별된 이들이라고 볼 수 있다. 벨라스케스가 그린 발타사르 왕자 그림에는 재상 올리바레스 백공작(Conde-Duque)이 등장한다(「승마학교의 발타사르 카를로스 왕자」에서 오른편에 있는 인물이 올리바레스 백공작이다). 같은 논리로 「시녀들」에서는 도냐 마리아와 도냐 이사벨이 등장한다. 바르볼라와 페르투사토의 등장도 그렇다. 펠리페 4세의 궁정에 난쟁이(dwarf)와 어릿광대(buffoon)는 110명가량 되었다고 한다. 그래서 펠리페 4세의 초상화나 발타사르 왕자의 그림에는 또다른 난쟁이가 등장한다. 그러므로 「시녀들」에 등장하는 난쟁이는 궁정의 여러 난쟁이 가운데 마르가리타 공주의 측근이었다고 볼 수 있다.

그러므로 이 그림에 등장하는 인물들은 모두 그 자리에 모일 만한 개연성을 가진 인물이며, 그런 의미에서 '자연스럽다'. 하지만 벨라스케스가 그린 그림 가운데 이렇게 궁정사회의 계층적 축도를 구성하고 있는 그림, 그렇기 때문에 어느 정도는 스페인 사회의 계층적 축도이기도 한 그림은 「시녀들」뿐이다. 그는 자신이 왕족들과 나란히 서는 이 그림에 귀족 시녀들에 더해 난쟁이 둘을 초대하고 있는 셈이다. 이미 우리는 「시녀들」이 벨라스케스의 자기선양(self-enhancement)을 내포한 그림임을 살펴보았다. 그렇다면, 그런 그림에 벨라스케스는 어떤 의도로 난쟁이들도 함께 그렸던 것일까? 그리고 무엇보다 「시녀들」이 완성된 뒤, 바르볼라와 페르투사토는 그것을 보며 무엇을 느꼈을까?[33]

---

33 마지막 질문은 오스카 와일드 또한 품었던 것 같다. 그는 「시녀들」로부터 영감을 얻어 『공주의 생일』이라는 동화를 쓴 바 있다. 그렇지만 그는 이 동화의 주인공으로 마르가리타 공

이 문제를 다루기 위해서 우선 왜 스페인 궁정에는 그토록 난쟁이가 많았던 것인지 생각해보자. 인간은 물론이고 삼라만상이 자연적 위계에 따라 배열된다고 생각되는 세계에서 난쟁이는 호기심의 대상이었고, 자연의 불완전성을 드러내는 동시에 나머지 세계의 우아함과 아름다움을 도드라지게 해주는 준거점 구실을 했다. 상징적 역할 이외에 실용적 목적에서도 그들은 필요했다. 언제나 음모와 계략이 흐르는 궁정에서 아무 걱정 없이 옆에 둘 수 있는, 우스꽝스럽고, 귀엽고, 아무렇지도 않게 학대할 수 있는, 애완동물보다 영리하고, 심심파적을 위한 재주를 부려주기도 하고, 능력에 따라서는 간단한 행정사무를 맡길 수도 있는 그런 존재로 난쟁이만 한 존재가 있었겠는가? 그들은 무엇보다 '놀잇감 인간'(hombre de placer)이었다.[34]

주를 선택하지 않았다. 그 대신 그의 언니 마리아 공주를 주인공으로 내세워 스페인 궁정의 한 난쟁이의 운명을 다뤘다. 마리아 공주의 열두번째 생일날, 공주를 즐겁게 해주려는 이런 저런 공연이 펼쳐졌다. 그 가운데 공주가 깔깔거리며 웃을 정도로 재미있었던 것은 한 난쟁이의 춤이었다. 공주는 자신을 즐겁게 해준 난쟁이에게 백장미 한송이를 준다. 백장미를 받은 난쟁이는 몹시 기뻤다. 그는 공주가 자신을 아끼고 사랑한다는 생각에 취했다. 그러다가 난쟁이는 궁전 한구석에서 거울에 비친 자신의 모습을 보게 된다. 그는 자신이 '괴물' 같은 모습임을 깨닫고 고통에 비명을 지른다. 고통스러워하는 난쟁이 앞에 나타난 공주는 그에게 자신을 위해 춤을 추라고 명령한다. 그때 자신의 춤이 공주에게 어떤 의미인지 여실히 알게 된 난쟁이는 "마음이 찢어져" 죽는다. 오스카 와일드는 이 작품의 테마를 『도리언 그레이의 초상』으로 확장한 바 있는데, 그 서문에서 "리얼리즘에 대한 19세기의 반감은 캘리번(셰익스피어의 『폭풍우』에서 프로스페로를 섬기는 무지하고 잔인한 노예)이 거울에 비친 자신의 얼굴을 보고 길길이 날뛰는 것과 같다. 반면에 낭만주의에 대한 19세기의 반감은 캘리번이 거울에 비친 자신을 보지 못해서 화가 나서 미친 듯이 날뛰는 것과 같다"라고 재치 있게 말한 바 있다. 과연 바르볼라는 「시녀들」에 그려진 자신을 보고 어떤 마음이었던 것일까? 뒤에 다시 논의하겠지만, 아마 캘리번의 마음은 아니었을 것이다.

34 아마도 『햄릿』을 읽은 사람이라면, 이 점과 관련해서 햄릿이 오필리아의 무덤을 파는 곳에서 무덤 일꾼과 대화하다가, 어릴 적 자신과 놀았던 어릿광대 요릭의 해골을 두고 했던 다음과 같은 말을 떠올릴 것이다. "어디 좀 보세. 슬픈지고, 가련한 요릭. 내 그를 알고 있었다네, 호레이쇼. 무궁무진한 농담의 익살꾼이며, 매우 뛰어난 상상력의 소유자였네. 그는 나를 수

벨라스케스는 궁정화가로 일하며 여러번에 걸쳐 난쟁이들을 그렸다. 프라도에서도 「시녀들」이 있는 전시실 옆방에서 그가 그린 난쟁이들의 초상화를 여럿 볼 수 있다. 자주 언급되는 것은 후안 데 칼라바사스(Juan de Calabazas)의 초상(1635~39), 프란시스코 레스카노(Francisco Lezcano)의 초상(1635~45), 돈 디에고 데 아세도(Don Diego de Acedo)의 초상(1644), 그리고 세바스티안 데 모라(Sebastián de Morra)의 초상(1644)이다. 이 초상들은 왕의 사냥터 별장인 '파라다 탑'에 걸기 위해서 벨라스케스가 그린 것들이다. 난쟁이를 데려갈 수는 없는 사냥터 별장에서 고즈넉하게 고독을 즐기는 왕은 그럴 때조차 난쟁이들을 그림으로나마 옆에 두고 싶었던 듯하다. 발터 벤야민(Walter Benjamin, 1892~1940)의 다음과 같은 말은 아마도 그런 심리를 이해할 단초를 제공할지도 모르겠다.

어떠한 감각의 만족도 주지 않고 어떠한 정신적인 배려도 하지 않은 채 또 교제할 사람도 없이 왕으로 하여금 혼자서 한가롭게 자기자신에 대해 생각하도록 해보라. 그러면 자기자신을 바라보는 왕은 비참함으로 가득 찬 사람이라는 것이, 그리고 다른 보통사람들처럼 이러한 비참함을 느낀다는 점이 밝혀질 것이다. 따라서 이 점은 매우 조심스럽게 피해진다. 그리고 반드시 많은 사람들을 왕들 주위에 두어 직무가 끝난 후에 오락이 이어지도록 지속적으로 살피게 하고, 그들에게 즐거움과 놀이를 제공할 수 있도록 그들의 모든 여가시간을 주시하게 하여

천번이나 업어주었다지. 이제 이 일을 돌이켜 상상해보니 몸서리가 나는군. 이걸 보니 내 위장이 뒤집혀져서 구역질이 나네그려. 여기 내가 몇번인지도 알 수도 없을 만큼 입을 맞춘 그 입술이 달려 있었지. 좌중을 웃음바다로 만들어놓던 그대의 그 농담, 익살, 노래, 번쩍이던 환담들은 다 어디 갔는가?"(5막 1장, 175~85)

공허감이 생기지 않도록 한다.[35]

　난쟁이 초상화의 용도가 무엇이든, 조너선 브라운이나 호세 구디올 (José Gudiol) 같은 미술사가들은 그런 그림 안에 난쟁이들을 향한 벨라스케스의 깊은 연민이 드러나 있다고 주장했다. 바로크 예술에 나타난 기형적 존재(freaks)에 관해 연구한 배리 윈드는 그런 해석을 정면에서 비판한다.[36] 바로크 시대는 난쟁이에 대해 거리낌 없이 가학적이고 차별적인 시대였으며, 따라서 브라운류의 해석은 계몽주의 이후의 감수성을 바로크 예술에 투사했을 뿐이라는 것이다. 앞에 언급한 것들 가운데 벨라스케스가 가장 나중에 그린(그러므로 그가 더 성숙한 인간으로서 그렸다고 가정해볼 만한) 모라의 초상화인 「어릿광대 엘프리모」(El bufón el Primo) 예로 해서 그 주장의 타당성을 검토해보자.

　윈드는 이 그림이 모라를 우스꽝스럽게 묘사하고 있다고 말한다. 모라는 군용물품 수집에 열의가 있었던 난쟁이로 알려져 있다(시쳇말로 하면 '밀덕'이라고 할까?). 그래서 그를 아낀 발타사르 왕자가 죽을 때 그에게 단검 하나와 칼 두자루를 남겼다고 한다. 아무튼 망토와 주먹을 옆구리에 두고 있는 자세는 당대에는 군인의 초상화에 나타나는 양식적인 자세였다. 그러므로 이 그림은 모라의 자기 취향(더 강하게 말하면 자기실현 양식)을 표현해주고 있다. 하지만 그는 의자도 없이 뒷벽에 기대어 앉아 있고, 그 때문에 사지가 짧은 것이 두드러져 보인다. 윈드에 의하면, 벨라스케스는 모라가 난쟁이임이 잘 드러나게 묘사하고, 그럼으로써 그의 군

35　발터 벤야민『독일 비애극의 원천』, 최성만·김유동 옮김, 한길사 2009, 214~15면.
36　Barry Wind, *A Foul and Pestilent Congregation: Images of Freaks in Baroque Art*, Routledge, 2018, 4장 이하 참조.

1-10. 디에고 벨라스케스 「어릿광대 엘프리모」, 1644, 106.5×81.5cm, 프라도 미술관(왼쪽)
1-11. 디에고 벨라스케스 「어릿광대 칼라바시야스」(El bufón Calabacillas), 1635~39, 106×83cm,
프라도 미술관(오른쪽)

대식 포즈 또한 우스꽝스럽게 묘사하고 있다.

윈드의 주장대로 바로크 시대의 회화에 등장하는 난쟁이들 대부분이
잔인하게 묘사되는 것은 맞다. 하지만 어쩐지 벨라스케스의 난쟁이 초
상화는 그런 시대적 경향과 양식적 유사성이 엿보이긴 해도 그의 해석
에 딱 들어맞는 것으로 다가오진 않는다. 모라의 자세는 확실히 난쟁이
로서 그의 신체적 약점을 드러내는 방식으로 그려져 있다. 하지만 모든
초상화는 사실성이라는 과제를 진다. 왕의 초상화를 여러번 그려야 했던
벨라스케스는 항상 어려운 과제에 처했을 것이다. 왕에게 상징적으로 가
정된 위엄(majesty)과 그 위엄에 부합하지 않은 자연적 신체(펠리페 4세
라면, 너무 긴 얼굴, 뾰족한 머리, 주걱턱, 너무 관능적인 입술 등)의 사실
적 묘사를 조화시켜야 한다는 과제 말이다(사실 모든 초상화가의 과제

이다). 펠리페 4세의 초상화는 그런 고심의 흔적들을 보여준다. 그렇다면 모라의 초상화라면 어떤가? 그는 난쟁이이므로 난쟁이로 그려져야 한다. 하지만 윈드가 주장하는 바를 따르면, 난쟁이를 난쟁이로 느낄 수 있게 그리는 것이 조롱이라는 것이다. 과연 그런가? 윈드가 말하는 계몽주의 이후의 도덕적 감수성에 따르면, 난쟁이에 대한 올바른 태도는 난쟁이를 난쟁이 아닌 듯이 대하는 것이 아니라 그가 난쟁이로서 '자연스럽고 완전하다'고 인식하고 대우하는 것이다. 그러므로 벨라스케스가 그를 바닥에 앉혀 그림으로써 그의 짧은 사지를 부각하여 조롱했다는 인식은 재고의 여지가 있다. 오히려 그는 다른 소품, 가령 의자나 칼 같은 일종의 척도 역할을 할 소품에서 벗어나 있다. 만일 그가 발타사르가 물려준 칼을 차고 나와 있었다고 해보자. 그랬다면 모라의 신체와 일반적 군인의 신체에 맞춰진 칼 사이의 부조화가 강조되었을 것이다. 아무런 소품 없이 그려진 그의 모습은 오히려 조롱의 가능성을 배제한 담담한 리얼리즘적 태도로 해석될 수 있다.

〔칼라바사스의 초상화(그림 1-11 참조)는 이와 다르다. 앉아 있는 그의 오른편에는 표주박이 있고, 왼쪽에는 쓰러진 포도주병이 있다.

칼라바사스는 스페인어로 '박'(표주박 또는 호박)이라는 뜻이다. 그가 심한 정신발달장애인이었기 때문에 "머리가 비었다"는 뜻으로 그런 이름이 붙여진 것으로 추정되므로, 그의 초상화에 등장하는 표주박에 풍자 또는 조롱의 함의가 있음을 부인할 수 없다. 난쟁이에게 술을 먹이고 취해서 비틀거리는 모습을 즐기던 당대 궁정 분위기를 생각하면 취한 듯한 그의 표정과 포도주병 또한 같은 함의가 있다. 확실히 칼라바사스의 초상화는 벨라스케스조차 윈드의 주장에 부합한다는 인상을 준다. 하지만 이 그림은 1636년경에 그려진 것인데 비해, 모라의 초상은 1644년에 그려

진 것이다. 10년쯤 뒤에 그려진 모라의 초상화(그리고 마찬가지로 대략 1640년대에 그려진 것으로 추정되는 레스카노와 아세도의 초상화)에는 한결 더 성숙한 태도가 나타난다. 벨라스케스의 회화에서 난쟁이나 어릿광대에 대한 묘사가 시계열적으로 어떤 변화를 겪었는지는 따져볼 만한 흥미로운 주제이다(윈드는 이런 연구를 시도하지는 않았다).]

더 나아가서 이 그림에서 모라의 응시는 주목을 요한다. 여러 그림에서 응시에 특별한 의미를 부여해온 벨라스케스(예컨대 「바쿠스의 승리」나 「브레다의 항복」를 보라)가 모라의 초상화에 부여한 응시의 구도는 의미심장하다. 초상화 속의 모라는 통상의 난쟁이가 그렇듯이 우리들 관람객을 올려다보지 않고 당당하게 마주 본다. 그래서 우리가 자세를 낮추어야 한다. 그는 동등한 상호인정을 요구하고 있는 셈이다. 이것이 간과해서는 안 될 중요한 점이라는 것은 벨라스케스의 전임 궁정화가 알론소 산체스 코에요(Alonso Sanchez Coello, ?1531~88)가 그린 이사벨 클라라 에우헤니아 공주의 초상화나 자코모 비기(Giacomo Vighi, ?1510~70)가 그린 사부아의 공작 샤를 에마뉘엘 2세의 어린 시절 초상화와 비교하면 잘 드러난다.

연장선상에서 「시녀들」의 바르볼라를 보자. 그녀는 모라처럼 발달장애 없는 난쟁이는 아니다. 그녀는 연골형성저하증 또는 물뇌증을 앓았다고 한다. 그로 인해 경증의 정신지체를 비롯한 여러 종류의 활동장애를 겪었을 가능성이 크다. 발달장애 난쟁이였던 레스카노나 칼라바사스의 눈빛은 상당히 빈약한 집중력을 보이는 데 반해, 바르볼라의 눈빛은 그보다는 초점이 분명해서 판단하기 애매하다. 하지만 장애와 무관하게 「시녀들」 전체의 응시 구조에 있어서 바르볼라가 차지하는 비중은 마르가리타만큼은 아니어도 벨라스케스에 뒤지지 않는다. 아니 오히려 바르

1-12. 알론소 산체스 코에요 「인판타 이사벨 클라라 에우헤니아와 마그달레나 루이스」(La infanta Isabel Clara Eugenia y Magdalena Ruiz), 1585~88, 207×129cm, 프라도 미술관 (왼쪽)

1-13. 자코모 비기 「난쟁이와 함께 있는 사부아의 샤를 에마뉘엘 초상화」(Portrait of Charles Emmanuel of Savoy with Dwarf), c. 1572, 토리노 사바우다 미술관(오른쪽)

1-14. 「시녀들」 세부, 마리아 바르볼라(아래)

볼라는 마르가리타와 신장이 비슷하며, 니에토가 있는 소실점으로부터 형성되는 삼각형 구도에 위치하기 때문에 벨라스케스보다 더 응시의 중심축을 형성한다고 할 수 있으며, 단순히 등장인물이라는 면에서도 도냐 마리아나 도냐 이사벨보다 더 비중 있게 느껴진다. 마르가리타처럼 화려한 코르사주를 달지는 않았지만, 자신이 가진 옷 중에 가장 좋은 것을 입고 나온 듯이 보이는 바르볼라는 자세도 공주만큼이나 당당하고, 공주의 시중을 들고 있지도 않다. 도리어 그녀는 페르투사토와 개의 호위 또는 시중을 받는 것처럼도 보인다. 전체적으로 보아 바르볼라는 「시녀들」이라는 그림을 자기재현, 자기실현, 그리고 자기고양의 어떤 순간으로 여기는 듯한 인상을 준다. 그림의 감상자는 공주의 시선에 자신의 위치를 무의식적으로 맞추게 되는데, 그렇기 때문에 모라의 초상화에서처럼 우리는 바르볼라의 시선과도 높이를 맞추게 되는 것이다.

확실히 「시녀들」은 스페인 궁정의 평화로운 한때를 그리고 있다. 그러나 마르가리타 공주와 바르볼라가 병치된 그림은 두가지 서브텍스트 사이에서 진자운동을 하는 듯이 보인다. 한쪽 편에는 화가가 왕족과 나란히 그려지며 자신을 고양하는 세계, 그러면서 화가가 자기보다 못한 이들까지 재현하고 왕족과 나란히 세워 고양하는 세계, 그리하여 사회적 위계가 깨지고 모두가 존엄성과 평등을 획득하는 유토피아적 세계라는 서브텍스트가 있다. 그 반대편에는 사회적 위계가 아예 전도되는, '뒤집힌 세계'라는 악몽의 서브텍스트가 있다. 실제로 닥쳐온 세계는 후자에 한결 가까운 면이 있다. 공주는 오스트리아로 떠나고, 귀족 시녀도 제 길을 찾아 떠나게 된다. 벨라스케스도 세상을 떠난다. 여럿이 퇴장한 「시녀들」의 공간에 남은 사람은 바르볼라와 페르투사토였고, 새로 입장한 사람은 마르가리타 공주의 동생이면서 뒤에 제위에 오르게 되는 황태자 카

를로스 2세였다. 그는 부정교합으로 밥을 제대로 먹지도 못했고, 어른이 될 때까지 혼자 서지도 못했으며, 평생 문맹이었고, 정신은 혼미했다. 왕이 바로 난쟁이의 추함과 어리석음을 고스란히 가진 세계, 왕이 곧 난쟁이인 세상이 곧장 도래했다. 그 장면을 그렸다면, 그림의 이름은 '난쟁이들'이 되었을 것이다. 그런 세상을 염두에 두고 보면, 「시녀들」, 회화의 신학을 구현하고 있는 이 작품은 무너져 내리기 전 가까스로 위엄을 유지하고 있는 마드리드 궁정의 마지막 한때 또는 후덥지근한 마드리드 여름날에 부카로에 담긴 시원한 물 한잔, 바로 그것이었는지도 모르겠다(한잔에 불과할지언정 그 물맛이란…).[37]

---

[37] 「시녀들」의 이모저모를 다루었지만, 마스티프종의 개에 대해서는 별로 언급하지 못했다. 서양미술에 약간이라도 관심을 가진 사람이라면, 잠든 모습으로 그려진 개로부터 알브레히트 뒤러의 「멜랑콜리아 1」(1514)의 졸고 있는 개 그리고 뒤러의 그림에 대한 에르빈 파노프스키(Erwin Panofsky)의 유명한 연구를 떠올리지 않을 수 없다. 서양 고대의학에서 개는 비장의 지배를 받는 동물이고, 비장은 흑담즙질(멜랑콜리)을 분비한다고 알려져 있었다. 그러므로 활력을 잃은 개는 광견병에 쉽게 걸리며, 그런 점에서 멜랑콜리에 빠진 인간(흑담즙질 과잉으로 우울증과 광증을 오가는 인간)과 유사하다. 개는 예민한 감각과 지구력으로 지칠 줄 모르는 사색가를 상징하기도 하지만 동시에 광증과 같은 멜랑콜리의 어두운 면을 상징하기도 한다. 만일 이런 해석 노선을 따른다면, 「시녀들」의 개는 누구의 멜랑콜리를 상징하는 것일까? 거울 속의 군주일까? 벨라스케스일까? 아마도 이 점을 밝히고 그런 관점을 경유해서 그림을 다시 본다면, 더 긴 이야기를 이어갈 수 있을 것이다. 파노프스키의 뒤러 해석에 대해서는 그의 『인문주의 예술가 뒤러 1, 2』(임산 옮김, 한길아트 2006) 참조. 멜랑콜리의 의미론적 역사에 대해서는 파노프스키도 공저자로 참여한 Raymond Klibansky et al., *Saturn and Melancholy: Studies in the History of Natural Philosophy Religion, and Art*, Nelson, 1964 참조.

2장

고야와 계몽의 변증법

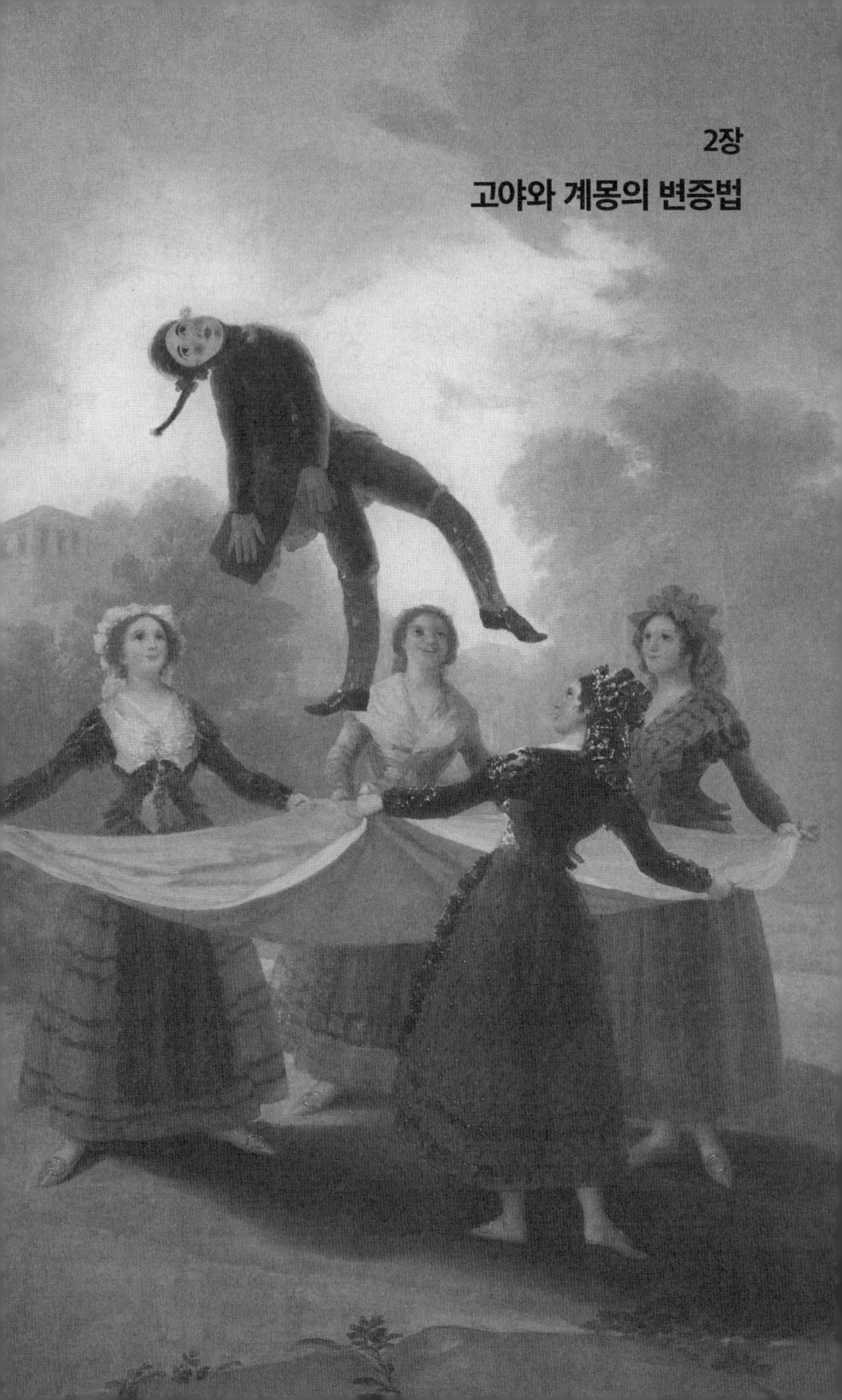

스페인, 회화의 나라

민족적 천품(genius)에 대해서 말하는 것은 촌스럽고, 사회학자에게
는 용서될 수 없는 지적 게으름의 징표이다. 그래도 스페인 회화를 보면
이 민족이 회화에 뛰어난 재능을 지녔다는 생각에 어쩔 수 없이 빠져든
다. 디에고 벨라스케스, 프란시스코 호세 데 고야(Francisco José de Goya,
1746~1828), 파블로 루이스 피카소(Pablo Ruiz Picasso, 1881~1973), 이렇게
세 사람만 거명해도 스페인이 세계 회화사에서 차지하는 육중함을 느
낄 수 있다. 이들이 몇몇 외로운 준봉인 것도 아니다. 벨라스케스 이전
에는 알론소 산체스 코에요와 엘 그레코(El Greco, 1541~1614)가 있고, 벨
라스케스 시대에는 호세 데 리베라(José de Ribera, 1591~1652), 프란시스
코 데 수르바란(Francisco de Zurbarán, 1598~1664), 그리고 바르톨로메 에
스테반 무리요(Bartolomé Esteban Murillo, ?1617~82)가 함께하며, 뒤를 이
어 프란시스코 리치(Francisco Rizi, 1614~85), 후안 카레뇨 데 미란다(Juan
Carreño de Miranda, 1614~85)가 이어진다. 고야 앞에는 미셸-앙주 우아스
(Michel-Ange Houasse, 1680~1730), 조반니 바티스타 티에폴로(Giovanni

Battista Tiepolo, 1696~1770), 안톤 라파엘 멩스(Anton Raphael Mengs, 1728~79) 등이 있고,[1] 동시대에는 루이스 파레트(Luis Paret, 1746~99)와 고야의 처남 프란시스코 바예우(Francisco Bayeu, 1734~95)가 있다. 피카소 앞에는 마리아노 포르투니(Mariano Fortuny, 1838~74), 호아킨 소로야(Joaquín Sorolla, 1863~1923), 라몬 카사스(Ramon Casas, 1866~1932), 이그나시오 술로아가(Ignacio Zuloaga, 1870~1945)가 있고, 피카소 옆에는 후안 그리스(Juan Gris, 1887~1927), 호안 미로(Joan Miró, 1893~1983), 그리고 살바도르 달리(Salvador Dalí, 1904~89)가 있다. 이런 회화적 전통의 찬란함 덕분에 스페인 미술관은 (루브르 미술관이나 대영박물관 또는 내셔널 갤러리와 달리) 자국 화가들의 그림만으로도 늘 풍요롭다는 인상을 받는다.[2]

---

1 스페인 회화를 두고 민족적 천품을 이야기하는 것이 낯설 수도 있다. 근대 서양미술의 주류는 뭐니 해도 이탈리아와 프랑스였으며, 스페인은 그 영향을 개방적으로 흡수했을 따름이라고 평가할 수 있기 때문이다. 위에 거명한 화가 중에서도 엘 그레코는 그리스, 우아스는 프랑스, 티에폴로는 이탈리아, 멩스는 독일 출신이니 그들을 거론하며 민족적 천품을 말하는 것이 적절치 않을 수도 있다. 그러나 이런 화가들을 알아보고 그들에게 궁정화가로 활동할 무대를 제공한 것은 스페인이고, 그들이 거둔 성과를 벨라스케스나 고야 같은 자국 출신 화가들이 자기 작품세계 속으로 흡수한 걸 생각하면, 스페인의 회화적 재능을 말하면서 외국 출신 화가들을 더불어 거명하는 것이 크게 부적절하지는 않을 것이다.
2 확실히 이런 회화적 전통에 비하면 스페인 음악의 전통은 다소 약하다는 인상을 받는다. 내가 가진 음반 가운데 스페인 음악은 대부분 기타(Guitar) 음악이다. 프란시스코 데 아시스 타레가(Francisco de Asís Tárrega, 1852~1909)가 작곡한 곡을 안드레스 세고비아(Andrés Segovia, 1893~1987)가 연주한 것과 호아킨 로드리고(Joaquín Rodrigo, 1901~99)가 작곡한 『아란후에스 협주곡』(Concierto de Aranjuez) 음반 같은 것이 그 전형이다. 그밖에 이사크 알베니스(Isaac Albéniz, 1860~1909), 엔리케 그라나도스(Enrique Granados, 1867~1916), 마누엘 데 파야(Manuel de Falla, 1876~1946), 그리고 호아킨 투리나(Joaquin Turina, 1882~1949)의 곡들을 연주한 음반들이 있다. 이들은 모두 19세기 중반 이후 인물들이다. 그래선지 알베니스의 「이베리아」나 「나바라」 그리고 그라나도스의 「고예스카스」는 표제적이고 국민파적이다. 물론 나는 알리시아 데라로차(Alicia de Larrocha, 1923~2009)가 연주한 이런 곡들을 좋아한다(1970년대 프린트된 데카 레이블 LP로 들으면 민속적 측면이 흥건하

이런 거대한 산맥에서 가장 우뚝 솟은 봉우리 하나를 가리키자면, 그것은 고야이다. 회화적 형상화 능력이나 혁신성 그리고 자기 시대를 재현하는 능력에서 벨라스케스와 피카소는 결코 고야의 아랫자리에 있지 않다. 그러나 고야만이 '혁명의 시대'에 던져졌고, 바로 그 때문에 고야는 '불가피하게' 스페인 회화의 정점에 서게 된다. 루트비히 판 베토벤(Ludwig van Beethoven, 1770~1827)이 자신의 음악 안에 대혁명을 새겨 넣었고, 게오르크 빌헬름 프리드리히 헤겔(Georg Wilhelm Friedrich Hegel, 1770~1831)이 철학 안에 대혁명을 내면화했던 것처럼, 고야 또한 혁명의 빛과 그늘을 자신의 회화 안에 고스란히 담았다. 아니 고야야말로 베토벤이나 헤겔보다 훨씬 더 철저하게 혁명과 계몽의 변증법을 파고들었다고 할 수 있다. 그러므로 마드리드에 간다는 것, 프라도에 간다는 것은 벨라스케스를 만나러 가는 것일 뿐 아니라, 아니 그보다 더 고야를 만나러 가는 것이기도 하다.

마드리드에서 볼 수 있는 고야의 작품들

일찌감치 고향 세비야를 떠났고, 젊은 나이에 궁정화가가 되어 평생을 그렇게 살았던 벨라스케스의 그림들은 19세기 초 왕실 소장품을 공공미술로 전환하는 과정에서 수립된 프라도에 대부분 모여 있다. 그러므로

게 살아나는 고혹적인 연주에 빨려들게 된다). 그러나 17세기 바로크 시대와 18세기 말에서 19세기 초 고전파 시대에 스페인이 서양음악에 기여한 바는 뚜렷하지 않다. 음악의 영역에서 스페인은 벨라스케스나 피카소는커녕 수르바란이나 후안 그리스조차 갖지 못한 듯이 보인다. 하지만 이런 소박한 판단은 예술 생산과 소비의 유럽적 상황과 구조를 고려해 신중하게 검토되어야 할 것이다.

자기 시대에 대한 벨라스케스의 통찰력을 느끼려면, 프라도에 고요히 머물러 서서 그가 정갈한 궁정회화 속에 은밀히 숨겨놓은 메시지를 읽어내기만 하면 된다.

고야는 벨라스케스와 다르다. 그는 궁정화가가 되기 위해 많은 어려움을 겪었고, 벨라스케스보다 한결 격정적인 성품을 지녔으며, 어렵게 수석 궁정화가가 되자마자 스페인 부르봉왕조가 프랑스대혁명의 여파로 붕괴해버렸다. 그는 궁정화가가 되기 위해서도 수많은 귀족과 교분을 쌓아야 했고, 다양한 클라이언트의 요구에 부응해야 했으며, 대혁명 이후의 대격변 속에서는 그런 세상을 증언하는 그림과 판화를 제작했다. 게다가 그는 엄청난 생산성을 지닌 인물이었고 그래서 그가 남긴 수많은 작품은 여러 소장자의 손을 거치며 혁명과 전란으로 어지러웠던 세상 곳곳으로 퍼져나갔다.

그래서 누구든 고야의 평전 같은 책, 예컨대 고야에 관심을 품은 이라면 한번은 읽게 될 홋타 요시에(堀田善衛, 1918~98)의 『고야』 같은 책을 쓰고자 한다면, 프라도는 물론이고 당연히 고야의 고향이나 다름없는 사라고사를 방문해야 하며, 발렌시아나 산탄데르 같은 스페인 여러 도시의 미술관, 런던 내셔널갤러리, 뉴욕 메트로폴리탄 미술관, 파리 루브르 미술관, 프랑스 남부 카스트레의 고야 미술관(Musée Goya) 또한 둘러보아야 할 것이다. 그리고 고야가 그린 몇개의 화첩을 고야 연구서에 수록된 형태가 아니라 원작으로 보려 한다면, 마드리드의 국립도서관에서 엄격한 절차를 거쳐 열람해야 한다. 그런 순례를 마친 뒤에도 여전히 접하지 못한 사적 소장품을 찾아가야 하지만, 그런 소장품은 상당한 학문적 명성 없이는 접근조차 할 수 없다.[3]

그래도 프라도에 오면, 그리고 프라도를 오느라 마드리드에 오면, 고

야의 작품을 세상 어느 도시에서보다 풍요롭게 볼 수 있다. 프라도가 소장하고 있는 고야 작품만 1000점이 넘는다. 마드리드에는 고야의 작품을 세상에서 가장 많이 소장한 프라도 외에도 고야의 중요한 작품을 전시하고 있는 두개의 공공미술관이 더 있다. 하나는 산페르난도 왕립미술아카데미(Real Academia de Bellas Artes de San Fernando)의 부속미술관(이하 '산페르난도 미술관')이고, 다른 하나는 라사로 갈디아노 미술관(Museo Lázaro Galdiano)이다. 그러고 보니 마드리드 역사박물관(Museo de Historia de Madrid)에도 고야의 작품이 몇점 있다. 그외 고야가 제단화를 그린 산프란시스코 엘그란데 성당(Real basílica de San Francisco el Grande, 이하 '산프란시스코 성당')이 있고, 천장 프레스코화를 그린 산안토니오 데 라플로리다 예배당(Real Ermita de San Antonio de la Florida, 이하 '산안토니오 예배당')도 있다.

어쩌다보니 나는 이 가운데 산안토니오 예배당은 방문했지만, 산프란시스코 성당과 마드리드 역사박물관은 가지 않았다. 마드리드 역사박물관에 가지 않은 것은 그저 게으른 탓이었지만(물론 많이 후회했다), 산프란시스코 성당을 방문하지 않은 데는 (그래 봐야 변변찮은 변명이지만) 관광객 그리고 가톨릭 신자의 습성이 작용했다. 유럽의 어느 도시를 가든 항용 가장 먼저 찾게 되는 곳은 시 청사 또는 궁정과 그앞의 광장 그

---

3 통상 고야 연구서는 개인이 소장하고 있는 고야의 회화를 볼 수 있게 된 경위에 대해서는 말하지 않는다. 그러나 개인적인 감상을 많이 드러내는 훗타 요시에는 그런 작품을 직접 보는 것이 얼마나 어려운 일인지 다음과 같이 전하고 있다. "나는 알바 저택에 세차례나 찾아가서 그 초상화(「알바 공작부인의 초상」, 1795)를 보여달라고 부탁했다. 처음 두번은 퇴짜를 맞았지만, 세번째에는 현재의 알바 공작의 질녀가 함께 가서 나를 소개해준 덕에 겨우 볼 수 있었다. 현재의 알바 공작은 스포츠카를 몰고 다니는 젊고 활기찬 30대의 스포츠맨 같은 사람이다."(『고야 2』, 김석희 옮김, 한길사 1998, 267면)

리고 대성당이다. 이 둘이 도시의 권력구조(종교적 권력과 세속 권력의 관계)와 그 역사를 잘 증언하기 때문이다. 그래서 아내와 나는 마드리드 궁정 바로 옆에 있는 알무데나 대성당(Catedral de la Almudena)에 미사를 드리러 자주 갔다. 그곳에서 푸르게 빛나는 큐폴라(cupola)를 바라보고, 2층 성가대석에서 울리는 합창 속에서 미사를 드리고, 유서 깊은 마리아상과 여러 제단화에 경배했다.

그런데 사실 알무데나 대성당은 1883년에 짓기 시작해서 1993년에 완공되었고, 요한 바오로 2세가 성당 봉헌 미사를 집전했다(그래서 성당 마당에 요한 바오로 2세의 석상이 있다). 마드리드 궁정에 바로 인접해 있고, 웅장하게 지어졌지만 그리 '유서 깊지는 않은' 성당인 셈이며, 18세기 내내, 그러니까 고야의 시대에 마드리드에서 대성당의 역할을 했고, 고야가 「성 이시드로의 초원」(La pradera de San Isidro) 중앙에 그려 넣은 것은 산프란시스코 성당이었다. 그러니 여러 면에서 찾아갈 만한 이유가 있는 성당이었다. 그런데도 10분만 더 걸어가면 되는 산프란스시코 성당에는 가지 않고 미사가 장중하고 성가대의 노랫소리가 아름다운 알무데나에만 갔다.

그렇게 된 데는 홋타 요시에의 『고야』를 읽은 경험이 은연중에 작용했던 것 같다. 가령 나는 고야의 고향이랄 수 있는 사라고사에도 가지 않았다. 1991년 뉴욕 메트로폴리탄 미술관에서 고야의 초상화를 본 이래로 늘 그에게 관심을 가져왔으니, 사라고사를 방문할 법했지만 그러지 않았던 이유는 기본적으로는 여행 일정 때문이었지만, 홋타의 '탓'도 있다. 굳이 사라고사를 방문한다면, 가장 중요한 이유는 고야가 그린 사라고사의 '기둥의 성모 성당'(La Basilica de Nuestra Senora del Pilar) 가장자리 천장화를 볼 수 있다는 것일 텐데, 홋타는 그 그림을 보려면 망원경을 꼭 가

지고 가야만 한다고 투덜댔다. 이 천장화는 고야가 처남 프란시스코 바예우와 불화를 겪은 계기가 된 그림이고, 시 정부의 요구에 고야가 굴복했던 그림이기도 하다(고야는 친구 마르틴 사파테르^{Martín Zapater, 1747~1803}에게 보낸 편지에서 "사라고사와 그 그림을 생각하면 피가 끓어오른다네"라고 했다고 한다[4]). 산프란시스코 성당의 제단화도 그랬다. 고야는 이 성당의 중앙 제단화를 맡을 욕심으로 성당 건축가 벤투라 로드리게스 (Ventura Rodríguez, 1717~85)의 초상화를 그려주기도 했다. 그러나 결국 중앙 제단화는 바예우의 차지가 되었고, 고야는 부(副)제단화 한 점을 할당받아 그렸다. 훗타 책에 실린 도판이나 인터넷에서 찾아본 판본만으로는 원화를 직접 봐야겠다는 의욕이 일지 않았다. 이에 비해 라사로갈디아노 미술관, 산페르난도 미술관, 산안토니오 예배당은 모두 고야의 예술에서 이정표가 될 만한 중요한 작품을 보여준다.

18~19세기 스페인과 프랑스대혁명

여느 예술가가 그렇듯이 고야의 경우에도 작품 이해를 위해서는 그가 속한 시대에 대해 어느 정도라도 파악해야 한다. 고야는 유난히 더 그렇다. 이미 언급했듯이, 프랑스대혁명이 고야의 생애 한복판을 가로지르기 때문이다. 고야는 프랑스대혁명을 자크-루이 다비드(Jacques-Louis David, 1748~1825)가 그랬듯이 혁명적 열광 한복판에서 관찰하지는 않았지만, 그렇다고 이마누엘 칸트의 경우처럼 멀리서 관찰자의 시선으로 포

---

4 훗타 요시에 『고야 1』, 김석희 옮김, 한길사 1998, 322면에서 재인용.

착한 것도 아니다. 그는 프랑스대혁명을 열광과 환멸이 교차하며 여러해 동안 이어진 혼란스러운 소문과 그것에 이은 프랑스의 스페인 침공 그리고 프랑스 군대에 대한 스페인 민중의 항전 속에서 관찰했다. 고야의 눈앞에서 인간의 자유와 계몽을 추구한 혁명의 귀결이 어디까지 이를 수 있는지 적나라하게 펼쳐졌다. 그러니 고야를 이해하기 위해서라도 18세기에서 19세기 초에 이르는 스페인 역사를 간단히 살피지 않을 수 없다.

벨라스케스의 왕이었던 펠리페 4세를 계승해서 1665년에 고작 네살에 즉위한 카를로스 2세는 마흔을 넘기지 못했을 뿐 아니라 후사도 남기지 못했다. 스페인의 18세기는 카를로스 2세의 조카이자 프랑스 루이 14세의 손자인 펠리페 5세로부터 시작된 부르봉왕조의 시대다.[5] 스페인사가 왕조사로 환원될 수는 없지만, 후자가 각각의 시기를 지시할 때 편리하기는 하다. 그 점을 생각해 스페인 부르봉왕조의 연표를 보면 이렇다.

이미 언급한 펠리페 5세(1차 재위 1700~24, 2차 재위 1724~46)[6]의 치세가 18세기 전반을 아우른다. 페르난도 6세(재위 1746~59)가 그뒤를 이어 10여 년간 스페인을 다스렸고, 그를 이은 카를로스 3세(재위 1759~88)의 치세가 18세기 후반 대부분을 차지한다. 대혁명 직전 아버지로부터 왕위를 물려받은 카를로스 4세(재위 1788~1808) 때부터 스페인은 큰 혼란에 빠져든다. 1808년 나폴레옹 군대가 침공하자 아란후에스 궁전으로 도피했던 카를로스 4세는 거기서 일어난 민중반란을 등에 업은 아들 페르난도 7세에 의해 폐위된다. 카를로스 4세는 왕위를 되찾기 위해 나폴레옹에 도움을 청했으나, 스페인을 장악한 나폴레옹은 페르난도 7세의 왕위를 빼앗아

---

5 좀더 상세한 경위는 4장 '바르셀로나 산츠 역의 '카탈루냐 분리주의 운동'' 절 참조.
6 펠리페 5세는 루이스 황태자(루이스 1세)에게 양위했으나, 루이스 1세는 즉위 7개월 만에 천연두에 걸려 앓다가 죽었고, 펠리페 5세는 왕좌에 복귀했다.

카를로스 4세가 아니라 자기 형 조제프 보나파르트(호세 1세, 재위 1808~13)에게 넘겼다. 아버지를 왕좌에서 끌어내리고 왕좌에 오른 지 몇달 만에 쫓겨났던 페르난도 7세(1차 재위 1808. 3~1808. 5)는 나폴레옹의 몰락과 더불어 왕위를 되찾았다(2차 재위 1813~33).

펠리페 5세로부터 시작된 18세기 전반은 전쟁으로 얼룩진 시대였다. 스페인이 부르봉왕조의 손에 들어가자, 프랑스의 힘이 지나치게 팽창할 것을 우려한 영국과 네덜란드는 스페인 왕위계승권을 주장하는 오스트리아 합스부르크가의 카를 대공을 지원했다.[7] 이로 인해 스페인-프랑스 대(對) 오스트리아-영국-네덜란드가 대립한 '스페인 왕위계승 전쟁'(1701~14)이 벌어졌다. 이 전쟁은 스페인과 프랑스에서 같은 사람이 왕이 되어서는 안 된다는 것에 합의한 위트레흐트조약(1713)을 통해 종결되었다. 그러나 평화는 오래 유지되지 않았다. 펠리페 5세는 말년에 오스트리아 왕위계승 전쟁(1740~48)에 발을 들여놓았고, 그 전쟁은 페르난도 6세 때까지 이어졌다. 페르난도 6세도 재위 말년에 영국과 프랑스가 아메리카에서 벌인 7년전쟁(1756~63)에 뛰어들었다. 이 전쟁에서 프랑스 편에서 섰던 스페인이 얻은 것은 협력의 댓가로 프랑스가 할양한 루이지애나 정도였다.

이렇게 18세기 전반에 걸쳐 진행된 전쟁에서 스페인은 얻은 것이 별로 없지만, 그로 인해 중요한 내부 변화들이 있었다. 그 가운데서도 두드러진 점은 분권적이었던 스페인이 한결 중앙집권화된 것이다. 펠리페 5세는 왕위계승 전쟁에서 합스부르크가 편에 섰던 카탈루냐 지역을 제압했고, 전쟁 동원에 소극적인 자세를 취하면서 코르테스(스페인 각 지역에 설립

---

7 오스트리아의 레오폴트 1세는 카를로스 2세의 두번째 부인 팔츠노이부르크의 마리아 아나를 근거로 스페인 왕위계승권을 주장했다.

2-1. 프란시스코 데 고야 「사냥꾼 차림의 카를로스 3세」 세부, c. 1786, 프라도 미술관

된 전통적 의회)의 자율성을 주장하는 지역들을 중앙정부의 권위 아래 복속시켰다.

이런 변화를 배경으로 18세기 후반 카를로스 3세 치세에서 스페인에서는 인구가 증가하고 상당한 경제적 발전이 이뤄졌다. 왕권이 가톨릭의 권력을 압도했고, '계몽의 시대'에 걸맞은 세속적이고 온건한 문화적 분위기가 형성되었다. 고야의 「사냥꾼 차림의 카를로스 3세」(Carlos III, cazador)에서 느낄 수 있듯이, 카를로스 3세는 신하들과 도보로 사냥을 즐겼고 서민과 인사를 나누는 소탈한 왕이었다. 이 그림에서 그가 왕임을 드러내는 표식은 오른편 가슴에 달린 황금 양모 기사단 휘장뿐이다.[8]

확실히 카를로스 3세 시절이 스페인 사람들에게는 '좋았던 시절'(Bell epoque)로 기억되는 듯했다. 마드리드에 도착한 다음 날 유심칩을 사러 들렀던 '푸에르타델솔'(Puerta del sol) 광장 한복판에서 만난 카를로스 3세의 기마상에서 그런 낌새를 느꼈지만, 도착 이틀 뒤에 갔던 '카를로

---

8 황금 양모 기사단의 휘장에 대해서는 5장을 참조하라. 이 기사단의 그랜드마스터 자리는 카를로스 1세 이래로 스페인 국왕에게 전수되었다.

스 3세, 계몽군주가 펼친 무대 위의 장엄함과 화려함'이란 전시회는 그런 점을 여실히 보여주었다. 여전히 시차에 적응하지 못해 새벽에 일어난 날이었는데, 장 봐둔 것이 없어서 한국에서 가져온 컵라면으로 요기하고 나서 아무 생각 없이 새벽 산책에 나섰다. 걷다가 이른 곳이 사바티니 정원이었다. 카를로스 3세의 궁정건축가 프란시스코 사바티니(Francisco Sabatini, 1721~97)가 설계한 궁정 부속 마구간을 1920년대에 헐어내고 조성한 정원이라는데, 나무들이 각지게 전지(剪枝)된 프랑스풍 정원이었다. 아침 햇살이 떨어지는 정원을 한참 산책하고 나오는데, 마드리드 궁정 쪽으로 사람들이 걸음을 재촉하는 모습이 보였다. 아내가 그리로 따라가 보자고 했다. 가보니 10시 개관을 앞둔 카를로스 3세 전시회에 들어가려는 이들이 줄 서 있었다. 우리도 따라 줄을 섰고, 전시회를 관람했다.

계몽군주로서 카를로스 3세의 여러 풍모를 보여주는 회화와 조각 그리고 왕의 생활을 보여주는 소품들을 볼 수 있었다. 누구나 동의하겠듯이 가장 인상적인 회화 가운데 하나는 카를로스 3세의 궁정화가 조반니 바티스타 티에폴로가 그린 왕궁 알현실의 장중하고 화려한 프레스코 천장화 「스페인 군주제의 신성화」(La Apoteosis de La Monarquía Española, 1762~66)이다. 그러나 내게는 그보다 그의 막내아들 로렌초 티에폴로(Lorenzo Tiepolo, 1736~76)의 파스텔화 12점이 더 인상적이었다. 작품 해설에 따르면, 로렌초는 아버지의 공방에서 조수로 생활했고, 그래서 자기 작품으로 명성을 남기긴 못했지만, 최근 들어 활발하게 재조명되고 있는 화가이다. 그의 로코코풍 그림은 우아한 색감으로 당대 서민들의 일상적 모습을 포착하고 있는데, 작은 화폭 안에 군집한 이들의 침묵과 시선의 분산 및 교차가 묘한 긴장감을 자아냈다.

전시회의 전체 기조는 스페인 역사에서 비교적 평온했고 계몽주의적

지식이 활발하게 유통되던 시기, 그리고 페르난도 6세 치하에서 완공된 마드리드 궁정이 영화로웠던 시기를 기리는 것이었다. 그렇게 카를로스 3세 시대가 '좋았던 시절'로 기억되는 것은 그 시대 자체의 좋음뿐 아니라 이어진 시대의 급속한 몰락이 준 강렬한 대비효과 때문이기도 하다. 카를로스 3세는 (그로서는 다행스럽게도) 프랑스대혁명이 일어나기 한 해 전에 죽었고, '무능한 계승자'(시대적 대비로 인해 다소 부당하게 내려진 평판이다)로 역사에 기록된 카를로스 4세가 즉위했다.

카를로스 4세의 스페인은 프랑스대혁명의 높은 파고에 크게 휘청거렸다. 대혁명 발생 직후 카를로스 4세는 철저한 검열을 통해 그 영향이 스페인 국경을 넘지 않게 막으려 했다. 그러나 유럽 전체를 전란으로 몰고 간 혁명의 역동적 힘을 그런 식으로 막아낼 수는 없었다. 결국 카를로스 4세는 고작 스물다섯이었던 황실 근위대 출신의 총신(寵臣) 마누엘 데 고도이(Manuel de Godoy, 1767~1851)를 총리로 내세워, 자유주의적 개혁을 시도하고 친프랑스적 외교활동을 펴게 했다.[9] 그러나 1793년 루이 16세

---

9 고도이의 출세에는 카를로스 4세와 마리아 루이사 왕비의 총애가 결정적이었다. 그의 벼락출세는 당연히 궁정사회 안에서 질시의 대상이 되었고, 그 때문에 왕비와 고도이가 불륜관계라는 소문도 무성했다. 그러나 대혁명 전 마리 앙투아네트에 대한 포르노그래피가 널리 보급되었던 프랑스의 예에서 보듯이, 이런 종류의 추문은 권력자들의 정당성이 무너진 시대의 특징이라고 할 수 있다(린 헌트 「포르노그라피와 프랑스 혁명」, 린 헌트 편, 『포르노그라피의 발명: 외설성과 현대성의 기원, 1500~1800』, 조한욱 옮김, 책세상 1996, 9장 참조). 아무튼 너무도 무성한(그래서 결코 무시할 수만은 없는) 소문을 도외시하고 구조적인 관점에서 보면, 카를로스 4세의 고도이 발탁에는 충분한 정치적 이유와 타당성이 있다. 대귀족이 엄청난 지배력을 가진 당시 스페인에서 플로리다블랑카나 아란다 같은 기득권 집단에 속한 대귀족 출신 총리들은 프랑스대혁명에 대처하는 데 필요한 개혁정책 실행에 한계가 있었다. 그래서 아무런 사회적 배경이나 세력이 없기 때문에 국왕에 충성하며 개혁에 전념할 고도이 같은 정치인을 발탁할 필요가 있었다. 그는 실제로 자유주의적인 정치인들로 내각을 구성했고 상당한 정치력과 개혁성을 발휘했다. 그러나 1808년 카를로스 4세를 왕좌에서 밀어낸 아란후에스 반란으로 실각했고, 이후 국외를 떠돌다 1851년 파리에서 사망했다.

의 처형으로 프랑스와 관계가 악화되었고, 결국 프랑스와 피레네전쟁 (1793~95)을 벌이게 된다. 고도이는 이 전쟁을 끝내기 위해 진행된 바젤 협상을 성공적으로 마무리했고(이를 위해 스페인은 오늘날 도미니카공화국에 해당하는 히스파니올라섬 동쪽 3분의 2를 프랑스에 넘겼다), 그 공로로 '평화 대공'이라는 특별 작위를 받았다. 이후 고도이는 계속해서 친프랑스적 외교정책을 폈는데, 그것이 일정 기간 평화를 유지하는 데 도움을 주었다.

그러나 대륙봉쇄령을 통해 영국을 압박하려던 나폴레옹(Napoléon Bonaparte, 1769~1821)은 영국과 연합한 포르투갈을 공격하기 위해 스페인과의 연합작전을 명분으로 1808년 스페인에 군대를 진주시켰다. 밀고 들어온 외국 군대에 화가 난 민중을 등에 업고 왕세자를 지지하는 세력이 1808년 3월 18일 아란후에스에서 반란을 일으켰고, 그것에 굴복한 카를로스 4세는 왕위를 아들 페르난도 7세에게 넘겼다. 그러나 나폴레옹은 스페인을 확실히 장악하기 위해 페르난도 7세에게서 왕좌를 빼앗아 형 조제프(호세 1세)에게 넘기려 했다. 그리고 이런 시도는 나폴레옹의 군대와 스페인 민중 사이의 충돌을 불러일으켰다. 1808년 5월 2일 마드리드에서 봉기한 인민을 프랑스 군대가 학살하면서 '반도전쟁'(Guerra Peninsular, 1808~14)이 일어났다.[10] 반도전쟁은 국민개병제에 기초한 최초의 정규군이었던 나폴레옹 군대와 세계 최초의 게릴라 부대인 스페인 인

---

10 이 전쟁을 스페인에서는 '스페인 독립전쟁'이라고 부른다. 그런데 이런 명명은 1820년대 스페인 왕당파 안에서 주조된 용어이며, 이 전쟁을 스페인이 근대 국민국가로 전환한 영웅적 계기로 신화화하는 경향이 있다. 그래서 여기에서는 '반도전쟁'이라는 더 일반적인 표현을 택했다. 하지만 이 표현도 그리 중립적이지는 않다. 그것은 전쟁이 벌어진 장소를 중심으로 전쟁을 사고한 영국과 프랑스 군대의 관점을 반영하기 때문이다(비유하자면, '청일전쟁'과 '갑오농민전쟁'을 합쳐서 '한반도전쟁'으로 명명하는 식이다).

민 사이의 전쟁이었고,[11] 그런 의미에서 "전쟁과 정치에 대한 새로운 이론이 발생"하는 계기가 되기도 했다.[12] 일반적으로 게릴라전은 전투원과 비전투 민간인의 구별을 어렵게 하고, 그로 인해 학살이나 불필요한 살상을 더 많이 초래한다. 1100만명 정도로 추산되는 당시 스페인 인구 가운데 약 35만명이 이 전쟁에서 사망한 것으로 추정된다. 이 전쟁으로 피해본 것이 스페인만은 아니었다. 나폴레옹의 육군 또한 이 전쟁 때문에 오랫동안 스페인에 발이 묶였는데, 그것이 나폴레옹 몰락의 시발점이기도 했다.[13]

1812년에 들어서 프랑스의 패색이 짙어졌다. 그해 7월 살라망카 전투에서 아서 웰즐리 웰링턴(Arthur Wellesley Wellington, 1769~1852) 공작이 이끄는 영국군이 결정적 승리를 거두자 호세 1세는 프랑스로 달아났고, 페르난도 7세가 왕좌에 복귀했다. 권력을 거머쥔 페르난도 7세는 스페인 민중과 자유주의자들이 반도전쟁 중에 카디스에서 수립한 자유주의적인 1812년 헌정[14]을 거부하고 절대왕정 체제(즉 구체제)의 복원을 선언했다.

---

11 '게릴라'라는 말 자체가 경무장 척후병을 가리키는 스페인말로, 이 시기 비정규 농민군을 지칭하는 데 사용되면서 오늘날의 의미를 획득했다.

12 칼 슈미트 『파르티잔: 그 존재와 의미』, 김효전 옮김, 문학과지성사 1998, 15면. 슈미트는 게릴라(파르티잔)를 "방어적이고 토착적인 향토의 방위자로서의 파르티잔"과 "세계적으로 공격적이며 혁명적인 활동가로서의 파르티잔"으로 구분한다. 마오쩌둥의 인민군이 후자에 속한다면, 반도전쟁의 스페인 게릴라는 전자에 속한다.

13 1808년 5월 2일 봉기의 여파를 예상한 나폴레옹은 스페인에 진주한 프랑스 군대의 사령관 조아생 뮈라(Joachim Murat, 1767~1815)에게 보내는 서한에 이렇게 적었다. "군은 어떤 대결도 피해야 하오. 에스파냐군과 마주치는 것도, 파견대와 마주치는 것도 피하시오. 어떤 측면에서도 도화선에 불을 붙여서는 아니 되오. 만약 전쟁에 불이 붙으면, 모든 것을 잃게 될 것이오."(홋타 요시에 『고야 3』, 93면에서 재인용) 그리고 5월 2일 봉기와 뒤이은 학살이 발생하자 이렇게 말했다. "뮈라 녀석, 무슨 생각을 하고 있는지 모르지만, 이제 에스파냐 국내에서 5만자루의 소총이, 그리고 맨체스터(영국)에서는 대포 100문이 주조되겠군."(같은 책 99면에서 재인용) 나폴레옹의 이런 우려의 타당성은 당시 전체 프랑스 전투력의 절반이 스페인에 묶였다는 카를 폰 클라우제비츠의 분석으로 뒷받침된다(슈미트, 앞의 책 20~21면).

14 '카디스 헌법'으로도 불리는 이 헌법은 스페인 최초의 헌법이자 세계 최초의 성문헌법이

『레미제라블』의 배경인 왕정복고기의 프랑스와 유사한 반동적인 정치가 페르난도 7세의 스페인에서도 펼쳐졌다.

18세기 말부터 20세기 초까지 유럽 여러 나라의 역사는 자유주의의 형성과 발전 및 그것에 입각한 체제 수립의 성공 여부를 따라서 살펴볼 수 있다. 자유주의와 그것의 다양한 변종을 어떻게 정의할 것인지는 복잡한 문제지만, 근대 세계체제의 공식적인 이데올로기가 된 프랑스대혁명의 이념을 온건한 방식으로 수용하고(대혁명의 '공포정치'는 단호히 반대하고), 그것에 입각한 점진적 개혁을 표방하는 정치 이데올로기 정도로 정의할 수 있다. 종교의 자유, 근대적 소유권의 확립, 법치, 입헌군주제 또는 공화제, 과도한 토지겸병을 해체하는 토지개혁, 언론과 출판의 자유 확대 등이 자유주의가 추구하는 개혁의 핵심 요소들이다. 이런 개혁의 성공은 대체로 부르주아세력에 성장의 기회를 제공하며, 그렇게 발전한 부르주아가 국가를 강화하는 선순환을 가져다준다. 이런 선순환이야말로 한 국가가 세계 자본주의 체제 안에서 강국이 될 수 있는 핵심 토대이다.[15]

그러나 스페인에서는 왕권 강화를 추구하는 국왕, 토지귀족, 반동적인 가톨릭 분파, 그리고 그런 집단으로부터 충원된 장교집단으로 인해 자유주의 체제 수립이 계속해서 좌절되었다. 그것은 물론 역으로 이런 집단의 저항을 누르고 국가와 부르주아세력 사이의 선순환적 발전을 이룰 만

다. 가톨릭을 국교로 삼은 것을 제외하면 당대 유럽에서 가장 자유로운 헌법이기도 했다. 스페인 계몽주의와 자유주의의 꿈은 이 헌법과 그것에 기초한 사회체제의 수립에 있었다.

15 강한 부르주아는 국가의 군사력과 세수를 확장한다. 그리고 그렇게 형성된 국가가 세계체제 안에서 행사하는 권력은 자국 부르주아의 비즈니스 보호 그리고 그들에게 특권적 이윤 획득 기회 제공으로 이어진다. 자유주의 체제에 대한 상세한 논의로는 이매뉴얼 월러스틴 『근대세계체제 4: 중도적 자유주의의 승리, 1789~1914년』, 박구병 옮김, 까치 2017 참조.

큼 자유주의 세력이 강하지 못했다는 것을 의미하기도 한다.

프랑스대혁명과 나폴레옹의 침략은 이런 대립전선을 매우 복잡한 것으로 만들었으며, 복잡한 정세 속에서 허약한 자유주의 세력은 이리저리 휩쓸렸다. 카를로스 4세 시기에는 고도이의 개혁에 협력했으나, 고도이는 추문에 휩싸인 인기 없는 인물이었다. 반도전쟁 가운데 많은 자유주의자가 상대적으로 개혁적이었던 호세 1세의 편을 들었다. 그것이 반동적인 페르난도 7세보다는 나은 선택으로 보였지만, 프랑스에 대항하는 민중의 민족주의적 열정을 성공적으로 등에 업은 것은 페르난도 7세였다. 엘리트의 자유주의와 민중의 전통주의(이 전통주의에는 계몽주의자들이 혐오한 악습, 굴종, 그리고 미신이 그득하다)가 대립했고, 페르난도 7세가 후자의 힘을 반동적으로 전유한 셈이다.

나폴레옹이 물러간 뒤 집권한 페르난도 7세는 이미 언급했듯이 반동적인 정치를 펼쳤고, 이런 반동적 정치가 10여년 지속된 뒤, 자유주의 세력은 1820년 라파엘 델 리에고(Rafael del Riego, 1784~1823) 장군이 일으킨 프로눈시아미엔토(pronunciamiento)에 힘입어 겨우 자유주의 체제를 수립했다. 그러나 스페인의 급진적 자유주의 개혁을 위협으로 받아들인 프랑스의 군사적 개입으로 3년 만에 붕괴했고(그래서 이 체제는 '자유의 3년'Trienio Liberal이라 불린다), 권력을 되찾은 페르난도 7세는 절대왕정을 다시 한번 복구했다(이후 백색테러가 난무했던 페르난도 7세의 10년 통치는 '불길한 10년'Década Ominosa이라 불린다).

한 사회가 겪는 번영과 쇠퇴의 흐름을 잔주름까지 섬세하게 살피는 역사적 관점에서는 받아들일 수 없는 단순화겠지만, 17세기에서 19세기 중반까지 스페인사를 개괄하자면 이렇다. 스페인은 17세기와 18세기 전반까지의 침체를 벗어나 18세기 후반부터 회복과 성장을 이뤘다. 그러나

프랑스대혁명의 소용돌이에 휘말리면서(제대로 대처하지 못하면서) 계몽주의적인 동시에 번영하는 국가가 될 기회를 잃고, 전쟁과 침체 그리고 격심한 사회적 충돌에 빠지길 반복했다(이런 충돌은 19세기 내내 이어졌고 20세기 초 내전에서 정점에 이르렀으며, 1970년대 민주화 이행까지 이어졌다고 해도 과언이 아니다). 이런 점들을 염두에 두면, "교양계층의 스페인인들은 한 세대가 못 되어 번영과 진보에 대한 느낌, 카를로스 3세의 말년을 특징짓는 지적인 활기에 대한 향수를 느끼게 된"[16] 것이나, 그때를 '장엄하고 화려한' 시대로 기억하는 심성이 지금도 이어지고 있는 것은 납득할 만한 일이다.

고야 생애의 세 단계

짧게 훑어본 18세기 그리고 19세기 초 스페인사에 고야의 삶을 겹쳐보면, 대략 다음 세 단계로 그의 생애를 정리해볼 수 있다.

첫째 단계는 대략 카를로스 3세 치세에 해당하는 시기로, 고야의 어린 시절부터 1788년까지다. 고야에게 이 시기는 화가로서의 성장기이자 낙관적 계몽주의자의 시기였다고 할 수 있다.

둘째 단계는 카를로스 4세의 치세에 해당하는 시기다(1789~1808). 프랑스대혁명에서 시작해서 반도전쟁 발발로 종결되는 이 시기에 고야는 궁정화가로서 안착했지만, 낙관적인 계몽주의에서 벗어나 비판적인 냉소주의로 흘러간 시기였다고 할 수 있다.

---

16 레이몬드 카 외 『스페인사』, 김원중·황보영조 옮김, 까치 2006, 239면.

셋째 단계는 1808년 5월 2일 이후부터 고야가 죽은 1828년까지로, 그가 계몽의 변증법에 직면한 시기다(왕조사의 관점에서는 페르난도 7세의 치세에 해당하는 시기). 이 시기에 그는 계몽주의적 이성이 지닌 악몽과 같은 성격, 아니 거기서 더 나아가 이성 자체가 또다른 광기에 불과할 수 있음을 목도하고 그것을 회화로 증언했다.

각 단계를 좀더 자세히 살펴보자.

첫째 단계는 카를로스 3세의 치세와 겹친다고 했지만, 사실 고야는 페르난도 6세가 즉위한 1746년에 태어났으므로 페르난도 6세의 치세와도 일부 겹친다. 그런데도 카를로스 3세를 강조한 것은 페르난도 6세의 치세는 고야의 어린 시절에 지나가버렸고, 화가로서의 고야에게 의미 있는 시기는 카를로스 3세의 치세였기 때문이다.

물론 페르난도 6세가 고야의 삶에 미친 영향이 없진 않다. 페르난도 6세는 1752년 산페르난도 왕립미술아카데미(이하 '산페르난도 아카데미')를 창립했는데, 이 아카데미는 고야를 포함해 스페인 예술가들에게 상당한 영향을 미쳤다. 예술가의 삶을 규정하는 요인으로 개인적 재능과 기질, 사회구조의 역사적 변동, 그리고 예술 생산의 사회적 조건을 꼽을 수 있을 것이다. 산페르난도 아카데미는 마지막 요인과 관련된다. 예술가의 일상은 수입의 원천과 관련되는 예술시장의 구조 그리고 그의 작업을 규정하는 미적 기준에 의해 규정된다. 그런데 왕이 설립한 왕립아카데미가 스페인 예술에 큰 영향을 미쳤다는 것은 이 두 측면 모두에 왕과 대귀족 같은 후원자의 영향이 압도적이었다는 것을 뜻한다.

작품 생산 과정이 후원자의 영향 아래 있게 되면, 당연하게도 예술가의 자율성은 허약해진다. 왕가의 인물 초상화를 그리는 화가는 초상화 모델의 만족도에 신경을 쓸 수밖에 없다(초상화는 모델과 충분히 닮았으

면서도 충분히 보기 좋아야 한다는 역설적 과제를 성취해야 한다). 이와 달리 풍경화를 예술시장에 내놓는 화가는 그것에 자신의 예술적 지향을 담을 것이다. 그런데 그때 그가 따르는 미적 기준은 동료들 사이의 교류를 통해 이뤄지는 학습과정의 산물일 수밖에 없다. 각종 예술단체나 아카데미는 이런 미적 기준을 형성하고 유지하는 기능을 한다. 그런데 이런 아카데미가 다원적인 경쟁 상황에 있지 않고 독점적 힘을 지닌 왕립아카데미를 중심으로 돌아간다면, 예술적 취향이나 미적 기준을 둘러싼 경쟁도 왕립아카데미 내부의 대립과 갈등으로 축소되며, 미적 기준의 부침을 결정하는 것 또한 아카데미를 후견하는 왕가와 최상위 귀족집단의 취향이 될 가능성이 크다.[17]

사라고사에서 고야는 10대 시절 바예우 삼형제(프란시스코, 라몬, 그리고 마누엘)와 함께 호세 루산(José Luzán, 1710~85) 문하에서 수업을 쌓은 뒤, 산페르난도 아카데미의 인정을 받으려 애썼으나 여의치 않았다. 산페르난도 아카데미를 좌지우지하던 당대 대귀족들의 로코코풍 취향과 잘 맞지 않았던 고야는 아카데미가 주최한 1763년 대회와 1766년 대회에서 입상하지 못했다. 고야는 결국 이탈리아 유학을 떠났고, 1771년에는 이탈리아 북부의 작은 도시 파르마의 아카데미가 개최한 역사화 경연대회에 참가했다. 대상을 받지는 못했지만, 심사위원들의 특별 언급이 붙은 2등으로 뽑혔다.[18] 이탈리아 아카데미에서의 수상경력을 앞세우며 귀환한 고야는

---

17 카를로스 3세 시기에 산페르난도 아카데미의 원장은 모두 백작이나 후작이었으며, 주요 운영위원들도 알바(Alba), 오수나(Osuna), 베르윅(Berwick), 리리아(Liria), 메디시나셀리(Medicinaceli), 아란다(Aranda), 산타 크루스(Santa Cruz), 페르난 누녜스(Fernán Núñez) 같은 대귀족이었다. 안톤 라파엘 멩스는 이런 아카데미를 예술가 주도로 재편하려고 했으나 오히려 아카데미 운영진에서 축출되었다.
18 산페르난도 아카데미에서의 실패를 회화 선진국으로 여겨진 이탈리아에서 이룬 성취를

사회적 네트워크를 통해서 궁정화가 그리고 아카데미에서의 지위를 획득하기 위한 길을 개척했다. 그 첫걸음은 파르마 아카데미의 경연대회에서 자신의 스승으로 내세웠고 이미 스페인 화단에서 명성을 얻어가고 있던 프란시스코 바예우의 여동생 호세파 바예우(Josefa Bayeu, 1741~1812)와 1773년 혼인한 것이다.

혼례 후 마드리드로 온 고야는 산타바르바라 왕립 태피스트리 공장(Real Fábrica de Tapices de Santa Barbara)에서 일하고 있던 바예우의 주선으로 1774년부터 태피스트리 밑그림을 그리기 시작했다. 그때부터 1790년대 초반까지 20여년간 이 일을 계속했다.[19] 그렇게 궁정을 드나들던 이 시기에 그는 멩스의 권유로 벨라스케스의 그림을 보게 된다. 벨라스케스에 매료된 그는 수없이 그의 그림들을 따라 그렸고, 9점은 동판으로 제작했다.[20]

태피스트리 밑그림 작업을 하던 시기에 고야는 왕족이나 귀족의 초

통해 극복하고자 한 고야의 행보에 대해서는 새러 시먼스 『고야』, 김석희 옮김, 한길아트 2001, 1장 참조.

19 스페인의 여러 박물관에서는 17세기 이래 제작된 태피스트리들을 많이 볼 수 있다. 색이 바랜 태피스트리들은 그렇게 근사해 보이지 않는다. 그래서 왜 그렇게 많은 태피스트리들이 제작되었는지 의아하게 느껴질 정도이다. 그러나 고야의 밑그림을 보게 되면, 만들어졌을 당시에는 태피스트리가 매우 고운 색감을 지닌 아름다운 작품이었음을 짐작할 수 있다. 더 나아가서 태피스트리는 여러 이점이 있었다. 매우 커다란 미술작품이면서도 이동이 용이하고, 벽에 걸어두면 겨울에는 추위를 막아주는 구실도 했다. 왕립 태피스트리 공장은 1720년 펠리페 5세가 설립했다. 설립의 직접적 이유는 스페인 왕위계승 전쟁을 마무리했던 위트레흐트조약으로 인해 벨기에의 태피스트리 작업장을 잃었기 때문이다. 대체할 공장이 필요하다고 느낀 이유는 태피스트리 제작이 양모산업의 발전에도 도움이 되기 때문이었다. 왕립 공장 이전에도 17세기부터 태피스트리는 왕가의 관심 속에서 운영되었다. 역시 태피스트리 밑그림을 그리기도 했던 벨라스케스는 「직녀들」을 통해 마드리드의 산타이사벨 왕립 태피스트리 공장에서 일하는 여성들을 아라크네와 같은 신화적 인물로 격상해놓았다.

20 1788년 7월 22일 『마드리드 관보』에 고야는 벨라스케스의 작품을 모사한 동판화 판매를 광고하기도 했다. 이것은 고야가 판화를 통해서 회화의 대중적 판매를 시도한 첫 사례이다.

상화를 그려주며 친분을 쌓아나갔다. 이 시기 주요 작품으로는 카를로스 3세의 총신이었던 플로리다블랑카 백작 초상화(「플로리다블랑카 백작」, 1783)나 「돈 루이스 왕자 가족」(1784) 등을 들 수 있다.[21] 이렇게 상류사회 네트워크를 형성한 덕분에 그는 가스파르 멜초르 데 호베야노스(Gaspar Melchor de Jovellanos, 1744~1811), 후안 프란시스코 데 사베드라(Juan Francisco de Saavedra, 1746~1819) 같은 자유주의적 정치인, 그리고 후안 멜렌데스 데 발데스(Juan Meléndez Valdés, 1754~1817)와 레안드로 페르난데스 데 모라틴(Leandro Fernández de Moratín, 1760~1828) 같은 작가와 교류하게 되었으며,[22] 1786년부터는 궁정 '소속' 화가로 일하게 된다. 아직 '궁정화가'가 된 것은 아니었지만, 그의 전도는 양양했다. 그가 작업하던 태피스트리는 주로 엘에스코리알 궁전을 장식하기 위한 것이었지만, 일부는 뒤에 카를로스 4세가 될 왕세자가 왕세자비가 지내는 엘파르도 궁전을 장식하기 위한 것들이었기 때문이다. 그는 미래의 스페인 왕과 왕비의 신임을 얻고 있었던 셈이었고,[23] 실제로 카를로스 4세가 즉위한 1788년에 궁정화가가 된다. 그리고 1799년에는 수석 궁정화가 자리까지 오른다.

요약하자면, 고야는 카를로스 3세 시대 내내 궁정화가를 향한 길을 걸

---

21 그외에도 고야는 알타미라 백작(Conde de Altamira) — 그의 아들을 그린 작품이 유명한 「마누엘 오소리오 만리케 데 수니가」(Manuel Osorio Manrique de Zúñiga)이다 — 이나 프란시스코 카바루스(Francisco Cabarrús), 그리고 폰데호스(Pontejos) 후작부인과 오수나 공작 가문을 위해서 초상화를 그렸고, 그들과 돈독한 친분을 쌓았다.

22 Nigel Glendinning, "Art and Enlightenment in Goya's Circle," in *Goya and the Spirit of Enlightenment*, Exhibition Catalogue, Co-directed by Alfonso E. Pérez Sánchez & Eleanor A. Sayre, Bulfinch Press, 1988, pp. lxiv~lxxvi 참조.

23 고야의 태피스트리가 왕세자 부부에게 좋은 평가를 받은 것에 대해서는 Janis A. Tomlinson, "Francisco Goya, tapestry painter," *The Magazine antiques*, 2002. 03. vol. 1971, pp. 84~98 참조.

었다. 끈기 있는 노력 덕에 그는 카를로스 4세의 즉위와 더불어 그 자리에 올랐다. 하지만 고야가 개인적으로 영화로운 길에 들어섰을 때,[24] 프랑스대혁명이라는 세계사의 바퀴가 굉음을 내고 굴러가기 시작했고, 더불어 스페인의 나름 '좋았던 시절'도 끝장났다. 더불어 고야의 삶도 두 번째 단계로 접어들었다. 이 시기에 고야는 개인적 위기를 겪기도 했다. 1793년 세비야에 갔던 그는 귓병이 심해져 카디스에서 요양했지만, 결국 청력을 상실한다.[25] 역사적 위기와 개인적 위기가 겹쳤다고 할 수 있다. 어느 쪽이 중요한 요인인지를 두고 논의가 분분하지만, 아무튼 1790년대 중반부터 고야의 화풍에 큰 변화가 일어났다. 그의 화풍은 어둡고 풍자적이고 그로테스크해졌다. 그리고 그런 양식적인 변화는 강렬한 사회적 발언 욕구와 결합했으며, 고야는 그 발언이 폭넓은 대중에게 가닿기를 원했다.[26] 그런 문제의식을 제대로 실현하려고 한 것이 판화집 『광상』(狂想, Los caprichos, 1799)이다.[27] 그러나 프랑스대혁명의 여파가 스페인 사회로

---

24 궁정화가가 된 고야의 연봉은 1만 5000레알이었다. 그외 초상화를 그려주고 얻는 수입도 상당했다. 당시 마드리드에서 중상류층 생활에 필요한 연간 수입이 1만 2000레알 수준이었으므로 고야는 부유한 생활을 할 수 있었다(홋타 요시에, 『고야 2』, 163면 참조).

25 고야는 친구 마르틴 사파테르에게 보낸 편지에서 고열, 두통, 지독한 이명, 그리고 현기증을 호소했다. 청력 상실의 원인으로는 그가 사용하던 흰색 물감에 들어 있던 납 성분이 지목되어왔다. 최근에는 자가면역질환의 하나인 수삭증후군(Susac syndrome)이라는 주장도 제기되었다.

26 그 방편으로 고야는 자기 판화집을 대중적으로 판매하고자 했다. 당시 판화집 가격은 고야가 초상화를 그릴 때 받는 비용의 10분의 1인 320레알이었다(홋타 요시에 『고야 2』, 332면). 비교적 저렴한 가격이었지만 당시 마드리드 일용 노동자 10주 급여에 해당하는 액수였음을 생각하면, 고야가 생각한 수요자는 중산층 이상이었다고 할 수 있다. 판화집을 고야 자신이 거주하는 아파트 아래에 있는 향수 및 주류 판매점에서 팔았던 것으로 보아 누구든 자유롭게 살 수 있게 하는 것이 고야의 의도였던 것으로 보인다.

27 고야의 판화집 'Los caprichos'는 대개 '변덕'으로 번역된다. 고야 당대의 '카프리초' 의미론을 다룬 논문에서 폴 일리는 그것이 다음 여섯가지 뜻을 담고 있다고 말한다. (1) 창조적 활동을 가능하게 하는 심리적 힘 (2) 예술작업에 작용하는 우연한 요인이나 충동을 광범위

밀려드는 것에 극히 예민하게 반응하던 시대에 『광상』의 대중적 판매는 위험한 일이었다. 더구나 그 무렵 고야를 후견하던 자유주의 정치인들이 실각했고, 두려움을 느낀 고야는 판매를 철회했다.[28]

『광상』 발간에 즈음한 시기부터 고야는 화가로서 이중적 삶을 살았다. 한편으로 산페르난도 아카데미의 고위직과 궁정화가 자리를 고수하기 위해서 노력했다. 그는 카를로스 4세와 페르난도 7세뿐 아니라 호세 1세는 물론이고 반도전쟁 말미에 살라망카 전투에서 프랑스군을 물리치고 마드리드에 입성한 영국의 웰링턴 공작을 위해서도 초상화를 그렸다.[29] 스페인의 당시 정치 상황을 생각하면 이런 행태는 몹시 기회주의

하게 허용하기 (3) 예술작품 구성의 우스꽝스럽거나 환상적인 효과 (4) 비합리성이나 방만함 (5) 변덕이나 공상, 또는 기발함 (6) 활기차고 축제적이고 경쾌한 정서적 분위기다[상세한 것은 Paul Ilie, "Capricho / Caprichoso: A Glossary of Eighteenth-Century Usages," *Hispanic Review*, Vol. 44, No. 3 (Summer, 1976), pp. 239~55 참조). 그런데 '변덕'은 이런 복합적 의미를 담기는 지나치게 의미의 폭이 좁다. 이보다는 '카프리초'를 '광상곡(狂想曲)' 또는 '기상곡(綺想曲)'으로 번역하는 음악의 경우가 더 적절해 보인다(예컨대 차이콥스키의 「이탈리아 기상곡」이나 림스키-코르사코프 「스페인 광상곡」, 그리고 스트라빈스키의 「피아노와 관현악을 위한 기상곡」이 그런 예이다). 음악에서 고야와 같은 연작을 시도한 것으로 파가니니의 「바이올린 독주를 위한 24개의 기상곡」을 들 수 있을 것이다. 그래서 이런 점을 고려해 여기서는 '로스 카프리초스'를 '광상'으로 옮겨보았다(음악에서는 '광상'보다는 '기상'이 더 선호되는 번역이지만, '기상'은 起床으로 오인될 소지가 있어서 배제했다).

28 판매가 이뤄진 기간은 고작 이틀이었고, 제작된 267부 가운데 팔린 것은 27부에 불과했다. 고야에게 영향을 준 윌리엄 호가스(William Hogarth, 1697~1764)의 판화가 18세기 후반에 누린 인기에 비하면 경제적으로 초라하고 정치적으로 우울한 결과였다. 『광상』으로 인해 고야가 종교재판소 출두명령을 받았다는 설이 있으나 확실치는 않다. 그해 말 수석 궁정화가로 임명된 것으로 보아 왕실과 고위 귀족들 사이에서 고야의 지위는 확고했던 듯하다. 이런 점 때문에 츠베탕 토도로프는 고야가 동판 전부를 카를로스 4세의 '왕립 동판 문서고'에 넘긴 것이 『광상』 판매에 정치적 부담을 크게 느낀 때문이 아니라 아들의 연금을 위한 것이었다고 주장한다(츠베탕 토도로프 『고야, 계몽주의의 그늘에서』, 류재화 옮김, 아모르문디 2017, 135면). 그러나 이 점에 대해서는 여전히 정치적 이유가 중요했다고 보는 견해가 더 일반적이다.

29 고야가 그린 호세 1세의 초상화는 남아 있지 않다. 그러나 엑스레이를 이용한 연구를 통해

적이라고 비난받을 만했다. 그러나 예술시장이 귀족 후견인에 의해 지배되고 대중적 판매를 위한 판화가 검열의 위협 아래 놓여 있는 스페인에서 고야가 안정적이고 넉넉한 삶을 꾸리며 예술활동을 하기 위해서는 다른 선택지가 없었고, 그래서 당대 최고의 실력자를 위해서라면 거리낌 없이 자신의 붓을 내어주는 것이 고야에게는 직업적 하비투스였다고 할 수 있다. 하지만 다른 한편으로는 작은 크기의 '캐비넷 회화'(pintura de gabinete)³⁰나 검열 때문에 대중적으로 판매하지도 못할 판화를 통해, 그도 아니면 개인 화첩을 통해 사회 비판을 수행했다. 이런 이중적 삶과 그로 인한 인격적 분열은 그 시기에 그린 고야의 「자화상」(1796년경)에 고스란히 표현되고 있는 듯하다.³¹

「자화상」 그림의 얼굴 오른쪽은 밝은 빛 아래 있지만, 왼쪽은 그늘져 있다. 오른쪽 눈은 정면 약간 위를 바라보고 있지만, 눈두덩이 약간 부은 왼쪽 눈은 아래쪽을 생기 없이 바라보고 있다. 그로 인해 관람자는 그가 무엇을 바라보는지 알기 어렵다. 다소 얌전한 입술 오른쪽과 달리 왼쪽은 위로 약간 당겨져 있다. 그로 인해 분노인지 악의인지 알 수 없는 감정

고야가 그린 마드리드 판사 돈 라몬 사투에(Don Ramón Satué)의 초상화(1823)가 사실은 호세 1세를 그린 초상화 위에 덧그려진 것임이 밝혀졌다. 페르난도 7세가 권력을 회복하자 고야는 자신이 호세 1세의 초상화를 그려서 가지고 있음을 은폐하려 했던 것으로 보인다. *The Guardian*, "X-rays uncover secret painting beneath Goya masterpiece," 2011. 9. 20. 참조.

30 17세기부터 19세기 후반까지 제작된 작은 크기의 회화이다. '경이로운 방'(Wunderkammern)이라 불리는 귀족의 미술품이 수집된 방을 채우는 작은 회화 또는 거장이 그린 대형 회화의 축소판 등을 '캐비넷 회화'라고 불렀다(경이로운 방의 예로는 이 책 1장의 그림 1-5 참조). 경이로운 방 수준이 아니더라도 귀족의 사적 공간은 일반적으로 캐비넷이라 불렸다. 고야의 캐비넷 회화는 판매보다는 화가의 자유로운 탐구를 위한 것이었지만, 판매될 수도 있었으며, 그 경우 가격 면에서 보통 사람들이 구매할 만한 것인 동시에 구매자가 사적 공간에서 은밀히 감상할 수 있다는 이점이 있었다(토도로프, 앞의 책 139~140면).

31 이 그림보다 한해 먼저 그려진 「자화상」(1795, 프라도)도 비슷한 분위기이나, 1796년 자화상이 고야의 야누스적 측면을 더 잘 드러내는 듯하다.

2-2. 프란시스코 데 고야 「자화상」, c. 1796, 종이 위 검은색 잉크화, 15 ×9.1cm, 뉴욕 메트로폴리탄 미술관

이 왼편에 희미하게 감돈다. 머리카락이 풍기는 인상은 이와 반대이다. 오른쪽 머리카락은 곱게 물결지지만, 왼쪽은 굵고 신경질적으로 엉클어져 있다. 마치 억제된 얼굴의 감정이 머리카락으로 전이된 것처럼 말이다. 무표정하고 침울한 듯한 얼굴 왼쪽이 머리카락으로 인해 은밀한 역동성을 띠는 셈이다. 오른쪽 가슴에는 장식적 배지에 그의 이름이 기이하게도 뉘어서 새겨져 있다. 전체적으로 왼편에 그림자가 진 그림에서 그의 이름에만 그늘이 드리워 있어서 부자연스러운 느낌을 강화한다.

이렇게 「자화상」에서도 내비쳐지고 있는 고야의 이중생활은 예술사적인 관점에서 완전히 새로운 길이 열리는 것이기도 했다. 토도로프가 지

적하듯이, "과거의 화가들 가운데서도 후대의 예술가들 가운데서도 이와 비슷한 예는 없다. 그 어떤 다른 예술가도 이처럼 공식적인 창작과 은밀한 창작이라는 완전히 분리된 두 종류의 창작활동을 지속적으로 하지 않았다."[32] 이렇게 사회비판적인 충동과 결합한 환상의 탐구가 사적 세계 안에서 이뤄짐으로써 유례없이 자유롭고 개성적이고 으스스한 작품들이 공개적으로 그린 그림보다 훨씬 더 많이 쏟아져 나올 수 있었다.[33]

그러나 적어도 1808년 반도전쟁 발발 이전까지 고야는 자신이 품었던 계몽주의적 이상의 좌절로 인해 환멸에 빠지긴 했어도 공포와 전율에 직면한 것은 아니었다. 하지만 반도전쟁과 더불어 그의 세번째 단계가 열린다. 그는 반도전쟁 속에서 계몽의 이념에 기초한 프랑스대혁명이 어떤 잔인함과 학살을 불러일으켰는지 보았다. 고야는 고향이나 다름없는 사라고사를 방문하여 프랑스군의 '사라고사 포위공격'(1808)을 직접 경험하기도 했다.[34] 그때부터 그는 전쟁이 빚어낸 끔찍한 현실을 가까이에서 관찰하고 스케치하여 『전쟁의 참상』(Los Desastres de la Guerra, 1810~15. 출간은 고야 사후 1863년에 이루어짐)이라는 판화집으로 모아 냈다.

---

32 토도로프, 앞의 책 144면.
33 시장을 향한 예술품의 생산, 그리고 그런 상황이 자아내는 예술의 자율성이라는 가상으로 특징지워지는 '시민적' 또는 '근대적' 예술을 향해 나가는 노정이 개별 예술가에게 나타나는 방식은 역사적·사회적 조건에 따라 모두 특수하다. 가령 모차르트는 시장을 향한 예술품 생산이라는 조건이 갖추어지지 않은 상태에서 근대적인 예술의 자율성을 추구했는데, 그것의 귀결은 안타깝게도 그의 요절이었다(상세한 논의는 노베르트 엘리아스 『모차르트: 한 천재에 대한 사회학적 고찰』, 박미애 옮김, 문학동네 1999 참조). 베토벤은 모차르트보다는 한결 나은 조건에서 출발했다. 특히 가정용 업라이트 피아노의 보급으로 인한 피아노 소나타 악보 시장의 발전은 베토벤이 자신의 음악적 자율성을 자신 있게 추구할 수 있는 기반이 되었다(마이클 캐넌 『무지카 프라티카』, 김혜중 옮김, 동문선 2001 참조).
34 『전쟁의 참상』, 7화 「무슨 용기!」(Que valor!), 44화 「나는 보았다」(Yo lo vi), 그리고 45화 「그리고 이것도」(Y esto también)가 사라고사 포위공격의 직접적 묘사로 볼 수 있다.

전쟁 이후 고야는 페르난도 7세의 반동적인 정치와 숙청의 위험을 가까스로 피했다. 궁정화가로서의 신분은 유지했지만, 페르난도 7세는 고야를 멀리했다. 그리고 고야는 어느덧 70대에 들어서고 있었다. 그는 계속해서 귀족과 고위 관료 그리고 명사들의 초상화를 그렸다. 그리고 페르난도 7세의 억압적 통치로부터의 내면적 망명처인 듯 자주 투우장을 찾았고, 자신이 관람한 투우 양상을 판화집『투우』(*La Tauromaquia*, 1816)에 담았다.[35] 투우가 스페인에서 유행하고 발달한 것은 18세기 말부터이므로 고야의 생애와 투우의 발달은 동시적인 셈이다. 33점의 동판화로 구성된 이 판화집은『광상』보다는 저렴했지만, 판매가 그렇게 원활하진 않았다.

1820년에는 앞서 언급했듯이 리에고 장군이 1812년 카디스 헌법의 복원을 주장하며 반란을 일으켰다. 실권한 페르난도 7세는 어쩔 수 없이 1812년 헌법을 승인했고, 이로써 자유주의 정부가 수립되었다. 예수회가 추방되고 종교재판소가 철폐되었으며, 페르난도 7세 치하에서 죄수였고 추방자였던 이들이 정부를 꾸렸다(그래서 '죄수들의 정부'라는 별칭을 얻기도 했다). 1822년 선거에서는 리에고가 수상으로 선출되었다.

카디스 헌법에 기초한 스페인의 자유주의 체제는 매우 취약한 것이었으나, 반동적인 빈체제(Wiener System, 1815~48) 아래 짓눌려 있던 유럽 여러 나라의 자유주의자들에게 영감을 주는 사건이었다. 더구나 1821년에는 나폴리에서 반란이 일어나 스페인 헌법과 똑같은 헌법이 나폴리 헌법으로 선포되었다. 그러자 1822년 베로나회의에서 클레멘스 폰 메테르

---

35 물론 고야는 당대의 투우 모습만을 묘사한 것은 아니다. 그는 친구 모라틴의 투우 연구를 참조하여 투우 발달사 연작을 판화집 전반부에 배치했다. 고야는 투우를 묘사할 뿐 아니라 그것을 이해하고 분석하기도 했던 셈이다.

니히(Klemens von Metternich, 1773~1859)는 스페인 헌법이 "모든 나라에서 왕관의 안녕과 인민의 잠에 맞서서 음모를 꾸미는 자들의 토대가 되고 우렁찬 외침이 되고 있다"[36]고 말했다.

베로나회의 결과 10만의 프랑스군이 스페인 통치의 실권을 페르난도 7세에게 돌려주기 위해 침공했다. 전쟁은 8개월 뒤 프랑스의 압승으로 끝났고, 스페인 남부 도시 카디스에 유폐되어 있던 페르난도 7세는 마드리드로 복귀했다. 그리고 곧장 피의 숙청, 그러니까 체포, 구금, 총살, 유배가 벌어졌고, 그것을 피하려는 망명도 줄을 이었다.

고야는 리에고의 반란이 성공하기 한해 전인 1819년 마드리드 외곽에 있는 '귀머거리의 집'(Quinta del Sordo)을 사들여 이주했다.[37] 집을 증·개축하고 의욕적으로 작업에 몰두했던 고야는 그해 말 청력 상실 때보다 더 심각한 질병에 걸려 고생했다(이 질병을 극복하는 장면은 1820년에 그린 이중 초상화 「고야와 의사 아리에타」에 잘 나타나 있다). 이후 자유주의 정부의 혼란과 외세에 의한 몰락의 시기에 고야는 귀머거리의 집에 칩거하면서 그 집 벽면에 14점의 '검은 그림들'(Las Pinturas negras)을 그렸다. 같은 시기에 그는 판화집 『어리석음』(*Los Disparates*, 1815~23)도 제작했다(출판하지는 않았다). 둘 다 몹시 난해하고 상징적이다. 페르난도 7세의 정치적 반동을 더는 견디지 못한 고야는 1824년 마침내 프랑스 보르도로 '망명'했다.[38] 그리고 4년 뒤, 스페인 역사에서 엄청나게 난폭했던

---

36 훗타 요시에 『고야 4』, 320면에서 재인용.

37 '귀머거리의 집'이라는 별칭은 고야가 그 집을 사들이기 전부터 붙어 있었던 것이지, 귀머거리인 고야가 살았기 때문에 붙은 것은 아니다. 오늘날의 감수성으로는 '청각장애인의 집'이라고 번역해야겠지만, 고야 당대의 느낌에 맞는 번역은 '귀머거리'라고 생각된다.

38 사실상 망명이었지만, 수석 궁정화가로서의 급료를 계속 받기 위해 고야는 질병 요양을 핑계로 휴가를 얻어 궁정을 떠났다.

한 시대를 초인적인 근육질로 견뎌내고 극한의 감수성으로 묘파(描破)했던 고야의 붓이 멈췄다.

태피스트리 밑그림 화가에서 수석 궁정화가로

프라도는 0층, 1층, 2층 이렇게 세개 층이 있다. 1층이 가장 넓고 작품도 많이 전시되어 있다. 다음으로는 0층이 크다. 그리고 제일 규모가 작은 2층은 몇개의 전시실밖에 없다. 고야의 작품은 이 세개 층에 흩어져 있다. 고야의 작품 관람에는 불편한 셈이지만, 고야의 활동시기를 따라 전시가 이뤄지고 있기는 하다. 앞서 고야의 생애를 세 단계로 나누었는데, 프라도의 전시는 그것과 대략 일치한다. 2층 전시실 작품이 고야의 생애 첫 단계에 해당한다면, 1층은 두번째 단계, 그리고 0층은 세번째 단계에 해당한다.[39]

벨라스케스의 작품을 보러 갔던 프라도에 고야를 보기 위해 다시 갔다. 처음 갔을 때는 '고야 입구'(Goya entrance)를 통해 바로 1층으로 들어갔었는데, 두번째에는 프라도 바로 옆에 있는 산헤로니모 왕립 성당을 둘러본 다음 '헤로니모 입구'로 들어갔다. 왕립 성당의 회랑은 프라도의 0층과 연결되어 있고, 현대 작가들에 대한 특별전시회를 개최하곤 하는데, 관심을 끄는 테마가 아니어서 생략하고 곧장 본관으로 향했다.

고야의 초기 작품들이 있는 2층은 엘리베이터를 통해서만 올라갈 수

---

39 이런 전시실 배치가 애초에 의도한 것은 아니겠지만, 명랑하게 하늘을 향해 열린 다락방(2층)과 일상적 삶이 운위되는 본채(1층) 그리고 비밀을 간직한 어두운 지하실(0층)이라는 건축적 구도가 고야의 생애 단계 및 화풍과 은유적 관계를 맺고 있는 듯이 느껴진다.

2-3. 프란시스코 데 고야 「만사나레스 강둑에서 춤을」, 1776~77, 272×295cm, 프라도
미술관

있다. 대략 7개 정도의 방이 고야 작품에 할애되어 있다. 대부분 고야가
1770~80년대에 그린 태피스트리 밑그림들인데, 화폭이 다양한 것이 눈
에 띈다. 사각형도 있고, 세로로 길쭉한 것도 있고, 가로로 긴 것도 있다.
각기 벽면 장식용, 모서리용, 문이나 창문 위 공간용 태피스트리를 위한
밑그림이다.

밑그림들의 주제는 동물, 사냥, 대중의 일상과 여가활동 등 다양했는
데, 크게 보면 당대 풍속이라고 말할 수 있다.[40] 전형적인 예로 「양산」

---

40 맹스가 태피스트리 공장을 지휘하던 시기에는 신고전주의적 경향이 강했으나, 고야의 처
  남 바예우가 감독을 맡으면서 스페인 민중생활상이나 계절 풍경 그림이 묘사되기 시작했

(El Quitasol, 1777)이나 「만사나레스 강둑에서 춤을」(Baile a orillas del Manzanares)을 들 수 있다. 두 그림에 등장하는 남녀의 복장은 당대 스페인 사회에서 평민 멋쟁이의 복장이다. 이런 멋쟁이 남녀는 각각 마호(majo)와 마하(maja)라 불렸다. 마하는 긴치마에 모슬린 소재의 흰색 또는 검은색 만티야(mantilla)나 삼각 숄(fishu)을 걸치고, 새시벨트(cinturón de fajín)를 두르고, 머리에는 페이네타(peineta)를 꽂고 있다. 마호는 짧은 코트와 조끼 그리고 딱 붙는 브리치스(breeches)를 입고, 벨트를 두르고 염주나 부채 같은 소품을 썼다.[41]

복식의 유행은 통상 상층에서 하층으로 전파되며 일어나는 법이지만, 마호/마하 복식의 경우에는 반대로 하층에서 상층으로 전파가 일어났다. '마히스모'(majismo)라 불린 이 현상 밑에는 사실은 스페인 부르봉왕조의 통치 스타일과 스페인 민중 사이의 갈등이 자리하고 있다. 앞서 지적했듯이 카를로스 3세 시기는 경제가 순조롭게 발전했다. 그 시기에는 상류층이 당시 매우 활발했던 계몽주의는 물론이고 복식에서도 프랑스 문화를 적극적으로 수용했다. 그렇게 프랑스 문화를 적극적으로 추종하는 남녀는 각각 '페티메트레'(petimetre)와 '페티메트라'(petimetra)라 불렸는데, 이들은 스페인 문화를 계몽되지 않은 우둔함으로 낮춰 보았다. 반

다. 이런 점에서 바예우나 고야는 네덜란드 일상회화의 영향을 받았다고 할 수 있다. 네덜란드 일상회화에 대한 연구로는 츠베탕 토도로프 『일상 예찬: 17세기 네덜란드 회화 다시 보기』, 이은진 옮김, 뿌리와이파리 2003 참조. 그런데 토도로프는 고야 연구서에서 네덜란드 일상회화와 고야의 회화 사이의 연관을 체계적으로 검토하지 않았는데, 이는 토도로프의 고야 해석이 계몽주의와 고야의 연관에 집중된 탓으로 보인다.

41 만티야는 망사로 된 숄이고, 새시벨트는 긴 띠를 허리끈으로 쓰는 것이며, 페이네타는 장식용 빗이다. 브리치스는 무릎 바로 아래서 여미게 되어 있는 반바지다. 마하와 마호의 복식에 대한 상세한 논의는 배수정 「프란시스코 데 고야의 회화에 나타난 18세기 스페인 마호(majo), 마하(maja) 서민 복식의 상향전파 사례연구」, 『한국의류학회지』, 2018, 42권, 1호, 74~87면 참조.

2-4. 프란시스코 데 고야 「만티야를 입은 왕
비 마리아 루이사」(La reina María Luisa con
mantilla), 1799~1800, 208×127cm, 프라
도 미술관

면에 스페인 문화에 적극적으로 동화되고자 했던 합스부르크왕조와 달
리 스페인 문화를 얕잡아보고 프랑스 문화를 존숭했던 부르봉왕조에 대
해 스페인 민중은 반감을 품었고, 그런 반감이 자신들의 복식과 문화를
고수하는 태도로 나타났다.

그 결과 계몽주의 대 토착적 전통주의, 그리고 친불주의 대 애국주의
(국수주의)라는 이중적 전선이 하나로 엉켰으며, 그것이 '반(反)에스킬
라체(Esquilache) 폭동' 같은 심각한 사태를 일으키기도 했다.[42] 문화적 혜

---

42 반에스킬라체 폭동은 카를로스 3세 시기에 가장 심각한 공안사건이었다. 사건의 직접적
원인은 시칠리아 출신의 장관 에스킬라체 후작이 내린 법령이었다. 그는 1776년 10월 당시
스페인의 전통 복장이던 긴 망토와 챙 넓은 모자의 착용을 금지하고 대신 짧은 망토와 삼각
모자를 착용해야 하며, 위반할 경우 벌금이나 투옥 처분을 내리겠다는 이른바 '에스킬라체
법령'을 반포했다. 이 법령에 반발해 스페인 전국에서 시위와 폭동이 일어났다.

게모니를 쥐지 못한 상류층의 어설픈 개혁이 하층의 거센 반항에 직면해 좌절하자, 대략 1780년경부터 토착주의에 뿌리를 둔 마히스모의 영향이 커지기 시작했다. 그리고 1790년대 들어 카를로스 4세가 프랑스대혁명의 영향을 차단하기 위해 스페인 국경을 봉쇄하고 프랑스와의 관계를 차단하자 마히스모는 더 강력해졌으며, 마침내 최상층에 속하는 마리아 루이사 왕비나 알바 공작부인도 마하 복식을 입은 초상화를 남길 정도로 영향력이 커진다.[43]

　고야의 태피스트리 밑그림에는 주제 면에서도 어느 정도는 그렇지만 화풍 면에서 프랑스의 영향이 분명하게 나타난다. 고야의 「그네」(1779) 같은 작품에서 장-오노레 프라고나르(Jean-Honoré Fragonard, 1732~1806)의 「그네」(1767)를 떠올리지 않기는 어렵다. 그러나 고야의 그림은 로코코풍의 화사함과 쾌활함에도 불구하고 장-앙투안 바토(Jean-Antoine Watteau, 1684~1721)나 프랑수아 부셰(François Boucher, 1703~70) 또는 이미 언급한 프라고나르에 비하면 묘사의 정치함이 떨어지고 다소 어설퍼 보인다. 하지만 거기엔 두가지 이유가 있다. 우선 독자적인 전시와 감상을 예정하지 않는 태피스트리를 위한 '밑'그림에 화가가 회화적 열정을 쏟을 이유는 없기 때문이다. 다음으로 표현의 능력과 기법 면에서 붓과 실 사이에는 큰 차이가 있기 때문이다. 구성이 복잡하거나 색 변화가 많고 다채로운 밑그림은 태피스트리 작업에는 오히려 방해가 될 수 있다.[44]

---

43 이은해 「18세기 고야 시대의 '마히스모(majismo)' 현상과 스페인 민중의 정체성」, 『스페인어문학』 2020. 12, 97권, 189~213면 참조.

44 Tomlinson, 앞의 글은 고야의 밑그림에 따라서 제작된 태피스트리를 자료화면으로 풍부하게 제공하고 있어서, 회화와 태피스트리의 차이를 실감할 수 있다.

2-5. 프란시스코 데 고야 「도자기」(1778~79, 259×220cm, 프라도 미술관)와 그 세부

    그러나 고야는 때로 밑그림으로는 어울리지 않는 미학적 과잉을 불사하면서 정교한 그림을 그리기도 했던 듯하다. 예컨대 「도자기」(El Cacharrero)가 그렇다. 당대의 풍속을 아름답게 묘사한 이 그림은 사실 태피스트리로 구현하기에는 어려운 미세한 표현들이 두드러진다. 팔려고 펼쳐놓은 도자기들의 광택이나 마하가 걸친 만티야의 레이스 장식을 섬세하게 그려내고 있는 이 밑그림은 화가가 밑그림이라는 그 용도를 도외시하고 회화적 욕망을 추구하고 있음을 보여준다. 그로 인해 고야는 자주 태피스트리 공장의 불만을 샀다(유사한 예로 「눈먼 기타 연주자」[1778]가 있다. 이 그림은 복잡하고 색 변화가 심하다는 이유로 태피스트리 공장에서 아예 작업을 거부했다).

고야의 밑그림에는 미학적 과잉 이외에 어떤 정치적·심리적 과잉도 나타난다. 예를 들어 「지푸라기 인형」(El Pelele)이 그렇다. 이 그림은 엘 에스코리알 궁전에 꾸며진 카를로스 4세의 집무실을 장식하기 위해 고야에게 의뢰된 일련의 작품 가운데 하나이다.[45] '집무실 연작'은 고야가 그린 태피스트리 밑그림 가운데 마지막 시리즈에 해당하며, 고야의 생애에 대한 단계 구분에서 두번째 단계의 시작 지점에 놓인 작품이다. 「죽마놀이를 하는 마호들」, 「나무에 오르는 소년들」, 「무등을 탄 소년」, 「물동이를 인 소녀들」, 「결혼식 장면」 등으로 구성된 이 연작은 프라도 전시실 90번 방에 모여 있다.[46] 「지푸라기 인형」은 거기 걸린 작품들 가운데 유일하게 로코코적 화사함을 보인다. 그러나 그것은 첫인상일 뿐, 꼼꼼히 들여다보면 기이한 면이 드러난다.

그림의 주제인 '만테오 델 펠레레'(manteo del pelele), 즉 지푸라기 인형을 담요 위에 올려놓고 위로 튕겨 던지는 놀이는 당대 스페인의 장터나 축제 때 처녀들이 자주 하던 놀이다. 처녀들이 남자를 희롱하는 것을 상징하고 있는 이 놀이는 가부장적 질서의 카니발적 전복의 한 형태라 할 수 있다. 고야의 그림에서는 생글거리는 처녀들이 팔을 벌려 멋지게 지푸라기 인형을 튕겨 올리고 있다. 삐딱하게 던져진 지푸라기 인형의 얼굴은 인공의 피조물답게 무표정하지만, 그의 몸은 무기력하게 공중에 던져져 있다. 확실히 젠더적 질서의 전복이 일어나고 있다.

그런데 전복이 젠더적 질서에 한정된 것은 아니다. 네 처녀는 블라우

---

45 집무실 장식을 위해 고야가 그린 연작 전체에 대한 상세한 분석으로는 권연희 「프란시스코 고야의 회화에 나타난 에스파냐 계몽절대군주의 통치이념: 엘 에스코리알의 '집무실 연작'을 중심으로」, 홍익대학교 대학원 석사학위논문, 2007 참조.
46 이 연작 가운데 「시소 놀이」만 필라델피아 미술관이 소장하고 있다.

2-6. 프란시스코 데 고야 「지푸라기 인형」, 1791~ 92, 267×160cm, 프라도 미술관

스에 주름이 많고 밑단이 큰 치마인 바스키냐(basquiña)를 입고 머리는 레이스로 화려하게 장식했는데, 이런 옷차림은 마하의 축제의상이다. 이에 비해 네 마하에 의해 공중에 내던져진 지푸라기 인형은 땋아 늘인 머리에 무릎까지 오는 프록코트를 입은 전형적인 페티메트레 차림이다. 앞서 언급한 마호/마하 대 페티메트레/페티메트라 사이의 사회적 갈등이 여기 표면화되고 있는 셈이다. 새로 즉위한 왕이 고야에게 주문한 연작으로 의도한 것은 집무실에 백성들의 순진하지만 어리석은 일상을 표현한 태피스트리를 걸어둠으로써 그들에 대한 자애심과 계몽적 의지를 뽐내는 것이었을 텐데, 「지푸라기 인형」은 그런 의도를 교묘하게 조롱하고 있다. 무력하게 공중에 던져진 생기 없고 남성성을 상실한 듯이 보이는 페티메트레는 어떤 의미에서 카를로스 4세를 표상하는 것으로 볼 수 있

2-7. 프란시스코 데 고야 『어리석음』, 1화 「여자의 어리석음」 24.3x35.3cm

기 때문이다. 페티메트레처럼 프랑스적 기원을 지닌 채 높은 곳에서 우
쭐거리며 자신을 계몽군주로 내세우려 하지만 실은 그 상승이라는 것 자
체가 지푸라기 인형처럼 제힘으로 이룬 것이 아닐뿐더러 프랑스대혁명
의 위력으로 지푸라기 인형처럼 곧장 아래로 추락할 운명인 것이 카를로
스 4세의 처지였기 때문이다. 물론 지푸라기 인형과 카를로스 4세를 곧
장 연결하는 것은 지나친 추정일 수 있다. 그러나 적어도 이 그림이 궁정
태피스트리의 주제 속에 은밀하게 사회적 적대의 양상을 밀어 넣고 있는
것만은 사실이다. 『광상』에서 만개할 고야의 사회적 비판과 냉소가 이미
이 그림 안에서 은밀히 고개를 쳐들고 있는 셈이다.

주의할 점은 고야가 「지푸라기 인형」에서 화사한 표정을 선사한 마하
(그리고 마하가 대변하는 전통주의와 여성적 전복)에 대해 우호적인 감

정을 품은 것은 아니라는 점이다. 고야는 「지푸라기 인형」으로부터 대략 사반세기 뒤에 제작한 『어리석음』의 첫번째 동판화에서 이 주제를 다시 한번 소환했다. '여자의 어리석음'(Disparate femenino)이라는 표제가 붙은 이 동판화에서도 여자들이 지푸라기 인형을 튕겨 올리고 있다. 하지만 「지푸라기 인형」과 달리 여기서는 둘로 늘어난 인형들이 더 힘없이 내던져지고 있다. 이에 비해 「지푸라기 인형」에서 환하게 웃으며 인형을 바라보던 여자들이 여기서는 인형을 외면한 채 얼굴을 돌리고 있다(그러므로 젠더 질서에 도전하고 있다고 하기는 어렵다). 그리고 그런 그들의 표정에는 교활함, 악의, 그리고 즐거움이 흐른다. 그들이 들고 있는 담요에는 (우둔함을 상징하는) 당나귀와 사람이 수놓아져 있다.[47] 전체적으로 가부장적 권력에 대한 카니발적 전복이 해방적인 힘을 예표하기보다 악의와 무관심에 물들어 있다. 지푸라기 인형이 초점을 잃은 이 그림에서 고야가 조롱하고 있는 것은 여자들이다. 「지푸라기 인형」으로부터 「여자의 어리석음」으로의 이행은 고야의 관점 변화일까, 아니면 긴 시간 뒤에 「지푸라기 인형」의 무의식 버전을 그린 것일까?

아마도 둘 다일 것이다. 고야는 자신이 젊은 시절 그린 그림의 테마를 상당한 시간이 흐른 뒤 다시 소환할 때가 많았다. 「성 이시드로의 초원」(La pradera de San Isidro, 이하 「초원」으로 약칭)과 「축제일의 성 이시드로 암자」(La ermita de San Isidro el día de la fiesta, 이하 「암자」로 약칭)를 어둡게 재구성했다고 해도 과언이 아닌 「성 이시드로의 순례」(La romería de San Isidro, 이하 「순례」로 약칭)가 대표적인 예이다.[48] 「초원」과 「암자」는 카

---

47 당나귀와 달리 사람 모습은 수놓인 것인지 아니면 담요 위에 떨어진 상태인 또다른 지푸라기 인형인지 불확실하다.

48 또다른 예로, 「지푸라기 인형」과 같은 시리즈에 들어있는 「혼례」(1791), 『광상』 75화 「우

2-8. 프란시스코 데 고야 「성 이시드로의 초원」, 1788, 41.9×90.8cm, 프라도 미술관

를로스 3세의 마지막 해인 1788년 고야가 제작한 밑그림으로 프라도 2층
94번 방에서 함께 볼 수 있다. 둘 다 마드리드의 수호성인 성 이시드로 축
일(5월 15일) 행사를 테마로 하고 있으며, 모두 로코코적인 화사함과 쾌활
함을 보인다.

그러나 「초원」의 구도와 「암자」의 테마를 결합하고 있는 「순례」는 사
회적 악몽을 그리고 있다. 군중은 절망적인 분위기 속에서 성 이시드로
의 암자를 향해 힘겹게 걸어가고 있다. 그러나 일견 「초원」 및 「암자」와
「순례」 사이의 극적인 분위기 차이는 전자를 다시 꼼꼼히 들여다보면 많

리를 풀어줄 사람 없나요?」(¿No hay quién nos desate?, 1799) 그리고 『어리석음』 7화 「결혼
의 어리석음」(Disparate matrimonial, 1815~23)이 있다. 세 그림은 당대의 결혼제도에 대한
고야의 점점 더 강력해져가는 비판을 보여준다. 「만사나레스 강둑에서 춤을」도 그런 예의
하나이다. 이 '즐거운' 그림은 『어리석음』 12화 「즐거운 어리석음」(Disparate alegre)으로 기
괴하게 귀환한다.

2-9. 프란시스코 데 고야 「축제일의 성 이시드로 암자」, 1788, 41.8×43.8cm, 프라도 미술관

이 좁혀진다. 장 스타로뱅스키가 지적하듯이, 「초원」에서는 "유순히 반짝거리는 강(만사나레스강)이 비단처럼 반사되는 파라솔과 의복의 빛과 어우러지는 모습이 매혹적이다. 하지만 이렇게 모인 사람들은 하나된 정열도 환희도 보여주지 않는다. 남자들과 여자들은 우연한 만남을 갖게 될 처지다. 여기서 우리는 우연의 우호적인 얼굴을 보게 되는데, 전체를 보면 그 우연에는 암흑의 얼굴도 있음을 알게 된다."[49] 「순례」는 「초원」과

2-10. 프란시스코 데 고야 「성 이시드로의 순례」, 1820~23, 138.5×436cm, 프라도 미술관

「암자」에 "그저 보이지 않는 분위기로만 존재했던 것이, 암흑의 원리가 자발적으로 활기를 띠고 응축되기라도 하듯 이제 괴물의 무리로 나타"난다.[50] 그런 의미에서 「순례」는 「초원」의 무의식이라 할 수 있을 텐데, 그 무의식을 전면화한 격발요인은 반도전쟁과 그것에 이어진 역사적 사건일 것이다. 그러므로 「지푸라기 인형」에서 「여자의 어리석음」으로, 그리고 「초원」과 「암자」에서 「순례」로 이어지는 경로를 이해하기 위해 프라도의 1층으로 내려가보자.

49 장 스타로뱅스키 『자유의 발명 1700~1789 / 1789 이성의 상징』, 이충훈 옮김, 문학동네 2018, 431면.
50 같은 책 434면. "그저 분위기로만 존재했던" 고야의 기괴함을 향한 취향을 보여주는 것으로 「성 프란시스코 데 보르하와 회개 없이 죽어가는 남자」(San Francisco de Borja y el moribundo impenitente, 1788)와 「마누엘 오소리오 만리케 데 수니가」(Manuel Osorio Manrique de Zuñiga, 1787~88)가 자주 논의된다.

고야 생애의 두번째 단계: 프라도 1층의 초상화를 중심으로

프라도 1층은 고야의 생애 두번째 단계에 속하는 작품을 다수 전시하고 있다. 앞서 언급했듯이 이 시기는 프랑스대혁명이라는 세계사적 격변이 서서히 스페인 사회를 덮쳐 오던 때였다. 궁정화가가 됨으로써 고야의 생애 전망은 밝아졌지만, 청력을 상실하는 고통을 겪었고, 계몽주의자로서 그가 바라본 스페인은 오래된 악습과 미신에서 헤어 나오지 못한 나라였다. 그러나 이때 고야는 예술적으로 그리고 육체적으로 정점에 있기도 했다. 그는 매우 다채롭고 정력적으로 작업했다. 성화를 그렸고,[51] 초상화도 그렸고,[52] 캐비닛 회화도 그렸으며,[53] 80화로 구성되는 판화집 『광상』을 제작했다.

프라도 1층에서 볼 수 있는 고야의 작품, 그 가운데서도 초상화 몇편을 먼저 살펴보려고 한다. 고야는 평생 수많은 초상화를 그렸다. 그에게 초상화는 수입의 원천이자 그를 궁정화가로 끌어올린 명성의 토대이고, 우정과 사랑을 기념하는 선물이기도 했다. 그런 초상화들 가운데 어쩌면 가장 유명한 것들, 그리고 논란거리인 것들이 지금 다뤄보려는 「친촌 백작부인」(La condesa de Chinchón), 「옷을 벗은 마하」(La maja desnuda)와 「옷을 입은 마하」(La maja vestida), 그리고 「카를로스 4세의 가족」(La

---

51 톨레도 대성당 성구실 중앙에 있는 엘 그레코의 「엘 엑스폴리오」 옆에 걸린 「체포된 예수」 (1799)나 산안토니오 예배당 천장화(1798)가 대표적이다.

52 「돈 세바스티안 마르티네스」(Don Sebastián Martínez, 1792), 「검은 옷의 알바 공작부인」 (La duquesa de Alba de negro, 1797), 「가스파르 멜초르 데 호베야노스」(Gaspar Melchor de Jovellanos, 1798), 「레안드로 페르난데스 데 모라틴」(Leandro Fernández de Moratín, 1799), 「카를로스 4세의 가족」이 대표적이다.

53 오수나 공작부인의 요청에 따라 그린 6점의 캐비닛 회화가 대표적이다.

2-11. 프란시스코 데 고야 「친촌 백작부인」, 1800, 216×144cm,
프라도 미술관

familia de Carlos IV)이다.

「친촌 백작부인」과 「옷을 벗은/입은 마하」는 모두 고도이와 관련된 그
림이다. 친촌 백작부인은 고도이의 정실부인이다. 마하의 정체에 대해서
는 숱한 논란이 있었지만, 이제는 고도이의 정부였고 친촌 백작부인 사
망 후 정실이 된 페피타 투도(Pepita Tudó, 1779~1869)라는 것으로 의견
이 모아진다. 그러므로 「친촌 백작부인」이 고도이의 낮을 그린 것이라면,

「옷을 벗은/입은 마하」는 고도이의 밤을 그렸다고 할 수 있다.[54]

누구에게나 커다란 감동을 자아내는 「친촌 백작부인」부터 살펴보자. 아무런 장식도 없는 침침한 배경 앞에 친촌 백작부인이 의자에 앉아 있다. 황금색으로 칠해진 의자가 백작부인을 공간 안으로 이끌어낸다(그렇게 그녀의 신분을 드러낸다). 백작부인은 오른쪽으로 고개를 약간 틀고 아주 가볍게 내리뜬 눈 역시 오른쪽 아래를 보고 있다. 아니 오른쪽을 보고 있다기보다는 관람객을 정면으로 응시하지 않기 위해 살짝 고개를 돌린 모습이다. 그래서 무척 수줍어 보인다.

이 수줍은 백작부인의 본명은 마리아 테레사 호세파 데 보르본(María Teresa Josefa de Borbón, 1780~1828)이다. 그녀는 펠리페 5세의 아들이자 카를로스 3세의 동생인 돈 루이스(Don Luis Antonio Jaime de Borbón, 1727~85)의 딸이다(그러므로 카를로스 4세의 사촌 여동생이다). 유럽 왕가에서 흔히 그랬듯이, 차기 왕의 동생이었던 돈 루이스에게는 성직자의 길이 주어졌다. 성직 추구는 왕위계승권을 다투지 않을 것임을 공표하는 것이고, 그럼으로써 정치적 안전을 도모하는 것이기도 하다. 이미 여덟살 때 톨레도 대주교, 열살에 추기경, 열네살에 세비야 대주교에 서임되었으나 성직이 싫었던 돈 루이스는 결국 스물일곱에 환속해서 신분이 낮은 여성과 결혼했고, 몇해 뒤 형이 카를로스 3세로 즉위하자 시골에 은둔했다. 예술을 사랑했던 그는 이탈리아의 첼리스트이자 작곡가 루이지 보케

---

54 이 그림이 처음 세상에 알려졌을 때, 마하는 그저 집시여인으로 추정되었다. 여전히 당대 마드리드 유곽의 표준적 여성을 그린 것이라는 설이 있다. 가장 오래 널리 퍼져 있던 설은 고야가 연모했던 알바 공작부인이라는 것인데, 오늘날에는 주장하는 이가 별로 없다. 현재는 마하를 투도로 보는 견해가 다수이고, 프라도의 공식 입장도 그렇다. 하지만 새로운 자료에 기초한 연구가 마하의 정체를 새롭게 밝힐 가능성이 없지 않다. 그런 점을 고려하면, 마하를 투도로 가정한 이하의 논의는 잠정적인 것이다.

리니(Luigi Boccherini, 1743~1805)를 고용하기도 했고, 안톤 멩스와 루이스 파레트를 후원했으며 당연하게도 고야 또한 후원했다. 고야는 1783년 돈 루이스의 시골 궁전에 초대받았고, 그 이래로 그의 가족과 친밀한 관계를 유지했으며, 가족들 초상화를 그려주기도 했는데, 세번이나 그린 것은 마리아 테레사뿐이다.[55] 첫번째는 1783년 세살의 앳된 모습을 그린 것이고, 두번째는 1784년 돈 루이스의 가족 초상화 안에 그려 넣은 것이고, 세번째가 지금 우리가 살펴보고 있는 1800년의 초상이다.

돈 루이스가 죽은 뒤 그의 가족은 왕실에 의해 여기저기로 갈라져야 했다. 마리아 테레사는 수녀원으로 보내졌는데, 열일곱살이 되던 1797년에 '평화 대공'으로 한껏 권세를 떨치던 고도이와 결혼했다. 이 결혼을 주선한 것은 물론 카를로스 4세와 마리아 루이사 왕비였는데, 왕비는 이 결혼을 계기로 고도이가 오랫동안 동거해온 투도와 헤어지기를 바랐다고 한다. 하지만 그런 일은 일어나지 않았고, 친촌 백작부인은 안타깝게도 사실상의 중혼(重婚) 생활을 견뎌야 했다.

고야는 결혼 3년 만에 아기를 잉태한 백작부인을 그렸다. 그래서 머리에는 곡식과 다산의 여신 데메테르(또는 케레스)를 상징하는 옥수수 이삭이 장식으로 꽂혀 있다. 배 위에 두 손을 다소곳이 모은 것도 임신을 상징한다. 그녀가 입고 있는, 가슴 근처에 허리띠를 두른 흰색 모슬린 드레스는 '여왕의 옷차림'(chemise à la reine)이라 불리는 마리 앙투아네트(Marie Antoinette)의 복장에서 유래한 것이다. 이 옷차림은 나폴레옹의 황제 즉위 후 조세핀 황비가 즐겨 입으면서 다시 한번 유럽 상류층에서 유행했다. 고야는 치마의 구겨짐과 점박이무늬 그리고 치마와 소매 끝단

---

55 고야와 돈 루이스의 관계에 대해서는 Janis Tomlinson, *Goya: A Portrait of the Artist*, Princeton University Press, 2020, 10장 참조.

2-12. 프란시스코 데 고야 「옷을 입은 마하」, 1800~1807, 94.7×188cm, 프라도 미술관

의 푸른색 무늬를 놀라운 붓질로 묘사해내고 있다. 황금색 의자와 흰 드레스, 그리고 드레스 아랫단과 소맷단 및 두건을 고정하는 매듭으로 이어지는 푸른 무늬와 빛깔이 어둡고 텅 빈 배경으로부터 백작부인이 부드럽게 솟아 나오게 하고 있기도 하다. 그림의 하이라이트는 두 손이 살짝 가리고 있는 배에 주어져 있다. 그 배를 감싼 손에는 남편의 모습이 그려진 반지가 끼워져 있다. 임신과 반지, 그리고 수줍지만 희미하게 기쁨이 스치는 백작부인의 표정은 그녀가 남편의 사랑에 대한 희망의 끈을 아직 붙잡고 있음을 드러내는 듯하다. 그러나 오랜 세월 궁정을 드나든 50대의 화가에게 정략결혼으로 떠밀려 간 백작부인에게 어떤 운명의 그림자가 드리울지 제법 투명하게 내다보였을 것이다(더구나 그는 고도이를 위해 투도를 모델로 「옷을 벗은 마하」까지 그렸지 않은가?). 그러나 화가는 모슬린처럼 곱고 옅은 희망을 그 모습 그대로 그려내고 있다. 화사하고

2-13. 프란시스코 데 고야 「옷을 벗은 마하」 1795~1800, 97.3×190.6cm, 프라도 미술관

아름답게 그러나 약간은 슬픈 듯도 하게.

정성을 다해 그려진 이 초상화를 보고 있노라면, 화가가 모델에게 깊은 애정을 품고 있었음을 절로 느끼게 된다. 어쩌면 벨라스케스에게 마르가리타 공주가 차지하고 있는 자리를 고야에게서 친촌 백작부인이 차지하고 있는 것은 아닐까, 하는 생각이 들 정도이다. 벨라스케스가 마르가리타 공주에게 그랬듯이 세살 무렵의 앳되고 호기심 많은 소녀 시절의 그녀를 그렸던 고야로서는 그럴 법도 하지 않은가?

36번 전시실의 「친촌 백작부인」에서 몇걸음 떨어지지 않은 전시실에 「옷을 벗은 마하」(이 장에서는 이하 「벗은」으로 약칭)와 「옷을 입은 마하」(이 장에서는 이하 「입은」으로 약칭)가 있다. 관람실이 붐비는 정도가 말해주듯이 「친촌 백작부인」보다는 「옷을 벗은/입은 마하」가 훨씬 인기 있다. 아니 그 정도가 아니라 두 '마하'가 나란히 걸린 38번 전시실은 프라도 전체에

서 가장 인기 있는 곳 가운데 하나이다.

두 그림 가운데 먼저 그려진 것은 「벗은」이다. 「입은」이 그려진 것은 「벗은」이 그려지고 7~8년 뒤일 것으로 추정된다.[56] 고야에게 이 두 그림을 의뢰한 것은 고도이이고, 모델은 이미 언급했듯이 당시 고도이의 정부였던 투도이다. 모델이 확정된 것만으로도 이 그림에 대한 몇몇 오해가 풀린다. 「벗은」의 모델이 알바 공작부인이라고 주장했던 이들은 이 그림에서 고야의 은밀한 욕망을 읽어내려고 했다. 어떤 이들은 젠더적 질서에 대한 여성의 도전을 자주 주제화한 고야가 이 그림을 통해서 마네의 「올랭피아」로 가는 길을 열었다고 주장했다. 그러나 이렇게 이 그림과 고야의 내면을 연결하는 해석은 힘을 잃었다. 사실 스케치를 포함해 고야의 그 수많은 작품 가운데 누드는 사실상 「벗은」 이외에는 없다. 누드에 별다른 관심을 쏟지 않았던 셈이다.[57] 그러므로 고야는 그저 당대 최고의 권신(權臣)이자 산페르난도 아카데미에도 상당한 영향력을 행사하던 고도이의 의뢰였기 때문에 「벗은」을 그렸다고 봐야 할 것이다.

그러므로 우리가 의문을 제기해야 할 것은 고도이의 욕망이다. 16세기 중반 트리엔트공의회 이래로 스페인에서 누드에 대한 검열은 고야 시대에 이르기까지 약해진 적이 없다. 카를로스 3세나 4세 모두 궁정이 소장한 미술품 가운데 누드(누드라고 하지만 모두 신화적인 소재에 기댄 것

---

56 고도이의 컬렉션 가운데 하나로서 「벗은」의 존재가 가장 처음 보고된 것은 1800년 왕실 조폐국의 조각가 페드로 곤살레스 데 세풀베다(Pedro González de Sepúlveda, 1744~1815)에 의해서이다(그는 이때 「입은」에 대해 전혀 언급하지 않았다). 「입은」의 경우, 1808년 고도이의 실각 후에 그의 컬렉션이 반출될 때 존재가 처음 확인된다. Mary Louise Krumrine, "Goya's "Maja desnuda" in Context," *The Journal of Aesthetic Education*, Vol. 28, No. 4 (Winter, 1994), pp. 36~44 참조.

57 알바 공작부인의 별장에 머물며 그렸던 『산 루카르 화집』에는 더러 음란한 인상을 주는 그림이 있다. 하지만 그조차도 노골적인 누드는 아니다.

들이다)를 폐기하려고 했다.[58]

그러나 그런 왕들의 시도를 만류했던 논리가 있다. '진짜 벗은 여성과 달리 누드에는 고유한 미적 특질이 있다, 그것을 이해할 수 없는 어리석은 이들만이 누드 때문에 음란한 생각에 젖는다, 그러므로 누드의 미적 요소를 이해할 수 있는 교양 있고 심미성을 지닌 이들만 누드에 접근할 수 있게 하면 된다'는 것이다.

고도이의 의뢰도 이런 논리의 연장선에 있을 가능성, 그러니까 자신은 검열에서 면제될 만한 심미적 자질을 가졌다는 자의식에 기반한 것일 가능성이 크다. 그리고 거기에 자신은 금기를 깨도 괜찮을 정도의 권력자라는 오만함도 곁들여져 있을 것이다. 기록에 의하면, 고도이의 캐비닛에 걸렸던 작품 가운데는 「벗은」 이외에도 벨라스케스의 「거울을 보는 베누스」를 복제한 그림, 그리고 지금은 분실된 티치아노의 「잠자는 베누스」를 복제한 그림 등이 있었다고 한다. 고도이의 컬렉션은 누드의 예술적 계보를 나름대로 재구성하려는 시도였던 셈이다. 게다가 여러 기록에 따르면, 고도이의 시도가 당대 귀족들 사이에서는 그리 드문 일이 아니었다.[59]

그래도 남는 의문은 왜 고도이가 몇년 뒤에 「입은」을 또 의뢰한 것일까, 하는 것이다. 확실치는 않지만, 고도이가 두 그림을 전시한 방식이 의문에 대해 약간의 답이 될 듯하다. 두 그림을 병치한 프라도와 달리 고도이는 「입은」이 「벗은」을 가리게 걸었다고 한다. 다시 말해 「입은」을 치우

---

58 시먼스, 앞의 책 213면.
59 고도이가 소장한 벨라스케스나 티치아노 그림의 복제도 고야가 그려주었을 가능성이 있다. 「벗은」을 둘러싼 논란과 고도이의 컬렉션 그리고 누드화의 개인 소장 풍습 등에 대해서는 Janis A. Tomlinson, "Burn It, Hide It, Flaunt It: Goya's Majas and the Censorial Mind," *Art Journal*, Vol. 50, No. 4 (Winter, 1991), pp. 59~64 참조.

면 「벗은」이 드러나게 한 것이다. 고도이의 전시 방식을 상상하면서 프라
도에 전시된 그림을 보면, 확실히 두 전시 방식이 관람자에게 다른 느낌
을 준다는 걸 깨닫게 된다. 프라도에서는 「벗은」을 보고 있을 때 그와 동
시에 「입은」이 시야에 들어오고, 「입은」을 보고 있는데 「벗은」이 시야에
들어온다. 당연히 우리는 두 그림의 차이에 주목하게 되고, 그 결과 신화
적 모티브라는 너울도 쓰지 않고 노골적으로 옷을 벗고 유혹적 시선으로
우리를 바라보는 마하가 관음증을 자극하지 못하게 된다. 그러나 두 그
림을 순차적으로 보는 장면을 상상해보면, 확실히 성적 자극은 선명해진
다. 터키풍의 강렬한 노란색 옷을 입은 마하의 붉은 벗은 마하보다 더 발
그레하고, 눈매도 더 유혹적이다(쾌락보다 쾌락의 예감이 사람을 더 달
뜨게 한다는 것을 잘 보여준다). 「입은」의 하이라이트는 벗은 마하의 아
랫배와 음부를 예시하고 있는 하얀색 비단옷의 치골 부분이다. 날렵한
황금색의 양단 슬리퍼도 페티시즘을 자극한다. 고야는 「입은」에 매혹된
뒤에 「벗은」을 '발견'하게 되는 목적론적 행로를 구성함으로써 단독으로
보면 다소간 밋밋한 누드라 평가받을 만한 「벗은」이 성적 욕망을 자극하
는 힘을 배가한 듯이 보인다. 그러므로 고도이의 의뢰에서 비롯한 고야
의 「입은」에는 유례없는 측면이 있다. 「입은」은 우리를 누드로 현혹하는
구성물이 어떤 것인지를 누드로부터 역추론하여 구현함으로써 옷 입은
상태 자체를 누드와 내적으로 연결되도록 한 그림이다. 누드와 섹슈얼리
티가 도래할 장소를 미리 예시하는 신발을 포함한 모든 의상 그리고 마
하의 포즈와 표정은 역설적이게도 사후적으로 구성된 셈인데, 이런 식의
그림은 시도된 적이 없다.

「카를로스 4세의 가족」 혹은 "식료품 가게 주인과 그 가족"?

이제 고야의 집단 초상화 「카를로스 4세의 가족」을 살펴보자. 고야가 그린 초상화 가운데 가장 거대한 규모인 이 초상화는 수석 궁정화가가 된 고야가 거의 1년 동안 심혈을 기울여 완성한 대작이다. 그림을 처음 대하면, 화려한 의상과 보석 그리고 훈장으로 최대한 성대하게 차려입은 인물들이 오른편 위에서 쏟아지는 밝은 빛 아래서 당당하게 서 있는 모습에 대한 정교한 묘사에 이끌린다. 그러나 금색, 은색, 군청색, 검은색, 흰색, 붉은색, 갈색의 대비가 찬연한 이 그림을 찬찬히 바라보면, 웅장했던 첫인상은 금세 혼란스럽고 당혹스러운 느낌에 자리를 넘겨준다.

왼쪽 구석 어둠 속에서 그림을 그리는 고야를 포함해 14명이나 되는 인물이 등장하는데, 그들 모두 뒷벽 쪽으로 물러나 있어서 공간 전체가 여유 없이 납작하다. 게다가 왕이 아니라 왕비가 그림 중앙에 있다. 딸 마리아 이사벨(María Isabel, 1789~1848)의 어깨를 감싸안고 막내 프란시스코 데 파울라(Francisco de Paula, 1794~1865)의 손을 잡고서 그림 중앙을 차지하고 있는 왕비 마리아 루이사의 모습으로 인해 그림 전체에 모권적 분위기가 흐른다. 그래서 왕과 왕비 사이에 서 있는 막내는 왕과 왕비를 이어주기보다는 갈라놓는 존재처럼 보인다.[60] 왼쪽에서 첫번째 인물은 왕의 둘째아들 돈 카를로스 마리아 이시드로(Don Carlos María Isidro, 1788~1855)이다. 그는 겸손한 태도로 자기 오른편에 서 있는 (미래의 페르난도 7세인) 장남 아스투리아스 태자(Príncipe Asturias) 뒤에 수줍게 서 있다. 여느 초상화보다 잘생기게 그려졌지만, 자세가 여간 뻣뻣하지 않은

---

60 프란시스코 데 파울라가 마리아 루이사 왕비와 고도이 사이의 불륜으로 태어난 아이라는 속설을 들어본 관람자라면 아마도 이런 인상이 더 강해질 것이다.

2-14. 프란시스코 데 고야 「카를로스 4세의 가족」, 1800, 280×336cm, 프라도 미술관

태자 옆에는 미래의 아내가 서 있는데 이상하게도 고개를 완전히 돌리고 있다. 둘 사이로 오른쪽 관자놀이에 커다란 반점이 있어서 그로테스크한 인상을 주는 카를로스 4세의 누나 마리아 호세파 공주(Infanta María Josefa, 1744~1801)가 유령처럼 불쑥 머리를 내밀고 있다. 턱을 오만하게 쳐든 왕비 옆에 선 왕은 마치 자신이 놓친 중앙을 회복하려는 듯 앞으로 나서는 자세인데, 표정은 어색하고 눈빛은 흔들리고 두 눈동자의 초점은 약간 어긋나 있다(그래서 살짝 사팔뜨기로 보이기조차 한다). 그뒤로 잔뜩 화가 난 듯한 왕의 동생 돈 안토니오 파스쿠알(Don Antonio Pascual,

1755~1817)이 머리를 들이밀고 있고, 그 옆에는 카를로스 4세의 장녀 도냐 카를로타 호아키나(Doña Carlota Joaquina, 1775~1830)가 몸을 돌려 완전히 왼편을 바라보고 있다. 도냐 카를로타 옆에는 돈 루이스 데 보르본-파르마(Don Luis de Borbón-Parma, 1773~1803)와 그의 아내이자 카를로스 4세의 차녀인 마리아 루이사 데 보르본(María Luisa de Borbón, 1782~1824)이 서 있다. 그녀가 안고 있는 아기는 뒷날의 파르마 공작 카를로스 2세(Carlos Luis de Borbón-Parma, 1799~1883)이다.

모두의 시선이 어수선하게 흩어져 있고, 모두가 조용하고 불안한 또는 다소 화가 난 듯한 표정이고, 약간의 역동성을 띤 카를로스 4세를 제외하면 모두가 어딘가 마비된 듯이 뻣뻣한 모습인 이 그림, 게다가 화면 모퉁이의 화가가 부끄러운 듯 슬며시 사라지려는 것처럼 보이기도 하는 그림을 두고, 많은 이들이 고야가 이 그림을 통해 스페인 왕가를 은밀하게 조롱하고 있다고 해석했다. 그 가운데서도 오랫동안 회자된 것은 테오필 고티에가 했다고 알려진 논평, 즉 이 그림에 등장하는 인물들이 "방금 큰 복권에 당첨된 식료품 가게 주인과 그 가족" 같다는 말이다. 물론 고티에가 그런 말을 실제로 했는지는 확인되지 않는다.[61] 하지만 그와 유사한 발언은 여러 곳에서 확인된다. 대략 19세기 중반부터 『광상』을 중심으로 고

---

61 고티에가 이런 말을 했다고 언급한 책은 1926년에 출판되어 지금까지도 미국에서 널리 교과서로 사용되는 헬렌 가드너(Helen Gardner, 1878~1946)의 『가드너의 시대를 통해 본 예술』(Gardner's Art Through the Ages)이다. 그러나 가드너의 주장과 달리 고티에는 그런 말을 한 적이 없다. 미술사가 프레드릭 하트는 그런 말을 한 사람으로 알퐁소 도데를 지목했다. 그러나 역시 명확한 출처를 찾을 수 없는 주장이다. 알리사 룩셴버그가 확인한 바에 의하면, 벨기에 미술비평가 뤼시앵 솔베(Lucien Solvay, 1851~1950)의 『스페인 예술』(L'Art espagnol, 1887)에서 그런 표현이 처음 등장한다. Alisa Luxenberg, "Further Light on the Critical Reception of Goya's 「Family of Charles IV」 as Caricature," *Artibus et Historiae*, Vol. 23, No. 46 (2002), pp. 179~82 참조.

야를 수용했던 샤를 보들레르를 비롯한 프랑스나 영국의 문인들과 비평가들은 고야를 민중적이고 풍자적인 화가로 여겼다. 그들로서는 「카를로스 4세의 가족」을 태작(駄作)으로 평가하거나 그 안에 어떤 은밀한 풍자가 흐르고 있다고 판단할 때만 그것을 고야의 작품으로 납득할 수 있었던 셈이다. 그러나 이런 식의 해석을 유지하기 위해서는 완성된 「카를로스 4세의 가족」을 본 모델들이 이 그림을 환영했다는 사실 또한 해명되어야 한다. 가능한 유일한 해명은 그들이 풍자를 눈치챌 만큼의 심미안이 없는 멍청한 이들이라는 것이다. 물론 이런 해석은 매우 부당하다. 하지만 나폴레옹의 침공으로 왕권을 상실한 카를로스 4세나 폭정을 일삼은 페르난도 7세를 정치적으로 경멸했던 19세기 후반의 프랑스인이나 영국인들에게는 그리 억지스러운 것은 아니었고, 그렇게 모양을 갖춘 뒤로는 오늘날까지도 이어지는 편견이다.

그러나 「카를로스 4세의 가족」을 당대의 맥락 속에서 놓고 본다면, 이 그림을 스페인 왕가에 대한 은밀한 풍자와 조롱으로 볼 여지는 거의 없다. 이 그림에 대해 공정하기 위해서는 스페인 왕가에 대한 집단 초상화의 전통 속에서 볼 필요가 있다. 관련해서 벨라스케스의 「시녀들」과 루이-미셸 반 루(Louis-Michel van Loo, 1707~71)의 「펠리페 5세의 가족」(La Familia de Felipe V)을 살펴보자.

'펠리페 4세의 가족'이라고 재명명해도 좋을 「시녀들」에서 시작해 반 루의 「펠리페 5세의 가족」을 경유해서 「카를로스 4세의 가족」을 보게 되면, 스페인 왕가의 집단 초상화에 벨라스케스가 창설한 하나의 전통이 있음을 느낄 수 있다. 그것은 왕가의 인물들이 화가 앞에 모이는 자연스러운 순간을 그리는 것이다. 당연히 인물들의 시선은 여기저기 분산되어 있고, 자세 또한 정연하지 않고 제각각이다. 물론 분위기의 차이를 간과

2-15. 루이-미셸 반 루 「펠리페 5세의 가족」, 1743, 408×520cm, 프라도 미술관

할 수 없다. 「시녀들」에는 유전적 질환 속에서 함몰하는 왕가의 멜랑콜리와 그래서 화폭 속 모든 인물의 애정이 더욱 마르가리타 공주에게 집중해 있는 모습이 드러나지만, 「펠리페 5세의 가족」에는 스페인을 접수하고 40여년간 '성공적으로' 통치해온 부르봉왕가의 자신감이 다산성을 통해서 풍성하게 표현되고 있다. 더불어 이 다산성에 대한 찬미를 위해 펠리페 5세가 아니라 엘리사베타 파르네세 왕비를 화폭 한가운데 그려 넣는 전통이 반 루에 의해 형성되었음을 알 수 있다. 「카를로스 4세의 가족」에서 마리아 루이사 왕비는 파르네세 왕비의 자리에 자신을 정위하고 있는 셈이다. 「펠리페 5세의 가족」의 한켠에 자리했던 마리아 루이사(화면 오른쪽에서 첫번째 인물이 펠리페 5세의 손자인 미래의 카를로스 4세이고 두번째가 젊은

2-16. 프란시스코 데 고야 「플로리다블랑카 백작」 1783, 262×166cm, 스페인 은행 컬렉션

시절의 마리아 루이사이다)로서는 고야에게 그런 자리를 요청하지 않았겠는가?

그외에도 「펠리페 5세의 가족」은 왕실 초상화에 등장하는 인물들이 왕과 왕비라는 중심으로부터의 혈연적 거리에 따라 잘 배열되어야 함을 보여준다. 「카를로스 4세의 가족」에 등장하는 인물들도 「펠리페 5세의 가족」과 같은 방식으로 신중하게 제자리를 잡고 있다. 왕과 왕비 그리고 황태자(그리고 가장 어린 공주와 왕자)만이 전신을 당당하게 노출한다. 나머지 사람들은 이들의 뒤에 그리고 옆에 다소곳이 서 있다.[62]

그러나 왕가의 초상화 전통이라는 면에서 고야가 더 중요한 모델로 삼은 것은 반 루라기보다는 벨라스케스였다. 무엇보다 초상화 안에 그려지고 있는 초상화의 화폭과 화가 자신을 삽입한 것이 그렇고, 배경을 두 점의 커다란 회화로 차단해버린 것이 그러하며, 광학적인 측면을 활용한 것에서 그렇다. 앞에서 언급했듯이 고야는 「시녀들」을 동판화로 제작할 정도로 벨라스케스를 면밀히 연구했고, 특히 회화에 거울을 활용하는 작

62 Edward J. Olszewski, "Exorcising Goya's "The Family of Charles IV"," *Artibus et Historiae*, Vol. 20, No. 40 (1999), pp. 169~85 참조.

업을 이미 「플로리다블랑카 백작」에서 시도한 바 있다.[63]

이 초상화에도 「시녀들」에서처럼 화가와 캔버스(이번엔 들고 있다)가 화면에 등장한다. 그리고 「시녀들」에서 왕과 왕비가 거울을 통해 간접적으로 현현했던 것처럼, 여기서는 카를로스 3세가 오른쪽 벽에 높이 걸린 초상화를 통해 등장한다. 고야는 이 그림에서 자신이 그린 초상화를 백작에게 보여주고 있다. 그렇다면 우리가 보고 있는 초상화는 관람자 자리에 있는 것으로 설정된 거울에 비친 모습을 그린 것이라 할 수 있다. 그렇게 보면 고야가 하는 일이 무엇인지도 알 수 있다. 고야는 플로리다블랑카 백작에게 자신이 그린 초상화와 거울에 비친 백작의 모습을 비교해볼 것을 촉구하고 있다. 우리가 보는 초상화가 포착한 장면은, 백작이 고야가 보여준 자신의 초상화를 안경을 끼고 본 뒤, 안경을 벗고 거울에 비친 자기 모습을 보는 순간이다. 「시녀들」에서 화면 중심을 차지하던 거울이 여기서는 우리가 보는 초상화 화면과 직접적으로 동일화되는데, 바로 이 점에서 이 초상화는 초상화의 역사에서 어떤 이행의 순간을 표시한다.

초상화는 모델의 덧없는 삶에 장엄한 영원성을 불어넣은 역할을 해왔다. 고야의 초상화도 인물의 삶을 위대한 과업의 시간으로 이끈다. 왕국의 통치를 총괄하는 총리직을 수행하는 플로리다블랑카 백작 옆에는 그의 매 순간이 역사적 의미를 지니고 있음을 상징하는 커다란 탁상시계가 세워져 있다. 책상 아래에는 아라곤 지역에 건설 중인 운하 계획도가 비스듬히 세워져 있고, 책상에는 방금 살펴보고 있던 왕국의 지도가 펼쳐져 있다. 그러나 플로리다블랑카의 붉은 옷과 푸른 휘장, 시계, 지도 같은 모든 개인적 생명을 초월하는 계기들의 현현에도 불구하고 고야는 거

---

63 Fred Licht, "Goya's Portrait of the Royal Family," *The Art Bulletin*, Vol. 49, No. 2(Jun., 1967), pp. 127~28 참조.

울에 비친 모습과 우리가 보는 초상화를 일치시킴으로써 초상화란 본질적으로 인물이 거울 속에서 자신을 인식하는 그 모습을 구현할 뿐이라고 말하고 있다. 그는 사실주의의 이름으로 초상화에 스민 초월의 힘을 박탈한 셈이다.[64]

「카를로스 4세의 가족」은 여러모로 「플로리다블랑카 백작」의 확대된 판본이라고 할 수 있다. 여기서도 우리가 보고 있는 초상화는 거기 등장하는 인물들이 바라보는 거울 장면이다. 등장인물들은 모두 자신의 역사성을 입증하고 유구한 역사와의 연속성을 통해 초월에 이르고자 하고 있다. 그들의 성장과 정성껏 매단 훈장들이 그것을 입증한다. 그러나 고야는 그들 모두에게 말하고 있다. "지금 거울 속에 있는 자신을 보라. 나는 당신들이 보고 있는 그 모습 그대로 그리고 있다."[65]

그러므로 이 그림은 카를로스 4세와 그 가족에 대한 조롱으로 해석될 이유가 없다. 고야는 수석 궁정화가가 됨으로써 얻게 된 부와 명성에 자

---

64 물론 이 사실주의는 '표방된' 사실주의. 원편에 서 있는 화가 고야가 백작의 존재감을 위해 고의적으로 작게 그려진 것이 그 점을 입증한다.

65 「카를로스 4세의 가족」이 모델들을 계속 거울 앞에 세워놓고 그려진 것은 아니다. 제작에 거의 1년이 걸린 그림을 그렇게 그릴 수는 없다. 고야는 왕가의 사람들이 장시간 함께 모델이 되는 불편을 겪지 않게 하려고 모델 가운데 10명에 대해서 개별적인 초상화를 미리 그려두었고(그 가운데 5점을 프라도가 소장하고 있다), 그런 초상화를 활용해 상당 부분 고야가 정신적으로 조합해 그린 그림이다. 그렇지 않았다면, 아직 정해지지 않아서 얼굴을 돌려놓은 채로 그린 (미래의) 페르난도 7세의 약혼녀를 그려 넣을 수는 없었을 것이다(그녀는 있어야 할 사람으로서 거기 그려져 있는 것이다). 물론 제작방법이 어떻든 고야가 의도한 것은 이 그림을 모델이 거울을 통해 자신을 보는 장면을 그린 것으로 제시하는 것이었다. 그런 제시방식은 모델로부터 초월적 차원을 제거할 뿐 아니라 화가 개인적 스타일에 따라 현실을 해석하는 화가의 특권 포기로도 이어진다. 일단 이런 사실주의가 우세해지면, 초상화 제작을 위해 사진을 발명하려는 시도를 향한 길이 활짝 열린다. 그 결과 19세기 중반 발명된 사진이 초상화의 민주화(스마트폰을 이용한 셀피의 범람은 초상화의 민주화가 자화상의 민주화로까지 이어졌음을 뜻한다)를 이룩했고, 더불어 회화에서 초상화가 차지하는 중요성은 급격히 축소되었다.

족하고 있었으며, 스페인 현실에 대한 불만과 분노 그리고 냉소를 품은 계몽주의자로서의 삶과 궁정화가로서의 삶을 신중하게 분리하고 있었기 때문이다.

하지만 그럼에도 불구하고 고야가 초상화가로서 표방한 견고한 사실주의 자체가 냉소적인 무의식을 수반하는 것은 사실인 듯하다.[66] 「시녀들」에 상실의 멜랑콜리가 흐르고, 「펠리페 5세의 가족」에 여유와 자신감이 차올라 있다면, 「카를로스 4세의 가족」에는 경직과 불안의 분위기가 그득하다. 그 경직과 불안의 출처가 무엇인지는 어렵지 않게 짐작할 수 있다. 그것은 프랑스대혁명이다. 대혁명이라는 미증유의 역사적 사건이 스페인 왕가의 미래를 무겁게 짓누르고 있었다. 고야는 그들을 있는 그대로 그림으로써 그들의 불안 또한 그려냈고, 그것이 우리가 이 그림에서 발견하는 불편함의 근원일 것이다.

주술 비판

프라도 1층에서 고야가 궁정화가로서 그린 그림들 사이를 거닐다가 그런 그림들과는 상당한 거리가 있는 비교적 자그마한 그림 한 점을 만날 수 있다. 「마녀들의 비행」(Vuelo de brujas)이라는 작품이 그것이다. 이 작품은 오수나 공작부인이 마드리드 외곽에 새로 단장한 시골별장 '알라메다'를 장식하는 주술을 테마로 한 6점의 캐비닛 회화 가운데 하나이다.

---

66 마리아 호세파 공주의 그로테스크한 모습도 사실주의의 정신 아래 그려진 것이라 할 수 있다. 호세파는 실제로 루푸스병을 앓고 있었고(얼굴의 반점은 그로 인한 것이다), 이 그림이 완성되고 얼마 뒤 사망했다.

다른 5점은 「마녀들의 안식일」(El Aquelarre), 「주술」(El Conjuro), 「악마의 램프」(La lámpara del Diablo), 「마녀들의 부엌」(La cocina de los brujos), 「돌의 손님」(El convidado de piedra)이다. 이 가운데 「마녀들의 안식일」과 「주술」은 마드리드 라사로갈디아노 미술관이 소장하고 있고, 「마녀들의 부엌」과 「돌의 손님」은 소실되었고, 「악마의 램프」는 런던의 내셔널갤러리가 소장하고 있다.

오수나 공작부인[67]은 계몽주의 운동의 후원자였으며, 그녀의 별장 알라메다는 당대의 예술가, 작가, 정치인 들이 모여 사회개혁은 물론이고 예술이나 투우에 관해서도 지적 토론을 나누던 사교장이었다. 그런 토론의 주제에는 마녀와 종교재판도 포함되었다. 실제로 고야가 주술 시리즈를 작업하던 시기에 카를로스 4세는 법무부 장관을 맡고 있던 가스파르 멜초르 데 호베야노스에게 종교재판소의 권한 범위에 대한 평가를 요청했고, 호베야노스는 그것을 기회로 종교재판의 자율성을 축소해 일반 민사 사법의 통제 아래 둘 방법을 모색하고 있었다. 18세기를 통해 스페인에서 마녀의 실재에 대한 믿음은 불합리한 것으로 여겨졌지만, 종교재판소와 대심문관의 권한은 여전히 강력했고, 그런 기구들은 자신의 존재 근거를 미신으로부터 끌어냈다. 계몽주의자들이 보기에는 마녀나 주술에 대한 교회와 민중의 믿음을 비판하는 작업이 여전히 필요했던 상황이었다.[68]

---

67 오수나 가문은 펠리페 2세로부터 공작 작위를 수여받은 스페인의 대귀족이다. 고야를 비롯한 여러 작가와 문인과 교류한 오수나 공작부인의 남편은 9대 오수나 공작이다.

68 이하 논의는 가이 탈의 다음 두 논문의 도움을 많이 받았다. Guy Tal, "Demonic Possession in the Enlightenment: Goya's *Flying Witches*," *Magic, Ritual, and Witchcraft*, Volume 11, Number 2, Winter 2016, University of Pennsylvania Press, pp. 176~207; Guy Tal, "An 'Enlightened' View of Witches Melancholy and Delusionary Experience in Goya's 「Spell」," *Zeitschrift für Kunstgeschichte*, 75. Bd., H. 1 (2012), pp. 33~50. 그리고 다음의 저술도 참조할 만하다. Margarita Moreno de las Heras, "The Devil's Lamp; The Witches' Sabbath; Witches in

고야의 주술 시리즈 가운데 「악마의 램프」와 「돌의 손님」은 마녀와 주술을 주제로 한 안토니오 데 사모라(Antonio de Zamora, 1660~1727)의 희곡에서 영감을 얻은 것이지만, 그외의 작품들은 친구 모라틴의 작업에서 영향을 받았다고 추정된다. 모라틴은 고야가 이런 그림을 그리던 시기에 1610년 로그로뇨에서 열렸던 종교재판 기록 재출간을 위한 정리와 주석 작업을 하고 있었다. 고야는 모라틴의 작업을 통해 마녀와 주술 그리고 종교재판의 구체적 양상에 대한 지식을 얻었을 가능성이 크다.

내가 직접 본 3점의 주술 시리즈 가운데 라사로갈디아노 미술관에 있는 「마녀들의 안식일」은 악마(염소)에게 마녀들이 아기를 바치는 장면을 다룬 것인데, 주제 면에서는 음산해도 마녀에 관한 전형적인 괴담을 그린 듯이 보였다. 그래선지 고야가 주술 시리즈를 그리며 품었을 계몽주의적 비판의 의도가 명확히 드러나 보이진 않았다. 그러나 「마녀들의 안식일」 바로 옆에 걸린 「주술」이나 프라도의 「마녀들의 비행」은 모호하긴 해도 둘 다 현실과 상상 사이의 관계를 다루는 구성이어서 고야의 계몽주의적 의도가 조금 더 드러나 보였다.

「마녀들의 비행」에서는 칠흑 같은 하늘을 배경으로 극적인 조명을 받은 세명의 건장한 마녀(성별이 다소 불명확하지만, 마 '녀'보다는 마법사 또는 마 '남'으로 보인다)들이 벌거벗은 남자를 안고 하늘 높이 떠 있는데, 남자는 그들에게 저항하려는 듯 팔다리를 허우적대며 비명을 지른다. 마녀들이 삼각형 구도로 공중에 떠 있고, 그들이 쓴 코로사(coroza, 종교재판 피고인이 착용하는 고깔모자)가 한데 모여 꼭짓점을 형성한다. 공중에 떠 있는 마녀들과 사내 아래에는 전통적으로 무지의 상징인 당나귀 그리고 두

the Air," in *Goya and the Spirit of Enlightenment*, ed. Alfonso E. Pérez Sánchez and Eleanor A. Sayre, exh. cat. (Boston: Little, Brown, 1989), pp. 62~64.

2-17. 프란시스코 데 고야 「마녀들의 비행」 c. 1798, 43.5×30.5cm, 프라도 미술관

명의 겁에 질린 행인이 있다. 공중에서 벌어지는 소란을 피하려고 한 사람은 귀를 막고 땅에 엎드려 있고, 다른 한 사람은 머리와 어깨에 걸친 흰색 천으로 머리를 덮고 꽉 쥔 주먹의 검지와 중지 사이에 엄지손가락을 집어넣는 히가(higa), 즉 악마를 쫓는다고 널리 알려진 상징적인 몸짓을 하고 있다. 주술에 빙의되어 경련하고 있는 남자와 무심하고 냉정한 마녀들의 모습 때문에 으스스한 이 그림은 그래도 지상과 공중 사이의 은밀한 공간 분할 때문에 공중의 마녀들과 그들에게 사로잡힌 남자가 행인 또는 엎드린 사람이 품은 망상의 산물일 수도 있음을 암시한다. 물론 이 그림의 매력은 그 암시가 아주 모호해서 공중의 마녀가 현실인지 망상인지 잘 분별하기 어렵고, 그로 인해 강한 긴장감을 자아낸다는 점이다.

2-18. 프란시스코 데 고야「마녀들의 안식일」 c. 1798, 43.5×30.5cm, 라사로갈디아노 미술관(왼쪽)
2-19. 프란시스코 데 고야「주술」 c. 1798, 43.5×30.5cm, 라사로갈디아노 미술관(오른쪽)

이에 비해「주술」은 현실과 망상의 공존이 약간 더 분명하게 드러난다. 펄럭이는 올빼미와 박쥐로 가득한 어두운 하늘 아래의 황량한 곳에서 다섯명의 소름 끼치는 마녀가 움츠린 희생자에게 주문을 걸고 있다. 검은 옷을 입고 주술도구 또는 희생될 아기들을 들고 있는 네명의 마녀가 반원형으로 모여 있고, 사람 형상의 존재가 공중에서 머리부터 그들에게 내려온다. 그리고 노란색 옷을 입은 다섯번째 마녀가 겁에 질려 웅크리고 있는 사람을 향해 손을 뻗고 있다. 잠옷을 입은 성별이 불분명한 이 사람은 단단히 깍지 낀 손과 겁에 질린 눈빛으로 공포감을 내비치고 있다. 결정적인 것은 그의 잠옷이다. 그는 잠든 가운데 꿈속에서 마녀들을 만난 것일까? 아니면 잠옷을 입은 채로 이 장소에 끌려온 것일까? 요컨대

우리가 보고 있는 마녀들은 잠든 이의 망상인가, 현실인가? 둘 가운데 어느 쪽이라고 확정하기에는 약간 모호하다. 그런 모호성은 당대 스페인에서 마녀를 둘러싼 미신의 위력이 여전했음을 말해주는 것일 수도 있다 (다시 말해 고야는 스페인의 집합적 심성 상태를 그린 것일 수도 있다). 그럼에도 불구하고 적어도 고야의 의도는 전자에 있다고 보는 것이 타당한 해석일 것이다. 물론 그 타당성을 주장하기 위해서는 추가적인 근거가 필요하다. 그것을 『광상』에서 찾아보자.

이성의 '잠'은 괴물을 깨어나게 한다

고야는 '주술 시리즈' 작업을 하던 시기에 『광상』 작업에도 몰두하고 있었다. 전자는 오수나 공작부인의 주문으로 시작한 작업이었고, 후자 또한 오수나 공작부인이 4부나 구매한 것으로 보아 두 작업 모두 오수나 공작부인, 그리고 그녀를 중심으로 한 계몽주의자들과의 교류 속에서 이뤄진 작업임을 알 수 있다. 『광상』은 남녀관계의 여러 문제(기만, 매춘, 불평등한 결혼 등), 성직자의 악덕, 무지와 미신, 지배층의 오만과 착취에 대한 신랄한 비판을 수행하는 80점의 플레이트로 구성된다. 『광상』의 풍자적이고 비판적인 의도는 판매를 위해 1799년 2월 6일 『일간 마드리드』(Diario de Madrid)에 낸 광고 문구에 잘 드러나 있다.[69]

---

69 문장 작성자는 고야가 아니라 모라틴으로 추정된다. 물론 고야와 상의해서 구성된 것이다. 광고 문구는 작품집이 수행하는 비판이 당대 스페인 사회가 아니라 "모든 시민사회"라고 일반화하고 있는데, 이런 완화는 검열을 의식한 때문으로 보인다.

돈 프란시스코 고야가 고안하고 제작한 변덕스러운 주제의 동판화 모음집. 인간의 과오와 악덕에 대한 비판은 주로 수사학과 시의 기능에 속하는 것이지만, 회화의 주제도 될 수 있다고 확신하고, 그래서 저자는 모든 시민사회에 공통되는 다양한 어리석음과 잘못, 그리고 관습이나 무지나 이기심 때문에 묵과되고 있는 거짓말과 속임수 중에 그의 작품에 적절한 소재, 조롱거리와 영상을 제공하기에 적절하다고 여겨지는 소재를 선택했다.[70]

　　『광상』의 구성에서 특징적인 것은, 첫번째 판화가 고야의 자화상이라는 점, 그리고 판화집 중간에 위치하는 43번째 판화 「이성의 잠은 괴물을 낳는다」(El sueño de la razón produce monstruos)를 기점으로 전반부와 후반부의 분위기가 상당히 바뀐다는 점이다. 전반부가 비교적 현실적인 사회비판을 수행한다면, 후반부에서는 이성의 '잠'으로 인해 뛰쳐나온 마녀와 괴물 같은 한층 기괴하고 환상적인 주제를 다룬다.[71]

　　첫번째 판화인 자화상부터 보자.

　　고야는 자수성가한 남자의 표상인 실크햇을 쓰고서 뻐기고 있다. 건방지게도 그는 관람자를 외면하고 있다. 치켜올린 눈썹, 움푹 들어간 채 샐쭉 흘겨보는 눈빛, 그리고 삐죽한 아랫입술이 말해주는 고야의 심리는

---

70 시먼스, 앞의 책 180면에서 재인용.
71 고야의 판화집을 소장한 프라도나 산페르난도 미술관은 그것을 인터넷을 통해 질 좋은 화질로 볼 수 있게 서비스해주긴 해도 상설 전시하지는 않았다. 도판으로는 수도 없이 보았기는 해도, 스페인까지 와서 실물을 보고 느낄 기회가 없는 것이 아쉬웠는데, 뜻밖에도 한달 뒤쯤 말라가에 갔을 때 그곳 카르멘티센 미술관에서 열린 특별전 '고야/앙소르: 날개 달린 꿈'에서 「자화상」과 「이성의 잠은 괴물을 낳는다」 그리고 그외에 『광상』과 『어리석음』의 몇몇 작품을 볼 수 있었다.

2-20. 프란시스코 데 고야 『광상』, 1화 「화가, 프란시스코 고야 이 루시엔테스」

경멸로 요약될 수 있다. 앞서 보았던 1796년의 「자화상」이 순응적인 궁정화가와 사회비판적인 계몽주의자라는 이중적 삶을 드러내고 있다면, 1799년의 자화상은 계몽주의자의 눈에 비친 스페인 사회에 대한 못마땅함, 불쾌함, 짜증, 분노의 반복 끝에 도달한 경멸, 그리고 냉소가 흐르고 있다. 『광상』의 첫 판화로 이런 자화상을 제시한 고야는 자신이 어떤 태도로 전체 작업에 임하고 있는지 드러낸 셈이다. 이런 태도는 그가 자신의 동판화에 붙인 간결하고 신랄한 표제들(captions)에서도 여지없이 드러난다. 예컨대 13번 판화를 보자.

고야는 수도사들의 식탐을 조롱하는 이 판화에 '뜨거운데'(Están calientes)라는 짧은 표제를 붙인다. 이렇게 고야는 탐욕 때문에 입천장이 데는 꼬락서니를 가차 없이 조롱한다. 지하 술창고에서 포도주를 퍼마시는 수도사들을 두고는 '아무도 우리를 못 봤지'(Nadie nos ha visto)라고 적는다.[72]

---

[72] 서너 단어로 구성된 그의 표제는 관람자가 이미지에 집중하고 그 세부의 의미를 음미하도록 유도하는 역할도 한다. 시적이고 풍자적이고 경제적인 고야 어법에 관한 연구로는 Edward F. Stanton, "Goya's Language," *Romance Quarterly*, Vol. 51, No. 1 (Winter, 2007), pp.

2-21. 프란시스코 데 고야 『광상』 13화 「뜨거운데」
2-22. 프란시스코 데 고야 『광상』 79화 「아무도 우리를 못 봤지」

표제에 담긴 수도사들의 생각은 그들을 환히 들여다보는 고야 그리고 우리의 시선 앞에서 어리석은 것으로 드러난다. 이런 간결한 냉소, 그것이 고야가 『광상』의 첫 판화인 자화상으로 예시한 정조(情調)이다.[73]

79~92 참조. 스탠턴의 주장 가운데 고야의 간결한 표현법을 그의 난청과 연결하는 부분은 그리 설득력이 높지 않다.

[73] 13번 판화에는 두 점의 준비 데생이 있다. 첫번째 것에서는 수도사의 코가 커다란 남근으로 그려져 있다. 두번째 준비 데생에서는 등장하는 수도사들의 표정이 13번 판화보다 훨씬 잔인하고 뒤에 서 있는 수도사가 들고 있는 쟁반 위에 요리된 아기가 담겨 있다. 그리고 '우리를 잡아먹은 이들의 꿈'이라는 표제가 붙어 있다. 첫번째 준비 데생은 수도사들의 탐욕을 식욕과 성욕이 뒤섞인 음탕한 것으로 비판하고 있고, 두번째 준비 데생은 수도사들의 사회적 착취를 강렬하게 비판하고 있다. 이에 비해 고야는 출간하는 작품에서는 그런 풍자적 의

2-23. 프란시스코 데 고야 『광상』, 43화 「이성의 잠은 괴물을 낳는다」

　자화상만큼, 아니 그보다 훨씬 더 전체 판화집 구성에 중심적 역할을 하는 43번 판화를 보자. 이 작품은 그것에 관한 저술과 논문 목록만으로도 제법 두툼한 책 한권은 됨직할 정도로 미술사가와 비평가들의 호기심과 탐구를 자극해왔다. 그런 작품을 연구사에 대한 충실한 검토에 입각해 비평한다는 것은 여기서 감당하기에는 어려운 과제이지만, 적어도 하나의 논점에 대해서만은 의견을 제출해보려고 한다.

　특이하게도 『광상』에 수록된 모든 판화의 표제는 그림 외부에 쓰여 있

　도를 약화시키고 숨겨놓아 그 의미를 해독하기가 쉽지 않게 만들어버렸다. 『광상』은 검열이나 탄압에 대한 두려움의 작용 아래 있는 (프로이트적 의미에서) 타협형성물, 즉 강렬한 사회비판이 인간 악덕에 대한 보편적 냉소로 순치된 동시에 위장된 작품이라는 점을 염두에 두고 감상해야 한다.

는데, 43번 판화만은 그림 외부에 표제가 없고, 그림 내부에 잠든 남성이 기대고 있는 작업대에 표제 구실을 하는 문구가 새겨져 있다. 그것이 "El sueño de la razón produce monstruos"이다. 여기서 문제적인 것은 'sueño'라는 말이다. 관련된 쟁점을 정확히 요약하는 토도로프의 말을 들어보자.

스페인어로 수에뇨라는 단어는 두가지 의미가 있는데, 하나는 '잠'이고 다른 하나는 '꿈'이다. 그래서 이 문장은 두가지로 해석될 수 있다. 만일 '잠'이라고 한다면, 이성이 잠들면 밤의 괴물들이 고개를 드니 괴물들을 몰아내기 위해서 이성이 깨어나야 한다는 의미로 해석할 수 있다. 이때 괴물들은 이성의 밖에 있고, 우리는 교훈적 구상 안에 머문다. 그러나 이 단어가 '꿈'을 의미한다면, 괴물들을 만들어내는 것은 이성 그 자체이다. 이성이 밤의 체제로 작동하기 때문이다. (…) 이성은 명확한 생각들을 만들어내는 동시에 악몽도 만들어낸다. (…) 잠에는 이성이 없지만, 꿈에는 이성이 개입한다.[74]

요컨대 괴물은 이성의 마비 또는 무기력을 기화로 창궐하는 것인가 아니면 이성이 작동한 결과물, 즉 이성의 산물인가에 따라 그림의 의미는 극적으로 달라진다. 미셸 푸코는 『광기의 역사』 말미에서 자신의 논지를 정리하며 고야를 소환한다. 푸코에게는 '고맙게도' 고야는 정신병원에 대한 그림 두 점을 남겼다(푸코의 중요한 분석 대상인, 18세기 후반에 유럽 각지에 세워진 '광인의 집'의 이미지를 남겨준 화가는 고야뿐이다). 하나는 「광인들의 우리」(Corral de locos, 1794)이고 다른 하나는 「광인들

---

74 토도로프 『고야, 계몽주의의 그늘에서』, 111~12면.

의 집」(La Casa de locos, 1812~19)이다. 푸코는 「광인들의 우리」, 『광상』, 『어리석음』, 그리고 '검은 그림들'과 고야의 보르도 망명 시절 석판화 「수도사」(1824~25) 등을 산만하게 거론하면서, 고야가 나날이 견고함을 더해가는 근대적 이성의 질서 외부에 있는 비이성과 광기의 경험을 드러 낸 화가라고 자리매김한다.[75] 푸코의 『광기의 역사』가 거둔 학문적 성공 때문인지, 1980년대 이래로 『광상』은 물론이고 고야의 작품들 전반에 이 성 비판적 동기가 깔려 있다고 해석하는 연구들이 증가했다. 이런 연구 들은 대체로 고야의 '수에뇨'를 '꿈'으로 해석한다.[76] 그런 주장을 간단히 기각하기는 쉽지 않다. 후기 고야(앞서 언급한 단계구분에 따르면 세번 째 단계의 고야)의 작품에는 이성 비판적 태도가 완연하며, 그 전조가 그 이전 단계에서도 나타나기 때문이다. 그렇지만 『광상』 제작 시기에 고야 가 이성에 대한 급진적 비판의 태도를 지녔는지는 의문이다.

이 점을 따져보기 위해서는 『광상』 43번 판화뿐 아니라 그것을 준비하 기 위해서 그려진 두 점의 그림, 앞서 우리가 보았던 「주술」, 그리고 고야 가 두번째로 그린 호베야노스의 초상화 등을 함께 살펴볼 필요가 있다. 먼저 43번 판화를 준비 데생 두 점과 함께 살펴보자.

첫번째 준비 데생은 아무런 표제가 없다. 이에 비해 두번째 준비 데생 에는 상단에 '꿈 1'이라는 표제가 있고, 43번 판화처럼 작업대에 문구가 등장한다. 문구의 내용은 43번 판화와 달리 "보편 언어(Idioma universal).

75 미셸 푸코 『광기의 역사』, 이규현 옮김, 나남출판 2020, 805~15면 참조.

76 예컨대 Paul Ilie, "Goya's Teratology and the Critique of Reason," *Eighteenth-Century Studies*, vol. 18 (Autumn, 1984), pp. 35~65; John Dowling, "The Crisis of the Spanish Enlightenment: *Capricho* 43 and Goya's Second Portrait of Jovellanos," *Eighteenth-Century Studies*, vol. 18 (Spring, 1985), pp. 331~59; Alexander Nehamas, "The Sleep of Reason Produces Monsters," *Representations*, vol. 74 (Spring, 2001), pp. 37~54 등을 들 수 있다.

2-24. 43번 판화의 첫번째 준비 데생(왼쪽)
2-25. 43번 판화의 두번째 준비 데생(오른쪽)

1797년에 프란시스코 데 고야가 그렸다"라고 되어 있다. 여기서 보편 언어는 인간의 몸짓과 그것의 이미지를 뜻하는 것으로 보인다. 화면 아래에는 "꿈을 꾸는 작가. 그의 유일한 목적은 일반적으로 믿어지는 해로운 생각을 추방하고 이『광상』이라는 작품으로 진리에 대한 확고한 증언을 영속화하는 것이다"라고 적혀 있다.[77] 이 문구는 꽤 모호하다. 작가는 꿈꾸는데, 그 꿈이 진리에 대한 증언이라면, 이때 꿈은 희망을 뜻하는 말일 것이다. 그러나 잠든 작가의 모습은 꿈을 단순히 희망의 은유로 해석하기에는 어렵게 한다. 작가는 진리를 증언하려는 『광상』을 제작하려고 하

---

77 Alfonso E. Pérez Sánchez & Eleanor A. Sayre Co-directed, *Goya and the Spirit of Enlightenment*, Exhibition Catalogue, Bulfinch Press, 1988, p. 114 참조.

는 열정에 불타지만 피로한 탓인지 작업대에 엎드려 잠이 든 상태이고, 이 그림은 그렇게 잠든 상태에서 엄습해 오는 꿈이 어떤 내용의 것인지 말하고 있는 듯하다. 그러나 둘 가운데 어느 쪽일지 확정하기는 어렵거니와, 준비 데생은 고야의 최종 입장도 아니다.

두 준비 데생과 43번 판화에서 잠든 또는 졸고 있는 화가의 내면에서 피어오르는 것을 표상하는 상단의 이미지들은 조금씩 다르다. 첫번째 준비 데생의 경우, 고야 자신인 듯한 얼굴을 비롯해 다양한 표정의 몇몇 얼굴, 박쥐, 말(혹은 당나귀), 스라소니가 보인다. 두번째 준비 데생에서는 둥근 모양의 밝은 빛이 박쥐, 스라소니, 부엉이 등과 고야의 정신세계 안에서 대립적인 관계를 형성하고 있는 듯이 표상된다. 이에 비해 43번 판화에서는 둥근 모양의 밝은 빛은 없어지고, 박쥐들, 부엉이들, 그리고 스라소니만 등장한다. 이런 동물들이 악마와 주술 그리고 무지와 몽매를 상징한다는 것이 일반적인 해석이다. 하지만 최종판의 표제, 즉 "이성의 잠은 괴물을 낳는다"에 비춰 보면, 이것들이 야행성 육식동물이긴 해도 '괴물'이라 하긴 어렵다. 한 부엉이가 화가에게 펜을 건네주려고 하고 있음에 의미를 둔다면, 이런 동물들은 43번 판화 이후 『광상』에 등장하는 마녀와 괴물의 세계를 형상화할 수 있게 영감을 주는 어두운 상상력으로 볼 수도 있다.

잠든 화가의 자세는 두 준비 데생과 43번 판화 사이에 별 차이가 없다. 다만 첫번째 준비 데생에서 화가는 깍지를 끼고 있는 데 비해 43번 판화와 두번째 준비 데생은 팔짱을 끼고 있다. 고야의 "보편 언어", 즉 몸짓 묘사에 대해 꼼꼼하게 연구한 가이 탈에 의하면, 깍지 낀 손은 멜랑콜리의 아이콘이며, 깍지와 팔짱은 의미론적으로 동일한 계열의 도상에 속한다고 한다.[78] 서양 의학사에서 다혈질, 담즙질, 점액질과 더불어 인간의 네

2-26. 프란시스코 데 고야 「가스파르 멜초르 데 호베야노스」, 1798, 205×133cm, 프라도 미술관

체질 가운데 하나로 여겨지던 멜랑콜리(흑담즙질)는 꿈, 광기, 창조성의 원천으로 인식되어왔다.[79] 고야는 판화와 준비 데생에 등장하는 자신이 꿈과 광기 그리고 창조성이 혼효(混淆)되는 멜랑콜리의 넓은 지대에 처해 있다고 보는 셈이다.

관련해서 고야가 『광상』을 제작하던 시기인 1798년에 그린 「가스파르 멜초르 데 호베야노스」(이하 「호베야노스」)를 살펴보자. 1790년 궁정에서 추방된 뒤부터 고향에 머무르던 호베야노스는 그림을 그릴 당시 고도이의 임명으로 법무부 장관을 맡아 카를로스 4세 치하에서 가능한 사회개혁

---

78 Guy Tal, "The gestural language in Francisco Goya's *Sleep of Reason Produces Monsters*," *Word & Image*, vol. 26, no. 2 (april-june, 2010), pp. 115~27 참조.

79 멜랑콜리의 의미론에 관한 고전적 연구로는 Klibansky et al., 앞의 책 참조.

2-27. 알브레히트 뒤러 「멜랑콜리아 1」, 1514

을 근심스럽게 모색하고 있었다. 그런 시대에 대한 우환 의식이 그의 자세에서 드러난다. 그는 왼손으로 턱을 괴고 있다. 알브레히트 뒤러의 저명한 동판화 「멜랑콜리아 1」 이래로 손으로 턱을 괴고 있는 모습은 멜랑콜리의 가장 전형적인 도상이었다.[80]

그러므로 우리는 고야의 그림들에서 깍지 낀 손(「주술」과 첫번째 준비 데생), 팔짱 낀 손(두번째 준비 데생과 43번 판화), 그리고 턱을 괸 손(「호베야노스」)으로 이어지는 일련의 멜랑콜리 도상학을 확인할 수 있다. 이 그림들은 구도 면에서도 아주 유사하다. 물론 「호베야노스」가 앉은 방향과 「주술」의 잠옷 입은 남자 및 43번 판화의 잠든 화가가 향한 방향이 정반대이긴

---

80 43번 판화와 고야가 두번째로 그린 호베야노스 초상화와의 연관을 다룬 연구로는 Dowling, 앞의 글 참조.

하다. 그러나 판화를 찍으면 좌우가 바뀌는 점을 염두에 두면, 세 그림에서 인물의 방향은 그리 중요하지 않다. 모두 한편에는 인물, 반대편에는 인물의 정신세계를 표상하는 무엇이 등장한다. 「주술」의 잠옷 입은 평범한 한 스페인 남자는 완전히 잠에 빠져 있다. 그는 화면 오른쪽 구석에 작게 위치하고, 나머지 화면 거의 전체에 걸쳐 그가 꿈꾸는 주술적 세계가 현실감 있게 펼쳐져 있다. 이에 비해 43번 판화에서는 화면 중앙 하단을 차지하는 화가가 졸고 있는 동안, 내면의 어두운 상상력을 표상하는 야행성동물이 떠오른다. 마지막으로 가능한 개혁을 사념하는 계몽주의 정치인의 책상 위에 지혜의 여신 아테네 상이 세워져 있다.

세 그림을 놓고 보면 고야는 자신을 고삐 풀린 상상력의 작용 속에서 미신과 주술에 빠져든 일반적 스페인 민중과 상상력을 결여한 (그래서 민중의 실상과 동떨어진) 이성적 계몽주의자 사이에 자리매김하고 있는 듯이 보인다. 그러나 양자 사이에 놓였다고 해서 고야가 이성과 상상력의 결합이나 균형을 추구한 것은 아니다. 그는 이성을 결여한 상상력과 상상력을 결여한 이성의 상태를 두루 탐색하고 양자 사이를 오가려한 듯하다. 『광상』의 구성이 그것을 말해준다. 1번 판화에 나타난 화가의 냉소적인 시선 아래서 대낮의 이야기가 42번 판화까지 펼쳐지지만(그는 호베야노스의 세계에 가까이 머문다), 화가가 깜빡 잠에 빠진 43번 판화에서는 부엉이와 스라소니가 그림의 주인공인 양 관람자를 응시하며 등장하여 이성이 잠들 때 더 활발해지는 상상력의 힘을 드러낸다(「주술」의 세계로 진입해간다). 44번 판화부터 79번 판화까지는 난폭한 상상력의 전개가 이뤄진다. 그리고 '때가 되었다'라는 표제를 단 마지막 80번 판화로 전체 판화집이 종결되는데, 이 마지막 판화에는 다음과 같은 설명이 붙어 있다.

동이 트면 마녀와 요정, 그리고 유령과 허깨비들은 각자 자신의 거처로 숨어든다. 이들이 밤과 어두운 때를 제외하고 우리 눈에 띄지 않는 것은 참 다행스러운 일이다. 낮 동안에 그들이 대체 어디에 처박혀 숨어 있는지 아무도 알아내지 못했다.[81]

이성의 잠이 낳은 괴물들은 밤 동안 느긋하게 활개 치면서 '동이 트면 떠나자'(71번 판화 표제)고 말한다. 그리고 '때(아침)가 되자' 모두 숨는다. 고야는 그것들이 숨은 곳이 어딘지 알 수 없다고 썼지만, 사실은 그것이 우리의 내면세계라는 걸 알고 있다. 그는 계몽이 미몽을 완전히 제거할 수 있다고 믿지 않았으며, 그런 한에서 계몽의 한계를 인정한다. 하지만 이성의 잠이 괴물을 낳을 뿐, 그 꿈이 괴물을 낳는다고 생각하지는 않았던 것으로 판단된다. 그렇지만 이런 고야의 계몽에 대한 절반의 믿음은 『광상』을 제작하던 시기까지의 것일 뿐이었다.

『전쟁의 참상』과 '역사의 천사'

고야 삶의 세번째 단계 혹은 '그라운드 제로'를 향해 프라도의 0층으로 내려갈 차례이다. 0층에 전시된 고야의 그림은 대부분 반도전쟁 이후의 것이다. 그 가운데서도 가장 인상적인 그림, 내 경우 프라도를 생각하면 언제나 나를 되돌아가게 그앞에 서게 하는 단 하나의 그림은 「마드리

---

81 프란시스코 데 고야 『고야, 영혼의 거울』, 이은희·최지영 옮김, 다빈치 2011, 284면.

드의 1808년 5월 3일」(El 3 de mayo en Madrid, 이하 「5월 3일」로 약칭)이다. 이 그림은 「마드리드의 1808년 5월 2일」(El 2 de mayo de 1808 en Madrid, 이하 「5월 2일」로 약칭)과 짝으로 그려진 것이며, 프라도에도 나란히 걸려 있다. 두 그림은 반도전쟁을 촉발한 1808년 5월 2일 봉기와 이튿날인 5월 3일 저질러진 학살을 다루고 있다.

두 그림은 고야의 자발적 기획으로 그려졌다. 1813년 프랑스군이 철수하자 페르난도 7세가 마드리드로 돌아올 때까지 톨레도의 대주교이자 친촌 백작부인의 오빠인 루이스 마리아 데 보르본(Luis María de Borbón, 1777~1823)이 섭정을 맡았다. 1813년 당시 마드리드에 있던 유일한 황족이 그였기 때문이었다. 앞에서 언급했듯이 고야는 카를로스 4세의 동생 돈 루이스 집안과 깊은 교분이 있었고, 돈 루이스의 아들인 루이스 마리아의 어린 시절뿐 아니라 추기경이 되었을 때에도 초상화를 그려준 바 있었다. 고야는 그런 루이스 마리아에게 자신이 그리고 싶은 그림을 그리게 해달라고 청원했다. 전쟁 직후로 캔버스나 물감 그리고 기름을 구하기가 쉽지 않은 때라 고야가 구상한 큰 규모의 작품 제작을 위해서는 정부의 의뢰가 필요했기 때문이다. 고야는 자신의 청원을 애국주의적 언어로 치장했다.

(…) 유럽의 폭군에 대한 우리의 눈부신 반란에서 가장 주목할 만한 영웅적 위업이나 그 장면을 화필로 영원화하기 위해 (…) 그 실현을 도와주시기 바랍니다.[82]

---

82 훗타 요시에 『고야 3』, 353면에서 재인용.

정부의 의뢰를 빌려서라도 고야가 「5월 2일」과 「5월 3일」을 그리려고 했던 이유는 이미 작업하고 있던 판화집 『전쟁의 참상』(1810~15)의 출판이 어려우리라 판단했기 때문으로 보인다. 그는 「5월 2일」과 「5월 3일」을 통해 『전쟁의 참상』이 그려내고자 했던 것들을 다른 형태로라도 대중이 접근할 수 있게 하려고 한 것이다. 그러므로 「5월 2일」과 「5월 3일」을 이해하기 위해서는 두 그림을 『전쟁의 참상』과 대조하며 볼 필요가 있다.

우선 「5월 2일」과 「5월 3일」 그리고 『전쟁의 참상』 사이의 제작 조건의 차이를 염두에 둘 필요가 있다. 『전쟁의 참상』은 전쟁의 참상을 다양한 각도에서 찍은 여러장의 스냅사진처럼 표현하는 것이 목표일 뿐 아니라 작업 자체가 1815년까지 진행되었기 때문에 고야는 종전과 함께 권력을 되찾은 페르난도 7세가 자행한 폭정도 함께 다루었다(대략 65번 판화에서 80번 판화까지가 그렇다). 페르난도 7세의 폭정 자체가 전쟁으로 인해 발생한 사회적 분열과 관련되므로, 고야의 이런 시도는 적절한 것이라 할 수 있다. 이에 비해 반도전쟁 종전 직후에 그려진 「5월 2일」과 「5월 3일」은 반도전쟁의 참상을 일화적 사건으로 응집하여 표현하는 것을 목표로 하며(뒤에서 좀더 자세히 다루겠지만, 「5월 2일」과 「5월 3일」은 『전쟁의 참상』 전반부의 놀라운 요약이기도 하다), 그렇기 때문에 1814년과 1815년에 고야가 겪은 정치적 반동의 참혹함은 다룰 수 없었다. 출판을 내심 포기한 채 자신이 하지 않을 수 없다고 느낀 내면의 명령을 따라 작업하던 『전쟁의 참상』과 달리 아무래도 정부의 의뢰로 그려진 작품이라서 페르난도 7세의 폭정을 경험한 뒤에 작업했다고 해도 사정은 마찬가지였을 것이다.

논의의 편의를 위해서 「5월 2일」과 「5월 3일」을 먼저 살펴보자. 「5월 2일」의 주제는 마드리드를 방문한 사람이면 누구나 가보게 되는 푸에르타델

2-28. 프란시스코 데 고야 「마드리드의 1808년 5월 2일」, 1814, 268.5×347.5cm, 프라도 미술관

솔 광장에서 벌어진 프랑스 군대와 스페인 민중 사이의 충돌이다. 이미 언급했듯이 이 충돌이 반도전쟁을 촉발한 사건이며, 충돌하게 된 이유는 영국을 봉쇄하려는 나폴레옹의 전략에 방해되는 포르투갈 공격을 명분으로 스페인에 진주한 프랑스 군대가 사실상 스페인을 지배하려는 책략을 보인 것에 분노한 스페인 민중들이 대대적으로 저항했기 때문이다.

화면을 가득 메우고 있는 것은 마호 차림의 스페인 사람들과 흰 터번을 두르고 붉은 바지를 입은 아랍풍의 기마부대원 사이의 격렬한 전투이며, 기마부대는 당연히 프랑스 군대이다. 그들의 아랍풍 차림새는 다소 낯설긴 하지만, 거기엔 사연이 있다. 이들은 맘룩(mamluk) 부대인데, 맘룩은 중세 시기 무슬림 지역에서 노예 출신 군인을 가리키다가, 중세 말에 중동지방 전사계급을 지칭하던 말이다. 맘룩 가운데 일군의 집단이

나폴레옹의 이집트 원정(1798~1801)을 계기로 프랑스 군대에 속하게 되었다. 나폴레옹 자신이 패퇴시킨 이집트 맘룩 부대의 포로를 자신을 위한 기마부대로 재편성했기 때문이다. 나폴레옹은 황제가 된 뒤에는 이들을 황실 근위대에 편입시켰다. 그리고 1805년에는 아우스터리츠전투에, 1808년에는 스페인 마드리드에 파병했다. 프랑스대혁명으로 인해 나폴레옹 군대는 국민 개병제에 입각해 구성되었지만, 중세적 용병체제의 요소가 완전히 사라진 것은 아니었던 셈이다.

「5월 3일」은 5월 2일의 봉기가 프랑스 군대에 의해서 진압되고 이튿날 동이 트기도 전에 이뤄진 학살을 그리고 있다. 학살 장소는 마드리드를 방문한 이들이 즐겨 찾는 스페인 광장(돈키호테와 산쵸 상이 있다)에서 서쪽으로 10분쯤 걸으면 나타나는 프린시페피오(Príncipe Pío) 언덕이다. 그림 전체에 초점을 부여하는 영웅 또는 영웅적 행위가 부재한 상태에서 무자비한 살육이 자체 추진력을 지니고 화면 밖으로 뛰쳐나올 듯이 작열하고 있는 「5월 2일」도 전쟁화의 전통을 혁신한 그림이지만, 「5월 3일」은 아예 전쟁화의 전통을 폭파하고 근대 전쟁 저널리즘의 새 문을 연 압도적 작품이라고 할 수 있다. 왜 그런가 보자.

우선 주목할 점은 그림의 광원인 랜턴이다. 르네상스 이래로 서양회화는 캔버스 내부로 빛이 들어오는 방향을 제시했다. 빛은 캔버스의 왼쪽, 또는 오른쪽에서 온다. 광원을 드러낼 때는 문이나 창문의 형태로 제시되었다. 빛은 화면 내의 세계 전체를 비추는데, 그것이 그림을 마치 하나의 객관적 상태인 것처럼 보이게 한다. 종교화의 영역에서는 광원이 그림 중앙에 위치하기도 한다. 대표적인 것이 엘 그레코의 회화이다. 그의 그림에서 빛은 신성으로부터 발원하며, 그렇기 때문에 성부로부터, 즉 하늘로부터 올 뿐 아니라 성자로부터, 즉 화면 중앙에 있는 지상의 그리스

2-29. 프란시스코 데 고야 「마드리드의 1808년 5월 3일」, 1814, 268×347cm, 프라도 미술관

도로부터도 나온다. 고야의 그림에서도 광원은 그림 중앙에 위치한다. 하지만 이 빛은 신성과 상관없는 기술적으로 제작된 세속적 빛, 계몽의 빛이다. 그런데 계몽의 빛, 프랑스대혁명으로부터 발원한 그 빛이 학살의 조명장치가 된다.

이 빛, 랜턴에서 나오는 빛을 중심으로 화면은 좌우로 분할된다. 왼쪽 땅바닥에는 이미 총에 맞아 죽은 이들이 널브러져 있고, 아직 살아 있는 여러 사람이 자신을 겨누는 총구를 외면하고 고개를 숙이고 있으며, 수도사는 은총을 구하는 기도를 하고 있다. 그런 중에 랜턴 빛에 정면으로 노출되어 흰옷과 노란색 바지가 환하게 드러난 한 사람이 항복을 표하듯 손을 번쩍 들고 있다. 그의 손에는 못 자국, 즉 성흔(聖痕, stigmata)이 있다

〔고야는 죽음에 직면한 자가 '어린 양(그리스도)'처럼 무고한 존재임을 드러내기 위해 오래된 도상학을 이용한다〕.

랜턴 오른쪽에는 학살을 실행하는 군대가 서 있다.[83] 그들의 총구는 예정된 희생자들을 향해 가지런히 정렬되어 있다. 랜턴에 환히 드러나는 희생자들과 달리 희미한 그림자로 스며드는 이 부대는 표정이 없다. 그들은 제복을 입은 익명의 집합적 학살기계일 뿐이다. 계몽주의와 프랑스대혁명의 귀결로서 출현한 이 학살하는 기계 앞에서 아마도 고야는 자신이 오래전 『광상』 43번 판화의 표제로 삼았던 이성의 '수에뇨'(sueño)가 '잠'이 아니라 '꿈'이었다는 것을 뒤늦게 깨달았을 것이다. 공포의 '인공괴물'을 목도한 고야는 그것의 출처가 이성 자체라는 것, 이성이 광기의 또다른 이름이라는 것, 그리고 근대라는 계몽이 추방하려고 한 모든 것들이 계몽의 이름으로 되돌아오는 끔찍한 변증법의 시대라는 것을 증언하지 않을 수 없었을 것이다.

고야가 익명의 집합적 학살기계 출현에 깊은 충격을 받았음은 『전쟁의 참상』에서 잘 드러난다. 『전쟁의 참상』의 구성방식은 『광상』과 유사점이 많다. 삐딱한 눈길로 판화들이 그려낼 세계를 응시하는 화가의 모습이 새겨진 『광상』의 첫 판화처럼, 『전쟁의 참상』의 첫 판화도 닥쳐올 세계를 목격하고 증언할 인물을 제시한다(그 판화에 붙은 표제도 '앞으로

---

83 이 군대는 1803년 나폴레옹이 영국 침공을 위해 창설한 '황실근위 해병대대'(Bataillon de Marines de la Garde Impériale)이다. 나폴레옹이 영국 침공을 포기하면서 이 부대는 독일의 단치히 점령작전을 수행했고(1807), 이후 스페인으로 파병되어 마드리드의 네곳에 분산 배치되었다. 1808년 5월 2일 대중 봉기를 진압하는 작전을 수행하고, 이후 카디스에 정박한 프랑스 해군을 호위하기 위해 이동하던 중 안달루시아의 스페인 군대와 벌인 바일렌(Bailén) 전투(1808. 7)에서 패배해 전멸하다시피 했다. 바일렌 전투는 반도전쟁에서 프랑스군이 겪은 첫 패배였으며, 이 전투에서의 승리 소식 덕분에 동요하던 스페인 엘리트들이 프랑스에 대항하게 된다.

2-30. 프란시스코 데 고야 『전쟁의 참상』, 2화 「이유가 있든 없든」(Con razón o sin ella)

2-31. 프란시스코 데 고야 『전쟁의 참상』, 15화 「해결책이 없다」(Y no hai remedio)

2-32. 프란시스코 데 고야 『전쟁의 참상』, 26화 「볼 수가 없다」(No se puede mirar)

일어날 일에 대한 슬픈 예감'이다).[84] 따라서 『전쟁의 참상』 2번 판화가 사실상 첫 판화인 셈인데, 그것이 그려낼 '참상'으로 고야는 인민을 향해 소총을 겨눈 황실근위 해병대대의 모습을 택했다. 15번 판화에서도 소총부대가 등장하는데, 2번 판화보다 한결 기계적 장치의 이미지에 가까워진다. 그리고 26번 판화에서 소총부대는 은폐되고 대검을 장착한 예리한 총구로 추상화된다. 「5월 3일」은 이 세 판화의 이미지를 종합한 것이라 할 수 있다.

『전쟁의 참상』은 전쟁기계의 학살이 어떤 부가적인 향락으로 물드는지도 포착해서 보여준다. 그런 의미에서 「5월 3일」의 그려지지 않은 후속화 '5월 3일 이후'라 명명할 만한 그림이 어떤 것이 될지 보여준다. 그런 것 가운데 몇 점을 보자.

36번 판화에서 인상적인 것은 교수형당한 스페인 민중을 바라보는 프랑스 군인의 관조적인 태도이다. 그는 평정한 표정으로 시신을 '감상하고' 있다. "왜?"라는 질문을 참을 수 없다. 하지만 질문은 답을 얻지 못한다. 33번 판화에서는 이미 처형한 사람을 프랑스 군인들이 발가벗기고 절단하고 있다. "대체 왜?" 그러나 역시 답을 들을 수 없다. 37번 판화에서는 산 채로 나무에 꽂힌 남자의 모습을 보여준다. 라오콘(Laocoön)의 도상학을 활용한 듯이 보이는 이 판화는 극단적 고통을 묘사한 신화적 이미지가 현실 한복판에 현존하는 사태를 그리고 있다.[85] 39번 판화에

---

84 1번 판화에 부여된 유사한 역할 이외에도, 『광상』의 43번 판화처럼 『전쟁의 참상』에서도 전체 판화집 중반부에 위치하는 40번 판화가 중요성을 띤다. 이 판화에서 어떤 사람이 개를 쓰러뜨리고 그 입으로부터 무언가를 끄집어내는 모습을 보여주는데, 이 개가 81번 판화에서 괴물처럼 거대해진 모습으로 재등장해 사람들의 시신을 토해낸다. 하지만 출간을 위해 편성을 확정하지는 않았고 당대 사건을 계속해서 반영하려고 했던 탓에, 『전쟁의 참상』은 후반부로 갈수록 구성방식의 체계성이 약해지는 경향이 있다.

2-33. (왼쪽부터 시계 방향으로) 프란시스코 데 고야 『전쟁의 참상』 33화 「더 할 게 남았는가?」(¿Qué hay que hacer más?), 36화 「역시 (이유가) 없다」(Tampoco), 37화 「이건 더 나쁘다」(Esto es peor), 39화 「대단한 무훈이다! 시신으로!」(Grande hazaña! con muertos!)

서는 33번 판화에서 보여준 절단 작업 뒤에 시신들이 나무에 내걸린 모습을 보여준다. 고야는 표제를 통해 '죽은 시신으로 무슨 무훈이라도 세

---

85 1506년 이탈리아에서 발굴된 조각 「라오콘 군상」은 요한 요아힘 빙켈만(Johann Joachim Winckelmann, 1717~68)이나 고트홀트 에프라임 레싱(Gotthold Ephraim Lessing, 1729~81) 같은 이들을 중심으로 미학논쟁에 불을 붙이는 계기가 되었다. 이들의 논의는 유럽 지식계에 널리 알려져 있었으므로 고야에게도 친숙하였을 것으로 보인다. 37번 판화의 인물이 취한 자세는 바다뱀에 물려 비명을 지르는 라오콘의 모습을 닮았다. 이 판화에서 고야는 신화적인 고통의 현실적 등가물은 아름다움과 아무 상관이 없다고 선언하면서 라오콘에 대한 미학논쟁을 조롱하는 것처럼 보인다. 그것을 상징적으로 보여주는 것이 판화 속 인물의 절단된 팔이다. 「라오콘 군상」의 라오콘은 팔 한쪽이 일부 없는데 그것은 조각상이 땅에 파묻히면서 부러진 것이지만, 고야의 판화 속 인물은 타인에 의해 도검으로 절단되어 그런 것이다.

울 셈이냐'고 비난하고 풍자한다. 하지만 충격적 이미지가 그런 비난을 무력하게 만든다. 이런 판화에 폭탄에 의해 한꺼번에 폭사한 일가를 그린 30번 판화 「전쟁의 폐허」(Estragos de la Guerra)나 긴 피난 행렬을 그린 44번 판화 「나는 보았다」(Yo lo vi), 그리고 약탈, 기아, 질병, 차고 넘치는 시신들의 행렬을 묘사한 판화를 더하면 『전쟁의 참상』은 근대 사회가 오늘날 러시아-우크라이나 전쟁이나 이스라엘-하마스 전쟁에 이르기까지 겪게 될 전쟁의 양상을 미리 망라하여 제시하고 있다고 할 수 있다. 고야는 이 끔찍한 계몽의 변증법에 대한 최초의, 그러나 무척이나 강인했던 증인이었으며, 그런 의미에서 발터 벤야민이 다음과 같이 말했던 '역사의 천사'였다고 해도 과언이 아닐 것이다.

파울 클레가 그린 '새로운 천사'(Angeles Novus)라는 그림이 있다. 이 그림의 천사는 마치 자기가 응시하고 있는 어떤 것으로부터 금방이라도 멀어지려고 하는 것처럼 묘사되어 있다. 그 천사는 눈을 크게 뜨고 있고, 입은 벌어져 있으며 또 날개는 펼쳐져 있다. 역사의 천사도 바로 이렇게 보일 것임이 틀림없다. 우리들 앞에서 일련의 사건들이 전개되고 있는 바로 그곳에서 그는, 잔해 위에 또 잔해를 쉼 없이 쌓이게 하고 또 이 잔해를 우리들 발 앞에 내팽개치는 단 하나의 파국만을 본다. 천사는 머물고 싶어 하고 죽은 자들을 불러일으키고 또 산산이 부서진 것을 모아서 다시 결합하고 싶어 한다. 그러나 천국에서 폭풍이 불어오고 있고 이 폭풍은 그의 날개를 꼼짝달싹 못하게 할 정도로 세차게 불어오기 때문에 천사는 날개를 접을 수도 없다. 이 폭풍은, 그가 등을 돌리고 있는 미래 쪽을 향하여 간단없이 그를 떠밀고 있으며, 반면 그의 앞에 쌓이는 잔해의 더미는 하늘까지 치솟고 있다. 우리가 진보라

고 일컫는 것은 바로 이러한 폭풍을 두고 하는 말이다.[86]

검은 그림들, 또는 말년의 양식

"죽은 자들을 불러일으키고 또 산산이 부서진 것을 모아서 다시 결합하고 싶어"했던 고야가 "폭풍"에 떠밀려 도달한 곳은 어디일까? 1814년부터 1820년까지 스페인은 페르난도 7세의 반동적 지배 아래 있었다. 1819년 말 고야는 청력을 상실했던 1793년 때보다 더 심한 병에 걸렸으나, 의사 아리에타 덕분에 위기를 넘겼다. 그것을 기념하기 위해 자신을 치료하고 있는 아리에타의 모습을 그렸다(「고야와 의사 아리에타」). 고야가 병마와 싸우고 있을 때, 라파엘 델 리에고 장군의 프로눈시아미엔토[87]가 성공해 자유주의 정부가 수립되었고 3년간 지속됐다. 그동안 고야는 귀머거리의 집에 칩거하며 이른바 '검은 그림들'을 그렸다.

귀머거리의 집 벽화로 그려진 14점의 그림은 50여년간 그 존재가 제대로 알려지지 않다가 우여곡절 끝에 살바도르 마르티네스 쿠벨스(Salvador

---

86 발터 벤야민 『역사의 개념에 대하여 / 폭력비판을 위하여 / 초현실주의 외』, 최성만 옮김, 길 2008, 339면.
87 프로눈시아미엔토(pronunciamiento)는 19세기 스페인, 포르투갈, 라틴아메리카에서 발생한 군사반란을 지칭하는 말이다. 기성 정치인이나 반대세력을 광범위하게 체포하고 구금하는 군사작전을 동반하는 고전적 쿠데타와 달리 프로눈시아미엔토는 어원이 그렇듯이 상당한 세력을 모은 장교집단의 수장이 기존 정부를 비판하는 '선언'을 하는 것이다. 이 선언이 다른 군부대와 장교들의 찬성을 얻으면 기존 정부는 사임하게 된다. 기존 정부에 대한 불신임 투표와 비슷하지만, 의회가 아닌 군대가 그런 행위를 주도한다. 그것의 최초 사례가 바로 리에고의 것이었다. 이후 19세기를 통틀어 스페인에서는 37차례의 프로눈시아미엔토가 있었고, 그 가운데 성공 사례는 12번이었다(앤터니 비버 『스페인내전: 20세기 모든 이념들의 격전장』, 김원중 옮김, 교양인 2009, 35면).

Martínez Cubells, 1845~1914)에 의해 1874년부터 캔버스로 옮겨지기 시작했고, 1881년 프라도에 기증되었다. 덕분에 프라도 0층에서 '검은 그림들'을 모두 볼 수 있다. 이 그림들을 묶어서 "검은 그림들"이라 부르는 이유는 전부는 아니어도 대부분이 어두운 색조의 그림일 뿐 아니라 그림의 주제들도 으스스한 것들이어서이다.

아마도 '검은 그림들' 가운데 가장 잘 알려진 것은 거인이 인간을 잡아먹는 모습의 그림일 듯하다.[88] 거대하지만 우람하지는 않고 오히려 야윈 듯한 거인이 이미 머리가 뜯겨 없는 한 사람을 양손으로 우악스럽게 움켜쥐고 팔 한쪽을 뜯고 있는 이 그림은 사실 캔버스가 그리 크지 않아서 다행스럽게 느껴질 정도로 무시무시하다. 이 그림에서 무엇보다 강렬한 인상을 주는 것은 공포의 원천인 거인이 마치 겁에 질려 자신을 내려다보는 듯한 눈빛이다. 거인은 억제할 수 없는 살인 욕구에 스스로 공포를 느끼고 있는 것처럼 보이고, 그래선지 위로 치켜진 가늘고 힘없는 눈썹으로 인해 무력하게 보이기조차 한다.

이 그림을 보고 있으면, 거인을 크로노스 또는 사투르누스로 간주하는 해석에 심리적으로 동조하게 된다. 크로노스는 시간의 신이다. 시간은 자신이 낳은 것, 즉 제 '자식들' 모두를 잡아먹는다. 삶, 사랑, 우정, 업

---

88 프라도가 붙인 이 그림의 제목은 '사투르노'(Saturno)이다. 스페인은 로마신화를 따라 신의 이름을 부른다. 사투르노는 로마의 신 '사투르누스'(Saturnus)이다. 그리고 사투르누스는 그리스신화에서는 '크로노스'(Kronos)이다. 이 그림은 예전엔 그리고 요즘도 종종 '아들을 잡아먹는 사투르누스'라 불리기도 한다. 아마도 그런 제목을 붙인 이유는 거인이 인간(으로 추정되는 존재)을 잡아먹는 모습에서 자식을 잡아먹은 신 크로노스를 떠올린 때문일 것이다. 그런데 이 그림에서 거인이 잡아먹는 존재가 여성적인 모습이라는 문제 제기가 있었다. 그래서 프라도는 그냥 '사투르노'라는 제목을 붙인 듯하다. 하지만 그렇다면 굳이 거인을 크로노스 또는 사투르누스로 해석할 확고한 이유도 없으므로, '식인 거인'으로 붙여도 무방하다 하겠다.

적, 제도와 문명… 이 모든 것은 시간 속에서 설립되지만, 시간과 더불어, 시간의 우악스러운 손아귀에 으스러지고 야멸찬 송곳니에 갈가리 찢긴다. 시간은 이런 내키지 않는 자기파괴적인 과정을 고야의 그림 속 거인처럼 두려움과 공허 속에서 바라볼 것이다. 그러니까 「사투르노」를 이렇게 알레고리적으로 해석하는 것은 위안을 준다. 하지만 낭만주의나 인상주의를 건너뛰고, 곧장 한 세기를 질주해 표현주의와 초현실주의로 내달린 듯한[89] 고야의 '검은 그림들'은 그런 편안한 해석을 허

2-34. 프란시스코 데 고야 「사투르노」, 1819~23, 143.5×81.4cm, 프라도 미술관

용하기엔 이미지들이 너무 사납거나 음침하고 또 부조리하다.

도대체 왜 고야는 자기 집 빈 벽을 이런 그림들로 가득 채운 것일까?

---

89 막스 베크만(Max Beckmann, 1884~1950), 루트비히 마이드너(Ludwig Meidner, 1884~1966), 오토 딕스(Otto Dix, 1891~1969), 조지 그로스(George Grosz, 1893~1959) 같은 표현주의 화가들이 제1차 세계대전과 그 직후 사회를 묘사한 작품들이나 막스 에른스트 (Max Ernst, 1891~1976), 앙드레 마송(André Masson, 1896~1987), 호안 미로, 살바도르 달리의 전간기(戰間期)와 제2차 세계대전을 다룬 회화는 고야를 계승하는 작업이라 할 수 있다. 특히 달리의 '내전의 전조'(Premonición de la Guerra civil)라는 부제가 붙은 「삶은 콩으로 만든 부드러운 구조물」(Construcción blanda con judías hervidas, 1936)에서 「사투르노」를 떠올리지 않기는 어렵다.

왜 '귀머거리의 집'을 '광인의 집'(madhouse)처럼 만들었을까? 비교적 젊었던 시절 왕의 집무실 빈 벽을 채울 태피스트리 밑그림을 그렸던 고야는 마치 자신의 집을 왕의 집무실인 양 꾸몄던 것일까? 그래서 앞에서 이미 보았듯이 「성 이시드로의 초원」 같은 태피스트리풍의 주제가 '검은 그림들'의 주제로 회귀해 왔던 것일까? 페르난도 7세 같은 '미친 왕'의 시대를 살아야 했던 고야가 제집을 왕의 집무실로 생각하기도 하고, 또 미친 왕을 위한 집무실 태피스트리 밑그림을 계속해서 그리는 것 같은 도착에 빠졌던 것일까?

그러나 이런 이해의 시도는 개별 그림에 주목할수록 부질없게 다가온다. 캔버스로 옮기는 쿠벨스의 작업으로 인해 일어난 변형 때문에 그림들에서 고야의 의도를 읽어내기가 난망하기도 하거니와, 고야는 '검은 그림들'에 『광상』이나 『전쟁의 참상』에서처럼 해석의 실마리이자 풍자적 의도를 드러내는 표제를 붙이지도 않았다. 관습적으로 불리는 그림들의 표제는 후대인들이 붙인 것이고, 그 자체가 이미 해석적 선택인데, 그것이 근거가 그렇게 분명한 것도 아니다. 예컨대 「아스모데아」(Asmodea)가 대표적이다. 넓적하고 높은 요새 형태의 거대한 바위산과 그것을 향하는 일군의 군인처럼 보이는 말 탄 사람들을 배경으로 한 남자와 한 여자가 함께 공중에 떠 있는 모습을 그린 그림이다. 그림의 오른쪽 구석에는 제복을 입은 한 군인이 무리를 향해 소총을 겨누고 있다. 이렇게 환상적인 부분과 현실적인 부분이 뒤섞인 그림에 성경 외서 『토비트』에 나오는 호색적 악마 '아스모데우스'의 복수형인 '아스모데아'라고 붙인 것은 타당성이 높아 보이지 않는다. 「독서」나 「두 노인」은 주제가 뭔지는 알 듯도 하지만 왜 그런 식으로 그려졌는지 알기 어렵다. 아예 주제가 뭔지 수수께끼로 다가오는 「물에 빠진 개」(Perro semihundido)[90] 같은 그림 앞

2-35. 프란시스코 데 고야 「물에 빠진 개」, 1819~23, 131.5×
79.3cm, 프라도 미술관

에 서면, 마치 우주의 냉혹한 무관심을 상징하듯이 거칠고 넓게 칠해진
노란색 공백과 그앞에서 겨우 머리를 들이민 개의 처연한 눈빛에 막막한
감정에 빠져들 뿐이다.

90 프라도가 붙인 제목을 직역하면 '절반쯤 물에 빠진 개'이다. 물에 빠진 모습을 그렸는지도
   그림을 봐서는 확실치 않다. 그래서 제목을 그저 '개'라고 하는 경우도 많다.

아마도 고야의 '검은 그림들'은 테오도어 아도르노(Theodor W. Adorno, 1903~69)가 베토벤의 후기 작품들을 거론하면서 말했던 '말년의 양식'의 또다른 예라고 봐야 할 것이다.[91] 아도르노의 논의를 더 확장했던 에드워드 사이드(Edward Said, 1935~2003)는 이렇게 말한다.

우리 모두는 말년의 작품이 어떻게 평생에 걸친 미적 노력을 완성하는지, 그 예를 얼마든지 열거할 수 있을 것이다. 렘브란트와 마티스, 바흐와 바그너를 생각해보라. 하지만 예술적 말년성이 조화와 해결의 징표가 아니라 비타협, 난국, 풀리지 않은 모순을 드러낸다면 어떨까? 나이와 나쁜 건강 때문에 무르익은 성숙함이 느껴지는 평온함을 만들어내지 못한다면?[92]

"나이와 나쁜 건강", 이보다 '검은 그림들'을 그릴 때의 고야에 부합하는 표현이 있을까? 그러나 "비타협, 난국, 풀리지 않은 모순"은 고야의 경우 예술적 표현양식의 문제가 아니라 스페인이 겪은 역사적 격변과 사회적 균열 자체였다고 봐야 할 것이다. 어떤 예술가에게 "말년의 작품은 파국"[93]이거니와 고야에게 그것은 '역사적' 파국이었던 셈이다. 「곤봉을 휘두르는 결투」(Duelo a garrotazos)가 그것을 잘 보여준다. 땅에 다리가 박혀서 옴짝달싹하지 못하는 두 남자가 곤봉을 들고 결투를 벌이고 있다. 고야는 왕당파 및 전통주의자와 자유주의자 및 진보주의자 사이의 대결

91 테오도르 W. 아도르노 『베토벤, 음악의 철학: 단편들과 텍스트』, 문병호·김방현 옮김, 세창출판사 2014 참조.
92 에드워드 사이드 『말년의 양식에 관하여』, 장호연 옮김, 마티 2012, 29면.
93 같은 책 34면.

2-36. 프란시스코 데 고야 「곤봉을 휘두르는 결투」, 1820~23, 125×261cm, 프라도 미술관

을 이렇게 묘사한 것처럼 보인다. 여기서 "비타협, 난국, 풀리지 않은 모순"은 예술 내적인 것이 아니라 철저하게 역사적이고 사회적이다. 고야가 목도했던 이 사회적 분열, 서로 헤어져서 제 길을 갈 수 없는, 스페인 땅에 뿌리 내린 두 세력이 서로에게 곤봉을 휘두른 처절한 투쟁은 20세기에 이르러 스페인내전으로까지 치달았다.

내게는 이 그림이 우리의 초상화, 남과 북이 각자 제 갈 길을 가지 못하고 한반도에 마치 식물처럼 뿌리를 내린 채 서로를 탓하고 서로를 후려치고 싸우며 원한을 쌓고 서로를 핑계 대며 사는 '분단체제'의 초상화로도 보였다. 스페인은 1970년대 말 민주화 이행을 통해 고야의 시대로부터 150년 이상 이어졌던 균열의 큰 부분을 치유했다. 우리에게는 얼마의 시간이 더 필요한 것일까?

아직도 배운다

'검은 그림들'을 끝으로 프라도를 나왔다. 어디로 갈까? 고야를 더 보려면, 라사로갈디아노 미술관이나 산페르난도 미술관으로 가는 것이 좋다. 특히 산페르난도 미술관에 대해서는 할 말이 참 많게 느껴진다. 미술관의 소장품이 방대하기도 하거니와, 고야만 놓고 보더라도 진지한 해석을 시도해볼 만한 매우 중요한 작품들이 있고,[94] 두 점의 자화상(그 가운데 하나는 잔뜩 멋을 낸 옷을 입고 유쾌한 표정을 짓고 있는, 고야로서는 드문 모습의 자화상이다), 그리고 내가 방문했을 때는 아쉽게도 외부 전시를 위해 대여된 상태였던 6점의 초상화를 소장하고 있다(그래서 고도이의 초상화와 모라틴의 초상화를 보지 못했다).

그러나 이미 '너무' 많은 고야의 작품을 보았다고 느낀 여행자라면, 산안토니오 예배당을 찾는 것이 좋을 것이다. 스페인 광장에서 서쪽으로 내려와 만사나레스 강변을 걸으면 성당에 이른다. 길 건너에는 성당을 바라보는 고야의 좌상이 놓여 있고, 성당의 반구형 천장(cupola)에는 고야가 그린 프레스코화가 있으며, 구석에는 고야의 묘석이 있다. 고야의 묘를 여기서 만날 수 있다는 것은 뜻깊고 고마운 일이다. 허나 고야 자신이 산안토니오 예배당에 자신이 안치되는 것을 기꺼워했을지 의문이다. 카를로스 4세의 지시로 그린 천장화에 고야가 커다란 열정을 품었다고 생각하기는 어렵기 때문이다.

---

94 「정어리 매장」(El entierro de la sardina, 1814~16), 「고행자 행렬」(Procesión de disciplinantes, 1812~19), 「투우」(Corrida de toros, 1812~19), 「광인들의 집」, 그리고 「종교 재판소」(El Tribunal de la Inquisición, 1812~19)가 그것들이다.

2-37. 산안토니오 예배당의 천장화(일부)

    다만 이 천장화에도 '고야다움'은 드러나고, 그런 의미에서 감상할 가
치는 충분하다. 우선 솜씨의 탁월함이 그렇다. 한가운데 원형 천장에는,

리스본에서 태어났으나 파도바에서 선종한 '파도바의 성 안토니오'(St. Antonio di Padova, 1195~1231)가 리스본에서 행한 기적이 그려져 있다. 그리고 그것을 떠받치는 삼각 천장, 제단 위의 반원형 천장, 서까래 사이 모퉁이들에는 성 안토니오의 기적을 찬미하는 천사들이 빼곡하게 그려져 있다. 전체적으로 진주 빛깔이 은은히 감도는 가운데 장미색, 황토색, 파란색, 그리고 연녹색이 매우 조화롭게 어우러지고 있다.

다른 의미에서도 천장화는 고야답다. 천장화에 그려진 기적의 내용은 성 안토니오가 한 청년을 죽은 자 가운데서 살리고 아들을 죽였다고 거짓 고발당한 아버지의 혐의를 벗겨준 것이다. 그런데 고야는 13세기 리스본에서 일어난 기적을 묘사하면서 역사적 맥락을 무시하고 마치 18세기 말 마드리드에서 벌어진 일인 것처럼 그렸다. 고야는 기적을 행하는 성 안토니오를 둘러싼 인물들을 가로 막대에 세로로 쇠기둥이 죽 둘러박힌 난간에 배치하는데, 거기엔 거지, 장사꾼, 노파, 부랑자 같은 사내, 난간에 올라타고 장난을 치는 꼬마들, 기적에는 아랑곳하지 않고 수다를 떠는 여자들, 건장한 농부 등이 등장한다. 기적이 행해지는 원형 천장의 그림 안에서 성인과 기적을 상징하는 모든 도상학적 요소를 제거해버리고, 천사들은 모두 원형 천장 외곽으로 쫓아낸 이 그림에서 기적은 마치 평범한 저잣거리의 일처럼 다가온다. 그는 그때까지 종교화에 허용되지 않은 자유를 행사하고 있는 셈인데, 화사한 색감과 여러 천사, 대천사와 포동포동한 아기 천사들로 그 자유의 행사를 슬쩍 가리고 있다.

고야의 묘소를 방문하는 것은 고야의 그림을 순례하는 마지막 지점으로서 적합하다. 그러나 그것이 내 마음속 고야의 마지막 이미지와 어울리지는 않았다. 나에게 고야는 훨씬 더 억센 인물로 남아 있다. 그가 즐겨 묘사했던 투우 속의 황소처럼 거센 역사에 직면해서, 그 역사에 목숨을

2-38. 프란시스코 데 고야 「아직도 배운다」 c. 1826, 192×145mm, 프라도 미술관

걸고 다가가 가까스로 그러나 우아하게 그것을 다루고, 마침내 결정적인 순간에 거칠고 야만적인 숨을 내뿜으며 돌진해 오는 역사의 어깨에 칼을 꽂는 투우사 같은 화가로 말이다. 이런 다부진 태도를 그는 생애 마지막까지 견지했다. 그래서 나에게 고야의 최후 이미지를 들라면, 망설임 없이 그가 연필 스케치로 남긴 자화상, 「아직도 배운다」(Aun aprendo)를 들 것이다. 그는 무엇을 여전히 배우고 있는 것일까? 아마도 그의 생애 말년에 개발된 석판화 기법일 것이다. 실제로 보르도로 망명한 고야는 석판화 기법을 열심히 구사해보고 있었다. 하지만 이 그림에는 언제나 새로운 기법에 열려 있는 학습태도뿐 아니라 자신이 대면해야 했던 모든 것에 대한 태도, 단적인 '자기정의'(self-defintion) 또한 어른거리고 있다.

여든살의 고야는 구부정하고 지친 듯이 보인다. 양손 모두 지팡이를 짚고 있기도 하다. 그러나 자기 앞의 세계를 향해 약간은 비스듬하게 혹은 삐딱하게 서 있는 고야의 눈빛은 여기서도 그를 유례없는 역사의 증인으로 만들었던 배우려는 의지로 형형하다.

마드리드의 3대 미술관

프라도, 티센보르네미사(Museo Thyssen-Bornemisza, 이하 '티센'), 레이나소피아(Museo Nacional Centro de Arte Reina Sofía, 이하 '소피아')는 마드리드의 3대 미술관으로 꼽힌다. 일정이 촉박하지 않은 한, 마드리드를 방문한 이들은 세 미술관을 모두 돌아볼 것이다. 나 역시 그랬다. 셋 가운데 프라도는 나에게 순례의 대상이었다. 프라도는 특별히 나를 불러 그앞에 세우는 작품, 그러니까 「시녀들」과 「5월 3일」이 있는 곳이었다. 마침내 마주한 두 작품 앞에 내가 얼마나 오래 서 있었는지 모르겠다. 잠시 시간이 멈춘 듯했지만, 실제로는 고작 10여분씩이었을까? 그렇지만 나는 지금도 이따금 두 작품 앞에 서 있던 순간으로 돌아간다.

그러나 이런 '결정적' 작품과 그 작품이 불러일으키는 감정을 제쳐두고 세 미술관을 비교한다면, 가장 인상적인 미술관은 티센이었다. 티센은 독일계 헝가리인 한스 하인리히 티센-보르네미사 남작(Baron Hans Heinrich Thyssen-Bornemisza, 1921~2002)의 컬렉션을 전시한 미술관이다. 작품 전체가 전시공간을 제공한 스페인에 양도되었으니 이 미술관의 소

장품들은 이제 공공자산이지만, 소장품의 양과 질은 그것이 본래 개인 컬렉션이었다고 믿기 어려운 수준이다. 티센 가문의 컬렉션이 미술품 가격이 지금처럼 비싸지 않았던 20세기 초에 주로 이뤄졌다고 해도[1] 그 규모와 수준은 마치 구매 능력에 아무런 제한이 없는 것처럼 보이며, 보존 상태가 훌륭한 최고의 작품이 아니라면 한 점도 사들이지 않겠다고 작정한 듯이 보인다. 그래서 티센을 관람하고 나면 일급 주방장이 각별한 정성을 기울인 덕에 한 접시도 허술한 데가 없는 코스요리를 즐긴 뒤의 포만감 같은 것에 빠지게 된다. 17~18세기 이탈리아 회화 컬렉션이나 17세기 네덜란드 회화 컬렉션 그리고 샤갈 컬렉션이 특히 그랬다.

그러나 티센에는 그곳으로의 순례를 자극할 결정적 작품이 없다(물론 나에게 그럴 뿐이다. 전문적인 미술사가라면 여기에 와야만 할 이유가 100가지도 넘을 것이다). 아주 뛰어난 작품 바로 옆에 또다른 뛰어난 작품이 걸려 있지만, 그것들을 이어주는 역사의 개입 또는 큐레이션의 의지 또한 내게는 흐릿해 보였다.

일례로 조지 그로스의 「메트로폴리스」(Metrópolis)가 있는 37번 방을 보자. 그로스의 이 걸작 다음에는 요하네스 이텐(Johannes Itten, 1888~1967)의 「봄의 주택단지」(Grupo de casas en primavera)가 걸려 있다. 제1차 세계대전 시기 베를린의 혼돈과 황폐함을 표현주의적으로 풀어

---

1 제2차 세계대전 후 미국 정부는 자국 미술관에 작품을 기증하는 시민에게 소득세 감면을 허용하는 법을 통과시켰는데, 그 법이 의도한 것은 미국 시민들이 유럽 미술품을 적극 수입하게 하는 것이었다. 그러자 미술품 유출을 막기 위해서 영국도 상속세를 돈 대신 미술품으로 납부할 수 있게 했다. 양쪽의 입법 조치로 인해 경매장에서 미술품 가격이 폭등했다. 사회경제적 변화도 미술품의 투기적 구매를 자극했다. 제2차 세계대전 이후 제조업의 규모가 매우 커져서 개별 투자자들의 능력을 초과하게 된다. 그러자 일부 투자자는 주식시장에 참가하기보다 아직 투자할 만한 범위에 있는 가격의 미술품에 관심을 기울였다. 그 결과 미술품은 칠레의 구리나 볼리비아의 주석 같은 것이 되었다.

3-1. 조지 그로스 「메트로폴리스」, 1916~17, 100×102cm, 티센보르네미사 미술관(위)

3-2. 요하네스 이텐 「봄의 주택단지」, 1916, 90×75cm, 티센보르네미사 미술관(아래)

낸 작품 다음에 역시 표현주의적이긴 하지만 슈투트가르트 근교 숲속 중산층 주택단지를 화사하게 그려낸 작품이 등장해야 하는 이유는 불분명하다. 게다가 이텐의 작품 다음으로는 크리스티안 샤트(Christian Schad, 1894~1982)의 「마리아와 안눈치아타 '항구에서'」(Maria y Annunziata "del puerto", 1923)와 「하우슈타인 박사의 초상」(Retrato del Dr. Haustein, 1928)이 걸려 있는데, 표현주의의 영향이 느껴진다고는 해도² 아방가르드에 저항하는 전간기(戰間期) 고전주의에 속하는 작품이 그 자리에 있어야 하는 이유 또한 불분명하다.³

이런 점 때문인지 내 마음에 오래 남는 곳은 티센이 아니라 소피아였다. 소피아는 「게르니카」라는 결정적 작품을 소장하고 있을 뿐 아니라, 스페인의 20세기 역사를 끌어안고 있었으며, 지금 스페인이 어떤 나라가 되려고 하는 의지를 지녔는지 드러내고 있었다.

레티로 공원의 소피아 별관

소피아에는 '벨라스케스 궁전'(Palacio de Velázquez)과 '수정궁'(Palacio de Cristal)이라는 두개의 별관이 있다. 별관은 통상 본관의 부속건물이

---

2 「하우슈타인 박사의 초상」의 경우, 박사의 모습은 고전주의적으로 그려졌지만, 그의 그림자는 마치 1920년대 독일 표현주의 영화의 한 장면처럼 다가온다.

3 내가 갔던 2017년 당시 37번 방에 붙은 이름은 '20세기 전반기 표현주의의 형식들'이었다. 여러 작품을 표현주의라는 범주로 느슨하게 묶고 있는 셈이었다. 그러나 최근 티센의 홈페이지를 검색해보니, 방의 표제가 '20세기, 도시의 소요'로 바뀌어 있었다. 이텐의 그림이 그로스 그림 옆에 있기에는 더 어정쩡해졌지만, 미술관이 단 한 점 소장하고 있는 이텐의 그림은 달리 갈 곳이 없는지 그대로 37번 방에 있었다. 대신 샤트의 그림 둘은 '전간기(戰間期) 고전주의'라는 이름이 붙은 45번 방으로 옮겨져 있었다.

지만, 이 두개의 별관은 모두 본관에서 도보로 20여분 정도 걸리는 거리에 있는 레티로 공원 안에 있다. 벨라스케스 궁전은 이름만으로 막연히 디에고 벨라스케스와 관련이 있는 건물이라고 생각했는데, 안내문을 읽어보고서야 리카르도 벨라스케스 보스코(Ricardo Velázquez Bosco, 1843~1923)라는 19세기 건축가의 이름을 딴 곳임을 알게 되었다. 1887년 '필리핀제도 만국박람회'(Exposición General de las Islas Filipinas)가 마드리드에서 개최되었는데, 이때 전시회를 위해서 리카르도 벨라스케스가 벨라스케스 궁전과 수정궁 모두를 설계하고 지었다고 한다. 레티로 공원의 수정궁은 물론 1851년 런던에서 개최된 최초의 만국박람회 파빌리온이었던 수정궁을 흉내낸 축소판 건물이다.[4] 두 건물은 1992년 소피아가 개관할 때, 별관으로 편입되었다고 한다.

마드리드에서 가장 큰 공원은 왕의 사냥터였던 '카사 데 캄포'(Casa de Campo)이다(고야의 「성 이시드로의 초원」에서 야유회가 펼쳐지는 바로 그 장소이다). 만사나레스강 건너로 펼쳐지는 공원인데 워낙 넓고 커서 별로 가지 않았다. 적당히 크고 아름다운 공원으로는 궁정 옆의 '캄포 델 모로'(Campo del Moro)와 이름 그대로 마드리드 시내 기준으로 서쪽에 있는 '서부공원'(Parque del Oeste), 그리고 프라도 뒤편에 있는 '레티로 공원'(Parque de El Retiro)이 있다. 제일 많이 방문한 공원은 아내가 스페인 교수와 공동연구를 진행한 UNED(Universidad Nacional de Educación a Distancia, 국립원격대학교)의 중앙도서관 가는 길에 있는 서부공원이었지만, 가장 마음에 드는 곳은 조경이 잘 되어 있고 호수도 있는 레티로 공원이었다. 날씨 좋은 날 레티로 공원을 찾아 그곳 호수에서 보트도 타고 하

---

4 런던 만국박람회의 수정궁에 대한 좀더 상세한 논의는 졸저, 『타오르는 시간: 여행자의 인문학』, 창비 2022, 5장 참조.

다보니 소피아의 본관보다 별관을 먼저 보게 되었다.

벨라스케스 궁전은 제법 규모가 큰 건물인데, 늘 닫혀 있었다. 홈페이지를 꼼꼼히 살펴보고서야 상설전시회가 없어서 특별전시회가 있을 때만 연다는 걸 알게 되었다. 그래서 마드리드에 온 지 한달쯤 지나, 에스테르 페레르(Esther Ferrer, 1937~)라는 행위예술가의 '이걸 포함해서 모든 변형은 타당하다'(Todas las variaciones son válidas, incluida esta)라는 특별전이 개최되었을 때 비로소 벨라스케스 궁전 안에 들어가봤다. 세라믹 벽돌로 지어진 외관에서 예상되는 것과 달리 내부 공간은 탁 트여 있어서 자유로운 전시가 가능한 곳이었다.

페레르의 전시회도 무척 인상적이었지만, 수정궁에서 보았던 도리스 살세도(Doris Salcedo, 1958~)의 전시회 '팔림프세스토'(Palimpsesto)가 페레르의 것보다 기억에 더 오래 남았다. 팔림프세스토는 파피루스나 종이보다 값이 비싸서 기존의 텍스트를 지우고 새로운 텍스트를 기록하는 일이 반복된 양피지(더러는 송아지 가죽도 그렇게 쓰였다)를 뜻하는 스페인어(영어로는 'palimpsest')이다.

호숫가에 있어서 풍치가 좋은 수정궁 쪽으로 걸어가는데 다른 날과 달리 사람들이 많았다. 행사가 있는 듯하여 구경하고 가자는 생각에 무슨 행사인 줄도 모르고 줄을 섰다. 수정궁 내부가 그렇게 크지 않기 때문인지 입장객을 일정한 수로 조절하며 들여보내서 15분쯤 기다려야 했다. 들어가 보니 관람객뿐이고 딱히 전시된 것이 없어서 잠시 어리둥절했다. 하지만 곧 관람객들 모두 바닥을 보고 있음을 알 수 있었다(어떤 이는 쪼그려 앉아서 보고 있었다). 찬찬히 보니, 수정궁 바닥 여기저기에서 맑은 물방울 같은 것이 솟았다가 사라지고 그 자리에 또다른 물방울이 솟아나서 흐르는 일이 벌어지고 있었다. 그제야 건네받은 팸플릿을 살펴보았고,

3-3. 수정궁에서 열린 전시회 '팔림프세스토'(위)와 그 세부(아래)

그렇게 솟아서 흐르다가 사라지고 다시 솟는 물방울들이 쪽배에 몸을 싣고 지중해를 건너다 익사한 북아프리카나 중동 출신 난민들의 이름이란 걸 알게 되었다.

2010년 12월 튀니지에서 시작된 '아랍의 봄'은 순식간에 이집트, 예멘, 리비아, 알제리를 비롯해 여러 아랍국가로 퍼져나갔다.[5] 곧 튀니지의 지

네 엘 아비디네 벤 알리(Zine El Abidine Ben Ali, 1936~2019) 정부, 이집트의 호스니 무바라크(Hosni Mubarak, 1928~2020) 정부, 예멘의 알리 압둘라 살레(Ali Abdullah Saleh, 1947~2017) 정부, 리비아의 무아마르 카다피(Muammar Qaddafi, 1942~2011) 정부 등이 붕괴했다. 세계 언론매체들은 아랍국가들에 민주화 바람이 급속히 몰아칠 것이라고 보도했다. 그러나 이러한 기대와 달리 아랍국가들은 새로운 혼란에 빠져들었다. 정부 전복으로 인한 정치적 불안정과 그로 인한 경제적 고통은 물론이고, 시리아와 리비아 그리고 예멘의 경우에는 심각한 내전에 돌입했다. 그 결과 2014년부터 수백만명의 난민이 발생했다. 시리아와 리비아의 난민들이 대규모로 유럽을 향해 이주하기 시작했고, 그로 인해 유럽은 2015년부터 '난민 위기'에 빠져들었다.[6] 지나치게 많이 탑승한 작은 배에 의지해 그리스와 터키 해안으로 향하는 시리아 난민과 이탈리아 영해로 향하는 리비아 난민들은 풍랑과 조류 그리고 유럽국가들의 냉담과 기피 때문에 지중해에서 죽음을 맞이한 경우가 허다했다.[7]

살세도는 이 끔찍하고 부끄러운 사태와 익사한 이들의 이름을 잊지 않으려는 시도가 이뤄지지만, 그것을 지워버리는 망각의 과정 또한 계속되

---

5 '아랍의 봄'의 진행 과정과 그 이후 아랍 사회의 변동에 대해서는 구기연 외 『아랍의 봄 그 후 10년의 흐름』, 서울대학교출판문화원 2022 참조.

6 난민들이 가장 선호했던 독일로의 망명 신청자는 2015년에 약 44만명이었고, 2016년에는 약 72만명이었다. 난민으로 인한 유럽 정치변동에 대해서는 Guo Yilei, 「유럽 이슈 정치화의 원인 및 파급효과: 난민 이슈를 사례로」, 연세대학교 지역학협동과정 박사학위논문, 2002 참조.

7 2015년 9월 2일 그리스로 향하다 난파한 뒤 튀르키예 해안으로 떠내려온 두살배기 소년 알란 쿠르디(Alan Kurdi)의 사진은 세계인의 뇌리에 깊은 트라우마로 남아 있다. 『르몽드』에 따르면, 2014년부터 2023년까지 지중해에서 익사한 난민의 수는 2만 7000명이 넘는다(*Le Monde*, "Migrant deaths in the Mediterranean have already exceeded 2022's death toll," 2023년 4월 10일 영어판 기사 참조).

고 있다는 것, 그러나 그 망각과 삭제 덕에 열린 역사의 빈 페이지 위에 새롭게 기록되는 텍스트 또한 또다른 죽음일 뿐임을 '팔림프세스토'라는 은유를 통해 조명하고 있었다. 무척 인상적인 것은 살세도가 끔찍한 일을 사실적으로 묘사함으로써 우리의 감성에 충격을 가하려 하지 않고, 맑은 물방울로 그려지는 이름들의 덧없는 아름다움을 통해서 표현했다는 점이었다. 무력한 피해자의 형상이 아니라 피해자의 존엄한 '이름'을 통해서, 그러니까 '폭력 없는 폭력의 표현'을 통해서 애도의 마음을 끌어내는 살세도가 나는 고맙기까지 했다. 우리는 미디어가 제공하는 너무나 무례한 이미지들에 지쳐 있기 때문이다.

소피아와 1937년 파리 국제박람회의 스페인 파빌리온

수정궁 서쪽 출구로 나오면 프라도가 있고, 프라도에서 아토차 역 쪽으로 내려가다가 역이 보일 즈음 오른쪽 골목으로 들어서면 소피아 본관이 있다. 소피아 본관 앞의 작은 광장에는 높은 기둥이 하나 세워져 있다. 알베르토 산체스(Alberto Sánchez, 1895~1962)가 1937년 제작해서 파리 국제박람회 스페인 파빌리온 앞에 세웠던 「스페인 사람들에게는 별로 이어지는 길이 있다」(El pueblo español tiene un camino que conduce a una estrella, 이하 「별로 이어지는 길」)라는 작품의 복제품이다.[8] 원본은 12.5미터이지만 2001년 산체스 특별전을 앞두고 만들어진 이 복제품의 길이는 18.7미터로 더 길다. 아마도 원본과 함께 세워진 스페인 파빌리온보다 소

---

8 박람회 이후 행방이 묘연했던 원본은 1986년 바르셀로나 몬주이크 궁전 수장고에서 발견되었고, 지금은 소피아의 지하 수장고에 보관되어 있다고 한다.

3-4. 왼쪽은 「스페인 사람들에게는 별로 이어지는 길이 있다」가 1937년 파리 국제박람회 스페인 파빌리온 앞에 전시되었던 모습이고, 오른쪽은 레이나소피아 미술관 앞에 있는 복제품이다.

피아가 더 크기 때문에 기둥도 좀더 크게 만든 듯하다.

「별로 이어지는 길」은 아메리카 북서부지역 인디언들이 즐겨 만들었던 토템 기둥(Totem Pole)처럼 보이기도 하고, 멕시코 사막지대에 있을 법한 키 큰 선인장처럼 보이기도 한다. 기둥 전체에 곱게 쟁기질한 듯한 줄무늬가 부드럽고 매끈한 곡선을 그리며 상단에 있는 비둘기를 거쳐 맨 꼭대기 '별로 이어지는 길'을 내는 듯이 보인다. 「별로 이어지는 길」이 수호자를 자처하며 스페인 파빌리온 앞에 서 있었던 것처럼, 복제품 또한 소피아의 입구를 수문장처럼 지키고 서 있다. 이 복제된 기둥으로 인해 소피아 또한 부지불식간에 1937년 파리 국제박람회 스페인 파빌리온의

3-5. 레이나소피아 미술관 내정에 전시된 알렉산더 콜더의 「카르멘」(1974)

복원인 듯이 느껴지게 된다.

소피아가 1937년 스페인 파빌리온을 향해 경의를 표하고 있음을 드러내는 작품이 둘 더 있다. 하나는 알렉산더 콜더(Alexander Calder, 1898~1976)의 「카르멘」이다. 스페인 파빌리온에는 콜더의 작품 「수은의 샘」(Mercury Fountain)이 전시되었었다. 그 작품은 수은광산으로 유명한 알마덴(Almadén)이 프랑코에게 포위되어 공격받은 것을 기린 것인데, 현재 바르셀로나의 '호안미로재단, 현대미술연구센터'(Fundació Joan Miró, Centre d'Estudis d'Art Contemporani)에 전시되어 있다. 소피아는 스페인 국기처럼 빨간색과 노란색 두 종류의 철편만을 사용함으로써 자신의 스

3-6. 1937년 스페인 파빌리온의 알렉산더 콜더와 「수은의 샘」. 그뒤로 전시 중인 「게르니카」가 보인다.

페인에 대한 애정을 표현한 콜더의 「카르멘」을 내정(內庭) 한가운데 전시함으로써 「수은의 샘」을 대신한 듯이 보였다.

다른 하나는 물론 「게르니카」이다. 「게르니카」 또한 1937년 스페인 파빌리온을 위한 그림이었다. 소피아는 이렇게 자신을 1937년 스페인 파빌리온과 연속선상에 놓고 있거니와, 그것은 프랑코 독재의 시기를 건너뛰어 제2공화국과 인민전선 정부에 자신을 연결하고 있음을 뜻한다. 그러므로 프랑코 사망 이후 민주화된 스페인 사회가 설립한 이 미술관의 자기 정체성 그리고 그 안에 걸려 있는 「게르니카」를 이해하기 위해서는 다소 번거롭더라도 스페인내전 전후의 역사를 살펴볼 필요가 있다.[9]

9 이하의 스페인내전과 그 전후 스페인사에 대한 논의는 다음 저서와 논문을 참고했다. 비버, 앞의 책; 카 외, 앞의 책 8장과 9장; 에릭 홉스봄 『극단의 시대: 20세기의 역사』(상), 이용

19세기~20세기 초 스페인

스페인내전으로부터는 다소 많이 거슬러 올라가는 것이긴 하지만, 2장에서 보았던 고야 생애 말년의 지배자 페르난도 7세 이후의 스페인사에서 시작해보자. 페르난도 7세가 1833년에 죽자, 불과 세살이었던 그의 딸 이사벨 2세(Isabel II, 1830~1904)가 왕위를 물려받았다. 그러나 이사벨 2세의 즉위와 더불어 스페인은 내전에 돌입했다. 페르난도 7세는 딸에게 왕위를 물려주기 위해 여성의 왕위계승을 금지한 살리카 법(Lex salica)[10]을 폐지했지만, 그의 동생 카를로스 백작(고야의 「카를로스 4세의 가족」에서 맨 왼쪽에 서 있는 인물이다)은 그것을 수용하지 않았다. 그리고 페르난도 7세가 죽자, 왕위계승권을 주장하며 전쟁을 일으켰다. 이 내전에서 의회와 주요 정당의 자유주의자들은 (그들의 지지를 얻기 위해) 입헌군주제를 수용한 이사벨 2세를 지지했고, 교회와 귀족층으로 대표되는 보수주의자들은 정통 군주제를 추구하는 카를로스 백작을 지지했다(이들은 이후 '카를로스파'라 불린다). 7년간 지속된 이 전쟁[11]에서 승리한 이사벨 2세는

우 옮김, 까치 1997, 4장과 5장; 황보영조 「스페인내전의 전쟁 이념 분석」, 『이베로아메리카 연구』, 12권, 2001, 125~64면; 황보영조 「스페인내전 연구의 흐름과 전망」, 『역사학보』 174집, 2002, 329~57면; 최해성 「스페인내전의 국제사적 고찰」, 『이베로아메리카연구』, 17권, 2006, 115~40면.

10 본래 고대 프랑크족의 관습적 민법이었고, 6세기 초에 성문법으로 편찬되었으며, 이후 수세기에 걸쳐 수정과 편집이 이뤄졌다. 이 법은 왕위와 봉토의 상속과 관련해 여성을 배제하고, 남성 계통의 가장 가까운 친척에게 계승해야 한다고 규정하고 있다.

11 이 내전을 1차 카를리스타 전쟁(1833~39)이라고 부른다. 카를리스타 전쟁은 2차 카를리스타 전쟁(1847~49)과 3차 카를리스타 전쟁(1872~76)으로 반복되었는데, 카를로스파는 카스티야 중심의 중앙집권적인 통치조직을 이전의 분권적인 형태로 되돌리겠다고 공언함으로써 카탈루냐와 바스크 지역으로부터 정치적 지지를 끌어냈다. 전통 군주제를 추구하는

1868년까지 35년이나 여왕 자리를 지켰다. 그러나 재위기간 내내 통치는 불안정했다. 내각이 41번이나 교체되었고, 군부는 15번이나 프로눈시아미엔토[12]를 일으켰다.

이사벨 2세가 말년에 입헌군주제의 궤도를 벗어나 반동적인 정책을 추구하자 자유주의자들과 군부(이때까지 스페인 군부는 자유주의 성향이 강했다)는 그녀를 축출했다. 왕위계승자를 찾아 헤매던 스페인은 1870년 이탈리아 사보이 왕가의 아마데오 1세(Amadeo I, 1845~90)를 왕으로 추대했다. 그러나 정국 혼란이 계속되자 1873년 아마데오 1세는 자진해서 물러났고, 빈자리를 제1공화국이 채웠다. 그러나 고작 두해를 넘기지 못하고 공화국은 붕괴했고, 왕정복고를 추진했던 귀족세력은 이사벨 2세의 아들을 국왕으로 추대했다. 알폰소 12세(Alfonso XII, 1857~85)는 젊은 나이에 즉위했지만 3차 카를리스타 전쟁을 성공적으로 진압하는 등 노련한 면모를 보였다. 그러나 불과 스물여덟에 결핵으로 사망했다. 그리고 사망 1년 뒤인 1886년 알폰소 12세의 유복자였던 알폰소 13세(Alfonso XIII, 1886~1941)가 출생과 더불어 왕좌에 올랐고, 제2공화국이 출범하는 1931년까지 왕좌를 지켰다.

19세기 초에서 20세기 초까지 스페인은 왕조의 측면에서는 아마데오 1세의 극히 짧은 재위와 역시 짧았던 제1공화국 시기를 제외하면 페르난도 7세와 그의 후손에 의한 통치가 이어졌던 세기였다. 비교적 영민했던 알폰소 12세의 재위기간을 제외하면, 이 시기에 스페인은 쇠퇴를 거듭했다. 바스크 지역과 카탈루냐에서 산업화가 상당히 힘 있게 추진되고 더불어 노동계급도 괄목할 만큼 형성되기는 했으나, 영국, 프랑스, 독일에

보수주의 운동이 분리주의적 운동과 결합했던 것이다.
12 프로눈시아미엔토에 대해서는 2장 각주 87 참조.

비할 바는 못 되었다. 좌우 세력을 견인해야 할 중도적 자유주의가 허약해서 보수주의와 자유주의(19세기 말부터 사회주의와 무정부주의가 새로운 균열을 추가한다), 교권주의와 반교권주의, 중앙집권주의와 분권주의 사이의 균열과 갈등이 지속되었다. 스페인은 부르주아(중도적 자유주의 세력)와 국가가 서로를 강화하는 선순환으로 끝내 들어서지 못했다.

　1898년 '미서전쟁'(The Spanish – American War)에서의 패배는 쇠락하던 스페인 '제국'의 해가 완전히 저물었음을 알리는 상징적 사건이었다. 이 전쟁으로 스페인은 쿠바, 괌, 푸에르토리코, 그리고 필리핀을 잃었다. 하지만 스페인은 제국의 해체를 담담하게 수용하기보다 영토 상실을 보상하기 위해 식민지 확장에 노력했다. 성과가 없진 않았다. 모로코 북부의 리프 지역을 스페인 보호령에 편입했고, 스페인 자본가들(이들 가운데는 다음 장에서 보게 될 가우디의 후원자 코미야스 후작과 구엘도 있다)은 그 지역에서 항만과 광산을 개발하기도 했다.

　그러나 당시 스페인의 군사적 능력은 식민지를 운영하기에 벅찼다. 1909년부터 리프 지역의 광산이나 철도 건설 현장에 대한 베르베르족의 공격이 시작되었다. 이들을 막기 위한 군인을 징집하는 과정에서 '비극의 주'(Semana Trágica, 1909. 7. 26~8. 2)라 불리는 폭동이 바르셀로나에서 일어나기도 했다.[13] 간헐적이던 베르베르족과의 갈등과 교전이 1920년부터 본격화되었고, 아브드 엘-크림(Abd el-Krim, 1882/83~1963)의 지도력으로 더욱 단합한 베르베르족 군대와 1921년부터는 전쟁을 치르게 된다. '리프전쟁'(Guerra del Rif, 1921~26)이라 불리는 이 전쟁 초기에 스페인 군대는 모로코의 한 마을 '아누알'에서 벌어진 전투에서 단번에 1만

---

13 '비극의 주'에 대한 좀더 자세한 소개는 4장 참조.

1000명이 넘는 군인을 잃었다. '아누알의 재앙'(Desastre de Annual)이라 불리는 이 처절한 패배에 대한 조사가 진행되자, 문책이 두려웠던 군부는 반격에 나섰다. 총사령관 미겔 프리모 데 리베라(Miguel Primo de Rivera, 1870~1930)가 프로눈시아미엔토로 권력을 장악한 것이다.

미겔 프리모는 집권 후 리프전쟁을 성공적으로 마쳤으나[14] 그가 주도해서 세운 경제발전계획은 성공하지 못했다. 1929년부터 시작된 세계적 대공황 속에서 어설픈 계획이 실현되기는 어려웠다. 그 결과 스페인 정부는 심각한 재정위기에 빠져들었고, 스페인 통화가치도 크게 실추했다. 그러자 자유주의자들과 일부 지식인들은 '공화연합'(Alianza Republicana)을 결성하고 미겔 프리모의 독재를 비판하기 시작했으며, 12월이 되자 '노동자총동맹'(Unión General de Trabajadores, UGT)이 왕정 타도와 공화정 수립의 구호를 외치며 총파업에 들어가자, '전국노동연합'(Confederación Nacional del Trabajo, CNT)도 그것에 동조했다. 이듬해 1월에는 대학에서도 파업과 시위가 시작되었다. 위기에 처한 미겔 프리모는 군부의 지지를 다시 한번 호소했으나 실패했다. 그러자 1930년 1월 왕에게 사직서를 제출하고 외국으로 망명했다.

제2공화국과 스페인내전

미겔 프리모가 떠나버리자, 국왕 알폰소 13세는 '아누알의 재앙'으로 유일하게 유죄판결을 받았던 장군 다마소 베렝게르(Dámaso Berenguer,

---

14 그의 능력 덕분이었다기보다 아브드 엘-크림이 리프공화국의 군사력을 과신해서 프랑스 보호령까지 침공했고, 그것을 기화로 프랑스가 스페인과 연합작전에 나선 덕분이었다.

1873~1953)에게 정부를 맡겼다. 그러나 그는 정국을 수습할 능력이 없었다. 이듬해 왕은 그를 해임하고 1931년 4월 12일 지방선거를 실시했다. 사실상 왕정이냐 공화정이냐를 선택하는 국민투표나 다름없었던 이 선거에서 승리를 거둔 자유주의적 공화주의자들과 사회주의자들은 1931년 4월 14일 제2공화정을 선포했고, 알폰소 13세는 그날 스페인을 떠났다. 이어서 니세토 알칼라-사모라(Niceto Alcalá-Zamora, 1877~1949)를 수반으로 하는 공화국 임시정부가 수립되었다. 6월에는 제헌의회 선거가 실시되었고, 공화파가 압도적인 승리를 거두었다. 12월에는 알칼라-사모라가 대통령으로 공식 선출되었고, 총리로 지명된 마누엘 아사냐(Manuel Azaña, 1880~1940)가 새 정부를 구성했다.

아사냐 정부는 농업, 군부, 지방분권, 그리고 가톨릭 문제를 해결해야 했다. 하나같이 고질적이고 해결하기 어려운 과제였다. 토지 몰수와 분배 같은 농업개혁이나 노동자의 권리를 강화하는 개혁은 지주와 자본가의 반발을 샀고, 군대개혁은 군을 현대화하거나 효율화하지는 못한 채 장교들의 불만만 샀다. 카탈루냐와 바스크에 자치권을 폭넓게 인정하려는 시도는 중앙집권을 지향하는 카스티야의 반발을 샀다. 그리고 (학교에서의 의무적 종교교육 폐지 등) 정치와 종교의 엄격한 분리, 예수회 해산, 교회 재산의 국고 귀속 같은 조치들에는 신부들과 수도회 그리고 주교와 교황청이 격렬하게 저항했다. 이렇게 우파세력의 반발에 부딪힌 정부가 그렇다고 좌파로부터 강력한 지지를 받은 것도 아니었다. 좌파는 정부개혁의 미진함을 비판했고, 전국노동연합은 총파업을 선언했다. 파업과 시위를 진압하는 과정에서 충돌이 발생하고 사상자가 발생하자 급진적 좌파는 중도좌파를 표방하는 정부도 왕정 못지않게 억압적인 정부로 규정해버렸다.

1933년 미뤄졌던 총선이 실시되었고, 우파세력을 결집한 '스페인 자치권 연맹'(Confederación Española de Derechas Autónomas, CEDA)이 승리했다. 처음 투표권을 행사한 여성들 가운데 중도우파에 투표한 이들이 많았으나, 그것이 우파가 승리한 결정적 요인은 아니었다. 핵심 요인은 선거를 앞두고 좌파는 분열했지만, 우파는 단합했다는 것이다.[15] 선거 결과 중도우파였던 알레한드로 레룩스(Alejandro Lerroux, 1864~1949) 내각이 출범했는데, 이전 정부의 개혁조치를 상당 정도 되돌려놓거나 무산시키려고 했던 레룩스 내각이 정국을 안정시키긴 어려웠다.

레룩스의 반동적인 정책에 반발한 노동자들이 1934년 10월 아스투리아스에서 총파업을 선포했고, 스페인 북부 전체로 퍼져나간 파업은 곧 무장한 노동자들이 주도하는 '혁명'으로 치달았다. 정부는 계엄령을 선포하고 파업 진압에 나섰다. 혁명적 총파업은 천명 이상의 희생자를 낳고 2주 만에 종결되었으나, 이후 여러달 보복과 탄압이 지속되었다. 그리고 이 사건을 계기로 레룩스 내각은 더 반동적인 방향으로 나갔다. 농업개혁이나 교육개혁을 중단하고 예수회와 대귀족의 몰수된 토지를 반환하는 조치를 단행했는데, 그것이 다음 선거에서 좌파연합이 형성될 토대가 되었다.

1936년 1월 스페인은 다시 총선을 맞이했다. 일정이 공표되자 선거운동은 뜨겁게 달아올랐다. 1933년 총선은 연합에 성공한 세력이 승리한다는 것을 보여주었다. 그래서 좌파와 우파 모두 여느 때보다 열심히 선

---

15 스페인 우파는 다음과 같은 집단들로 구성된다. 스페인 부르봉왕가를 지지하는 '왕당파', 카를로스 백작 가문의 왕위계승을 지지하는 '카를로스파', 스페인식 파시즘 정당이랄 수 있는 '팔랑헤당'(Falange), 그리고 온건보수파이다. 온건보수파에는 '카탈루냐연맹' 같은 지역 부르주아 중심 정당이나, '농업당' 같은 카스티야 지주들의 정당, '스페인 자치우익연합' 같은 우익 가톨릭계열 정당, 그리고 '급진공화당' 같은 중도우파 정당이 속한다.

거연합 구성을 위해 노력했다. 그 결과 중간지대가 사라지고 전체 사회가 두 진영으로 갈라졌다. 선거 결과는 좌파연합인 '인민전선'의 승리였다.[16] 총투표 기준으로 득표율 차이는 2퍼센트도 되지 않았지만, 의석수 면에서는 압도적 승리를 거두었다. 인민전선이 거둔 승리는 살얼음판 같은 것이었지만, 압도적 의석수에 취해 그런 사실을 무시했다. 선거 불복의 심리를 품은 우파는 테러나 암살을 자행했고, 좌파의 보복 암살이 뒤따랐다. 보복 암살 가운데 스페인 사회노동당(Partido Socialista Obrero Español, PSOE) 소속 경호원에 의한 우파 지도자 호세 칼보 소텔로(José Calvo Sotelo, 1893~1936) 암살은 우파의 총궐기와 군부쿠데타를 촉진한 사건이 되었다.

새 정부는 공화국에 위협이 되는 장군들을 스페인령 모로코로 보내는 정도의 조치는 했다. 하지만 '비행기의 시대'(그리고 '폭격의 시대')에 진입하던 때에 그런 조치는 전혀 안심할 만한 것이 못 되었다(쿠데타를 위해서라면 비행기를 타고 돌아오면 되었고, 그들은 실제로 그렇게 했다). 선거가 치러진 다음 달부터 에밀리오 몰라(Emilio Mola, 1887~1937) 장군이 여러 장군과 접촉하며 쿠데타 시도를 기획하기 시작했고, 정부로도 쿠데타 정보가 흘러들어갔지만, 무시하고 미온적으로 대처했다.

1936년에는 스페인뿐 아니라 유럽 전체 상황이 긴박하게 돌아갔다. 프랑스에서는 인민전선이 선거에서 승리했지만(1936. 5), 아돌프 히틀러(Adolf Hitler, 1889~1945)는 베르사유조약에 따라 비무장으로 남겨두기로

---

16 좌파 선거연합인 인민전선에는 '공화연합'이나 '공화좌파' 같은 중도좌파, 스페인 사회노동당(PSOE) 등의 사회주의 계열 정당이 참여했다. 그리고 맑스주의통합노동자당(POUM) 같은 맑스주의 계열 정당, '전국노동연합'을 비롯한 무정부주의 집단들이 동맹세력으로 참여했다.

한 라인란트를 재무장했고(1936. 3), 여름 들어서는 오스트리아 합병을 향한 작업에 착수했다. 그리고 1935년 에티오피아를 침공했던 베니토 무솔리니(Benito Mussolini, 1883~1945)는 에티오피아 수도 아디스아바바를 점령했다(1936. 5). 히틀러와 무솔리니는 자신감에 차서 기꺼이 스페인 우파를 도울 의지를 내비쳤고, 가을에는 '로마-베를린 추축(axis)'이라는 이름으로 공식적인 동맹체제에 들어갔다(1936. 10).[17]

국제 상황이 우호적인 데 고무되었다고 하기까지는 어렵지만, 아무튼 7월 17일 모로코의 스페인 군대를 시작으로 군사반란이 일어났다. 라스 팔마스에 있던 프란시스코 프랑코(Francisco Franco, 1892~1975) 장군도 주정부 건물을 점령한 다음, 그곳의 지휘를 부하에게 맡긴 뒤 비행기를 타고 스페인 본토로 왔다.

정부는 발발 초기에 쿠데타를 진압하는 데 실패했다. 그들의 무능함은 쿠데타에 가담한 케이포 데 야노(Queipo de Llano, 1875~1951) 장군에게 반란군 진압 임무를 맡긴 것에서 잘 드러난다. 하지만 정부의 무능에도 불구하고 즉석에서 조달한 무기로 무장한 노동자들 덕분에 공화국은 세력을 유지할 수 있었다. 만약 정부와 지방자치단체의 장들이 무기를 요구하는 노동자들의 요구에 더 적극적으로 호응했다면 더 많은 지역을 확보할 수 있었을 것이다.

쿠데타 발발 열흘쯤 뒤인 7월 말이 되면, 반란군은 스페인의 40퍼센트 정도의 지역을 장악했고, 8월 초가 되자 전선이 확연히 형성되었다. (자

---

17 이 해는 스탈린의 반대파 숙청이 시작된 해이기도 하다(이 반대파 숙청은 뒤에 언급할 1937년 5월 바르셀로나에서 비스탈린 계열 공산당 맑스주의통합노동자당이 스페인 공산당과 카탈루냐 통일사회당에 의해 트로츠키파로 비난받으며 '숙청'된 사건에 영향을 주었다). 유럽 바깥도 시끄러웠다. 1931년 만주 침공 이후 중국에서 세력을 확장하던 일본은 이듬해 시작될 중일전쟁(1937~45)을 향해 나아가고 있었다.

신을 '국민진영'Bando nacional이라고 불렀던) 반란진영(Bando sublevado)은 세비야 등 안달루시아 지역 일부 그리고 서쪽 갈리시아에서 동쪽 나바라와 북부 아라곤 지역을 점령했다. 공화진영(Bando republicano)은 아스투리아스, 산탄데르, 빌바오로 이어지는 북부 해안지대 그리고 마드리드, 사라고사, 바르셀로나, 발렌시아, 말라가를 잇는 남동 지역을 차지했다. 상황은 돌격과 진압이 충돌하는 쿠데타와는 전혀 다른 싸움, 즉 내전으로 전환된 것이다.

2년 9개월에 걸친 내전은 반란진영의 승리로 끝났다. 그들의 승리에는 국제적인 요인도 있고 국내적인 요인도 있었다. 영국, 프랑스, 미국 같은 자유주의국가들은 중립을 표방하며 스페인 공화국을 방치했다. 이들과 달리 소련은 상당한 물자를 지원했다. 게다가 자유주의국가와 사회주의국가의 청년들 약 5만명이 국제의용군(Brigadas Internacionales)으로 참전했고, 1936년 10월에 벌어진 마드리드전투에서 그랬듯이 그들의 참전은 상당한 도움이 되었다. 그러나 그들의 전력이 승리를 가져올 정도는 아니었다. '불간섭협정'(1936. 8)을 통해 자발적으로 자신들의 손발을 묶거나 제한했던 자유주의 및 사회주의 국가와 달리 독일, 이탈리아, 포르투갈 같은 파시스트 국가들은 적극적인 개입 정책을 폈다. 특히 히틀러와 무솔리니가 내전 초기 전투기와 함정을 기민하게 원조한 것은 반란진영에 큰 도움이 되었다. 그렇다고 해도 국제적 요인이 반란진영이 거둔 승리의 결정적 요인이라고 하기는 어렵다.[18]

역시 중요한 요인은 공화진영은 분열했으나 반란진영은 단합했다는 것이다. 전자를 상징적으로 보여주는 사건이 바르셀로나의 '5월사

---

18 최해성 「스페인 내전의 국제사적 고찰: 간섭국들의 지원 결정 시점과 의도를 중심으로」, 『이베로아메리카연구』, 17권, 2006, 115~40면 참조.

건'(1937년 5월 3~8일)이다. 무정부주의 조직인 전국노동연합과 비스탈린주의 계열 맑스주의통합노동자당(Partido Obrero de Unificación Marxista, POUM)이 한편이 되고, 스페인 공산당(Partido Comunista de España, PCE)과 카탈루냐 자치정부(Generalitat de Catalunya)가 반대편이 되어 서로 시가전을 벌였고, 전자가 후자에게 패배하고 숙청된 사건이다. 인민전선 내부의 노선과 입장의 차이가 비극적인 충돌에까지 이른 것이다.[19] 이 사건은 에피소드에 그친 것이 아니다. 스탈린주의자들에 의한 권력 장악 작업은 계속되었고, 5월에 총리가 된 후안 네그린(Juan Negrin, 1894~1956)이 그런 작업을 지원했다. 7월에는 아라곤 지역의 무정부주의자들이 숙청되었고, 그로 인해 중부 전선에서 공화국 군대의 사기와 전투력이 크게 떨어졌다. 그것이 '아라곤전투'에서 패배의 한 원인이 되었다.

이에 비해 반란진영의 단합에는 행운마저 따랐다. 반군 지도자들(주로 장군들) 사이에 있을 수 있는 경쟁과 갈등이 몇몇 장군들의 죽음(비행기 추락사고나 적색테러로 인한 사망 등)으로 제거되고 재빨리 프랑코로 권력이 집중된 것이다. 1936년 가을 군의 권력을 장악한 프랑코는 1937년 여러 우파조직과 정당을 친위 쿠데타로 장악하고 '전통주의 스페인 팔랑헤와 국민 생디칼리스트 공세 위원회'(Falange Española Tradicionalista y de las

---

19 내전 초기 바르셀로나에서도 반란진영에 동조해서 군사반란이 일어났다. 그것을 진압한 것은 전국노동연합(CNT)과 노동자총동맹(UGT) 소속 노동자 민병대였다(여기에 맑스주의통합노동자당도 합세했다). 이후 이들은 '카탈루냐 반파시스트 민병대 중앙위원회'를 조직했고, 이 조직이 한동안 바르셀로나 및 카탈루냐의 정부 역할을 했다. 이 위원회는 10월에 해산되었지만, 여전히 지배력을 행사했다. 그것에 불만을 품은 카탈루냐 자치정부와 중앙정부 그리고 스페인 공산당(그리고 카탈루냐 통일사회당)은 1937년 5월 민병대를 무장해제하려 했고, 그로 인해 충돌이 발생했다. 그러나 국제사회에서 이 사건은 프랑코와 내통해서 봉기한 트로츠키주의 조직(물론 사실이 아니다)인 맑스주의통합노동자당을 공화파와 스탈린주의 정당이 협력해서 진압한 사건으로 선전되었다. 조지 오웰 『카탈로니아 찬가』(정영목 옮김, 민음사 2001) 11장과 비버, 앞의 책 23장 참조.

3-7. 1936년 9월의 공화진영과 반란진영의 점령지. 푸른색이 공화진영이다.

Juntas de Ofensiva Nacional Sindicalista, FET-JONS)라는 긴 이름의 단일 정당으로 합병했다.

　게다가 공화진영이 차지한 지역에서는 사회혁명이 진행되었지만, 반 란진영 점령지역에서는 사회의 병영화가 이뤄졌다. 전시 상황에서는 공 장의 소유권이 노동자에게 이양되어도 노동규율은 더 엄격해져야 한다. 그런데 대표적인 공업지역인 카탈루냐 지역에서 무정부주의자들과 공산 주의자들은 자본가들을 몰아냈지만, 공장을 효율적으로 운영하지 못했 다. 사회혁명의 효과가 생산력 발전이 아니라 공장 가동 중단과 물자부 족으로 인한 인플레이션으로 나타난 셈이었다. 그 결과 공화국은 전쟁물

자 생산에 유리한 공업지역을 차지하고도 그 덕을 보지는 못했다.

통상 내전은 전쟁보다 더 심각한 파괴와 트라우마를 남긴다. 그 점에서 스페인내전도 다르지 않다. 사망자 수만 약 30만명, 해외추방자 또는 망명자가 약 30만명, 종전 당시 감옥과 수용소에 수용된 자가 27만명에 이르렀다. 이외에도 우파 점령지역에서의 '백색테러'로 약 10만명이 죽었고, 좌파 점령지역에서의 '적색테러'로 5만 5000명에서 8만명 사이의 희생자가 있었던 것으로 보인다.[20] 종전 이후에도 합법적 방식과 초법적 방식을 모두 아우르며 패배한 공화파를 뿌리 뽑으려는 '빨갱이' 소탕 작전이 진행되었다. 망명하지 못한 패자들은 살해, 고문, 투옥, 재산 몰수를 당했고, 사적 보복이나 폭력에 당한 경우도 많았다.

내전이 끝나고, 프랑코 독재가 확립되자마자 제2차 세계대전이 시작되었다. 프랑코는 추축국에 가입하라는 히틀러의 요구를 '사실상' 거부했다. 내전으로 파괴된 국가를 다시 전쟁으로 끌고 들어가지 않은 건 현명한 선택이었다. 제2차 세계대전에서 중립으로 남은 것이 더디지만 그래도 꾸준했던 경제성장에 도움이 되었다. 하지만 사회개혁이 억제되고 폐쇄적이었던 스페인의 몇년에 걸쳐 시행한 경제성장 프로그램은 제대로 효과를 발휘하지 못했다. 그러자 프랑코는 1950년대 중반부터 자유화 조치를 통해 세계경제와의 통합성을 강화했다. 그런 조치가 세계적인 호황 국면에서 실행된 덕에 스페인은 1959년부터 1974년까지 급속한 경제성장을 이루게 된다. 그것이 정치적으로 몹시 억압적인 프랑코 체제가 1939~75년까지 36년간이나 유지될 수 있었던 중요 요인의 하나였다.

---

20 김원중 「'망각협정'과 스페인의 과거 청산」, 『역사학보』, 185집, 2005, 279면. 사망자나 망명자 수가 이보다 훨씬 많았다고 추정하는 연구도 많다.

스페인내전의 세가지 특징

스페인내전에는 이전 전쟁들에는 없던 세가지 특징이 있다. 첫째는 그 것이 한국전쟁만큼은 아니지만 한국전쟁에 앞서 발발한 '국제적 내전'이 었다는 점이다. 이미 언급했듯이 자유주의국가들은 불간섭을 택했지만, 소련은 군사고문단을 파견하고, 공화진영에 무기를 팔았다. 그리고 제 3인터내셔널[21]은 국제의용군을 창설하고 파견했으며, 서구 세계의 진보 적인 지식인과 청년 노동자들 약 5만명이 국제의용군으로 참전했고, 그 가운데 1만명이 사망한 것으로 추정된다.[22] 그리고 파시즘 세력은 국제적 공조에 적극적으로 나섰다. 무솔리니는 해군을 파견했고, 히틀러는 공군 과 기갑부대를 파견했다.

그러나 스페인내전은 이런 군사적 개입 면에서 국제적이었다기보다 상징적인 측면에서 더 국제적이었다. 홉스봄이 지적하듯이, "스페인내전 은 2차 세계대전의 첫 국면이 아니었으며 (⋯) 파시스트로 전혀 볼 수 없 는 프랑코 장군의 승리는 세계적 결과를 전혀 낳지 않았다. 그러나 (⋯)

---

21 맑스도 참여했던 '국제노동자협회'를 통상 '제1인터내셔널'(1864~76/77)이라 칭한다. 맑 스와 미하일 바쿠닌(Mikhail Bakunin, 1814~76) 사이의 갈등으로 인해 제1인터내셔널이 해 산되고 10여년 뒤 영국, 프랑스, 독일의 사회주의 세력이 협력해서 '제2인터내셔널'을 창설 했다(1889). 그러나 제1차 세계대전이 발발하자 서구 사회주의 정당 가운데 다수가 전쟁에 찬성을 표했다. 블라디미르 레닌(Vladimir Lenin, 1870~1924)은 그런 행동을 국제사회주의 운동의 대의에 대한 배신으로 규정하고, 1919년 대안적인 조직을 창립했다. 그것이 '제3인 터내셔널(공산주의 인터내셔널)'이다.

22 국제의용군의 지휘관 가운데는 뒤에 유고슬라비아연방의 대통령이 된 요시프 브로즈 티 토(Josip Broz Tito, 1892~1980)와 이탈리아 공산당 서기장이 된 팔미로 톨리아티(Palmiro Togliatti, 1893~1964)도 있었다. 당대 서구 좌파진영 내 최고의 인재였던 이들은 스페인내 전을 통해서 반파시즘 전쟁을 지도할 역량을 키웠다고 할 수 있다.

이 나라의 국내 정치가 1930년대 국제적 투쟁의 상징이 된 것은 우연이 아니었다."[23] 독자적인 길을 걸어서 형성된 스페인의 극좌파(무정부주의)와 극우파(카를로스파)의 대립은 볼셰비즘과 파시즘의 대립이라는 세계사적 대립 속에서 자신의 언어를 발견했다. 우파는 인민전선이 볼셰비키적 공산혁명을 추구하고 있으며 그것을 막아내기 위해서 봉기했다고 주장했고, 좌파는 내전을 국내외 파시즘 세력과의 투쟁으로 규정했으며, 스페인내전을 둘러싼 여러 나라와 국제의용군도 자신의 행위를 그렇게 해석했다.

이런 상징적 구도는 스페인내전에서 인민전선이 패배한 후 파시즘에 대항할 연합세력 결성에 큰 도움을 주었다. 파시즘에 대항하기 위해서는 "루스벨트와 스탈린, 처칠과 영국의 사회주의자들, 드골과 프랑스 공산주의자 사이의" 단결이 필요했는데, "이러한 놀라운 단결은 10월혁명의 옹호자들과 적대자들 사이의 적대감과 상호불신이 어느 정도 약화되지 않았다면 불가능했을 것이다. 스페인내전으로 인해서 그러한 적대감의 약화가 훨씬 더 촉진되었다."[24]

(사실과 어긋나는 점이 꽤 있지만) 하나의 서사가 형성된 것이다. 러시아에서의 10월혁명에 대항해 파시즘이라는 극우가 형성되었다. 사회주의와 파시즘 사이의 세계사적 대결의 전초전이 스페인에서 내전의 형태로 치러졌다. 사회주의에 대한 두려움을 파시즘과 어느 정도 공유했던 '비겁한' 자유주의 세력은 스페인내전을 겪고서야 파시즘이야말로 우선 척결되어야 하는 문명의 적임을 인식하게 되었다. 이런 깨달음에 기초해 자유주의 세력이 사회주의와 손을 잡았고, 그 덕분에 제2차 세계대전에서 파시즘을 꺾을 수 있었다.

---

23 홉스봄, 앞의 책 224면.
24 같은 책 231면.

이런 서사는 스페인내전에 대한 사후 평가에도 큰 영향을 주었다. 제 2차 세계대전에서 승리한 자유주의와 사회주의 국가들은 스페인내전에서 인민전선이 패배하는 걸 방치하거나 충분히 돕지 못했다는 죄의식 속에 있었고, 제2차 세계대전에서 패배한 이전의 추축국들 역시 자국 파시즘 세력이 도왔던 프랑코를 좋게 볼 수 없었다. 그래서 "스페인내전은 승자가 아니라 패자가 기술한 설명이 더 설득력 있게 널리 받아들여진 매우 드문 예로 꼽"[25]히게 되었다. 프랑코는 직접 제2차 세계대전에 연루되는 것을 피하긴 했지만, '상징적 제2차 세계대전'을 피하지는 못했고, 그 전쟁에서는 승리할 수 없었다.

두번째 특징은 비행기에 의한 폭격이 본격적 면모를 드러낸 전쟁이었다는 것이다. 1903년 비행기를 발명한 라이트 형제는 5년 뒤인 1908년에 프랑스 르망에서의 시범 비행을 통해 국제적 명성을 얻게 된다. 그러자 곧장 관심을 표명하고 구매자가 된 것은 즉각 비행기의 군사적 잠재력을 알아본 유럽과 미국의 군부였다.[26] 최초의 폭격은 제1차 세계대전 직전인 1911년 이탈리아와 오스만튀르크 사이의 전쟁에서 이탈리아 공군이 행했다.[27] 물론 그것은 '에트리히 타우베'(Etrich Taube)라는 단엽기에 2킬로그램짜리 폭탄 4개를 싣고 가서 손으로 투하하는 원시적인 수준의 폭격이었다. 그러나 빠른 속도의 기술적 개량을 거쳐 제1차 세계대전 기간에는 폭격의 빈도와 강도는 물론이고 작전 범위 또한 전선을 넘어 적 후방의 군사시설, 공업지대, 그리고 주요 도시로 확장되었다. 폭격이 '전술

25 비버, 앞의 책 425면.
26 데이비드 매컬로 『라이트 형제』, 박중서 옮김, 승산 2017 참조.
27 이하 폭격에 대한 논의는 요시다 도시히로 『공습: 인류가 하늘을 날면서 공습은 시작되었다』, 김해경·안해룡 옮김, 휴머니스트 2008 참조.

적' 운용에서 '전략적'인 것으로 변해간 것이다.

하지만 '전략 폭격' 개념 자체가 형성된 것은 아니었다. 그것이 의식화되고 정식화된 것은 제1차 세계대전 이후였다. 1921년 『제공권』을 펴낸 이탈리아 장군 줄리오 두에(Giulio Duhet, 1869~1930), 영국 공군 참모총장이었던 휴 트렌처드(Hugh Trenchard, 1873~1956), 그리고 트렌처드와 긴밀히 교류했던 미국 공군 준장 빌리 미첼(Billy Mitchell, 1879~1936) 등이 '전략 폭격'을 개념화한 이들이다. 이들은 적의 전쟁물자 생산 및 운송 수단은 물론이고 후방 공업지대와 주거지역까지 공격함으로써 상대의 전쟁 수행 능력을 파괴하고 전쟁 의지를 꺾어놓는 폭격의 방법론, 그리고 그 과정에서 발생할 수 있는 민간인 피해를 어쩔 수 없는 '부수적 피해'(collateral damage)로 정당화하는 논리를 개발했다.

전략 폭격은 제1차 세계대전 이후 거세게 분출된 식민지 해방 투쟁을 진압하는 데 우선 채택되었다. 예컨대 영국은 소말리아, 메소포타미아, 팔레스타인, 예멘, 인도 북서부, 아프가니스탄에서, 프랑스와 스페인은 모로코에서, 이탈리아는 리비아와 에티오피아에서, 미국은 니카라과에서, 일본은 만주 지역에서 식민지 해방을 위해 투쟁한 이들에게 폭탄을 쏟아부었다. 특히 보병이 고전을 면치 못하는 산악지역 게릴라 진압 작전에서 그랬다.[28] 그리고 마침내 비서구를 지배하기 위해 사용된 전략 폭격은 스페인내전을 계기로 서구 내부로 돌아왔다. 이미 모로코 리프 지역에서 베르베르족의 저항을 분쇄하기 위해 공중전을 벌였던 스페인 군부는 내전에 돌입하자 공화국의 주요 도시였던 마드리드, 발렌시아, 바르셀로나 등에 전략 폭격을 감행했다.

---

28 스페인과 이탈리아는 리프 지역과 에티오피아에 독가스 폭탄도 투하했다. 비서구에 대한 폭격에서는 제1차 세계대전 이후 금지된 화학무기를 거리낌 없이 사용한 것이다.

그 가운데서 가장 유명한 것이 1937년 4월 26일 히틀러의 콘도르 군단이 실행한 게르니카 폭격이다. 전선에서 멀리 떨어진 게르니카에 가해진 폭격은 정확히 3시간 4분 동안 지속되었다. 히틀러가 파견한 폭격기 '융커스 Ju 52'와 '도르니에 Do 17' 그리고 전투기 '하인켈 He 51' 등으로 구성된 수십대의 편대가 250킬로그램 중형 고폭탄에서 1킬로그램 중량의 알루미늄 소이탄 ECB1에 이르기까지 다양한 폭탄을 약 31톤 투하했다. 그리고 전투기들은 마을 중심부 상공에서 낮게 급강하하여 들판으로 피신한 민간인들에게 기관총을 난사했다.

목격자들은 폭격 때문에 도시에 펼쳐진 참상을 '지옥' 혹은 '세상 종말' 같은 말로 묘사했다. 가족 전체가 자기 집 흙더미에 파묻혔는가 하면 피난민 수용소에 있다가 그대로 깔려 죽은 사람도 부지기수였다. 소나 양들이 불에 타 하얀 인광을 내뿜으며 화염에 휩싸여 건물들 사이로 미친 듯이 뛰어다니다가 쓰러져 죽었다.[29]

융단폭격이 몇시간 이어지자, 게르니카 시가지의 70퍼센트가 파괴되었고, 주민의 3분의 1이 죽거나 중상을 입었다. 전시적(展示的) 폭력을 통해서 적의 저항 의지를 무력화하려는 전형적인 테러공격이었던 게르니카 폭격은 제2차 세계대전에서의 바르샤바 폭격, 런던 폭격, 드레스덴 폭격, 도쿄 폭격으로 이어졌고, 이후 한국전쟁에서의 북한 폭격을 비롯해 무기만 더 고도화되었을 뿐 20세기와 21세기 모든 전쟁에서, 그리고 현재 팔레스타인의 가자지구에서 같은 패턴으로 반복되고 있다.

---

29 비버, 앞의 책 412면.

스페인내전의 세번째 특징은 전쟁 저널리즘의 획기적 발전이다. 비버가 지적하듯이 스페인내전은 '지식인들의 전쟁'이었다. 하지만 이 전쟁은 그에 못지않게 아니 그보다 더 '종군기자들의 전쟁'이었다. 앞서 지적했듯이 군사적 개입 면보다 상징적인 수준에서 더 국제적이었던 스페인내전은 여느 전쟁보다 서구 여러 나라의 관심을 크게 불러일으켰다. 당연히 종군기자들이 스페인으로 몰려들었는데, 그들의 손에는 라이카(Leica) 카메라가 들려 있었다. 그것의 중요성에 대해 수전 손택은 이렇게 말한다. "스페인내전은 현대적인 의미에서 사람들이 지켜본(보도된) 최초의 전쟁이었다."[30] 초기 사진작가들이 기록한 크림전쟁, 미국 남북전쟁, 그리고 제1차 세계대전 이전의 모든 전쟁에서 치열한 전투 장면과 현장 자체는 카메라에 담기지 않았기 때문이다. 손택은 이렇게 지적하기도 했다. 1914년부터 1918년 사이에 찍힌 익명의 전쟁 사진들은 종종 황폐하고 소름 끼치는 광경을 담고 있었지만, 대부분 서사적 형식을 띠고 전투 후의 모습을 보여주는 데 그쳤다. 우리가 오늘날 전쟁을 밀접하게 관찰한 사진들로 알고 있는 익숙한 장면들을 보기 위해서는, 35mm 필름을 사용하며 한번의 필름 교체로 36장의 사진을 찍을 수 있는 라이카 카메라와 같은 가벼운 전문 촬영 장비가 도입되어야 했다. 손택은 작가들이 이 장비를 갖기까지 시간이 좀더 필요했다고 말한다. 종군 기자들이 그런 라이카 카메라를 손에 쥘 수 있었던 첫번째 전쟁터가 바로 스페인내전이었다.

디지털카메라나 스마트폰 내장 카메라에만 익숙한 이들은 1930년대 라이카 카메라가 얼마나 혁신적인 제품이었는지 알기 어려울 것이다. 그

---

30 수전 손택 『타인의 고통』, 이재원 옮김, 이후 2004, 42면.

러나 초창기 카메라가 삼각대 위에 거치되고 필름을 한장씩 갈아 끼우는 방식이었다는 걸 상기해보면, 필름 한통을 넣고 36장까지 찍을 수 있으며, 뛰어난 해상도·정확한 거리계·다양한 셔터 속도를 갖춘데다 가볍기까지 한 라이카 카메라의 혁신성을 어느 정도 짐작할 수 있을 것이다. 1914년에 프로토타입이 개발된 이래 꾸준히 개량이 이루어졌던 라이카 제품 가운데 완성도가 높았던 라이카 II(1932), 라이카 III(1933), 그리고 셔터 속도가 1000분의 1초까지 가능했던 라이카 IIIa(1935)는 폭발적으로 팔려나갔다. 그리고 애초 산악풍경을 촬영하려는 등반가를 위해 제작되었던 라이카는 그들보다 종군기자들에게 더 많은 사랑을 받았다. 고야 같은 뛰어난 화가가 아니어도 전선에서 벌어지는 일을 생생하게 포착할 수 있게 해주었기 때문이다. 『라이프』(*Life*)에 실린 로버트 카파(Robert Capa, 1913~54)의 「어느 공화국 병사의 죽음」(Loyalist Militiaman at the Moment of Death)[31] 같은 사진은 전쟁 저널리즘의 급진적 변모를 드러내주는 예이다. 라이카 카메라 아닌 무엇이 전쟁의 비극을 이토록 가까운 곳에서 기록할 수 있었겠는가?

카파의 사진은 촬영된 지 보름여 만에 『뷔』에 게재되었다. 앙투안 드 생텍쥐페리(Antoine de Saint-Exupéry, 1900~44)가 『남방 우편기』에서 묘사했던 '우편 비행기'가 필름을 운송했기 때문이다. 그렇게 전달된 사진이 버지니아 울프가 『3기니』를 통해 스페인내전에 대해 논할 수 있는 토대가 되었다.

---

31 1936년 9월 5일 코르도바 인근 세로무리아노(Cerro Muriano) 전투에서 촬영되었다. 최초 게재는 1936년 9월 23일 프랑스 시사잡지 『뷔』(*Vu*)였지만, 1937년 7월 12일 『라이프』에 재게재된 것이 더 유명하다. 이 놀랍고 강력한 사진은 연출된 것이라는 논란에 싸여 있다. 물론 연출되지 않은 사진이라는 주장 또한 강력하다.

우리 앞에 있는 탁자에 사진들이 놓여 있습니다. 스페인 정부가 일주일에 두번씩 끈기 있게 보내오는 것들이죠. 그 사진들은 대개 죽은 사람들의 사진이라 보기에 유쾌하지 못합니다. 오늘 아침에는 남자인지 여자인지 모를 시신을 찍은 사진을 받았는데, 어찌나 무참하게 잘려나갔는지 죽은 돼지의 몸통처럼 보입니다. 그러나 그것은 분명히 죽은 어린이들이며 틀림없이 집의 일부입니다. 포탄이 집의 벽을 허물어 버렸으니 아마 거실이었을 곳에 새장만 달랑 매달려 있고 나머지 집은 그저 공중에 달아놓은 나무 조각 다발처럼 보인답니다.[32]

물론 전쟁에 대해 논의하는 데는 사진만으로는 충분치 않다. 울프의 말대로 사진은 "눈에 보이는 사실의 조잡한 진술일 뿐"이다. 그러나 "사진을 보는 순간 우리 내부에서 화학작용 같은 것"이 일어나고 그렇게 해서 생기는 "우리의 감정은 똑같으며 격렬하기까지"[33]하다. 이렇게 전황을 보여주는 사진이 불러일으키는 감각적 확신과 감정이 없었다면, 전선에 전혀 가본 적 없는 울프가 전쟁에 대해 논의하기는 쉽지 않았을 것이다. 공화진영과 반란진영 모두 자기 진영의 정당성을 전세계에 알리는 것이 초미의 관심사였고, 종군기자들 또한 몰려든 국제적 내전 상황, 그리고 발전된 카메라 기술이 결합해 많은 양의 전쟁 사진이 서구 세계에 뿌려졌고, 그것이 울프가 여성으로서 거의 처음 본격적인 전쟁 논의를 펼칠 수 있었던 조건이었던 셈이다.

하지만 우편 비행기를 이용한다 해도 여전히 사진의 보도가 며칠 또는

---

32 버지니아 울프 『3기니』, 태혜숙 옮김, 이후 2007, 81~83면.
33 같은 책 83면.

3-8. 『뤼마니테』, 1937년 4월 28일자 1면

왼쪽에 「히틀러와 무솔리니의 비행기가 투하한 수천개의 소이탄이 게르니카 마을을 잿더미로 만들었다」는 기사가 실려 있다. 함께 게재된 사진은 두랑고 폭격의 희생자를 촬영한 것이다. 오른쪽 옆에는 이탈리아 공산당 서기장이었던 안토니오 그람시(Antonio Gramsci, 1891~1937. 4. 27)의 서거 소식(「우리의 동지 안토니오 그람시가 죽었다」)이 실려 있다.

두어주 지체되는 건 어쩔 수 없었다. 이에 비해 텍스트는 이미 서구 세계를 촘촘히 잇고 있던 해저 통신케이블 덕분에 하루면 충분히 전달될 수 있었다. 게르니카 폭격을 처음으로 상세히 보도한 조지 스티어(George Steer, 1909~44)의 기사도 폭격이 있은 바로 다음 날 『타임즈』와 『뉴욕타임즈』에 동시에 게재되었다. 그다음 날에는 『뤼마니테』(L'Humanité)도 스티어를 인용 보도했다. 이때 『뤼마니테』는 아직 구할 수 없었던 게르니카 폭격사진 대신 그보다 약 한달 먼저 있었던 바스크의 또다른 마을 두랑고 폭격(1937. 3. 31)의 피해자 사진을 함께 게재했다.

스페인내전의 이런 세가지 특징은 우리가 살펴볼 피카소의 「게르니카」에 그대로 투영되어 있다. 「게르니카」는 스페인내전에서 본격적인 양상을 드러내기 시작한 폭격의 끔찍함을 그린 그림이다. 그것의 형성과 수용은 스페인내전을 둘러싼 세계사와 그로부터 발원한 서사 없이는 이해될 수 없다. 또한 마치 흑백 보도사진을 흉내낸 듯이 '그리자유'(Grisalle) 기법으로 그려졌고, 카메라플래시처럼 느껴진 백색섬광을 그려내고 있는 「게르니카」는 해저 통신케이블과 발전된 휴대용 카메라에 기초한 전쟁 저널리즘의 발전 없이는 가능할 수 없었다. 하지만 게르니카는 1937년 파리 국제박람회의 스페인 파빌리온에 걸리기 위해서 그려진 것이기도 하다. 그러니 「게르니카」의 조건이었던 파리 국제박람회와 스페인 파빌리온이 어떤 것이었는지부터 살펴보자.

1937년 파리 국제박람회

19세기 후반에서 20세기 초까지 가장 거대한 스펙터클을 제공했던 행

사는 만국박람회였다. 오늘날에는 올림픽이 더 인기 있고 규모도 더 큰 행사가 되었지만, 20세기 초만 해도 올림픽은 만국박람회에 비할 만하지 못했다. 오죽했으면 쉽고 효과적으로 올림픽을 홍보하고 관람객을 유치하기 위해서 제2회 올림픽과 제3회 올림픽을 만국박람회가 개최 중이던 파리와 세인트루이스에서 개최하는 '꼼수'를 썼겠는가. 서구 제국의 수도나 대도시를 순회하면서 개최된 만국박람회는 최신의 산업적 성과와 기술을 활용한 발명품들을 전시했다. 벤야민이 예리하게 분석했듯이, 그런 박람회 기획 밑에는 19세기 후반부터 자본에 도전하기 시작한 노동계급을 화려한 최신 기술과 상품으로 매혹하고, 사회 진보를 기술의 진보로 대치하려는 반혁명적 이데올로기가 작동하고 있었다.[34] 그러나 1900년 파리 박람회부터는 국제적이고 유동적인 전시공간보다 국가별 파빌리온의 인기가 높아지기 시작했다. 그리고 1937년 파리 박람회에 이르러서는 상품 물신주의의 순례 장소였던 박람회가 국가 간 그리고 이데올로기 간 경쟁의 장으로 변했다.[35] 관련해서 1937년 파리 국제박람회의 공식명칭이 '근대적 삶의 기예와 기술에 대한 국제 박람회'(Exposition

---

[34] 벤야민은 만국박람회가 19세기 후반부터 자본에 도전하기 시작한 노동계급을 화려한 최신 기술과 상품으로 매혹하고, 사회 진보를 기술의 진보로 대치하려는 반혁명적 프로젝트였다고 본다. 이 논의는 발터 벤야민 『아케이드 프로젝트 5: 부르주아의 꿈』, 조형준 옮김, 새물결 2008과 수전 벅모스 『발터 벤야민과 아케이드 프로젝트』, 김정아 옮김, 문학동네 2004 참조. 런던 만국박람회에 지어진 수정궁과 오늘날 공항의 관계를 다룬 것으로는 졸저, 앞의 책, 5장 '탑승하러 가는 길: 수정궁의 후예, 공항' 참조.

[35] 1937년 파리 국제박람회에 대한 이하 논의는 다음 저서들을 주로 참조했다. Ihor Junyk, "The Face of the Nation: State Fetishism and "Métissage" at the Exposition Internationale, Paris 1937," *Grey Room*, Spring, 2006, No. 23, pp. 96~120; Gijs van Hensbergen, *Guernica: The Biography of Twentieth Century Icon*, loomsbery, 2004, chapter 2; Otto Karl Werckmeister, *The Political Confrontation of the Arts in Europe from the Great Depression to the Second World War*, Heidelberg University Library 2020.

Internationale des Arts et Techniques dans la Vie Moderne)였다는 것은 의미심장하다. 국가 간 경쟁이 본격화된 파리 박람회는 더이상 '보편적(만국)' 박람회가 아니라 '국제' 박람회가 되었기 때문이다.

다른 한편 이 공식명칭에는 파리 박람회의 애초 구상이 '장식 및 산업예술 박람회'(Exposition des Arts Decoratifs et Industriels)를 표방한 1925년 파리 박람회를 계승하겠다는 주최 측 의도도 비친다. 하지만 1929년 가을 대공황이 발생했고, 그에 따라 새롭고 평화로운 국제적 질서 형성으로 박람회 모토가 바뀌었다. 그렇게 모토까지 바꾸며 추진을 시도했으나 대공황의 여파가 워낙 강력해서 결국 1933년 개최 예정이던 박람회는 무기한 연기되었다.

대공황으로 인해 서구 대부분의 나라가 그랬듯이 프랑스도 1932년부터 2년간 내각이 다섯차례나 바뀔 정도로 정치가 불안정해졌다. 의회정치가 허약해지자, 우익 세력의 거리정치가 준동하기 시작했다. 그 가운데 대표적인 사건이 '1934년 2월 6일 위기'(Crise du 6 février 1934)이다. 극우연맹이 벌인 시위 중에 경찰과 시위대 사이에 총격이 발생해 19명이 사망했다. 이 사건으로 프랑스에서도 파시즘의 위험이 분명해졌다는 인식이 널리 퍼졌고, 그들에 대항하기 위한 반파시스트 조직들이 창설되었다. 그리고 그 덕분에 1936년 선거에서 인민전선이 승리할 수 있었다. 선거 승리로 대통령이 된 레옹 블룸(Léon Blum, 1872~1950)은 국제박람회를 대공황 극복과 국민적 화합의 비전을 제시하는 장이자 파시즘을 극복하고 전쟁의 전조를 떨쳐내는 평화의 플랫폼으로 삼으려 했다. 블룸의 열정적 추진 덕분에 '2월 6일 위기'로 무산될 상태에 놓여 있던 박람회가 한해 지연되긴 했어도 1937년 개최될 수 있었다.

박람회에 참가한 나라들, 그 가운데서도 소련과 독일은 겉으로는 주최

측의 박람회 모토를 따라 자국의 기술적 우위를 과시하는 것에 집중했지만, 속으로는 체제와 이데올로기 선전을 위한 장으로 박람회를 활용하기 위해 노력했다. 언급했듯이, 독일의 재무장, 이탈리아의 에티오피아 점령, 스페인내전 발발 등 1936년 유럽은 심각한 위기 국면으로 들어가 있었다. 그리고 스페인내전을 매개로 파시즘과 볼셰비즘 사이의 세계사적 대결과 그것에 불간섭주의를 고수하는 자유주의국가들이라는 삼각구도가 뚜렷했던 상황이었다. 트로카데로 광장(Place du Trocadéro) 쪽에서 촬영한 박람회 풍경은 의도한 것은 아니었지만 국제정치적 삼각구도가 시각적으로 구현된 듯이 보인다. 프랑스대혁명 100주년을 기념해서 세워진 에펠탑이 마치 프랑스의 불간섭주의를 상징하듯이 한가운데 서 있고, 각기 파시즘과 볼셰비즘을 상징하는 독일 파빌리온과 소련 파빌리온이 맞서고 있는 모습이다.[36]

독일 파빌리온은 히틀러가 좋아했던 건축가 알베르트 슈페어(Albert Speer, 1905~81)가, 소련 파빌리온은 스탈린이 애호했던 보리스 이오판(Boris Iofan, 1891~1976)이 설계했다. 둘은 서로의 설계도를 빼내어 참고하고, 박람회 주최 측에 더 유리한 위치와 조건을 확보하기 위해 다투는 등 상당히 경쟁적으로 작업했다. 슈페어는 독일 파빌리온을 에펠탑처럼 수직성을 강조한 형태로 설계했고(원안은 실제 건축된 것의 5배 크기였

---

36 이 풍경이 워낙 압도적이기도 하고 두 파빌리온이 여러모로 대조적이기도 해서, 1937년 파리 박람회에 대한 논의는 대부분 두 파빌리온에 집중되어 있다. 두 파빌리온을 체계적으로 비교한 논문으로는 Danilo Udovicki-Selb, "Facing Hitler's Pavilion: The Uses of Modernity in the Soviet Pavilion at the 1937 Paris International Exhibition," *Journal of Contemporary History*, 2012, vol. 47, no. 1, pp. 13~47 참조. 독일과 소련의 파빌리온에 집중하지 않고 박람회 전반을 두루 살핀 글로는 Arthur Chandler, "Exposition Internationale des Arts et Techniques dans la Vie Moderne, 1937," Expanded and revised from *World's Fair* magazine, 1988, vol. 8, no. 1 참조(https://www.arthurchandler.com/paris-1937-exposition).

3-9. 트로카데로 광장에서 본 1937년 박람회 풍경
에펠탑 오른편에 소련 파빌리온, 왼편에 독일 파빌리온이 있다.

으나, 주최 측의 설득으로 크기를 줄였다고 한다), 콘크리트로 건설했다. 이에 비해 공산주의의 승리를 향해 나아가는 배 모양을 생각했던 이오판은 소련 파빌리온을 길게 뻗어오던 수평적 건물이 뱃머리를 쳐들듯이 솟는 형상으로 설계했고, 마감은 우즈베키스탄산(産) 사마르칸트 대리석으로 했다.

두 파빌리온은 모두 커다란 조형물을 받치는 받침대와 같은 형상이었다. 소련 파빌리온에는 베라 무히나(Vera Mukhina, 1889~1953)가 제작한 동상이 올려져 있었다. 사실주의적이면서도 고전주의적으로 형상화된 남성 공장 노동자와 여성 집단농장 농부를 상징하는 한쌍의 커플은 각각

3-10. 라울 뒤피, 「전기 요정」(La Fée Électricité), 10×60m, 1937
'빛과 전기 궁전' 안에 전시되었던 라울 뒤피(Raoul Dufy, 1877~1953)의 이 거대한 작품은 2020년에 복원되어 현재 파리 현대예술미술관(Musée d'Art moderne de Paris)에 전시 중이다.

망치와 낫을 들고 있다. 독일 파빌리온을 향해 다소 공격적인 모습으로 서 있는 이 동상에 독일 파빌리온은 쿠르트 슈미트-에멘(Kurt Schmid-Ehmen, 1901~68)이 제작한, 만자 문양(swastika)을 발톱으로 움켜쥔 9미터 높이 독수리로 응수하고 있다.

파리 박람회는 '평화와 빛'을 모토로 내걸었다. 박람회에서 가장 인기 있었던 로베르 말레-스테뱅스(Robert Mallet-Stevens, 1886~1945)의 '빛과 전기 궁전'(Palais de la Lumière et de l'Électricité)이 보여주듯이, 이때 빛은 물론 '전기'였다. 그래서 박람회 전반이 야간 조명 활용에 매우 신경을 썼고, 이 점은 두 파빌리온도 마찬가지였다. 독일 파빌리온에는 기

3-11. 밤에 바라본 소련 파빌리온과 독일 파빌리온

등의 안쪽으로 파인 부분을 따라 수직의 서치라이트가 비추어졌는데, 그 모습이 역시 슈페어의 작품인 뉘른베르크 나치 당대회의 '빛의 성전'(Lichtdom)을 연상케 했다. 이에 비해 소련 파빌리온은 처마를 따라 죽 이어진 리본 창문의 조명으로 마치 꼬리가 길게 뻗은 혜성과 같은 모습을 연출했다. 의도한 것은 아니겠지만, 결과적으로 밤에도 두 파빌리온은 각각 수직적 이미지와 횡적 이미지로 경쟁했던 셈이다.

하지만 이렇게 여러 면에서 으르렁대며 경쟁하던 두 파빌리온의 모습을 팽개치고 독일과 소련은 2년 뒤 불가침조약(이른바 몰로토프-리벤트로프 조약Molotov-Ribbentrop pact)을 맺었고, 폴란드를 사이좋게 분할 점령했다. 그리고 3년 뒤 히틀러는 파리를 점령했다. 이런 역사 과정은 1937년

파리의 여름 하늘에 펼쳐졌던 스펙터클을 사람들의 뇌리에서 지워버리기에 충분했다. 오늘날 1937년 파리 박람회가 기억되고 있다면, 그것은 당대인들의 시선을 사로잡았던 독일과 소련의 거대한 파빌리온 때문이 아니다. 그보다는 훨씬 자그마했던 스페인 파빌리온과 그곳에 걸렸던 「게르니카」 때문이다.

스페인 파빌리온

독일 파빌리온이나 소련 파빌리온에 비하면 한참 규모가 작았고, 박람회 당시에는 그렇게 많은 주목을 받지 못했던 스페인 파빌리온은 트로카데로 광장에서 '평화의 길'(Avenue de la Paix)을 따라 독일 파빌리온을 향해 걷는 중간쯤에 있었다. 내전의 소용돌이 속으로 끌려 들어간 지 1년 가까이 되어가던 상황에서 스페인 인민전선 정부는 국제적 지원과 우호적 여론이 절실했다. 그래서 1937년 파리 박람회를 적극적인 선전의 장으로 삼으려 했다.

이에 비해 국제사회로부터 합법성을 아직 인정받지 못한 반란진영은 파리 박람회를 이용할 수 없었다. 그러나 우군이 있었다. 스페인 파빌리온 바로 뒤에 세워진 교황청 파빌리온(Pavillon des États pontificaux)이 반란진영을 대신해서 선전 작업을 해주었다. 내전 중에 교회를 파괴하고 사제와 수녀를 살해한 좌파의 반교권주의적 행위를 생각하면 교황청이 1937년 7월 1일에 앞장서서 반란진영을 정당화하는 사목 교서를 발표한 것을 아주 이해 못 할 바는 아니나, 교황청의 인민전선에 대한 증오에는 지나친 바가 있었다. 뒤에 교황 비오 12세가 되는 교황청 국무 장관

3-12. 조제프 마리아 세르트 「스페인내전에서 예수님께 드리는 성녀 테레사의 중보기도」 1937, 6×3m, 레이나소피아 미술관

유제니오 파첼리(Eugenio Pacelli, 1876~1958)의 지시를 받은 (프랑코의 열렬한 지지자였던) 톨레도 대주교 이시드로 고마(Isidro Gomá, 1869~1940)는 공화진영을 '카인의 자식들'이라고 비난했을 뿐 아니라, 공화진영을 지지했던 바스크 사제까지 규탄했다. 그런 고마 대주교가 교황청 파빌리온 구성을 주도했다. 교황청 파빌리온의 구성에 대한 자세한 자료가 남아 있지는 않으나, 관람객이 파빌리온에 들어서자마자 접하게 되는 조제프 마리아 세르트(Josep Maria Sert, 1874~1945)[37]가 그린 거대한 벽화 「스페인내전에서 예수님께 드리는 성녀 테레사의 중보기도」(Intercesión de Santa Teresa de Jesús en la Guerra Civil española)는 소피아에 전시되어 있다. 고마 대주교의 의뢰로 그려진 이 그림은 십자가를 진 예수가 마치 급강하하는 비행기의 파일럿처럼 하늘에서 내려와 성녀 테레사를 만나는 장면을 묘사

---

37 조제프 마리아 세르트는 진보적인 그룹의 화가였고, 스페인 파빌리온을 설계한 조제프 류이스 세르트(Josep Lluís Sert, 1902~83)의 삼촌이기도 했다. 그는 1936년 반란진영에 의해 적색분자로 체포되었는데, 이때 프랑코의 처남이자 측근이었던 라몬 세라노 수녜르(Ramón Serrano Suñer, 1901~2003)에게 회유를 받았다. 그는 결국 공개적인 전향 표명을 댓가로 목숨을 건졌고, 이후 반란진영이 요청하는 작품을 제작했다.

하고 있다. 이 그림에서 특징적인 것은 다른 내전의 희생자(물론 이들은 반란진영의 사람일 것이다)와 달리 성녀를 부여잡고 있는 미트라(mitra)를 쓴 주교 둘이 몹시 도드라진다는 점이다. 스페인내전 희생자들의 구원을 기리는 그림에서조차 두드러지는 주교의 존재는 예수-성자-주교-신자로 이어지는 가톨릭적 위계구조와 보수적(맥락을 생각하면 반동적) 세계관을 입증하고 있다.

여러모로 거슬리는 교황청 파빌리온을 등지고 세워질 스페인 파빌리온 설계를 맡은 이는 루이스 라카사(Luis Lacasa, 1899~1966)와 조제프 류이스 세르트였다. 그들은 공화정부로부터 파빌리온에 작품 전시를 의뢰받은 피카소, 알베르토 산체스, 호안 미로, 훌리오 곤살레스(Julio González, 1876~1942) 등과 모여서 파빌리온과 전시의 방향을 논의했다. 정해진 방향은 예산과 일정의 압박을 고려해서 저렴하고 신속하게 지을 수 있는 방식으로 건물을 설계하고, 전시도 제2공화국과 인민전선의 선전에 집중하는 것이었다.

1937년 2월 27일에 비로소 파빌리온이 착공에 들어갔다. 라카사와 세르트는 예산 제약 때문에 빨간색과 흰색 페인트를 칠한 철판 같은 검박한 재료들을 사용했지만, 미학적으로는 '단순함'을 일관되게 추구했다. 지상층(ground)을 탁 트인 필로티 구조로 만들었고, 필로티의 강철 프레임으로 1층과 2층을 받쳤다. 1층은 벽 대부분을 큰 창으로 만들었고, 2층은 회색 페인트로 칠한 저렴한 시멘트 보드로 벽을 세웠다. 육중한 소련이나 독일 파빌리온과 달리 스페인 파빌리온은 유동성과 가벼움을 내세웠다.

박람회가 한창이던 때 내전의 전황은 공화진영에 점점 더 불리해졌다. 반란군을 막기 위해 시 외곽에 190킬로미터나 되는 참호를 팠던 빌바오

가 결국 6월에 함락되었고, 9월에는 영국·프랑스가 독일·이탈리아와 '뮌헨협정'을 맺었다. 독일인들이 300만명 넘게 거주하는 체코슬로바키아 주데텐란트 지역의 독일 병합을 인정한 이 협정은 프랑스와 영국이 스페인 제2공화국을 위해 개입할 가능성이 사라졌음을 의미했다. 그리고 11월에는 스페인내전에서 최대의 전투였던 '에브로전투'가 공화진영의 패배로 끝났다. 암울한 분위기 속에서 박람회가 끝나자, 전시되었던 수많은 조각, 회화, 포토몽타주, 포스터, 사진, 상연된 영화필름 등이 인민전선의 임시 수도였던 발렌시아로 보내졌다. 그러나 배에 실린 작품들이 도착했을 때는 이미 인민전선의 수도가 바르셀로나로 옮겨졌고 발렌시아는 프랑코에 의해 점령된 뒤였다. 작품은 반란진영에 인수되었는데, 그 가운데 많은 것의 행방이 묘연해졌다. 파리 박람회 폐막 직후 스칸디나비아 4개 도시 순회전시가 예정되었던 「게르니카」만이 그런 운명을 피했다.[38]

많은 자료가 프랑코 지배 아래 유실되어 스페인 파빌리온의 전시가 어떻게 이뤄졌는지 정확히 알기는 어렵고, 몇몇 유명한 작품의 전시 양상만 전해지고 있다. 그것은 다음과 같다. 앞서 언급했듯이 파빌리온 입구에는 산체스의 「별로 이어지는 길」이 세워졌다. 이 멋진 '토템 기둥' 다음에는 곤살레스의 철제 조각 「몬세라트」(La Montserrat)와 피카소의 석고상 「여인의 머리」가 놓여 있었다. 전자는 오른손에 낫을 들고 있는 카탈루냐 농민 여성이 왼쪽 손과 어깨로 어린이를 안고 서 있는 모습이다. 함께 전시된 「게르니카」처럼 폭격에 아이를 잃은 어머니의 모습을 연상케 하는 동시에 민중에 깊게 뿌리 내린 카탈루냐의 저항성을 형상화한 작품이다.

---

38 러셀 마틴 『게르니카, 피카소의 전쟁: 전쟁의 참상을 고발하는 거장의 반전 메시지』, 이종인 옮김, 무우수 2004, 4장과 5장 참조.

3-13. 훌리오 곤살레스 「몬세라트」,
1937, 17×60×45.4cm, 암스테르담
시립미술관

다음으로 지상층에는 제2공화국의 사회개혁 작업의 성과를 선전하는
포스터와 자료들을 전시했고, 중앙에는 콜더의 「수은의 샘」이 그리고 한
쪽 벽에는 「게르니카」가 전시되어 있었다. 1층과 2층 계단 사이에는 파빌
리온의 마감재인 정사각형 패널 여러장에 미로가 그린 거대한 벽화 「죽
음의 신」(El segador, 1937)이 걸려 있었다. 유감스럽게도 이 벽화는 발렌
시아에 도착한 뒤 사라졌고, 몇장의 흑백사진으로만 남았다. 17세기부터
불린 카탈루냐의 노래 「엘스 세가도르」(Els segador)[39]에서 영감을 얻은

<hr>

39 '엘스 세가도르'는 '엘 세가도르'의 카탈루냐어 복수형, 그러니까 '사신들'이라는 뜻이다.
노래는 17세기 펠리페 4세에 대한 카탈루냐의 반란 무렵 형성되어 구전되었고, 오늘날의 멜
로디와 가사가 확립된 것은 19세기 말이다. 스페인내전 시기 공화진영에서 널리 불렸던 이
노래는 프랑코 통치 시기에는 금지곡이었다가 1993년 카탈루냐 자치주 공식 찬가(Himno
nacional)로 채택되었다. 가사 일부를 옮겨보면 이렇다. "우뚝 선 카탈루냐여 / 다시 풍요로

이 벽화는 카탈루냐를 상징하는 바레티나(barretina) 모자를 쓰고 낫을 든 카탈루냐 농부를 묘사하고 있다. 그림 속의 낫과 별이 공산주의를 상징하는 것으로 받아들여지기도 했는데, 미로는 그런 해석을 거부하고 카탈루냐의 독립정신과 공화주의를 그린 것이라고 주장했다.[40]

전시된 것 가운데는 내전 초기인 1936년 8월 19일 반란진영의 민병대에 의해 살해된 시인 페데리코 가르시아 로르카(Federico García Lorca, 1898~1936)를 기리는 커다란 초상사진도 있었는데, 파시즘의 예술에 대한 공격을 직관적으로 입증하는 그의 사진은 당대인들에게 가장 가슴 뭉클한 전시품이었다고 한다.

이밖에 호세프 레나우(Josep Renau, 1907~82)의 포토몽타주, 호세 구티에레스 솔라나(José Gutiérrez Solana, 1886~1945)의 회화가 전시되었고, 피카소나 미로보다 연배가 젊은, 그래서 명성은 다소 덜했던 여러 화가와 조각가들의 작품들과 내전의 현황을 다룬 수많은 사진이 전시되었으며, 루이스 부뉴엘(Luis Buñuel, 1900~83)이 제작한 영화도 상영되었다고 한다.

이미 지적했듯이 전시 작품 전반이 프랑코 손에 들어가 전시 양상을 세세히 알 수는 없지만, 알려진 작품이나 작가의 성향만으로도 그곳에 전시된 작품의 미학이 '아방가르드' 예술을 지향했다는 것, 그리고 파시즘 미학은 물론이고 소련의 사회주의 리얼리즘 미학과도 대립적이었다

운 땅이 될지니 / 거만하고 오만한 자들을 / 쫓아내라 / 낫으로 쳐라! / 솜씨 좋은 낫으로 쳐라! 이 땅의 수호자여! (⋯) 멋진 낫질을 보여라."

40 초현실주의자들 중에 공산당에 가입한 이는 매우 많았지만, 미로는 그렇게 하지 않았다. 그래서 미로의 주장이 바르셀로나 5월사건의 여파 때문이라고 해석하기는 어려울 듯하다. 그는 1920년대부터 바레티나 모자를 쓴 카탈루냐 농부를 자주 그렸고, 1940~41년에는 유명한 「별자리」 연작을 그렸다. 미로가 미학과 정치를 결합하는 데서 겪었던 어려움에 대해서는 Robin Greeley, *Surrealism and the spanish civil war*, Yale University Press, 2006, 2장 참조.

는 것을 알 수 있다. 그런 미학을 추구한다는 것은 당대에는 예술과 정치를 둘러싼 투쟁의 최전선에 서는 것을 의미했다.

이 점은 박람회 기간이었던 1937년 7월 뮌헨에서 나치가 '퇴폐미술전'(Ausstellung der entarteten Kunst)과 '위대한 독일 미술전'(Große Deutsche Kunstausstellung)을 동시 개최한 것에서 잘 드러난다.[41] 나치는 자신들이 보기에 바람직한 작품들을 모은 전시회를 기획하면서 동시에 공공미술관이 소장한 작품 가운데 자신들이 퇴폐적이라고 판단한 것들 수천점을 모아서 대중들에게 그것을 '퇴폐'로 낙인찍는 전시회를 개최한 것이다. 바실리 칸딘스키(Wassily Kandinsky, 1866~1944), 앙리 마티스(Henri Matisse, 1869~1954), 파블로 피카소, 파울 클레(Paul Klee, 1879~1940), 마르크 샤갈(Marc Chagal, 1887~1985), 케테 콜비츠(Käthe Kollwitz, 1867~1945), 오토 딕스, 막스 베크만, 에른스트 루트비히 키르히너(Ernst Ludwig Kirchner, 1880~1938), 막스 에른스트, 조지 그로스, 오스카 코코슈카(Oskar Kokoschka, 1886~1980) 등이 퇴폐미술전에 포함된 작가였다. 나치는 이런 위대한 화가들의 작품을 삐뚜름하게 걸고 옆에는 공격적인 슬로건을 적었다. 예컨대 표현주의 누드 옆에 "독일 여성성에 대한 모독" 또는 "표현주의의 이상 ── 백치와 창녀" 같은 설명을 붙였다. 그리고 나치는 1939년에 퇴폐미술전에 전시된 1만 7000여점의 작품 가운데 4000점 이상을 소각해버렸다.[42] 파시즘처럼 공격적인 형태는 아니었지만, 소련 역시 1930년대 들어서면서 10월혁명기에 아방가르드 예술과 맺었던 동맹관계를 서서히 청산하고 교조적인 사회주의 리얼리즘을 향

---

41 전자는 이후 12개 도시를 돌며 1941년까지 순회전시가 이어졌고, 후자는 1944년까지 뮌헨의 '독일 미술의 집'(Haus der Deutschen Kunst)에서 매년 개최되었다.
42 전영백 『현대미술의 결정적 순간들』, 한길사 2019, 118면.

해 나아가고 있었다.

파시즘과 소련 공산주의 모두 자신들이 추구한 사회의 급진적 재구조화를 위해서는 인민의 감성을 재편하는 것이 필수적이라고 보았고, 그것에 파고들 수 있는 길을 찾고 있었다. 둘 다 벤야민이 비판했던 '정치의 심미화'를 추구했던 셈이다.[43] 그래서 독일과 소련의 파빌리온은 매우 경쟁적인 듯이 보이지만, 미학의 수준에서 둘 사이의 거리는 그렇게 멀지는 않았다. 예컨대 두 나라의 파빌리온에 제시된 조각들을 보자. 소련 파빌리온 위에 올려져 있던 무히나가 제작한 한쌍의 남성 노동자와 여성 농부나 독일 파빌리온 입구 쪽에 세워졌던 요제프 토락(Josef Thorak, 1889~1952)의 「가족」(Familie)이나 모두 '고전주의적'인 '이상적' 신체를 표상하고 있다. 그 '이상적' 신체가 '건강'에 대한 정의에 기초한 사회주의적 리얼리즘의 '낙관론'의 토대이며, '추한 신체'를 규정하는 근거라는 점에서 인종주의의 모태이다.

이에 비해 스페인 파빌리온의 예술은 '예술의 정치화', 그러니까 상상력의 예술적 개방을 삶의 혁명적 변화로 이어가려는 프로젝트를 실천했다. 그들은 이상적 신체가 아니라 현실 속에서 현실에 의해 구부러지거나 일그러진 고통받는 신체를 상상력에 충격을 가하는 방식으로 재현함으로써 현실 자체를 타파하려는 의지를 고무했다. 「게르니카」는 그런 시도의 모범적 사례라 할 수 있다.

이제 우리는 박람회 시기의 아방가르드 예술이 처한 미학적 지형을 대

---

43 벤야민은 「기술복제시대의 예술작품」(제2판)에서 정치의 심미화와 예술의 정치화를 대립시키며 이렇게 말한다. "이것이 파시즘이 행하는 정치의 심미화 상황이다. 공산주의는 예술의 정치화로써 파시즘에 맞서고 있다"(『기술복제시대의 예술작품 / 사진의 작은 역사 외』 발터 벤야민 선집 2, 최성만 옮김, 길 2007, 96면). 그의 글이 출판된 1936년 상황을 염두에 둔다면, 문장 마지막의 "맞서고 있다"는 "맞서야 한다"로 읽어야 할 것이다.

3-14. 요제프 토락의 「가족」(왼쪽)과 베라 무히나의 「노동자와 집단 농장의 여성」(오른쪽)

략 가늠할 수 있고, 그것을 통해 이후 「게르니카」의 수용사를 어느 정도 이해할 수 있다. 주지하다시피 1930년대 세계는 파시즘 진영, 소련을 중심으로 하는 사회주의 진영, 그리고 영국, 프랑스, 미국 같은 자유주의 진영으로 삼분되어 있었다. 파시즘은 상상력과 예술의 전복적 힘을 추구하는 아방가르드 운동에 스민 '혁명'의 분위기에서 볼셰비즘을 느끼며 그들을 증오했다. 소련은 10월혁명 전후 러시아 아방가르드 운동과의 미학적 유대를 완전히 끊어낸 상태는 아니었다. 게다가 공산당원이었던 수많은 아방가르드 예술가의 선전적 가치를 무시할 수 없었다. 그렇게 어정쩡한 자세가 남아 있었지만, 교조적인 사회주의 리얼리즘을 향한 무자비한 이행이 시작된 상황이었다. 자유주의 진영은 아방가르드 운동의 혁명적 지향을 좋아하지 않았다. 그러나 그들이 극복하려 했던 삶과 예술의 분리를 유지할 수 있는 한, 다시 말해 그들이 추구한 혁명을 미적 혁신의

울타리 안에 가둘 수 있는 한, 그들을 관용할 용의가 있었다.

제2차 세계대전에서 자유주의와 사회주의의 동맹이 승리한 것이 스페인내전 평가에 커다란 영향을 미친 것과 마찬가지로 전간기(戰間期) 예술에 대한 평가와 대우에 중대하게 작용했다. 아방가르드 예술은 더이상 박해, 체포, 구금, 또는 작품 소각을 걱정할 필요가 없었다. 그렇기는커녕 명성과 존경의 대상이 되었다. 실제로 나치의 '퇴폐미술전'에 작품이 전시되었던 작가들은 모두 예술사의 거장으로 기억되고 있다. 하지만 '위대한 독일 미술전'에 전시된 작가 가운데 기억할 만한 이름이 몇이나 되는가? 우리가 추상주의나 입체주의 또는 표현주의나 초현실주의 기법을 우리의 미적 공통어휘로 받아들이고 그 안에 번뜩이는 감수성의 혁신을 수용할 태세가 된 것은 이런 세계정치적 조건과 무관하지 않다.[44]

물론 아방가르드 예술이 전후에 받게 된 인정과 수용에도 불구하고, 그앞에 놓인 길이 순탄치는 않았다. 소련은 더이상 아방가르드 예술의 보금자리일 수 없었고, 자유주의국가들은 아방가르드 예술의 혁명적 뇌관을 제거한 뒤 미술관에 안전하게 보관하려 했다(그것은 대체로 성공했

---

44 이 점을 잘 보여주는 사례가 피카소의 「게르니카」와 「한국에서의 학살」(1951)에 대한 평가의 차이다. 「게르니카」에 대해서는 공동의 적이었던 파시즘의 폭력성을 폭로한 작품으로 자유주의 진영과 사회주의 진영 모두로부터 찬양을 받았지만, 두 진영이 선명하게 갈라진 냉전의 한복판에서 그려진 「한국에서의 학살」은 그렇지 못했다. 아마도 비평가들은 「한국에서의 학살」에서 미학적으로 아쉬운 점을 여럿 찾아낼 것이다. 하긴 제 나라에서 벌어진 끔찍한 비극을 그린 「게르니카」와 잘 알지 못하는 먼 나라에서 벌어진 비극을 다룬 「한국에서의 학살」 사이에 치미는 열의와 상상력의 차이 그리고 표현에서의 강렬함의 차이가 왜 없겠는가? 그러나 피카소의 여느 그림과 달리 「한국에서의 학살」에 대해서는 어김없이 박한 평가가 앞서는 것은 냉전이라는 배경 없이 이해하기 어렵다. 「한국에서의 학살」은 소련이 보기에는 미군이 저지른 학살을 사회주의적 리얼리즘에 입각해 사실적으로 그리고 있지 않아서 불만스럽고, 미국 편에서는 1944년 공산당에 가입했고 이 그림을 그릴 때 여전히 당적을 보유하고 있는 화가가 그린데다 미국의 전쟁범죄를 암시하는 불편하기 짝이 없는 그림이었다.

다).⁴⁵ 그리고 정치의 심미화와 싸우고 그것을 견뎌냈던 아방가르드 예술은 문화산업과 대중문화가 펼치는 '경제의 심미화'와 힘겨운 전투를 새롭게 시작해야 했다.

커다란 고통, 「게르니카」

앙리 마티스, 조르주 브라크(Georges Braque, 1882~1963), 앙리 로랑스(Henri Laurens, 1885~1954), 그리고 피카소의 합동 전시회를 위해 「게르니카」는 1938년 1월 스칸디나비아 4개 도시로 이동했다. 파리로 돌아온 뒤에는 1938년 10월부터 이듬해 2월까지 런던을 비롯한 영국 여러 도시에 전시되었다. 1939년 5월에는 뉴욕에서 전시되었고, 샌프란시스코 전시를 거쳐 1939년 11월 뉴욕 MoMA에 전시되었다. 1940년 제2차 세계대전이 발발하자 피카소는 스페인이 민주화될 때까지 「게르니카」를 MoMA에 맡겨두겠다고 결정했다. 3년간 「게르니카」의 미국 순회전시가 있었다. 워낙 커서 둘둘 말아서 이동하느라 손상이 심했지만 「게르니카」는 1950년대부터 다시 여러 나라로 순회전시를 떠났다. 대표적인 것

---

45 「게르니카」와 관련해서 이런 노력을 기울인 대표적 인물이 뉴욕 현대미술관(Museum of Modern Art, 이하 MoMA로 약칭)의 초대 관장이었던 알프레드 바 주니어(Alfred H. Barr Jr., 1902~81)이다. 그는 예술가 피카소와 시민 피카소를 분리하고, 「게르니카」를 정치적 선전의 맥락에서 분리해 혁신적인 현대예술로 자리매김하고자 했다. 1967년에는 젊은 예술가들이 베트남전에서의 미국의 악랄한 폭격에 항의하는 뜻에서 「게르니카」의 MoMA 전시를 철회할 것을 피카소에게 청원했다. 그러자 바는 청원을 무마하려고 백방으로 뛰어다녔다. 예컨대 그는 피카소의 평생 친구였던 미술상 다니엘-헨리 칸바일러(Daniel-Henry Kahnweiler, 1884~1979)에게 피카소가 청원을 받아들이지 않게 설득해달라는 편지를 보내기도 했다(편지 사본은 소피아 홈페이지에서 볼 수 있다).

이 1955년 유럽 순회전시였다. 전시는 「게르니카」에 대한 논평과 보도를 확산했고, 그것은 프랑코에 대한 국제적 비난여론을 강화했다.[46] 「게르니카」는 프랑코 독재에 저항하는 가장 강력한 망명객이었던 셈이다.

1975년 프랑코가 죽고 민주화가 순조롭게 진행되자 스페인 정부는 「게르니카」 반환을 요구했다. MoMA는 이 걸작을 내놓기 싫었지만, 「게르니카」의 소유권이 작품 의뢰자인 스페인 정부에 있음을 피카소가 생전에 명확히 해둔 터라, 어쩔 수 없이 1981년 스페인에 반환했다. 그때 스페인의 유력지 『엘파이스』(El País)는 「게르니카」가 돌아온 것은 "민족적 존엄성의 귀환"이며, 「게르니카」의 "망명은 늘 우리의 존엄성에 대한 침해였고 (…) 우리가 평화롭게 살 수 없음을 강조해서 보여주는 것"이었다고 적었다.[47] 돌아온 「게르니카」는 처음에는 프라도 별관인 '카손 델 부엔 레티로'(Casón del Buen Retiro)에 보관되고 전시되다가 1992년 새롭게 개관한 소피아로 옮겨졌다.

내가 방문한 2017년은 「게르니카」 70주년이 되는 해였다. 소피아는 이를 기념하는 대규모 특별전 '피카소의 연민과 공포: 게르니카로 가는 길'을 개최했다. 아쉽게도 이 특별전은 내가 스페인에 도착하기 며칠 전에 끝났다. 특별전과 함께 시작된 '게르니카 되기: 전쟁, 망명, 성상 파괴에 대한 독해'라는 주제의 연속 강연이 있었지만, 내가 참석할 수 있는 회차는 발표자의 건강상 이유로 무기 연기되었고, 그다음 강연인 '피카소의

---

46 이런 점 때문에 프랑코 정권은 「게르니카」의 정치적 힘을 제거하기 위해서 스페인으로 반입을 몇차례 추진했으나 실패했다. 관련된 논의는 Genoveva Tusell García, "Picasso, a political enemy of Francoist Spain," *The Burlington Magazine*, MARCH 2013, Vol. 155, No. 1320, pp. 167~72 참조.

47 Sheryl Tuttle Ross, "Art propaganda: the many lives of Picasso's Guernica," *Biblos*, 2013, n. s. XI , p. 47에서 재인용.

게르니카: 예술적, 정치적 폭력의 전환점'은 내가 마드리드를 떠난 뒤에 있을 예정이었다. 꽤 괜찮고 흥미로웠을 기념행사들이 모두 나를 피해가 버린 듯했지만, 대신 크게 북적거리는 때를 벗어나 「게르니카」를 만날 수 있어서 좋으리라는 기대감으로 나 자신을 위로하며 소피아로 갔다.

소피아 1층에서 초현실주의 회화, 특히 살바도르 달리의 그림 몇점을 인상 깊게 보았다(특히 「창문 앞의 소녀」Figura en una finestra, 1925가 그랬다). 그리고 소피아 2층으로 올라가서 마침내 「게르니카」를 만났다. 강한 전류 같은 것이 순식간에 내 몸을 덮칠 것 같은 예감이었지만, 막상 마주 대하니 그런 일은 일어나지 않았다. 이런저런 책에 실린 도판으로 이미 너무나 자주 보아왔던 탓인지, 「게르니카」에서 달리 새롭게 보이는 무엇이나 각별한 감흥이 있진 않았다. 「게르니카」는 너무 잘 알려져서, 반전(反戰) 집회의 피켓이나 포스터에서 종종 그렇듯이 「게르니카」의 어떤 부분을 잘라서 보여주어도 전쟁과 폭격 없는 세상에 대한 열망을 상징하는 아이콘이 되어준다.

그러나 가로 7미터가 넘는 「게르니카」의 실물감은 막대했고, 그것에서 뿜어 나오는 감정적인 동시에 인지적인 효과는 상당했다. 무엇보다 그림이 한눈에 파악되지 않는다는 그 시각적 한계가 어떤 과잉의 현존을 표시한다. 다시 말해 작품의 거대함으로 인한 시각적 장악 불가능성이 오히려 그 크기를 넘어서는 경악, 고통, 비명, 분노, 슬픔이 거기 있음을 드러내고 있었다. 다른 한편 커다란 크기로 인해 시선이 고정되지 못하고 그림 위를 끊임없이 오가게 되면서 인지적 곤경도 발생한다. 오른쪽을 보고 있으면 왼쪽이 잘 인지되지 않고, 그 역도 마찬가지다. 그래서 화면 전반을 종합적으로 인식해야 하는데, 그러려면 해석적 작업이 요구된다.

해석의 첫번째 과제는 방황하는 시선에 방향을 부여하고 그림의 전체

양상을 파악하는 것이다. 「게르니카」의 가로 대 세로의 비율이 2.2 대 1이다. 이렇게 가로로 긴 그림은 그림 내부요소들 사이에 어떤 서사적 흐름이 있는 경우가 대부분이다. 대개 그 흐름은 왼쪽에서부터 시작해 오른쪽으로 나아간다. 하지만 「게르니카」의 경우 맨 오른쪽에 있는 위를 쳐다보는 인물을 제외하면 화면 속 모든 인물과 짐승의 시선은 왼쪽을 향하고 있다. 그 점을 생각하면 오른쪽에서 왼쪽으로 읽어가는 것이 화가의 의도에 부합하는 듯이 보인다. 하지만 천장의 전등으로부터 쏟아지는 빛이 삼각형 구도를 만든다. 그리고 통상적인 서구 회화와 달리 이상하게도 또 하나의 광원이 가까운 곳에 있다. 천장의 전깃불 외에 한 인물이 쭉 뻗은 손으로 들고 있는 등잔불이 그것이다. 이 등잔불은 전깃불에서 퍼져 나오는 빛이 만드는 삼각형 구도를 해치지는 않지만, 그렇다고 전깃불에 종속되는 것은 아니다. 등잔불은 차갑게 느껴진 전등 빛과 달리 (이 거대한 무채색의 그림 안에서도) 따뜻한 느낌을 전할 뿐 아니라, 화면 한복판에 자리잡고서 화면을 좌우로 분할하고 있다. 이런 점을 고려하면 화면을 횡으로뿐 아니라 수직으로 그리고 대칭으로 조망해야 할 것 같다.

맨 오른쪽 인물은 위를 치켜보며 손을 치켜들고 있다. 하반신은 잘 보이지 않지만, 벌어진 입과 당혹스러운 눈에서 비명이 연상된다. 이 인물 뒤로 건물이 있는데 옥상 쪽에 화염이 치솟고 있고, 건물의 창문은 화염 때문인지 아주 밝다. 그 왼편에 한 인물이 창으로부터 얼굴을 내밀고 있다. 여자인지 남자인지 모를 이 인물 아래에는 드러낸 젖가슴으로 보아 여성임이 분명한 인물이 한쪽 다리가 탈구된 듯이 비척거리며 달려오고 있다. 전깃불 아래에는 창에 찔린 말이 격렬하게 몸을 비틀고 있는데, 말의 날카로운 혀 때문인지 비명소리가 (에드바르 뭉크^{Edvard Munch,} ¹⁸⁶³⁻¹⁹⁴⁴의 「절규」^{Skrik}보다 더 날카롭게) 들리는 듯하다. 그 아래로 한 손에

는 별이 그려져 있고, 절단된 것으로 보이는 다른 한 손으로 부러진 칼을 쥔 (병사처럼 보이는) 남자가 가로로 길게 누워 있다. 그의 입 모양은 비명이 그친 듯이 고요해 보이고, 날카롭지만 방향을 잃은 눈은 죽음을 암시하는 듯 공허하다. 그위에는 황소가 있다. 황소는 오른쪽을 향해 서 있지만 어쩐지 외면하듯 고개를 왼쪽으로 젖히고 있다. 하지만 오른쪽에서 벌어지는 상황을 외면하지 못한 듯, 시선은 산만하게 분산되어 있다. 황소와 말 사이에는 언뜻 알아보기 어렵지만, 새 한마리가 있다. 부리를 하늘로 뻗은 새는 격렬히 울고 있는 듯이 보인다. 새가 있는 곳이 특이하게 밝다. 갈라진 벽으로 포탄의 섬광이 비친 것일까? 황소 아래에는 ('피에타' 상을 떠올리게 하는) 죽은 아이를 끌어안은 어머니가 있는데, 말과 마찬가지로 날카로운 혀가 울부짖음을 암시한다. 한 눈으로는 죽은 아이를 다른 한 눈으로는 하늘을 (혹은 황소를) 바라보고 있다.

화면에는 공포, 경악, 당혹, 고통, 비명, 죽음이 즐비하다. 이 커다란 화면이 좁게 느껴질 만큼 가득 차 있다. 하지만 다른 의문이 드는 것도 어쩔 수 없다. 이 그림의 표제는 '게르니카'이다. 고야의 「5월 3일」이 그날 마드리드에서 벌어진 사건과 사실적으로 연결되듯이, 이 그림은 1937년 4월 26일 게르니카에서 있었던 사건과 직접적 연관을 가진다. 그러니까 이 그림은 마땅히 콘도르 군단에 의한 게르니카 폭격과 학살'을' 그린 것이어야 할 것이다. 관람자는 화면을 꽉 채운 파토스, 그림의 회백색이 억누르기는커녕 더 참을 수 없게 만드는 파토스를 피할 길이 없기는 하다. 하지만 화면에 등장하는 것이 1937년 4월 26일에 게르니카에서 있었던 일인가? 그것이 폭격을 그린 것이 맞기는 한가? 창에 찔린 말이 폭격이 저질러진 곳에서 보이는 전형적 장면인가? 그게 아니라면, 왜 달리 그려지지 않고 그렇게 그려졌는가?

해석을 요청하는 「게르니카」

「게르니카」는 게르니카에서 일어난 사건을 들여다볼 수 있는 창문이
아니다. 그런 가상을 불러일으키려는 의도가 없다. 입체주의적으로 그려
진 「게르니카」는 순진한 수용을 제어하는 소격효과(Verfremdungseffekt)
를 유발하며, 그 연장선상에서 해석적 접근을 요청한다. 「게르니카」에 대
한 해석적 접근은 대략 다음 넷으로 나눌 수 있다. (1) 도상적/상징적 접
근, (2) 심리적 접근, (3) 예술사적 접근, (4) 사회사적 접근이다. 물론, 하
나의 접근법만 따르는 논의는 별로 없고, 대부분 둘 이상을 동시에 활용
한다. 그럴 수밖에 없을 것이다. 해석 전략의 관점에서 볼 때, 「게르니카」
해석에서 압도적 중요성을 지닌 건 사회사적 해석이지만(스페인내전, 게
르니카 폭격, 1937년 파리 국제박람회와 스페인 전시관에 대해 어느 정도
라도 알지 못하고 「게르니카」를 이해하기는 쉽지 않다), 역사의 하중을
화면 안으로 집약하고 담아내는 작업은 심리적 과정을 경유하며, 그의
심리적 과정은 도상적이고 예술사적 전통에 매개되기 때문이다.

「게르니카」에 대한 해석 가운데 가장 압도적인 분량을 차지하는 것은
도상적/상징적 해석이다. 아마도 미술 비평가에게 가장 익숙하고 그들의
전문성을 드러낼 수 있는 것이 바로 이 영역이기 때문일 것이다. 더구나
피카소는 「게르니카」를 그릴 때 자신이 중요한 일을 하고 있다는 자의식
이 있었다. 그래서 「게르니카」를 위한 스케치와 벽화 제작 과정을 꼼꼼히
기록했다. 특히 후자는 당시 피카소의 연인이자 초현실주의 사진작가였
던 도라 마르(Dora Maar, 1907~97)에 의해 시간순으로 촬영되었다.[48] 이런
자료 덕분에 도상적/상징적 해석이 더 활발해졌지만, 그 결과로 제시된

3-15. 파블로 피카소 「게르니카」, 1937, 349×777cm, 레이나소피아 미술관

해석, 예를 들어 등잔을 든 여성은 스페인을 도운 소련이고, 전깃불은 중립을 유지한 영국과 프랑스라는 식의 해석이 자의성과 모호성을 떨치기는 쉽지 않았다.

이런 점을 잘 보여주는 것이 「게르니카」의 황소와 말의 의미를 둘러싸고 MoMA의 초대 관장이었던 알프레드 바와 피카소의 친구이자 시인이었던 후안 라레아(Juan Larrea, 1895~1980) 사이에서 벌어진 논쟁이다.[49] 라레아는 1947년 영어판이 출간된 자신의 저서 『게르니카, 파블로 피카소』에서 기존의 도상 분석과 정면으로 충돌하는 주장을 했다. 라레아의

---

48 스케치와 벽화 작업의 모든 자료를 세세하게 검토한 연구로는 Rudolf Arnheim, *Picasso's Guernica: The Genesis of a Painting*, Faber & Faber Ltd., 1962 참조.

49 이하 논의는 Andrea Giunta, "The Power of Interpretation (or How MoMA explained Guernica to its audience)," *Artelogie*, 2017, 10, pp. 1~17 참조.

저술 이전까지 「게르니카」의 황소는 야만적 프랑코 세력을 뜻하고, 말은 스페인 민중을 대표한다는 해석상의 합의가 있었고, 그 근거는 미군의 파리 점령 후 피카소를 방문했던 미군 병사 제롬 세클러(Jerome Seckler, 생몰 미상)와 나눈 인터뷰에서 피카소가 했던 말이었다. 그런데 라레아는 기존 해석과 정반대로 황소는 인민이고 말은 파시스트라고 주장했다. 라레아는 그림에서 생명력 넘치고 도전적인 황소가 스페인 인민을 상징할 때만 「게르니카」가 희망의 메시지를 줄 수 있다고 주장했다.

바는 이렇게 「게르니카」를 제 관심사에 따라 누구나 떠들어댈 수 있는 모호하고 불확실한 해석에 맡겨둘 수 없었다. 그래서 칸바일러를 통해서 피카소의 답변을 얻어내려고 했다. 하지만 칸바일러의 전언을 들은 피카소는 "이 황소는 황소이고, 이 말은 말입니다"라고 말하면서 해석적 논란에서 비켜났다. 라레아는 라레아대로 피카소에게 직접 답을 얻기 위해서 몇가지 질의를 담은 서신을 보냈다. 그러나 피카소는 그것에 답장하지 않았다.

결국 바와 라레아는 1947년 11월 MoMA에서 열린 심포지엄에서 마주쳤다. 심포지엄의 논의 흐름은 복잡했다. 하지만 오늘날 관점에서 보면 심포지엄에 참석한 세클러가 인터뷰에서 피카소가 했던 말을 전달함에 있어 부정확함이 있다고 밝혔을 때 이미 작가의 말을 준거로 삼는 해석은 힘을 잃었던 것으로 판정된다.[50] 그리고 나면 다양한 문화사적 해석이 남는데, 그 점에서 라레아의 해석이 더 그럴듯했고, 더 많은 동의를 얻었

---

50 1944년 인터뷰에서 세클러가 피카소에게 도상적 의미와 관련해서 질문했던 작품은 「게르니카」가 아니라 「황소 머리가 있는 정물화」(1938)였고, 황소가 파시즘을 상징하느냐는 세클러의 질문에 피카소는 단지 스페인의 야만성과 어두움을 상징한다고 말했을 뿐이었다고 세클러는 말했다.

다. 그러자 바는 돌연 그림의 도상적 의미를 고정하려는 시도는 예술성을 훼손하고 작품을 선전물로 만들 뿐이라며, 자신이 마련한 토론의 의의를 깎아내렸다.

바가 논의를 그렇게 끌어간 의도[51]와 무관하게 도상적 논의 자체가 그리 생산적이지 못한 것은 사실이다. 황소는 자신 오른편의 고통받는 인물들을 외면하는 듯이 보이지만, 그것이 황소를 프랑코로 볼 근거가 되긴 어렵다. 프랑코는 스페인 민중을 외면한 게 아니라 괴롭혔으니 말이다. 라레아가 주장했듯이, 황소는 아이를 잃고 울부짖는 어머니를 감싸고 보호하는 위치에 있긴 하다. 하지만 그래서 황소가 그녀의 고통에 공감하며 무언가 행동하려는 낌새를 보이는 것은 아니다. 이렇게 무력한 모습을 근거로 황소를 스페인 인민전선 정부로 해석하는 비평가도 있는가 하면, 또다른 비평가는 중립성을 유지하는 프랑스로 봐야 한다고 주장한다.[52] 그렇다면 황소를 조국에서 일어나는 끔찍한 사건을 파리에서 우두망찰하고 있는 피카소 자신으로 해석해서 안 될 것 있겠는가? (아래의 심리적 해석을 참조할 때, 나는 이런 해석에 끌린다.)

게다가 초기 스케치를 보면서 「게르니카」 내 여러 요소의 도상적 의미를 찾아나가려는 시도는, 작업의 진화가 그런 해석 과정과 반대방향이었다는 것, 그러니까 비교적 의미가 선명한 도상적 요소를 거듭 바꾸어

---

51 바에게는 두가지 일관된 관심이 있었던 것 같다. 하나는 MoMA가 「게르니카」에 대한 해석적 권위를 갖는 것이고, 다른 하나는 「게르니카」를 사회적이고 정치적인 맥락에서 안전하게 떼어내 예술적 걸작으로 자리매김하는 것이었다. 심포지엄을 통해 전자를 성취하기 어려워지자, 그는 후자를 도모하기 위해 논의의 흐름을 비튼 듯이 보인다.

52 카를라 고틀리프는 기존의 다양한 입장을 검토한 뒤 황소가 프랑스를 의미한다고 해석한다(Carla Gottlieb, "The Meaning of Bull and Horse in Guernica," *Art Journal*, Vol. 24, No. 2 (Winter, 1964-1965), pp. 106~12).

그런 해석에 난관을 안긴 것은 피카소 자신임을 잊어서는 안 된다. 예컨대 초기 스케치에서 바닥에 쓰러진 병사는 움켜쥔 주먹을 위로 뻗고 있었다. 그러나 피카소는 명확하게 공산당을 연상케 하고 그림의 분위기를 과도하게 낙관적으로 만드는 그 제스처를 제거했다. 그는 「게르니카」가 도상적 해석에 종속되기를 원치 않았던 듯이 보인다. 어쩌면 그렇게 해서 모호성을 유지한 것이 「게르니카」의 호소력과 생명력의 원천일 수도 있지 않을까?

그렇다면 심리적 접근은 어떨까? 루돌프 아른하임(Rudolf Arnheim, 1904~2007)이나 허셜 칩(Herschel B. Chipp, 1913~92)[53]으로 대변되는 이 해석 노선도 아쉬운 점들이 있다. 예상할 수 있듯이 이런 접근은 작품을 피카소의 개인사와 연계한다. 예를 들어 창에서 얼굴을 내민 여성에게서 피카소의 연인 마리-테레즈 발테르(Marie-Thérèse Walter, 1909~77)를 찾아내거나 죽은 아기를 안고 울부짖는 어머니의 모습에서 도라 마르를 발견한다. 그것이 문제는 아니다. 화가의 개인사가 그림에 투영되는 것은 당연해서 그걸 발견으로 내세우는 것이 오히려 문제다. 해결해야 할 진짜 문제는 왜 그렇게 되었고, 그런 식의 투사가 어떤 효과를 발휘하는가 하는 것일 텐데, 그것을 찾아낸 데서 그칠 때가 많다.

그래도 도상적 해석보다 심리적 해석이 더 도움이 되는 듯하다. 관련해서 아른하임과 칩이 「게르니카」와 체계적으로 대조하는 「미노타우로마키」(Minotauromachy)를 보자. 「미노타우로마키」는 미노타우로스가 말을 끌고 먼바다에는 돛배가 떠 있는 신화적 분위기의 그림이다. 이 판화를 제작하던 1935년은 피카소에게 곤경의 해였다. 애인 마리-테레즈가

---

53 Arnheim, 앞의 책과 Herschel B. Chipp, "Guernica: Love, War, and the Bullfight," *Art Journal*, 1973-1974, Vol. 33, No. 2, pp. 100~15 참조.

3-16. 파블로 피카소 「미노타우로마키」 1935

임신했고, 그 때문에 올가 코클로바(Olga Khokhlova, 1891~1955)와의 결혼 생활은 파경에 이른 상태였다. 그 무렵 피카소는 자신의 심리상태를 미노타우로스나 투우에 빗대어 자주 표현했다. 투우 스케치 가운데는 황소가 말에게 엄청나게 공격적인 것도 있고, 꽃을 든 어린 소녀가 눈먼 미노타우로스를 인도하는 모습을 다룬 판화도 제작했다. 「미노타우로마키」는 그런 두 계열의 그림이 합성된 형태이다.[54]

흥미로운 점은 이 판화에 「게르니카」의 요소들이 풍부하게 그러나 조금씩 다른 모습으로 나타난다는 것이다. (「게르니카」와 달리 등잔이 아니

---

54 '미노타우로마키'는 소의 머리를 한 인간 '미노타우로스'(Minotauros)와 투우를 뜻하는 '타우로마키'(tauromachy)를 합성해서 만든 피카소의 신조어다. 미노타우로스는 미노스(Minos) 섬과 황소를 뜻하는 그리스어 타우로스(táuros)의 합성어이고, 타우로마키(tauromachy)는 타우로스와 투쟁을 뜻하는 그리스어 마키아(makhia)의 합성어이다.

라) 촛불과 꽃을 든 소녀, (창에 찔려 비명을 지르고 있는 것은 아니지만) 몸을 뒤틀고 있는 말, (비록 거기에 몸을 드러내고 있는 두 여성의 얼굴이 마리-테레즈를 연상시키지만, 아무튼 「게르니카」에 등장하는) 2층의 창문이라는 요소, (혼자 따로 있지 않고) 창문의 여성에게 안겨 있는 비둘기, (죽은 아기를 안고 있지는 않지만) 사다리를 오르는 남자(「게르니카」의 스케치 단계에서 죽은 아기를 안은 어머니는 사다리 위에 있었다), (쓰러진 병사는 아니고) 말 등에 실려 횡으로 길게 잠자듯 죽어/누워 있는 여성, (황소는 아니지만 황소나 다름없는) 미노타우로스가 그렇다.

「미노타우로마키」를 비롯해 1936년까지 피카소가 그렸던 그림들에서 반복적으로 등장하는 주제들이 「게르니카」에서도 중심 요소인 것은 피카소의 「게르니카」가 게르니카 폭격장면을 재현한 게 아니라 그 사건의 충격이 화가 개인의 상징적 우주를 일그러뜨리고 변형시켰던 바를 그린 것임을 말해준다.[55] 사건의 트라우마적 힘은 돛배가 보이는 바다를 배경으로 한 신화적 장면을 불타는 건물·지하 벙커·시신이 나뒹구는 거리·신문지를 연상시키는 콜라주로 바꾸었다. 「미노타우로마키」의 등장인물들의 부드러운 시선을 「게르니카」에 등장하는 인물들의 당혹과 두려움, 그리고 슬픔으로 가득한 시선으로 변환했다. 말은 비명을 지르며 몸을 비틀고, 비둘기는 따로 떨어져 어둠에 묻혔다. 「미노타우로마키」의 미노타우로스는 짐승에서 인간으로 변모 중인 존재를 상징하며, 1935~36년에 피카소가 자신과 동일시하며 자주 그렸던 눈먼 미노타우로스를 인도하는 어린 소녀라는 주제는 아마도 혼란스러운 욕정으로 어그러진 자신을 추스르는 심리적 과정을 묘사한 것으로 볼 수 있다. 그런 사적 자아의

---

55 피카소와 초현실주의의 관계에 대해서는 Greeley, 앞의 책 6장 참조.

자기치유 과정이 「게르니카」에서 송두리째 부서져 내린다. 「미노타우로마키」에서 육중한 존재감을 가졌던 미노타우로스는 황소로 되돌아가고 (퇴행하고) 왜소해져서 구석으로 내밀린다. 그리고 제 앞에 있는 죽은 아이를 끌어안은 어머니를 어쩌지 못한다.

피카소가 게르니카 폭격 다음 날 프랑스에서 처음 그 사건을 보도한 『스 수아르』(*Ce soir*)를 보았는지는 알 수 없지만,[56] 폭격 이틀 뒤 『뤼마니테』를 통해 사건을 알게 된 것은 확실하다. 사흘 뒤인 5월 1일 피카소는 「게르니카」를 위한 스케치를 단번에 6장 그리면서 작업을 시작했다. 열흘간 세부요소들에 대한 스케치 작업을 이어간 뒤, 5월 11일부터 벽화 작업을 시작했고, 그때부터 24일 만에 작품을 완성했다. 이런 규모의 대작을 그렇게 빨리 그릴 수 있었던 것은 「게르니카」가 초현실주의를 방법론으로 채택했기 때문이다(1930년대 루이 아라공Louis Aragon, 1897-1982이나 폴 엘뤼아르와의 긴밀한 교류를 생각하면 당연한 일이기도 하다).

초현실주의는 실재와 표상의 관계를 재현적인 것이 아니라 파열적이고 탈구된 것이라 본다. 그래서 피카소는 게르니카 폭격의 사실적 세부를 취재하기보다 사건이 일으킨 내면의 일렁임을 표현해나갔다. 초현실주의는 공/사 분리 또한 받아들이지 않았고, 인격적이고 심리적인 것이 곧 정치적인 것이라고 주장했다. 마찬가지로 피카소는 자신의 정서적 소용돌이를 입체주의적 어휘를 거쳐 표명하는 것이 직접적으로 공적 회화일 수 있다고 여겼다. 피카소의 작업방식 자체가 이미 심리적 해석과 내적 연관을 가진 셈이다.

---

56 폭격 다음 날 (당시 재불 스페인 대사관의 외무관이었으므로 폭격에 대해 누구보다 빨리 알았을 수 있었을) 라레아가 피카소를 찾아와 게르니카 폭격을 스페인 파빌리온을 위한 그림 주제로 삼을 것을 촉구했다고 한다(사실임이 명확히 밝혀지진 않았다).

그러나 피카소가 사건에 대한 반응을 작업 대상으로 삼았다고 해서 그것이 전적으로 심리적인 것은 아니다. 사건에 대한 반응의 형상화에는 예술사적 또는 사회사적 계기가 존재할 수밖에 없다. 무엇보다 「게르니카」는 전쟁회화가 아닌가? 전쟁의 사실적이고 기술적인 조건이 변함에 따라 파괴의 잔인성과 공포의 크기 및 양상이 달라지고, 더불어 전쟁회화의 조건과 미학도 바뀌기 마련이다.[57]

전쟁회화의 조건부터 보자. 고대와 중세의 전쟁 및 전쟁회화는 일단 미뤄두고 근대의 전쟁과 전쟁회화만 두고 본다면, 그 첫자리에 놓을 인물은 역시 프란시스코 데 고야이다. 무엇보다 그는 「5월 2일」과 「5월 3일」이라는 두 그림을 통해 하룻밤 만에 완전히 바뀐 전쟁의 양태를 보여주었고, 그럼으로써 근대적 전쟁기계의 출현을 극적으로 드러내주었다.[58] 1808년 5월 2일에 전투 당사자들은 몸과 몸을 맞대고 싸웠다. 용기를 내어 무리를 지으면, 단검을 쥐고도 긴 칼을 휘두르는 기마병에게 대들 수 있었다. 고대로부터 19세기 초까지 이어진 이런 백병전이 하룻밤 사이에 돌연 불가능해졌다. 5월 3일에 등장한 잘 조직된 근대적 소총부대는 단검을 들고 도전하는 이들을 일방적으로 '학살했다.'

폭격은 고야가 목도했던 소총부대로 상징되는 근대적 학살의 또다른 단계를 표시한다. 그런 의미에서 「게르니카」는 '1808년 5월 3일' 이후 군사기술의 '혁신'을 요약하는 동시에 전쟁회화로서 「5월 3일」의 직접적 계승자라 할 수 있다.[59] 왜 그런가? 간단하다. 「게르니카」에는 폭격의 가

---

57 이하 논의는 Werner Hofmann, "Picasso's "Guernica" in Its Historical Context," *Artibus et Historiae*, 1983, Vol. 4, No. 7, pp. 141~69의 도움을 많이 받았으나, 군데군데 필자의 의견을 끼워 넣었다.

58 좀더 자세한 논의와 도판은 이 책 2장 참조.

59 고야와 피카소 사이에 직선을 그을 수 있는 것은 나폴레옹 전쟁의 종결 후부터 제1차 세

해자가 부재한다. 폭격이라는 새로운 전쟁기술이 그것을 가능케 하기 때문이다. 폭격은 가해자와 피해자가 공간적으로 분리된 상태의 공격이다. 그 분리가 상상할 수 없을 정도의 잔인함을 가능케 하는 원천이다. 칼과 창을 든 전투에서는 양편 모두 죽음을 각오하고 몸싸움에 뛰어든다. 일렬로 늘어선 소총부대는 육체적 충돌을 제거한다. 총탄의 사정거리만큼 가해자는 안전해지는데, 그렇게 확보된 가해자 안전의 거울상은 무력한 피해자의 학살이다. 그러나 그때도 피해자의 찢긴 상처와 피, 공포와 분노에 찬 눈길, 그리고 죽은 뒤의 공허한 눈빛을 피할 수 없다. 그런데 폭격은 고통을 보고 비명을 듣게 되는 일마저 면제해준다. 그렇지 않고서야 지상의 모든 걸 수천도의 불길로 태워버리는 소이탄을 비처럼 뿌릴 수 있겠는가?[60] 「게르니카」는 무심하게 폭탄을 쏟을 수 있게 된 가해자가 만들어낸 세상을 그렸다. 거기엔 저주처럼 쏟아지는 폭탄에 의한 폭발, 섬광, 붕괴, 그리고 피해자들에게 닥친 혼란, 당혹, 고통, 공포, 도피, 비명, 죽음, 그리고 안간힘을 써서 끌어낸 희망이 있을 뿐이다.

예술사적 또는 전쟁 미학적 측면에서도 「게르니카」에는 주목할 만한 점이 있다. 그 점을 보기 위해서 피카소에 앞서 폭격을 다룬 작품과 비교해보자. 앞서 언급했듯이 초보적 형태이지만 폭격이 본격화된 것은 제

계대전 발발 전까지 한 세기 동안 유럽 내에서 큰 전쟁이 없었기 때문이다. 물론 '백년 평화'라고 불리는 이 기간에도 유럽 열강은 서구 바깥의 식민지에서 전쟁과 학살을 거듭했음을 잊어서는 안 된다. 그러나 전쟁회화의 면에서 새로운 변화가 두드러지진 않았다. 유럽 화가들이 멀리 있는 식민지에서의 전쟁에 관심을 두지 않았기 때문이다. 하지만 이런 점을 고려하더라도 둘 사이에는 직선을 그을 수 있다. 그 이유는 19세기에 이뤄진 전쟁기술의 발전에 비해 20세기에 등장한 비행기에 의한 폭격이 비할 데 없는 군사적 '혁신'이고 새로운 '단계'이기 때문이다.

60 폭격을 비행기 운전자의 관점에서 파악한 이탈리아 미래파의 항공 미학에 대해서는 졸저, 앞의 책 6장 참조.

3-17. 조지 그로스 「폭격」, 1915, 뉴욕 MoMA

1차 세계대전 직전이었다. 제1차 세계대전에 대한 예술적 고발에 누구보다 열정적이었던 독일 표현주의자들이 폭격을 지나칠 리 없었다. 그들의 작품 가운데 가장 이른 시기의 것인 그로스의 「폭격」(Fliegerbombe)을 보자.

이 석판화에서 우선 눈에 띄는 점은 묘사가 그리 사실적이지 않다는 것이다. 그로스보다 10여년 뒤에 폭격을 묘사한 딕스의 작품 「폭격당하는 렌스」(Lens wird mit Bomben belegt)가 그것을 잘 보여준다. 이때까지 폭격은 대도시를 붕괴시켜서 시민 전체를 동요로 몰아넣을 정도는 아니었다. 그러므로 그로스의 작업은 폭격의 현실보다는 그로 인한 사람들의 발작적 반응과 대혼란의 분위기를 그렸다고 할 수 있다. 물론 그것이 잘못된 건 아니다. 물리적 격렬함과 역동적인 뒤틀림이라는 표현주의적 기

3-18. 조지 그로스 「폭발」, 1917, 뉴욕 MoMA

법이 대상을 다루기에 적합했는지가 문제일 텐데, 그와 관련해서 다음 두가지 측면이 아쉽게 다가온다. 하나는 폭격 고유의 특질이 잘 포착되지 않는다는 것이다. 「폭격」은 시대의 혼란상을 그린 그로스의 다른 그림, 예컨대 「폭발」(Explosion)이나 「메트로폴리스」(그림 3-1 참조)와 어떤 점이 다른지 분명하지 않다. 다른 하나는 「폭격」이 사태의 파토스를 강렬하게 표현하긴 하지만, 그 파토스가 관람자와 함께 가기보다 혼자 앞질러 가는 듯하다는 것이다. 흔히 하는 말로, 그로스의 「폭격」에는 '형식적 고려'가 부족하다.

　피카소는 제1차 세계대전의 폭격에 비해 훨씬 더 막대해진 게르니카 폭격을 어떤 형식적 고려를 통해 감당했던 것일까? 두 측면이 두드러진다. 하나는 포토저널리즘을 모방했다는 것이다. 앞서 보았듯이 1930년대

3-19. 오토 딕스 「폭격당하는 렌스」, 1924, 뉴욕 MoMA

중반부터 신문은 현장에 밀착된 사진들을 게재하기 시작했다. 「게르니카」는 콜라주 기법인 양 신문지를 흉내낸 부분도 있고, 전체적으로 흑백 보도사진과 흡사한 무채색 회화이다. 그래서 「게르니카」에서는 다큐멘터리적 사실성의 분위기가 풍긴다. 그리고 신문 보도사진이 그렇듯이, 그것과 연결된 기사(스토리)의 존재를 가정하게 된다. 표제 '게르니카'가 그 가정된 사건 기사를 찾아 밝히려는 충동을 자극한다.

다른 하나는 입체주의적 기법의 채택이다. 피카소가 입체주의의 창시자인 걸 생각하면, 이런 말은 하나 마나 한 말로 들릴 수 있다. 하지만 「미노타우로마키」가 보여주듯이 피카소가 입체주의적 회화만 그린 것은 아니다. 피카소에게 입체주의는 내면적으로 축적되고 자유롭게 활용할 수 있는 금형(金型)과 같은 것이지만 필연적인 것은 아닌 셈이다. 따라서 피카소가 거의 본능적으로 입체주의를 채택했다고 하더라도, 그것은 '채

택'이다. 요점은 게르니카 폭격이라는 사건에 대해 발작적인 표현주의보다 입체주의가 형식적으로 더 적합한 채택이었는가, 하는 것이다.

확실히 분석적인 입체주의는 전쟁의 잔인성 폭로에 있어 표현주의보다 더 적합한 면이 있다. 두 눈이 서로 다른 방향을 바라보는, 전형적인 입체주의적 시선 묘사를 떠올려보라. 이런 기법은 인물의 복합적 감정을 분석적으로 보여준다. 그런 입체주의적 해부에는 전쟁의 잔인함과 다른 (폭로적) 잔인함이 내장되어 있거니와, 그것이 「게르니카」에서 매우 효과적으로 작동한다. 「게르니카」의 인물들에는 평온과 격정, 분노와 슬픔, 당혹과 침잠이 동시에 표현되고, 비틀린 육체의 동적인 질주가 관조와 망연자실 그리고 죽음의 고요와 공존한다. 섬광과 불길에 싸늘한 전깃불 조명과 따뜻한 등잔불 그리고 그런 빛들의 이면인 짙은 그림자도 겹쳐 있다.[61] 관람자의 시선은 「게르니카」의 크기 때문이 아니라 바로 이런 역설적인 양면성으로 인해 화면 위를 방황하며 해석적 관여로 이끌린다. 「게르니카」는 관람자를 관조 상태에 내버려두지 않는다.

---

61 물론 입체주의에는 표현주의에는 없는 난관이 있다. 표현주의 회화는 직관적 이해의 어려움이 별로 없지만, 입체주의는 그렇지 못하다. 그것은 적합한 독해태도 형성을 요구한다. 그러나 피카소는 (의도한 것은 아니겠지만) 자기 작품이 이해되는 데 필요한 조건을 스스로 창출했다. 피카소는 1907년 최초의 입체주의 회화랄 수 있는 「아비뇽의 처녀들」(Les Demoiselles d'Avignon)를 그렸다. 이후 그는 조르주 브라크를 파트너로 삼았고, 장 메챙제르(Jean Metzinger, 1883~1956), 알베르 글레이즈(Albert Gleizes, 1881~1953), 페르낭 레제(Fernand Léger, 1881~1955), 자크 립시츠(Jacques Lipchitz, 1891~1973) 등을 모아 입체 '주의'를 형성했다. 1916년에는 「아비뇽의 처녀들」을 대중에게 공개했다. 그 이후 「게르니카」에 이르기까지 20여년의 작업을 통해서 피카소는 대중이 「게르니카」를 이해하고 수용할 수 있는 조건, 그러니까 자신의 예술적 기법과 어휘를 대중의 상식 속으로 밀어 넣는 작업을 수행했다. 사실 「게르니카」 입체주의의 잔인성은 매음굴의 여성들을 매력이나 슬픔 없이, 아이러니나 사회적 논평 없이, 마치 죽음을 바라보는 듯한 눈을 한 모습으로 그린 「아비뇽의 처녀들」의 잔인성보다 크게 심한 것은 아니다. 그러니 「아비뇽의 처녀들」을 수용할 수 있는 관람객이라면 「게르니카」의 수용이 그렇게 어려운 일은 아닐 것이다.

소피아의 대중 교육

처음 대면했을 때 감전시키는 듯한 충격은 없었지만, 그앞을 떠나려니 무슨 끈적한 자력 같은 것이 흐르는 듯 발걸음이 잘 떨어지지 않았다. 그래도 「게르니카」가 있는 방을 천천히 떠났다. 미술관 넓은 벽에 혼자 걸린 이 그림은 예술 내적 혁신의 몸짓으로 의미가 축소된 여느 아방가르드 예술작품과 달리, 선전인 동시에 예술인 것이 가능함을 증언하며, 여전히 사회·정치·역사와의 긴장 어린 관계를 유지하고 있었다. 뉴욕의 유엔본부 안전보장이사회 입구 복도에 걸린 「게르니카」의 태피스트리 버전(3×6.7미터로 원화보다 약간 작다)이 겪었던 일은 「게르니카」의 그러함을 잘 보여준 해프닝이었다. 태피스트리가 걸린 자리는 안전보장이사회 관련 언론 브리핑이 이뤄지던 장소였다. 그런데 2003년 1월 태피스트리가 푸른 장막으로 가려졌다. 당시 미국은 이라크전쟁의 조기 종식을 위해 "충격과 공포"(shock and awe)라 불리는 바그다드 폭격 작전에 대한 유엔 안전보장이사회의 승인을 얻으려 애쓰고 있었다. 같은 시기 사담 후세인이 대량 살상무기를 보유하고 있다는 주장이 구체적 증거가 없음이 밝혀졌지만, 미국은 대규모 폭격을 밀어붙였다. 그러나 당시 미국의 유엔 대사였던 존 네그로폰테(John Negroponte, 1939~)는 미국의 이라크 폭격 계획을 「게르니카」 태피스트리 앞에서 언론에 브리핑하는 것에 불편함을 느꼈고, 그래서 태피스트리를 푸른색 장막으로 덮어버린 것이다. 「게르니카」가 바그다드 폭격을 막지는 못했지만, 복제품만으로도 그런 작전을 정당한 일인 양 떠들어대려는 미국의 입을 더듬거리고 불편하게 만들었던 셈이다.

인류의 자기파괴 기술이 한계를 모르고 발전하고, '스마트폭탄' 같은 『1984』식의 역겨운 '신어'(Newspeak)가 버젓이 공론장을 누비는 시대를 우리는 살아가고 있다. 가해자와의 동일시를 유도하는 미디어 정치와 '고통의 포르노그래피'에 길들여진 감성에서 벗어나기 위해서는 우리의 감성을 재분할하고 재편할 가장 유력한 수단인 예술의 항의가 절실하거니와, 소피아의 「게르니카」는 그런 항의 작업이 자신을 이어 계속되기를 촉구하고 있었다.

「게르니카」가 있는 방을 떠나서 3층으로 올라갔다. 여러개의 기획전시와 활동이 행해지고 있었다. 20세기 초 미국의 유명한 만화가 조지 헤리먼(George Herriman, 1880~1944)의 작품 전시회 '크레이지 캣은 크레이지 캣은 크레이지 캣이다'(Krazy Kat is Krazy Kat is Krazy Kat)가 열리고 있었고, 그옆에서는 브라질 사상가 마리우 페드로사(Mário Pedrosa, 1900~81)를 기념하며 그의 예술비평과 관련 작품을 전시하는 '마리우 페드로사: 형태의 정서적 본성에 대하여'(Mário Pedrosa: On the Affective Nature of Form)가 열리고 있었다. 전시와 작품의 맥락이 낯설어서 감상이 쉽지 않았다. 4층으로 올라갔다. '솔레다드 로렌소 컬렉션'(Soledad Lorenzo Collection) 전이 열리고 있었다. 마드리드의 유명 갤러리 소유자였던 솔레다드 로렌소가 모은 스페인 예술가 86명의 작품이 소개되고 있었다. 역시 좀 낯설었다. 내게 비교적 친숙했던 것은 '물질 속의 눈: 지가 베르토프와 초기 소련 영화'(The Eye in Matter: Dziga Vertov and Early Soviet Cinema)라는 기획이었다. 책에서만 읽었던 지가 베르토프(Dziga Vertov, 1895/96~1954)의 영화들이 상영되고 있었다. 그리고 그 옆방에서는 베르토프 작품에 대한 작은 토론회가 열리고 있었다. 하지만 느긋하게 영화를 보기엔 저녁시간이 가까웠다. 상영관을 나와서 잠시 길이 헷갈려 서

성이다가 본관 사바티니 빌딩에서 확장된 부속건물로 이어지는 통로가 있어서 그리로 가보았다. 장 누벨(Jean Nouvel, 1945~)이 설계한(그래서 '누벨빌딩'이라고도 불린다) 부속건물은 마치 1937년 스페인 파빌리온이 그랬듯이 철골을 조립한 형태였다(하지만 스페인 파빌리온처럼 철골에 저렴한 시멘트 보드를 이어 붙이지 않고 강화유리를 결합한 훨씬 세련되고 멋진 건물이다). 그쪽으로 가보니 거기서도 '전쟁과 평화 속의 폭력'(Violence in War and Peace)이라는 전시회가 열리고 있었다.

미술관을 떠나려 본관 1층으로 내려오다가 입장했을 때 미처 못 본 슬로베니아 작가들의 '카피탈에서 캐피탈까지의 새로운 슬로베니아 예술'(Neue Slowenische Kunst from Kapital to Capital)이라는 전시회가 또 나타났고, 그옆에는 아카이브 문제를 다룬 '공유재로서의 아카이브 II: 아노미적인 아카이브'(Archives of the Common II: The Anomic Archive)라는 전시 및 토론회가 열리고 있었다. 전시회와 기획전이 정말 끝없이 이어지는 느낌이었다. 전시장 입구의 팸플릿들만 챙겨서 소피아를 나왔다. 「게르니카」한 작품만으로도 정신적으로 포만한 하루인데, 그외에도 너무 많은 작품과 전시를 관람해 노곤했다. 소슬한 바람을 맞으며 '초콜라테리아 산히네스'를 향해 총총히 걸어갔다. 초콜릿차에 포라스(아내는 추로스를 좋아했지만, 나는 통통한 포라스가 더 입맛에 맞았다)를 찍어 먹고 나니 정신이 좀 나는 느낌이었다. 한 움큼 쥐고 온 팸플릿을 다시 하나하나 넘겨보았다. 그제야 소피아의 그 수많은 전시회와 기획전이 지향하는 바가 느껴졌다. 자신을 1937년 스페인 파빌리온의 계승자로 생각하는 소피아는 스페인 민주주의를 역전 불가능한 것으로 만들기 위해서 예술을 통해 끊임없이 스페인 대중을 교육하려 하고 있었다. 다시는 게르니카의 비극이 없는 나라를 만들기 위해 「게르니카」와 그것을 이어가는

작품을 전시하는 것, 그럼으로써 민주주의적 감성을 형성하는 것, 그것이 소피아가 열정적으로 추구한 바였다. 미술관은 예술작품과 더불어 그렇게 인민을 발명하고 재발명할 수 있다.

4장

바르셀로나, 세르다, 그리고 가우디

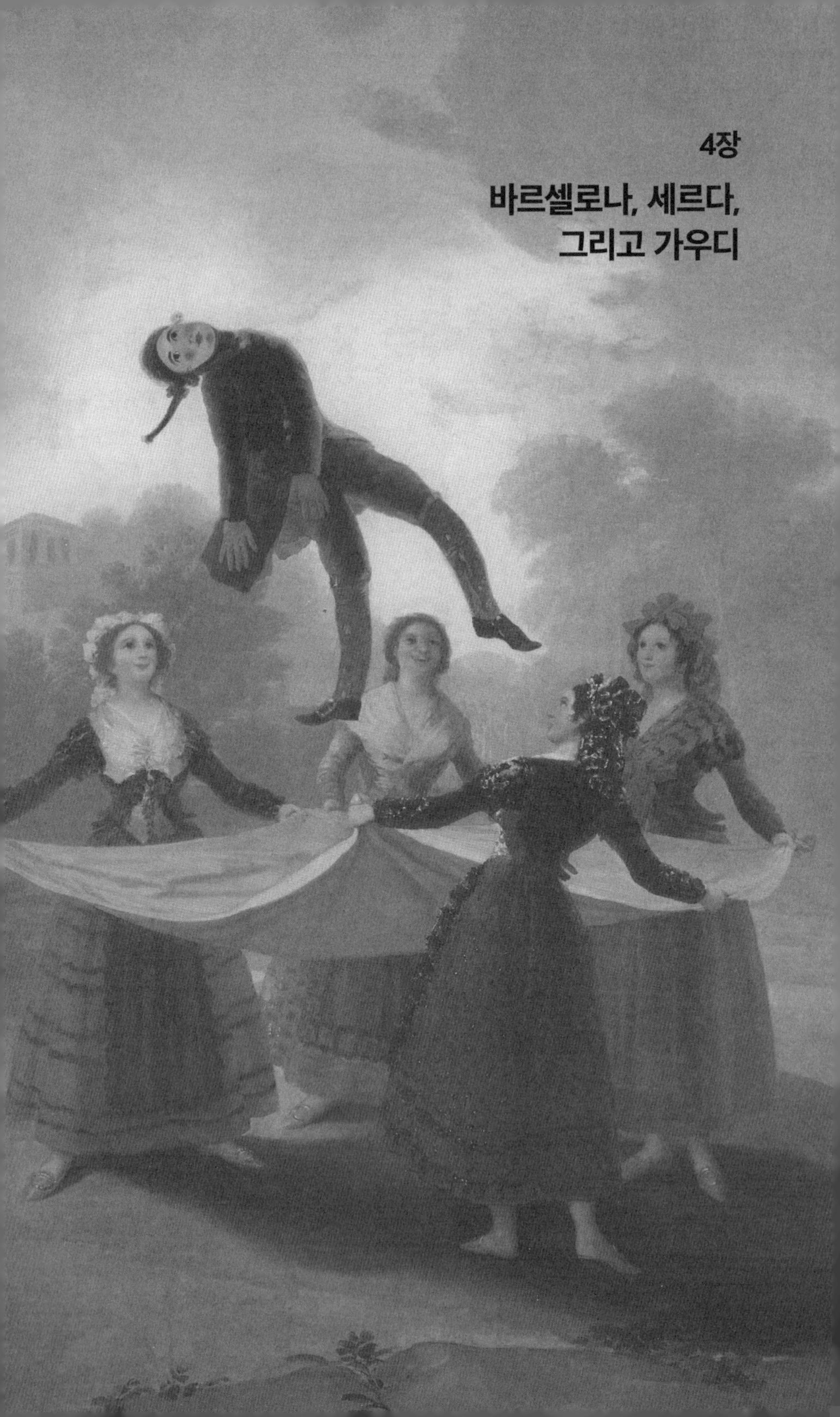

바르셀로나, 두번의 방문

스페인에 있는 동안 바르셀로나를 두번 방문했다. 바르셀로나가 너무 좋아서 그랬던 건 아니다. 애초 계획은 마드리드로 입국해서 바르셀로나에서 출국하는 것이었고, 비행기표도 그렇게 끊었다. 겨울방학을 맞은 둘째와 휴가를 낸 첫째가 오면 함께 바르셀로나에 갈 예정이었다. 그러니까 아내와 나에게 안토니오 가우디(Antonio Gaudí, 1852~1926)의 '성가족 성당'(Sagrada Família)[1]은 스페인 관광/여행의 대미를 장식할 곳이자 가족을 위한 장소로 계획되어 있었다. 그런데 마드리드에 있는 동안 아내의 지인이 우리를 찾아왔고, 그가 원하는 관광/여행에 맞춰 계획을 수정해야 했다. 지인은 마드리드와 그 인근 지역을 둘러본 다음 리스본과 바르셀로나에 가보길 원했다. 그즈음 우리 계획은 포르투갈을 방문해서 리스본, 코임브라, 포르투를 돌아보고 마드리드로 돌아오는 것이었고, 지인

---

1 정식명칭은 '성가족을 위한 성당 및 속죄 사원'(Basílica i Temple Expiatori de la Sagrada Família)이다. 규모는 보통의 대성당보다 훨씬 크지만, 주교가 관할하는 대성당(cathedral)이 아니라 그냥 성당(basilica)이다.

에게도 넉넉한 일정으로 포르투갈을 돌아보자고 제안했지만, 지인의 소망을 꺾기는 어려웠다. 결국 포르투갈에서는 리스본만 다녀오고, 이어서 바르셀로나에 가보기로 했다. 덕분에 예정했던 겨울 바르셀로나만이 아니라 가을의 바르셀로나까지 볼 수 있었던 것은 좋았다. 하지만 아름답기로 이름 높은 코임브라 대학 도서관을 가보지 못했고 포르투의 리베르다드 광장을 거닐고 도루강이 내다보이는 레스토랑에서 포르투 와인을 마실 기회를 놓친 것이 내내 아쉬웠다.

어떤 곳을 두번 그것도 비교적 가까운 시일 안에 방문하면 두개의 여정이 뒤섞이기 십상이다. 그래서 시간이 지난 뒤 어떤 일로(예컨대 바르셀로나와 관련된 신문기사를 읽는다든지 해서) 문득 바르셀로나가 떠오르면, 기억속의 바르셀로나는 내가 방문했던 여느 도시처럼 장소와 시간을 통합하는 여정의 형태로 떠오르질 않았다. 가령 람블라 거리를 떠올리면, 가을과 겨울 풍경, 창이 커다란 레스토랑에서 낙엽이 지는 길거리를 바라보며 식사했던 일과 보케리아 시장에서 길거리 음식을 사 먹던 일이 두서없이 얽혔다. 하나의 장소경험에 두개의 시간경험이 접착되어 혼선이 이는 셈이다. 그래서 시간 순서를 따르기보다는 장소 중심으로 서술하는 것이 중복과 혼란을 피하는 데 도움이 될 듯하다. 그것이 내가 바르셀로나를 기억하는 방식이기도 하다. 그렇다 해도 아예 시간적 질서를 벗어날 순 없고, 배경화면이 가을에서 겨울로, 겨울에서 다시 가을로 바뀌는 것은 어쩔 도리가 없다. 어떤 도시를 체험한다는 것은 햇빛과 구름, 거리에 불어오는 바람을 포함하는 일이니까 말이다.

바르셀로나 산츠 역의 '카탈루냐 분리주의 운동'

관광/여행은 다양하다. 누군가는 뮤직페라인잘에서 열리는 빈 필하모니 관현악단 연주를 듣기 위해 빈으로 관광/여행을 떠날 수 있고, 누군가는 사막과 그랜드캐니언 그리고 도박을 즐기기 위해 라스베이거스로 떠날 수도 있다. 혹은 타이 어딘가의 리조트에서 골프를 치며 한 주일을 보내다 오려고 할 수도 있고, 성지순례를 위해 이스라엘을 찾을 수도 있다. 하지만 이스라엘 방문은 2023년 10월 이후에는 권할 만한 일이 못 된다. 관광/여행을 떠나는 이에게는 현지의 정치 군사적 상황이 매우 중요하기 때문이다. 정치 군사적 상황만큼의 비중을 지닌 것은 아마 유행병이나 풍토병밖에 없을 것이다.

여행자는 장소를 향해 먼 길을 마다하지 않고 찾아온 손님이지만, 그 장소의 거주자 관점에서 보면 본질적으로 뜨내기일 뿐이다. 제 주머니의 돈을 호기롭게 뿌리고(여행자의 낭비벽은 그가 시간이 없다는 것에서 비롯된다. 시간은 값비싼 재화이다) 그 덕분에 대접을 해주지만, 그것은 그 장소를 살아가는 이들이 평화로운 때에 한한다. 그 장소를 가꾸고 일궈온 현지인들이 정치적 격변 아래 놓여 있다면, 길거리 음식을 먹고 키득거리며 여기저기 사진을 찍어대는 뜨내기는 성가신 존재일 뿐이다. 아니 여행자 자신이 벌써 불안감 속에서 조심스러워진다. 자연과 역사가 제공하는 아름다움도 화약냄새 나는 정치의 연기 속에서는 속절없이 음침해 보이기 때문이다.

스페인에 도착한 날부터 들여다본 『엘파이스』는 이틀에 한번은 카탈루냐 자치정부의 동향 그리고 그것과 관련된 중앙정부의 대응을 머리기사로 다뤘다. 아내와 내가 마드리드에 도착하기 하루 전인 9월 20일에

는 스페인 국가경찰이 독립을 위한 주민투표를 준비하던 카탈루냐 자치정부를 급습하여 14명의 고위 관리를 체포하기도 했다. 하지만 카탈루냐 자치정부의 수반 카를레스 푸치데몬(Carles Puigdemont, 1962~)은 중앙정부의 제재와 헌법재판소의 유예조치를 무시하고 10월 1일 독립을 위한 주민투표를 강행했다. 그러자 중앙정부는 경찰을 동원해서 투표소를 폐쇄했고, 그 때문에 투표 과정에서 수백명의 시민과 경찰이 다쳤다. 지금은 '2017~18년 스페인 헌정위기'로 불리는 이 정치갈등의 험악한 분위기는 별이 그려진 카탈루냐 국기 '에스테랄다'(Estelada)를 휘날리는 성난 군중들이 거리를 채운 바르셀로나만의 일은 아니었다. 위기가 고조되자 마드리드의 여러 집 창문에 방패 문양의 적황색 '스페인 국기'(Rojigualda)가 내걸렸고, 마드리드의 푸에르타델솔 광장에서는 주말이면 카탈루냐 독립을 반대하는 국기 문양의 옷을 입은 청년들의 집회가 사뭇 공격적인 분위기 속에서 진행되었다.

2017년 스페인 정치의 위기는 중세까지 거슬러 올라간다. 대략 8세기경 이른바 '레콩키스타'가 시작되었다. 이베리아반도 북부의 여러 군사적 수장이 이슬람 세력과 싸우면서 서서히 남진을 시작했는데, 중부에는 카스티야왕국, 서부에는 레온왕국, 동부에는 사라고사 중심의 아라곤왕국, 그리고 지중해연안을 따라 남하한 프랑크왕국의 귀족이었던 바르셀로나 백작이 독자 세력화한 바르셀로나 백작령(Comtat de Barcelona)이 있었다. 11~12세기경 레온과 카스티야 그리고 아라곤과 바르셀로나 사이에 각각 왕조적 결합이 이루어졌다. 이때부터 오늘날까지 이어지는 스페인의 정치·경제적 양대 축이 형성되었다. 카스티야/마드리드가 이베리아반도 한복판을 점유하며 '땅'에 기초한 정치·군사적 힘을 축적해갔다면, 카탈루냐/바르셀로나는 '바다'와 연계하여, 그러니까 남프랑스 지

역과 제노바 그리고 발레아레스제도와 연계된 지중해무역을 바탕에 둔 상공업적 힘을 비축했다.[2] 이렇게 다른 특성의 경쟁적인 두 세력권은 항상 충돌할 여지를 지니고 있었다. 하지만 화약이 잔뜩 쌓였다고 해도, 불길을 당기는 역사적 계기가 없다면 원만한 관계가 이어질 수도 있다. 실제로 이슬람 세력을 몰아내는 작업에 몰두하던 때는 양편 사이에 큰 갈등이 없었다. 오히려 1469년 아라곤의 페르난도 2세와 카스티야의 이사벨이 결혼하여 스페인 공동국왕에 오른 일은 두 세력의 연합을 상징하는 동시에 레콩키스타를 완수하는 계기가 되었다. 그러나 이후 스페인 역사의 중요한 고비마다 카탈루냐/바르셀로나는 이베리아반도 전체에 헤게모니를 행사하려는 카스티야/마드리드에 맞섰다.

첫번째 계기는 17세기 중엽의 '프랑스-스페인 전쟁'(1635~59)이었다. 유럽 내 주도권을 두고 부르봉왕조와 스페인 합스부르크왕조 사이에 벌어진 이 전쟁에서 더 많은 전비 부담을 요구하는 카스티야/마드리드에 대항했던 카탈루냐/바르셀로나는 프랑스와 동맹을 맺었다. 하지만 이 반란은 결국 펠리페 4세의 군대가 바르셀로나를 점령함으로써 종결되었다.[3]

---

2 아라곤 연합왕국이 한창 강성했던 13~14세기에는 이베리아반도 남쪽으로는 발렌시아까지 영토가 확장되었으며, 발레아레스제도는 물론이고 코르시카, 사르데냐, 그리고 시칠리아 같은 지중해의 여러 섬과 연계된 지중해제국으로 발돋움했다. 이들은 제노바와 밀라노를 통해 유럽 내륙의 상업 네트워크와도 연결되었다. 이 과정에서 이 지역민들은 프랑스도 스페인도 아닌 독자적 정체성을 발전시켰다.

3 프랑스-스페인 전쟁과 카탈루냐의 반란은 스페인 영토에 두가지 중요한 결과를 낳았다. 프랑스와 스페인 사이에 맺어진 피레네조약에서 프랑스는 (지금은 스페인과의 국경지대인 피레네조리앙탈주Pyrénées-Orientales에 해당하지만) 본래 카탈루냐의 일부였던 루시용(Roussillon)에 대한 통제권을 확보했다. 그리고 카탈루냐 반란에 군대의 발이 묶였던 펠리페 4세의 군대는 포르투갈이 스페인에서 독립하기 위해 벌였던 이른바 '복원전쟁'(1640~68)에 대처할 수 없었다. 카탈루냐의 반란이 포르투갈 독립을 가능케 했던 요인

두번째 계기는 18세기 초 '스페인 왕위계승 전쟁'(1701~14)이었다. 1700년 카를로스 2세가 자식 없이 죽었을 때, 후계자로 지명된 이는 (스페인의 왕 펠리페 5세가 되는) 루이 14세의 손자 앙주의 필리프(Philippe d'Anjou) 공작이었다. 그러나 오스트리아 합스부르크가의 카를 대공 또한 스페인 왕위계승권을 주장했고, 곧장 프랑스와 오스트리아 사이에 전쟁이 벌어졌다. 부르봉왕가가 프랑스와 스페인 모두를 아우르는 대국이 되는 것을 걱정한 영국, 네덜란드, 포르투갈 등이 오스트리아를 지원했는데, 카탈루냐도 그 대열에 합류했다. 그러자 펠리페 5세는 카스티야인들을 자기편으로 끌어들이기 위해 오스트리아 합스부르크가가 스페인 왕위를 계승한다면 스페인은 카를 대공 편에 선 카탈루냐의 헤게모니 아래 들어갈 것이라고 주장했다.

14년을 끌었던 이 전쟁은 펠리페 5세가 스페인 왕위를 인정받는 대신 그와 그의 후손이 프랑스 왕위계승권을 포기함을 명시한 위트레흐트조약(1713)을 통해 종결되었다. 조약에 의한 영토의 재분배 과정에서 카탈루냐는 당연히 스페인 영토로 남았고, 1713년 펠리페 5세는 바르셀로나의 '반란'을 진압하기 위해 군대를 파견했다. 바르셀로나는 13개월간 강경하게 저항했으나 결국 1714년 9월 11일 함락되었다.[4]

세번째 계기는 1936~39년의 내전이었다. 내전의 대립구도가 카스티야 대 카탈루냐는 아니었지만, 내전에서 승리한 프랑코는 마드리드를 권력 기반으로 삼고 강력한 중앙집권화를 추구했다. 그런 프랑코에게 제2공화국의 최후 보루로서 자신에게 맞섰을 뿐 아니라 제2공화국 시기에 획득

가운데 하나였던 셈이다.
4 카탈루냐인들은 지금도 9월 11일을 '카탈루냐 국경일'(Diada Nacional de Catalunya)로 기념한다.

한 광범위한 자치권을 고수하고자 했던 카탈루냐는 정치적으로 그리고 문화적으로 억눌러야 할 대상이었다. 프랑코는 카탈루냐 자치정부를 폐지했고, 카탈루냐어의 공식적 사용 또한 금지했다. 19세기 스페인 산업화를 주도했고 20세기 초 노동자운동의 중심지였던 카탈루냐는 다시 한번 마드리드의 중앙정부에 굴복해야 했는데, 이 과정에서 카탈루냐인들에게는 독재로부터의 자유와 지역적 정체성에 기초한 자치(또는 독립)가 하나의 과제로 융합되었다.

36년이나 이어진 프랑코 독재에 짓눌렸던 카탈루냐의 민주주의와 자치를 향한 열망은 1975년 프랑코가 죽자마자 강력하게 분출했다.[5] 카탈루냐는 스페인 역사상 볼 수 없었던 대규모 시위를 장기간 펼치며 자치와 민주주의를 외쳤다. 이런 자치운동의 영향력은 1978년 제정된 헌법이 스페인의 자치공동체를 역사적 '민족'과 행정적 '지역'으로 나누고, 카탈루냐와 바스크에 '민족'의 지위를 부여한 것에서 잘 나타난다.[6]

그러나 그 영향력은 1978년 헌법의 국가 및 자치공동체의 재정 관련 규정에까지 미치지는 못했다. 헌법은 17개 자치공동체 가운데 바스크와 나바라에만 조세 자율권을 주고, 카탈루냐에는 주지 않았다. 그 이유의 일부는 프랑코 체제에 대한 저항과 투쟁의 면에서 카탈루냐가 바스크만

---

5 이하 카탈루냐 분리주의 운동과 스페인의 1978년 헌법에 대해서는 다음 글들을 참고했다. 황보영조 「스페인 민주화와 아돌포 수아레스의 정치활동」, 『역사와 경계』 61집, 2006, 213~42면; 조동은 「스페인 1978년 헌법의 성립과정에 관한 연구」, 『유럽헌법연구』, 20호, 2016, 111~62면; 고주현 「민주화 이행기 스페인의 정치균열과 갈등구조의 변화」, 『비교민주주의연구』, 14권 5호, 2018, 5~27면; 고주현 「스페인 카탈루냐 지역 분리 독립과 인정의 정치」, 『유럽연구』, 36권 3호, 2018, 75~110면; 이상현, 「스페인 민주화와 제도 그리고 카탈루냐 분리 독립 운동」, 『스페인어문학』 89호, 2018, 153~75면.
6 스페인 헌법 제2조는 "헌법은 모든 스페인 국민 공동의 분할될 수 없는 조국인 스페인의 영속적 통일성에 기초하고 있으며, 스페인을 구성하는 민족들(nacionalidades) 및 모든 지역들(regiones)의 자치권과 이들 사이의 연대를 확인하고 보장한다"라고 규정하고 있다.

큼 강력하지 못했기 때문이기도 하지만, 스페인 경제에서 카탈루냐 지역이 차지하는 비중이 바스크와는 비교도 되지 않을 정도로 크기 때문이기도 하다(바스크의 경제적 비중은 스페인 GDP의 5~6퍼센트 수준이지만, 카탈루냐는 20퍼센트에 이른다). 그러나 바스크만큼의 재정적 자율성을 갖지 못한 카탈루냐인들은 늘 자신들이 중앙정부 재정에 이바지한 것에 비하면 너무 적은 혜택을 본다는 피해의식을 갖게 되었다.

'2017~18년의 헌정위기'는 국가적 통일성 유지와 지역공동체의 자치 사이에서 어정쩡한 타협과 합의로 만들어진 헌법에 잠재된 갈등요인들이 지구화 그리고 그것의 한 귀결인 2008년의 글로벌 금융위기와 뒤얽히며 발생한 것이었다. 금융위기로 스페인 경제가 큰 타격을 입자 마드리드 중앙정부는 상대적으로 여건이 좋은 카탈루냐에서 거둔 세금으로 사정이 더 나쁜 지역을 지원해야 했다. 카탈루냐 지역도 금융위기의 타격을 입은 상황이라, 자신들 추산으로 연 160억 유로에 이르는 비용을 중앙정부에 초과 지급한 것에 불만에 품게 되었고, 그것이 역사적 정체성 문제와 결합한 강력한 독립 요구로 터져 나왔다.

하지만 독립 시도는 실패로 끝났다. 10월 1일 주민투표 결과는 43퍼센트 투표율에 92퍼센트의 독립 찬성이었다. 찬성 비율은 매우 높았지만, 투표율이 과반에 미치지 못했다. 투표율이 낮았던 데는 경찰의 투표 방해가 한몫했지만, 기본적으로는 카탈루냐 주민이 모두 분리주의자인 건 아니기 때문이었다. 상공업과 유통업 그리고 관광 중심지인 카탈루냐에는 일자리를 찾아 새롭게 유입된 인구가 상당히 많았으며, 그들은 당연히 카탈루냐 정체성이 희박하거나 그것에 부정적이다. 그런 이들 가운데 상당수는 카탈루냐 독립 '반대' 시위에 나섰다. 게다가 카탈루냐의 정치적 불안을 이유로 바르셀로나에 지사나 본사를 둔 1000여개의 글로벌 대

기업들과 스페인 기업들이 이탈을 고려하고 있다고 발표했고, EU도 카탈루냐를 독립적인 '공화국'으로 승인할 생각이 없음을 분명히 했다. '스페인의' 카탈루냐 그리고 그들이 창의력을 발휘할 수 있게 해줄 자치권의 확대를 환영하는 이들은 넉넉하게 많지만, 카탈루냐 '공화국'은 널리 환영받고 있지 않으며, 분리주의자들이 그런 우호적이지 못한 환경을 돌파할 힘을 지닌 것도 아니었다.

그러나 투표율과 찬성률로 알 수 있듯이, 독립 찬성 투표자는 총유권자의 39퍼센트나 된다. 독립의 문턱을 넘기에 모자랄지 몰라도 운동을 이어갈 힘은 충분하고도 남음을 보여주는 수치다. 실제로 그들은 10월 1일 이후에도 열렬히 집회를 이어갔다. 10월 8일에는 수십만의 시위군중이 바르셀로나 거리를 채웠다. 그러자 마리아노 라호이(Mariano Rajoy, 1955~) 총리는 10월 21일 상원의 승인을 받아 헌법 제155조를 적용하여 중앙정부가 카탈루냐를 직접 통치할 것임을 예고했다. 그러나 총리의 경고에도 아랑곳하지 않고 카탈루냐 의회는 10월 27일 (야당은 참여를 거부했지만) 투표를 통해 다수결로 카탈루냐의 독립을 '일방적으로' 선언했다. 그러자 스페인 상원은 바로 다음 날 총리가 요청한 제155조의 발동을 승인했다.[7] 라호이 총리는 즉각 카탈루냐 자치정부와 의회를 해산했고, 법무부 장관은 10월 30일 푸치데몬과 다섯명의 카탈루냐 장관을 반란, 선동, 그리고 횡령 혐의로 체포할 것을 명령했다. 푸치데몬과 각료들은 곧장 벨기에로 도주했다.

---

[7] 스페인 헌법 제155조는 다음과 같다. "자치공동체가 헌법 또는 기타 법률이 부과된 의무를 이행하지 않거나 스페인의 일반 이익을 심각하게 침해하는 방식으로 행동하는 경우, 정부는 해당 공동체가 해당 의무를 이행하도록 강제하거나 위에서 언급한 일반 이익을 보호하는 데 필요한 모든 조처를 할 수 있다." 중앙정부가 자치공동체를 엄격히 통제할 수 있는 매우 강력한 조항이다.

그렇게 위기의 한 국면이 정리되는 것 같았다. 정치적 갈등을 피해 포르투갈을 먼저 다녀온 아내와 나 그리고 아내의 지인은 11월 3일 한결 평안한 마음으로 바르셀로나를 방문했다. 카탈루냐에 넘실대던 정치적 에너지는 새로운 계기를 기다리며 수면 아래로 가라앉았고, 거리는 평온했다. 고딕 지구는 관광객들로 붐볐고, 화사한 '보케리아 시장'(Mercat de la Boqueria)의 길거리 음식점들 앞에는 줄이 길었다. 서로 사진을 찍어주며 즐겁게 돌아다닌 3박 4일의 일정을 마치고 우리는 마드리드로 귀환하기 위해 바르셀로나 산츠 역으로 갔다. 7시 출발 고속열차(Renfe)를 탈 예정이었는데, 역 구내식당에서 저녁을 먹을 생각으로 조금 일찍 도착했다. 저녁을 먹고 나자 역 분위기가 이상하다는 것이 느껴졌다. 역 안에 사람들이 점점 많아졌고, 그들 모두가 웅성거리고 서성였다. 스피커로 안내방송이 나와서 귀를 기울여보았지만, 스페인어 방송뿐이었다. 영어를 할 줄 아는 외국인에게 물었더니, 일군의 카탈루냐 분리주의자 청년들이 선로를 점거해서 열차 운행이 중단되었다는 것이다. 경찰들이 어렵지 않게 시위대를 해산할 수 있을 것 같은데, 그렇지 않았다. 국가경찰은 마드리드로 귀환한 상태이고 자치경찰은 같은 카탈루냐 사람들을 거칠게 다룰 생각이 없었다.

밤이 깊어지자, 탑승을 포기한 이들이 역을 빠져나갔는지 웅성대던 승객 수가 조금 줄어들었다. 역무원들은 그저 시위대 해산을 위해 노력하고 있으며 해산이 이뤄지면 운행이 즉각 제기될 거라는 말만 반복할 뿐이었다. 바르셀로나에서 하룻밤을 더 보내야 할지 모르겠다는 생각이 들었다. 스마트폰으로 인근 호텔을 검색했다. 나처럼 방을 구하는 사람들이 꽤 많았는지 생각보다 빈방이 적었다. 겨우 방 하나를 찾아서 예약을 시도했다. 당일 숙박이라 앱으로 결제가 되지 않아, 전화를 걸었다. 선결제

를 요구해서 카드번호를 불러주고 결제를 마쳤다. 어느덧 11시가 되었다. 호텔에 가서 자고 내일 다시 올지 아니면 좀더 기다려볼지 마음을 정해야 할 때였다.

11시 반. 이제 역을 떠나야겠다 싶었다. 그런데 그때 철로가 있는 쪽 창에서 구호를 외치는 소리가 들렸다. 그러더니 에스테랄다 깃대를 든 수백명의 청년들이 경찰의 호송을 받으며 철로 편에서 외곽통로를 거쳐 역사를 빠져나가고 있었다. 자진 해산하면 모두 체포 없이 방면하겠다는 경찰의 제안을 시위대가 수용했다고 한다. 유리창 너머로 보이는 그들을 향해 승객 가운데 일부는 큰 소리로 욕을 해대기도 했다. 그런 중에 역무원들이 우르르 나타나 승객들에게 개찰구 쪽으로 줄을 서라고 했다. 우리도 잰걸음으로 걸어가 줄을 섰다. 가지고 있던 표를 제출하자 새 표로 바꿔주었다. 새로 지정된 좌석에 앉았다. 그리고 곧장 기차가 출발했다. 호텔 예약에 쓴 돈이 아까웠지만, 기차를 탄 것이 어디냐 싶었다. 기차가 출발하자 역무원들은 승객들에게 간단한 간식거리를 나눠 줬다. 그걸 먹고 잠이 들었고, 새벽 3시경에 마드리드 아토차 역에 도착했다. 그렇게 스페인 정치의 끝자락에 휘말린 하루가 끝났다.

아내와 내가 다시 바르셀로나를 찾은 것은 12월 28일인데, 그 일주일 전인 12월 21일 해산된 카탈루냐 의회를 복원하기 위한 임시 선거가 있었다. 이 선거에서도 분리주의를 지지하는 정당이 다수당의 지위를 유지했다. 그런 선거 결과를 보며 카탈루냐 분리주의의 생명력과 그것의 행로에 관심이 갔고, 스페인을 떠난 뒤에도 이따금 카탈루냐 분리주의 동향을 찾아보게 되었다.

2017년 겨울 이후 카탈루냐 분리주의 운동은 자본주의 세계체제의 고질적 병리인 부패문제와 접맥된다. 분리주의 운동을 단호하게 진압했던

국민당(Partido Popular)[8]의 라호이 총리가 2018년에 민주화 이후 최대 규모라는 부패 스캔들 '구르텔 사건'(Caso Gürtel)에 연루되어 권력을 상실했다. 구르텔 사건은 '스페인 부패방지 검찰청'이 마드리드 교외 시의원이었던 호세 루이스 페냐스(José Luis Peñas, 1964~)의 제보로 2007년부터 수사에 들어간 사건이다. 사건의 명칭은 수사의 기밀을 위해 부패 스캔들 중심에 있는 스페인 사업가 프란시스코 코레아 산체스(Francisco Correa Sánchez, 1955~)의 중간 이름인 '코레아'('허리띠'를 가리키는 말이기도 하다)를 같은 뜻의 독일어인 귀르텔(스페인에서는 '구르텔'로 발음된다)로 바꾸어 부른 데서 유래한다. 코레아는 2000년대 초반부터 국민당 소속 정치인들과 유착되어 정부 발주 건설사업을 수주하며 사업을 발전시켰고, 이 과정에서 뇌물 제공, 탈세, 돈세탁, 협박, 문서위조 등의 범죄를 저질렀는데, 그와 얽힌 국민당 정치인이 수백명에 이르렀다.[9] 1990년대 말부터 세계 자본주의는 경제적 침체를 돌파하기 위해 주택 건설과 토목에 대한 투자를 늘렸고, 같은 시기 스페인 또한 주택 건설을 통해 경기를 부양했다. 그런 정책이 코레아가 국민당 정치인들과의 유착을 통해 사업을 확장할 큰 기회였다.

주택담보대출의 무리하고 편법적인 확장으로 인해 2008년 금융위기가 발발하자, EU 회원국인 탓에 독자적 통화정책을 펼 수 없었던 남유럽 여

---

8 민주화 이후 스페인에서는 매우 다양한 정당이 설립되었다. 그러나 기본적으로는 중도우파를 표방하는 국민당과 중도좌파적인 스페인 사회노동당(PSOE) 중심의 양당제적 성격이 강하다. 중앙정부 기준으로 민주화 이행 이후 1982년부터 1996년까지는 PSOE가 집권했다. 그리고 1996년부터 2004년까지는 국민당, 2004년부터 2011년까지는 PSOE, 2011년부터 2018년까지는 국민당, 그리고 2018년부터 현재까지는 PSOE가 집권하고 있다.

9 사건의 전말에 대해서는 『가디언』 2019년 5월 1일자 기사, "Spain's Watergate: inside the corruption scandal that changed a nation"을 참조하라. https://www.theguardian.com/news/2019/mar/01/spain-watergate-corruption-scandal-politics-gurtel-case.

러 나라가 부채 청산을 위해 긴축정책을 강요받았다. 이 과정에서 전후 유럽정치의 지배적 정당이었던 중도좌파와 중도우파 정당들이 불신의 대상이 되었다. 더불어 대안을 자처하는 좌파 포퓰리즘 정당과 극우 정당 세력이 확장되었다. 하지만 스페인에서는 2010년 중반까지도 극좌나 극우 정당이 별로 성장하지 못했다. 그 이유는 두가지다. 하나는 스페인에서는 사회정치적 갈등의 중심축이 계급갈등과 인종문제가 아니라 분리주의였기 때문이다. 다른 하나는 이민자들이 많기는 하지만 이민에 대해 관용적인 사회분위기가 정착해 있는데다가, 스페인 양대 정당의 하나인 보수적인 국민당 안에 이미 어느 정도는 극우적 속성이 스며 있어서 별도의 극우 정당의 성장이 쉽지 않았고, 좌파의 경우 150년의 역사를 가진 PSOE가 좌파 전반에서 행사하는 영향력이 컸기 때문이다.

그러나 구르텔 사건은 이런 스페인 정치구조를 뒤흔들어놓았다. 2013년에는 라호이 총리마저 불법 정치자금 수수에 연루되었다는 혐의가 제기되었고, 2016년부터 구르텔 사건 재판이 시작되어 사건의 전말이 상세히 보도되자, 라호이 총리와 국민당은 점점 심각한 궁지에 몰렸다. 그리고 마침내 2018년 스페인 '국가법원'(Audiencia Nacional)[10]이 코레아에게 징역 51년, 국민당 소속 전직 재무 장관 루이스 바르세나스(Luis Bárcenas, 1957~)에게 징역 33년과 벌금 4400만 유로, 그외 함께 기소된 국민당 간부 수십명에게 중형과 벌금을 선고했다. 그러자 스페인 의회는 즉각 라호이 총리에 대한 불신임투표를 발의했다. 투표 결과 라호이는 사임했고, PSOE의 페드로 산체스(Pedro Sánchez)가 총리직을 승계했다.

---

10 국왕이나 정부 구성원에 대한 특정 범죄, 테러, 마약 밀매, 통화위조와 같은 조직범죄 및 스페인 법에 따라 국외에서 행해진 범죄에 대한 형사문제를 다루는 법원으로 스페인 영토 전역에 대해 관할권을 갖는다.

이렇게 국민당이 허약해지자 2013년 결성된 극우 정당 '복스'(Vox, '목소리'라는 뜻이다)가 2019년 총선에서 10퍼센트 이상을 득표하며 하원의원 24명을 배출하게 된다. 그리고 2019년 선거에서 제3당으로 올라선 좌파 포퓰리즘 정당 '우디다스 포데모스'(Unidas Podemos, '우리는 할 수 있다'는 뜻이다)는 PSOE와의 연정을 통해 정부 구성에 참여한다. 코비드-19 사태 이후 치러진 2023년 총선에서 국민당이 제1당의 지위를 회복했고, 복스도 약간 더 세를 불렸다. 그러자 PSOE는 좌파 정당들 그리고 자치공동체의 분리 독립을 지지하는 정당들과의 협상을 통해 과반 의석을 확보하여 집권당의 지위를 유지했다. 정치적 지지가 취약해진 PSOE의 계속적인 집권을 위해 산체스 총리는 더 강한 좌파적 정책을 펼쳐야 했고, 분리 독립 운동에 좀더 우호적인 (예컨대 푸치데몬의 사면 같은) 조치를 취할 수밖에 없었다(카탈루냐 분리주의자들에게는 재도약의 기회가 열린 셈이다). 그러나 그런 정책이 시도되자마자 국민당과 복스 지지자들은 강력하게 반발하며 격렬한 시위를 벌였다.[11] 스페인에서 지구화의 두 효과인 정체성의 정치(즉 분리주의와 인종주의의 정치)와 사회적 양극화를 둘러싼 계급정치가 더욱더 깊숙이 얽혀 들어가고 있는 셈이다. 더불어 어떤 여행자가 산츠 역 혹은 바르셀로나의 어느 길모퉁이에서 내가 겪은 것보다 심각한 장면 안에 들어설 가능성이 조금 더 커진 셈이다. 그러나 여행자의 불편이란, 카탈루냐인들에게 정치적 열정을 불어넣는 동시에 그것의 실현을 수세기에 걸쳐 막아온 지정학적이고 사회경제적인 구조의 비극성에 비하면 사소한 일일 뿐이다.

---

11 Jason Horowitz, "Hundreds of Thousands Protest Spanish Prime Minister's Deal With Separatists," *New York Times*, 2023년 11월 12일자 기사 참조. https://www.nytimes.com/2023/11/12/world/europe/spain-protests-sanchez.html.

세르다와 에샴플레

어떤 도시든 도착할 때의 기억이 떠날 때보다 선명하기 마련이다. 그러나 바르셀로나의 경우는 산츠 역에서 나올 때 아내와 나를 맞아주던 바르셀로나의 풍경보다 깊은 밤 힘겹게 산츠 역을 떠날 때 기차 창밖으로 내다보았던 밤 풍경이 떠오른다. 바르셀로나는 유럽 어떤 도시에도 뒤지지 않는 매력을 지닌 곳이지만, 내게는 다소 불편했던 곳으로 남은 셈이다.

그러나 불편한 느낌의 연유가 '때'의 불운, 그러니까 솟구쳤던 정치적 열정이 여기저기 잔불처럼 남았던 시기에 바르셀로나를 방문했던 때문만은 아니었다. 공간으로서의 바르셀로나도 내게는 불편했다. 무엇보다 바르셀로나는 걷기에 편치 않았다. 세상의 대도시 가운데는 걷기 편한 도시보다 그렇지 않은 도시가 더 많으니, 그런 점을 두고 바르셀로나를 흠잡는 건 온당치 못할뿐더러, 사실 그런 내 느낌 자체가 지극히 주관적이다. 어쨌든 왜 그럴까, 생각해보았는데 목적지를 찾아 이동하는 게 이따금 꽤 멀고 고되게 다가왔기 때문이었다. 예컨대 '성가족 성당'을 보고 난 다음, 카사 바트요(Casa Batlló, 1904~1906)에 가려고 했을 때가 그랬다. 습관처럼 구글지도로 카사 바트요를 검색해보았다. 대략 열 블록 정도였다. 그런데 금방 도착할 것 같았던 카사 바트요가 걸어보니 꽤 멀었다. 힘들기도 하고 시간 낭비도 심해 택시나 버스를 탈 걸 그랬다는 생각이 들었다. 유사한 경험을 몇번 더 하고 나니 바르셀로나의 블록구조에 좀 짜증이 났다. 짜증의 근원은 바르셀로나가 아니라 한 블록에 상응하는 보행량을 가늠하는 기준인 나의 도시경험임을 알고 있지만, 그래도 짜증이

나는 건 어쩔 수 없었다.

　바르셀로나의 블록구조는 격자형태로 구조화한 근대도시의 표준처럼 여겨지는 뉴욕 맨해튼과 유사하지만, 형태와 길이가 달랐다. 바르셀로나에 가기 전에 걸어 다녔던 마드리드의 블록과도 달랐고, 나의 도시경험의 원형인 서울 강북 도심과도 달랐다. 직사각형인 맨해튼의 한 블록은 짧은 쪽이 평균 80미터 정도이다. 정사각형 모양인 바르셀로나의 한 블록은 (뒤에 자료를 찾아보고 알았지만) 113미터였다. 바르셀로나에서 길을 걷는 것은 뉴욕에서보다 꽤 오래 걸린다고 느낄 수밖에 없다(바르셀로나의 한 블록은 맨해튼의 약 1.4배나 된다). 마드리드의 경우 '살라망카' 지역을 제외하면 격자형인 곳이 거의 없다. 특히 구시가 구조가 많이 유지되고 있는 '센트로' 지역은 블록크기가 들쑥날쑥하지만 길어도 50미터를 넘지 않는다. 그러니 서울 강북은 바르셀로나보다는 마드리드와 유사하다고 할 수 있다. 굳이 서울과 비교하면, 바르셀로나의 그라시아 대로(Passeig de Gràcia)나 디아고날 거리(Avinguda Diagonal)를 걷는 것은 넓고 탁 트인 대로가 격자형으로 펼쳐지는 강남을 걷는 것과 유사하다. 강남에서 그렇듯이 바르셀로나에서도 걷는 것보다 차로 이동하는 것이 더 편할 뿐 아니라 몇몇 거리를 제외하면 걷기에 지루하고 황량해서 대중교통을 이용해서 이동하는 것이 훨씬 낫다.

　그렇지만 여행자는 걷는 것이 편하다. 무엇보다 대도시는 거리구조가 복잡하고 주차도 까다롭고 주차비도 비싸서, 처음 그 도시에 온 사람이 차를 빌려 운전하고 다니기 어렵다(런던, 방콕, 도쿄처럼 좌측통행이라면 더 말할 것도 없다). 택시는 비싸서 대중교통을 이용하고 싶지만, 그 경우 유효기간이 적절하고 저렴한 교통카드 구매라든지 착오 없는 환승 등이 그렇게 쉽지만은 않다. 능란한 이동을 위해서는 풍부한 '소비자

본'(consumption capital)이 필요한데,[12] 그렇지 못하므로 걷는 것이 편하다. 게다가 현지 거주자에게는 한 지점에서 목표 지점까지의 거리는 최대한 축약하고 싶은 요소이지만, 여행자에게는 거리 자체는 물론이고 거리를 오가는 타인들까지도 볼거리다.

이런 점들을 고려하면 관광 대상이 도심에 집중해 있고, 그 크기가 적정해서 이리저리 걸어 다닐 만한 도시가 여행자에게는 여러모로 친근하게 다가오기 마련이다. 마드리드는 내 보기에 그런 도시에 속한다. 물론 따지고 보면, 바르셀로나도 '고딕 지구'(El Gòtic)나 '라발 지구'(El Raval) 등은 명소들이 가까이 모여 있어서 걷기 좋고, 해안가 도로 '바르셀로네타'(La Barceloneta)도 정말 걷기 좋다. 하지만 바르셀로나에 더할

---

12 효율적인 소비생활을 위해서는 상품과 서비스 구매에 관련된 국지적 지식이 필요하다. 이 지식이 풍부하면 할수록 더 적합한 상품이나 서비스를 더 신속하고 더 저렴하게 구매할 수 있다. 가령 어떤 사람은 다른 사람보다 어떤 행사를 위해 모인 사람의 특성과 예산에 적합한 음식점을 더 잘 추천할 수 있다. 그럴 때 그는 음식점과 관련해 많은 소비자본을 보유하고 있다고 할 수 있다. 이런 소비자본은 이전 소비행위를 통해서 축적된다. 다시 말해 현재의 소비는 후속 소비를 효율화할 지식의 축적 과정이다. 이 점을 염두에 둔다면, 현지인들이 보기에 관광객들이 멍청한 소비자로 보이는 이유를 쉽게 이해할 수 있다. 관광객은 그 도시의 신참 소비자, 즉 보유한 소비자본이 보잘것없는 이들이다. 관광객의 이러함은 소비자본 이론의 맹점, 즉 그것이 소비행위가 이뤄지는 지역적 범위가 한정되고 변화가 없는 상황을 은밀하게 전제하고 있음을 드러낸다. 관광객/여행자는 같은 곳을 다시 방문하지 않는 한 축적된 경험을 활용할 수 없고, 따라서 관광지에서의 소비는 후속 소비행위를 위한 자본 축적이라고 하기 어렵다. 물론 이런 점을 상쇄하는 경향이 있다. 관광지들 사이의 유사성 증대가 그것이다. 즉, 한 관광지의 소비경험은 다른 관광지에서도 적용 가능하며, 따라서 소비자본으로 축적될 수도 있다. 이런 현상을 해명하기 위해서 '관광자본'(tourist capital) 개념이 필요할 수도 있겠다. 이 개념을 구성할 때는 관광객의 소비 지향점이 지역 거주자와 다르다는 점도 고려해야 할 것이다. 예컨대 거주자의 음식점 선택은 식사 모임의 성격 그리고 비용과 만족도를 따르지만, 관광객의 경우 명성, (자신이 거주하는 곳과는 다른) 특이함, 사진 찍을 만한 (또는 인스타그램에 올리기 좋은(instagrammable)) 것을 중시한다. 소비자본 개념을 처음 제시한 연구로는 George J. Stigler and Gary S. Becker, "De Gustibus Non Est Disputandum," *The American Economic Review*, Mar., 1977, Vol. 67, No. 2, pp. 76~90을 참조하라.

나위 없는 명성을 가져다준 가우디의 작품들을 보려면 구도심을 한참 벗어나야 한다. 그런 곳들은 걸어서 가기엔 너무 멀다.

걸어 다녀보려다가 노곤함을 지나 피곤함을 느끼게 되자, 바르셀로나의 공간구조 전반에 관심이 갔다. 그래서 구글지도를 이모저모 뜯어보고 자료도 찾아보게 되었다. 현재의 바르셀로나는 지중해에 맞붙은 몬주이크(Montjuïc) 언덕과 북서쪽 티비다보(Tibidabo)산 사이 그리고 남서쪽으로 료브레가트(Llobregat)강과 북동쪽으로 베조스(Besòs)강 사이에 넓게 펼쳐진 항구도시다. 그러나 중세 바르셀로나는 몬주이크 요새와 대략 지금의 '시우타트 벨라'(Ciutat Vella, '구도심'이라는 뜻의 카탈루냐 말이다)에 해당하는 지역을 에워싼 성곽도시였다.

서유럽의 많은 도시가 그랬듯이, 바르셀로나도 19세기 중반 급속한 자본주의적 산업화를 이룩했다. 원재료와 동력원 공급이 원활했던 카탈루냐 지역이 '스페인의 공장'이라고 불렸다면, 강력한 보호관세 덕에 직물산업이 크게 발전했던 바르셀로나는 '카탈루냐의 맨체스터'라는 명성을 얻었다.[13] 스페인 최초의 증기기관을 이용한 공장이나 최초의 철도노선 부설도 바르셀로나에서 시작되었다. 이런 산업화는 폭발적인 인구 증가로 이어졌다. 도시로의 인구 집중은 주택·교통·범죄 문제 그리고 공중보건 문제를 야기했다. 전자가 1848년 유럽 대도시들에서 일어난 사회혁명으로 표현되었다면,[14] 후자는 19세기 초부터 20세기 초까지 전세계 대도시를 주기적으로 강타한 콜레라 유행으로 표출되었다.[15] 이 점에서 바르

---

13 카 외, 앞의 책 264면.
14 1846년부터의 식량공급 위기와 경기침체에서 비롯된 1848년 혁명은 파리에서 시작해서 유럽 전역으로 퍼져나간 최초의 '세계혁명'이었다. 상세한 것은 볼프강 J. 몸젠 『원치 않은 혁명, 1848: 1830년부터 1849년까지 유럽의 혁명운동』, 최호근 옮김, 푸른역사 2006과 에릭 홉스봄 『자본의 시대』, 정도영 옮김, 한길사 1998, 1장 참조.

셀로나도 예외는 아니었다. 아니 성곽의 크기가 그리 크지 않은 데 비해 인구 증가 속도는 빨랐기 때문에 다른 여느 유럽 도시보다 문제가 더 심각했다. 19세기 들어서 작성된 통계에 의하면, 바르셀로나 인구는 1802년 11만 5000명에서 1821년 14만명으로 증가했고, 1850년에는 18만 7000명에 이르렀는데, 이런 인구가 2제곱킬로미터 조금 넘는 좁은 면적 안에 몰려 살았기 때문에, 사회경제적 불만 및 계층갈등 그리고 공중보건 상황이 아주 안 좋았다. 1842년 이래로 있었던 세차례의 대규모 폭동 및 반란과 1834년부터 있었던 세차례의 콜레라 유행이 그것을 말해준다. 특히 1854년 유행 때는 6000명 이상이 사망했다.

19세기 유럽에서 이런 도시문제를 해결할 일차적인 방법은 중세적 성곽을 허물고 도시를 확장하는 것이었고, 바르셀로나도 그랬다.[16] 1841년

---

15 갠지스강 하구 도시들의 풍토병이었던 콜레라는 인도를 지배한 영국으로 전파되었고, 이후 근대 사회의 1차 팬데믹을 일으켰다. 런던 콜레라의 주요 원인은 상수도와 하수도가 뒤섞인 상태에서 거대한 인구밀집으로 식수가 오염되었기 때문이다. 하지만 초기에 영국 의사들은 템즈강에서 올라오는 고약한 악취가 원인이라고 보았다. 영국의 공중보건 개혁가는 콜레라가 '미아즈마'(Miasma), 즉 더러운 공기의 독성으로 인한 질병이라는 가설에 근거해서 도시에 신선한 공기를 공급할 수 있게 해줄 도시 재개발을 주장했다. 콜레라가 수인성전염병임이 밝혀진 것은 19세기 중반 존 스노우(John Snow, 1813~58)에 의해서이다. 그는 런던 브로드가(Broad street) 우물 사용자의 분포지도를 그려 콜레라 감염자 분포와 비교함으로써 콜레라가 오염된 식수를 통해 전염되는 병임을 밝혀냈다. 관련된 논의로는 스티븐 존슨의 『감염 도시: 대규모 전염병의 도전과 도시 문명의 미래』(김명남 옮김, 김영사 2020)가 있다. 전세계에서 발발한 콜레라는 당연하게도 19세기 조선에도 상륙했다. '호열자(胡熱者)'로 불렸던 콜레라가 조선에서 발병한 과정과 경과에 대해서는 신동원 『호열자, 조선을 습격하다: 몸과 의학의 한국사』, 역사비평사 2004 참조.
16 유럽의 수도들은 대개 근대 초기에 성곽이 해체되었다. 19세기까지도 오스만튀르크와의 대립 때문에 성곽을 견고하게 유지했던 빈은 예외다. 빈 성곽은 오스트리아 황제가 1857년에 내린 명령에 따라 해체되었고, 그 자리에는 도로가 조성됐다. 그것이 공공건축물이 즐비한 것으로 유명한 링슈트라세(Ringstraße, '고리 모양의 길'이라는 뜻이다)이다. 1860년대 링슈트라세 개발과 거기에 들어선 건축물에 대한 논의로는 칼 쇼르스케 『세기말 빈』, 김병화 옮김, 글항아리 2014, 2장을 참조하라. 19세기에 들어서 성곽 해체가 문제가 된 도시는

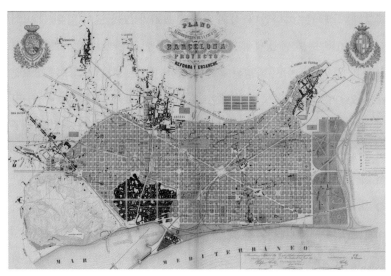

4-1. 세르다의 바르셀로나 계획

부터 바르셀로나 시의회는 도시 발전을 위해 성곽을 해체하고 도시를 확장할 길을 모색했다. 성곽의 군사적 가치 때문에 해체를 꺼리던 스페인 왕실은 1854년 마침내 바르셀로나 시의회의 요청을 받아들여 해체를 승인했다. 바르셀로나 시의회는 성곽 외부의 땅을 어떻게 개발할지에 대한 계획 공모도 진행했다. 13개의 야심적인 프로젝트가 제출되었는데, 1859년 바르셀로나 시의회가 만장일치로 선정한 것은 안토니오 로비라(Antonio Rovira, 1816~89)의 것이었다. 그러나 1860년 왕실은 로비라의 계획이 아니라, 일데폰스 세르다(Ildefons Cerdà, 1815~76)의 계획을 승인했다.[17]

___

대체로 중세 코뮌적 전통을 지닌 도시들이었고, 바르셀로나도 그런 경우이다.

17 이하 세르다에 대한 논의는 다음 저술과 논문들을 참조했다. 리처드 세넷 『짓기와 거주하기: 도시를 위한 윤리』, 김병화 옮김, 김영사 2020, 2장; Joan Ramon Resina, *Barcelona's Vocation of Modernity: Rise and Decline of an Urban Image*, Stanford University Press, 2008; Pallares-Barbera, et al., "Cerdà and Barcelona: The need for a new city and service provision,"

왜 왕실이 시의회의 결정을 묵살하고 세르다의 계획에 손을 들어주었는지 밝히는 공식적 자료를 찾지는 못했지만, 그것에 대해 짐작해 볼 수는 있다. 바르셀로나가 마주한 도시 '확장'(Ensanche) 문제는 당연히 마드리드 또한 당면한 문제였고, 관련 논의가 진행 중이었다. 왕실은 1857년 건축가 카를로스 마리아 데 카스트로(Carlos María de Castro, 1810~93)에게 계획 수립을 맡겼는데, 그는 세르다의 구상을 접했고, 그로부터 상당한 영향을 받은 것으로 알려져 있다. 게다가 마드리드의 고위 관료들 사이에서 세르다의 도시발전방안 연구가 꽤 알려져 있고 높은 평가를 받고 있었다. 왕실은 1860년에 이른바 '카스트로 계획'(Plan Castro)의 실행을 승인했는데, 같은 시기 바르셀로나에서 세르다의 계획도 함께 출범하는 것이 좋다고 판단했던 것으로 보인다.

로비라, 카스트로, 그리고 세르다의 계획을 함께 살펴보면, 구성곽 지역 또는 중심부 바깥으로 확장된 지역을 격자형으로 구성한다는 점은 모두 같다. 이런 격자화는 단조롭다. 그러나 레고블록이 여러가지 구상에 쉽게 활용될 수 있듯이, 격자형 공간 분할은 도시에 요구되는 여러 변화에 대한 적응력이 생각보다 좋다. 그리고 그런 공간 분할은 부동산 거래에도 편리하다. 이런 점에 대해 스페인 건축가들 사이에 합의가 존재했던 것 같다.[18]

그러나 그런 격자형 도시와 구도심 사이의 관계 설정 방식을 둘러싸고

Urbani Izziv, Vol. 22, Iss. 2, (2011), pp. 122~36; Arturo Soria Y Puig, "Ildefonso Cerdá's General Theory of 'Urbanización'," *The Town Planning Review*, Vol. 66, No. 1 (Jan., 1995), pp. 15~39; Ángel Martín-Ramos, "The Cerdà effect on city modernisation," *The Town Planning Review*, Vol. 83, No. 6 (2012), pp. 695~716.

18 공모전에서 2위를 한 프란세스크 솔레(Francesc Soler, 1836~1900)나 3위를 한 조제프 폰트세레(Josep Fontserè, 1829~97)도 계획의 기본 형태는 격자였다.

입장이 갈린다. 로비라의 계획은 세르다나 카스트로와 달리 구성곽으로부터 방사형으로 확장하는 방식을 취하고 있다. 도시의 역사를 존중하는 이런 방사형의 도로구조는 같은 시대에 진행된 파리나 빈의 도시 재구조화 방식과 유사하다. 그리고 구도심의 부동산에 상당한 자본을 투하한 집단이 선호할 만한 방식이다. 그러나 스페인 왕실은 사회적 기득권을 무시하고 마드리드 계획과 유사성이 높은 세르다 계획을 택했다. 두 계획은 모두 기하학적으로 구조화된 합리적 도시라는 이상을 택하고 있다. 국가의 위로부터 내리누르는 힘 덕에 채택되고 실행되었지만, 내용 면에서는 자유주의의 꿈을 담고 있었던 셈이다.

　현재의 바르셀로나는 세르다가 계획한 범위를 넘어서 크게 확장되어 있다(그런 확장은 주로 1888년 바르셀로나 만국박람회를 계기로 일어났다). 하지만 현재 바르셀로나 행정구역상 에샴플레(Eixample)[19] 지구와 산마르티(Sant Martí) 지구의 현재 모습은 세르다 계획과 일치한다. 그런 의미에서 세르다 계획은 지금까지도 '성공적으로' 관철되고 있다.[20] 그러나 세부를 들여다보면 그렇지 않다. 세르다는 격자형 도시를 구성하는

---

19 '확장'은 스페인어로 'Ensanche'이다. '카스트로 계획'은 'Ensanche de Madrid'로도 불렸다. 그런데 카탈루냐어로 '확장'은 'Eixample'이다. 그래서 바르셀로나 확장은 '엔산체'라고도 하고 '에샴플레'라고도 한다. '에샴플레'는 세르다 계획에 따라 개발된 지역을 지칭하는 고유명사로도 사용되며, 현재 바르셀로나를 구성하는 10개의 지구 가운데 하나의 이름이기도 하다.

20 더 나아가 지속되었다. 1930년대 들어서 '현대건축문제 해결을 위한 카탈루냐 기술건축가 그룹'을 주도하던 조제프 류이스 세르트는 르코르뷔지에와 손잡고 '마시아 계획'(Macià Plan)을 수립했다. 이 계획이 실행되었다면 바르셀로나는 지금보다 훨씬 더 고층건물이 많은 도시가 되었을 것이다. 그러나 이 계획은 스페인내전 때문에 실행되지 못했다. 세르다 이후 바르셀로나에 가장 큰 변화는 1992년 올림픽을 준비하며 이뤄진 도시개발이었고, 그 이후 바르셀로나는 세계적인 명성을 지닌 관광도시로 발전했다. 그리고 이제는 관광산업의 과도한 성장이 도시 인프라에 부담을 주는 상황에 이르렀다.

블록인 '만사나'(Manzana)를 113미터의 정사각형으로 구성했다. 택지로 사용되는 만사나는 그 외곽에 '11'자나 'ㄱ'자 또는 'ㄷ'자로 건물을 지어 두 방향 또는 적어도 한 방향으로는 트인 공간을 형성하게 하고, 내부에는 사회적 교류와 휴식을 위한 야외 공용공간으로 내정(內庭)을 두었다. 세르다는 태양이 45도로 내리비칠 때 건물 그림자가 주변 건물에 영향을 주지 않도록 층고(層高)와 내정의 크기를 조절했다. 이런 만사나는 같은 모양이 반복되는 단조로움이라는 약점이 있지만, 개방적이고 평등한 동시에 열린 공간을 제공했고, 햇볕 또한 평등하고 위생적으로 배분할 수 있었다.

세르다는 이동성에도 관심을 기울였다. 그는 만사나의 모서리를 45도로 따 냈는데, 이런 '모따기'(chaflán)는 향후 개인용 '증기차'가 일반화될 때 생길 교통혼잡을 줄이기 위한 것이었다. 확실히 모따기는 교차로에서 인접도로의 차량에 대한 가시성을 높이고, 우회전이 쉽도록 하고, 주정차 공간에 여유를 준다. 교통발달의 행로에 대한 세르다의 예상은 30여 년 뒤 (증기기관이 아니라 내연기관을 이용한 것이었지만) 자동차의 출현과 확산을 통해 입증되었는데, 이는 그가 근대문명의 발달 '방향'에 대해 예리한 안목이 있었음을 보여주는 예라 할 수 있다.[21]

그는 이동성을 높이기 위해 도로도 35미터로 널찍하게 계획했는데, 그렇게 한 데는 공중보건적 고려도 있었다. 바람 방향을 고려한 넓은 도로는 공기순환을 좋게 해서 '미아즈마'의 발생을 막아주기 때문이다. 넓은 도로는 이동과 공중보건을 위한 것일 뿐 아니라 정치갈등을 억제하기 위한 것이기도 했다. 오스망 남작(Baron Haussmann, 1809~91)의 파리 개조

---

21 세르다가 모따기에 대한 아이디어를 얻은 것은 '오차바'(Ochava)라 불리는 모따기 건축기법을 널리 사용하던 부에노스아이레스 사례를 연구하면서였다고 한다.

4-2. 바르셀로나 에샴플레 지구 항공사진
오른쪽 상단에서 왼쪽 하단으로 이어지는 사선 도로가 디아고날 거리다.

작업의 중심에 '대로'(Boulevard) 건설이 있었던 이유가 반란 또는 혁명
세력이 좁은 도로에 바리케이드를 쌓고 투쟁하는 것을 방지하는 동시에

진압을 위한 군대의 진주 속도를 높이기 위해서였던 것처럼,[22] 1855년 노동자 총파업[23]을 직접 경험했던 세르다도 도로를 충분히 넓힘으로써 반란이나 봉기를 더 쉽게 진압할 수 있게 하고자 했다.

그러나 세르다 계획은 그가 구상한 대로 실행되지는 않았다. 바르셀로나 개조라는 수십년에 걸쳐 진행될 대규모 사업은 엄청난 자본을 빨아들이게 마련이다. 그리고 자본의 관심은 언제나 수익률이다. 부동산 투자자들이 보기에 세르다 계획은 도로 면적과 만사나의 내정은 넓은 데 비해, 만사나의 층고와 용적률은 너무 낮았다. 도로 폭의 경우 세르다는 자신의 계획 최종안 단계에서 이미 시의회와 투자자들의 요구에 밀려 20미터로 줄여야 했다. 세르다는 더이상의 수정을 막아줄 조례 제정을 중앙정부에 요청했지만, 그런 조치는 취해지지 않았다. 이후 에샴플레에서 일어난 일은 만사나의 네면 모두에 건물을 올리고, 건물의 층고를 높이고(층고 제한을 피하려고 다락방도 만들고), 건물을 더 두툼하게 만들어 내정 쪽을 침식해가는 것이었다. 그럴수록 부동산 자본의 수익률은 올라갔지만, 거주 밀도는 높아졌고, 공용공간은 줄어들었다. 한마디로 해서 주거 환경은 나빠져갔다.

세르다 계획에서 흥미로운 점 가운데 하나가 격자형 도로를 사선으로 가로지르는 디아고날 거리를 도입한 것이다.[24] 이런 사선 형태의 도로 가

---

22 오스망 남작의 파리 개조에 대해서는 데이비드 하비 『모더니티의 수도 파리』, 김병화 옮김, 생각의 나무 2005, 2부 참조.

23 1855년 카탈루냐 노동자들의 인기 높은 지도자 호세프 바르셀로 카사도(Josep Barceló Cassadó, 1824~55)가 모호한 혐의로 재판을 받고 처형당하자, 총파업에 돌입했다. 이는 스페인 역사상 최초의 총파업이었다.

24 이밖에 디아고날 거리보다는 다소 덜 중요하지만 그것과 거의 직교하는 또다른 사선의 메리디아나 거리(Avinguda Meridiana)도 도입했다.

운데 가장 유명한 것은 맨해튼의 브로드웨이다. 맨해튼이 현재의 블록과 도로구조를 형성하게 된 계기는 1811년 수립된 뉴욕 도시계획이다. 계획 가들은 남북으로 폭 18.3미터에 길이 20킬로미터의 길 12개에 '애비뉴', 같은 폭에 길이 5킬로미터의 길 155개에 '스트리트'라는 이름을 붙였고, 굴곡이 심한 맨해튼 지형을 일률적인 격자구조로 덮어버렸다. 그러나 이미 인디언들의 비스듬한 오솔길을 따라 형성된 기존의 상업 중심지들을 무시할 수 없었다. 그렇게 해서 살아남은 브로드웨이는 "맨해튼의 가차 없는 기하학에 저항한 유일한 대로였다."[25] 그리하여 격자와 브로드웨이가 만나는 곳에 새로운 광장이 만들어지고, 새로운 교통의 흐름이 열렸다. 그런데 이와 같은 유형의 길이 세르다 계획에도 포함되어 있었다. 하지만 세르다가 뉴욕을 경유해서 이런 길에 관한 구상에 이른 것은 아니다. 뉴욕에서 브로드웨이는 우연히 '발견'되었지만, 바르셀로나의 '아빙구다 디아고날'은 세르다의 '발명'이었다.

오늘날 모두가 알고 사용하는 '도시화'(urbanización)라는 말을 처음 만들어낸 이가 세르다였다.[26] '도시계획'이라는 말도 그가 처음 사용한 말이다. 리처드 세넷이 지적했듯이, 세르다는 파리를 개조한 오스망 남작 그리고 맨해튼의 센트럴파크를 건설한 프레더릭 로 옴스테드(Frederick Law Olmsted, 1822~1903)와 더불어 19세기를 대표하는 세명의 걸출한 도시계획가 가운데 한 사람이다. 셋은 모두 도시의 물리적 구조가 사회적 관계를 조정하고 사회문제를 해결하는 수단이라고 여기고, 나름의 '이

---

25 제롬 카린 『뉴욕: 한 도발적인 도시의 연대기』, 김교신 옮김, 시공사 1998, 29면.

26 바르셀로나에서 에샴플레의 역사를 찾아보기 전까지 그런 사실을 몰랐다는 것에 나는 사회학자로서 약간 부끄러움을 느꼈다. 그때까지 나는 '도시화'라는 말이 19세기 말, 20세기 초에 시카고학파의 학자들이 처음 쓴 것으로 알았다.

상적' 해결책을 제시하고 구현했다. 그들이 구현한 방안은 여전히 파리와 뉴욕과 바르셀로나의 물리적 하부구조를 형성하고 있고, 다른 도시 계획의 준거가 되기도 했다. 하지만 그들의 계획이 이상적인 것은 아니다. 그렇기는커녕 새로운 문제의 출처이기도 하다. 도시의 물리적 구조와 사회적 삶은 상호작용하지 하나가 다른 하나를 일방적으로 결정할 수 없기 때문이다. 도시의 물리적 구조가 실제로 기능하는 방식은 도시화를 추진하는 자본주의적 발전과 더 나은 삶을 추구하는 도시 거주자들의 열망이라는 두가지 사회적 힘 사이의 긴장과 갈등, 때로는 투쟁 속에서 결정되며, 그런 의미에서 종결 없는, 미래를 향해 열려 있는 과정이기 때문이다.

걷기 노곤했던 그라시아 대로에서 가우디의 카사 밀라(Casa Mila, 1906~10)를 만났다. 에샴플레의 기원을 찾아보았던 덕분에 나는 세르다가 '마련한' 에샴플레 모서리에 서 있는 카사 밀라가 세르다의 유산에 대한 가우디의 응답이라는 걸 알 수 있었다. 이 점은 뒤에 다시 살펴보자.

구엘 공원과 트렌카디스

오늘날 바르셀로나는 세계인들에게 무엇보다 가우디의 도시로 알려져 있다. 그런 평판이 형성된 이유는 무엇보다 그가 세운 건축물의 '아름다움' 때문이지만, 동시에 그 아름다움이 '건축물'의 아름다움이기 때문이기도 하다. 관광은 건축과 각별한 친화력을 지니고 있다.

자신이 거주하는 도시가 충분히 규모가 큰 도시이고, 그 도시에 음악과 미술을 사랑하는 이웃들이 다수 살고 있고, 그 도시의 경제적 능력이

상당한 수준이라면(서울의 경우 2000년대가 되기 전에는 이런 조건을 갖추지 못했다), 훌륭한 미술품을 보고 뛰어난 음악 연주를 듣기 위해서 멀리 떠날 필요가 없다. 오히려 세상을 떠도는 것은 뛰어난 미술품의 운명이고, 뛰어난 연주자들의 팔자이다. 걸작은 기획전시에 초대되고, 연주자들은 연주여행을 한다(그리고 연주회가 열리는 도시에서 마스터클래스를 연다). 그것은 관행이고 도시들 사이의 보이지 않는 협약이기도 하다. 물론 자신의 둥지인 미술관을 전혀 떠나지 않는 미술품도 있다. 이렇듯 연주자는 떠돌지만, 연주공간, 예컨대 암스테르담의 콘세르트헤바우(Het Concertgebouw)나 바이로이트의 페스트슈필하우스(Festspielhaus)가 세상을 떠돌아다닐 수는 없다. 그렇게 움직이지 않는 것들이 있다. 벽화도 그렇고, 하나의 건축물로서 미술관 자체도 그렇고, 묘지, 궁전, 성당, 사원, 기념비나 탑 등이 그렇다. 그렇게 땅에 뿌리박은 건축적인 것들은 직접 찾아가지 않고서는 감상할 수 없을뿐더러, 그것이 자리잡은 장소와 함께 의미를 형성하기 때문에 그 장소에서 만나는 것만이 제대로 된 만남이다. 그러므로 만일 짧은 일정으로 어떤 도시를 방문한 경우라면 (언제나 다른 연주를 통해서 접할 수 있는) 음악보다는 미술, 미술보다는 건축물을 찾는 게 좋다는 것이 내 생각이다. 건축물은 자신을 찾은 이의 관조 대상에 머무르지 않고 오히려 그를 품 안에 감싸 안아준다. 그럼으로써 다른 어떤 것보다 여행자에게 깊은 만족과 보람을 준다.

　나 역시 처음 바르셀로나에 갔을 때 이런 이유로 가우디의 건축물들을 찾았다.[27] 짧은 방문이라서 바르셀로나에 소재한 가우디의 건축물 모두

---

27 이하 가우디의 삶과 작품에 관한 논의는 다음 저술에 의존하고 있다. 하이스 반 헨스베르헌 『어머니 품을 설계한 건축가 가우디』, 양성혜 옮김, 현암사 2002; 주셉 프란세스크 라폴스 이 폰타날스, 프란세스크 폴게라 이 그라시 『가우디 1928』, 이병기 옮김, 아키트윈스 2015.

4-3. 트렌카디스 기법이 사용된 구엘 공원 테라스 벤치에서 바라본 풍경

를 보지는 못했다. 카사 비센스(Casa Vicens, 1883~88)는 근처를 지나가면서 겉모습만 보았고, 구엘 별장(Pavellons Güell, 1884~87), 테레사 수녀원 학교(Colegio de las Teresianas, 1888~89), 그리고 카사 칼베트(Casa Calvet, 1898~99)에는 아예 가보지 못했다. 제대로 방문한 곳은 구엘 공원(Parc Güell, 1900~14)과 구엘 저택(Palau Güell, 1886~88), 성가족 성당과 카사 바트요 그리고 카사 밀라뿐이었다.

처음 방문한 곳은 구엘 공원이었다. 깨진 세라믹 타일들을 모아 다양한 형상을 만들어내는 '트렌카디스'(Trencadís, '깨진 조각'을 뜻하는 카탈루냐 말이다) 기법으로 만들어진 도롱뇽이 있는 계단을 거쳐 수십개의 도리아식 기둥들이 떠받치고 있는 테라스로 올라갔다. 테라스 가장자리가 트렌카디스 기법으로 장식된 둥글둥글한 모양의 의자로 되어 있었다. 의자에 앉았으려니 때마침 소슬바람이 불어왔다. 멀리 성가족 성당이 보였고, 그 왼편으로 아그바 타워(Torre Agbar)가, 그리고 두 건축물 너머로는 바다가 보였고, 오른쪽 끝에는 몬주이크 언덕이 서 있었다. 그러나 잔잔한 바

람과 멋진 조망보다 더 기분 좋은 것은 가우디가 도안한 트렌카디스 장식 의자에 내 등을 기대고 앉아 있다는 것이었다. 그것은 놀라운 행복감이었다. 그 느긋한 향유의 기쁨에 젖는 것이, 가우디가 바랐던 그의 예술품에 대한 최상의 기품 있는 처신이기도 했기 때문이다.

뒤에 구엘 저택 지붕의 굴뚝들, 카사 바트요의 파사드와 지붕, 카사 밀라 지붕의 굴뚝, 콜로니아 구엘 지하경당(Cripta de la Colonia Güell), 그리고 성가족 성당의 첨탑(pinnacles)에서 트렌카디스 기법을 다시 만났다. 가우디의 트레이드마크가 되다시피 한 이 기법은 어디서 출발한 것일까?

가우디가 1878년에서 썼던 『레우스 수고』(Manuscrito de Reus)의 다음과 같은 말은 그 단초를 보여준다. "점토로 빚어 유약을 발라서 구운 제품이나, 도기 제품들은 우리에게 상당히 편리할 것이다. 이들은 (건축물에) 대단한 성격과 내구성을 부여하면서도 비교적 낮은, 감당할 만한 가격에 구할 수 있기 때문이다."[28] 가격과 내구성 때문에 외장재로서 세라믹 타일에 주목했던 그는 카사 비센스[29]와 엘카프리초(El Capricho, 1883~85)에서 그것을 대량으로 사용했다. 그러나 이때는 15센티미터 장방형 타일을 사용했다. 그러니까 전통적인 모자이크기법을 사용한 것이다. 트렌카디스를 처음 사용한 것은 구엘 저택의 굴뚝이었는데, 그 이후로 굴뚝을 넘어 주택의 파사드(카사 바트요), 성당 벽과 천장(콜로니아 구엘의 지하경당), 축대와 다리 기둥(구엘 공원) 등으로 사용 범위를 점점 넓혀나갔

---

28 안토니 가우디 『장식』, 이병기 옮김, 아키트윈스 2014, 43면.
29 카사 비센스의 건축주 마누엘 비센스(Manuel Vicens)는 타일공장 소유주라고도 하고 타일공장의 채권을 가졌던 주식중개인이라고도 한다. 카사 비센스에 타일을 대량으로 활용하게 된 데는 마누엘 비센스와 타일산업 사이의 모종의 관계가 작용한 것으로 보인다.

다. 소재도 다양하게 실험한 것 같다. 구엘 저택 지붕의 랜턴 돔에는 내화 벽돌을 썼고, 카사 바트요에서는 세라믹 타일 이외에 유리를 사용했고, 카사 밀라 지붕굴뚝의 경우에는 대리석을 소재로 사용했다. 그리고 성가족 성당의 첨탑에는 고공에서 요구되는 내구성을 충족하기 위해서 베네치아 지역에서 나는 '무라노 유리'를 수입해서 사용했다.[30]

트렌카디스 기법은 두가지 의미를 지닌 듯했다. 우선 그것의 뛰어난 조형적 자유와 효율성이다. 내가 앉아서 느긋한 감정을 맛보았던 구엘 공원 테라스의 둥글둥글하게 굴곡진 의자에 맞는 모자이크를 균일한 타일로 만들어내긴 어렵다. 그러나 깨진 조각을 이용하면 다양한 형태에 맞추어 모자이크를 구성하는 일이 식은 죽 먹기다. 이런 조형적 유연성은 부분의 자유와 전체의 자유가 양보 없이 서로 어울린 덕분이다. 균일한 타일로 이뤄진 모자이크에서 개별 조각들은 독자적 의미를 지니지 못한다. 그러나 트렌카디스 기법에서 개별 조각은 전체의 형상을 위해 다듬어지지 않고 자기 모습 그대로 전체에 참여하며, 바로 그 때문에 전체의 형상도 더 자유롭고 쉽게 구성될 수 있다. 조각들의 자유와 전체의 자유가 갈등하는 것이 아니라 서로를 부양한다.

다음으로 트렌카디스는 통상적인 의미에서는 폐기물이 되어버린 깨진 것들, 형상을 잃은 세계의 파편들을 재활용한다. 가우디는 자연과 생명을

---

30 무라노 유리는 중세부터 지금까지 이어져 생산되고 있는 유럽 최고의 유리다. 가우디가 생전에 완성한 '탄생의 파사드' 바르나바 첨탑의 트렌카디스에 무라노 유리를 사용했다. 고가였던 무라노 유리를 수입해서 사용한 이유는 내구성 때문이었다. 가우디는 높은 탑의 외장이 손상될 때 수리의 어려움과 비용을 생각하면 무라노 유리 사용이 합리적이라고 주장했다. 그 이래로 같은 성가족 성당의 첨탑에는 지금도 무라노 유리를 사용하고 있다. 관련된 논의로는 Júlia Gómez-Ramió et al., "The Trencadis Mosaic on the Pinnacles of the Sagrada Familia Cathedral," *International Journal of Architectural Heritage*, 2015, Volume 9, Issue 5, pp. 594~604.

모방하는 것을 자신의 건축 이념으로 삼았는데, 트렌카디스는 이런 이념에 정확히 부합한다. 모든 생명체는 산소, 탄소, 수소, 질소라는 지구에서 가장 흔한 원소들의 조합이다. 생명활동이란 세계의 파편들을 끊임없이 재조합하여 질서 있는 형태를 이룩한 것이고, 세계 과정이란 생명이 형상을 잃고 깨진 조각으로 돌아가더라도 또다른 형상의 생명요소로 재편입되는 순환이다. 그런 시각에서 보면, 온통 트렌카디스 기법으로 지어진 공원 입구의 '카사 델 구아르다'(Casa del Guarda, 경비실)나 도리아식 기둥이 즐비한 '다주실(多柱室)' 천장과 천장의 메달들은 단편적 조각들의 조합으로부터 형성된 사물 형성의 원리를 예시한다고 하겠다. 그리고 다주실 입구 계단에서 지중해를 바라보며 물을 뿜는 도롱뇽은 파편적 원소들의 조합으로부터 생기를 얻는 생명활동의 본질을 드러내 보여준다고 할 수 있다.

가우디의 동시대 건축가들 가운데 트렌카디스 기법을 가우디처럼 광범위하게 활용한 이는 없다. 그래선지 그런 애착에 어떤 심리적 뿌리가 있지 않을까, 하는 생각도 들었다. 어린 시절 건축 공사장이나 타일 또는 도자기 공장 주변에서 놀았던 경험 같은 것 말이다. 발터 벤야민은 폐기물을 가지고 노는 어린이에 대해서 다음과 같이 말하는데, 깨진 타일들에서 도롱뇽의 얼굴을 보았던 가우디는 그런 어린이였던 것은 아닐까, 싶기도 했다.

특이하게도 아이들에게는 뭔가를 만드는 작업장을 찾아가는 성향이 있다. 아이들은 건축, 정원일 혹은 가사일, 재단이나 목공일에서 생기는 폐기물에 끌린다. 바로 이 폐기물에서 아이들은 사물의 세계가 바로 자신들을 향해, 오로지 자신들에게만 보여주는 얼굴을 알아본다. 폐기물

을 가지고 아이들은 어른의 작품을 모방하기보다는 아주 이질적인 재료들로 무언가를 만들어내는 놀이를 통해 그 재료들을 어떤 새롭고 비약적인 관계 안에 집어넣는다. 아이들은 이로써 자신들의 사물세계, 즉 커다란 세계 안에 있는 작은 세계를 자신들을 위해 만들어낸다.[31]

후원자 에우제비 구엘과 구엘 저택

구엘 공원은 가우디의 후원자였던 에우제비 구엘(Eusebi Güell, 1846~1918)의 이름을 딴 공원이다. 구엘 공원을 설계하고 만든 이는 가우디지만, 그 작업을 의뢰한 이는 구엘이다. 가우디는 코메야 장갑 상점이 1878년 파리 박람회에 출품한 상품의 진열장(Vitrina Comella)를 디자인해주었는데, 그것을 보고 감탄한 구엘은 그뒤 평생 가우디의 후원자 역할을 했다. 영화에서의 제작자와 감독처럼 건축주와 건축가는 건축물의 공동저자라고 할 수 있으므로, 구엘 공원뿐 아니라 가우디의 여러 작품을 이해하기 위해서 구엘의 삶과 활동을 이해할 필요가 있다. 구엘 공원에 이어 '구엘 저택' 그리고 '콜로니아 구엘'을 방문하니 그에게 더 관심이 갔다. 그러나 구엘은 늘 가우디의 활동이나 작품과 관련해서 제한적으로 소환될 뿐, 그가 어떤 인물이고 어떤 이념적 지향을 지녔는지, 그의 사업과 정치적 활동들은 어떤 것이고, 그것이 바르셀로나 그리고 스페인 사회에서 가진 의미는 무엇인지 소상히 밝히는 독립적 평전 같은 것을 찾기 힘들었다(한두권의 카탈루냐어 저작 이외에는 없는 듯했다).

---

31 발터 벤야민 『일방통행로／사유이미지』 발터 벤야민 선집 1, 김영옥 외 옮김, 길 2007, 81면.

인터넷에서 찾을 수 있는 정보는, 아버지 조안 구엘(Joan Güell, 1800~72)이 쿠바에서 노예무역으로 막대한 부를 일군 뒤[32] 바르셀로나로 돌아와 직물공장을 세운 사업가였다는 것, 아버지의 사업을 물려받은 구엘이 직물업에 이어 시멘트 제조업, 담배산업, 은행업, 철도업 등으로 사업을 확장해 엄청난 부를 축적했다는 것, 그리고 성공한 사업가에 머물지 않고 정치인으로도 활동했다는 것이다.[33] 그리고 참고할 만한 점으로 가우디의 생애에서 자주 등장하는 또다른 후원자이자 건축 의뢰인이었던 2대 코미야스 후작(Marquesado de Comillas)인 클라우디오 로페스(Claudio López, 1853~1925)가 구엘의 처남이었다는 것, 정도이다.[34]

구엘의 의뢰로 가우디는 구엘 별장을 지었고, 이어서 람블라 거리 근

---

32 쿠바의 노예제도는 1875년에 폐지되었고, 폐지가 실제로 완료된 것은 1886년경이었다.

33 사실 위키피디아에서 얻을 수 있는 정보 정도로는 구엘의 전기적 사실들을 통합적으로 파악하기 어렵다. 대자본가였던 그가 예술 후원자였거나 말년에 백작이라는 작위를 얻을 만큼 정치활동에 열심이었다는 것은 어렵지 않게 이해할 수 있지만, 그가 1886년 프랑스어로 『백혈구에 의한 면역』(*L'immunité par les Leucomaïnes*)이라는 저작을 출간한 것을 이해하기는 쉽지 않다. 공장주로서 당시에는 간헐적으로 발생했던 노동자들 사이의 감염병 문제에 관심이 있었겠지만, 면역 관련 저작까지 펴낸 동기와 연구 수준을 가늠하기는 쉽지 않다.

34 1대 코미야스 후작 안토니오 로페스(Antonio López, 1817~83)는 쿠바에서 커피 농장과 사탕수수 농장을 경영하며 부를 쌓았을 뿐 아니라, 구엘의 아버지보다 더 악명 높았던 노예상인이었다. 바르셀로나로 귀환해 산업 및 금융 자본가로 변신한 그는 1878년 스페인 국왕 알폰소 12세로부터 코미야스 후작 작위를 받았다. 구엘 가문과 코미야스 가문의 역사는 바르셀로나의 부와 산업에 드리운 어두운 그림자를 엿보게 해준다. 기존의 바르셀로나 명문가들은 에우제비 구엘과 클라우디오 로페스의 선대를 '인디언 것들'(los indianos)이라 부르며 경멸했다. 구엘과 로페스가 가우디에게 건축을 의뢰한 것은 신흥부호였던 이들이 바르셀로나의 기존 명문가들 사이에서 벌인 인정투쟁의 한 형태였다고 할 수 있을 텐데, 그것은 가우디의 아름다운 건축물에는 노예무역이라는 야만의 흔적이 스며 있음을 뜻하기도 한다. 내가 방문했던 2017년까지는 바르셀로나 우체국 앞 1대 코미야스 후작의 이름을 딴 '안토니오 로페스 광장'에 그의 동상이 서 있었다. 그러나 반인종주의 단체인 'SOS racisme'의 카탈루냐 지부가 2014년부터 시청을 상대로 노예무역으로 돈 번 자를 기념하는 동상은 철거되어야 한다고 주장하기 시작했다. 그 결과 2018년 마침내 동상이 철거되었고, 그 장소의 명칭도 '우체국 광장'으로 바뀌었다.

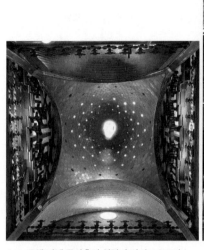

4-4. 구엘 저택 중앙홀의 천장과 파이프오르간

처에 구엘 저택을 지었다. 복닥대고 보헤미안적인 예술가들과 창부들과 마약중독자들이 서성대고,[35] 주말이면 무정부주의자들이 독주를 마시고 난장판을 벌이는 구도심 한복판에 구엘이 집을 짓고자 한 이유는 불분명 하다. 근처에 화려한 저택을 지은 처남 2대 코미야스 후작에 대한 경쟁심 정도가 거론되는데, 그 경쟁심의 정체는 어쨌든 바르셀로나에서 가장 유

---

[35] 구엘 저택 가까운 곳에 청년 피카소가 살았다. 그는 역시 인근에 살던 외눈의 늙은 카를로 타 발디비아(Carlotta Valdivia)를 초상화 「라 셀레스티나」(La Celestina, 1904)에 담아 그녀에 게 구엘 저택 못지않은 '불멸성'을 부여했다. '셀레스티나'는 통상 매파(媒婆)를 가리키는 말이지만, 그녀가 중매하는 여성이 성매매 여성인 경우도 많아서 포주(抱主)로 옮기는 것이 적절할 때도 많다.

서 깊은 지역과 자신을 접맥함으로써 스스로에게 문화적 정통성을 부여하려 했음일 것이다.

구엘 저택(Palau Güell)을 처음 보았을 때 인상은 '팔라우'(palau) 그러니까 '궁전'이라고까지 불릴 정도로 장대하진 않아서, 카탈루냐식 명명법에 과장된 면이 있다는 느낌이 들었다. 그러나 건물이 빽빽한 구도심의 여러 건물들 사이에 있어서 그런 것일 뿐, 들어가 보면 그 명명이 크게 과장된 건 아니었다. 특히 벽에는 파이프오르간이 설치되어 있고, 천개(天盖)를 흉내낸 돔 아래 내정 형태로 만들어진 중앙홀은 감탄스러웠다. 철제 프레임이 지지하고 있는 천장에는 수십개의 구멍이 있었는데, 그것을 통해 빛이 마치 별빛처럼 점점이 내려 퍼졌다. 지붕에 올라가서 보니 랜턴 돔 밑동의 채광창을 이용해서 천장으로 빛이 들어오게 한 것이었는데, 전등을 달아놓아서 밤에도 빛이 반짝이게 되어 있었다.

구엘 저택은 아름다운 중앙홀 외에도 매우 인상적인 부분들이 몇가지 더 있었다. 우선 소재의 재질과 그것이 풍기는 인상이 그랬다. 모든 소재와 그것의 조합이 '견고하다'는 인상을 주었다. 육중한 기둥형 또는 아치형의 우아한 대리석들에서 느껴지는 견고함은 물론이고, 복잡하게 상감상식된 다양한 목재들도 날카로운 못에도 긁히지 않을 것 같은 단단함을 풍겼다. 산업적 근대성과 장식성을 결합하는 저택 입구와 실내의 철물 유기 곡선 장식들은 당대 '아르누보'(Ars Noubeau) 건축에서 자주 나타나는 것이기는 하지만 유난히 힘차고 강인해 보였다.[36] 저택 자체에 자신의 존재와 가문의 부 그리고 권력의 영속성을 투사하려 했던 구엘의 의도가 흠집조차 나지 않을 듯한 강건함의 느낌으로 고스란히 전달되어오

---

36 아르누보 양식에서의 철물 유기장식에 대해서는 임석재 『장식과 구조미학: 불어권 아르누보건축 I』, 발언 1997 참조.

4-5. 구엘 저택 지붕의 랜턴 돔과 그 세부
깨진 내화 벽돌 조각을 사용한 트렌카
디스 기법의 랜턴 돔 상단부의 홈은 환
기를 위한 것이며, 하단부 채광창에는
전등이 설치되어 있다.

4-6. 구엘 저택 입구의 금속 장식(위)과 지하실(아래)

는 듯했다.

지하실도 매우 인상적이었다. 처음엔 용도를 몰라서 왜 지하실로 내려
가는 통로를 계단 없는 회전형 경사로로 만들었나 했다. 그러나 그곳이

구엘 가족과 손님을 위한 마차 주차장이자 마구간이라는 걸 알고 나니, 왜 그렇게 만들어졌는지 그리고 그와 더불어 구엘 저택의 입구가 왜 그렇게 고가 높았는지 알 수 있었다. 이 집이 처음 손님을 맞은 것은 1888년 바르셀로나 박람회 때였고, 그때는 아직 마차의 시대였다.

그런데 마차와 말을 위한 이 공간은 실용성 이상의 심미성을 지니고 있었다. 붉은 벽돌을 쌓아서 만든 원형 또는 사각기둥들이 '쌍곡선 포물면'(hyperbolic paraboloid)을 이루며 천장 속으로 퍼져 사라져버린다. 이 방식은 그의 이후 건물들에서도 자주 볼 수 있는 기법이다. 가우디는 건축주의 욕구를 실현하는 동시에 나름의 구조역학적인 탐구를 계속하고 있었던 셈이다.

콜로니아 구엘과 지하경당

구엘 저택을 보면서 신흥 부르주아의 자기긍정이 하나의 건축물 안에 이토록 또렷하게 스며들 수 있을까 싶었다. 그러나 콜로니아 구엘을 방문하니 자기긍정과 정통화(legitimation)를 넘어서 구엘이 사회적 개혁가로서 품었던 야심마저 느껴졌다.

지금은 바르셀로나 중앙역이 있는 지역이지만 당시에는 바르셀로나 외곽이었던 산츠에서 섬유공장 바포 벨(Vapor Vell)을 운영하던 구엘은 1890년 공장 규모를 확대하는 동시에 점점 격심해지고 있던 열악한 위생 상황과 노사갈등을 피하려고 바르셀로나 도심에서 제법 떨어진 '산타콜로마 데 세르벨로'(Santa Coloma de Cervelló) 지역에 산업단지를 건설한다.[37] 그는 산업단지 안에 당대 사회적 평균보다 훨씬 넓고 쾌적한 주택을 지어서

노동자 가족에게 제공했고, 노동자 자녀를 위한 학교와 병원, 그리고 소비자협동조합이 운영하는 상점, 극장, 카페를 세웠다. 그리고 1898년에는 단지 내의 작은 교회를 대신할 성당 건설을 가우디에게 요청했다. 이런 일련의 과정은 구엘이 비교적 자율적인 동시에 고립적인 공간 안에 공장-가족-종교가 부드럽게 통합된 '유토피아적' 정착촌을 만들고자 했음을 말해준다.[38] 물론 그 유토피아의 지향점은 자본 주도의 복지체제를 통한 '산업 평화'와 생산성 향상이지만, 바르셀로나 산업혁명을 주도했던 대자본가 가운데 한 인물이 계급갈등에 시달리는 19세기 말 바르셀로나를 향해 펼친 개량주의적인 사회적 비전이라는 점에서 매우 흥미로운 사례라고 할 수 있다.[39]

스페인 광장(Plaça d'Espanya)에서 FGC[40]를 타고 30분쯤 가니 바르셀로나 남쪽을 흐르는 료브레가트강이 나타났다. 강을 건너자 바로 '콜로니아구엘 역'이었다. 내린 사람은 우리뿐, 역은 한산했다. 파란 발자국 표시가 된 길을 따라 10분쯤 걸으니 콜로니아 구엘의 섬유공장 건물이 나타났다. 스페인내전 시기에는 노동자협동조합이 운영했고, 내전 뒤에 구

---

37 1846년 바포 벨은 노동자들의 공격을 여러번 받았으며, 1885년 공격 때는 공장장이 살해되기도 했다(헨스베르헌, 앞의 책 295면).

38 이런 기획은 1891년 교황 레오 13세(Leo PP. XIII, 1810~1903)가 발표한 회칙 「새로운 사태에 대하여(Rerum novarum): 자본과 노동의 권리와 의무」와 궤를 같이하는 것이다. 이 회칙의 내용과 의미에 대해서는 뒤에서 다시 논의할 것이다.

39 아쉽게도 그런 개혁 비전이 제대로 작동했는지 알려주는 자료를 접하지 못했다. 그와 별도로 콜로니아 구엘에 깃든 구엘의 의도를 염두에 둔다면, 구엘 공원의 의미도 새롭게 조명할 필요가 있는 듯하다. 전자가 공간 편성을 통한 계급정치를 노동자계급을 향해 펼친 것이라면, 애초 부르주아를 위한 주택단지로 계획된 구엘 공원은 부르주아를 향해 같은 방식의 계급정치를 펼친 것으로 볼 수 있다. 물론 구엘 공원은 본래 의도와 달리 공원으로 용도가 변경되어서 그것이 본래 지향했던 바가 어떤 것인지 정확히 알기 어렵다.

40 Ferrocarrils de la Generalitat de Catalunya, 즉 '카탈루냐 자치정부 철도'의 줄임말이다.

엘 가문에게 반환되었다가 얼마 지나지 않아 다른 자본가에게 매각된 공
장은 1970년대 들어서 가동이 중지되었다고 한다. 그런데 유감스럽게도
관람이 허용되지는 않았다. 관람이 가능한 곳은 예전 노동자 거주지역의
건물들이었다. 소비자협동조합 건물이었다는 관광안내소로 가니, 반갑
게도 한글로 된 안내문이 있었고, 한국어 음성 안내기도 빌릴 수 있었다.
음성 안내기의 설명을 들으면서 거리를 여기저기 둘러보았다. 노동자들
의 거주단지, 학교와 교사의 숙소, 병원과 의사의 숙소, 관리인 숙소, 구
엘 가족의 집 등을 보았는데, 대부분 가우디의 친구이자 조수였던 프란
세스크 베렌게(Francesc Berenguer, 1866~1914)와 가우디의 제자 조안 루비
오(Joan Rubió, 1870~1952)가 지은 것들이었다.

  외관과 도색이 비슷비슷한 카탈루냐 모더니즘(Modernismo catalán)풍
의 황갈색 벽돌 또는 콘크리트 건물들이 이어져서, 밖에서 보는 것만으

4-7. 콜로니아 구엘의 거리 풍경

4-8. 현수선 모형과 그것이 거울에 비친 모습(위)과 거울에 비친 현수선 아치를 탑으로 해서 만들어진 성당 모형(왼쪽)

아래 도판 오른쪽이 현재 지어져 있는 지하경당 부분이고, 왼쪽은 아치 구조물은 구상되었으나 지어지지 않은 성당 상층부의 형태이다. 콜로니아 구엘 관광안내소의 가우디 작품 모형 전시실보다는 카사 밀라 다락방에 있는 가우디 작품 해설관에 전시된 모형이 더 정교하고 이해하기 쉽다(이 도판들은 카사 밀라에 전시된 모형을 촬영한 것이다).

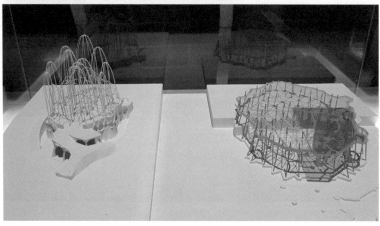

로는 다소 따분했다. 내부에
들어가 보면 좀더 당대 생활
상을 엿볼 수 있을 텐데, 아쉽
게도 개방되어 있지 않았다.
내부를 볼 수 있는 것은 구엘
의 아버지 조안 구엘의 석상
이 세워진 광장에 있는 식당
뿐이었다! 배가 고파서 샌드
위치와 수프 따위를 시켜 먹
었는데, 플레이팅도 어수룩하
고 맛도 별로 없었다.

4-9. 콜로니아 구엘 성당의 가우디 스케치

광장을 벗어나 콜로니아
구엘 전체를 굽어보는 언덕
에 있는 가우디의 지하경당을 보러 갔다(실제로는 경사진 땅에 건설되
어 '반지하'이다). 앞서 언급했듯이 구엘이 가우디에게 성당 건축을 의뢰
한 것은 1898년이다. 하지만 설계가 완료되어 실제 건설이 시작된 것은
1908년이었고, 이후 구엘 가문의 경제 사정 악화로 지하 부분만 건립된
채 1914년경 건설이 중단되었다. 가우디가 어떤 상부를 구상했는지는 관
광안내소에 마련된 모형을 통해서 알 수 있다. 그는 지하경당 위에 건립
될 상부를 '현수선 아치'(catenary arch) 형태로 구상했다. 아치의 기본형
은 반원이다. 아치는 건축물의 수평 부재가 아래로 휘는 것을 막는 기능
을 하는데, 그런 아치의 효과를 강화하기 위해서 고딕 성당에서는 위로
뾰족한 모양의 첨두아치가 쓰였다. 현수선(懸垂線) 아치는 말 그대로 실이
나 줄을 아래로 늘어뜨린 선 모양을 뒤집은 형태의 아치인데, 현수선의

각 점에서 중력의 수직력은 균질하다. 그리고 그것을 뒤집은 현수선 아치는 현수선에서 중력이 아래로 누르는 힘(수직력)을 방향을 바꾸어 아치의 곡선을 따라 작용하는 압축력으로 바꾼 것이다. 그래서 밀도와 두께가 균일하고 자체 무게만 지탱하면 되는 현수선 아치가 첨두아치보다 더 우수하다.[41] 가우디는 현수선 모형을 만들고 그것을 거울에 비춰서 필요한 현수선 아치의 형태를 얻어냈다(실제 모형은 여기에 무게추를 달아서 실제로 적합한 현수선 아치 구성을 계산하는 복잡한 것이었다. 이 복잡한 모형의 복원품은 성가족 성당에 마련된 가우디 건축기념관에 전시되어 있다). 이런 작업은 뒤에 성가족 성당 건축에 활용되었다.

지하경당으로 가기 위해 언덕을 올랐다. 완만한 경사를 10여분 오르자 경당이 나타났는데, 입구의 포르티코(pórtico, 대형 건물 입구에 기둥을 받쳐서 만든 현관 지붕)가 충격적일 정도로 새로웠다. 이미 구엘 공원의 포르티코에서 보았던 비스듬하게 기울어진 기둥이 여기서도 사용되었지만, 훨씬 더 분방한 형태로 사용되었다. 경당 안으로 들어가 보니 경당 내부 기둥들도 모두 다른 각도로 기울어져 있었고, 기둥의 굵기와 모양 그리고 재질까지 제각각이었다.

그렇게 기울어진 여러 형태의 기둥들은 구엘 저택 지하실에서처럼 쌍곡선 포물면의 천장과 접합해 있었다. 그러면서도 구엘 저택 지하실보다 한결 자연스러워서 마치 키 작은 나무가 빽빽한 숲에 들어온 것과 같은 느낌을 주었다. 건축학적 지식이 부족한 나로서는 그런 기둥과 쌍곡선

---

41 한옥 처마의 모양이 버선코처럼 날렵하고 멋들어져 보이는 것은 완만한 현수선 형태를 취하고 있어서이다. 그런 의미에서 현수선 형태는 우리에게는 문화적으로 익숙한 곡선이다. 그러나 같은 현수선 형태라 해도 가우디는 매우 뾰족한 형태, 그것도 아치의 형태로 사용한다.

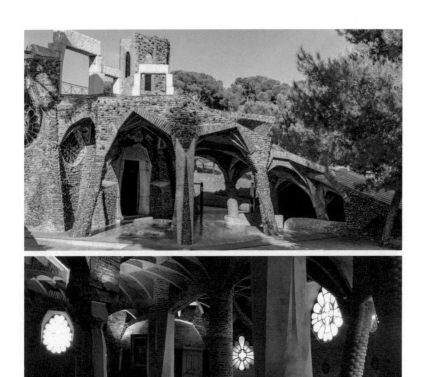

4-10. 지하경당 포르티코의 기울어진 기둥(위)
4-11. 지하경당 내부의 기울어진 현무암 기둥과 벽돌 기둥(아래)

포물면 천장의 구조역학적 메커니즘이 정확히 어떤 것인지 그리고 그것의 효율성은 어느 정도인지는 알 수 없었다. 그러나 분명한 것은 20여개의 장미창을 지닌 공간이 측랑(aisle)과 회중석(nave)의 분할 없이 그리고 부벽(buttress)도 없이 기둥만으로 잘 지지되고 있다는 점이다(경당 상부

에 10여개 높은 탑과 본당이 지어질 예정이었으므로, 이런 점까지 염두에 두면 가우디가 구성한 기둥과 천장의 구조역학적 접합의 효율은 엄청난 것이다).

경당 안에는 우리밖에 없었다. 고요했다. 미사시간은 아니지만 왠지 기도라도 드려야 할 것 같은 경건한 분위기였다. 가우디가 디자인한 독특한 모양의 의자에 앉았는데, 아내가 제대 뒤 성가대석으로 혼자 올라갔다. 그리고 샤를-프랑수아 구노(Charles-François Gounod, 1818~93)의 「아베 마리아」를 불렀다. 공명 설계가 잘되어서인지 한 사람이 부르는데도 노래가 전체 공간을 풍윤하게 채웠다. 눈을 감고 들었다. 노래가 끝나자 미사를 마친 듯했다. 작은 규모지만 자꾸만 다시 들여다보고 싶은 세부로 가득해서 떠나지 못하고 있던 지하경당을 떠나도 좋을 때가 된 느낌이었다. 경당을 나오니 마침 성당 관리인이 지나가고 있었다. 그에게 기념 촬영을 부탁했다. 사진을 찍고 그렇게 콜로니아 구엘을 떠났다.

그라시아 대로와 카사 바트요

시간이 충분했다면, '불화의 사과 블록'(Manzana de la Discordia)[42]에 연달아 서 있는 가우디의 카사 바트요(1906), 조제프 푸치(Josep Puig, 1867~1956)의 카사 아마트예르(Casa Amatller, 1898~1900), 류이스 도메

---

42 스페인어로 '사과'와 '블록'은 둘 다 'Manzana'라는 동음이의어이다. 'Manzana de la Discordia'는 유명한 주택들이 서로의 아름다움을 경쟁하는 블록이라는 뜻이지만, 사과로 번역하면 그런 경쟁 상황을 트로이전쟁을 유발한 아프로디테, 헤라, 아테나 사이의 사과를 둘러싼 신화적 경쟁에 빗댈 여지를 준다. 그래서 여기서는 '만사나'가 '사과'와 '블록'이라는 중의법으로 쓰이고 있다.

4-12. 늦은 오후의 카사 바트요 전면 파사드 모습.

네크(Lluis Domènech, 1850~1923)의 카사 예오 모레라(Casa Lleó Morera, 1902~1905), 그리고 조금 덜 유명한 마르셀리아 코키야트(Marcellià Coquillat, 1865~1924)의 카사 보네트(Casa Bonet, 1915)와 엔리크 사그니에(Enric Sagnier, 1858~1931)의 카사 무예라스(Casa Mulleras, 1906~11)까지 모두 방문했을 것이고, 그랬다면 그와 어깨를 견주던 동시대 건축가들과 가우디를 비교해보는 즐거움을 맛볼 수 있었을 것이다. 하지만 그러지 못했고, 카사 바트요만 관람했다.

이렇게 저명한 주택들이 이웃하게 된 경위를 이해하기 위해서는 이들이 위치한 그라시아 대로의 역사를 잠시 살펴볼 필요가 있다.[43] 그라시아 대로는 카사 바트요를 기준으로 북쪽으로는 살바도 에스프리우 정원

(Jardins de Salvador Espriu), 남쪽으로는 카탈루냐 광장까지 이어지는 번화가이다. 본래는 '예수의 길'(Camí de Jesús)이라 불리던 바르셀로나 성북문과 교외 북쪽 산기슭에 있던 그라시아 수도원 사이를 잇던 좁은 옛길이었는데, 1827년에 폭 42미터의 도로가 만들어지면서 바르셀로나에서 가장 중요한 도로 가운데 하나가 된다(그래서 세르다 계획안에서도 격자형 도시 개발의 기준선 역할을 하며, 세르다에 의해 폭 50미터의 도로로 확장되었다).

도시성벽 철거 직전인 1853년부터 그라시아 대로에는 가로등이 세워지기 시작했고, 1881년부터는 전기 가로등이 세워졌으며, 1888년 바르셀로나 만국박람회를 계기로 가로등이 더욱 늘어나 밤에도 보행이 자유로운 공간이 되었다. 1902년 이 도로와 연결된 지점에 카탈루냐 광장이 문을 열었고, 1905년에는 대로 전체가 포장되었으며, 1906년에는 바르셀로나의 첫 버스노선이 마련되었다.

이렇게 그라시아 대로가 도시의 활기를 대표하고 있던 1880년대부터 1910년대에 이르는 시기에 바르셀로나의 유력 가문들이 앞다투어 그라시아 대로변의 땅을 매입하고 집을 짓기 시작했다. 카사 아마트예르를 지은 아마트예르 가문이나 카사 예오 모레라를 지은 모레라 가문 그리고 카사 바트요의 바트요 부부는 모두 19세기에 부상한 신흥 부르주아들이었다. 그들은 당대 유럽 전역에서 유행하던 아르누보 건축을 애호했고, 이들의 집을 지은 건축가들 또한 모두 아르누보와 동조된 카탈루냐 모더니즘에 참여했던 이들이었다. 그것이 '불화의 사과 블록' 같은 것이 형성

---

43 이하의 그라시아 대로의 역사 그리고 특히 카사 밀라에 대한 논의는 뛰어난 카사 밀라 연구서인 이병기 글·황효철 사진 『가우디의 마지막 주택, 밀라 주택』, 아키트윈스 2018에 크게 의존하고 있다.

된 이유이다.[44]

　그러나 그라시아 대로에 몰려든 바르셀로나 부르주아들이 지었던 주택들의 화려함의 이면에는 깊은 불안과 공포가 놓여 있었다. 자본과 기술의 숭고함을 뽐낸 1888년 바르셀로나 만국박람회는 200만명을 유치하는 성공을 거두었고 카탈루냐의 섬유산업이나 철강산업은 아직 호황이었지만, 1870년대 이래로 노동자들 사이에서 인기를 끈 무정부주의가 협동조합 운동을 전개하며 노동자를 조직하는 것을 넘어서 이른바 '행동에 의한 선전'이라는 과격한 투쟁노선을 추구하기 시작했다. 22명을 사망에 이르게 한 1893년 오페라하우스 '리세우(Liceu) 폭탄테러'는 그런 노선이 전면에 드러난 사건이었다. 이런 테러는 이후에도 간헐적으로 계속되었다. 1896년에 44명의 부상자를 낳은 성체성혈대축일 순례행렬에 대한 폭탄테러가 있었고, 1897년에는 왕정복고를 이끌었던 총리 안토니오 카노바스 델 카스티요(Antonio Cánovas del Castillo, 1828~97)가 암살당했다.[45]

　이런 정치·사회적 위기는 제국의 위기로 이어졌다. 무정부주의의 테러로 총리가 죽고 1년 뒤인 1898년 스페인은 앞서 말했듯이 미서(美西)전쟁에서 패배해 쿠바, 괌, 푸에르토리코, 필리핀을 잃었다. 제국의 위기는

44　그라시아 대로에는 이미 언급된 것들보다 명성은 덜하지만 당대 부르주아들이 지은 저택들이 다수 산재한다. 그 가운데 비교적 유명한 것으로 팔라우 로베르트(Palau Robert, 1899)와 카사 말라그리다(Casa Malagrida, 1905~1908), 그리고 그 거리에 가장 먼저 지어졌지만 철거되고 고층빌딩으로 대치된 팔라우 사마(Palau Samà) 등을 들 수 있다.

45　1904년에는 수상 안토니오 마우라 몬타네르(Antonio Maura Montaner, 1853~1925)에 대한 암살시도가 있었고, 1906년에는 알폰소 13세의 결혼식에서 그를 죽이려는 폭탄테러가 있었다(국왕과 왕비는 무사했으나 현장에서만 23명이 죽고, 100여명이 부상을 입었다). 19세기 말, 20세기 초 스페인 무정부주의의 테러활동에 대해서는 다음을 참조하라. Julián Casanova, "Terror and Violence: The Dark Face of Spanish Anarchism," *International Labor and Working Class History*, 2005, Vol. 67, pp. 79~99.

직접적으로 자본의 위기이기도 했다. 바르셀로나는 쿠바와의 경제적 네트워크를 잃었고, 융성했던 섬유산업도 난관에 부닥쳤다. 어떤 의미에서 그라시아 대로의 부르주아 호화주택 건설 붐은 제국의 위기로 이어진 사회정치적 위기를 화려한 자본의 '거리 미학'으로 극복하려는, 일종의 '정치의 심미화' 프로젝트였다고 할 수 있으며,[46] 카사 바트요는 가우디의 의도가 무엇이든 그런 프로젝트에 가장 잘 어울리는 주택이었다고 할 수 있다.

확실히 거리 미학의 면에서 카사 바트요만큼 성공적인 건물은 별로 없다. 카사 바트요의 파사드는 단번에 행인의 눈길을 낚아챈다. 몬주이크의 사암으로 만들어진 1층 위로 유연한 곡면으로 창을 낸 2층(노블 플로어)이 얹어져 있다. 그위로 가면처럼 보이기도 하고 해골처럼도 보이기도 하는 발코니가 3층부터 7층까지 있고, 사이 벽면은 유리와 세라믹을 활용한 화사한 꽃 모양의 트렌카디스로 장식되어 있다. 박공 형태의 지붕에는 테셀레이션 형태로 구성된 세라믹 기와가 열대어의 비늘처럼 유연하게 펼쳐져 있다.[47] 우리가 방문했을 때 해가 뉘엿했는데, 가로등과 자체 조명으로 파사드는 화사했다. 아마도 아침에 와서 보면 동쪽을 향해 있는 이 파사드의 굴곡진 표면이 또다른 방식으로 찬란할 듯했다.

전면은 말할 것도 없고, 상대적으로 소박하다 해도 상단 처마 부분만은 아주 화려하게 장식한 후면 파사드까지 카사 바트요는 확실히 장식과 관련해서 주목할 만한 주택이다. 가우디가 속했던 아르누보 양식에서

---

46 '정치의 심미화'에 대해서는 이 책 3장 참조.
47 가우디를 도와 이 작업을 수행한 것은 가우디의 제자이자 조수였던 조제프 마리아 주졸 (Josep Maria Jujol, 1879~1949)이었다. 이후 카사 밀라, 구엘 공원, 그리고 성가족 성당의 트렌카디스 제작에서도 주졸은 큰 역할을 했다.

'장식'(ornament)은 단순한 표면적 부착물로서의 '치장'(decoration)이 아니라 건축의 합리적 구조 그리고 사용자의 문화적 정체성과 유기적인 연관성을 가진 심미적 요소이다. 가우디 자신이 이미 청년기 수고(手稿)에서 이 점을 분명히 밝히고 있다.

> 장식은 (어떤 사물에) 성격을 부여하기 위한 상당히 본질적인 부분이다. 하지만 그럼에도 불구하고 그것은 시의 운율과 리듬 이상의 무엇은 아니다. 구상은 여러 방식으로 표현될 수 있지만, 사고의 충분한 이해를 가로막는 불필요한 액세서리들을 도입하려 할 때, 구상은 흐릿해지고 뒤엉키게 된다.[48]

카사 바트요는 기존의 건물을 허물고 새로 지은 것이 아니라 있던 건물을 (우리 사회의 요즘 표현으로 하면) '리모델링'한 것이다. 구조 변경이 없는 것은 아니지만, 그보다는 장식의 논리가 더 강하게 작동한 건물이며, 그런 의미에서 가우디의 장식 구성 논리를 완연하게 드러낸다고 해도 과언이 아니다. 외부보다 내부가 더 그런데, 그 가운데서도 바트요 부부가 사용했던 2층 거실이 특히 그렇다. 천장의 등을 중심으로 회오리치는 듯한 곡선미를 뽐내는 천장의 모습도 인상적이지만, 유백색 스테인드글라스와 투명한 유리가 유선형 창틀에 담긴 2층 거실에 들어서니 바깥 거리가 환한 수족관 풍경인 듯 느껴졌다. 그렇게 거리를 절반쯤 차경

---

48 가우디, 앞의 책 31면. 가우디의 이 말을 제대로 이해하기 위해서는 그가 '성격'(el caràcter) 이라는 말에 부여하는 복합적 의미를 파악할 필요가 있다. 그에 의하면, "성격은 장식의 판단 기준이다. 오늘날 성격은 국적과 용도, 사용자의 신분에 따라 좌우된다"(같은 책 19면). 성격은 건축물 사용자의 문화적 정체성에서 발원하여 건축물에 투여된 의미를 지칭한다.

4-13. 카사 바트요 2층 거실의 유리창
스테인드글라스 위에 목재 환풍기가 있고 유리창 아래에 비스듬하게 환풍구가 있다.

(借景)한 방식이 인상적이었다. 환풍기나 환풍구 또한 전체 맥락에 우아하게 편입해놓은 거실 창은 심미적으로뿐 아니라 기능적으로도 훌륭한 것이었다. 이런 창 구조는 안에서는 밖을 넓고 밝게 바라볼 수 있게 해주지만, 낮에는 조도 차이 덕분에 그리고 밤에는 내부에서 등을 밝힐 때도 상단의 불투명한 스테인드글라스 덕분에 실내가 그렇게 환히 들여다보이지 않게 하여, 비교적 낮은 2층의 프라이버시를 지켜준다.

채광을 위해서 푸른색 타일로 장식된 내정(patio)을 두었는데, 위쪽은 짙은 색으로 아래는 연한 색으로 했다. 그렇게 해야 반사율의 차이 때문에 아래서 볼 때는 전체적으로 연한 푸른색이 된다는데, 광학적으로 매우 신중하게 처리된 부분이라 하겠다.[49]

---

49 김용대 『신은 서두르지 않는다, 가우디』, 미진사 2012, 214면.

문과 문고리 또는 계단의 난간 하나까지 모두 장식적이었지만, 막상 잠거나 기대보면 인체공학적이라고 느껴질 정도로 아주 편했다. 그외에 인상적인 것으로는 내부에 설치된 엘리베이터의 창이 물결무늬로 되어 있던 것인데, 여러 가구가 함께 거주했던 주택에서 탑승자의 프라이버시를 지켜주기 위한 것으로 보였다. 실제로 타보니 내부의 채광을 확보해주기도 하고 엘리베이터의 상승과 하강 때 탑승자가 느낄 수도 있는 불안감이나 어지러움을 막아주는 면도 있었다.

4-14.카사 바트요 세탁실의 현수선 아치

그래도 카사 바트요의 장식에 과시적이거나 치장에 그치는 면이 있음을 부인할 수는 없다. 가령 벽난로가 있는 방으로 들어가는 문을 버섯 모양으로 만든 것은 재치 있게 느껴졌지만, 그뿐인 듯했다. 그러나 가우디의 장식 구성에는 현란하다 싶은 것과 정반대로 미니멀리즘적 절제도 나타난다. 특히 카사 바트요 꼭대기의 세탁실이 그랬다. 비대칭적인 현수선 아치의 백색 통로는 가우디의 또다른 작품, 테레사 수녀원 학교의 복도처럼 고요한 묵상의 공간으로 다가왔다.[50]

---

50 외부의 화려한 트렌카디스 장식과 달리 푸른 색조의 간결한 내부를 가진 구엘 공원 경비실에서도 이런 절제를 경험할 수 있다.

카사 밀라의 파사드와 자유로운 평면

이미 언급했듯이, 카사 바트요는 내부구조의 변경이 있었다고는 해도 내력벽의 제약이 상당했던 '리모델링' 주택이었다. 하지만 기존 주택을 허물고 새로 지은 카사 밀라는 구조 수준에서도 자유로운 구상이 가능한 주택이었다. 당연히 장식과 구조가 한결 더 면밀하게 맞물린 방식으로 설계되었음을 예상할 수 있다. 또한 카사 밀라는 카사 칼베트와 카사 바트요에 이어 에샴플레 지구에서 가우디가 세번째 짓는 주택인 만큼 부지의 특성에 대한 이해가 더 깊어진 때의 작품일 뿐 아니라, 원숙기의 가우디가 지은 마지막 '주택'이라는 점에서도 주목할 만하다.

카사 밀라의 의뢰자는 카사 바트요에 매혹된 밀라 부부였다. 남편 페레 밀라(Pere Milà, 1874~1940)는 부친이 직물공장주였고 삼촌이 바르셀로나 시장을 지낸 '명문가' 출신의 변호사였다. 부인 로제 세지몬(Roser Segimon, 1870~1964)은 발렌시아 지역 건설업자의 딸로 페레 밀라와는 재혼한 사이였다. 나이 차가 컸던 그녀의 첫 남편은 과테말라에서 '엘초콜라'라는 커피 플랜테이션 농장을 운영해서 거부가 된 조제프 과르디올라(Josep Guardiola, 1831~1901)였다. 카사 밀라를 짓는 자금은 물론 밀라 부인이 전남편으로부터 상속받은 돈이었다.[51]

카사 밀라는 카사 바트요에서 세 블록쯤 북쪽에 있다. 그라시아 대로

---

51 식민지에서의 착취와 바르셀로나의 문화적 산물 사이의 연관이 다시 한번 드러나는 부분이다. 밀라 부인 첫 남편의 이력 그리고 밀라 부부의 만남에 대해서는 주세 마리아 우에르타스 「식민지 개척을 통한 신흥 갑부들의 유산」, 『바르셀로나를 꿈꾸다, 안토니 가우디 전』, 예술의 전당 한가람미술관, 2015, 40~43면 참조.

4-15. 카사 밀라의 남쪽 파사드

와 프로벤사 길(Carrer de Provença)이 만나는 모퉁이의 모따기 된 부분에 걸쳐 서 있으며, 높이는 카사 바트요와 엇비슷하지만, 세면에 걸친 파사드 전체 길이가 84.5미터나 되는, 폭 14미터의 카사 바트요보다 훨씬 규모가 큰 건물이다. 확실히 길 건너에서 바라본 카사 밀라의 시각적 위용은 대단했다. 이 건물에 '채석장'(La Pedrera)이라는 별명을 안겨준 바르셀로나 인근의 채석장 가라프(Garraf)와 빌라프랑카 델 페네데스(Vilafranca del Penedès)에서 가져온 육중한 질감의 회백색 사암으로 파사드가 구성되어 있었는데, 놀랍게도 무거운 사암이 물성을 잃고 물결치는 듯했고, 거기에 해초처럼 구부러진 연철 발코니를 지닌 창들이 열 지어 있었다. 그리고 옥상에는 무거운 갑옷을 입은 경비병처럼 보이는 굴뚝들이 서 있었다. 정말로 세상 처음 보는 신기한 형태의 건물이었다.

항용 새로운 형상은 우리들의 감성에 충격을 가한다. 충격을 덜고 지각경험을 안정화하려면, 기존의 심미적 도식을 고수하며 그것을 배척하

거나, 기존 도식을 과감하게 수정하고 그것을 수용해야 한다. 카사 밀라는 전형적으로 이런 선택을 강요하는 건물이었고, 그런 만큼 당대에 이미 많은 논란을 불렀다. 찬사도 있었지만, '생쥐 굴'로 신랄하게 묘사한 풍자화도 있었고, 미래의 비행선 격납고로 그린 풍자화도 있었다.

그러나 오늘날에는 누구도 이 건물의 아름다움에 대해 의문을 제기하지 않는다. 그런 의미에서 가우디는 결국 우리의 미적 기준 자체를

4-16. 일간지 『엘딜루비오』(El Diluvio)의 카사 밀라 풍자화(1910년 3월 5일자)

변화시키며 미학적 승리를 거두었다 하겠다. 그러나 가우디가 거둔 승리는 세평의 변덕스러운 행로가 우연히 가닿은 기항지는 아니다. 가우디 자신이 말했듯이, "어떤 대상이 아름답기 위해 가져야만 하는 제일의 가치는 주어진 목표를 달성하는 데 있다. 이는 잡다한 결과를 얻기 위해 제각기 해결된 문제들을 선별하고 재편하는 것이 아니라, 대상이 가진 물질적 조건과 용도 그리고 그 성격에 부합하는 통일성을 갖춘 해법에 이르기 위한 것이다."[52] 카사 밀라는 무엇보다 주택, 그것도 집합주택이다.

---

52 가우디, 앞의 책 31면.

여러 가구의 거주공간으로서 쾌적해야 하고, 그것의 형태적 특질 또한 그 점과 내적 연관을 가진 것이어야 한다. 카사 밀라가 아름답다는 평가를 얻은 것은 바로 이런 점을 충족했기 때문이다.

카사 밀라는 현재도 사람들이 거주하고 있다. 그래서 대중에게 공개된 공간은 입구에서 계단을 올라가면 이르게 되는, 밀라 부부가 거주했으나 지금은 전시실로 쓰이는 2층(우리가 갔을 때는 카탈루냐 화가 조안 폰스 Joan Ponç, 1927-84의 작품 전시회를 하고 있었다)과 사람이 살지 않는 4층, 세탁실이자 창고였으나 이제는 가우디의 설계도와 작품모형을 전시하고 있는 다락, 그리고 옥상 테라스뿐이다. 전시된 공간의 비중이 작다고는 할 수 없지만, 밀라 부부가 살던 곳은 텅 빈 전시장이 되어 당시 모습을 짐작할 수 없고, 공개되지 않은 층들의 내부구조는 알기 어려우며, 당시 매우 빠른 속도로 늘어나는 자동차에 대응하기 위해 가우디가 설계한 지하 주차장 또한 현재 거주자들이 사용하고 있어서 볼 수 없다. 그리고 관람 루트를 통해서는 후면 파사드도 볼 수 없다. 그래도 아쉬운 대로 다락 전시실의 모형들 덕분에 카사 밀라의 구조적 특징과 그것이 해결하려고 했던 문제가 무엇인지는 대략 이해할 수 있었다.

건축물의 형태는 그것이 세워지는 대지(垈地)의 생김새, 기후와 기술적 조건을 반영하는 건축적 관습, 그리고 법적 규제 등의 영향을 크게 받는다. 그런 조건 속에서 건축가는 건축 일반이 갖추어야 할 기능에 더해 건축주의 특별한 욕구에도 부응해야 한다. 카사 밀라의 각 층의 너비는 대략 400평 정도였는데, 밀라 부부는 한 층 전부를 사용하고, 다른 층들은 세가구나 네가구로 나눠서 임대하고자 했다. 그리고 모든 가구에 전기, 조명, 난방과 온수를 공급하고, 다락의 세탁실과 창고 그리고 지하 주차장을 공용공간으로 제공하기를 원했다. 당시로서는 최신식 건물을 추구

한 셈이다.

먼저 카사 밀라의 부지 특성부터 보자. 카사 밀라는 세르다가 구획한 에샴플레 지구에 있다. 따라서 에샴플레 지구의 개발 상황에 적응해야 했다. 앞에서 살펴보았듯이, 에샴플레를 설계할 때 세르다는 쾌적한 주거를 위해서 만사나, 즉 블록의 네면 모두에 주택이 지어지지 않도록 했고, 층고와 건물의 두께도 일조량이나 통풍을 위해 제한하고자 했다. 그러나 주택 개발의 이윤을 높이려는 건축주들의 압력으로 그런 제한은 침식되었다. 종국적으로는 네면 모두에 건물이 들어섰고, 층고는 높아졌으며, 건물의 심도는 깊어져 블록의 내정은 옹졸해졌다. 게다가 여러 유럽 도시에서처럼 바르셀로나에서도 건물의 좌우 벽이 이웃집 벽과 밀착되는 합벽 주택(row house)이 일반적 관행이어서 카사 밀라도 그렇게 지어야 했다. 합벽 주택은 제한된 도심의 토지를 더 경제적으로 이용할 수 있게 해주지만, 대신 건물의 앞뒤로만 채광과 통풍을 해결해야 하는 구조적 제약을 떠안는다.

물론 이런 점은 가우디가 카사 밀라 이전에 먼저 지었던 카사 칼베트나 카사 바트요도 마찬가지였다. 그러나 바르셀로나의 기후 조건 때문에 만사나 남쪽 모서리에 자리잡은 카사 밀라는 북서쪽을 향한 카사 칼베트나 북동쪽을 향한 카사 바트요보다 조건이 훨씬 나빴다. 스페인 전체가 대체로 오후 햇살이 뜨겁다. 그런데다가 바르셀로나는 바다에 인접해 있어서 습도도 높다. 그래서 이 지역에서는 밝고 더운 집보다는 덜 밝더라도 서늘한 집이 선호된다(에어컨은 1902년에 발명되었고, 가정용으로 쓰인 것은 20세기 중반부터임을 염두에 두면 더 그렇다). 에샴플레 지구에서 최상의 집은 아침저녁으로만 살짝 햇빛이 들고, 남쪽은 합벽 방식 덕택에 막혀서 그늘져 있으며, 동서로 통풍이 잘되는 집이다. 다시 말해 에

샴플레에서 가장 선호되는 주택지는 카사 바트요처럼 파사드가 북동쪽을 향하는 자리다 (그것이 카사 바트요가 있는 곳에 유명한 부르주아의 집들이 옆으로 나란히 들어선 이유이다). 북동쪽만큼은 아니지만 북서쪽을 향한 카사 칼베트도 그런대로 위치가 괜찮은 편이다. 그러나 모가 따진 방향은 정남향이고, 그라시아 대로를 남서 면에 두고, 프로벤사 길을 남동 면에 둔 카사 밀라의 입지는 오후에 뜨거운 햇빛이 마구 쏟아지는 가장 나쁜 자리라고 할 수 있다.

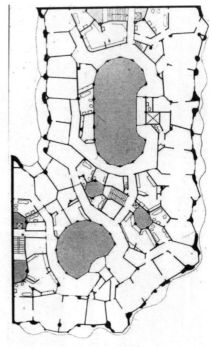

4-17. 카사 밀라의 4층 평면도
왼쪽 세로 면이 그라시아 대로에 면한 부분이고, 아래쪽 가로 면이 프로벤사 길에 면한 부분이며, 회색의 원형과 타원형은 파티오이다.

가우디는 이런 조건 속에서 채광과 환기를 해결할 방법으로 이미 카사 바트요에서 활용한 바 있는 파티오(patio, 內庭)를 활용하되, 카사 밀라에는 그것을 두개 만들어 넣었다. 파티오는 집의 심도를 포기하지 않고 토지를 알뜰히 이용하면서도 채광과 환기 문제를 해결해준다. 가우디는 건물 한가운데 밝게 빛이 들어오는 파티오의 곡면에 복도를 배치했는데, 그렇게 한 것은 파티오를 중심으로 분할된 주택의 거주자들이 전체 건물을 정신적으로 조망하고 사적 공간과 공용공간 사이의 관계를 수립하는 데 도움을 주었다.

4-18. 카사 밀라 4층 복도. 밝게 빛이 드는 파티오의 곡면을 따라 복도가 배치되어 있다.(위)
4-19. 카사 밀라 4층 내부. 햇빛이 두 창문에 다른 각도로 들어온다.(아래)

다음으로 남쪽 입면으로부터 쏟아지는 햇빛은 채광을 위해서는 받아
들이지만, 실내에 지나친 열기가 밀려드는 것과 태양 고도가 낮을 때의
눈부심을 막을 방안을 찾아야 했다. 카사 바트요의 경우 후면 파사드 쪽
창으로 드는 뜨거운 오후 햇살을 루버드 블라인드(louvered blinds)로 간

단히 해결했다.[53] 그러나 '후면' 파사드도 아니고 '전면' 파사드를 같은 식으로 처리하는 것은 가우디 같은 대가가 선택할 만한 방안이 못 되었다(전면 파사드는 건축가의 기량과 건물과 그 소유주의 명성 그리고 그에 따른 건물의 수익을 규정하는 핵심 사안이었다). 그는 한결 독창적인 길을 찾았다. 너울대는 것으로 보일 정도의 우아한 곡면으로 사암을 깎아 붙여나가는 것이었는데, 그렇게 하면 사암의 굴곡진 부분들이 특정 각도의 햇빛을 막아서 그림자를 만들어내고, 굴곡을 따라 설치된 창들 또한 각도를 조금씩 달리하고, 그럼으로써 햇빛의 유입을 여러 각도로 조절할 수 있다.

이런 점을 고려해서 만들어진 카사 밀라의 파사드는 카사 바트요처럼 화려한 색채와 트렌카디스로 장식되지 않고 돌 본연의 색깔을 담담하게 드러내고 있을 뿐이다. 하지만 날씨와 계절 그리고 태양 고도를 따라 시시각각 변하는 햇빛을 받아들이는 부드러운 곡선의 사암은 빛과 그림자의 유희를 펼치며 수많은 계조(階調)와 농담(濃淡)의 변화를 드러낸다. 카사 밀라의 파사드는 이렇게 하루 종일 쏟아지는 햇빛의 과잉을 축복으로 전환한 것이다.

이런 파사드를 세우기 위해서는 해결되어야 할 구조 문제가 남아 있다. 그리고 두개의 파티오로 인해 굴곡진 내부 공간 편성과 임대를 위한 자유로운 공간 분할도 함께 해결되어야 할 구조 문제였다. 먼저 창문을 보자. 석재는 화재에 강하고 압축응력(compressive stress), 즉 수직으로 내

---

53 우리나라에서는 흔히 '콤비블라인드' 또는 그냥 '블라인드'라고 불리는 차양막이다. 카사 바트요의 채광과 환기에 대한 논의로는 E. Usón Guardiola & Escuela Técnica, "Passive and Low Energy Cooling for the Built Environment," International Conference May 2005, Santorini, Greece, pp. 705~708을 참조하라.

리 누르는 힘을 견디는 능력이 좋다. 오랜 세월을 버틸 힘이 있다. 하지만 그 대신 인장응력(tensile stress), 그러니까 외력을 받아 늘어날 때 그것에 저항하는 힘이 약하다. 그래서 돌을 사용한 건물은 인장응력을 많이 요구하는 창을 크고 넓게 내기가 어렵다. 더구나 카사 밀라에 쓰인 사암은 매우 무겁다. 당시 건축 상황의 기록은 하나같이 무거운 사암을 끌어 올려 접합하는 작업의 어려움에 대해 적고 있다. 가우디는 가능한 한 사암 조각의 두께를 줄이고 벽 내부에 설치한 철제 프레임에 결속함으로써 인장응력을 강화했고, 그럼으로써 자유롭게 창문을 낼 수 있었다.[54] 철제 프레임의 활용은 내부 공간 편성에도 함께 이용되었다. 1920년대 르코르뷔지에(Le Corbusier, 1887~1965)는 근대 건축의 5원칙 중 하나로 '자유로운 평면'을 주창했고, 내력벽을 제거하고 기둥으로 건물을 지지하는 도미노 시스템을 통해 그것을 달성했다.[55] 그런데 가우디는 르코르뷔지에보다 20년 먼저 카사 밀라에 자유로운 평면을 마련하기 위해 기둥을 세우고 철제 빔을 보(桥)로 사용했다. 철근 콘크리트가 일반화된 시기의 르코르뷔지에와 달리 돌기둥과 철골 보를 조합해야 했던 가우디의 작업이 훨씬 까다롭긴 했다. 철근 콘크리트처럼 안정적이지 못해서 모든 수직적 힘을 정돈하여 기둥을 세울 지점에 정확히 전달해야 했고, 이를 위해서는 바닥을 일체화된 형태로 짜야 했기 때문이다. 그러나 가우디는 공장에서

---

54 오늘날이라면 인장응력 문제를 깔끔하게 해결한(그것이 오늘날 보편적 공법인 이유인) 철근 콘크리트를 이용했겠지만, 카사 밀라가 지어지던 시기에 철근 콘크리트는 수많은 특허에 둘러싸인 초창기 기술이었다. 가우디가 실질적으로 철근 콘크리트를 사용한 것은 1915년 이후, 그러니까 성가족 성당 '탄생의 파사드'를 건설하면서부터이다. 관련된 논의로는 Rosa Grima López, et al., "Gaudí and Reinforced Concrete in Construction," *International Journal of Architectural Heritage Conservation*, 2013, vol. 7, no. 4, pp. 375~402를 참조하라.
55 르코르뷔지에의 주장에 대한 좀더 자세한 논의는 졸저, 앞의 책 7장 참조.

생산된 철골을 정밀하게 조립하여 이 문제를 해결했다. 사암의 하중을 줄여 파사드를 완성하기 위해서 철골구조를 활용했을 뿐 아니라, 철골보를 조립하고 그것을 돌기둥과 연결하여 내부 공간을 원하는 대로 편성할 수 있는 자유로운 평면을 얻어낸 것이다.

이외에도 환기를 위한 굴뚝의 디자인, 누수에 대비하기 위한 공용공간으로서의 다락의 벽돌로 이뤄진 현수선 아치 등 카사 밀라에는 매혹적인 점들이 더 있지만(가보지 못했지만, 자동차 문화 초창기에 구상된 주차장도 흥미로울 것 같았다), 그것의 핵심적인 건축적 의의 두가지만 언급하는 정도로 이야기를 그치려 한다.

하나는 가우디의 장식이 지향하는 바가 무엇인지 카사 밀라가 선명하게 보여준다는 점이다. 그에게서 장식은 구조 자체와 기능적 필연성으로부터 피어나는 꽃이었다. 다른 하나는 카사 밀라가 제시하는 다양한 구조적 해결책이 일반적 적용 가능성을 지니고 있다는 점이다. 이미 논의했듯이, 에샴플레는 바르셀로나 기후에 불리한 남쪽 방향 토지문제와 건축주들의 이윤추구로 인해 지나치게 높아진 용적률로 인한 채광과 환기 문제로 신음하고 있었다. 그런데 에샴플레는 똑같은 블록구조를 반복하기 때문에, 카사 밀라가 제시하는 해결은 에샴플레 전체에 적용될 수 있다. 카사 밀라는 에샴플레에 지어진 잘 지은 집 한채일 뿐인 게 아니다. 그것은 세르다가 설계한 바르셀로나가 겪고 있는 곤경에 대한 가우디의 응답이기도 한 것이다. 이제 가우디의 마그눔 오푸스(Magnum opus), 성가족 성당을 보자.

성가족 성당의 날렵한 자태

　전철역에서 내려 성가족 성당을 향해 걸었다. 멀찍이서 보니, 탑을 쌓기 위한 거대한 기중기가 세워져 있었고, 첨탑 끝에는 망사로 된 천이 씌워져 있었다. 공사판 느낌이 훅 풍겼다. 하긴 많은 성당이 공사 중이다. 어렵게 찾아간 성당의 파사드가 통째로 비계와 비닐로 덮인 경우도 심심치 않다. 그런 성당을 보며 우리는 찬란했을 과거의 한순간을 그려보며 수리 중일 때 찾아온 불운한 자신을 달랜다. 그러나 성가족 성당의 공사판은 미래의 성당을 그리게 한다. 수리 중인 성당이 부르는 상실의 멜랑콜리와 달리 완성될 순간의 이미지를 끌어 당겨오는 것이다. 실제로 내가 성가족 성당에서 받은 모든 느낌은 부지불식간에 미래의 완성태를 참조하며 형성됐다. 지금의 그러함이 그러하리라는 기대의 빛에 조명되면, 그로부터 미래를 향한 작은 발걸음이 삐죽이 튀어나오고, 눈길이나 느낌도 그 발걸음에 머물게 마련이다.

　다가감에 따라 늦가을의 파란 하늘을 배경으로 탑들이 더 선명하게 보였다. 길쭉한 옥수수처럼 생긴 커다란 탑들이 높게 솟은 성가족 성당의 자태를 두고 아름답다고 하기는 어려웠다. 하지만 탑의 모양새 그리고 탑들이 자아내는 전체 외관은 정말 독특했다. 가로와 세로가 114미터인 에샴플레의 한 블록을 거의 다 채우고 있으니 바닥 면적이 작은 건 아니다. 그 정도 면적의 건물이면 꽤 육중해 보이기 마련인데, 그렇지 않고 아주 날렵했고, 하늘을 향해 기도하기 위해 모은 두 손 같기도 했다. 그렇게 보인 이유는 성가족 성당에는 고딕 성당에 특징적인 부벽(buttress)과 공중부벽(flying buttress)이 없기 때문이었다. 이런 외관이 함축하는 혁신이 어떤 것인지 보기 위해서는 고딕 성당의 구조를 간단히 살펴볼 필요가

4-20. 동편 호숫가에서
밤에 찍은 성가족 성당
(2017. 12.)

있다.[56]

유럽 중세를 통해서 성당은 기독교가 그리는 세계 자체를 신자들 앞에서 드러내주는 물질적 매개였다. 대부분 문맹이었던 신자들에게 성당은 그 자체로서, 즉 성경 대신 스테인드글라스를 통해서 성당 내부로 쏟아지는 색색의 빛과 파이프오르간과 성가대의 찬양을 통해 울려 퍼지는 소리를 통해 신성이 현현하는 장소였다. 그리고 높은 종탑이나 첨탑을 통해 하늘을 향한 기독교 공동체의 열망을 표현해주는 존재였는데,[57] 이 앙천성(仰天性)이야말로 중세 유럽 건축이 세계 건축사에 '기여한' 바였다고 할 수 있다.[58]

성당을 통해 신성을 향한 초월 열망을 구현하고 세속을 향한 종교적 교화 욕구를 충족하기 위해서는 까다로운 구조역학적 문제를 풀어야 했다. 영속성과 앙천성을 위해서는 석재 또는 벽돌을 소재로 사용해야 했다. 그래야 화재를 잘 견딜 수 있고 높은 건물을 쌓을 수 있기 때문이다. 하지만 앞서 언급했듯이, 석재는 수직적 하중에는 강하지만 수평으로 당겨지는 인장응력에 취약하고 높은 건물의 벽은 자중(自重)으로 인해 더욱

---

56 고딕 성당의 구조에 대해서는 부록 2를 참조하라.

57 기독교는 내세 지향성이라는 면에서 다른 많은 종교에 비해 크게 두드러진 점이 없지만, 어떤 종교도 따를 수 없는 '하늘' 지향성을 보인다. '주님의 기도'가 보여주듯이 하느님은 "하늘에 계시"고, 신자는 하느님의 "뜻이 하늘에서와 같이 땅에서도 이루어지"기를 바라며, '사도신경'이 보여주듯이, 예수그리스도는 "죽은 이들 가운데 부활"하여 "하늘에" 오르며, 성모는 죽지 않고 최후의 잠을 자다가 승천한다. 이에 비해 불교는 기독교와 마찬가지로 내세 지향적이지만, 그 내세는 '저 언덕 너머(피안)' 또는 '서방 정토'에 있지 하늘에 있지 않다.

58 건축물은 그 용도가 무엇이든 결국 인간을 위한 것이다. 그리고 인간은 땅에 거주한다. 오직 사회적 위계구조가 발전할 때만 건축물은 수직성을 지향한다. 그러나 지배자를 존숭하는 수직성에는 한계가 있다. 지배자는 피지배자에게 나타나야 하기 때문이다. 그래서 3층 이상의 건물은 실용성을 갖지 않는다. 오직 사회적 위계가 무한한 종교적 위계로 전환되고, 신의 절대성이 줄곧 신학적으로 강화되었던 기독교에서만 앙천성을 지향한 건축물이 집요하게 추구되었다. 이런 고딕 성당은 비서구 사회에서는 찾아보기 어려운 형태의 건축물이다.

창을 크게 내기 어렵다. 하지만 창이 작으면 성당 안이 어두워지고 빛 자체이신 하느님의 찬연함을 보여줄 수 없다. 그래서 창을 넓히기 위해 아치와 첨두아치를 활용하고 벽을 두껍게 하고 그것으로도 부족해 부벽과 공중 부벽으로 보강해야 했다.

높이를 향한 열망은 성당 내부에도 표현되어 있다. 성당의 천장은 그 공간 안에 들어선 신자들에게는 신성한 천개(sacred canopy)를 상징했으므로, 아치를 교차하거나 연결해서 하늘을 닮은 궁륭(vault)을 만들었다. 궁륭은 높고 넓을수록 천개의 웅장함에 가까워지고, 그럴수록 음향학적으로도 더 좋았다. 하지만 궁륭을 높이고 넓히면 그것의 수직하중을 견디기 위해서 두꺼운 기둥이 필요했고, 수평압력을 버티기 위해서 두꺼운 벽체와 부벽이 세워져야 했으며, 공중부벽도 더 크게 만들어야 했다. 그러나 기둥이 두꺼워지면 내부 공간이 분할되어 답답해지고 시선에도 방해가 된다. 그래서 기둥의 두께를 줄이기 위해서 다발 기둥(pilier cantonné)이 고안되기도 했다.[59] 또한 교차궁륭(groin vault)의 하중을 줄이기 위해서 그것에 첨두아치를 결합하고 늑골(rib)을 더 정교하게 짜 넣은 늑골 교차궁륭(rib groin vault)을 만들기도 했다.

요컨대 고딕 성당은 구조역학적 문제를 해결하기 위한 실용적인 임기응변의 집합체였다. 그리고 새로운 해결책이 찾아지면, 그것을 더 넓고 높은 궁륭과 더 화려하고 넓은 스테인드글라스 그리고 더 높은 첨탑을 짓는 데 활용했고, 그로 인해서 새로운 구조적 문제에 봉착했다. 결과적으로 고딕 성당은 높이가 유발하는 하중 및 수평압력과 그것을 견디기 위한 요소들이 아슬아슬하게 균형을 이루고 있는 상태의 건축물이라

---

59 주 기둥에 그보다 얇은 부기둥을 여럿 덧대어 만들어진 기둥이다.

고 할 수 있다. 이런 점들 때문에 가우디는 부벽이나 공중부벽을 구조역학적 문제를 해결하지 못한 고딕 성당이 의지해야 했던 "목발들"이라고 불렀다.[60] 제1차 세계대전은 이런 고딕 성당의 취약성을 선명하게 드러냈다. 폭격으로 인해 공중부벽 가운데 하나만 손상되어도 성당 전체 구조가 위협을 받았고, 실제로 무너져 내린 경우도 많았다. 가우디가 목발 없는 성당을 지을 궁리를 한 것은 당연한 일이었으며, 그것이 그가 끊임없이 쌍곡선 포물면이나 현수선 아치 등을 연구하고 철근 콘크리트 같은 신기술에 관심을 기울인 이유였고, 늘어뜨린 현수선의 무게를 조정하는 실험을 통해 구조역학적 문제를 해결해나갔던 것이며, 그 덕분에 우리가 날렵하게 하늘을 향해 치솟고 있는 성가족 성당을 마주할 수 있게 된 것이다.

다른 한편 성가족 성당은 탑의 위치나 그 수효 면에서도 통상적인 고딕 성당과 다르다. 후기 고딕 성당 중에는 사르트르 대성당처럼 교차랑에 높은 첨탑이 세워진 사례도 있지만, 웨스트엔드라 불리는 서쪽 파사드 위에 존재감이 뚜렷하고 높은 종탑이 쌍으로 세워진 경우가 더 일반적이다. 그런데 성가족 성당은 보통의 고딕 성당과 달리 첨탑이 익랑(trancept)과 교차랑(crossing) 부분에 하나도 아니고 여러개 집중해 있다. 그로 인해서 성당의 중앙 부분이 전반적으로 높게 솟아서 여느 성당보다 훨씬 뚜렷하게 앙천성을 드러내고 있다.

물론 다른 성당의 웨스트엔드에 해당하는 '영광의 파사드' 위에 예정대로 사도의 탑 4개가 세워지면, 성가족 성당의 이런 독특한 자태는 조금 완화될 수도 있겠다. 그러나 그즈음이면 172.5미터로 세상에서 가장 높

---

60 라폴스 외, 앞의 책 158면.

은 성당 탑이 될 '예수그리스도의 탑'이 교차랑 위에 우뚝 솟을 것이다.[61] 예수그리스도의 탑이 12사도와 복음서의 네 저자 그리고 성모마리아를 상징하는 무려 17개의 탑을 거느리고 교차랑 한가운데 우뚝 솟으면, 지금도 하늘을 향해 손을 모은 듯한 성가족 성당의 윤곽은 더 선명해질 것이다.

성당의 방위도 독특했다. 대부분의 고딕 성당은 후진(apse)이 동쪽을 향해 있고, 서쪽(웨스트엔드) 파사드의 문을 출입구로 사용한다. 성당은 빛이신 하느님을 향하는 것이 마땅하다고 생각되었고, 그래서 일출 쪽을 향하게 지어졌기 때문이다.[62] 그런데 성가족 성당은 뜻밖에도 후진이 북서쪽을 향해 있고, 웨스트엔드에 해당하는 주 출입구는 남동쪽으로 설계되었다.

왜 그런지 궁금했는데, 분명한 것은 그것이 가우디의 의도는 아니었다는 점이다. 성가족 성당 건축이 시작된 것은 1882년이었고, 처음에 성당 건축을 맡은 이는 프란시스코 데 파울라 델 비야르(Francisco de Paula del Villar, 1828~1901)였다. 성당 건축위원회와의 불화로 그가 사임하고 가우디가 후임으로 내정된 것은 1883년이었다(정식으로 임명된 것은 1884년이었다). 가우디가 작업을 이어받았을 때는 이미 비야르가 지하경당 공사를 꽤 진행한 상태였고, 그에 따라 성당의 방위 또한 결정된 상태였다.[63] 비야르에게 주어진 조건은 성당이 에샴플레의 블록모양에 일치해

---

61 현재까지 세계에서 가장 높은 성당은 161.5미터의 탑이 있는 울름 대성당(Ulmer Münster, 1377~1890)이다. 성가족 성당의 예수그리스도의 탑이 172.5미터로 설계된 것은 울름 성당보다 높게 만들기 위해서가 아니라 하느님이 지으신 173미터의 몬주이크 언덕보다는 낮게 만들고자 했기 때문이라고 한다. 성가족 성당의 탑 전체의 양상은 부록 3을 참조하라.

62 Amelia Carolina Sparavigna, "The Solar Orientation of the Gothic Cathedrals of France," *International Journal of Sciences*, 2014, vol. 4, pp. 6~11 참조.

야지 비스듬하게 자리잡아서는 안 된다는 바르셀로나 시청의 건축허가 조건뿐이었다. 이 때문에 성당이 정확히 일출 방향을 향하지 못할 수는 있지만, 그것이 북서쪽을 향할 이유가 되지는 않는다. 하지만 왜 비야르가 그렇게 방향을 잡았는지 분명하게 밝혀주는 자료를 찾진 못했다. 북서쪽에 티비다보산이 있고 남동쪽에 지중해가 있는 바르셀로나의 지형을 존중한 것이 아닐까, 짐작해볼 뿐이다. 어쨌든 가우디는 주어진 방위 아래서 성당을 재설계하면서 그 방위에 적합한 상징적 구도를 찾아야 할 처지였는데, 짐작건대 그리스도의 삶에 일출과 일몰을 대응시켜서 각기 탄생의 파사드와 수난의 파사드를 두고, 햇살이 강렬하게 내리비치는 남쪽으로 하느님이 임재하는 영광의 파사드를 두는 식으로 성당의 방위를 정당화한 듯하다.

탄생의 파사드

성당에 들어가기 위해 매표소 쪽으로 갔다. 사람들이 무척 많았다. 그래도 예매했으니 빨리 들어가겠거니 했지만, 입구에 늘어선 사람들 대부분이 우리와 마찬가지로 예매한 이들이었다. 줄을 서고 꽤 기다려서 탄생의 파사드 앞에 섰다. 처음 볼 때는 용암이 흘러내리다가 멈춘 듯했

---

63 BLOG SAGRADA FAMÍLIA, "What would the Sagrada Família be like if Gaudí hadn't taken over the project?" 2017. 11. 3에 의하면, 비야르는 회중석(nave) 중앙에 낸 계단으로 지하경당에 들어갈 수 있게 설계했는데, 가우디가 현재의 형태로 설계를 수정했다고 한다. 바르셀로나 대성당은 비야르의 설계와 유사한 형태의 지하경당을 가지고 있다. 바르셀로나의 수호성인인 성녀 에우랄리아(Santa Eulalia)에게 봉헌된 이 성당은 회중석에서 완만한 계단을 따라 내려가면, 성녀 에우랄리아를 안치했다는 정교한 부조의 설화석고 관을 만날 수 있다.

4-21. 파리 노트르담 성당의 웨스트엔드 파사드와 성가족 성당 탄생의 파사드

고, 찬찬히 들여다보니 이루 말할 수 없이 많은 조각으로 장식된 파사드였다. 특징적인 것은 통상적인 고딕 성당 현관문에서 느껴지는 육중함이 느껴지지 않는다는 점이었다. 앞서 언급했듯이 고딕 성당은 파사드 위로 건립되는 커다란 장미창과 종탑을 감당하기 위해 벽을 매우 두껍게 만들었고, 그런 무거운 벽을 견디기 위해 현관문(porch) 위 팀파눔(tympanum)[64]을 첨두아치로 만들었다. 하지만 그러면서도 벽체의 두꺼움이 주는 둔중한 느낌을 없애기 위해서 첨두아치와 벽체를 계단식으

---

64 상인방과 아치로 둘러싸인 문 또는 창문 위의 반원형, 뾰족한 반원형, 또는 삼각형의 장식 벽면이다.

4-22. 사랑의 문 위에 있는 베들레헴 마구간의 성가족

로 줄여가 팀파눔에 이르게 했다.[65] 가우디가 지적했듯이, 대성당 정면의 "웅장한 문들을 덮은 조각상은 부벽으로 드러난 보울트(궁륭)와 아치의 외력을 건축 체계와 종교적 이념의 표상 간의 조화로 완성"[66]한 것이다. 그런데 성가족 성당은 고딕 성당과 달리 파사드가 현관문 위에 바로 펼쳐지는 듯한 인상을 준다. 이 역시 구조역학적 혁신을 통해 고딕 성당보다 훨씬 얇은 벽체를 사용하고 부벽도 제거해서 가능한 일이었다.

많은 성당이 그렇듯이 성가족 성당의 탄생의 파사드에도 3개의 문이 있었다. 식물로 장식된 청동 문들은 일본인 조각가 소토 에츠로(外尾悦郎, 1953~)가 제작했다.[67] 문 위로는 가우디의 친구이자 협력자였던 료렌스

---

65 필자의 고딕 성당에 대한 지식과 이하에서의 고딕 성당에 대한 논의는 대부분 임석재의 『하늘과 인간: 로마네스크, 고딕 건축』(임석재 서양건축사 3, 북하우스 2006)에 의존하고 있다.

66 가우디, 앞의 책 45면. 괄호는 인용자 보충.

67 그는 1978년부터 성가족 성당 건축 작업에 참여했다. 탄생의 파사드 현관문뿐 아니라, 탄

마타말라(Llorenç Matamala, 1856~1927)와 그의 아들 조안 마타말라(Joan Matamala, 1893~1977)가 대를 이어 제작한 고전주의적인 조각상들이 예수의 탄생에 관한 복음서 이야기를 펼쳐내고 있었다. 가운데 있는 '사랑의 문' 바로 위에는 마구간에서 태어난 예수와 그를 안고 있는 성모마리아 그리고 나자렛의 성 요셉으로 이뤄진 성가족 상이 세워져 있었다. 그 좌우에 예수를 경배하러 온 동방박사와 목동들이 있고 이들을 예수에게로 이끈 베들레헴의 별이 높이 솟아 있으며, 그위로 수태고지 그리고 더 위에는 성모의 대관식 장면이 있었다. 사랑의 문 왼편에 있는 '소망의 문' 위에는 헤로데의 박해와 그것을 피해 이집트로 도주하는 성가족 상이 있는데, 헤로데의 박해를 상징하는 칼 든 병정의 발아래 쓰러져 죽어 있는 아기 상이 무척 인상적이었다. 오른편에 있는 '믿음의 문' 위에는 맨 위에 성모의 무염시태, 성 요셉과 성모의 결혼식, 성전에서 설교하는 열두살의 예수, 성모가 사촌 엘리사벳을 방문하는 모습, 목수로 일하는 예수 등이 있었다. 그외에 넝쿨장미, 종려나무, 거북이를 비롯한 다양한 파충류들, 그리고 참새, 비둘기, 펠리컨 같은 도상학적 의미를 품은 동식물들이 가득했다. 문맹자를 위해 형상으로 복음서의 이야기를 전하려는 의도가 뚜렷한 파사드였다(가우디가 작업하던 20세기 초까지도 높았던 문맹률을 생각하면 문맹을 고려한 중세 가톨릭의 전도 기획이 여기서도 이어지는 것은 당연한 일이기도 하다).

생의 파사드의 몇몇 조각과 복음사가의 탑의 가고일도 그의 작품이다.

빛이 넘실대는 상징의 숲

사랑의 문을 통해 성당 안으로 들어갔다. 바깥과 달리 거의 완성된 모습을 보여주는 성당 내부는 경이로웠다. 첫인상을 한마디로 요약하면, 그것은 빛이 넘실대는 거대한 상징의 숲이었다. 40미터가 넘는 기둥들이 즐비했으나 그로 인해 시선이 가로막히는 느낌은 없었다. 높아진 건물의 자중을 견디기 위해 두꺼운 기둥을 사용할 수밖에 없었던 고딕 성당과 달리 성가족 성당의 기둥이 날렵했기 때문이다. 그리고 기둥 상단부는 마치 나무에서 가지들이 뻗듯이 갈라져 나와 지붕을 지탱하고 있었는데, 이 때문에 기둥이 나무처럼 하늘을 향해 높게 자란 듯이 보였고, 그래서 마치 신령한 숲에 들어온 것과 같은 느낌을 주었다. 회랑(cloister)에 있는 가우디 전시실의 설명에 따르면, 기둥 두께를 줄일 수 있었던 것은 가우디가 나선형(helicoid)을 이중으로 꼬는 방식을 택했기 때문이고(간단히 말하면 '꽈배기' 형태로 기둥을 만든 때문이고), 기둥 상단부가 가지처럼 갈라져 뻗어 나오게 한 것 역시 기둥의 두께를 얇게 하면서도 천장의 하중을 견디는 힘을 강화하기 위한 것이었다. 궁륭 또한 고딕 성당의 원통형 궁륭(barrel vault)이나 교차궁륭을 그대로 사용하지 않고 쌍곡선 포물면 형태를 활용한 변형된 교차궁륭으로 만들었고, 그 덕분에 기둥에 부담을 적게 줄 수 있었다고 한다. 그 결과는 놀랍다. 덕분에 회중석에서 천장까지 높이가 최고 수준의 높은 천장을 가진 고딕 성당들과 엇비슷한 45미터이고,[68] 내진과 후진 부분은 각각 60미터와 75미터로 고딕 성당들을 훌쩍 뛰어넘은 것이다. 이렇게 가우디는 기둥 굵기를 줄여 기둥으로

---

68 회중석에서 천장까지 높이가 가장 높은 성당은 보베 대성당(Beauvais Cathedral)으로 47미터이다.

4-23. 숲을 이루는 기둥들과 천개 아래의 십자가상

인한 시각적 차단과 공간 분리를 상당 정도 제거했을 뿐 아니라, 고딕 성
당에서 회중석과 측랑을 분리하던 회중석 벽(nave wall)을 없애고 간략하
게 만든 트리포리움(Triforium)을 외벽과 기둥을 연결하는 방식으로 유
지했는데, 이런 작업 덕분에 전체 공간이 막힘 없이 탁 트이게 되었다.[69]

이 덕분에 성령의 일곱가지 은사를 상징하는 칠각형의 천개(天蓋,
baldachin)[70] 아래 예수의 십자가상이 선명한 중심성을 획득했다. 그리고

---

69 통상 아케이드(arcade), 트리포리움(고딕 성당의 회중석 벽의 중간 높이에 있는 좁은 통
로), 그리고 채광창(clerestory)의 3단으로 구성되는 고딕 성당의 회중석 벽의 구조는 부록 2
를 참조하라.

4-24. 성가족 성당의 스테인드글라스

스테인드글라스가 혁신적으로 개선되는 동시에 강렬한 아름다움을 얻었다. 아케이드가 없어지고 천측창이 회중석 벽이 아니라 외벽에 세워졌기 때문에 스테인드글라스가 위로부터 아래로 한번에 죽 펼쳐진다. 덕분에 장식적 부담을 던 천측창 상부에 투명한 유리를 적용해 궁륭을 한결 환하게 밝힐 수 있게 되었다.

조안 빌라-그라우(Joan Vila-Grau, 1932~2022)가 도안한 스테인드글라스가 펼치는 색채의 파노라마도 인상적이다. 해의 일주를 따라 파사드를

---

70 제단이나 왕좌의 상부를 덮는 천이다. 대부분 기둥에 의해 지지되는데, 성가족 성당에서처럼 공중에 매달아질 수도 있다.

배치했듯이, 스테인드글라스도 동쪽 면에는 신생을 상징하는 푸른색이 사용되었는데, 그 푸른색이 내진을 거쳐 후진으로 나아가며 초록색으로 변하고 서쪽인 수난의 파사드 쪽으로 오면서 노란색과 오렌지색을 거쳐 주황색으로 물든다. 늦은 오후에 방문했더니 서편으로부터 햇빛이 주황색 스테인드글라스를 투과하며 붉게 쏟아져 들어왔고, 성당 안은 타오르는 듯이 강렬한 장소가 되었다. 늦은 오후에 이렇다면, 일몰 무렵 햇빛이 거의 수평으로 비춰 온다면, 관람객 또는 신자가 서 있는 위치에 가장 진한 색을 지니고 있는 스테인드글라스의 놀라운 빛의 마술이 펼쳐질 것이고, 아침 이른 시간이라면 동편이 푸른빛으로 더욱 찬연할 터였다.

벽으로 둘러싸인 공간은 모두 외부 세계와 자신을 분리한다. 그러나 그런 분리를 통해서 다른 세계로 우리를 이끌 수 있는 역량은 제각각이다. 뛰어난 건축물이란 우리를 그것이 이끌려는 세계로 신속히 그리고 깊숙이 다가가게 해주는 것 아니겠는가? 가령 이상적인 도서관이란 어떤 곳인가? 거기에 가면 이상할 정도로 깊이 책에 몰두하게 되는 곳 아니겠는가? 그렇다면 이상적 성당은 어떤 곳이겠는가? 티끌 가득한 세상의 시름에서 우리의 영혼을 단숨에 떼어내 저 높은 곳으로 이끄는 곳일 것이다. 스테인드글라스를 투과한 가을 햇살이 붉고 푸르게 물든 성가족 성당이 높게 펼치는 천장을 보며 내 탁한 영혼도 조금 가벼워져 하늘에 한뼘쯤은 가까워진 듯했다.

그러나 계속해서 밀려드는 사람들의 나지막이 웅성거리는 소리와 사방에서 들려오는 카메라 셔터 소리에 나는 다시 땅에 발을 디뎠다. 다른 관람객을 위해 성당을 나서야 할 때였다. 나서기 전에 다시 한번 그 공간 구석구석을 눈여겨보고 싶었다. 천장을 다시 올려다보았다. 특히 후진의 베네치아 유리로 장식된 황금색의 찬란한 궁륭을 꼼꼼히 보았다. 그것

4-25. 후진의 궁륭(위)과 영광의 파사드 청
동 문에 새겨진 '주님의 기도'

을 보고 있노라니, 왜 가우디가 익랑과 교차랑에 탑을 많이 배치했는지 알 것 같았다. 구엘 저택처럼 여기서도 가우디는 탑들을 빛이 들어오는 통로로 사용했고, 덕분에 빛은 측면 창문뿐 아니라 천장으로부터도 비쳐오고 있었다. 그 점에 주목하니 성가족 성당에 들어왔을 때 키 큰 나무가 무성한 숲에 들어온 듯이 느껴졌던 이유도 이해가 갔다. 천장과 그것을 떠받치는 가지 모양의 기둥이 환하게 드러나 보이는데, 그것이 마치 햇빛이 키 큰 나무들 위에서 쏟아져 내리고 가지들 사이로 부서지는 장면처럼 느껴졌기 때문이었다. 처음에 힐금 보았던 영광의 파사드 편 청동문도 다시 보았다. 글자들이 새겨져 있었는데, 중앙에 좀더 돋을새김한 글이 무엇인지 궁금해서 핸드폰의 번역기를 들이대보았다. 카탈루냐어로 된 '주님의 기도'였다. 들여다볼 때마다 구석구석 스민 상징들이 자신의 비밀을 하나씩 더 드러내 보여주는 성당을 나서기는 쉬운 일이 아니었다. 출구를 향한 나의 걸음은 미적거릴 수밖에 없었다.

수난의 파사드와 성당 부속학교

출구를 나서자마자 커다란 조각상이 앞을 가로막고 서 있었다. 뭔가 하고 살펴보니 채찍질당하는 예수의 상이었다. 그는 부러진 기둥에 힘겹게 기대어 서 있었다. 고개를 드니 콜로니아 구엘 지하경당 입구를 생각나게 하는 기울어진 기둥 6개가 포르티코를 떠받치고 있었다. 그리고 그 아래 조제프 마리아 수비락스(Josep Maria Subirachs, 1927~2014)의 조각들이 예수의 수난 이야기를 펼쳐내고 있었다.

예수 탄생을 둘러싼 성서의 모든 이야기를 전해주려는 조각과 도상학

4-26. 수난의 파사드 일부
수난 이야기는 1층 왼쪽부터 오른쪽, 2층 오른쪽에서부터 왼쪽, 3층 왼쪽에서부터 오른쪽으로 이어지며 피에타 상에서 끝난다.

적인 조각으로 빼곡했던 탄생의 파사드와 달리 수난의 파사드는 추상주의적인 조각들로 한결 간결하게 구성되어 있었다. 앞서 성가족 성당의 여기저기에 대해 말하며, 가우디 이외에 탄생의 파사드 석상을 조각한 료렌스 마타말라와 그 아들, 출입문을 조각한 소토 에츠로, 스테인드글라스 제작자 빌라-그라우 같은 이름을 거론했다. 그들 모두가 성가족 성당의 공동제작자이며, 가우디의 제자였던 루비오나 가우디 사후에 성가족 성당 건축가 자리를 물려받은 프란세스크 킨타나(Francesc Quintana, 1892~1966), 그리고 그를 이어받은 또다른 여러 건축가들, 거기에 더해 현장에서 일한 수많은 노동자 또한 공동의 제작자이다. 그런데도 이들을 제쳐두고 특별히 성가족 성당의 저작권을 기꺼이 가우디에게 돌리며 '가우디의 성가족 성당'이라고 부르는 이유는 그들 모두가 가우디의 구상과 미학을 존중하고 따르려 했기 때문이다. 1936년 내전 중에 일부 무

정부주의자들이 성당에 불을 질렀고 그 때문에 작업실에 있던 가우디의 설계도와 사진 및 조형 자료 대부분이 소실되었다. 그러므로 오늘날 우리 눈앞의 성가족 성당이 얼마나 가우디의 본래 구상과 일치하는지 알기 어렵다. 하지만 이들은 가우디와 나누었던 대화, 화재에도 불구하고 남은 자료, 그리고 가우디가 이미 건축해놓은 성가족 성당으로부터 가우디의 계획을 읽어내고 그의 미학을 계승하려고 했다. 빌라-그라우처럼 스테인드글라스에 새로운 미학을 도입하려는 시도도 있었고, 고강도 콘크리트(High Strength Concrete)나 자기다짐 콘크리트(self-consolidating concrete) 또는 CAD나 3D 프린팅 같은 신기술을 도입하려는 시도도 계속되었다. 하지만 모두 은미하게 처리할 뿐, 그것을 표나게 내세우지는 않았다. 그러나 수비락스는 달랐다. 그는 자신의 미학을 양보하지 않았고, 그로 인한 논란도 회피하지 않았다(수비락스의 조각이 수난의 파사드를 망쳐버렸다고 분노한 이들이 많았다). 짐작건대 수비락스는 기쁨으로 가득 찬 탄생의 파사드의 풍성함과 달리 수난의 파사드는 가혹함을 드러낼 수밖에 없고, 그런 가혹함을 표현하는 데는 자신의 추상주의 조각이 더 적합하다고 생각했던 듯하다.[71] 가난하고 무지한 이들에게 예수가 겪은 수난을 가르치기 위해 사실주의적 파사드가 필요한 시대도 아니라고 항변이라도 하듯이, 수난의 파사드 중앙문을 예수 수난을 기록한 「마태오 복음서」와 「요한 복음서」로, 그러니까 '문자'로 채웠다. 더 나아가서 그는 추상주의가 오히려 고전주의적 사실주의 조각 못지않게 수난

---

71 확실히 기쁨과 경이가 넘치는 크리스마스를 다룬 파사드에 비해 수난의 파사드가 조각가에게 훨씬 부담스러운 작업이기는 하다. 가우디도 수난의 파사드 작업부터 해주길 요청한 성당 건축위원회에 탄생의 파사드부터 작업하자고 설득했다. 추상주의 조각은 사실주의적 수난 파사드의 부담에서 벗어날 출구임은 분명한 것 같다.

4-27. 채찍질당하는 예수

의 고통을 신자나 관람객에게 선명하게 전할 수 있다고 믿었던 것처럼 보인다. 확실히 수난의 문을 나설 때, 우리 앞에 나타났던 채찍질당하는 예수상은 그랬다. 수비라스는 아직은 강건해 보이는 예수의 등에 날카로운 직선 여남은 개를 무심하게 그어놓았다. 그런데도 그것을 보는 나는 내 등을 예리한 무엇이 긋고 지나간 양 움찔했다. 추상적인 것은 말뜻 그대로 구체적인 것을 깎아내고서 얻은 어떤 고갱이여서, 오히려 우리를 예리하게 찌를 수 있다.

수난의 파사드를 떠나 가우디가 제작한 소품과 가구가 전시된 성구실(sacristy)을 둘러보았다. 성구실은 외부에서 보면 등불처럼 생겼다. 구조적인 문제를 해결한 방식이 궁금했다. 성구실 안에 그것을 설명하는 간략한 안내문이 있었지만, 그것만으로 구조를 제대로 파악하기는 쉽지 않았다. 성구실을 나와서 가우디가 성당 건축 노동자의 자녀들과 인근 거주민의 아이들을 위해서 지은 부속학교 건물을 보러 갔다. 부속학교는 가우디에게서 우리가 자주 발견해온 유기적인 곡선 형태로 지어져 있음을 금세 알 수 있었지만, 성가족 성당을 외부와 분리하는 철제 담장과 학교 사이 공간이 비좁아 전체 모습을 조망하기는 불편했다. 지붕 생김새는 안으로 들어가 서까래 놓인 모습과

4-28. 원래 위치의 부속학교(1909)와 복원된 부속학교 모습

천장 곡선을 보고 짐작해야 했다. 학교 내부에 붙어 있는 설명과 사진에 따르면, 가우디는 벽돌 벽과 지붕을 모두 파도치는 듯한 부드러운 곡선 모양으로 디자인했다고 한다. 애초에 임시 건물로 지어지는 것이라 비용을 줄여야 해서 벽도 가능한 한 얇게 세워야 했는데, 그런 조건에서도 구조적 안정성을 확보하기 위해서 물결치는 형태를 취했고, 지붕도 배수와 겨울에 부는 강풍에 견딜 수 있게 하려고 같은 패턴을 따랐다는 것이다. 1928년 바르셀로나를 방문해 성가족 성당을 둘러본 르코르뷔지에는 정작 성가족 성당은 제쳐두고 이 학교를 열심히 스케치하며 가우디의 천재성을 상찬했다고 한다. 그가 성당 부속학교에 매료된 이유는 필시 빡빡한 예산 제약 아래서도 그 건물에 요구되는 바를 비범하게 그리고 예술적으로 해결했다는 점이었을 것이다.

성당 부속학교를 보는 것까지가 성가족 성당이 관람자에게 열어주는 부분이었다. 영광의 파사드는 그위로 아직 사도들의 탑이 세워지지 않았고, 현관과 문 그리고 그위의 파사드는 여전히 덮개로 덮여 있었다. 가우디의 설계에 따르면, 영광의 파사드로 들어서는 계단은 그것이 면하고 있는 마요르카 길(Carrer de Mallorca)을 고가(高架)로 넘겨서 이웃 블

록으로까지 연장된 형태이다. 마요르카 길가에 건물이 들어서기 전이었던 20세기 초와 달리 지금은 상가건물이 빼곡히 들어서 있다. 그러니 성가족 성당 완공을 위해 해결되어야 할 문제는 기술적인 것이 아니라 보상과 이전에 관련된 '사회' 문제일 듯하다. 그러나 다시 생각해보면 성가족 성당이라는 경이적인 건축물의 완성뿐 아니라 그 시작도 그리고 그것이 지어질 수 있게 추동하는 힘도 결국은 사회적인 것이다. 성가족 성당을 '본다는 것'은 가우디가 말했던 그것의 '성격'을 이해하는 일이 될 수밖에 없는 바,[72] 그 성격은 성가족 성당을 실존케 하는 사회적 힘, 바로 그것일 것이다.

위기의 시대와 '성가족'

성가족 성당 건축가로서 자신이 세속적 건축주의 변덕과 조급함에서 벗어나서 누리는 자유를 가우디는 "나의 의뢰인은 서두르지 않는다"라는 말로 표현했다. 물론 모든 성당의 건축주는 하느님이고, 오묘한 섭리의 신비 속에 있는 하느님은 서두르는 법이 없다. 그러나 그 하느님은 현실의 의뢰인을 통해서만 현현한다. 그 현실의 의뢰인은 '성가족 속죄사원 건축위원회'(Junta Constructora del Templo Expiatorio de la Sagrada Familia)와 그곳에 성당 건축을 위해 기부한 이들이다. 다시 말해 성가족 성당이 세상에 존재케 하려는 공동체가 바로 가우디 앞에 서 있는 의뢰인이다. 이런 공동체도 서두르지 않는 의뢰인이기는 하다. 그러나 성가족

---

72 가우디의 성격 개념에 대해서 이 장 각주 48과 관련된 본문 참조.

성당을 세우려는 그들의 의지는 매우 구체적인 역사적 상황에서 발원한 것이다.

성가족 성당을 처음 구상하고 건축위원회를 수립한 이, 그러니까 성가족 성당의 의뢰인 공동체의 창립자는 호세 마리아 보카베야(José María Bocabella, 1815~1892)이다. 바르셀로나의 오래된 인쇄소와 종교 서점의 소유주였던 그는 1861년에 로마를 방문했는데, 거기서 나자렛의 성 요셉을 향해 커다란 신심을 지니게 되었다고 한다. 고향으로 돌아온 보카베야는 1866년 '성 요셉 신봉자의 영적 협회'(Asociación Espiritual de Devotos de San José)를 설립해서 60만 회원을 모았고, 같은 해 프랑스에서 발행되던 잡지『성 요셉과 성가족에 대한 헌신의 전파자』에서 영감을 받아 동명의 잡지를 창간했다. 1872년 바티칸을 방문한 뒤 보카베야는 성 요셉과 성가족에 바치는 사원 건축을 기획했고, 지금 성가족 성당이 세워지고 있는 그 부지를 매입했으며, 성당 건축위원회를 조직했다. 그러니 성 요셉 숭배가 성가족 성당의 기원에 놓여 있는 셈이다. 실제로 성가족 성당의 지하경당은 성 요셉에게 바쳐졌으며, 그것이 완성된 후 드린 첫 미사도 지하경당의 성 요셉 예배소에서 집전되었다.

보카베야가 로마에서 접한 성 요셉 숭배는 어디에 연원을 둔 것일까? 사실 성모마리아 숭배는 가톨릭 신자가 아닌 이들에게도 잘 알려졌지만, 성모의 배필인 성 요셉에 대한 숭배는 일부 가톨릭 신자에게도 익숙하지 않다. 기독교 안에서 성 요셉의 존재와 의미가 그리 확고하지 않기 때문이다. 그는 최초의 신약성서인 바오로 서신에 등장하지 않으며, 네 복음서 가운데 가장 먼저 쓰인「마르코 복음서」와 가장 뒤에 쓰인「요한 복음서」에 등장하지 않는다. 물론 부재의 이유를 둘러대긴 어렵지 않다. 성 요셉이 예수가 장성하기 전에 죽었다고 추정하면, 예수의 공생애부터 시작되

는 「마르코 복음서」와 「요한 복음서」에 그가 등장하지 않는 게 이상할 건 없기 때문이다. 그러나 성 요셉이 등장하는 「마태오 복음서」와 「루카 복음서」에서도 그의 족보와 행적은 전혀 다르게 제시된다.

실존의 미심쩍음을 걷어낸다고 해도, 그의 신학적 의미는 여전히 모호하다. 초기 기독교 공동체에서 예수의 신성화가 추진되었다. 예수가 세상을 구원하러 오셨고 마침내 십자가에서 죽은 뒤 부활한 하느님의 아들이라는 신앙이 형성되었으며, 이어서 그의 탄생 또한 성령으로 말미암은 것이라는 믿음이 등장했다. 그리고 예수의 원죄 없는 잉태에 대한 믿음은 모친인 마리아의 신성화로 이어졌다. 그러나 마리아의 신성화는 남편 요셉의 신성화로 이어지기보다는 그를 신학적으로 다루기 까다로운 인물로 만들었다. 예수의 형제 문제는 이런 궁지를 잘 보여준다. 복음서는 예수의 탄생 이후 마리아와 요셉이 정상적인 부부생활을 했고 슬하에 형제를 여럿 둔 듯이 서술한다(「마르코 복음서」 3:31~35; 「루카 복음서」 8:19~21; 「마태오 복음서」 12:46~50). 게다가 예수의 형제 야고보는 예수 사후 베드로와 함께 예루살렘 교회를 지도했으며, 이른바 제1차 예루살렘공의회(A.D. 48~50)에서 최종적 합의안을 제시한, 신학적으로도 그 존재를 배제할 수 없는 중요한 인물이었다(「사도행전」 15장).[73] 그러나 마리아의 신성화가 강화되어 그녀가 평생 동정이었다는 주장이 힘을 얻자, 예수의 형제 야고

---

73 기독교로 개종한 이방인이 코셔(Kosher, 유대교 율법에 의해 식재료를 선정하고 조리 등의 과정에서 엄격한 절차를 거친 음식)나 할례 같은 모세의 율법을 준수해야 하는가를 둘러싸고 발생한 내부갈등을 해결하기 위해 이방인의 사도였던 바오로와 바르나바 그리고 예루살렘 교회를 대변하는 베드로, 예수의 형제 야고보, 요한 등이 함께한 회합을 말한다. 이 회의는 두가지 중요한 결정을 내렸다. 하나는 바오로와 바르나바의 사도적 정당성의 승인이다. 다른 하나는 개종한 이방인은 "우상에게 바쳐 더러워진 음식과 불륜과 목 졸라 죽인 짐승의 고기와 피를 멀리하라"는 계율을 제외하고는 (할례 같은) 모세의 율법을 지킬 필요가 없다는 것이었다. 두번째 제안은 예수의 형제 야고보가 했다.

보는 예수의 사촌동생이며 알패오의 아들 소(小) 야고보와 동일인(가톨릭의 입장) 또는 성 요셉이 전처에서 얻은 아들(그리스정교의 입장)로 간주되었다(물론 성모의 평생 동정을 부인하는 개신교 주류는 야고보를 예수의 친형제로 본다).

그러나 성 요셉은 이런저런 이유로 신학적 모호성을 뚫고 점점 더 중요한 인물이 되어갔다. 대략 12세기부터 성 요셉 숭배가 뚜렷한 모습을 드러냈는데, 그 밑바닥에는 중세 가톨릭의 성인 숭배가 자리잡고 있다. 고대 세계로부터 내려오는 후원자(patron)-수혜자(client) 관계의 문화는 기독교 세계 안에서 개인이나 직역을 수호할 뿐 아니라 친밀한 중보자 역할을 해주는 성인에 대한 숭배로 전환되었다. 목수였던 성 요셉은 목수라는 직업 그리고 더 나아가서 노동자 일반의 수호성인으로 숭배되었다.[74] 그러다가 16세기 종교개혁에 대응하기 위한 가톨릭의 영적 쇄신을 위해 소환되었다. 반종교개혁의 정신적 지도자 가운데 하나였던 아빌라의 성녀 테레사(Santa Teresa de Ávila, 1515~82)는 성 요셉에게 바친 기도로 치유의 은사를 입었다. 그녀는 개인적 은사의 경험을 넘어서 그를 신학적으로도 높였다. 즉, 성 요셉이 하느님이신 예수에게 아버지로서 자애로운 권능을 행사했으므로(하느님이신 아들이 그 뜻을 따랐던 현세의 아버지였으므로) 특별한 중보(intercession)[75]의 힘을 가졌다고 주장했다.

---

74 4~5세기 무렵 형성된 성인 숭배는 물론 훨씬 더 복합적인 과정이었다. 관련해서는 피터 브라운 『성인숭배』, 정기문 옮김, 새물결 2002를 참조하라.

75 중보는 어떤 이가 다른 이를 위해서 간청하는 행위이다. 기독교에서는 신과 (죄 많은) 인간 사이의 중보가 매우 중요하다. 예수그리스도는 일차적 중보자이다. 가톨릭은 이차적 중보자로 성모마리아와 천사를 그리고 성인을 인정한다. '성모송'의 "천주의 성모 마리아님, 이제와 저희 죽을 때에 저희 죄인을 위하여 빌어주소서"는 신자가 성모마리아의 중보를 요청하는 기도이다.

그리고 그를 자신이 창립한 '맨발의 가르멜 수도회'(Order of Discalced Carmelites)의 수호자로 삼았다.

폭 넓은 사회문화적 변동과 발걸음을 맞추려는 기독교적 기획도 성 요셉을 불러들였다. 자본주의 발전과 더불어 인구 이동이 활발해짐에 따라 혼인이 가문 간의 결속에서 개인들의 결속으로 전환되고, 그에 따라 혼인의 근거 원리가 부모의 의사에서 당사자들 사이의 사랑으로 이동해갔다. 정치경제적 공동체로서의 가문에서 애정적 가족(affectionate family)으로의 전환이 일어난 것이다.[76] 이런 변화와 더불어 기독교에서도 '성가족'이 가진 의의가 커갔다. 그것을 보여주는 현상 가운데 하나가 기독교의 가장 중요한 축일이 부활절에서 크리스마스로 바뀌어간 것이다. 교회와 신학의 입장에서는 부활절이 압도적으로 중요하지만, 성가족이 현현하는 가장 집중적인 순간인 크리스마스가 가족들에게는 (그 연장선에서 사회문화적으로는) 더 중요한 축일이 되어갔다. 성화와 같은 표상 영역에서도 변화가 감지된다. 르네상스 시기까지는 성 요셉이 등장하는 성가족화(畵)보다 성모자화(畵)가 일반적이었지만,[77] 17세기부터는 교회가 자신을 애정적 가족의 수호자로 내세움에 따라 성가족화가 뚜렷하게 증가했다. 예컨대 바르톨로메 에스테반 무리요의 「작은 새와 함께 있는 성가족」(Sagrada Familia del pajarito)을 보라. 길쌈 일을 하는 성모마리아보다 더 비중 있게 그려진 성 요셉은 예수를 데리고 놀아주는 자애로운 가장으로 등장하고 있는데, 그림에 흐르는 세속적 평안함 때문에 여염집의

---

76 필립 아리에스 『아동의 탄생』, 문지영 옮김, 새물결 2003 참조.

77 레오나르도 다빈치의 유명한 목탄화 「성 안나와 세례자 요한과 함께 있는 성모자」 (1506~1508)가 보여주듯이, 성모자 이외에 인물이 등장한다고 해도 성 요셉이 아니라 예수의 사촌으로 가정된 아기 세례자 요한이나 성모의 어머니 성 안나가 훨씬 빈번했다.

4-29. 바르톨로메 에스테반 무리요 「작은 새와 함께 있는 성가족」 c. 1650, 144×188cm, 프라도 미술관

행복한 저녁시간을 그린 것이라 해도 이상할 게 없을 정도이다.[78]

그러나 성 요셉 숭배의 발전에서 이보다 더 중요했던 계기는 19세기 유럽이 맞닥뜨린 사회적 위기였다. 가톨릭은 산업화로 인한 계급갈등, 프랑스대혁명이 불러온 평등주의로부터 발원한 민주주의의 확산과 젠더 위계에 대한 도전에 신학적으로 대응하기 어려웠고, 현실적으로는 세속화와 반교권주의 정서의 확산으로 인한 미사 참여 신자의 격감에 시달리

---

[78] 풍속화의 외양을 띠고 있지만, 신학적 도상학도 눈에 띈다. 아기 예수가 손에 쥐고 있는 작은 새는 예수의 운명을 상징한다. 성 요셉은 넌지시 새보다 하얀 강아지와 함께 놀기를 권하고 있다. 성 요셉은 아들이 세상 죄를 짊어질 수난의 길이 아니라 평범하고 충직한 삶을 살기 바라는 깊은 자정(慈情)을 내비치고 있는 셈이다.

고 있었다. 교황청의 위세도 추풍낙엽 꼴이었다. 교황청의 수호자를 자처하던 나폴레옹 3세(Napoleon III, 1808~73)가 1870년 보불전쟁이 발생하자 로마를 지키던 프랑스 수비대를 프랑스로 소환했고, 그러자 이탈리아왕국의 비토리오 에마누엘레 2세(Vittorio Emanuele II, 1820~78)는 9월 10일 교황령에 전쟁을 선포하고 로마로 진군했다. 보잘것없는 무력뿐이던 교황령은 열흘 만에 함락됐다. 그 결과 19세기 중반까지만 해도 이탈리아반도의 5분의 1 가까이 되던 교황령은 오늘날 바티칸시국에 해당하는 0.49제곱킬로미터로 축소되었다(이렇게 줄어든 교황청 영토가 조약에 의해 바티칸시국으로 확정된 것은 1929년이다).[79]

이런 위기의 시대(종교적으로는 '악한 시대')는 황홀경, 환상, 그리고 신비주의를 활성화한다. 유럽 각지에서 발생한 성모 현신의 '기적'은 굉음을 내며 밀려오는 혁명과 산업화 속에서 한껏 불안해진 동시에 역동성도 커진 여성적 에너지의 산물이었다. 이런 환상과 기적은 성모 숭배를 강화하면서 새로운 종교적 부흥을 불러일으켰다. 그리고 그 결과 1854년 교황 비오 9세(Pius PP. IX, 1792~1878)는 수세기에 걸친 교리적 논란을 극복하고 성모의 무염시태(無染始胎, Immaculate Conception, 원죄 없는 잉태)를 가톨릭의 공식 교리로 선포했다. 성모 숭배에 이어 성 요셉 숭배도 강화되었다. 그러나 이 경우 위기에 대한 대응력의 출처는 환상과 신비주의가 아니라 전통적인 가부장제였다. 노동자의 수호성인이자 성가족의 수호자인 성 요셉은 격렬한 '계급 전쟁'(calss war)과 '성 전쟁'(sex war) 양자 모두에 전통적 가치를 통해 대처할 수 있는 인물이었다. 1870년 12월

---

79 이런 교황청의 위기를 목전에 둔 1869년 제1차 바티칸공의회가 열리고 거기서 교황 무오설(Papal infallibility)이 만장일치로 공식 교리가 되었다는 사실은 위기가 유연함보다는 경직되고 고집스러운 대응을 유발하는 경우가 많다는 것을 잘 보여준다.

8일, 그러니까 교황청이 함락된 직후 겨울에 교황 비오 9세는 성모 무염시태 교리 선포 16주년을 기념하는 미사에서 성 요셉을 '보편 교회의 수호자'로 선포했다.[80] 그리고 비오 9세의 후임 레오 13세는 1889년 성 요셉 숭배를 교리적으로 더 정교화한 회칙(encyclical) 「이미 여러번」(Quamquam pluries)을 발표했다.[81] 이 회칙은 레오 13세가 1891년에 발표한 「새로운 사태에 대하여」(Rerum novarum)만큼 널리 알려진 회칙은 아니다.[82] 그러나 19세기 말 사회적 위기에 가톨릭적 대응을 보여주는 「새로운 사태에 대하여」와 교리적으로 짝을 이루는 텍스트이다.

「새로운 사태에 대하여」는 고용주의 절제된 이윤추구와 공정하고 정당한 고용을 강력히 요구하고, 노동자의 기본권을 옹호하며, 시민사회 내의 자발적인 결사에 의한 상호부조와 자선을 조직할 것을 주장하고(그리고 이런 활동에 교회가 적극적으로 참여해야 한다고 말하고 있다), 계급 사이의 균형을 형성하고 노동자의 기본 생활수준 유지를 위해 국가가 개입할 필요성을 역설한다는 점에서 초보적이고 온정주의적인 복지국가 구상을 전개하고 있다. 그런데 이런 가톨릭적 복지국가 구상 밑에는 자연법적으로 정당화되는 가부장적 가족이라는 전제가 놓여 있다. 「새로운

---

80 이 선포를 뒷받침하는 교령 「마치 하느님처럼」(Quemadmodum Deus)은 성 요셉을 구약의 요셉과 연결하고 있는데, 이름 외에도 둘 사이에는 몇가지 유사성이 있기는 하다. 둘 다 박해 때문에 살던 곳을 떠나 이집트로 가게 된다. 둘 다 가족이나 백성을 제대로 먹여 살리기 위해서 고군분투했다. 구약의 요셉은 탁월한 해몽가였고, 신약의 성 요셉은 꿈에 나타난 천사로부터 네번에 걸쳐 결정적인 조언을 받는다. 둘 다 꿈과 특별한 관계가 있는 셈이다. 그러나 이런 점을 근거로 성 요셉을 두번째 요셉이라고 부르는 것은 어디서나 상응(相應)과 상사(相似)를 찾아낼 수 있는 종교적 심성의 산물일 뿐이다.

81 전문은 다음 사이트를 참조하라. https://www.vatican.va/content/leo-xiii/en/encyclicals/documents/hf_l-xiii_enc_15081889_quamquam-pluries.html.

82 전문은 다음 사이트를 참조하라. https://www.vatican.va/content/leo-xiii/en/encyclicals/documents/hf_l-xiii_enc_15051891_rerum-novarum.html.

사태에 대하여」는 이렇게 말한다. "우리에게는 한 남자의 집이라는 '사회'인 가족이 있는데, 이 사회는 매우 작지만 인정해야만 하는 진정한 사회이며, 어떤 국가보다 오래된 사회이다. 따라서 가족은 국가와는 완전히 독립된 고유한 권리와 의무를 지니고 있다."[83] 그리고 이런 가족의 기독교적 모델로 노동자인 성 요셉이 가족의 모든 필요를 채워주고 아버지의 권위로 다스리던 성가족이 제시된다.[84]

보카베야가 1861년 로마 방문을 통해서 접하게 된 것은 교황청이

---

83 「새로운 사태에 대하여」 12절 중.

84 성 요셉과 성가족에 대한 강조는 20세기에도 이어졌다. 교황 비오 12세는 1955년 메이데이를 '노동자 성 요셉' 축일로 지정했고('노동자' 성 요셉이 아닌, '성 요셉 축일'은 3월 19일이다), 프란체스코 교황은 2020년 12월 8일 비오 9세의 '보편 교회의 수호자 성 요셉' 선포 150주년을 기념하는 사도 서신, 「아버지의 마음으로」(Patris corde)를 발표했다. 「아버지의 마음으로」는 성 요셉에 대한 가톨릭의 관점을 체계적이고 포괄적으로 서술하고 있는 '아름다운' 텍스트이다. 이 서신에 따르면, 성 요셉은 신자들에게 다음과 같은 신비와 경건함을 묵상하게 하는 성인이다. 그는 불가해한 하느님의 뜻 앞에서 실망하고 반항하기보다 "사건의 진행 과정을 받아들이고, (⋯) 책임을 지고 (⋯) 자기 생각을 내려놓았다." 성 요셉은 진정한 내적 치유의 첫번째 단계가 "개인의 역사를 받아들이고 우리가 선택하지 않은 인생의 일들까지 포용하는 것"임을 보여주었다. 또한 "여성에 대한 심리적·언어적·신체적 폭력이 만연한 오늘날의 세상에서 성 요셉은 여성을 존중하고 배려하는 남성의 모습을 보였다. 그는 큰 그림을 이해하지 못하지만, 마리아의 선한 이름과 존엄성, 생명을 지키기 위해 결단을 내렸다." 그는 어린 예수가 믿고 따를 만한 부성을 행사했다. 예수의 돌아온 탕자의 비유에서 아버지 모습이 그토록 자애롭게 그려진 것은 "성 요셉에게서 비롯된 것이라 생각"된다. 꿈에서 박해를 피해 떠나라는 천사의 말을 들은 성 요셉은 이집트로 갔고, 거기서 한참을 머물렀다. 그곳에서 성가족은 "먹고, 집과 일자리를 찾아야 했다. 그 세부 사항을 채우는 데 많은 상상력이 필요하지 않다. 오늘날에도 불행과 굶주림을 피해 목숨을 걸고 이주하는 수많은 이민자 형제자매처럼 성가족도 다른 모든 가족과 마찬가지로 구체적인 문제에 직면해야 했다. 이런 점에서 요셉 성인은 전쟁과 증오, 박해와 가난 때문에 고국을 떠나야 했던 모든 이들의 특별한 후원자"라 할 수 있다. "성 요셉은 나자렛에서 가족을 부양하기 위해 정직하게 생계를 유지한 목수였다. 예수는 그에게서 자기 노동의 결실인 빵을 먹는다는 것의 가치와 존엄성 그리고 기쁨을 배웠다." 「아버지의 마음으로」 전문은 다음 사이트를 참조하라. https://www.vatican.va/content/francesco/en/apost_letters/documents/papa-francesco-lettera-ap_20201208_patris-corde.html.

1870년 공식적으로 선포하게 되는 성 요셉 숭배가 공론화되고 조직되는 현장이었다고 할 수 있으며, 그가 기획한 성가족 성당 건립은 「새로운 사태에 대하여」 그리고 「이미 여러번」과 공명하는 기획, 다시 말해 사회주의혁명을 막으려는 반혁명적 기획인 동시에 바로 그것을 위해서 자본의 탐욕을 제어하고 종교적 상호부조와 자선을 조직하려는 가톨릭적 사회복지 프로젝트의 일환이었다고 할 수 있다. 그리고 그것을 떠받치는 가치관은, 표상된 가부장이 설령 말수가 적고 선량하기 이를 데 없는 목수 성 요셉이었다 해도 재론의 여지 없이 가부장제 이데올로기였으며, 그것에 입각한 성가족 성당은 반동적이기까지는 아니더라도 지극히 보수적인 기획이었다.[85] 현실적 맥락에서는 더욱 그랬다. 바르셀로나 지역에서 성 요셉 숭배를 조직하는 데 앞장섰던 2대 코미야스 후작이 노동자운동에 대해 보인 온정주의와 탄압을 오가는 활동을 생각하면, 가톨릭적 복지 기획은 스페인 현실 속에서 개혁적인 사회복지적 기획보다는 보수주의의 갱신과 문화적 반격의 면이 더 강했다. 하긴 제1차 세계대전을 향한 그리고 러시아혁명을 향한 도상에 있었던 19세기 말 서유럽에서 그것이

---

85 성가족 성당보다 10여년 먼저 착공된 파리의 성심 성당(Basilique du Sacré-Cœur, 1875~1914)은 19세기의 위기에 대한 가톨릭적 대응의 또다른 형태이다. 그러나 성심 성당은 성 요셉 숭배에 기초한 성가족 성당에 비하면 노골적으로 반동적인 기획이었다. 파리코뮌이 발생한 몽마르트 언덕에 세워진 성심 성당의 내부 돔에는 성심을 품은 거대한 그리스도의 형상이 그려져 있고 그 아래는 GALLIA POENITENS(프랑스는 회개하라)라는 문구가 쓰여 있다. 이때 프랑스가 회개해야 할 일은 직접적으로는 파리코뮌 자체이다. 그러나 성심 숭배가 함축하는 상징의 논리를 따라가면, 그것은 프랑스대혁명 자체를 회개의 대상으로 삼는다. 17세기 프랑스 수녀 마르그리트-마리(Marguerite-Marie, 1647~1690)가 환상 속에서 그리스도의 성심을 본 것에서 유래한 성심 숭배를 받아들인 루이 16세는 프랑스대혁명으로 수감되었을 때, 석방된다면 성심에 헌신할 것을 공개적으로 표명하고 그럼으로써 프랑스를 구원하겠다고 서원했다. 성심 성당 건립의 전말에 대한 분석으로는 하비, 앞의 책 18장 참조.

훨씬 개연성 높은 경로이긴 했다.

성가족 성당 건축 상황의 역사적 변동

성가족 성당처럼 오랜 세월에 걸쳐 지어지게 되면, 시기에 따라 사회적 상황도 변하고 의뢰인의 성격도 바뀌기 마련이다. 성가족 성당 건립은 다음 시기로 나눌 수 있다. 첫째 1882년부터 1926년까지로 가우디가 담당 건축가였던 시기, 둘째 가우디 사후에서 스페인내전이 종식된 1939년까지의 시기, 셋째 1939년부터 1975년에 이르는 프랑코 총통 지배 시기, 그리고 마지막으로 1977년 민주화 이행부터 지금까지의 시기이다.

건축가로서 활동한 시간 전체가 거의 겹치는 첫 시기 동안 가우디가 전적으로 성당 일에 매달린 것은 아니다. 어떤 작업을 하든 그것이 성당 건축을 위한 지식과 기술 발전과 연계되어 있기는 했지만, 그가 전적으로 성당 건축에 몰두한 것은 콜로니아 구엘 성당 작업이 중지된 1914년 이후이다. 건설 작업이 꾸준하긴 해도 빠르게 이뤄지지는 않았던 이 시기는 성당 건립을 추진했던 성 요셉 숭배보다 무정부주의와 사회주의의 열기가 더 뜨겁게 분출하던 때였다. 그것을 잘 보여주는 것이 반교권주의적 폭동이었던 '비극의 주' 같은 사건이다.

미서전쟁 패배로 인한 식민지 상실의 허탈감에서 벗어나기 위해 아프리카에서 새롭게 식민지를 확장하는 데 열을 올린 스페인은 모로코 북부의 리프 지역을 스페인 보호령에 편입했고, 지역 광산 개발에 열을 올렸다. 하지만 코미야스 후작과 구엘 백작을 비롯한 당대의 여러 대자본가가 투자한 리프 항만시설과 광산이 원주민인 베르베르족의 공격을 받았

고, 이를 격퇴하기 위해 예비군을 모집했다. 이 과정에서 모집된 군인들은 모두 가난한 노동자들이었고, 부자들은 노동자들이 꿈도 꿀 수 없는 거액의 수수료를 내고 다른 사람을 대신 보냈다. 파병 부두에는 "전쟁을 중단하라! 부자를 보내라! 전부가 아니면 아무도 보내지 마라!"는 구호가 울려 퍼졌다. 그리고 다음 날 새벽 총파업과 더불어 비극의 한 주가 시작되었다. 노동자들은 코미야스 후작의 후원을 받는 '성 요셉 노동자 단체' 건물을 공격했고, 이어서 하룻밤 사이에 시내 중심에 있는 교회와 수도원 23개를 파괴했다. 이틀 뒤에는 다음과 같은 일도 벌어졌다.

제로니메스 수도원 밖에서 50명의 여자들이 수녀의 무덤을 파헤쳐 시체를 몽땅 꺼내 어깨에 메고 산자우메 광장까지 가져갔다. 카르멘 거리에서 시작된 이 악몽 같은 행렬은 서서히 람블라스 거리 쪽으로 나아갔다. 목적지는 노동자에게 가장 많은 해를 입힌 사람으로 악명 높은 코미야스 후작과 그의 처남 에우제비 구엘의 집이었다. 구엘 궁전의 철책 맞은편에 모하 궁전의 아케이드 아래 모든 이들이 볼 수 있도록 너덜너덜하게 썩은 시체들을 걸어두었다. 이 두 사람을 향한 쓰디쓴 증오와 멸시를 이보다 더 통쾌하게 분출할 수는 없었으리라.[86]

그러나 반란은 일주일 만에 진압되었고, 다섯 명의 '범인'이 사형당했다. 이 사건이 말해주는 바는 성가족 성당이 강렬한 사회적 적대 상황 속에서 건립되고 있었다는 것이며, 그런 상황은 가우디가 죽은 뒤 벌어진 스페인내전까지 지속되었다. 내전 시기에 국제의용군으로 참전했던 조

---

86 헨스베르헌, 앞의 책 315면.

지 오웰(George Orwell, 1903~50)의 다음과 같은 발언은 당대 좌파 지식인의 시선에 성가족 성당이 어떻게 비췄는가를 잘 보여준다.

> 나는 바르셀로나에 온 뒤 처음으로 성당을 보러 갔다. 현대식 성당으로 세상에서 가장 흉측한(hideous) 건물의 하나라고 할 수 있었다. 총안(銃眼)이 있는 첨탑이 네개 있었는데, 마치 독일산 와인병처럼 생겼다. 그 성당은 바르셀로나 지역 교회 대부분과 달리 혁명 기간에 피해를 입지 않았는데, 성당이 '예술적 가치' 덕에 화를 면했다고들 한다. 그러나 내 생각에 무정부주의자들이 첨탑 사이에 흑기와 적기를 걸긴 했어도 기회가 주어졌을 때 그 건물을 파괴하지 않은 건 그들 취향의 형편없음을 보여준 것이었다.[87]

무정부주의자들은 성당을 무너뜨리진 않았지만 불을 놓았고, 그로 인해 가우디의 구상과 자료로 가득 찬 작업실이 전부 불타버렸다. 내전은 성당 건축을 중단시켰을 뿐 아니라, 제자들이 가우디의 의도와 구상을 그대로 실행하기 어렵게 만드는 (때로는 의심받게 하는) 손실을 남긴 셈이다.

그러나 프랑코 총통의 독재시기에 성가족 성당은 카탈루냐인들에게 새로운 의미를 획득했다. 성가족 성당은 프랑코 정권이 내세운 전통주의 이데올로기와 부합하는 바가 있어서 그것의 건설을 지원할 수도 있었다. 하지만 스페인내전에서 인민전선의 최후 보루였고 프랑코에게 끝까지 저항했던 바르셀로나를 상징하는 성당의 건립을 지원하는 것을 내켜

---

87 오웰, 앞의 책 287면. 번역은 인용자 수정.

하지 않았다. 그에 반해 반프랑코적인 카탈루냐 지역에서는 좌파와 우파 사이에 다리를 놓을 수 있는 공통분모가 바로 카탈루냐주의였고, 성가족 성당은 카탈루냐 모더니즘의 위대한 유산으로서 추앙되었다. 그렇다고 해서 중앙정부가 싫어한 성당 건축이 속도감 있게 진행된 것은 아니었다. 그러나 민주화 이행은 이런 족쇄 또한 치워버렸다. 점차 건설이 가속화되기 시작했는데, 거기엔 정치적 조건의 변화 이외에 기술적 개선도 작용했다. 20세기를 통해서 발전된 자기다짐 콘크리트 같은 새로운 철근 콘크리트 기술, 석재 가공 기술, 컴퓨터를 이용한 디자인, 최근의 3D 프린팅 기술이 큰 도움이 되었다.

미학적 상황의 변화도 긍정적인 방향으로 바뀌었다. 1970년대부터 제1차 세계대전 이후 세계 건축계의 헤게모니를 장악했던 국제주의적인 모더니즘 건축이 국지적이고 역사적인 맥락을 무시한 단조롭고 건조한 건축으로 비판받으면서 국제주의적 모더니즘에 의해 비판받으며 주류에서 밀려났던 19세기 말~20세기 초의 장식주의 건축에 대한 재평가가 이뤄졌고, 더불어 가우디에 대한 평가도 크게 격상되었다.

성가족 성당 건축에 우호적이었던 마지막 조건으로 꼽을 만한 것은 1992년 바르셀로나 올림픽이다. 1988년 우리의 서울 올림픽은 독재정권이 자신의 정당성을 높이기 위해 유치한 것이었지만, 국내외적으로 우호적인 환경에서 치러졌다. 올림픽이 열리기 전 해에 민주화 이행을 이뤄냈기에 우리의 내적 자부심도 높았고 한국에 대한 국제적 이미지도 매우 우호적으로 변했다. 또한 소련의 아프가니스탄 침공에 항의하는 미국과 서방 국가들의 보이콧으로 초라해졌던 1980년 모스크바 올림픽과 소련과 동구권의 보복 보이콧으로 인해 반쪽짜리가 된 1984년 로스앤젤레스 올림픽 이후 첫 올림픽이었던 만큼 서울 올림픽은 전지구적 축제가 되었

다. 스페인은 우리와 달리 민주화의 성과가 상당히 축적된 이후에 그 성과를 국제적으로 부각하기 위해서 1992년 바르셀로나 올림픽을 유치했다. 올림픽을 계기로 바르셀로나는 세계에서 가장 매력적인 관광지로 부상했으며, 가우디의 건축물들은 세계인의 순례 대상이 되었다. 그리고 성가족 성당 관람료의 일부가 성당 건축비로 기부됨에 따라 성가족 성당의 의뢰인은 사실상 세계인으로 확장된 셈이다. 앞서 언급한 기술적 조건의 개선에 더해 재원 또한 풍족해짐에 따라 지난 30여년 동안 건설된 부분이 그 이전 100여년 동안 지어진 부분보다 훨씬 많고 크다. 코비드-19로 인해 두해 동안 관람이 완전히 그리고 건설 작업이 거의 중단되었지만, 그래도 예정대로 가우디 서거 100주년인 2026년 완공될 가능성이 있다고 한다. 물론 몇년 늦어질 수도 있을 것이다. 그래도 우리는 그것의 완성을 볼 수 있을 것이다. 감사하게도 우리는 완성의 시대를 살아가는 운 좋은 이들이다.

지하경당의 가우디

12월 말 바르셀로나에 다시 왔을 때 지냈던 숙소는 고딕 지구의 오래된 집이었다. 몇걸음만 나가면 볼거리와 재미있는 음식점들이 넘치는 곳이었다. 좀 추운 집이었지만 고딕 지구를 구경하기 좋고 교통이 편해서 버텼다. 가우디가 설계한 가로등이 있는 레이알 광장(Plaça Reial)을 거닐기도 하고, 조지 오웰 기념비나 상펠립네리 광장(Plaça de Sant Felip Neri)의 성당 벽에 난 총탄 자국 같은 스페인내전의 흔적을 살펴보기도 했다. 고딕 지구를 한참 돌아본 다음 날 몬주이크 요새에도 올라가보았고,

바르셀로나를 찾는 젊은이들이 좋아한다는 '카르멜 벙커'(Bunkers del Carmel)에도 딸들 손에 이끌려 올라갔다. 스페인내전 때 대공포(對空砲) 벙커였다고 하는데, 그 용도에 맞게 360도 전망이 있는 곳이어서 맥주를 마시며 일몰을 보기 좋았다. 가우디의 라이벌이었던 류이스 도메네크가 설계하고 지은 카탈루냐 음악당(Palau de la Música Catalana)에서 공연도 관람했다. 공연 수준은 고만고만했지만, 음악당만은 정말 멋졌다. 12월 31일 밤에는 새해맞이 불꽃놀이 축제에도 가보았다. 다들 그런다고 해서 우리도 샴페인을 한병 들고 카탈루냐 광장으로 갔다. 그리 늦게 출발한 것 같지도 않은데 광장 가장자리에 겨우 낄 수 있었다. 우리나라 여의도 불꽃놀이 축제처럼 여기서도 전망 좋은 자리를 차지하려면 상당히 일찍 와야 하는 듯했다. 그래도 족히 10만명은 넘어 보이는 인파에 함께 휩쓸리며 불꽃놀이를 보다가 카운트다운과 함께 샴페인을 터뜨리며 "해피 뉴 이어"를 외치는 기분은 꽤 근사했다.

새해 첫날 아침에는 성가족 성당에 면한 프로벤사 길 건너 건물 2층에 있는 숙소로 옮겼다. 고딕 지구의 숙소와 달리 방이 따뜻했다. 성가족 성당 쪽으로 난 창이 아주 커서, 테라스에 앉아서 커피 한잔하며 성가족 성당을 바라볼 수 있는 것도 아주 마음에 들었다. 우리가 지내는 숙소가 마치 성당 경내 건물인 것처럼 느껴졌다. 다음 날엔 몬세라트 수도원을 방문했다. 가우디 성가족 성당의 탑을 닮은 몬세라트의 봉우리들을 보며 가우디 건축물이 어디에서 영감을 얻었는지 알 것 같았다.

몬세라트 수도원 성당 미사에서는 소년 합창단의 노래를 들을 수 있다고 했는데, 합창단 소년들이 연말연시 휴가를 떠나 노래를 들을 수 없었던 것이 아쉬웠다. 그러나 몬세라트의 검은 성모상이 발견된 장소라는 '성스러운 동굴 예배당'(La capilla de la Santa Cueva)으로 가는 길을 맑은

4-30. 몬세라트 산과 수도원

햇살을 받으며 걸었던 것이 참 좋았다. 묵주기도를 구성하는 '환희의 신비', '빛의 신비', '고통의 신비', '영광의 신비'를 실제 길로 구성하고, 그 길의 굽이굽이마다 카탈루냐의 예술가들이 참여해서 조각상을 만들어 세워두었는데, 그 가운데는 가우디가 제작한 것도 있었다. '영광의 신비' 시작 지점에 있는 「무덤에서 부활한 그리스도」가 그것이다. 그것을 보니 수난의 파사드에 설치될 조각을 가우디가 직접 디자인했다면 수비락스와는 사뭇 달랐으리라는 생각이 들었다. 그러나 우리는 모두 유한한 존

재라서 유업을 물려줄 수밖에 없고(물려받을 사람이 있는 것 자체가 행운이다), 물려받은 이에게는 제 몫의 자유가 있게 마련이다.

4-31. 부활의 동굴
'영광의 신비' 시작 지점에 있는 이 동굴은 가우디가 제작한 것이다.

수요일엔 가족 모두 성가족 성당 지하경당에서 열리는 미사에 참석했다. 지하경당은 가우디가 아니라 비야르가 틀을 잡은 곳이고, 그래선지 네오고딕 양식을 충실하게 따르고 있었다. 그러나 어쨌든 지하경당을 완성하고 그위에 거대한 성가족 성당을 건축한 것은 가우디이므로 그가 그곳에 최후의 안식처를 얻는 것은 마땅하고 옳은 일이다. 미사가 끝난 뒤 가우디의 묘소에 참배했다. 그리고 가우디의 삶에 대해서 묵상했다.

1878년 바르셀로나 고등 건축학교(Escuela Técnica Superior de Arquitectura de Barcelona)를 졸업했을 때, 가우디가 어떤 건축가로서 살아갈지는 열린 문제였다. 건축가로서 그의 경력의 출발점에 있는 작품은 '마타로 노동자 협동조합(Cooperativa Obrera Mataronense) 창고'였다. 그런 건물을 짓는 것은 무정부주의/사회주의에 가까운 '인민의 건축가'가 되는 것을 뜻한다. 그러나 그 방향으로 발걸음을 더 내디디기 전에 대자본가 에우제비 구엘 그리고 성가족 성당 건축위원회가 그에게 손을 내밀었고, 그는 그리로 나아갔다.

아마도 반체제적이기 가장 어려운 예술이 건축일 것이다. 부와 권력의

대척점에 선다면, 건축처럼 엄청난 자원을 동원하는 예술이 해낼 수 있는 것은 극히 제한될 수밖에 없다. 그러나 내 생각에 가우디라면 그런 힘겨운 길을 가는 게 불가능한 것도 아니었다. 구엘 공원의 경비실과 성가족 성당 부속학교가 그것을 입증한다. 그는 청빈하고도 기능적이면서 예술적인 건축물을 지을 재능을 갖고 있었다. 하지만 노동자들보다 대자본가와 가톨릭 교구가 그의 재능을 제대로 알아보고 후원의 손을 내밀었고, 가우디는 그 손을 잡았다.

그렇지만 그 길이 그렇게 평화로운 길은 아니었다. 부유한 의뢰인들은 충족하기 까다로운 욕구를 가졌고, 건축물을 자기찬미(self glorification)의 수단으로 쓰고 싶어 하며, 경제적 탐욕을 숨기지 않는 경우가 대부분이다(가우디는 밀라 부부와 소송을 치르기도 했다). 앞서 언급했듯이, 그는 성가족 성당에 전념하던 시기에 "나의 의뢰인(하느님)은 서두르지 않는다"라고 말했다. 그 말은 현세적 의뢰인들로부터의 해방감을 표현한 것이고, 작은 조각품 하나까지 완성도를 높이고 복잡한 구조역학적 문제의 해결책을 찾을 시간적 여유를 자랑한 것이기도 하다. 하지만 그 말은 반교권주의적 분위기 속에서 위축된 기부금과 불황 그리고 정치적 소요와 갈등으로 인해 건설 작업이 자주 더뎌지는 상황에서 하느님에 대한 신뢰를 다지기 위해 했던 말이기도 했다.

말년의 가우디는 고독과 우울에 잠겨 있었던 듯하다. 그는 '비극의 주'에 바르셀로나의 소중한 종교적 유산들이 파괴되는 모습을 직접 목도했다. 그런 반교권주의 폭풍 속에서 가우디에게 열린 길이 죄 많은 인간의 본성을 이겨내기 위해 '속죄를 위한 성가족 성당' 건축에 더 몰입하는 것, 그리고 그것을 위해 자신의 영성을 더욱 금욕적으로 가다듬는 것 이외에 무엇이 있었겠는가? 그는 불의의 사고로 사망하기 전에 이미 금욕

4-32. 성가족 성당 지하경당
의 가우디 묘소

적인 계율과 섭생으로 악성빈혈과 브루셀라병을 앓고 있었다. 1918년 평생에 걸쳐 가장 우호적인 후원자 에우제비 구엘이 죽었다. 그즈음 아르누보 미학을 철저하게 비판하는 국제주의적인 모더니즘 건축이 카탈루냐에서도 세를 얻었고, 젊은 건축가들 사이에서 가우디는 낡은 사조를 대변하는 건축가로 격하되었다. 1923년 쿠데타로 집권한 미겔 프리모 장군이 공공장소에서 카탈루냐어 사용을 금지했는데, 이런 노골적인 카탈루냐 억압 정책에 반대한 투쟁에 가담했던 가우디는 경찰에 곤봉을 맞고 체포되기도 했다. 1925년부터는 작업실 자체를 성가족 성당 공사장 안으로 옮겼다. 사회적 고립과 우울이 종교적이고 건축적인 열정의 강화로

이어졌던 셈이다. 지독하게 수도승 같은 삶 1년 뒤, 그는 불의의 교통사고로 사망했다. 사고 당시 그는 거지로 오인되었고 주변을 지나는 택시들은 그를 병원으로 이송하기를 거부했다고 한다.

　그는 자신이 계획한 3개의 파사드 가운데 탄생의 파사드만 그리고 18개의 탑 가운데 바르나바의 탑 하나가 완공되는 것만을 보고 죽었다. 하지만 그가 성가족 성당의 완공에 대한 확신 없이 죽었을 것 같지는 않다. 중세로부터 성당 건축가들은 자신의 작업을 이어갈 후세에 대한 믿음 속에서 작업했다. 영원한 것을 향한 열정은 그런 믿음 안에서만 타오를 수 있다. 오늘날 성가족 성당을 짓고 있는 내적 동력의 한 측면은 그런 믿음이 참된 것이 되게 해야 한다는 후세의 책무감일 텐데, 그런 응답을 끌어내는 것이야말로 믿음 고유의 힘이 아니겠는가?

　세상 여러곳의 사람들이 성가족 성당을 보러 온다. 왜일까? 1920년대부터 맨해튼에 마천루가 세워지면서부터 세상은 이미 하늘 높이 솟은 건축물로 빽빽하다. 중세에 지어진 고딕 성당은 '그 시대의 기술로?'라는 경탄의 토대가 있다. 성가족 성당은 성당의 역사 속에서는 아득히 높은 건물이지만, 이미 현대적인 기술로 지어지고 있는 바에야 그 높이를 두고 감탄하는 건 합당치 않다. 그럼에도 우리가 성가족 성당을 찾는 것은 오늘날 높이 솟은 건물들, 예컨대 엠파이어스테이트 빌딩이나 9·11테러로 허물어진 무역센터 건물, 또는 부르즈할리파 같은 건물들에는 초월을 향한 열망이 없기 때문이다. 그런 건물들을 떠받치고 있는 것은 자본의 숭고미학이다. 고딕 성당과 성가족 성당은 다다를 수 없는 하늘에 조금이라도 가까이 다가가고 싶은 인간의 안타까운 발돋움을 보여주지만, 부르즈할리파, 상하이 타워 또는 우리나라의 롯데월드 타워는 부와 권력의 과시적인 몸짓, 타인을 굽어보려는 욕망으로 충전된 건물들이다. 하늘

을 향해 제 영혼을 고양하는 것이 아니라 하늘과 같은 자리를 차지했다고 강변할 뿐이다. 성가족 성당은 그런 시대를 살아가는 우리를 위로한다. 우리에게 여전히 초월을 향해 정화된 열망이 남아 있고, 푸른 하늘에 평화를 가져올 신적인 힘이 여전히 깃들어 있다고 말하고 있다.

부록 1. 가우디 주요 작품 연표

작품	연대	소재지
마타로 노동자 협동조합 창고	1878~1882	마타로
엘카프리초	1883~1885	코미야스
카사 비센스	1883~1888	바르셀로나
성가족 성당 ■ 지하경당 ■ 후진(apse) ■ 탄생의 파사드	1883~1926 ■ 1883~1887 ■ 1890~1893 ■ 1892~1926	바르셀로나
구엘 별장	1884~1887	바르셀로나
구엘 저택	1886~1888	바르셀로나
테레사 수녀원 학교	1888~1889	바르셀로나
아스토르가 주교관	1889~1893	아스토르가
카사 보티네스	1891~1894	레온
구엘 포도주 저장고	1895~1897	시체스
카사 칼베트	1898~1899	바르셀로나
벨레스구아르드 저택	1900~1909	바르셀로나
구엘 공원 ■ 입구, 도로 및 통로 ■ 입구 파빌리온 ■ 다주실 ■ 광장	1900~1914 ■ 1900~1903 ■ 1903~1905 ■ 1907~1909 ■ 1907~1914	바르셀로나
카사 바트요	1904~1906	바르셀로나
아르디카스 정원	1905~1906	라포블라 데 릴레트
카사 밀라	1906~1910	바르셀로나
콜로니아 구엘 지하경당	1908~1914	산타콜로마 데 세르벨로

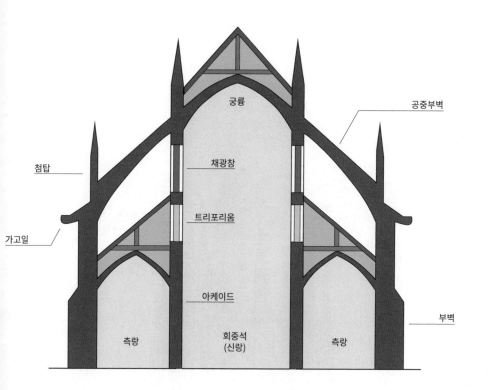

첨탑

가고일

궁륭

채광창

트리포리움

아케이드

공중부벽

부벽

측랑

회중석
(신랑)

측랑

부록 3. 성가족 성당의 탑들

핵심

- 예수그리스도의 탑
- 성모마리아의 탑
- 복음사가의 탑
- 사도들의 탑

탑의 위치

야고보(소)
바르톨로메오
토마스
필립보

마티아
유다 타대오
시몬
바르나바

야고보(대)
바오로
베드로
안드레아

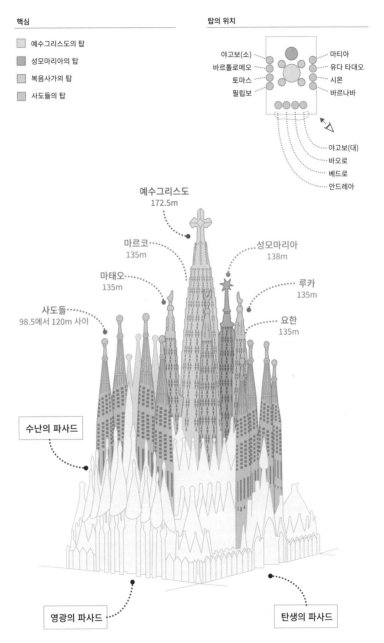

예수그리스도
172.5m

마르코
135m

마태오
135m

성모마리아
138m

루카
135m

사도들
98.5에서 120m 사이

요한
135m

수난의 파사드

영광의 파사드

탄생의 파사드

5장

톨레도와 엘 그레코의 정치신학

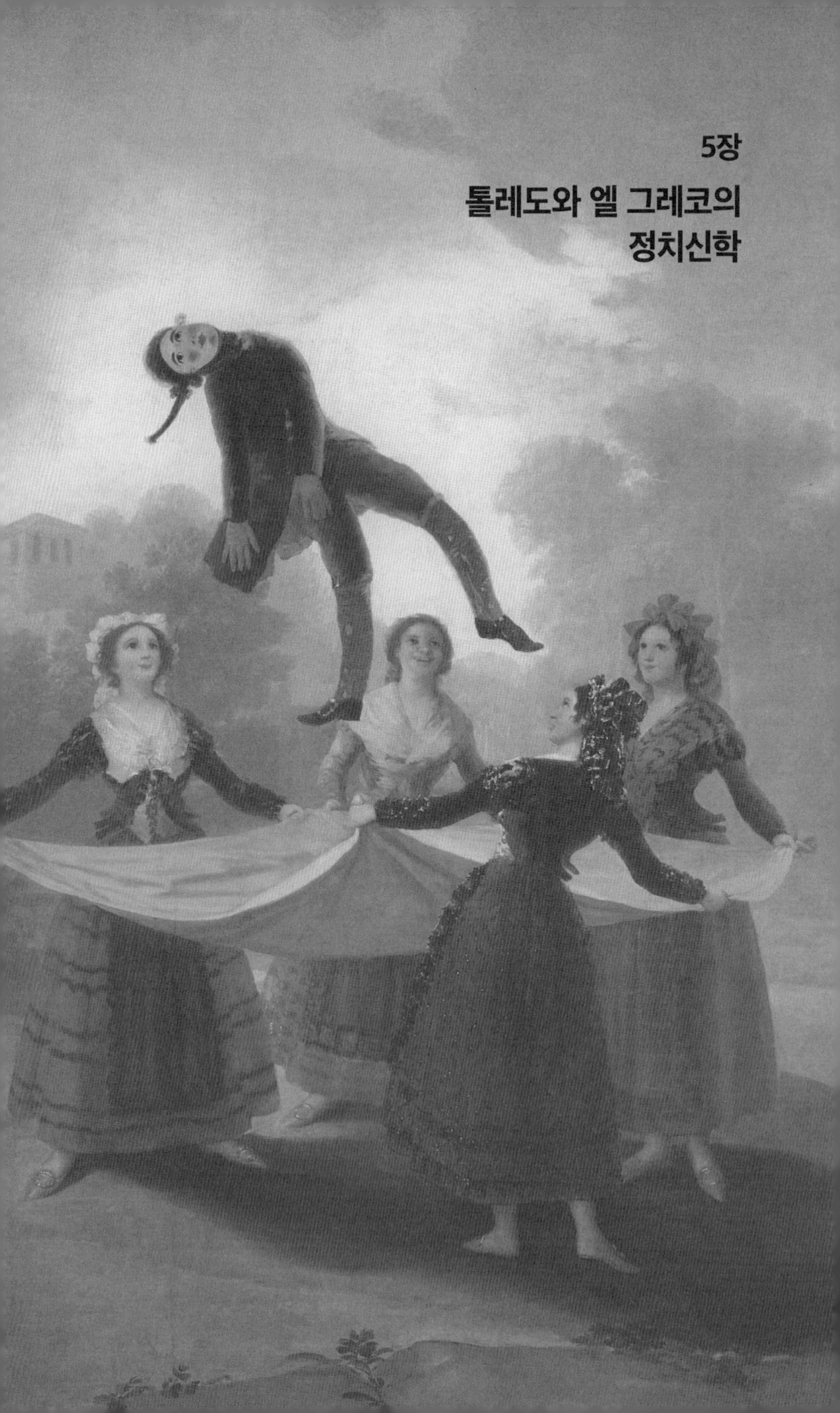

아직 톨레도조차

스페인에서 여러달을 보내기로 했기 때문에, 보고 싶은 것이나 하고 싶은 것 모두 다할 수 있을 것 같았다. 하지만 준비 부족으로 시작부터 놓친 것도 있었다. 투우 관람이 그런 경우이다. 스페인을 생각하면 내 귀를 맴도는 것은 조르주 비제(Georges Bizet, 1838~75)의 《카르멘》에서 불리는 「투우사의 노래」 후렴구였다("토레아도르, 엥 가르데! 토레아도르! …"). 아마도 누군가는 레알 마드리드나 바르셀로나 FC의 축구경기 관람을 열망할 수도 있을 것이다. 하지만 축구는 세계 어느 곳에나 있다. 무언가 스페인에 유일무이하고 그래서 꼭 봐야 할 것이 있다면, 그것이 내게는 투우로 다가왔다. 그러나 투우를 볼 수 있을 거란 기대는 허망하게 무너졌다. 우리는 9월 21일에 스페인에 도착했는데, 투우를 보려면 그때 서둘러야 했다. 투우는 이미 안달루시아 지방에서나 열리는 행사가 된데다가 9월 말이면 시즌이 끝나니, 도착하는 즉시 세비야나 말라가 같은 곳으로 내려가야 했고, 입장권도 미리 예매했어야 했다. 마드리드에 도착해 며칠간 마드리드 여기저기를 돌아다니다 10월 초 투우장을 인터넷으로 검색했을

때의 허탈함이란… 왜 스페인 사람들은 청명한 10월의 푸른 하늘 아래서 투우경기를 열지 않는지, 나 같은 이방인은 알 수 없었다. 어쨌든 나는 준비가 부족했고 그래서 투우를 보지 못했다.

계획 없이 떠난 여행은 한갓진 여유가 있지만, 그 나름의 게으름을 유발하게 마련이다. 에어비앤비 숙소에서 지내는 하루하루는 금세 서울에서와 다르지 않게 되어갔다. 짊어지고 온 몇권의 책을 읽고, 미뤄둔 글을 끼적거리고, 장 보고 밥 지어 먹는 반복적 리듬 속에서 시간이 흘러갔다. 직업적 습관 때문일 테지만, '스페인 국립도서관'(Biblioteca Nacional de España)에 자주 갔다. 여권을 보여주니 금세 출입증을 만들어주었다. 교수임을 입증하는 영문 재직증명서를 떼어 왔다면 대출도 가능했을 텐데, 미리 준비 못 한 게 아쉬웠다. 생각해보면, 이것 또한 처음부터 놓치고 들어간 것에 속한다.

국립도서관은 희귀본이 가득한 곳이라 검색대를 통과해야 하고 코트도 벗어서 보관함에 넣고 들어가야 하는 등 출입이 엄중해서 불편했다. 대신 구내 카페테리아가 아주 근사했다. 스페인에서는 저녁 못지않게 점심도 꽤 푸짐하다. 전채는 물론이고 두 접시의 요리에 과일과 요거트가 후식으로 나오고 커피도 나온다. 첫째 접시(프리메르 플라토)는 대개 곡류를 곁들인 요리이고, 둘째 접시(세군도 플라토)는 육류 요리인 경우가 많다. 거기서 점심 먹는 사람들이 도서관 직원 아니면 대체로 학술 관계자들이라 나름 대우를 해주는 건지, 값은 저렴하고 질은 훌륭했다. 대략 7유로면 후식과 커피까지 모두 먹을 수 있었다. 처음엔 티켓을 한장만 사서 1인분의 식사를 아내와 나눠 먹었다. 그래도 충분히 배부른 양이었다. 하지만 한두주 지나자 각자 하나씩 먹게 되었다. 계기는 커피였다. 다른 건 몰라도 커피 한잔을 나눠 먹기도 그렇고, 취향도 달랐기 때문이다. 아내는 카

페콘레체(카페라테), 나는 카페코르타도(에스프레소 커피와 우유 비율이 대략 1 대 0.5쯤인 커피)를 즐겨 마셨다.

국립도서관은 시벨레스 광장(Plaza de Cibeles)에서 콜럼버스 기념비(Monumento a Colón)가 있는 광장까지 이어지는 레콜레토스 길(Paseo de Recoletos)에 면해 있는데, 이 도로는 좌우 차량 통행로 사이에 나무와 잔디가 깔린 넓은 보행도로가 있어서 꽤 쾌적하다. 보행도로 곳곳에 괜찮은 카페테리아들이 있고, 근처에는 '국립고고학박물관'도 있다. 콜럼버스 기념비 너머로 더 올라가면 소로야 미술관이 있고, 시벨레스 광장 아래로 더 내려가면 티센 미술관이 있으며, 맞은편에는 레티로 공원이 있다. 거기까지 걸어 내려가지 않아도 마프레 재단(Fundación MAPFRE, 보험회사 마프레가 세운 문화예술 진흥을 위한 재단)이 운영하는 작지만 훌륭한 미술관이 바로 맞은편에 있다. 내가 있을 때는 '호안 미로 전'을 했고, 이어서 '이그나시오 술로아가 전'도 했다. 책 읽다 지겨우면, 도서관을 나서서 가볼 데가 많았던 셈이다.

그렇게 미술관이나 공원을 산책하고서 해가 뉘엿해질 때쯤 숙소로 돌아가며 저녁거리를 샀다. 스페인은 축산업이 발달한 나라이고(넓은 땅을 생각하면 이상할 게 없다. 스페인의 '후진성'을 조롱할 때마다 제기되는 것이 목축업과 가우초 문화였다), 와인도 저렴하고 훌륭했다. 그래서 동네 식품점에서 고기와 와인을 사서 매일 먹다시피 했다. 푸줏간 주인에게 "도스 레바나다스 데 로모 바호(등심 두조각이요)"라고 하면, 주인은 고깃덩이를 꺼내 칼을 대어 보이며 어느 정도 두께로 자를지 눈빛으로 물었다. 적당해 보이는 두께에서 고개를 끄덕이면, 그대로 잘라 정성껏 종이에 싸 주었다. 그렇게 사 온 고기를 구워서 리오하(Rioja) 아니면 리베라(Rivera) 와인과 마시며 하루를 마감할 때가 많았다.

5-1. 프란시스코 데 고야 「눈보라」, 1786, 275×293cm, 프라도 미술관

 하지만 11월에 들어서자 제법 일교차가 커졌고, 아침저녁으로 기온이 꽤 쌀쌀해졌다. 난방 능력이 의심스러운 저렴한 숙소에서 꽤 춥기로 유명한 마드리드의 겨울을 날 생각을 하니 은근히 걱정이 밀려들었다. 역사책 귀퉁이에서 7세기 이래로 스페인 남부를 장악한 무어인들이 마드리드까지 치고 올라오지 않은 것은 마드리드 지역이 너무 척박해서였다는 것을 읽은 기억도 났고, 프라도에서 본 고야의 「눈보라」(La nevada o El Invierno) 같은 그림이 떠오르기도 했다.

 아무래도 따뜻한 안달루시아 지역으로 내려가는 게 좋겠다는 생각이

스멀스멀 밀려왔다. 게다가 아내가 UNED 교수와의 공동작업에 분주해서 스페인에 온 지 두달이 되어가는데도 리스본과 바르셀로나를 며칠씩 다녀오고 인근의 세고비아를 둘러본 것 이외에 가본 데가 많지 않았다. 이러다간 마드리드에만 머물러 있다가 이 나라를 떠날지도 모른다는 생각이 들었다. 그래서 더 추워지기 전에 북쪽의 빌바오를 구경하고 말라가로 내려갈 계획에 관해 이야기를 나눴다. 와인을 마시며 그렇게 마드리드를 떠날 궁리를 하다보니, 마드리드에서 1시간 반 남짓 되는 곳에 있는 톨레도조차 다녀오지 않은 것이 떠올랐다. 애초에 마드리드에 도착하자마자 가보려고 했지만, 그때만 해도 날씨가 꽤 더우니 좀 선선해지면 가라는 주변 스페인 사람들의 충고를 따른다는 것이 그렇게 기약 없이 미뤄진 것이다.

계획 없는 여정이 주는 평온함의 댓가는 게으름이고, 너무 게을렀단 생각이 뒤늦게 밀려들면 초조해진다. 초조함에 밀려 다음 날 당장 톨레도에 가기로 했고, 마드리드 중앙역인 아토차에서 헤맸던 이전 경험 때문에 기차 대신 시외버스를 타고 가기로 했다. 좀더 선선해지면 가라는 말과 더불어 볼거리가 엄청나게 많은 도시라는 얘기도 들었으니, 톨레도 구시가지 호텔에 묵으며 2박 3일쯤 지낼 법도 했는데, 마치 깜박 잊은 숙제를 서둘러 해치우는 학생의 심정으로 당일치기로 다녀오기로 한 것이다.

알칸타라 다리를 건너

당일로 다녀올 생각이었으면, 그나마 새벽 버스라도 타고 서둘러 길을 나설 일이었다. 하지만 세상의 볼거리 모두를 망막 안에 쓸어 담으려는

것은 뷔페식당에 놓인 모든 음식을 먹으려는 식탐과 마찬가지일 뿐이라는 생각이 늘 마음 한쪽에 있었다. 내 문제는 그런 '기특한' 생각이 아침 일찍 서둘러야 좋을 때 떠오른다는 것이다. 그러다가 느지막이 미술관이나 성당에 들어서서는 영업시간 종료 직전의 뷔페식당에 들어선 이처럼 시각적 식탐에 시달린다.

오전 9시경 엘립티카 광장(Plaza Elíptica)에서 출발하는 ALSA 버스를 타고 톨레도로 향했다. 일요일인데도 톨레도로 가는 관광객이 그리 많지는 않았다. 10시 반쯤 톨레도 시외버스 정류장에 도착했다. 내려서 보니 정류장에서 톨레도 구도심까지는 걸어도 될 만한 거리였다. 중세 유럽의 성들은 군사적 안전을 위해서 성곽 주변을 해자로 분리한 경우가 많다. 그런데 톨레도는 도시를 휘감고 흐르는 타호강(río Tajo) 덕분에 전체가 자연적 해자에 둘러싸인 요새 모습을 하고 있다. 타호강을 건너서 톨레도로 들어가는 관문 가운데 하나가 알칸타라 다리(Puente de Alcántara)이다. 2세기에 로마 황제의 명으로 지어졌다고 하는데, 중세는 물론이고 근대에 들어서도 이런저런 전쟁이나 분란으로 여러번 파괴되었던 다리라, 근사한 아치형 석조의 현재 모습은 사실 1969년 재축조된 것이다. 그래도 로마시대 기본형을 지켜서 보수된 것이라고 한다.

다리와 강물이 멋지게 어우러지고, 11월의 약간 쌀쌀하고 맑은 햇살이 기분 좋게 내리쬐는데다 관광객도 많지 않아, 아내와 나는 한참 동안 이런 각도 저런 각도로 사진을 찍고 여기저기를 느긋하게 둘러보았다. 그러다보니 다리 입구에서 톨레도 알카사르 바로 아래 산타크루스 미술관까지 가는 데, 10분에 고작 5미터 정도씩 전진했던 것 같다. 산타크루스 미술관에 도착하니 벌써 점심때가 가까웠다. 톨레도에 들어서는 데 너무 시간을 써서, 알무에르소(Almuerzo)[1]로 허기를 면한 뒤 미술관에 들어갔

다. 미술관은 일요일이라서 공짜였고, '코시오와 엘 그레코: 보는 법을 아는 법'(Cossío y el Greco: el arte de saber ver)이라는 전시회를 하고 있었다. 마누엘 바르톨로메 코시오(Manuel Bartolomé Cossío, 1857~1935)는 예술 사가로서 엘 그레코에 대한 20세기 해석사에 이정표를 찍은 인물로 알려져 있다. 하지만 유감스럽게도 그의 기념비적인 저서 『엘 그레코』(1908)는 영역되지 않아서 읽어보지 못했다. 그래도 '코시오와 엘 그레코' 전시회 포스터를 보자, "맞아, 톨레도는 엘 그레코의 도시였지" 하는 생각이 떠올랐다.

아르놀트 하우저의 매너리즘론

스페인에 가기 전까지 나는 엘 그레코에 대해 아무 관심이 없었다. 그랬던 이유 가운데 일부는 아르놀트 하우저(Arnold Hauser, 1892~1978) 때문이다. 하우저의 『문학과 예술의 사회사』는 1980년대 대학에 다닌 많은 이들에게 그랬듯이 나에게도 예술에 관한 이해의 핵심 출처였다. 그런데 이 책에서 엘 그레코가 속한 시대의 예술사조인 '매너리즘'을 다룬 부분의 몇몇 구절이 내게 매너리즘 일반 그리고 엘 그레코에 대해 부정적인 선입견을 형성했다.

물론 하우저는 매너리즘 장을 시작하면서 매너리즘이라는 용어에 내포된 곤경 그리고 매너리즘 예술에 대한 재평가의 필요성을 분명하게 제

---

1 '데사유노'라 불리는 아침식사와 제대로 된 점심식사 사이에 가벼운 브런치처럼 먹는 스페인 음식.

기했다.[2] 지금 다시 읽어보면, 그의 매너리즘 논의는 상당히 균형 잡힌 것으로 다가온다. 하지만 대학 초년 시절에는 그가 매너리즘에 대해 부정적으로 서술한 부분이 더 인상 깊었던 것 같다. 매너리즘 경향이 뚜렷했던 후기 미켈란젤로의 바티칸 파올리나 예배당의 벽화 「사울의 회심」과 「성 베드로의 십자가형」을 두고 하우저는 이렇게 말한다.

여기서는 르네상스의 조화로운 질서는 흔적조차 찾아볼 수 없다. 화면의 인물들은 무언가 부자연스럽고 꿈속에서처럼 의지를 상실한 듯한 모습인데, 마치 도피할 수 없는 어떤 신비스러운 구속 아래에, 그 원인이 어디에 연유하는지도 알 수 없는 어떤 압박 속에 있는 것처럼 보인다. (…) 인물과 공간, 인간과 세계는 더이상 하나의 통일체를 이루지 못하고 있다. 행동의 수행자인 사람은 일체의 개인적인 특성을 상실하고 있다. 나이나 성별, 기질 등을 나타내는 특징들은 모두 사라지고 모든 것은 보편성과 추상성 및 도식성을 지향하고 있다. (…) 파올리나 성당의 벽화를 완성한 뒤, 미켈란젤로는 더이상 대작을 내놓지 못했다.[3]

---

2 예컨대 그는 "우리가 검토하고자 하는 예술현상을 설명하는데 이 개념이 하나의 유용한 범주가 되려면, 순수한 예술양식으로서의 매너리즘이라는 개념과 흔히 '매너리즘에 빠졌다'는 뜻에서의 매너리즘적인 것을 완전히 분리해야만 할 것이다"(『문학과 예술의 사회사 2』, 백낙청·반성완 옮김, 2016 창비, 169~70면)라고 말한다.
3 같은 책 200~202면.

프라도 미술관의 엘 그레코

매너리즘 장을 건성 읽은 내 머리에 남은 이미지는, 매너리즘은 거대한 사회적·정신적 위기에 대한 반응이기는 하지만, 반응의 경지를 넘어서 창조성까지 발휘하진 못한 사조(思潮)라는 것이었다. 하지만 프라도에서 세로 3미터가 넘는 엘 그레코의 대작들, 그러니까 「그리스도의 세계」, 「오순절」, 「수태고지」, 「부활」, 「십자가에 매달린 그리스도」, 그리고 「목자(牧者)들의 경배」가 함께 전시된 방에 들어섰을 때,⁴ 매너리즘은 그 말의 어원이 된 이탈리아어 '마니에라'(maniera)의 원뜻 그대로 예술가가 만들어낸 자기만의 어떤 개성적 스타일 자체를 가리키는 것으로 해석돼야 함을 금세 깨달을 수 있었다.

특히 「목자들의 경배」(Adoración de los pastores)가 내 시선을 확 붙잡았다. 「루카 복음서」(2:8~20)에 따르면, 목자들이 밤에 양떼를 지키고 있는데, 주의 천사가 나타나 목자들에게 '다윗의 마을(베들레헴)'에 구세주가 태어났으니 "너희는 포대기에 싸여 구유에 누워 있는 아기를 보게 될 터인데" 하고 말했고, 천사들이 떠난 뒤 목자들은 베들레헴으로 아기를 찾아가 경배하고 천사가 말한 것을 성모마리아와 요셉에게 전했다고 한다.

성서의 이 장면을 그린 엘 그레코의 그림에서 내게 가장 인상적이었던 부분은 화면 전체에서 빛의 근원이 아기 예수라는 점이었다. 복음서는 목자들이 천사로부터 예수의 탄생 소식을 들은 것이 밤이었음을 분명히 하고 있지만, 목자들이 예수가 태어난 곳에 그 밤이 지나기 전에 도착했다고 말하진 않는다. 물론 예수가 있던 "그 고장에" 목자들이 있었

---

4 최근 미술관 홈페이지에서 확인해보니, 「목자들의 경배」는 다른 방에 전시되어 있었다.

5-2. 엘 그레코 「목자들의 경배」, 1612~14, 319×180cm, 프라도 미술관

다고 하니 그럴 가능성이 없는 것은 아니다. 하지만 이 주제를 그린 그림들이 늘 밤을 배경으로 하진 않는다. 카라바조(Michelangelo Merisi da Caravaggio, ?1571~1610)는 아침을 배경으로 그렸다. 바르톨로메 에스테반 무리요의 경우에는 다소 불명확하긴 해도 밤은 아니다. 물론 그렇다고 해서 밤을 배경으로 그린 것이 엘 그레코만이라는 것은 아니다. 가령 렘브란트의 「목자들의 경배」도 밤이 배경이다. 하지만 렘브란트의 그림에서 빛의 근원은 엘 그레코의 경우와 달리 화면 속의 한 인물이 들고 있는 등잔이다. 이에 비해 엘 그레코의 그림에서 빛은 오로지 아기 예수로부터만 뿜어 나온다. 그는 목자들이 아기 예수를 경배하는 바로 그 장면을 통해서 「요한 복음서」 1장 9절의 "모든 사람을 비추는 참빛이 세상에 왔다"라는 진술 그대로를 그려내고자 한 것처럼 보인다. 신성이 지상에 내려왔으므로 비록 누추한 곳일지언정 그곳이 바로 세상의 중심이고, 우주를 밝히는 빛이 뿜어 나오는 자리이다. 그래서 천상의 천사들조차 오직 지상에서 비쳐오는 그 빛을 통해서만 제 모습을 드러낸다.

다음으로 눈길을 끈 것은 어둠 속에서 보이는 네 목자의 경배 자세와 몸짓이었다. 한 사람은 무릎을 꿇고, 한 사람은 서 있고, 두 사람은 앉았다. 가장 나이가 많아 보이는 목자의 희끗희끗한 수염에는 아기 예수로부터 뿜어 나오는 빛이 섬세하게 반조(反照)되고 있다. 꿇고 있는 무릎 아래 드러난 그의 지저분해 보이는 맨발은 그의 가난함 그리고 아기 예수 경배를 위해 어두운 밤길을 서둘러 걸어온 노고가 함께 드러나 있다. 무엇보다 서로 다른 네 사람의 손동작에 눈이 갔다. 푸른 옷을 입은 목자는 양쪽으로 손을 넓게 벌리고 있다. 녹색 옷을 입은 목자는 손을 가볍게 벌리고 있다. 서 있는 목자는 두 손을 교차해서 가슴 한가운데 모으고 있다. 화면 가운데 있는 늙은 목자는 두 손을 기도하듯이 가볍게 모으고 있다.

그들의 손 자세와 동작은 놀라운 광경 앞에서 인간이 저절로 취하게 되는 동작의 가능한 레퍼토리를 펼쳐 보이는 듯했다. 엘 그레코는 경배하는 자의 손동작에 대한 그만의 '마니에라'를 구성하고 있었다.

확실히 이 그림에서도 엘 그레코 특유의 '길쭉하게 늘여진'(elongated) 신체 묘사가 드러난다. 그런 신체 묘사를 나는 엘 그레코의 그림을 직접 보기 전까지는 고전적인 자연주의적 신체 묘사로부터 심하게 이탈한 것으로 다소간 혐오스럽게 생각했었다. 그렇지만 엘 그레코의 그림 앞에 서보니, 내가 그렇게 생각한 것은 그때까지 엘 그레코의 묘사 방법에 깃든 예술적 의도를 느끼기 어려운 작은 크기의 해상도 나쁜 도판으로 그의 그림을 봐왔던 때문임을 알 수 있었다. 직접 보니, 그의 신체 묘사는 황홀경 속에서 인간의 육신이 그 속된 무게를 덜어내고 영적으로 변모하는 순간을 그려내고자 한 것임을 직관적으로 알 수 있었다. "말씀이 사람이 되시어 우리 가운데 사"시니(「요한 복음서」 1:14), 그를 만난 우리들의 육신도 조금은 말씀에 다가가는 것 아니겠냐고, 평범한 빵과 포도주가 영원한 생명과 계약이 되는 화체(transubstantiation)의 신비가 우리 존재 한복판에서도 일어나는 것이 아니겠느냐고, 그가 내게 묻는 듯했다. 이 영적인 순간을 긍정한다면, 르네상스의 원근법적 공간 배치가 깨지고, 육체가 영적으로 들뜨고, 천상과 지상이 하나의 장면 속에 휘말려 들어가는 듯한 그림을 고전적 균형감으로부터의 이탈로만 평가할 수는 없는 일이었다.

엘 그레코 시대의 지중해 세계

엘 그레코에 흥미를 갖게 되자, 그에 관한 책과 자료를 뒤적이게 되었다. 그 덕분에 그와 톨레도 사이의 특별한 관계, 그리고 그의 생애와 톨레도 모두를 담고 있던 16세기 지중해 세계에 대해 어렴풋이 알 수 있었다.

그는 크레타섬의 주도(主都)였던 칸디아(지금의 헤라클리온)에서 1541년에 태어났다. 그의 본명은 도미니코스 테오토코풀로스(Δομήνικος Θεοτοκόπουλος)이고, "엘 그레코"는 이탈리아 사람들과 스페인 사람들이 그를 그저 "그리스 사람"으로 불러서 생긴 별명일 뿐이다.[5] 이 두가지 사실, 출생연도와 장소, 그리고 그의 호칭에 이미 많은 이야기가 담겨 있다.

그가 태어난 크레타섬은 고대 그리스 문명권에 속하지만, 종교적으로는 그리스정교 지역이었다. 그러나 13세기 초부터는 지중해의 패권세력이었던 베네치아의 식민지가 되었다. 수세기에 걸쳐 식민지였던 탓에 크레타에서는 그리스정교와 가톨릭 문화가 뒤섞였고, 그래서 엘 그레코는 그리스정교도였지만 가톨릭 문화에도 매우 익숙했다. 고향을 떠나 이탈리아를 거쳐 스페인으로 갈 때 요구된 문화적 적응이 그에게 어려운 일은 아니었던 셈이다. 그렇다고 해서 가톨릭으로 개종한 것은 아니다. 그는 자신의 정체성을 분명하게 고수했고, 그래서 자신의 그림에 언제나 자기 이름을 그리스 알파벳(Δομήνικος Θεοτοκόπουλος)으로 적어 넣었으며, 그렇게 자기 정체성을 지켰기 때문에 이탈리아와 스페인 사람들은

---

5 스페인식이라면 '엘 그레코'가 아니라 '엘 그리에고'(El Griego)라고 불러야겠지만, 스페인 사람들은 그를 이탈리아 사람들이 부른 방식을 따라 불렀다. 그러면서도 정관사는 습관적으로 스페인어를 따랐다(이탈리아인들은 그를 당연히 "일 그레코"(Il Greco)로 불렀을 것이다).

그를 "그리스 사람"이라고 부른 것이기도 하다.

그렇다면 왜 그는 크레타에서 베네치아, 로마, 마드리드, 그리고 톨레도로 표류해간 것일까? 아마도 그가 한 세기 이전에 태어났다면, 그는 식민지 주민이 흔히 그렇듯이 식민지 본국인 베네치아로 이주하거나, 베네치아에서 화가로서의 훈련을 받고 다시 고향으로 돌아오는 과정을 밟을 수 있었을 것이다. 하지만 역사학자 페르낭 브로델이 『지중해: 펠리페 2세 시대의 지중해 세계』에서 지적했듯이, 16세기 지중해는 베네치아 패권을 산산조각 낸 거대한 구조적 전환기였다.

16세기 지중해의 역사는 무엇보다도 정치적 성장, 즉 대국(大國) 등장의 역사였다. 우리는 이제 막 제국으로서의 윤곽을 갖추어나가던 프랑스가 어떻게 그 기회를 놓쳤는지 알고 있다. (…) 우리는 또한 이미 지중해로부터 반쯤 멀어져 있던 포르투갈이 (모로코의 몇몇 지역을 제외하고는) 지중해라는 공간 밖에서 어떻게 발전했는지를 알고 있다.

따라서 지중해에서 성장한 제국들은 동쪽에서는 오스만왕조, 서쪽에서는 합스부르크왕조 둘뿐이었다. 이미 오래전에 레오폴트 폰 랑케가 지적했듯이, 두 제국의 성장은 하나의 동일한 역사이며, 이 거대한 역사는 여러 상황들이 겹쳐지며 우연히 탄생한 것이 전혀 아니었다. (…) 개인들과 상황들의 역할을 부인하는 것은 아니지만, 나는 분명히 15세기와 16세기의 경제 호황과 더불어 거대한, 때로는 아주 거대한 나라, 즉 "대국"에 명백하게 유리한 콩종튀르가 있었다고 생각한다. (…) 16세기에 두 제국은 가공할 만한 힘을 과시했다.[6]

---

6 페르낭 브로델 『지중해: 펠리페 2세 시대의 지중해 세계 II-1』, 남종국·윤은주 옮김, 까치 2017, 385~86면.

16세기가 되자 베네치아의 힘은 현저히 약해졌다. 영토국가가 도시국가를 압도하며 발전했고, 그런 영토국가 가운데 일부가 일시적이지만 제국으로까지 발흥하던 시대에 베네치아는 스페인 없이 오스만튀르크를 제어할 수 없었다. 지중해 중부의 해상 안정은 스페인 해군력에 달려 있었다. 지중해 세계 동서에서 발흥한 두 제국은 점차 "16세기 세계전쟁"의 중심 전투라고 할 만한 레판토해전을 향해 나아갔다.[7] 네덜란드에서의 반란과 그라나다 지역에서 일어난 모리스코(morisco)[8]의 반란에 마음을 빼앗기고 있던 펠리페 2세(Felipe II, 1527~98)는 1570년에는 정치적 안정을 확보한다. 전자는 알바 공작의 억압적 조치로 일시적 안정을 얻었고, 후자는 카를 5세의 서자이자 펠리페 2세의 이복동생인 돈 후안 데 아우스트리아(Don Juan de Austria, 1547~78)가 산악지역에 숨은 반란자들을 최종적으로 분쇄했기 때문이다. 스페인은 군사력을 대서양 한복판으로 돌릴 여유를 갖게 되었고, 교황 비오 5세(Pius PP. V, 1504~72)는 스페인과 베네치아를 묶은 동맹을 형성할 기회를 잡았다고 생각했다.

1571년 5월 마침내 스페인, 베네치아, 교황 사이의 신성동맹이 맺어졌다(스페인이 돈과 군대의 6분의 3, 베네치아가 6분의 2, 교황이 6분의 1을 부담했다). 그리고 10월에는 마침내 돈 후안의 지휘 아래 신성동맹의 군대가 레판토에서[9] 오스만튀르크의 해군과 대전투를 벌였다. 신성동맹 측

---

7 페르낭 브로델 『지중해: 펠리페 2세 시대의 지중해 세계 III』(임승휘·박윤덕 옮김, 까치 2019)은 레판토해전에 대한 가장 뛰어난 역사서 가운데 하나이다. 이하 관련한 서술은 대체로 이 책에 빚지고 있다. 그리고 존 H. 엘리엇, 『스페인 제국사 1469-1716』, 김원중 옮김, 까치 2000도 함께 참조했다.

8 뒤에서 더 논의하겠지만, 모리스코는 이베리아반도에서 레콩키스타 시대에 이슬람에서 가톨릭으로 개종한 사람이나 집단을 뜻한다.

의 전함 208척과 오스만튀르크의 전함 230척이 대결한 전투에서 전자는 10여척의 함선과 8000여명의 군사를 잃었지만, 후자는 127척의 함선이 나포되었고, 3만명의 병사를 잃었다. 신성동맹이 대단한 승리를 거둔 셈이었다.[10]

그렇게 지중해 세계가 '세계전쟁'에 빠져든 시기에, 재능 있는 청년 화가 엘 그레코는 오스만튀르크와 더 가까운 유럽의 변경을 떠나 유럽의 중심을 향해 계속해서 이동해갔다. 그는 1567년경에 베네치아로 갔고 거기서 3년 동안 티치아노 베첼리오와 틴토레토(Tintoretto, ?1518~94)의 영향을 듬뿍 받으며, 르네상스 시대 그리고 그것에 이어지는 매너리즘 시대의 예술기법을 학습했다. 그리고 1570년에는 베네치아에서 사귄 화가 줄리오 클로비오(Giulio Clovio, 1498~1578)의 소개장을 들고 알레산드로 파르네세 추기경(Cardinal Alessandro Farnese, 1520~89)을 만나러 로마로 갔고, 파르네세 서클의 말석에 발을 들여놓게 된다. 로마의 인문주의자들과 예술가들이 뒤섞여 교류하던 파르네세 서클은 스페인 지식인들과도 활발히 교류했다. 엘 그레코는 파르네세 서클에서 평생의 친구가 되는 루이스 데 카스티야(Luis de Castilla, 1541~1614)를 만나게 된다. 톨레도 대성당의 사제장(司祭長)이었던 돈 디에고 데 카스티야(Don Diego de

---

9 현재는 그리스 코린토스만의 나프파크토스(Nafpaktos)라 불리는 지역이다.

10 도미니코 수도회 출신인 교황 비오 5세는 전투가 벌어지는 내내 묵주기도를 바쳤으며, 승리가 복되신 동정녀의 중보 덕분이라고 생각했다. 그래서 전승일인 10월 7일을 '묵주기도의 복되신 동정 마리아 기념일'(처음에는 '승리의 성모 축일'로 불림)로 정했다. 묵주기도는 기독교/서구의 이슬람/동양에 대한 승리를 상징하는 셈이다. 레판토해전 승리에 고무된 비오 5세와 사령관 돈 후안은 이것을 계기로 십자군 조직을 꿈꾸기도 했다. 하지만 레판토해전의 승리가 오스만튀르크에 대한 '전략적' 승리로 이어진 것은 아니었다. 냉정했던 펠리페 2세는 돈 후안이나 교황처럼 콘스탄티노플 회복을 위한 십자군원정 같은 허망한 꿈에 끌리지 않았다.

Castilla, 1507~84)의 서자였던 그의 권유를 따라, 엘 그레코는 궁정화가가 되려고 1576년 스페인으로 향했다. 펠리페 2세가 새로 건립한 마드리드 북부의 새 궁전 엘에스코리알을 장식할 회화를 마련하기 위해 애쓰고 있음을 알게 된 엘 그레코는 그 작업에 참여하기 위해 애썼다. 하지만 펠리페 2세는 엘 그레코에게 의뢰했던 「성 마우리시오의 순교」(1580~82)를 좋아하지 않았고, 더이상 그에게 작품을 의뢰하지 않았다.[11] 티치아노를 잇는 궁정화가가 되려던 엘 그레코의 소망은 그렇게 무산되었고, 그런 그를 받아준 곳이 톨레도였다.

크레타를 떠난 그가 베네치아에서 정착하지 못하고 다시 펠리페 2세의 스페인으로 향했던 이유를 이해하기는 어렵지 않다. 이탈리아는 신성로마제국의 황제이자 스페인의 군주 카를 5세의 '로마 약탈'(Sacco di Roma, 1527) 이후 스페인의 지배를 받았다. 베네치아의 티치아노 공방에서 엘 그레코가 본 티치아노는 이탈리아의 화가일 뿐 아니라 뮐베르크 전투에서 승리한 카를 5세의 기마 초상화를 그리고, 펠리페 2세가 갓 태어난 페르난도 왕자를 레판토해전 승리를 위해 봉헌하는 그림을 그려주는 스페인 궁정화가이기도 했다. 펠리페 2세가 레판토해전의 승리를 거머쥔 시대에 자신의 예술적 야심을 채워줄 후원자를 구하려면, 이탈리아

---

11 부친인 카를 5세와 달리 후원가로서 스페인 예술 발전에 크게 기여했던 펠리페 2세를 두고 조너선 브라운은 이렇게 평가한다. "펠리페 2세가 한가지 실수를 범한 것이 있다면, 그것은 자타가 공인하는 천재적인 예술가 엘 그레코를 해임해서 그의 앞길을 방해했다는 것이다."(「스페인 미술(1500~1920): 세계의 또 다른 이미지」, 『히스패닉 세계: 스페인과 라틴 아메리카의 역사와 문화』, 존 H. 엘리엇 편, 김원중 외 옮김, 새물결 2003, 262~63면). 엘 그레코의 그림이 마음에 들지 않았던 펠리페 2세는 성 마우리시오의 순교를 다룬 그림을 로물로 친치나토(Romulo Cincinato, 1502~93)에게 다시 그리게 했다. 그리고 엘 그레코가 열망했던 스페인 궁정화가 자리는 알론소 산체스 코에요에게로 넘어갔다. 이 과정이나 엘에스코리알의 회화에 대해서는 제니스 톰린슨 『스페인 회화』, 이순령 옮김, 예경 2002, 1장 참조.

5-3. 티치아노 베첼리오 「뮐베르크 전투의 카를 5세」, 1548, 335×283cm, 프라도 미술관

에 머물 것이 아니라 스페인으로 가야 함을 엘 그레코가 모를 수 없었다.

크레타로부터 톨레도에 이르는 여정을 밟은 엘 그레코의 삶을 두고 어쩌면 누군가는 브로델의 발상법을 따라 '엘 그레코 시대의 지중해 세계' 같은 예술사 저서를 구상해볼 수도 있을 텐데, 그것은 그 시대에 대한 꽤 의미 있는 조명방식일 것이다. 브로델은 16세기 지중해 세계를 조명하기 위해, 지리적이고 지질학적인 토대 위에 경제사로 기둥을 세우고 정치적인 사건사로 나아갔다. 하지만 브로델은 어떤 정신사가 펼쳐졌고, 종교적 세계상에는 어떤 변화가 일었는지, 그리고 그 과정에서 어떤 회화가 구상되고 그려졌는지 다루지 않는다. 브로델의 저서에서 마르틴 루터(Martin Luther, 1483~1546)는 딱 한번 언급되고, 데시데리위스 에라스뮈스(Desiderius Erasmus, 1466~1536)도 두어번 언급될 뿐이며, 엘 그레코 같

은 화가는 전혀 언급되지 않는다. 하지만 브로델이 말한, 중세적 코뮌을 압도하는 영토국가 그리고 영토국가의 국민국가와 제국으로의 발전 과정은 종교개혁이나 반종교개혁(Conter-Reformation) 그리고 엘 그레코가 그린 숱한 종교화와 무관한 것이 아니다. 사회경제적 갈등은 복잡한 내적 변형을 거쳐 종교적 황홀경 안에 그 모습을 드러낸다. 엘 그레코의 「목자들의 경배」에 나타난 목자들의 자세는 트리엔트공의회와 무관하지 않으며, 트리엔트공의회 또한 레판토해전과 무관하지 않다.

종교개혁의 본질: 통치자의 종교가 신민의 종교이다

16세기 유럽을 규정하는 또 하나의 사건은 종교개혁 그리고 그것에 이어진 반종교개혁이다. 많은 이들이 종교개혁에 대해 몇몇 인물과 사건에 대한 단편적인 이미지만을 가진 경우가 많다. 가장 중심적인 인물이랄 수 있는 루터의 일대기를 통해서 종교개혁을 접한 이들은 아마도 성 베드로 성당 신축비용을 위해 로마교황청이 남발하고 판매한 면죄부를 비판하며 그가 1517년 발표한 '95개조 반박문'과 그것에 이어진 파문, 카를 5세 황제가 초청한 보름스회의(Reichstag zu Worms)에서 그가 벌인 논쟁, 독일어 성서 번역, 카타리나 폰 보라(Katharina von Bora, ?1499~1552) 수녀와의 결혼, 그리고 독일 농민전쟁에서 농민들을 진압하고 박해하는 편에 가담한 일 같은 것을 떠올릴 것이다.

하지만 종교개혁을 유럽사의 구조적인 변동과 결합해서 파악하면, 그것은 세속적 영토국가가 발전하고 교황청의 범유럽적 권력이 쇠퇴하는 과정에서 일어난 사건으로 볼 수 있다. 중세의 지배계급은 왕과 영주였

지만, 그들의 힘이 교회를 능가했다고 하기는 어렵다. 군주의 권력은 고해신부와 자문관 그리고 고위 관료 역할을 모두 겸했던 고위 성직자들에 의해 상당 정도 제한되었다. 궁정 성직자들은 교황청을 경유하여 전유럽적 네트워크를 형성했다. 이 사제 네트워크는 전유럽의 귀족 네트워크와 복잡하게 겹치기도 했다. 궁정에서 활동하며 여러 나라에 대해 정보 수집 능력을 지녔던 고위 사제들은 정치 과정에 깊숙이 개입했고, 국가 간 분쟁에서 중재자 역할을 맡았으며, 고해신부로서 군주의 도덕적 조언자이자 감시자 역할까지 했다. 그뿐 아니라 교회는 많은 토지를 소유했고, 중세의 수도원들은 높은 생산성으로 많은 부를 축적한 경제조직이기도 했다.[12]

그런데 세속적 영토국가가 발전함에 따라 권력이 커진 왕들은 종교적 권력의 간섭에서 벗어나려고 했고, 가능하면 한걸음 더 나아가 종교권력을 자신의 발아래 두길 원했다. 자기 영토에 속한 교회의 성직자 임명권을 행사하고자 했으며, 교회의 재산을 탐냈다. 루터의 교황청 비판이 그토록 큰 반향을 얻고 정치적 영향력을 발휘한 것은, 그것이 세속적 권력자들에게 새로운 기회와 명분을 제공했기 때문이다. 종교적 선택지가 있다면, 파문과 그로 인한 상징적 권력 상실을 두려워할 이유가 사라지기 때문이다. 그리고 거기서 더 나아가 교회에 대한 통제권을 확대할 수 있기 때문이다.

사태가 실제로 그 방향으로 나아갔음을 잘 보여주는 것이 아우크스부

---

12 중세 초기에 수도원은 공동경작과 분업을 통해 축적된 부(곡물, 버터, 치즈, 소시지, 술 등)를 인근 농촌지역에 대한 자선에 썼고, 그것이 유럽 전체에 기독교가 전파된 중요한 요인 가운데 하나였다. 하지만 중세 후기에 화폐경제가 발전하자 수도원은 썩지 않고 축적할 수 있는 부를 얻었고, 그것을 더 큰 부를 획득하는 데 투입했다. 그런 만큼 자선과 구빈 역할도 축소되었으며, 농민과 수도원 사이의 갈등도 커졌다.

르크 종교화의(Augsburger Religionsfrieden, 1555)이다. 가톨릭과 프로테스탄트의 분열이 심각한 정치적 갈등으로 귀결되는 것을 막기 위해서 열린 이 회의에서 카를 5세와 프로테스탄트 제후들이 합의한 원칙은 "통치자의 종교가 신민의 종교이다"(Cuius regio, Eius religio)였다. 이 원칙이 의미하는 것은 종교개혁의 정치적·종교적 귀결은 '국교회' 수립이라는 것이다. 국교회는 명칭 면에서는 영국에 한정되지만, 내용 면에서는 종교개혁의 귀결로 유럽 전체로 확산했다고 할 수 있다. 즉, 루터를 지지한 독일 제후들은 '루터파 국교회'를 세웠고, 제네바의 칼뱅은 '칼뱅파 국교회'를 세운 셈이다. 종교개혁이 내건 종교의 자유 주체는 군주에 한정된 것이었으며(신민은 군주가 정한 교회에 출석할 의무를 졌다), 종교 선택의 자유를 가진 군주는 교회에 대한 지배권도 획득했다.

헨리 8세처럼 교회의 견제 없이 여러번 결혼하는 것은 종교개혁을 통해 군주가 얻은 전리품 가운데 사소한 것에 속한다. 스웨덴에서 덴마크인을 몰아내고 1528년에 구스타브 1세로 즉위한 구스타브 바사(Gustav Vasa, 1496~1560)의 경우를 보자. 자신에게 비협조적이어서 해임한 대주교를 교황이 지지하자, 구스타브 1세는 스웨덴을 프로테스탄트 국가로 선포해버렸다. 그런 다음 교회의 소유재산과 수입원을 몰수했고, 몰수한 토지는 귀족의 환심을 사기 위해 그들에게 헐값에 팔아치웠다. 그러고도 남은 교회 토지를 통해 왕실 영지를 4배로 늘렸다. 1534년에 즉위한 덴마크의 크리스티안 3세(Christian III, 1503~59) 또한 루터교를 국교로 선포하고 가톨릭교회 재산을 몰수했다. 그렇다고 그가 그 재산을 루터교회로 돌린 것은 아니다. 이런 예는 수없이 열거될 수 있다.

이런 국교회화가 프로테스탄트 지역에 한정된 현상일까? 그렇지 않다. 프랑스나 스페인처럼 가톨릭으로 남은 나라들은 16세기 이전부터 국

왕의 권력이 유럽의 여타 나라보다 훨씬 강했고, 그랬기 때문에 교회에 대한 왕의 통제력도 컸던 나라들이다. 1516년 프랑수아 1세와 교황 레오 10세(Leo PP. X, 1475~1521)가 맺은 볼로냐협정에 따라, 프랑스 왕은 프랑스 내 모든 고위 사제직(10명의 대주교, 82명의 주교, 그리고 수백명의 수도원장과 수녀원장)에 대한 임명권을 획득했다. 스페인 왕실은 이미 15세기 말 공동 국왕 시대부터 주요 교회 직분의 임명권과 성직자에 대한 과세권을 가졌으며, 스페인과 스페인령에서는 왕실의 동의 없이 교황의 칙령과 조례를 반포하는 것이 불법이었다. 프랑스나 스페인이 가톨릭 국가로 남은 이유는 이미 '국교회화'가 진행되어 있었기 때문이었다.[13]

반종교개혁: 종교재판과 신비주의의 발흥

그러나 이런 국교회화가 거침없이 진행될 수 있었던 것은 역시 신학적 분열 덕분이었다. 내용과 표현 사이의 관계는 일방적인 것이 아니기 때문이다. 신학적 분열은 사회정치적 균열의 표현이지만, 표현은 그 균열을 강화하며, 그것이 다시 더 명료한 표현을 부른다. 실제로 가톨릭과 프로테스탄트는 신학적 논쟁 속에서 각자의 정체성을 더욱 예민하게 가다듬어갔다. 그것을 위해 가톨릭 편에서 소집된 것이 반종교개혁의 신학을 확립한 트리엔트공의회이다. 공의회는 성체성사 전례와 사도적 전승의 정통성을 더욱 강조했다. 이런 신학적 정교화는 자기편 신자의 영적 동원과 훈육의 강화로 이어졌으며, 그런 강화의 끝단에서 악명 높은 종

---

13 로드니 스타크 『우리는 종교개혁을 오해했다: 교회가 500년간 외면해온 종교개혁의 진실』, 손현선 옮김, 헤르몬 2018 참조.

교재판소의 설립과 종교재판(Auto-da-fé)이 등장했다. 그리고 종교재판은 자기추진력을 가진 극단화 경향을 보일 때가 많았다. 일단 이단으로 의심받으면 귀족은 물론이고 가톨릭 대주교조차 재판을 피할 수 없었으며,[14] 공개적 화형마저 빈번해졌다.[15]

주지하다시피, 영토국가는 국민국가로의 발전 경향을 보인다. 영토국가는 도시국가의 성벽을 국경선으로 대체/확장하고, 시민 자격을 영토 내 주민 모두에게 부여하고자 한다. 그에 따라 중세의 좁은 도시공간이 자연스럽게 형성했던 문화적 동질화를 방대한 영토 전체에 걸쳐 문화적이고 종족적으로 부과하는 과정이 일어난다. 유럽에서 19세기에 만개할 국민국가의 시대를 향한 느린 발걸음이 시작된 셈인데, 그 과정에 반종교개혁과 종교재판이 개입했다. 국민국가가 요구하는 문화적·종족적 동질화가 반종교개혁의 시대에는 종교적 동질화라는 형태로, 즉 정치적 통일성이 종교적 통일성으로 표상되고 요구된 것이다.

스페인의 경우 이 문제는 특히 심각한 것이었는데, 레콩키스타 이전 수백년 동안 이베리아반도에서 살아왔던 무어인과 유대인들이 문제가 되었기 때문이다. 공동국왕 이사벨 1세와 페르난도 2세가 그라나다를 정

---

14 그런 예로 톨레도 대주교였던 바르톨로메 카란사(Bartolomé Carranza, 1503~76)를 들 수 있다. 그는 1557년 톨레도 대주교에 임명되었지만, 그가 그 이듬해 출간한 『기독교 교리 문답에 대한 논평』이 에라스뮈스적인 이단 경향을 드러낸다는 혐의를 받았다. 거기에 카를 5세의 임종 때 제대로 된 종부성사를 이행하지 못했다는 혐의도 추가되어 종교재판에 회부되었고, 1558년부터 1576년까지 거의 20년간 수감된 채 심문을 받았다. 최종적으로는 그의 이단성이 입증되지 않았다. 하지만 그는 재판이 끝난 뒤 7일 만에 사망했다.

15 잘 알려진 예로 1559년 펠리페 2세가 참여했던 바야돌리드의 종교재판을 들 수 있다. 이 재판에서 귀족 카를로스 데 세소(Carlos de Seso, 1515~59)가 처형되었다. 그가 왕에게 "이게 나를 태워 죽이는 방식이냐?"라고 외치자, 신이 난 왕은 "내 아들이 너 같은 이단자라도, 나는 직접 그를 태우기 위해서 장작을 들어 나를 것이다"라고 답했다고 한다. 이날 산 사람 13명, 시신 1구, 그리고 인형 하나가 불태워졌다.

복함으로써 레콩키스타가 완료되자마자, 무어인과 유대인은 개종을 강요받았고, 개종을 거부한 사람들은 추방되었다. 그리고 '모리스코'라 불린 개종 무어인들은 스페인 중하층에, '콘베르소'(converso)라 불린 개종 유대인들은 대체로 중산층에 편입되었다.

그러나 반종교개혁은 이렇게 동화된(assimilated) 무어인과 유대인을 다시금 불신의 대상으로 삼게 했다. 형식적으로만 개종하고 문화적으로는 무슬림적 생활양식을 은밀하게 유지하며 근면한 노동으로 부를 축적하는 모리스코에 대해 스페인인들은 인종적 증오심과 더불어 그들의 부를 뺏으려는 탐욕을 품었다. 그로 인해 자주 폭력사태가 발생했고, 폭력사태는 종종 반란으로 발전했으며 당연히 진압의 대상이 되었다. 이에 비해 동화가 한결 완벽했던 콘베르소는 종교재판의 대상이 되었다. 혈통정화 법령(estatutos de limpieza de sangre)이 제정되어, 콘베르소들은 교회와 대학과 정계의 고위직에 진출하기 어려워졌을 뿐 아니라, 이미 획득한 지위도 언제든 박탈될 위험에 처했다. 브로델이 지적했듯이, "이교 집단이 쉽게 동화되기에는 스페인은 적을 너무나 두려워했고, 너무나 호전적이었다. 그곳에서는 에라스뮈스주의자들, 그 속셈이 의심스러운 개종자들, 프로테스탄트를 위한 자리는 없었다."[16]

하지만 반종교개혁은 차이를 부각하고 배제를 실천하는 것에 그치지 않는다. 그것의 이면은 '가톨릭적 종교개혁'이기도 하다. 독점적 지위를

---

16 페르낭 브로델『지중해: 펠리페 2세 시대의 지중해 세계 II-2』, 남종국·윤은주 옮김, 까치 2017, 605면. 브로델이 주장하듯이 인종문제가 스페인에서 특히 심각했던 것은 사실이나, '국교회화'가 프로테스탄트와 가톨릭 모두의 현상이었듯이, 유대인 박해도 가톨릭만의 현상은 아니었다. 루터는『유대인과 그들의 거짓말에 대하여』(1543)라는 소책자를 통해 유대인의 회당과 학교를 불사르라고 선동했고, 칼뱅은 1491년 제네바에서 유대인을 모두 추방했다.

누리던 종파가 경쟁적 종교 상황에 들어가면, 그 종파의 영성은 더 예민하게 고양된다. 이미 지적했듯이, 종교개혁은 종교와 세속국가 사이의 경쟁에서 무게추가 후자로 기울었음을 보여준 징후적 사건이었다. 그리고 쇠퇴하는 세력은 종종 더 이데올로기적 강화에 몰두한다. 종교개혁 이후 더 많은 종교적 신비체험이 출현했다는 것, 종교조직은 더 금욕적이고 열정적인 활력을 보였다는 것은 이런 종교적 쇠퇴 및 경쟁 상황과 내면적으로 연결된 일이었다.

예컨대 스페인을 보라. 스페인의 16세기는 카를 5세와 펠리페 2세의 시대였을 뿐 아니라 아빌라의 성녀 테레사의 시대이기도 했다. 한 세기 뒤에 잔 로렌초 베르니니(Gian Lorenzo Bernini, 1598~1680)가 「성녀 테레사의 황홀경」를 통해서 묘사했듯이 그녀는 신비주의자였다. 하지만 동시에 그녀는 열정적이고 현실주의적인 조직가이기도 했는데, 그것은 일견 역설적으로 보이지만 전혀 그렇지 않다. 진정한 신비주의는 늘 일상의 재조직을 지향하기 때문이다. 성녀 테레사는 뛰어난 신비주의자인 그만큼 엄청난 조직가로서의 역량을 보였다. 그녀는 기존의 가르멜 수도회(Carmelite Order, 성경의 카르멜산에서 딴 이름)를 혁신하여 '맨발의 가르멜 수도회'를 창설했고, 15개의 수도원과 17개의 수녀원을 새로 설립했다.[17]

영성과 현실주의의 종합이라는 면에서 그녀에 비견할 인물은 이냐시오 데 로욜라(Ignacio de Loyola, 1491~1556) 정도일 것이다. 기사였던 그는 기사도가 세속세계에서 몰락하던 시대에 스스로를 '그리스도의 기사'로 재정립하고 예수회를 설립했다. 로욜라는 괴물이나 적을 향했던 기사의 창끝을 이단을 향해 돌리고 둘시네아 대신 그리스도를 수호하는 군인이

---

17 성녀 테레사의 활동과 역사적 의미에 대해서 권영상 「Teresian Charisma: 가르멜의 개혁가, 성 예수의 데레사의 카리스마」, 광주가톨릭대학교 대학원, 2005 참조.

됨으로써 돈키호테가 실패한 바로 그 자리에서 다시 성공할 수 있었다. 이렇게 근대의 도래는 전근대의 어떤 면모를 변형하고 재강화하는 복잡한 과정이라고 할 수 있다.[18] 엘 그레코 또한 그런 과정을 살아갔다.

베로니카의 수건과 베라 이콘

산타크루스 미술관은 엘 그레코의 중요한 작품을 여럿 소장하고 있었다. 두 점의 「성모마리아의 무염시태」, 톨레도 대성당에 있는 「엘 엑스폴리오」 이본(異本), 그리고 「베로니카의 수건」이 그런 작품들이다. 이 가운데 나에게 가장 깊은 인상을 준 것은 단연 「베로니카의 수건」(La Verónica con la Santa Faz)이었다.

'베로니카의 수건'은 그리스도가 걸었던 '십자가의 길' 14처 가운데 제6처의 이야기와 관련된다.[19] 성녀 베로니카가 십자가를 지고 골고타를 향해 걸어가던 그리스도의 얼굴에 맺힌 피와 땀을 닦아주었는데, 그때 그리스도의 성스러운 얼굴이 그 수건에 영원히 새겨지는 기적이 일어

---

18 바르톨로메 카란사, 성녀 테레사, 그리고 로욜라에 대한 논의는 David Davies, "El Greco and the Spiritual Reform Movements in Spain," *Studies in the History of Art*, 1984, Vol. 13, pp. 57~75 참조. 사실 스페인 가톨릭 신비주의를 말한다면, 여기서 언급하진 않았지만 아빌라의 성녀 테레사와 함께 맨발의 가르멜 수도회를 지도했던 십자가의 성 후안(San Juan de la Cruz, 1542~91)이 반드시 함께 논의되어야 한다. 그의 『영혼의 어두운 밤』(국역판 『어둔 밤』, 방효익 옮김, 바오로딸 2012)이 후대 스페인 사상가들에게 미친 영향은 지속적이고 막대한 것이었다.

19 그런데 '십자가의 길'을 14처로 규정하고 그것의 상징적 의미를 탐구한 것은 15~16세기 프란체스코 수도회이다. 뒤에서 다루겠지만, 베로니카가 수건으로 예수의 피와 땀을 닦은 일이 14처 가운데 제6처로 편입된 것은 14처가 정립된 시기와 베로니카의 수건에 대한 숭배가 활발했던 시기가 겹치기 때문이기도 하다.

났다고 한다. 그것이 '베로니카의 수건', '수다리움'(Sudarium, 피와 땀에
젖은 천), 또는 '성스러운 얼굴'(Volto Santo)이라고 불리는 성유물(sacred
relics)이다.

베로니카의 수건 이야기는 신약의 네 복음서에는 나타나지 않고, 4세
기경에 쓰인 것으로 추정되는 신약 외경 「니코데모 복음」('빌라도 행전'
으로도 불린다)에 처음 나온다. 이후 베로니카의 수건에 치유력이 있다
는 등의 여러 전설이 덧붙여졌다. 그리고 11세기가 되면 교황청이 소장
한 베로니카의 수건을 보았다는 기록들이 출현하고, 1207년에는 마침내
교황 인노첸시오 3세(Innocentius PP. III, 1161~1216)가 (현재의 성 베드
로 성당 이전의) 구(舊) 성 베드로 성당에서 산토스피리토 병원(Ospedale
Santo Spirito)까지 가는 행진에서 '베로니카의 수건'을 전시했다. 이후 연
례적으로 진행된 이 행사는 대규모의 순례자를 로마로 끌어들였다. 교황
청의 권력 강화를 위해 로마 순례를 조직할 필요성을 깊이 느끼고 있던
교황이, 교황청 수장고에 (정확한 연대는 알 수 없지만) 오래전부터 보관
되어 있었던 '진짜' 베로니카의 수건을 발견하고 전시하는 일이 지금의
감수성으로는 실소를 자아낸다. 하지만 신앙의 세계에서 그것은 부조리
한 일이 아니다.[20]

---

20 20세기 초 교황청 소장 베로니카의 수건을 검토한 미술사학자에 의하면, 그것은 옅은 얼
룩이 있는 정사각형의 천이라고 한다(당연히 그렇지 않겠는가?). 베로니카의 수건으로 주
장되는 것은 로마의 것 이외에도 둘이 더 있다. 그리고 그렇게 진짜가 여럿일 수 있는 기적
에 대해서 신앙은 다시 한번 '설득력 있는' 이야기를 들려준다. 전승에 의하면, 성녀 베로니
카는 수건을 두번 접었고, 그래서 접히며 겹친 세면에 모두 그리스도의 얼굴이 새겨졌다는
것이다. 이후 베로니카의 수건은 세조각으로 나뉘어 하나는 로마에, 또 하나는 알리칸테의
성면(聖面) 수도원(Monasterio de la Santa Faz)에, 그리고 마지막 하나는 스페인 남부 하엔의
성모승천 대성당(Catedral de la Asunción de la Virgen)에 보존되어 있다고 한다(지금도 하엔
의 대성당은 매주 금요일 베로니카의 수건을 공개하여 경배한다고 한다).

교황 인노첸시오 3세의 전시 행사 이후 200년간 기독교 세계 성유물 가운데 가장 귀중한 것으로 여겨졌던 수다리움은 종교개혁의 시대에 다시 한번 숭배의 중심에 선다. 1527년 카를 5세에 의한 로마 약탈 때 일부 손상되었다는 수다리움은 교황 그레고리오 13세(Gregorius PP. XIII, 1502~85)가 1575년을 희년(禧年)으로 선포하고 벌인 성유물 전시를 통해 다시 세상에 등장해 가톨릭 세계에 순례 열풍을 불러일으켰다.[21] 전염병이 돌던 때에 치유의 힘을 가졌다는 성유물을 전시한 것은 대중적 선교와 위로의 시도로 볼 수도 있다. 하지만 그런 행사 밑에는 더 구조적인 정황, 즉 종교개혁이 자리잡고 있다.

루터는 가톨릭과의 신학적 분할선을 그려내기 위해서 5개의 '오직'(Sola)을 내걸었다. 그 첫머리에 있는 것이 '오직 성서로'(Sola scriptura)였다.[22] 루터의 구호는 가톨릭교회가 이어온 사도적 전승, 성례전, 성자와 성녀들의 삶과 유산, 그리고 성유물 등이 모두 성경에 비추어 검토되어야 함을 시사하며, 예상할 수 있듯이 프로테스탄트는 그 타당성을 모두 부인했다. 그러자 가톨릭 편에는 그 모든 전통을 신학적으로 정당화해야 하는 과제가 지워졌다. 가톨릭은 자신의 전통을 성찰하고 그것의 의미를 명료하게 만드는 작업을 수행해야 했으며, 수다리움의 존재와 의미에 관한 탐구도 당연히 그것에 포함된다.

가톨릭교회는 예수에게서 천국의 열쇠를 받았다는 베드로의 권위 위에 서 있다. 사도적 전승을 성경만큼이나 권위 있는 것으로 주장할 수 있

---

21 Andrew R. Casper, "El Greco, the Veronica and the Art of Icon," in Nicos Hadjinicolaou, ed., *El Greco's Studio*, Iraklion, 2007, pp. 135~48 참조.
22 나머지 4개는 '오직 그리스도'(Solo Christo), '오직 은혜'(Sola Gratia), '오직 믿음'(Sola Fide), 그리고 '오직 하느님께 영광'(Soli Deo Gloria)이다.

을 때만, 가톨릭은 정당성을 확보할 수 있다. 연장선상에서 교회를 채우고 있는 그리스도의 이미지 또한 그 진실성을 인정받아야 한다. 그런 관점에서 볼 때, 베로니카의 수건은 각별한 의미를 지닌다. 그것은 '참된 성상'(vera icon), 즉 화가가 상상으로 그린 것이 아니라, '아히로피타'(αχειροποίητα, 인간의 손으로 만들어지지 않은)의 기적을 통해 전해진 예수의 신성한 얼굴이기 때문이다. 그러므로 반종교개혁 시대의 화가 엘 그레코가 「베로니카의 수건」을 그린 것은 당연한 일이다. 더구나 그는 교황 그레고리오 13세가 베로니카의 수건을 전시한 1575년에 로마에 머무르고 있었다.

엘 그레코가 「베로니카의 수건」을 몇점이나 그렸는지는 알 수 없지만, 현재 남아 있는 것만도 10여점에 이른다. 그 가운데 수다리움만 그린 작품이 절반쯤 되고(프라도 소장품이 그랬다), 성녀 베로니카가 수다리움을 들고 있는 작품이 절반쯤 된다. 그 가운데 가장 완성도가 높고 서로 아주 흡사한 작품이 둘 있다. 하나는 산타크루스 판본이고, 다른 하나는 미술사학자 마리아 루이사 카투를라(María Luisa Caturla, 1888~1984)의 컬렉션이다. 유감스럽게도 후자는 현재 누가 소장하고 있는지 확인되지 않고 있다. 그래서 산타크루스 판본이 더욱 소중해졌다.

마지막 전시되었을 때의 도판에 근거한 해설에 따르면, 카투를라 컬렉션의 판본과 산타크루스 판본의 중대한 차이는 전자에는 후자에 없는 엘 그레코의 서명이 들어 있다는 점이다. 그리고 그 서명은 매우 의미심장하게도 그의 평소 서명과 다른 "χέρι Δομήνικος", 즉 '도미니코스의 손'이었다고 한다. 두 판본의 흡사함을 염두에 둔다면, 서명이 있는 편이 더 완성도가 높다고 볼 수 있다. 물론 화가가 다른 의도나 자의식을 가지고 그렸다고 볼 수도 있다. 어느 쪽으로 해석하든 인상적인 점은 성유물인

5-4. 엘 그레코 「베로니카의 수건」, 1577~80, 91×84cm, 산타크루스 미술관

동시에 '아히로피타', 즉 인간의 손으로 만들어지지 않았다고 하는 도상을 그리면서 굳이 주름진 수건 위에 도미니코스의 '손'이라는 서명을 남겼다는 점이다.

관련해서 이 그림에서 우리의 눈길을 끄는 것은 엘 그레코가 베로니카의 수건 자체는 가녀리게 주름 잡힌 모양대로 섬세하게 그렸지만, 거기에 아로새겨진 그리스도의 얼굴은 베일의 기복을 전혀 따르지 않는 식으로 그린 점이다. 그 결과, 수건이라는 물질적 토대와 '볼토 산토'(성스러운 얼굴) 사이에 묘한 어긋남이 나타난다. 마치 그리스도의 성스러운 얼굴이 수건 위로 슬며시 떠오르는 것처럼 보이는 것이다. 엘 그레코가 이렇게 그린 이유는, 자신의 그림이 수다리움이 아닌 것은 물론이고, 수다리움을

있는 그대로 모사한 것이 아니라는 것, 즉 그것이 예술가의 작품임을 강조하는 동시에, 그 수건에 새겨진 그리스도의 얼굴만은 '아히로피타'한 것으로 여겨지기를 바랐기 때문으로 보인다. '성녀가 든 수건은 내가 그렸고, 내가 상상한 대로 그렸다. 하지만 그 수건으로부터 표현되고 있는 (expressed, 말 그대로 찍혀pressed 나오고ex 있는) 것은 여전히 사람의 손을 통해서 그려진 것이 아닌 베라 이콘이며, 그래서 물질적 기체(基體)인 수건 위로 조용히 떠오르고 있다'라고 주장하는 듯하다.

이런 작법에는 1563년 트리엔트공의회의 25번째 세션에서 확립된 "신성한 이미지에 대한 칙령"이 영향을 미치고 있는 것처럼 보인다. 트리엔트공의회가 예술에 미친 영향은 미켈란젤로의 「최후의 심판」 속 누드 인물에 가리개를 덧칠해 넣게 한 만행으로 기억되는 것이 일반적이다. 확실히 트리엔트공의회는 자유로운 예술작품을 추구하던 르네상스 화풍을 도상학적 규율로 되돌려 보내기는 했다. 하지만 칙령의 주장은 실제로는 종교적 의미에 맞고 제작한 자의 신앙심을 경유한 것이라면 모두 신성성을 획득한다는 식의 느슨한 것이었다. 신성한 이미지가 숭배 대상이 되는 것은 그것이 재현하는 원형을 참조하고 있기 때문이며, 이미지의 기호적 작용은 예술가와 관람자 모두가 회화와 원형 사이의 관계를 사념하고 마음에 그려보게 해주는 데 있다는 것이다.[23] 다시 말해 성스러운 이미지가 우상에 불과한 것인지 아닌지는, 그것이 원형을 참조하는지 그리고 진정한 신앙의 맥락 속에 위치하는지에 달려 있다. 성스러운 이미지 전반을 우상으로 보고 거부하는 프로테스탄트와 달리 우상(idol)과 성상(icon)을 준별함으로써 성스러운 이미지에 정당성을 부여하는 동시에 예

---

23 Livia Stoenescu, *The Pictorial Art of El Greco: Transmaterialities, Temporalities, and Media*, Amsterdam University Press, 2019, 1장 참조.

술적 생산의 몫을 인정한 공의회의 입장은 가톨릭이 처한 상황을 반영하는 것이지만 프로테스탄트보다 한결 유연한 것이기도 했다.

이런 반종교개혁 시대에 화가는 도상적 규범과 예술적 생산 사이의 열린 공간 어딘가에서 섬세한 균형을 잡아야 했으며, 엘 그레코의 「베로니카의 수건」은 그런 균형을 잡으려는 실험의 산물로 보인다. 그는 「베로니카의 수건」을 통해서 수다리움과 볼토 산토 사이의 관계, 즉 영적인 것이 물질적인 것에 임재하는 양상을 그리려고 한 동시에,[24] 그것에 굳이 '손'이라는 말이 들어간 서명을 함으로써 예술가의 직분이 인간의 손으로 만들어지지 않은 성스러운 이미지를 묵상할 수 있게 해주는 매개체임을 분명히 한 것이다.

엘 그레코의 집에서

산타크루스 미술관을 나오니 이미 2시가 훌쩍 넘었다. 예정했던 일정은 톨레도 알카사르를 보고, 이어서 대성당, 산토토메 성당, 그리고 엘그레코 미술관을 본 다음, 산마르틴 다리를 통해 톨레도 구시가를 나서는 것이었다. 그런데 잠시 다리를 쉬려고 커피 한잔을 사서 벤치에 앉았고, 우리가 갈 예정인 곳을 스마트폰으로 검색해보다가 엘그레코 미술관이 일요일에는 3시에 입장을 마감한다는 것을 알게 되었다. 할 수 없이 모든

---

24 이 그림에서 성녀 베로니카의 모습은 성유물과 인간의 관계도 다루고 있는 듯하다. 성녀는 무심해 보일 정도로 격정 없는 표정을 짓고 있는데, 이런 평정한 모습은 앞서 보았던 「목자들의 경배」에서처럼 성스러운 기적을 접한 인간의 영적 전환을 상징하는 듯하다. 약간 창백한 듯이 보이는 중에도 여린 붉은빛을 띤 성녀의 입술은 바로 영적 전환의 잔여, 또는 그런 육체의 실존을 통해 영적 전환이 일어나는 이행의 순간을 드러내주는 것 같다.

5-5. 엘 그레코 「그리스도」, c. 1608~14, 엘그레코 미술관

걸 제치고 엘그레코 미술관을 향해 바쁘게 걸었고, 다행히 문 닫기 10여 분 전에 입장할 수 있었다.

엘그레코 미술관은 '엘 그레코의 집'으로 불린다. 실제로 그가 살았던 집을 미술관으로 꾸민 곳이기 때문이다. 꽤 큰 2층짜리 집의 여러 방이 갤러리 아니면 엘 그레코가 살았던 모습을 최대한 재현하고 있었다. 갤러리를 채운 그림들은 대부분 엘 그레코의 작품이지만, 엘 그레코와의 대조를 위해서 프란시스코 데 수르바란이나 알론소 산체스 코에요의 그림도 전시되어 있었다. 수르바란의 경우 「성 베드로의 눈물」, 코에요의 경우에는 디에고 데 코바루비아스(Diego de Covarrubias, 1512~77)의 초상화가 같은 인물을 그린 엘 그레코의 작품과 나란히 걸려 대조되고 있었다.

가장 인상적인 방은, 긴 옆벽에 그리스도와 12사도의 그림이 걸려 있고, 가운데 벽에 「톨레도의 풍경과 계획」이 걸린 방이었다. 거기 걸린 엘 그레코의 「그리스도」(El Salvador)는 후광이 간결한 사각형 모양인 것이

5-6. 엘 그레코 「베로니카의 수건」 c. 1586~95, 71×54cm, 프라도 미술관

매우 인상적이었다. 예수는 붉은색 옷을 입고 있다. 붉은 옷은 그가 '십자가의 길'에서 입은 것이다. 이 그림에 나타난 그리스도 얼굴은 산타크루스 미술관의 「베로니카의 수건」과 사뭇 다르다. 엘 그레코는 그리스도의 얼굴을 몇가지 유형으로 그린 듯하며, 엘그레코 미술관의 「그리스도」는 프라도의 또다른 「베로니카의 수건」의 예수 모습과 흡사하다. 둘 다 그리스정교의 도상학적 전통에 한결 가깝게 그려졌다. 엘그레코 미술관의 「그리스도」는 그리스도의 몸 전체로부터 빛이 스며 나오는 듯한 분위기를 만들어낸 면이 뛰어나다. 특히 눈길을 끄는 것은 그의 왼손이다. 그의 왼손은 존재감이 흐릿하고 약간 그리다가 만 듯이 보이는데, '아히로피타'의 분위기를 연출하려고 한 것으로 해석된다. 그런 의미에서 이 그림도 산타크루스 미술관의 「베로니카의 수건」과 같은 문제의식을 품고 있는 그림이라고 할 수 있다.

같은 방의 「톨레도의 풍경과 계획」(Vista y plano de Toledo)도 여러모로 흥미로웠다. 엘 그레코는 톨레도의 풍경을 그린 그림을 이외에도 몇점 그렸다. 그 가운데는 아나크로니즘적인, 그러니까 연대기적으로 톨레도 풍경의 배경이 될 수 없는 주제에 톨레도를 그려 넣은 것들이 있다. 「라

5-7. 엘 그레코 「톨레도의 풍경과 계획」, 1608, 132×228cm, 엘그레코 미술관

오콘」이라든가 「톨레도와 십자가의 예수」 또는 「성 요셉과 아기 예수」가
그 예이다. 하지만 그런 그림들과 달리 「톨레도의 풍경과 계획」은 톨레도
를 중심 주제로 삼고 있을 뿐 아니라 몇가지 흥미로운 다른 주제까지 함
께 담고 있었다.

톨레도를 조망하는 그림과 사진 대부분이 남쪽에서 그렇게 한다. 오
늘날에도 톨레도 조망 포인트로 추천되는 곳은 성곽 남쪽 편 타호강 건
너 '톨레도 전망대'나 그옆 '미라도르 델 바예'(Mirador del Valle)이다.
그런데 이 그림은 톨레도를 북쪽에서 조망한다. 이렇게 그려진 이유는
이 그림의 의뢰인 페드로 살라사르 데 멘도사(Pedro Salazar de Mendoza,
1549~1629)의 영향이 크다. 그는 이 그림의 구도와 깊은 관련이 있다. 그
는 엘 그레코의 친구일 뿐 아니라, '타베라 병원'(Hospital de Tavera) 건립

을 추진했으며, 스페인 왕실의 지도 제작위원이기도 했다. 이런 의뢰인의 특성을 감안하면, 왜 이 그림의 중앙에 구름 위에 띄워진 듯한 타베라 병원[25]이 그려져 있고, 오른쪽의 소년(이 소년의 모델은 엘 그레코의 아들 호르헤 마누엘이다)이 톨레도 평면지도를 들고 있는지 짐작할 수 있다. 병원이 아직 완공되지 않은 시기에 그려진 이 그림은 타베라 병원 조감도와 같은 성격을 띤다. 오른쪽 소년이 들고 있는 평면도에는 엘 그레코의 메모가 쓰여 있다. "돈 후안 타베라 병원을 모델 형태로 배치하는 것이 필요했다. 그 이유는 그것이 비사그라 문(Puerta de Visagra)를 가리기 때문만은 아니다. 〔병원 건물의〕돔이나 큐폴라가 도시 위로 솟아오르기 때문이다. 일단 모형으로 배치되어 위치를 옮긴다면, 다른 부분보다 파사드를 보여주기 더 좋을 것 같다."[26]

이 그림은 새롭게 건립되는 자선병원의 위치와 외관을 전체 도시의 풍경 속에 배치하고 있는 16세기풍의 도시계획도인 셈이다. 거기엔 도시의 정체성을 규정하려는 시도도 동시에 나타나 있다. 그림을 통해서 드러난 톨레도의 권력 중심은 기독교적 자선병원과 (병원 첨탑 바로 뒤 흙 언덕에 있는) 비사그라 문을 거쳐 (비사그라 문 왼편 뒤로 첨탑이 솟은) 대성

---

25 톨레도 성벽 안에 이미 산타크루스 병원이 있었기 때문에 '외부 병원'(el hospital de afuera)으로 불렸다. 그림의 의뢰인에 대한 상세한 논의는 Cameron E. Quade, "A Reexamination of El Greco's View and Plan of Toledo as a Question of Sources and Patronage," Master Thesis of Arts in Art History, The University of Wisconsin-Milwaukee, 2019 참조.

26 그림을 직접 보았음에도 불구하고 필기체로 쓰였고 흐리게 남아 있는 엘 그레코의 메모를 식별하기는 쉽지 않았다. 메모 내용은 Jonathan Brown & Richard L. Kagan, "View of Toledo," *Studies in the History of Art*, 1982, Vol. 11, p. 24(〔 〕보충은 브라운과 카간)를 통해서 확인했다. 그리고 이 그림의 왼쪽 아래에는 황토색의 신화적인 인물이 물이 쏟아지는 항아리와 함께 그려져 있는데, 이 인물이 톨레도를 휘감아 흐르는 타호강의 신(神)이라고 하는 것도 이 문헌을 통해서 알았다. 하지만 브라운과 카간도 왜 강의 신이 이런 모습으로 여기 그려 넣어졌는지 설명해주지는 않는다.

당에 이르는 종교적 괘선이며, (성당 첨탑 왼편에 있는 사각형 건물인) 알카사르(왕궁)는 대성당에 중심을 내어주고 있다(그렇다고 해서 완전히 중심으로부터 멀리 밀려나는 것은 아니다. 오히려 알카사르는 대성당을 호위하듯이 근처에 서 있다).

게다가 천상의 존재들이 대성당 쪽을 향해 날고 있다. 이 존재의 의미를 이해한다면, 이 그림이 구상하는 톨레도에 대한 계획이 건축적이고 도시공학적인 동시에 종교적이라는 것을 더욱 분명하게 알 수 있다. 엘 그레코는 앞서 인용한 메모에 이어지는 부분에서 그가 그린 천상적 존재들의 모습은 성모마리아가 톨레도의 성인 일데폰소(San Ildefonso de Toledo, 607~67)를 꾸며주기 위해 제의(祭衣, 라틴어로는 'casula', 영어로는 'chasuble')를 가져온 이야기를 그린 것임을 밝히고 있다. 따라서 성 일데폰소는 누구이며, 제의는 무엇인지 물어볼 필요가 있다.

성 일데폰소는 스페인 외부에까지 널리 알려진 성인은 아니지만, 스페인 안에서는 성모 숭배와 관련해서 널리 숭앙되는 인물이다. 그는 이베리아반도가 서고트왕국 통치 아래 있던 7세기경에 수도 톨레도 인근 아갈리 수도원의 원장을 지냈으며, 658년에는 톨레도 대주교가 된 인물이다. 그는 평생 성모를 섬겼고, 성모마리아 숭배를 정당화하기 위한 신학적 저술을 쓰기도 했다(이런 사실은 적어도 7세기 이베리아반도에서 성모는 가톨릭 신앙에서 중심적 지위를 갖지 않았음을 뜻한다). 그는 성모가 예수를 원죄 없이 잉태했을 뿐 아니라 성모 자신도 원죄 없이 태어났음(이른바 무염시태)을 주장했다.[27] 그리고 그런 주장에 근거해서 일

---

27 관련해서 참고로 성모의 도상학에 대해 간단히 살펴보자. 성모는 대개 푸른 옷 또는 푸른 망토를 입고 있다. 성모가 천사와 함께 있는데 한 손을 가슴에 얹고 다른 한 손은 밖으로 뻗고 있다면, 대개 그 그림은 수태고지를 그린 것이다. 성모가 하늘에 올라 양팔을 넓게 벌리

데폰소는 성모 대축일을 성모가 그리스도를 잉태한 것을 기념하는 3월 25일에서 성모 자신이 잉태된 것으로 추정된 12월 8일로 옮기기 위해서 노력했다.[28] 그런데 그가 새롭게 정한 기념일에 미사를 드릴 때 기적이 일어났다고 한다. 기적의 초기 판본은 대성당에서 미사드리는 그에게 성모가 현신(現身)했다는 것이다. 그 이후 판본에서는, 성모를 위해 그가 노력했던 바를 치하하기 위해 현신한 성모가 선물을 가져다준 것으로 이야기가 확장된다. 초기 전승에서는 성모가 아들(그리스도)의 보물 가운데 "작은 선물"을 하나 가져왔다고 되어 있지만, 후기 전승에서는 그것이 '제의'로 특정된다.

엘 그레코와 그림의 의뢰자인 페드로 살라사르는 거의 900여년 전에 시작되어 계속해서 층을 쌓아온 전설을 소환하여 성모 숭배 그리고 성 일데폰소 숭배를 톨레도의 종교적 정체성 한복판에 놓고자 한 것이다. 이런 시도는 1577년 부임한 가스파르 데 키로가(Gaspar de Quiroga, 1512~94) 대주교가 성 일데폰소의 유해를 톨레도로 옮겨서 대성당에 안치한 것에서 이미 시작된 것이었다. 왜 그런 분위기가 형성됐던 것일까? 이 질문에 답하기 위해서는 성모 숭배의 계기와 의미에 관해 물어볼 필요가 있다.

가톨릭의 역사는 어떤 의미에서는 성모 숭배의 지속적 강화 과정이었다고 할 수도 있다. 성모는 예수의 어머니로서 그리고 예수를 처녀 잉태

고 있다면, 그것은 성모승천(Assumption of Virgin Mary)을 그린 것이며(성모는 죽지 않고 최후의 잠을 자고, 그 영혼은 하늘로 들어 올려지며, 심판의 날에 깨어나리라는 신앙에 기초한 도상이다), 성모가 천사들에 둘러싸여 두 손을 가슴에 모으고 있다면, 그것은 대개 무염시태를 그린 것으로 볼 수 있다.

28 현재 가톨릭에서 성모 대축일은 1월 1일이다. 12월 8일은 원죄 없이 잉태되신 복되신 동정 마리아 대축일로 기념된다. 그리고 8월 15일은 성모승천 대축일로 기념된다.

한 기적의 주인공으로서 초대 교회부터 숭배되었다. 더욱이 중세를 거치면서 성모를 '구원의 원인'(causa salutis)이라고 주장한 교부 이레나에우스(Irenaeus, 130~202)나 성모를 '하느님의 어머니'(Θεοτόκος)라고 본 그리스정교의 영향 아래서 성모 숭배가 강화되었다. 특히 성모가 처음부터 원죄의 보편성에서 벗어나 잉태되었다는 믿음과 성모는 죽지 않고 잠들었으며, 그녀의 영혼이 그리스도의 손으로 하늘로 들려졌다는 성모승천에 대한 믿음이 프란체스코 수도회를 중심으로 퍼져나갔다. 하지만 이런 믿음은 중세는 물론이고 근대에 들어서도 정식 교리(dogma)로 인정받지 못했다. 그랬던 중요한 이유 가운데 하나는 도미니코 수도회가 그것의 신학적 타당성을 인정하지 않고 반대했기 때문이다.

흥미로운 것은 성모 숭배는 가톨릭에 내장된 신학적 흐름에 기반을 둔 것이지만, 그것의 강력한 발흥에는 모종의 격렬한 사회변동과 그로 인한 신앙의 위기가 작동했다는 점이다. 그런 계기 가운데 가장 강력한 것은 포괄적인 의미에서 근대화 자체였다. 이미 지적했듯이 대항해시대를 통한 자본주의의 전지구화, 중세 봉건적 장원과 자유도시 네트워크를 넘어서는 영토국가의 발흥, 그리고 그것과 영향을 주고받은 종교개혁은 가톨릭 신앙에 엄청난 도전이었다. 그런 위기의 시대가 신비주의를 강화했다. 신앙이 위기와 혼돈에 싸인 시대는 신앙에 확증을 요구한다. 그리고 신앙의 가장 확고한 증거는 신자들의 강렬한 종교적 체험 자체이다. 거대한 사회적 격변에 위축된 신자들에게 신비체험은, 그리고 특히 여성 신자들에게 성모마리아의 현신이라는 신비체험은 위기의 시대를 견뎌낼 수 있게 해주는 확신과 위안과 자기고양의 원천이 되었다. 그러므로 그런 위기의 시대에 엘 그레코가 스페인 가톨릭의 심장인 톨레도에서 성모의 무염시태 성화와 성 일데폰소의 초상화를 반복해서 그린 것은 수백년

뒤 루르드에서 소녀들이 성모의 현신을 본 것과 같은 선상의 일이다.[29]

오르가스 백작의 무덤

엘그레코 미술관을 나와서 천천히 걸어도 5분 안에 도착할 수 있는 거리에 있는 산토토메 성당(Iglesia de Santo Tomé)[30]으로 갔다. 이 성당은 「오르가스 백작의 매장」(El entierro del Conde de Orgaz)이라는 단 한 점의 그림으로 온 세상 사람들을 불러 모은다(그림 5-8 참조). 그 이유는 엘 그레코의 그림 가운데 최고의 작품 하나를 고르라고 하면 미술사가나 연구자들 대부분이 망설임 없이 꼽을 것이 이 그림이기 때문이다. 실제로 그림을 보면 왜 그런 평가를 받는지 여실히 느낄 수 있다. 우선 색채의 풍요로움에 압도된다. 진한 붉은색, 흰색, 검은색, 그리고 무엇보다 이 그림은 한명의 사제 그리고 두 성인이 입은 제의를 통해 드러나는 황금색의 찬

---

29 성모 숭배는 19세기 산업자본주의의 충격이 유럽을 휩쓸 때 다시 한번 고양된다. 19세기는 성모 현신의 시대라고 해도 과언이 아닐 정도이다. 그 가운데서도 중요하게 꼽을 수 있는 것이 1830년에 프랑스의 성녀 카트린느 라부레(St. Catherine Labouré, 1806~76)가 경험한 성모 현신이다. 성모는 그녀가 본 것을 메달로 만들 것을 명했다. 그녀가 본 것은 타원형 프레임 속에서 빛나는 성모의 모습이었는데, 그 테두리에는 "오 마리아, 죄 없이 잉태되었네"라고 쓰여 있었다고 한다(그래서 만들어진 것이 '기적의 메달'이다). 이런 사건의 영향 아래서 교황 비오 9세는 1856년 무염시태를 가톨릭의 정식 교리로 채택했다. 1858년에는 루르드에서 성모마리아가 시골 소녀들에게 18번이나 반복해서 현신한 사건이 있었다. 그리고 20세기 들어서는 제1차 세계대전의 위기 속에서 포르투갈의 작은 마을 파티마에서도 성모 현신이 있었으며, 1930년대에는 벨기에에서도 성모 현신이 있었다. 세계대전의 위기에 대한 기억이 여전했던 1950년에 교황 비오 12세는 성모승천 신앙을 정식 교리로 승인했다. 수천년에 걸쳐 이루어졌던 주장, 거대한 사회적 위기가 닥쳐올 때마다 종교적 황홀경 속에서 더욱 강렬해졌던 신앙적 주장이 마침내 19세기와 20세기에 교리로까지 확립된 것이다.
30 우리말로 하면 "사도 성 토마스 성당"이다.

연함을 통해 엘 그레코의 탁월한 색채감각을 보여준다. 또한 제의에 그려진 문양의 정교함은 엘 그레코의 섬세한 묘사 능력을 유감없이 보여준다(왼쪽 아래의 소년 옆에 있는 황금색 제의를 입은 이는 성 스테파노인데, 그의 제의 아랫단에는 「사도행전」 7장에 묘사된 그의 순교 장면이 수놓아져 있다). 화면의 아랫부분은 지상의 현실을 보여주고, 윗부분은 천상의 세계를 보여줌을 한눈에 알 수 있는데, 현실 세계는 자연주의적으로 묘사됐지만, 천상의 존재들은 길게 늘여진 영적 형상으로 묘사되고 있다. 이 대조로 인해 엘 그레코의 그림 대부분에서 나타나는 길게 늘여진 인물 묘사가 그의 시력 이상 탓이라는 속설이 엉터리라는 걸 알 수 있다.

하지만 내 관심은 이 그림에 한정된 것은 아니었다. 스페인에 오기 전 엘 그레코 작품 도판을 그렇게 많이 보진 못했어도 「오르가스 백작의 매장」은 워낙 유명해서 찬찬히 들여다본 적이 있었고, 그 그림에 얽힌 이야기도 조금은 알고 있었다. 그래서 그림의 실물감에 대한 기대와 궁금증도 있었지만, 도판에는 실려 있지 않은, 「오르가스 백작의 매장」이 걸린 벽 아래 있는 오르가스 백작의 실제 무덤을 보는 것에 더 큰 기대를 품고 있었다. 그러니까 내게 산토토메 성당을 직접 방문하는 것은 그림과 그 그림 아래 놓인 오르가스 백작의 무덤을 함께 보는 것을 뜻했다. 그런데 막상 그의 무덤 앞에 서고 보니, 자신의 매장 장면을 주제로 한 불멸의 그림 아래 묻혀 있는 '행복한' 존재는 자신이 죽고 270여년이 지나서야 그런 그림이 제 무덤 위에 걸릴 줄 짐작도 할 수 없었고, 그래서 누구도 경험할 수 없는 놀라운 행복을 '느껴볼' 수조차 없었다는 것이 좀 먹먹하게 다가왔다. 아무튼 여러 감정이 겹쳐오는 터라, 그림과 무덤 배치를 한장 찍어두고 싶어서 촘촘한 관람객 사이를 비집고 들어갔다. 하지만 스마트폰을 꺼내자마자 큰 목소리로 제지하는 경비원 때문에 아쉽게도 실패하

고 말았다.

이 그림이 어떤 이야기를 다루고 있는지는 그림 아래 있는 비문에 상
세히 쓰여 있다.

은혜 주시는 성자와 경건함에 바칩니다.

여행자 여러분, 갈 길이 바쁘겠지만 잠시 멈춰서 우리 도시의 오래
된 이야기를 들어보소서. 카스티야의 선임 공증인이자 오르가스시 영
주인 돈 곤살로 루이스 데 톨레도(Don Gonzalo Ruiz de Toledo)의 신
심에 대한 증거는 여럿이지만, 그 가운데 하나는 그가 자신을 묻어달
라는 유언을 했던 산토토메 성당에 기부한 일입니다. 예전에는 성당이
작고 가난했습니다. 그러나 루이스가 사비를 털어 성당을 복구하고 확
대했으며, 금과 은도 기부했습니다.

사제들이 그를 묻을 준비를 하고 있을 때 놀랍고도 드문 일이 일어
났습니다. 성 스테파노와 성 아우구스티누스가 하늘에서 내려와 손수
그를 무덤에 내렸습니다. 성자들이 그렇게 나서게 한 경위에 대한 긴
이야기는 아우구스티노 수도회 형제들에게 물어보십시오. 그들에게
가는 길은 멀지 않습니다. 그는 우리 주님의 해 1312년에 죽었습니다.

여러분은 하늘에 사는 이들의 감사를 들었습니다. 이제 죽을 운명
을 진 자들의 배은망덕함에 대해 들어보십시오. 곤살로는 유언장을 통
해 오르가스 시민들이 매년 교구의 사제, 행정관, 그리고 이 교구의 가
난한 사람들에게 양 두마리, 암탉 열여섯마리, 포도주 두부대, 장작 두
단, 오늘날 우리가 마라베디세스(maravedises, 가치가 낮은 옛날 동전)라고
부르는 동전 800개를 기부하라고 명했습니다. 시간이 지남에 따라 이
의무가 잊히길 바랐는지, 오르가스 시민들은 지난 2년간 이 경건한 기

부를 거부해왔습니다. 그러나 1570년 바야돌리드 법원의 선고로 인해 그들은 다시 기부금을 내야 했습니다. 이것은 이 성당 신부인 안드레스 누녜스 데 마드리드와 수탁자인 페드로 루이스 두론(Pedro Ruiz Durón)의 열성적인 노력을 통해 이루어졌습니다.[31]

라틴어로 새겨진 비문 내용의 앞부분은 그림의 주제가 오르가스 백작의 매장 예식에 성 스테파노와 성 아우구스티누스가 하늘에서 내려와 손수 하관 작업을 하는 것임을 알려준다. 뒷부분은 이 그림이 그려진 경위를 풀어내고 있다. 요점은 오르가스 백작의 유언에 따라 오르가스 지역 주민들이 해야 할 기부의 의무를 다하지 않은 것에 대해 성당 신부 누녜스가 소송을 걸어 승리했다는 것이다. 그것에 이어지는 이야기는 비문이 쓰인 다음의 일이라 적혀 있지는 않지만, 그림 자체가 증언하는바, 그 누녜스 신부가 교회를 향한 오르가스 백작의 봉헌과 기부의 삶을 찬양하기 위해 이 그림을 1586년에 엘 그레코에게 의뢰했고, 엘 그레코는 1년 뒤 작품을 완성했다는 것이다.

오르가스 백작의 이야기는 보기에 따라서는 흔한 중세적 성자전의 일종으로 보인다. 하지만 여기서도 우리는 반종교개혁의 분위기를 느낄 수 있다. 이미 지적했듯이, 종교적 분열은 종파들 사이의 신학적 도그마에 대한 성찰을 강화하고 타 종파와의 쟁점을 예민하게 만든다. 프로테스탄트와 가톨릭의 분열도 그랬으며, 그런 쟁점 가운데 하나가 의화(義化, justification, 개신교는 칭의稱義 또는 의인義認으로 번역한다)이다. 기독교에서는 죄에 빠진 인간은 자신의 행위에 의해서가 아니라 하느님의 은총

---

31 라틴어 비문 번역은 Sarah Schroch, "Burial of the Count of Orgaz," *Studies in the History of Art*, 1982, Vol. 11, p. 5 참조.

(charitas)과 그것에 대한 믿음을 통해서 의로움과 구원을 얻을 수 있다고 본다. 사도 바오로에 근거한 이 교리(「로마서」 3장을 보라)는 성 아우구스티누스에 의해 계승되었다. 이런 도그마의 출현은 신학적으로 필연적이다시피 한 것이다. 신을 신앙의 대상으로 삼는 종교는 그 신을 절대화하는 쪽으로 나아가는 경향이 있다. 그런 신학적 절대주의는 구원론에서는 은총 절대주의를 향한다.[32] 기독교에서는 사도 바오로나 성 아우구스티누스가 그런 발달의 경로를 연 이들이며, 이런 발달의 최종점에서 우리는 '악명 높은' 칼뱅의 예정설에 이르게 된다.

　하지만 기독교는 인간의 자유의지와 책임을 항상 동시에 강조했다. 기독교의 하느님은 인간에게 자유를 주었으므로, 하느님을 믿고 그의 은총에 영광을 돌리는 것은 인간에게 주어진 몫이다. 사실 사도 바오로나 성 아우구스티누스의 교설에는 은총 절대주의의 경향과 더불어 인간의 자유의지에 대한 강조가 항상 모호하게 공존했다. 하지만 프로테스탄트는 자유의지의 의의를 축소하고 은총 절대주의를 훨씬 더 강화했다. 이 점은 루터와 에라스뮈스가 결별하게 된 계기가 된 '자유의지 논쟁'에서 잘 드러난다. 에라스뮈스의 『자유의지에 관한 논증』(1524)에 맞서 루터는 『노예의지에 관하여』(1525)를 발표했고, 그것을 재반박하기 위해서 에라스뮈스는 『마르틴 루터의 노예의지에 맞서 논증을 방어함』(1526/7)을 저술했다. 에라스뮈스 주장의 핵심은 인간의 자유의지를 강조하며, 기독교의 구원론은 하느님의 은총과 인간 노력의 협력적 관계를 상정한다는 것

---

32 구원이 인간의 노력에 의존한다는 것은 구원이 인간에 의해서 조정될 수 있다는 것을 의미하며, 그것의 논리적 귀결은 (비록 경배와 찬양과 제사의 형태라 할지라도) 신을 인간이 통제할 수 있다는 주술적 사고로 나아간다. 이와는 반대로 신성을 강화하면 구원은 인간의 의지와 노력과 무관하게(구원은 인간의 어떤 노력에도 비할 데 없는 엄청난 은혜이므로) 온전히 신의 은총이 인간에게 거저 주어지는 것으로 여겨지게 된다.

이다.[33] 이에 반해 루터는 은총 절대주의의 입장에서 인간의 자유의지를 부인했다. 루터에 의하면 우리의 믿음과 구원은 전적으로 신의 의지에 의한 것이며, 우리는 신의 의지에 사로잡혀 있다는 것이다.[34]

에라스뮈스의 저서(특히 『우신예찬』)는 반종교개혁의 흐름 속에서 금서로 지정되었지만, 은총이 구원의 제1 원인이라면, 인간의 자유의지와 그것에서 발원하는 공로는 제2의 원인으로 간주하는 트리엔트공의회의 공식적 의화론은 에라스뮈스의 입장에서 그리 멀지 않다.[35] 물론 중세적인 신학의 분위기에 비하면, 가톨릭도 은총의 절대성을 종교개혁 이전보다 한결 더 강조하게 된다. 그래서 의화론에서 가톨릭과 프로테스탄트의 신학적 분기점은 아주 미묘한 수준에 이르게 된다. 그러나 그와 관계없이 일상적인 종교적 실천에서는 양자의 차이점이 선명했다. 논쟁의 끝점에서 결국 인간 공로의 중요성을 인정하는 한, 교회와 성인에 대한 봉헌과 헌신을 상찬하고 존숭하는 것으로 나아가기 때문이다. 그런 흐름 속에서 교회를 위해 아낌없이 기부하며 경건한 삶을 살았던 오르가스 백작의 매장 의례에 그가 봉헌했던 성자들이 하늘에서 내려와 손수 그를 묻

---

33 개인적으로 나는 이런 에라스뮈스의 주장에 끌린다. 유사한 입장을 현대 신학자 도미닉 크로산(Dominic Crossan, 1934~)도 펼치고 있다. 그는 자신의 입장을 간결하게 요약하기 위해 해방신학자였던 데즈먼드 투투(Desmond Tutu, 1931~2021) 주교의 다음과 같은 말을 인용한다. "하느님은 우리 없이 행하려 하시지 않고, 우리는 하느님 없이 행할 수 없다."(God without us will not; we without God cannot.)

34 이들의 저서는 편집된 형태로 출간되어 있다. 『루터와 에라스무스: 자유의지와 구원』, 두란노아카데미 편집부 편, 김주한·이성덕 옮김, 두란노아카데미 2011. 관련 논문으로 이은재 「의지의 자유에 관하여: 루터와 에라스무스의 논쟁을 중심으로」, 『신학과 세계』 72권, 2011, 150~71면 참조.

35 트리엔트공의회의 의화론에 대해서는 조규만 「가톨릭 교회의 성화론」, 『가톨릭 신학과 사상』 48호, 2004, 97~122면 참조. 에큐메니컬적 관점의 해석에 대해서는 김광식 「트리엔트공의회의 칭의론」, 『신학논단』 23권, 1995, 63~79면 참조.

어주었다는 전설은 새롭게 조명될 만한 것이었다. 산토토메 성당의 안드레스 누녜스(Andrés Núñez, 1562~1601) 신부는 이런 분위기 속에서 기부금을 내지 않은 오르가스 주민에 대한 소송에서 승리할 수 있었고, 그렇게 되자 오르가스 백작에 대한 숭배를 더 강화하기 위해서 엘 그레코에게 그림을 의뢰했다.

「오르가스 백작의 매장」세부

그림의 세부를 살펴보자. 이미 지적했듯이 그림의 아랫부분에는 오르가스 백작의 매장에 벌어진 기적이, 그리고 윗부분에는 천상의 모습이 그려져 있다. 두 부분은 상승과 하강의 역동성을 보인다. 오르가스 백작의 몸은 지하로 내려가고 있고, 아기 모습인 그의 영혼을 천사가 하늘로 올려 보내고 있다. 천상과 지상은 그렇게 영적으로 연결될 뿐 아니라 수직적 상승 분위기를 자아내는 장례용 십자가와 횃불에 의해서도 연결되고 있다.

그림 왼쪽 부분에는 「톨레도의 풍경과 계획」과 유사하게도 엘 그레코의 아들 호르헤 마누엘이 그려져 있다. 그의 주머니에서 삐죽 나온 손수건에는 엘 그레코의 그리스어 서명이 쓰여 있다. 소년의 손가락은 오르가스 백작을 가리키고 있다. 우리가 누구를 보아야 하고, 누구를 본받아야 하는지 알려주고 있다.

왼쪽 횃불 앞에서 이야기를 나누고 있는 듯한 두 사람은 각각 프란체스코 수도회와 아우구스티노 수도회의 수도사이고, 한 사람 건너 도미니코 수도회의 수도사도 있다. 오른쪽에는 장례를 집전하는 사제 둘이 서

5-8. 엘 그레코 「오르가스 백작의 매장」, 1586~88, 480×360cm, 산토토메 성당

5-9.「가스파르 데 키로가 대주교의 초상」(왼쪽)
5-10. 엘 그레코「안토니오 데 코바루비아스」,
c. 1600, 68×57cm, 엘그레코 미술관(오른쪽)

있다. 그 가운데 중백의(中白衣)를 입은 사제만이 하늘에서 벌어지는 일을
목도하고 있다. 나머지 사람들은 모두 두 성자가 하늘에서 내려와 직접
오르가스 백작을 매장하는 모습을 보고 있다. 그들의 표정에는 기적에
대한 놀라움이 전혀 없다. 기적이라기보다 마땅히 일어나야 할 일을 엄
숙히 보고 있는 분위기이다.

　이 그림은 여러 면에서 아나크로니즘적이기도 하다. 매장되고 있는 오
르가스 백작은 16세기 기사 스타일의 갑옷을 입고 있고, 4세기경 북아프
리카 지역의 주교였던 성 아우구스티누스가 입은 제의는 16세기풍이다.
게다가 그의 얼굴은 그림이 그려질 당시 톨레도 대주교였던 가스파르 데
키로가의 것이다. 중백의를 입은 사제는 엘 그레코에게 그림을 의뢰한
누네스 신부이다. 그리고 장례 참관자들은 모두 당대 톨레도의 유명 인

사들로 알려져 있다(그래서 이 그림은 톨레도 명사들의 군집 초상화 같은 기능을 했고, 그것이 이 그림이 완성되자마자 높은 인기를 누린 이유이기도 하다). 예컨대 수도사 옆에 서 있는 인물은 살라망카 대학의 법학과 교수인 안토니오 데 코바루비아스(Antonio de Covarrubias, 1514~1602)인데, 엘 그레코가 초상화를 그린 바 있어 쉽게 알아볼 수 있다. 코바루비아스에서 오른쪽 두번째 인물은 엘 그레코 자신이다. 이런 식으로 종교화에 살아 있는 사람들의 초상이 포함되는 것은 물론 이탈리아 르네상스에서 확립된 전통이기는 하지만, 이 그림은 그런 전통을 대단히 적극적으로 활용하고 있다.

시선을 위로 올려보자. 천국의 풍경 맨 아래에는 아기 모습을 한 오르가스의 영혼을 천사가 하얀색 관을 통해 하늘로 올려 보내고 있는데, 그 하얀색 관이 마치 하늘을 향해 열린 영적 산도(産道)처럼 보인다. 그위 왼편에는 성모마리아가 있고, 그뒤에는 천국의 열쇠를 쥔 베드로가 있다. 그리고 그위 중앙에는 그리스도가 있다. 성모마리아의 왼편 아래 있는 세 인물은 수금을 든 다윗, 계명을 새긴 돌을 품은 모세, 방주를 손에 든 노아이다. 오른편에는 낙타 가죽옷을 입은 세례요한이 있다. 그옆으로 여러 인물이 있다. 보라색 옷을 입은 사도 바오로와 노란색 옷을 입은 대 야고보가 눈에 띈다. 더 오른쪽에는 건축가의 수호성인 사도 토마스가 직각자를 쥐고 있다. 그밖에 여러 성인들이 등장하는데, 그 가운데는 뜻밖에도 그림이 그려진 1587년에는 아직 살아 있던 펠리페 2세와 교황 식스토 5세(Sixtus PP. V, 1521~90)의 모습도 있다(왜 이들을 천국 부분에 그려 넣었는지는 잘 설명되지 않고 있다). 오른쪽 아래에는 벌거벗은 남자가 벌떡 일어서고 그옆에 두 여자가 있는데, 라자로와 그의 누이 마르타와 마리아로 보인다. 잘 알려져 있듯이, 베타니아의 라자로는 죽은 뒤에 예

5-11. 티치아노 베첼리오 「그리스도의 매장」, c. 1525, 148×205cm, 루브르 미술관

5-12. 틴토레토 「최후 심판」(1562~64) 세부, 산타마리아 델 오르토 성당

수께서 되살려낸 자이다.

그림은 양식적인 수준에서 보면, 엘 그레코의 그림 대부분이 그렇듯이 그리스정교의 도상화 전통과 이탈리아 매너리즘의 영향이 모두 나타난다. 이렇게 사자의 영혼이 아기 형태로 하늘로 들려지는 것은 엘 그레코가 청년기까지 훈련받았던 그리스정교의 '성모몽소승천화'의 도상학을 원용한 듯이 보이고, 매장되는 오르가스 모습과 그를 붙잡고 있는 두 성인의 자세는 티치아노의 「그리스도의 매장」(루브르 미술관 소장)을 연상시키며, 그리스도의 자세 그리고 그에게 탄원하는 성모마리아와 세례요한이 함께 이루는 삼각형 구도는 산타마리아 델 오르토 성당에 걸린 틴토레토의 「최후 심판」을 떠올리게 한다. 하지만 이 모든 걸 조합하는 테마는 스페인적인 반종교개혁의 신학이다.

하늘에서 내려온 두 성인이 오르가스의 매장에 참여하는 기적이 일어났다는 것은 그의 영혼이 구원될 것임을 시사한다. 하지만 그림은 아직 오르가스 영혼의 운명이 정해지지 않은 상태를 보여준다. 그는 죽었고, 영혼은 하늘로 올려 보내지고 있지만 여전히 성모마리아와 세례요한이 그의 영혼이 구원받기를 간청하고 있으며, 천국의 열쇠를 쥔 베드로는 그리스도의 심판을 기다리고 있다. 지상에 있는 이들은 그리스도가 한때 라자로에게 하셨던 그 말씀, "나는 부활이요 생명이다. 나를 믿는 사람은 죽더라도 살고, 또 살아서 나를 믿는 모든 사람은 영원히 죽지 않을 것이다"(「요한 복음서」 11:25~26)라는 말씀을 오르가스의 영혼에도 내려주길 기원하고 있다. 사제는 장례기도문을 읽고, 회중은 그런 기도에 대해 성인들의 도움을 탄원하는 화답송을 읊조릴 것이다.

여기에 인간의 공로와 성인 숭배와 교회(공동체)를 강조하는 반종교개혁의 신학이 모두 스며 있다. 성인을 섬기며 교회에 봉헌하는 것이 구원에

이르기 위해서 인간에게 주어진 몫이라면, 모든 성인의 통공(通功)을 믿고 기원하는 것이 공동체의 몫이다. 구원의 은총은 신적인 신비 안에 고요히 숨겨져 있지만, 제 몫의 공덕을 다한 이의 시신 옆에는 그의 구원을 열망하는 신도들의 열망이, 그리고 하늘에 올려지는 그의 영혼 곁에는 성모와 여러 성인의 열망이 가득하다. 그 열망이 구원하려는 신의 의지와 끝내 만나게 되리라는 신앙을, 이 그림은 찬연하게 보여주고 있다.

톨레도 대성당

산토토메 성당 앞에 있는 '페티트 카페, 엘그레코'의 야외좌석에 앉았다. 여름이 유난히 더웠던 탓인지 초겨울 오후 햇볕에도 대지는 여전히 열기를 뿜어내고 있었다. 아이스커피를 마시고 싶었다. 그런데 스페인에서는 그게 늘 쉽지 않았다. 대부분 메뉴판에 아예 아이스커피가 없다. 그래도 관광지이니까 하며, "카페 콘 레체 콘 이예로"라고 주문했더니 얼음 한컵을 카페라테와 함께 주었다. 벌써 4시가 넘었다. 이미 너무 많은 걸작을 보았고, 다리에는 피로감이 깊이 배었다. 그러니 본 것들의 잔상을 깊이 음미하며, 오후 햇볕이 좋은 톨레도의 오래된 길거리를 걷고, 기념품 가게나 한가하게 둘러보기 좋을 때였다.

하지만 아직 대성당을 못 보았다. 이미 이틀 뒤에 빌바오로 떠날 기차표를 예매해둔 터에 다시 톨레도를 방문할 기회가 있기는 어려웠다. 해서 대성당을 향해 걸음을 옮기지 않을 수 없었다. 대성당 매표소에 도착하니 성당 종탑에 오를 수 있는 표는 이미 모두 팔린 상태였다. 성당 탑에서 일몰을 볼 수 있다면 근사하리라 생각하며 걸음을 재촉했던 보람이

사라졌다.

그래도 마침내 톨레도 대성당에 들어섰다. 이 대성당의 정식명칭은 '톨레도의 산타마리아 수석 대성당'(Catedral Primada Santa María de Toledo)이다. 톨레도는 교황이 왕의 요청에 따라 우선권을 부여한 수석 대교구(Primado de las Españas)로서 특별한 관할권과 독립적 권한을 누렸다. 트리엔트공의회 이후 이런 권한은 철회되었지만, 칭호는 여전히 전통을 따른다.

대성당은 6세기 서고트왕국 시기에 세워진 성당을 기초로 건립되었다. 스페인은 레콩키스타 과정을 따라 세워지거나 정비된 성당이 많아서 레콩키스타가 본격적으로 성공을 거둔 시기인 르네상스 양식 성당이 많은 편이다. 하지만 톨레도 대성당은 13세기에 건립이 시작되어 고딕 양식을 띤다. 성당 길이는 120미터, 폭은 60미터라고 하는데, 내부에서 느끼는 공간감은 그보다 더 크게 느껴진다. 그래도 리스본의 제로니무스 수도원(Mosteiro dos Jerónimosz)을 본 지 얼마 되지 않아서였는지, 그 규모에 압도되는 느낌은 아니었다. 대신 내부구조가 꽤 복잡하게 느껴졌다. 특별전시를 위해 내부 관람동선을 통제해놓은 탓이기도 하고, 일요일이라 성당의 일부 예배실에서 미사가 열리고 있어서이기도 했지만, 역시 몇백년에 걸쳐 개보수와 확장을 거듭하며 만들어진 여러개의 부속성당과 커다란 회랑이 가장 큰 이유인 듯했다.

성당의 명칭에서 보듯이 대성당은 톨레도의 수호성인인 '성막의 성모'(Virgen del Sagrario)를 모시는 성당이다. 성막의 성모란, 하느님이신 그리스도의 완전한 임재는 동정 마리아의 잉태를 통해 이뤄졌으므로, (비신자의 눈에는 상징적으로) 성모가 그리스도라는 새로운 언약궤를 품은 하느님의 새로운 장막(tabernacle)임을 지적하는 말이다. 내가 방문

5-13. 성구실 천장화 세부
성모가 강림해서 성 일데폰소에게 제의를 하사하고 있다.

한 날에도 중앙 제단 왼편에 있는 '성막 예배당'에서는 5시 미사가 진행
중이었고, 제단에는 진주로 장식된 망토를 입은 성모상이 있었다. 톨레도
대성당은 성막의 성모를 중심으로 성모 숭배를 승천과 무염시태로 확장
하는 신학적 중심지였다.

　그래서 엘그레코 미술관에 걸린 「톨레도의 풍경과 계획」에서 보았던
'성 일데폰소의 기적'은 톨레도 대성당에서도 여러번 반복된다. 중앙 제단
북쪽에는 산일데폰소 예배당이 마련되어 있으며, 예배당 중앙 제단에는
성모가 그에게 제의를 하사하는 장면이 부조로 새겨져 있다. 루카 조르
다노가 그린 성구실(Sacristía) 천장 프레스코화에도 성모가 하늘에서 내
려와 성 일데폰소에게 제의를 전하는 모습이 그려져 있다.(그림 5-13 참조)
그리고 본당 내에 자리잡은 성모강림 예배당(Capilla de la Descensión)에

5-14. 톨레도 대성당의 성체현시대

새겨진 조각 또한 성모가 제의를 전하는 모습이다. 이런 회화와 부조는 성 일데폰소의 전설이 얼마나 톨레도 대성당과 스페인 가톨릭에 깊게 뿌리내려 있는지 여실히 보여준다.

하지만 톨레도 대성당이 성모마리아와 성 일데폰소를 얼마나 존숭하든, 관광안내 책자가 대성당에서 꼭 보아야 할 것으로 꼽고 실제로도 관광객의 눈길을 끄는 것은 거대한 '성체현시대'(聖體顯示臺, Custodia)나 톨레도 대주교들의 모든 초상화가 걸려 있는 '사제단 회의장'(Sala Capitular) 그리고 「엘 트란스파렌테」(El transparente) 등이다. 나 역시 유명하다는 것들을 챙겨보느라 애썼다.

추기경 프란시스코 히메네스 데 시스네로스(Francisco Jiménez de Cisneros, 1436~1517)의 지시로 독일 출신 금속세공사 엔리케 데 아르페(Enrique de Arfe, 1475~1545)가 1521~22년에 제작한 높이 2.5미터의 거대한 성체현시대의 위용은 압도적이었다. 아메리카대륙에서 들여온 은 183킬로그램으로 만들어졌고, 키로가 주교의 명으로 1594년에 18킬로그램의 금도금이 추가되었으며, 1600년에 꼭대기에 다이아몬드 십자가를 올린 그야말로 광채 나는 보물이었다. 하지만 아메리카에서 약탈해 온

5-15. 나르시소 토메 「엘 트란스파렌테」,
톨레도 대성당

은과 금으로 만들어진 성체현시대를 하느님이 얼마나 기꺼워했을까?[36]

'사제단 회의장'도 볼만하긴 했다. 사제들의 초상화뿐 아니라 거기 걸린 성모의 생애(여기에도 성 일데폰소로 보이는 사제에게 제의를 내리는 성모의 모습이 그려져 있다!)와 그리스도의 수난을 그린 그림들도 흥미

---

[36] 오히려 이렇게 말하지 않았을까? "무엇하러 나에게 이 많은 제물을 바치느냐? 나는 이제 숫양의 번제물과 살진 짐승의 굳기름에는 물렸다. 황소와 어린 양과 숫염소의 피도 나는 싫다. 너희가 나의 얼굴을 보러 올 때 내 뜰을 짓밟으라고 누가 너희에게 시키더냐? 더 이상 헛된 제물을 가져오지 마라. 분향 연기도 나에게는 역겹다. 초하룻날과 안식일과 축제 소집 불의에 찬 축제 모임을 나는 견딜 수가 없다. 나의 영은 너희의 초하룻날 행사들과 너희의 축제들을 싫어한다. 그것들은 나에게 짐이 되어 짊어지기에 나는 지쳤다."(「이사야서」 1:11~14)

5-16. 「엘 트란스파렌테」 천장의
오큘러스와 오큘러스 너머의 회화

로웠고, 대주교의 의자, 그리고 무데하르(Mudejar) 양식의 천장도 눈길을
끌었다.

하지만 관광안내 책자가 강권하는 것 가운데 가장 내 마음에 든 것은
조각가 나르시소 토메(Narciso Tomé, 1690~1742)가 1729년에서 1732년 사
이에 제작한 중앙 제단 북쪽 면의 「엘 트란스파렌테」였다. 로마 건축물
은 오큘러스(oculus, 돔 중앙의 원형 구멍)를 이용해서 그리고 중세 성당 건축
은 스테인드글라스를 통해서 빛을 내부로 들인다. 하지만 「엘 트란스파
렌테」는 오큘러스의 단조로움도 피하지만 스테인드글라스와도 전혀 다
른 방식으로 빛을 다룬다. 천장 위에 돔 형태의 건축물을 만들고 측면에
채광창을 만든 다음, 창이 없는 면에는 프레스코화를 그려 넣고, 성당 안

쪽을 향해 커다란 타원형 오큘러스를 내었다. 그럼으로써 자연광이 열린 구멍을 통해 성당 안으로 쏟아져 들어오게 된다. 그 빛은 구멍 위 천상의 세계로 상징되는 공간에 그려진 그림을 비추는 동시에 아래로는 성모마리아가 아기 예수를 안고 있는 섬세한 대리석 조각이 있는 제단을 환히 비춘다. 공간뿐 아니라 공간에 대한 감각 그리고 빛의 물결마저 디자인한 시노그래피적(scenographic) 걸작이었다.

그러나 그 모두보다 내 생각을 더 자극하고 오랫동안 부여잡은 것은 성구실 천장화 바로 아래 높게 걸린 엘 그레코의 「엘 엑스폴리오」(El exfolio, '옷이 벗겨지는 예수')였다. 가까이 볼 수 있게 전시된 산타크루스 미술관의 이본(異本)과 달리, 대성당의 (공식적) 작품은 높게 걸려 있어 가까이에서 꼼꼼히 보기 어려웠다. 그런데도 이본과 달리 놀랍도록 선명한 색감으로 내 시선을 잡아챘다.

성구실의 「엘 엑스폴리오」

성구실에는 톨레도 대성당이 소장한 걸작들이 다수 걸려 있다. 조반니 벨리니(Giovanni Bellini, ?1430~1516)의 「그리스도의 매장」, 카라바조의 「세례요한」, 안토니 반 다이크(Anthony Van Dyck, 1599~1641)의 「성가족」, 벨라스케스의 「가스파르 데 보르하 추기경」, 고야의 「체포된 그리스도」 등이다. 그리고 엘 그레코의 작품도 여럿이다. 엘그레코 미술관에서 본 것과 같은 포맷으로 그려진 예수와 12사도의 초상화 13점이 걸려 있었고, 「성 요셉과 아기 예수」와 「죽음을 명상하는 성 프란체스코와 형제 레오」도 있다. 하지만 그 모든 그림 가운데 가장 우뚝하며, 또 그렇게 뚜

426

렷하게 중심이 되는 곳에 전시되고 있는 것이 「엘 엑스폴리오」이다.

'예수님의 옷이 벗겨지심'은 '십자가의 길' 제10처이다. 「마태오 복음서」에 따르면 제10처의 이야기는 이렇다. (로마 군인들은) "그분(예수)의 옷을 벗기고 진홍색 외투를 입혔다. 그리고 가시나무로 관을 엮어 그분 머리에 씌우고 오른손에 갈대를 들리고서는, 그분 앞에 무릎을 꿇고 '유다인들의 임금님, 만세!' 하며 조롱하였다. 또 그분께 침을 뱉고 갈대를 빼앗아 그분의 머리를 때렸다. 그렇게 예수님을 조롱하고 나서 외투를 벗기고 그분의 겉옷을 입혔다. 그리고 예수님을 십자가에 못 박으러 끌고 나갔다."[37] 로마 군인들이 옷을 입혔다가 빼앗는 제10처는, '십자가의 길' 여타 장면, 가령 '십자가를 지고 걷다가 넘어지심'(제3처, 제7처, 제9처)이나 '십자가에 못 박히심'(제11처)처럼 하나의 장면 속에 구현하기 쉽지 않다. 그래선지 서양회화사에서 제10처는 14처 연작 속의 하나로 그려지기는 해도, 그것만 따로 그려진 경우가 별로 없다. 내가 아는 한, 명성 있는 서양화가 가운데 제10처를 독립적으로 그린 이는 엘 그레코가 유일하다. 어떻게 해서 엘 그레코가 이 그림을 그리게 된 것일까?

이 그림은 처음부터 성구실에 걸기 위해서 톨레도 대성당(톨레도 대교구 의회) 측이 엘 그레코에게 1576년에 의뢰한 것으로 알려져 있다. 펠리페 2세의 궁정화가를 꿈꾸고 스페인으로 왔지만, 왕의 환심을 얻지 못해 톨레도로 옮겨 온 엘 그레코에게 그것은 매우 좋은 기회였다. 그런 기회를 얻을 수 있었던 것은 엘 그레코가 로마에서 사귄 친구 루이스의 아

---

37 「마태오 복음서」 27:28~31. 병행구들이 「마르코 복음서」 15장 17~20절에도 나온다. 「마르코 복음서」는 「마태오 복음서」와 달리 자주색 옷이라고 적고 있으며, 그외에 벗긴 옷을 누가 가질지를 두고 제비뽑기하는 장면도 나온다(15:24). 「루카 복음서」에는 벗긴 옷을 두고 제비뽑기하는 장면만이 묘사되어 있다.

버지이며 톨레도 대성당의 사제장(司祭長)이었던 돈 디에고 데 카스티야 덕분이었다. 그는 이듬해에는 당시 새로 지어진 산토도밍고 엘안티구오(Santo Domingo El Antiguo) 수도원의 제단화도 엘 그레코에게 의뢰했다.

후견인 덕분에 작품 의뢰를 받았지만, 「엘 엑스폴리오」가 완성되자 성당 측과 엘 그레코 사이에 작품값 분쟁이 벌어졌다. 엘 그레코는 900두카트를 요구했지만, 성당 측은 그림 내용과 구성이 성서와 부합하지 않는다며 227두카트를 주장했다. 당대 지중해 세계에서는 그림이 그려진 뒤, 작품가격에 대한 합의가 이뤄지지 않으면 전문가에게 감정을 의뢰하는 관행이 있었다. 그래서 바야돌리드 출신의 조각가 에스테반 호르단(Esteban Jordán, 1530~98)의 감정과 성당 측의 수정 요구를 포함한 중재를 거쳐 그림값은 결국 317두카트로 정해졌다. 하지만 엘 그레코는 그림에 대한 수정 요구를 들어주지 않았고, 그래서 그림값은 10년 뒤에야 완불되었다.

수정 요구의 핵심은 그리스도의 위치가 가장 높은 곳에 있지 않고 형집행자나 군중에 둘러싸여 있다는 것과 그림에 그려진 세명의 마리아가 성경에는 등장하지 않는다는 것이었다. 성당의 이런 지적이 옳다고만 할 수는 없다. 그리스도가 체포되는 장면을 그린 성화의 경우에는 그리스도가 군중에 둘러싸인 형태를 취하는 경우가 많다(톨레도 대성당 성구실에 「엘 엑스폴리오」와 함께 있는 고야의 「체포되는 그리스도」도 그렇다). 그리고 복음서에 따르면 예수가 죽을 때 십자가 아래 세 마리아와 사도 요한이 있었다고 한다. 그러니 그 이전 그리스도의 옷이 벗겨질 때도 그들이 거기 있었다고 보는 것은 나름의 타당성이 있다.

그러나 그림에 얽힌 이런저런 에피소드보다 더 중요한 것은 왜 대성당 측이 성구실에 제10처를 그린 그림을 걸 생각을 했는가이다. 그림의 세

5-17. 엘 그레코 「엘 엑스폴리오」, 1577~79, 285×173cm, 톨레도 대성당

부를 둘러싼 엘 그레코와 대성당 사이의 분쟁은 뒤집어 보면, 그림의 다른 부분들, 어쩌면 본질적인 부분들에 대해서는 갈등이 없었다는 것이다. 따라서 그림의 중심 구도와 특징을 살펴볼 필요가 있다.

「엘 엑스폴리오」는 원근법적인 구도 없이 조밀하게 모인 사람들을 그리고 있다. 위협적으로 하늘을 향해 삐죽이 솟은 미늘창(alabarda)을 쥔 군인들, 또는 창들 사이로 장면을 구경하고 있는 군중이 예수를 에워싸고 있는데, 이들의 냉담하거나 무심한 표정으로 인해 예수의 고독이 두드러져 보인다. 하지만 색채감은 놀라울 정도로 선명하며 훌륭한 앙상블을 이루고 있다. 무엇보다 예수가 입고 있는 진홍색 옷이 시선을 장악한다. 더불어 옆에 선 군인(기사)의 은색 갑옷과 오른편에 서서 예수를 묶은 줄을 잡고 서서 옷을 벗기려는 이의 녹색 옷, 예수를 못 박을 십자가 형틀을 다듬고 있는 일꾼(목수?)과 세 마리아 가운데 한 사람의 노란색 옷, 성모의 푸른 망토 등이 다채롭게 어우러진다. 하늘은 푸르지만, 구름이 드리워 변덕스럽게 보이며 한바탕 번개가 쳐도 이상할 게 없어 보인다. 하늘로부터의 빛은 그리스도의 얼굴을 환히 비추고 나서 양 갈래로 나뉜다. 한편으로는 그리스도의 손을 거쳐 오른쪽 아래 일꾼으로 퍼져가고, 다른 한편으로는 그리스도 옆의 갑옷 입은 기사를 비춘 다음 세 마리아에게로 뻗어간다.

그림의 중심은 역시 예수이다. 그런데 인상적이게도 그에게서 세번이나 넘어지며 한참 동안 십자가를 지고 온 이의 힘겨움이 엿보이지 않는다. 성구실의 「엘 엑스폴리오」는 「이사야서」 53장에서 유래하는 수난의 그리스도 도상학인 '슬픔에 잠긴 자'(Man of Sorrows)라는 중세적 전통과 결별한 듯이 보일 지경이다. 그래도 산타크루스 미술관 「엘 엑스폴리오」의 예수는 가시면류관을 쓰고 있고, 그의 이마에는 피가 흘렀다. 하지

만 성구실 「엘 엑스폴리오」 속 예수는 가시면류관을 쓰고 있지 않다.[38] 피에 흥건히 젖었을 예수의 옷은 오히려 산타크루스 미술관 것보다 한결 더 찬연하고, 채찍질에 상처입었을 그의 몸은 옷 아래 숨겨진 채 지체만 드러내고 있는데, 그 지체들은 평온하다. 하늘을 바라보는 얼굴은 맑은 순명(順命)의 모습이고, 오른손은 자신에게 주어진 길에 대한 맹세를 다지듯이 가슴을 조용히 덮고 있다. 그의 왼손은 십자가를 준비하는 일꾼의 머리 위로 머무르며, 그의 죄를 용서하고 축성하는 듯한 몸짓이다. 그리고 그가 내딛는 발걸음은 헌신의 자세를 내비치고 있다. 순명하는 머리, 용서하고 축복하는 손, 전진하는 발은 십자가의 수난을 영광의 길로 이끌고 있으며, 그렇기 때문에 비참한 순교의 진홍색 옷도 궁극적 영광을 예시하며 빛난다.

관련해서 떠오르는 그림이 있다. 프라도에 있는 엘 그레코의 「세례받는 그리스도」가 그것이다. 예수의 공생애 출발점은 세례요한으로부터 받은 세례였다. 그런데 엘 그레코에서 세례를 받는 예수는 옷을 벗고 있으며, 푸른 옷을 입은 천사와 녹색 옷을 입은 천사가 그가 세례 후에 입을 붉은 옷을 정성껏 펼치고 있다. 그 옷 색깔은 예수의 세례받음, 즉 공생애 시작에서부터 그 끝에서 만날 희생이 암시되었음을 뜻한다. 그러므로 「세례받는 그리스도」와 「엘 엑스폴리오」 사이의 상징적 연쇄는 분명하다. '엘 엑스폴리오', 즉 '옷이 벗겨짐'은 세례 때 천사로부터 받은 옷의 회수이다. 그렇게 예수의 공생애와 수난은 옷을 벗고 새롭게 입었던 옷

---

38 산타크루스 미술관의 「엘 엑스폴리오」보다 성구실의 「엘 엑스폴리오」가 더 완성도가 높음은 두말할 나위가 없다. 더구나 성구실 판본의 경우, 오른쪽 아래 십자가 형틀 아래 작은 종잇조각이 있고, 거기 엘 그레코의 그리스어 서명이 쓰여 있지만, 산타크루스 판본은 그렇지 않다. 산타크루스 판본은 꽤 훌륭한 판본이기는 하지만, 엘 그레코가 최종적으로 작품을 검수하고 완성한 작품이라고 하기는 어렵다.

5-18. 엘 그레코 「세례받는 그리스도」
1598~1600, 350×144cm, 프라도 미술관

이 다시 벗겨지는 것으로 요약되며, 색채의 차원에서는 구유에서 빛나는 존재로 태어나, 붉어지다가(진홍색 옷을 입고, 또는 피 흘리다가), 벌거 벗겨져 죽고, 흰옷을 입고 환하게 부활하는 과정으로 정리될 수 있다. 이런 상징적 연쇄로 인해 예수 생애의 결정적 순간은 회화로 구현될 수 있는 형태(옷)와 색(진홍색)을 얻는 것이다.

이런 화가의 작업을 떠받치고 있는 것은 성유물에 대한 중세적 상상력이다. 예수가 수난 가운데 입어 그의 성혈이 밴 옷은 베로니카의 수건만큼이나 귀중한 성유물 가운데 하나였다.[39] 따라서 '십자가의 길' 제10처를 그린 그림을 성구실에 건다는 것은 성유물을 모시는 것과 같은 상징적 의미를 지닌다.

그런데 성구실은 사제가 미사를 준비하며 전례복을 입는 복식실이기도 하다. 그러므로 「엘 엑스폴리오」는 신자들에게 보여주기 위한 그림이 아니라 사제들이 보기 위한 그림이다. 다시 말해 그들은 「엘 엑스폴리오」를 바라보며 성체성사를 거행할 미사를 위해 전례복을 입었다는 것인데, 그런 의례가 함축하는 바는 예수가 수난 중에 입은 옷과 사제의 전례복이 신학적으로 동일시되었다는 것이다.

실제로 로마시대부터 그리스도가 수난 중에 입은 옷과 사제의 전례복은 연결된 것으로 인식되었다. 따라서 은총의 통로이자 성체성사의 집전자로서 사제의 역할을 옹호하고자 했던 반종교개혁가들이 그리스도의 수난 의상과 제의의 연속성을 확립하고자 한 것은 당연한 일이다. 엘 그레코에게 「엘 엑스폴리오」를 의뢰한 것은 성 일데폰소의 무덤을 대성당

---

39 그밖에 성유물로 숭배된 것으로는 십자가, 가시면류관, 그리스도를 친 채찍, 옆구리를 찌른 창(성창), 예수를 십자가에 못 박은 망치, 성배(최후 만찬의 술잔을 가리키기도 하고, 그리스도가 십자가에서 흘린 피를 담은 잔을 가리키기도 한다), 예수의 수의(壽衣) 등이 있다.

안으로 옮기고, 성당 곳곳에 성모에게서 제의를 받은 성 일데폰소의 일화를 그림과 조각으로 기념한 것과 정확히 같은 궤도에 놓인 일이었다. 그런 의미에서 성구실에 「엘 엑스폴리오」가 걸린 자리가 성모가 제의를 전수하는 천장화 장면 바로 아래인 것만큼 완벽하게 반종교개혁의 신학을 구현하고 있는 장면은 없다 해도 과언이 아닐 것이다.

「엘 엑스폴리오」의 정치신학

하지만 눈길을 잠시 예수로부터 떼어내고 그림을 보면, 매우 수수께끼 같은 면모가 엿보인다. 예수의 왼편에는 갑옷을 단단히 입고 있는 군인이 서 있는데, 그는 그림에서 예수에 버금가는 비중을 가지고 있다. 그러므로 그가 누구이고, 왜 그런 모습으로 거기 서 있는가, 하는 의문을 피할 수 없다. 복음서에 근거할 때, 그는 로마군단의 백인대장으로 판단된다. 예수의 수난 장면에 등장하는 로마인은 빌라도 총독, 백인대장, 그리고 로마 병사들인데, 「엘 엑스폴리오」에서 예수 옆에 서 있는 군인은 일반 병사보다 지위가 높아 보인다. 빌라도는 예수에게 사형선고를 내리는 '십자가의 길' 제1처 이후 등장하지 않으므로, 그는 제12처('예수님이 십자가 위에서 돌아가심')에 등장하며 그 이전부터 '십자가의 길'을 따라왔다고 보이는 백인대장으로 보는 것이 타당하다.

그런데 「마르코 복음서」에 따르면 그 백인대장은 예수의 죽음 앞에서 놀라운 신앙고백을 한다. "예수님께서 큰 소리를 지르시고 숨을 거두셨다. 그때에 성전 휘장이 위에서 아래까지 두 갈래로 찢어졌다. 그리고 예수님을 마주 보고 서 있던 백인대장이 그분께서 그렇게 숨을 거두시는 것

을 보고, '참으로 이 사람은 하느님의 아드님이셨다.' 하고 말하였다."[40]

어쩌면 이 백인대장이 예수에게 카파르나움에서 자신의 병든 하인을 치유해달라고 했던 바로 그 백인대장일지도 모른다. 카파르나움의 백인대장 이야기는 「마태오 복음서」와 「루카 복음서」에 모두 나오지만, 한결 강한 의미를 부여하는 「루카 복음서」에 따르면, 예수는 그의 믿음을 두고 "내가 너희에게 말한다. 나는 이스라엘에서 이런 믿음을 본 일이 없다"[41]라고 한다. 그런 의미에서 그는 신약성서가 기록한 첫 로마인 기독교도라 할 수 있다.[42] 그런데 예수의 죽음 장면에 등장하는 이가 카파르나움의 백인대장이기도 하다면, 이미 예수가 베푼 기적을 보고 신앙을 품었던 그가 예수의 죽음 앞에서 다시금 '그가 하느님의 아들이었음'을 고백하는 것이 어색하긴 하다. 그러나 신앙고백이 더 강화된 형태로 반복되었을 가능성을 배제할 순 없다.

제10처의 예수 옆에 선 백인대장이 카파르나움의 백인대장이든 아니든, 중요한 점은 그가 카파르나움의 백인대장보다 더 명백하고 강렬한 신앙고백을 하고 있다는 점이다. 그러므로 그는 기독교도가 된 로마인이자, 권력을 가진 로마인이라는 점에서 기독교를 국교로 받아들일 로마제국의 전조로 볼 여지가 있다(적어도 상징의 논리로는 그렇다).

이와 관련해서 주목해야 할 것은 로마 군인들이 들고 있는 미늘창이나

---

40 「마르코 복음서」 15:37~39. 「마태오 복음서」에도 거의 같은 말이 기록되어 있다(27:54). 하지만 「루카 복음서」은 약간 다르게 "정녕 이 사람은 의로운 분이셨다"(23:47)라고 적고 있다.

41 「루카 복음서」 7:9.

42 병행구가 「요한 복음서」 4장 46~54절에도 나온다. 하지만 「요한 복음서」에서는 '백인대장'이라고 하지 않고 "왕실 관리"라고 되어 있으며, 고쳐달라고 한 이도 자신의 하인이 아니라 아들로 되어 있다. 그리고 그 백인대장이 신자가 되었음을 명백하게 하고 있다.

5-19. 「뮐베르크 전투의 카를 5세」 세부
카를 5세가 목에 황금 양모 기사단의 목
걸이를 걸고 있다.

백인대장의 갑옷이 대단히 아나크로니즘적이라는 점이다. 그들은 명백히 16세기 스페인 군인들이 쓰던 창을 들고 있으며, 갑옷 또한 그렇다. 그러므로 이 그림의 백인대장은 사실상 스페인의 기사를 상징하기도 한다. 그리고 더 나아가서 로마제국과 「엘 엑스폴리오」 당대의 제국 스페인, 또는 콘스탄티누스 황제와 펠리페 2세를 연결하고 있기도 하다. 왜냐하면 당대 유럽의 왕들은 자신들을 기사 중의 기사, 기사계급의 수장으로 인식했기 때문이다. 앞서 지적했듯이, 16세기는 영토국가의 급속한 발전으로 영주나 기사와 왕의 지위 사이에 심대한 격차가 발생한 시기였지만, 왕들의 자의식이나 왕을 정당화하는 문화적 의미체계까지 그에 맞추어 변하지는 않았다. 카를 5세의 초상화를 보라(그림 5-3 참조). 그는 자신을 기사로 여기고 있으며, 십자군의 부활에 헌신할 것을 맹세하는 상징이기도 한 '황금 양모 기사단의 목걸이'를 걸고 있는데, 그는 이 목걸이를 평생 푼 적이 없다고 한다.

하지만 이미 지적했듯이, 종교개혁과 반종교개혁은 왕권과 교권 사이

5-20. 예수의 붉은 옷을 비추는 백인대장의 갑옷(「엘 엑스폴리오」세부)

의 권력 균형이 변했음을 의미했다. 그러므로 중심을 차지한 예수 옆에 갑옷을 차려입은 16세기 기사 모습의 백인대장을 그린 것은 이런 새로운 시대에 조응하는 어떤 정치신학을 함축한다. 그림 전체에서 기사가 차지하는 존재감은 그리스도를 살짝 밑도는 정도이다. 그가 존재하지 않는다면, 그림의 구도는 완전히 달라질 텐데, 그것은 그 그림을 담고 있는 세상의 질서 또한 그럴 것이라는 사유가 그림 안에 반영되어 있기 때문일 것이다.

이런 세계의 새로운 균형 상태를 「엘 엑스폴리오」는 승인하지만, 여전히 종교적으로 고양된 엘 그레코와 그에게 그림을 의뢰한 대성당은 교권과 왕권 사이의 '올바른 관계'를 설정하고 그려내고자 했다. 트리엔트공의회는 견진성사를 '그리스도의 기사(군인)'로 거듭나는 과정으로 정의했는데, 그런 의미에서 「엘 엑스폴리오」는 그런 신학적 교의를 수용하고 있으며, 그것은 내 보기에 갑옷에 비친 그리스도의 붉은 옷을 통해서 표현되고 있는 것 같다. 왕권은 교권을 후견하는 권능을 가졌지만, 그 권능

5-21. 스테파노를 비추는 오르가스 백작의 갑옷(「오르가스 백작의 매장」세부)

과 권위를 드러내는 왕의 갑옷은 그리스도의 영광을 비추는 것이어야 한다고 말이다.

　같은 테마를 우리는 「오르가스 백작의 매장」에서도 볼 수 있다. 오르가스 백작 또한 백인대장과 같은 양식의 갑옷을 입고 있다. 그런데 그의 심장을 덮고 있는 갑옷 부위에 성 스테파노의 모습이 비치고 있다. 오르가스 백작 또한 영주로서 세속적 정치권력을 상징하거니와 전설에 따르면 콘스탄티누스 황제의 후손이라고 하니, 그 역시 백인대장과 상징적으로 연결된 존재이다. 그리고 성자들이 입고 있는 제의는 그리스도가 수난 중에 입은 옷을 계승한 것이다. 그러므로 「오르가스 백작의 매장」은 「엘 엑스폴리오」와 대칭적인 작품이다. 아니, 「오르가스 백작의 매장」은 「엘 엑스폴리오」에 이어지는 연작이기도 하다.

　성 일데폰소에게 제의를 전달하기 위해 강림하는 성모를 그려 넣은 「톨레도의 풍경과 계획」을 비롯해 엘 그레코가 그린 모든 톨레도 풍경에서, 대성당은 그림의 중앙을 차지하고 알카사르(왕궁)는 그옆을 지킨다. 그리고 엘 그레코는 더 높은 지대에 있는 알카사르의 탑이 대성당의 종

탑보다 아래 있게 사실과 다르게 그렸다. 그러니 이 풍경화의 구도와「오르가스 백작의 매장」, 그리고「엘 엑스폴리오」가 구현하는 정치신학은 동질적인 셈이다.

1561년 펠리페 2세는 강력한 교권의 숨결이 스민 톨레도, 그리고 아버지 카를 5세에게 도전하며 반란을 일으키기도 했던 톨레도가 부담스러웠는지, 톨레도의 알카사르를 새롭게 정비해놓고도 수도를 마드리드로 옮겨버렸다.「엘 엑스폴리오」가 그려지던 시대에 엘 그레코와 대성당 그리고 아마도 톨레도의 주민들은 펠리페 2세가 떠난 뒤 침체한 톨레도의 위상과 경제를 회복시키기 위해 왕이 귀환하기를 염원했다. 그렇게 그들은 교권을 압도하는 왕권의 상승이라는 역사적 전환을 승인했다. 하지만 그런 전환에도 불구하고 의미체계의 수준에서 왕은 여전히 기사였고, 교회는 그 기사가 백인대장의 신앙고백을 이어가기를, 또 그의 무서운 갑옷이 그리스도를 비추는 거울이기를 염원했다.

소코도베르 광장의 저녁 불빛

톨레도 대성당을 나오니, 이미 해가 졌다. 알카사르 앞에 있는 소코도베르 광장 쪽으로 걸어 나왔다. 광장의 저녁 불빛은 아름다웠다. 단 하루 동안 이토록 강렬한 경험을 할 수 있을까 싶은 날이었다. 톨레도를 도는 꼬마열차가 보였지만, 이미 그걸 타기엔 밤바람이 너무 차가웠다. 왔던 길을 되밟아 집으로 가는 버스정류장을 향해 걸어 내려갔다. 그렇게 엘 그레코의 도시 톨레도를 떠났다.

마드리드로 돌아와 하룻밤을 자고 나자, 엘 그레코의 무덤이 있고, 비

록 원본은 아니지만 그가 구상한 제단화 형태 그대로 꾸며져서 아래는 「성모승천」이 있고, 위에는 「성삼위일체」가 있는 산토도밍고 엘안티구오 수도원을 다녀오지 못한 것이 몹시 안타까웠다. 알카사르를 돌아보지 못한 것도 계속 마음에 걸렸다. 산마르틴 다리를 건너보지 못한 것도. 그리고 비사그라 문과 그 근처 카를 5세 동상 앞에서 사진 한장 찍지 못한 것도 안타까웠다. 다시 톨레도에 갈 수 있을까…

그래도 나는 톨레도를 떠나던 그 순간에는 충만한 감정에 사로잡혔었다. 이미 그날 본 것들만으로 나는 충분히 행복했다. 내 옆에는 모든 그림을 함께 본 아내가 있었고, 고운 저녁 바람마저 불었으니…

6장

빌바오와 미술관의 신자유주의화

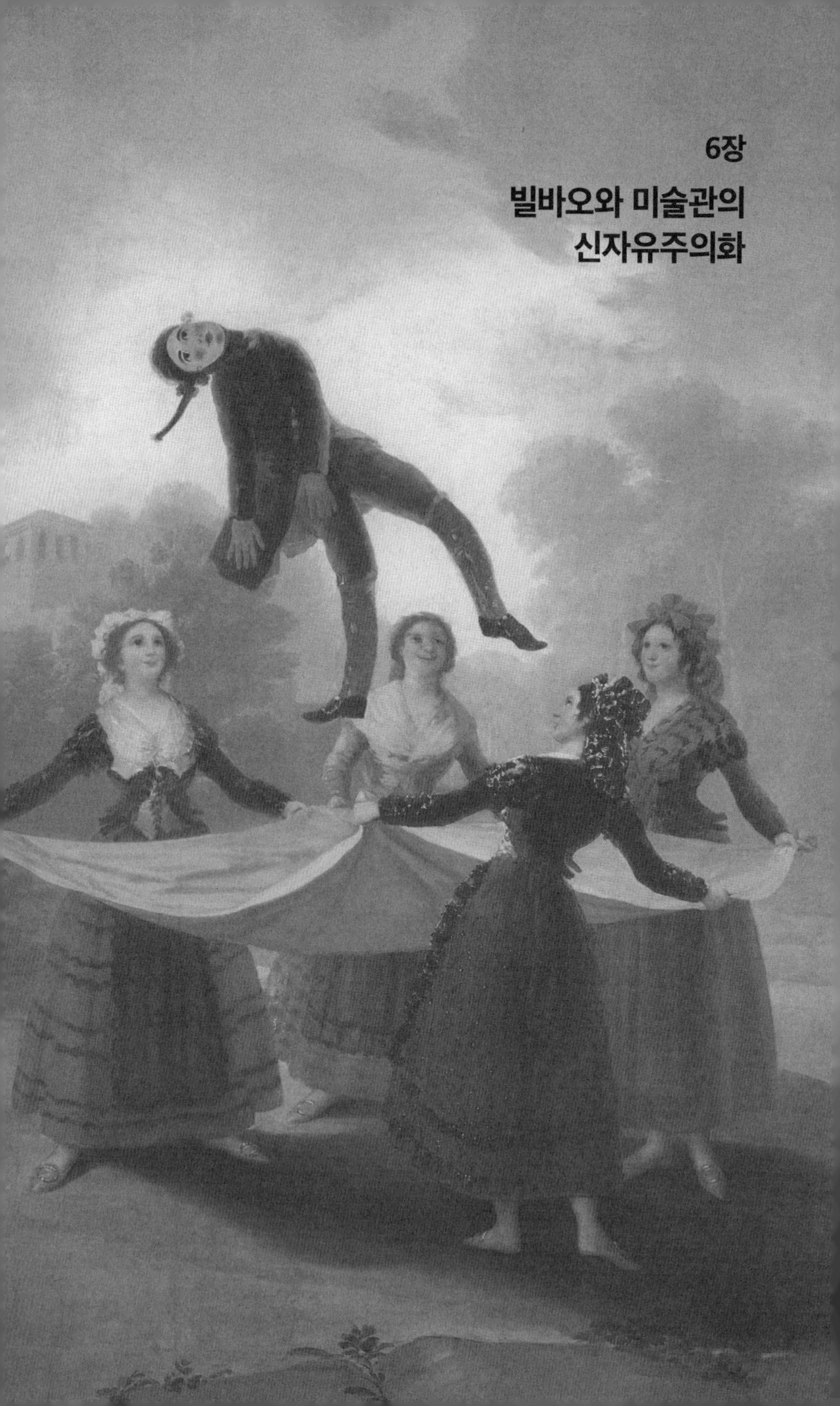

빌바오 가는 길

마드리드에 있을 때 아내의 후배인 관광학과 교수가 런던에 체재하고 있었다. 둘은 통화 중에 빌바오에서 만나는 데 의기투합했다. 점점 추워지고 있는 마드리드를 떠나 남쪽으로 내려가기 전에 빌바오에 먼저 다녀오기로 한 것은 잘한 결정이었다. 관광 전문가와 같이 가게 되어 일정을 일임하게 되었는데, 그것도 좋은 점이었다. 그런데 빌바오 그러니까 스페인 북부의 중심도시로 가려니, 두곳이 생각났다. 한곳은 알타미라동굴이고 다른 한곳은 게르니카였다. 그러나 아내와 후배 교수가 정한 방문지는 빌바오와 산세바스티안(바스크어로는 도노스티아, 이하 '도노스티아'로 표기)이었다. 알타미라동굴은 어릴 적 세계사 교과서에서 본 구석기 동굴벽화에 대한 강렬한 인상 때문에 가보고 싶은 마음이 계속 일었다. 하지만 빌바오에서도 상당히 먼 곳이고(최소 2박의 일정을 추가해야 했다), 주변에 동굴 이외에 특별히 방문할 만한 곳이 (내가 아는 수준에서는) 별로 없었다. 내 스스로도 망설여지는데 아내나 후배 교수에게 가보자고 주장하긴 어려웠다. 하지만 게르니카는 좀 달랐다. 알타미라동굴과 달리 자꾸

생각이 났다. 그래도 내가 기획하지 않은 관광/여행이라 주어진 일정을 따르기로 했다.

마드리드에서 빌바오로 간 다음으로 우리가 향할 곳은 말라가였는데, 빌바오에서 말라가로 직선을 그으면 그 한가운데에 마드리드가 있고, 철도도 그렇게 연결되므로, 빌바오에서 말라가로 가기 위해서는 다시 마드리드로 돌아와야 했다. 그래서 UNED 사무실 캐비닛에 큰 캐리어를 넣어두고 작은 캐리어 하나와 배낭만 지니고 아침 일찍 마드리드 북부의 기차역 차마르틴으로 갔다. 마드리드에서 빌바오로 가는 기차에는 아베(AVE, 고속열차)가 없고, 우리나라의 새마을호쯤 되는 알비아(Alvia)만 있다. 피레네산맥 서쪽 끝에서 비스케이만을 따라 뻗은 칸타브리아산맥 때문에 고속철을 건설하지 않은 듯했다(불가능해서는 아니고, 공사비에 비해 예상 승객수가 많지 않아서 건설되지 않았다고 봐야 할 것이다). 바야돌리드를 거쳐 가는데다가 부르고스를 지나면서 고도가 높아지니 기차 속도도 상당히 느려졌다. 빌바오까지 5시간 이상 걸렸다. 그래도 좌석이 크고 간격이 넉넉한데다 적당한 속도와 넓은 차창 덕에 풍경을 보기 좋아서 나름 만족스러운 기차여행이었다.

12시를 조금 넘겨 빌바오 역(Estación de Abando Indalecio Prieto)에 도착했다. 역에서 독특하게 다가온 것은 역사 입구 편에 설치된 커다란 스테인드글라스였다. 매우 인상적이라서 검색해보니, 301개의 조각으로 구성되어 있고, 너비가 15미터이고 높이가 10미터이며, 미겔 파스토르 베이가(Miguel Pastor Veiga)의 스케치에 따라 헤수스 아레추비에타(Jesús Arrechubieta)가 1948년에 만들었다고 한다(그러나 이들의 이력이나 다른 작품활동을 알려주는 정보는 찾지 못했다). 스테인드글라스 한가운데 묘사된 것은 베고냐의 성모 성당(Basílica de Nuestra Señora de Begoña)이다.

6-1. 빌바오 역의 스테인드글라스

대성당이 따로 있는데도 이 성당이 스테인드글라스에 등장하는 것은 '베고냐의 성모'가 빌바오의 수호성인인 때문인 듯했다.[1] 스페인의 어느 도시에서든 가능한 한 그 도시의 주요 성당은 방문해보려고 했는데, 유감스럽게도 빌바오 일정이 너무 짧아서 베고냐의 성모 성당은 방문하지 못했다.

역사(驛舍)를 나와 걸어서 15분 거리에 있는, 예약된 코스모브 빌바오

---

1 베고냐는 빌바오를 흐르는 네르비온(Nervión)강 상류의 요새가 있던 지역의 이름이다. 외부로부터의 침략을 여러번 막아주었다고 믿어진 '성모'를 기리는 성당이 바로 베고냐의 성모 성당이다. 베고냐 지역은 20세기 초 빌바오시에 편입되었다.

호텔로 갔다. 아내의 후배 교수는 먼저 도착해 있었다. 우리도 간단히 짐을 정리하고 곧장 빌바오 관광/여행의 중심인 '구겐하임 빌바오 미술관'(Museo Guggenheim Bilbao, 이하 'MGB'로 약칭)으로 향했다.

구겐하임 빌바오 미술관

호텔 앞길을 따라 7~8분쯤 걷자, H자 모양의 앙증맞은 빨간색 주탑을 가진 살베 다리(Salbeko Zubia)²가 나타났다. '붉은 호'라 불리는 빨간색 주탑은 MGB 개관 10주년을 기념하기 위한 공모전에서 당선된 다니엘 뷔랑(Daniel Buren, 1938~)의 작품이다. 다리에 오르자 네르비온강을 내려다볼 수 있었다. 그때까지 스페인에 와서 본 강 중에 가장 멋졌다. 마드리드의 만사나레스강은 한강이 흐르는 서울에서 살아온 나에게는 도랑 같았고, 바르셀로나의 료브레가트강은 기차를 타고 지나가면서 잠시 보았던 터라 제대로 면모를 느낄 수 없었고, 톨레도의 타호강은 거대한 해자처럼 느껴졌다. 이에 비해 도시를 감싸고 휘감아 내려가는 네르비온강은 강과 도시가 어우러지는 전형적이면서도 아름다운 풍경을 펼쳐 보여주었다. 강 상류를 보니 투박한 모양에 붉은 호가 다소 생뚱맞게도 보이는 살베 다리와 달리 우아한 자태의 주비즈리(Zubizuri, '하얀 다리'라는 뜻의 바스크어)가 보였고, 살베 다리 바로 아래 하구 편으로는 MGB가 보였다.

프랭크 게리(Frank Gehry, 1929~)의 여러 작품 가운데서도 단연 명성

---

2 이런 명칭이 붙은 이유는 중세로부터 네르비온강을 거슬러 올라오던 배가 이 다리가 있는 지점 무렵부터 베고냐의 성모 성당이 멀리 보였고, 그래서 그곳에서 선원들이 가톨릭 성가 「Salve Regina」(여왕이신 성모 만세)를 부르기 시작했던 곳이기 때문이라고 한다.

6-2. 살베 다리

이 높고 성공작으로 평가받는 MGB는 넘실대는 파도를 타고 네르비온강을 거슬러 오르는 거대한 배 같기도 하고, 헤엄치다가 몸을 일으킨 거대한 물고기 같기도 했다. 높은 쪽의 둥글게 말린 부분은 어찌 보면 꽃다발처럼 보이기도 했다. 무슨 모양 같다고 해도 다 고개를 끄덕일 만한 독특하고 다면적이었다. 티타늄 패널을 이어 붙였다고 하는데, 날렵하게 뻗은 거대한 외팔보(cantilever)는 가벼운 티타늄이 아니었다면 가능하지 않았을 것이다. 티타늄 패널들은 그렇게 알루미늄포일인 양 가볍고 자유롭게 펼쳐질 뿐 아니라[3] 몇분 상간에도 햇빛의 변화에 따라 은색, 회색, 백색,

---

3 MGB 건설에 쓰인 약 3만개의 티타늄 패널의 중량은 60톤에 이르지만, 패널의 두께는 0.3밀리미터에 불과하다고 한다. 기울리아 카민『세계의 박물관: 세계 각국의 건축 문화유산을 찾아서』, 마은정 옮김, 생각의나무 2007, 147면(이경모「빌바오 구겐하임 미술관의 문화적 도시마케팅」,『미술세계』, 2011. 3, 94면에서 재인용).

6-3. 입구 편에서 본 구겐하임 빌바오 미술관

은은한 노란색, 심지어 자주색과 금빛을 마치 물고기 비늘처럼 꿈틀거리며 펼쳐냈다. 그것은 건축물이 아니라 막대한 실물감을 뿜내는 조형물이었다.

프랭크 게리는 MGB 이후 티타늄을 이용한 건축물을 여러차례 지었다. 로스앤젤레스의 '월트 디즈니 콘서트홀'(2003)이나 뉴욕주 바드 대학의 '리차드 B. 피셔 공연예술센터'(2003)가 그런 예이다. 하지만 이들과 달리 MGB의 경우에는 티타늄이 지역 상황에 접맥된 나름의 상징성을 지니고 있다. 빌바오는 14세기부터 인근 칸타브리아산맥의 풍부한 철광석을 네르비온강을 통해 하구로 이송하여 가공해서 비스케이만의 해운을 통해 유럽 전역에 수출해온 곳이었다.[4] 19세기부터는 철강을 활용한

---

4 대포 제조와 관련해서 논의하기 때문에 제한적이기는 하지만, 중세 유럽의 철강산업에 대해서는 카를로 치폴라 『대포 범선 제국 :1400~1700년, 유럽은 어떻게 세계의 바다를 지배하게 되었는가?』, 최파일 옮김, 미지북스 2010, 1장 참조.

선박제조업 또한 크게 발전해서 20세기 초만 해도 스페인에서 가장 부유한 도시에 속했다. 그러나 1920년대부터 배후지 광산이 고갈되어갔고, 1970년대부터는 세계적인 경제 불황의 여파로 제철업과 조선업이 쇠락하면서 침체가 계속되었다. 그러므로 도시재생사업의 일환으로 지어진 MGB가 티타늄으로 만들어진 커다란 배 모양을 한 것은 적절해 보인다. 빌바오의 전통적 산업인 제철과 조선을 하이테크 이미지와 연결함으로써 탈산업적인 도시로의 탈바꿈을 매끄럽게 표상하기 때문이다. 그런 점에서 도시재생과 관련해 건축가는 제 몫을 다했고 자신의 명성 또한 드높였다. 하지만 하나의 건축물을 건립하려는 시도 그리고 그것의 성공적인 완공과 원활한 작동에는 건축가보다 건축주가 더 큰 몫을 한다. MGB의 명칭 자체에 담겨 있는 두 건축주, 솔로몬 R. 구겐하임 재단(이하 '구겐하임 재단'으로 약칭)과 빌바오시(와 바스크[5] 자치정부)가 어떤 과정을 거쳐 함께 MGB을 건립하게 된 것일까? 먼저 바스크와 빌바오 쪽부터 살펴보자.

민주화와 도시재생

이미 언급했듯이 바스크 지역과 그 중심 도시인 빌바오는 산업적 쇠퇴와 실업문제를 겪고 있었지만, 그런 상황에서 좀처럼 벗어나지 못한 것이 전적으로 경제적인 요인 때문만은 아니었다. 바스크 분리주의 운동

---

5 바스크어로는 '비즈카이아'(Bizkaia)이다. 바스크 관련된 명칭들은 영어, 스페인어, 바스크어로 표기할 수 있다. 바스크어 표기가 우리에게는 낯선 편이라 영어나 스페인어가 익숙한 경우에는 그것을 따랐다.

과 중앙집권을 추구한 프랑코 독재정권 사이의 격심한 정치적 갈등 또한 문제 해결을 어렵게 했다. 중앙정부로서는 정치적 갈등을 빚고 있는 바스크 지역 개발에 적극적일 이유가 없기 때문이다. 사실 바스크 분리주의 운동은 카탈루냐보다 강력했고, 폭력적인 수단도 거침없이 동원했다. 분리주의 운동에서 테러활동을 주도한 것은 빌바오의 젊은 대학생들을 중심으로 1959년에 결성된 '바스크 조국과 자유'(Euskadi Ta Askatasuna, ETA)였다. 이들은 출범 당시에는 전통 바스크 문화의 선양을 추구하는 평화주의 그룹이었지만, 곧 폭력적인 준(準)군사적 테러집단으로 발전했고, 프랑코 정권에 대항해 수백건의 암살, 납치, 폭탄테러를 저질렀다. 그 가운데 가장 중요한 사건이 1973년 프랑코 총통의 후계자로 지목되었던 총리 루이스 카레로 블랑코(Luis Carrero Blanco, 1904~73)를 차량 폭탄테러로 암살한 일이다. 블랑코의 사망은 실제로 프랑코 정권에 큰 타격을 주었다.

1975년 마침내 프랑코가 죽고 민주화 이행이 시작되었다. 그러나 그 시기에 ETA는 오히려 더 급진화되었고 테러활동도 강화했다. 민주화에도 불구하고 바스크 지역의 경제 침체는 오히려 더 심해졌고,[6] 체포되어 교도소에서 갇혀 있는 동료들이 풀려날 기미가 보이지 않았기 때문이다. 그러자 1983년에는 ETA에 맞서 싸우기 위해 내무부의 은밀한 지원을 받은 '대테러 해방단체'(Grupos Antiterroristas de Liberación, GAL)라는 암살부대까지 만들어졌다. 그들은 1987년까지 ETA 무장요원과 동조자들

---

6 민주화 이후 스페인은 EU의 전신인 '유럽경제공동체'(EEC) 가입을 추진했다. 이를 위해서는 보호주의적 산업정책을 철폐해야 했는데, 그것이 내수와 보호주의정책에 기반을 둔 빌바오 경제에는 큰 타격이었다. 탈산업화를 추진하지 못한 상태에서 이뤄진 이런 변화로 1975년 2.6퍼센트였던 실업률이 1986년에는 26퍼센트에 이르렀고, 실업자 가운데 절반 이상이 청년세대였다.

을 대상으로 27건의 살인을 저질렀다.

바스크를 중심으로 한 폭력의 악순환 속에서도 스페인 민주주의는 선거에 의한 정권교체를 반복하며 정착되어갔다. 민주주의는 무력에 의한 정치를 말에 의한 정치로 바꿔나간다. 민주화 덕분에 비폭력적 정치문화가 정착해갔고, 중앙정부가 바스크의 자치권 또한 폭넓게 인정하자 ETA에 대한 바스크 지역 주민의 지지는 약해져갔다. 대신 경제 침체와 실업이 핵심 정치의제로 부상했다. 1979년 이후 집권해온 바스크 민족당(Partido Nacionalista Vasco)은 누적된 경제적 불만 때문에 1986년 지방자치선거에서 빌바오를 제외한 대부분 지역에서 패배했다. 바스크 민족당으로서는 대중에게 깊이 각인될 만한 새로운 발전 전략 실행이 절실했다.

중앙정부는 중앙정부대로 스페인 각 지역의 발전을 위한 프로젝트를 구상하고 추진했다. 세비야의 경우, (이미 프랑코 치하에서 시작된 기획이기는 하지만) 콜럼버스의 아메리카 항해 500주년을 기념하는 1992년 박람회 개최가 예정되어 있었고, 바르셀로나의 경우, 1986년에 1992년 하계올림픽 유치를 확정하고 준비에 박차를 가하고 있었다. 1980년대 PSOE(스페인 사회노동당) 집권하에서 문화부 장관을 지낸 하비에르 솔라나(Javier Solana, 1942~)는 바스크 지역과 빌바오에도 뭔가 큼직한 기획이 필요하다는 생각을 품고 있었다. 마침 그의 자문가 집단에는 국립 프라도 미술관의 이사이고 레이나소피아 국립미술관 건립에 참여했으며 뉴욕 구겐하임 미술관과 상당한 네트워크를 가졌던(1989년부터는 구겐하임의 큐레이터로 활동한) 카르멘 히메네스 마르틴(Carmen Giménez Martín, 1943~)과 바스크 귀족 출신으로 티센보르네미사 미술관과 말라가 피카소 미술관(Museo Picasso Málaga) 창립에 관여한 알폰소 데 오타수(Alfonso de Otazu, 1949~)가 있었다. 이들이 스페인 문화부, 구겐하임

재단, 그리고 빌바오시 사이의 네트워크를 형성하고 MGB 건립이라는 발상을 구체화하는 데 중요한 역할을 했다.[7]

1980년대 후반부터 진행된 바스크 자치정부와 구겐하임 재단 사이의 비밀협상이 1991년 마무리되었다. 대략 1억 5000만 달러가 소요된 미술관 부지 비용과 8900만 달러에 이르는 건립 비용에 더해 구겐하임 재단 소장품을 전시할 권리에 대한 댓가까지 모두 바스크 자치정부가 부담하기로 했다. 이를 위해서는 상당한 재정이 요구되었는데, 그것의 해결에는 민주화 이행과 더불어 제정된 스페인 헌법이 큰 도움이 되었다. 헌법이 바스크를 '역사적 민족'으로 인정하는 동시에 바스크 자치정부에 재정 독립성과 공적 지출에서의 재량권을 허용했기 때문이다.[8]

같은 시기 바스크 자치정부는 사업의 체계성과 추진력을 높이기 위해 1991년 연구기관 성격의 '빌바오 메트로폴리-30'(Bilbao Metropoli-30)이라는, 은행·행정·기업 등 각계 대표 120명으로 구성된 민관 합동 추진협회를 구성했다. 그들은 공모전에서 프랭크 게리의 설계가 뽑히자, 곧장 그의 작품을 도시재생 마스터플랜의 중심에 편입했다. 이듬해인 1992년에는 도시재생사업을 총괄하고 추진할 공공유한회사 '빌바오 리아 2000'(Bilbao Ria 2000)이 설립됐다. 빌바오 리아 2000이 주도한 도시재생사업이 가장 집중적으로 이뤄진 지역은 MGB가 자리잡은 '아반도이바라'(Abandoibarra) 지역이다. 비교적 순조롭게 사업이 진행되어 1997년 개관한 MGB는 136만명의 관람객을 유치했고, 3년 만에 초기 투자의 7배

---

7 관련된 논의에 대해서는 Beatriz Plaza & Silke N. Haarich, "The Guggenheim Museum Bilbao: Between Regional Embeddedness and Global Networking," *European Planning Studies*, 2015, Vol. 23, No. 8, pp. 1456~75 참조.

8 바르셀로나와 바스크가 스페인의 여타 지역과 어떤 다른 헌법적 지위를 누리는지, 그리고 바르셀로나와 바스크에 허용된 자율성에 어떤 차이가 있는지는 4장에서 간단히 논의했다.

의 성공을 거두었다. 유럽 전체에서 알파급 세계도시는커녕 베타급 도시에도 속하지 못하는 빌바오에 자리잡은 미술관으로서는 엄청난 성공이었고, 이후 MGB는 세계 여러곳의 도시재생에서 하나의 모델로 자리잡았다.[9] 그리고 MGB 주변에는 컨벤션센터 에우스칼두나 궁전(Palacio Euskalduna), 수비아르테 쇼핑센터(Centro Comercial Zubiarte), 데우스토 대학 도서관(Biblioteca de la Universidad de Deusto), 그리고 이베르드롤라 타워(Torre Iberdrola) 같은 여러 혁신적인 디자인의 건물들이 세워졌다. 그런 건축물에 더해 깔끔하게 정비된 트램과 전철, 산업폐수로 찌들어 있었으나 이제는 수질이 회복된 강을 따라 잘 조성된 공원을 갖춘 아반도이바라는 매력적인 문화·예술과 비즈니스가 어우러진 중심 상업지구가 됐다.[10] 이런 결과는 MGB 건립을 추진한 자치정부가 구상한 전략이 지역적 맥락과 관련해 상당한 타당성과 효과가 있었음을 보여준다.

그러나 MGB를 통한, 즉 초국가적 문화 네트워크와의 접속과 플래그십 건축물을 통한 발전 전략이 지난 사반세기 동안 거둔 성과에 대해서는 논란이 많다. MGB의 관람객 수나 고용 유발 효과 그리고 관광수입은 일정 수준을 계속 유지했지만, 긍정적인 산업적 효과가 지역에 얼마나 깊고 넓게 퍼져 들어갔는지, MGB의 전시와 기획이 지역 예술가와 지역민의 참여 속에서 전개되고 있는지, 혹은 젠트리피케이션(gentrification)[11]을 유발하고 지역민들의 경제적·문화적 소외를 일으키는 건 아닌지 많

---

9 MGB와 빌바오의 '성공'은 보는 관점에 따라 '구겐하임 효과'(Guggenheim effect)로 불리기도 하고 '빌바오 효과'(Bilbao effect)라고 불리기도 한다.

10 빌바오 리아 2000의 사업에 대해서는 홈페이지 참조. https://www.bilbaoria2000.org/en/.

11 도심이나 그 인근의 낙후지역이 재생사업을 거치며 상업이 활성화되면서 외부인과 돈이 유입되고 그로 인해 주택 또는 상가 임대료 상승이 일어나 원주민이 해당 지역 외부로 밀려나는 현상을 가리킨다.

은 논쟁이 있었다.[12] 그러나 각종 통계적 지표를 꼼꼼히 들여다본다 해도 이런 문제에 대해 명확한 결론에 이르기는 쉽지 않다. 가령 MGB가 관광객 유치에는 성공했고 관련 산업의 고용을 창출했지만, 실업률을 낮추는 데는 실패했다는 평가가 있다. 그러나 1990년대 이래 지구화된 경제에 편입된 빌바오 경제에서 그것의 실업률에 MGB가 미친 효과만 정확히 걸러 측정하기는 불가능하다 해도 과언이 아니다. 지역의 주거비 상승 문제도 마찬가지이다. 그것을 빌바오 도시재생사업의 실패이고 연장선상에서 MGB의 실패 지점으로 단언하기에는 주택산업에 미치는 세계금융산업의 영향이 너무 크다. 급진적 바스크 예술가이자 입체파 조각가 호르헤 오테이사(Jorge Oteiza, 1908~2003) 같은 이는 자기 작품을 MGB에 기증하기를 거절했고, MGB가 바스크 민중문화보다 국제적인 예술시장에서 잘나가는 예술품만을 사들이고 바스크 출신 예술가 가운데서도 이그나시오 술로아가 같은 온건한 예술가의 작품만 존숭한다고 비판하는 이들이 많았다. 그러나 2000년대 들어서 MGB가 지역 예술가 회고전을 여러번 열었던 것도 사실이며, 오테이사의 작품을 우회해서 매입하기도 했다. 이런 시도를 두고 그 정도면 지역에 뿌리내리기 위해 상당한 노력을 기울인 것이라고 해야 할지, 아니면 여전히 부족하다고 해야 할지 평가가 쉽지 않다. 그러나 이렇게 많은 논란에도 불구하고, 아니 논란이 명

---

12 비교적 긍정적인 평가로는 Plaza & Haarich, 앞의 글 참조. 부정적 평가로는 이은해 「유럽의 전통산업도시에서 문화·예술도시로의 변모: 빌바오(Bilbao)에서의 '구겐하임 효과(Guggenheim Effect)'에 대한 비판적 고찰」, 『EU연구』, 25권, 2009, 115~44면; 양윤서 「도시재생 측면에서 본 구겐하임 효과의 한계성에 관한 연구」, 『문화산업연구』, 17(4), 2017, 43~52면; Carl Grodach, "Beyond Bilbao: Rethinking Flagship Cultural Development and Planning in Three California Cities," *Journal of Planning Education and Research*, 2010, 29(3) pp. 353~66 참조.

료한 결론에 이르지 못하고 논란에 머무르고 있는 한, MGB는 계속 '성공적인' 도시재생의 표상이자 모방할 만한 표본으로 추앙받을 것이다.

구겐하임 재단, 토마스 크렌스, 그리고 미술관의 신자유주의화

MGB는 지역과 전지구적 문화 네트워크의 접속, 그것도 상당히 '성공적인' 접속 사례 가운데 하나이다. 그런 접속에서 지역적 행위자들이 어떤 동기와 목표 그리고 역량을 지녔는지는 간단히 보았다. 그렇다면 구겐하임 재단에는 어떤 동기와 지향이 있었던 것일까? 이 문제와 관련해서 1980년부터 구겐하임 재단의 처지 그리고 1988년부터 20여년간 재단 이사이자 뉴욕 구겐하임 미술관 관장으로 활동한 토마스 크렌스(Thomas Krens, 1946~)의 활동을 살펴볼 필요가 있다.

구겐하임 재단은 미국과 칠레의 구리광산 개발로 거부가 된 유대인 마이어 구겐하임(Meyer Guggenheim, 1828~1905)의 아들이자 미술품 수집가였던 솔로몬 구겐하임(Solomon R. Guggenheim, 1861~1949)이 설립했다.[13] 그리고 이 재단이 뉴욕 구겐하임 미술관을 세웠다. 프랭크 로이드 라이트(Frank Lloyd Wright, 1867~1959)가 설계한 미술관 건물은 마치 엎어놓은 컵케이크처럼 생긴 독특한 건물이다. 내부는 엘리베이터를 타고 꼭대기로 올라가서 나선형 복도를 따라 걸어 내려오면서 전시물을 볼 수 있게 설계되어 있다. 걸어 내려오면서 관람하는 것이 확실히 육체적 피로

---

13 칠레 구리광산으로 인한 환경 파괴와 노동자 착취의 끔찍함은 Thomas F. O'Brien, ""Rich beyond the Dreams of Avarice": The Guggenheims in Chile," *The Business History Review*, Vol. 63, No. 1 (Spring, 1989), pp. 122~59 참조.

를 많이 덜어주기는 한다. 그러나 그런 공간구조가 대상에 따라서 전시에 어려움을 주고, 작품에 집중하는 것을 방해하고 산만하게 하는 면이 있다.

구겐하임 재단의 컬렉션은 19세기 후반부터 현대에 이르는 시기에 집중해 있으며, 현대 아방가르드 미술품 가운데 '좋은' 작품을 잘 갖추고 있다. 구겐하임 재단은 베네치아에 '페기구겐하임 미술관'(Peggy Guggenheim Collection)을 분관으로 두고 있는데, 이 미술관의 컬렉션도 20세기 아방가르드 미술이 중심이며, 페기 구겐하임(Peggy Guggenheim, 1898~1979)의 컬렉션 또한 매우 탄탄하다.[14] 19세기 말부터 20세기에 이르는 서양 현대미술 관람에 있어서 구겐하임 미술관은 퐁피두센터를 제외하면 최선의 장소라 할 만하다.

그럼에도 불구하고 구겐하임 미술관은 1980년대 들어서 재정 악화를 겪었다. 관람객 수입만으로는 미술관의 개보수와 확장 그리고 새로운 작품 구입에 어려움이 있었다. 그런 시기에 크렌스는 예일대 MBA 과정을 마치고 1986년 구겐하임 미술관에 입사했고, 2년 뒤에는 관장이 되었다. 그리고 그때부터 자신의 주도로 미술관의 재정문제 타개에 나섰다. 미술관 재정문제에 대한 통상적인 해결 방안은 대중성을 강화한 새로운 전시 기획, 기부금 유치와 전시공간 확장, 그리고 컬렉션을 기증할 새로운 수

---

14 페기 구겐하임은 마이어의 또다른 아들 벤저민의 딸이다. 벤저민은 타이태닉 침몰 사고 때 사망했고, 그의 유산은 딸 페기에게 상속되었다. 페기는 1930년대 말부터 유럽에 거주하며 아방가르드 예술가들과 교류하고 그들의 작품을 수집했다. 제2차 세계대전 중에는 나치의 박해를 받는 초현실주의 화가 막스 에른스트를 미국으로 피신시켰고 그와 결혼하기도 했으나 얼마 지나지 않아 이혼했다. 제2차 세계대전 후 그녀는 베네치아에 정착했고, 레오니 궁전에 거주하면서 그 공간의 일부를 자신이 수집한 컬렉션으로 미술관을 꾸몄고, 1951년부터는 대중에게 공개했다. 1976년에는 자신의 컬렉션과 레오니 궁전을 구겐하임 재단에 기증했다. 그리고 1979년 페기의 사망 후에는 구겐하임 미술관이 관리해오고 있다.

집가를 찾는 것이다. 크렌스도 그런 작업을 했다. 그는 '조르조 아르마니 전'(2000) 같은 매우 상업적인 전시를 개최하기도 했고(그 때문에 논란에 휩싸이긴 했다), 몬드리안이나 칸딘스키 또는 샤갈의 작품 같은 오래된 핵심 컬렉션의 일부를 팔아서 마련한 자금으로 새로운 작가들의 작품을 사들이기도 했다. 그리고 몇몇 유명 수집가의 컬렉션을 기부받았고, 페기구겐하임 미술관의 규모도 2배로 늘렸다. 하지만 그는 그런 전통적 해결책에 머무르지 않고 더 대담한 기획을 시도했다. 미술관을 프랜차이즈 사업과 유사한 방식으로 확장하는 것이 그것이었다.

미술품은 자신의 궁전에서 관람객을 기다리는 고요한 삶을 누리지 않는다. 미술관들은 저마다 새로운 전시를 기획하는 주체이며, 전시회의 짜임새를 위해 자신에게는 없는 미술품을 다른 미술관에서 대여해 온다. 그렇게 해서 미술관들은 상호 대여의 네트워크를 구축하게 되는데, 그런 네트워크는 자신이 자리잡은 지역의 주민들이 세상의 미술품을 더 넓고 깊게 접하게 하는 기능을 한다. 그리고 바로 그런 과정 때문에 미술품들은 세상을 떠돌아다니게 된다. 물론 미술품의 세상 나들이에는 보존 상태를 유지하면서 이뤄져야 하는 운송비나 도난이나 훼손에 대비한 보험료 등, 상당한 비용이 든다. 전시회가 성공해야 이런 비용을 감당할 수 있으며, 그런 한에서 이런 일련의 과정 밑에는 경제적인 타산이 작동한다. 하지만 전체 과정을 조망하는 시선은 문화적이고 예술적이다. 전시 '기획'의 아이디어는 예술사 연구나 예술비평으로부터 발원하고, 그것이 지향하는 목표는 지역민의 문화적 관심을 충족하고 그들의 교양을 북돋우는 것이기도 하려니와 대개 소요된 비용에 대해 공적 지원을 받기 때문이다.

그런데 이런 과정을 그것에 잠재된 경제적 관점을 활성화해서 바라볼

수 있다. 즉, 미술품 컬렉션을 신자유주의 경제학의 관점에서 하나의 자산(asset)으로 보고, 그것을 유동화하여 최대한의 수익을 뽑아내려 할 수 있다. 그러기 위해서는 미술품이 관람객이 있는 곳을 향해 적극적으로 나아가야 하는데, 지금까지 그런 기획의 주도권은 지역 미술관이 쥐고 있었다. 다시 말해 '나'의 컬렉션은 누군가 그것을 전시 기획상 필요로 할 때만 대여해줄 수 있다. 그러나 만일 어떤 미술관이 다수의 분관을 갖고 그것들 사이의 네트워크를 형성한다면, 소장 미술품들을 분관들 사이로 지속적으로 순환시킴으로써 훨씬 더 큰 수익을 창출하고, 그렇게 창출된 수익으로 컬렉션을 확장하고, 그것을 다시 작품 이동 흐름에 투입하며, 그것에 의해 발생한 수익을 더 많은 분관 확장에 사용할 수 있다.

물론 거기엔 장애가 있다. 지금까지의 분관은 공공미술관이 자국 내 한두 지역에 낸 경우들이었다(그리고 그것의 목표는 대개 해당 지역의 문화적 소외를 극복하기 위한 것이었다). 그와 달리 세계 유력 도시의 도심에 넉넉한 규모의 전시공간을 지닌 미술관을 여럿 마련하는 것은 엄청난 비용이 든다. 그러나 이런 장애는 문화적 빈곤을 타개하고 관광산업을 진흥하려는 도시들의 야망을 활용하면 극복할 수도 있다. 미술관의 브랜드파워가 맥도날드처럼 확고하다면(확고하다고 인지되면), 거의 비용을 들이지 않거나 최소의 비용으로 분관을 늘려갈 수 있다. 그리고 분관(가맹점) 확장과 본관(프랜차이즈 본사)의 브랜드파워를 선순환 관계로 이끌 수 있다면[그 경우 맥도날드가 (김치 버거 같은) 지역의 혁신을 자신의 레퍼토리로 끌어들이는 것처럼, 지역 미술품을 자신의 레퍼토리로 확장할 수 있다], 거대한 미술관 네트워크라는 컨베이어벨트를 따라 유동하며 수익과 규모를 확장하는 미술품의 세계를 구성할 수 있다. 크렌스가 어느 날 맥도날드에서 햄버거를 먹다가 이런 생각을 하게 됐

느지는 알 수 없지만, 이런 프랜차이즈 방식에 기초한 전지구적 분관 설립 방식은 맥도날드와 구겐하임의 융합이라는 의미에서 '맥구게니제이션'(McGuggenisation)이라고 불리기도 한다.[15]

크렌스는 관장으로 취임한 1980년대 말부터 곧장 구겐하임의 브랜드 파워를 활용한 미술관 프랜차이즈화를 적극적으로 시도했다. 가장 먼저 시도된 곳은 맨해튼 소호 지역에 마련된 '구겐하임 소호'를 설립하는 것이었고, 소호 개관 준비를 하는 동안 잘츠부르크, 이어서 빌바오와 협상에 들어갔다. 전자와의 협상은 잘 진행되지 않았다. 그도 그럴 것이 도시는 도시대로 자신의 상징자본이나 물리적 인프라를 기반으로 협상 조건을 자신에게 유리한 쪽으로 이끌려 하기 때문이다. 확실히 모차르트의 도시 잘츠부르크보다는 여러모로 절박했던 빌바오가 크렌스에게 쉬운 협상 대상이었고, 결국 앞서 언급했듯이 구겐하임 재단에 매우 유리한 조건으로 협상이 마무리되었다.

크렌스가 빌바오 이후 보인 행보는 그가 프랜차이즈 사업에 진심이었음을 보여준다. 도이체방크와 함께 베를린 분관을 짓기로 합의했고, 러시아의 에르미타주 미술관과 협력해서 라스베이거스에 미술관을 세우기로 합의했다. 그리고 멕시코 과달라하라와 노르웨이 헬싱키와도 분관 설립을 논의했고, 마지막으로 2001년에는 아랍에미리트의 아부다비와 분관 설립에 합의했다. 그런데 이렇게 설립된 분관들 대부분이 성공적이지 못했다. 1992년 개관한 구겐하임 소호는 관람객 부족으로 2002년 폐관했고,

---

15 Donald McNeill, "McGuggenisation? National identity and globalisation in the Basque country," *Political Geography*, vol. 19, 2000, pp. 473~94 참조. 이외에 크렌스의 활동에 대한 국내 연구로는 신상철 「뮤지엄 브랜드화 정책과 소장품 운영 방식의 변화: 구겐하임 빌바오 미술관과 루브르 아부다비 사례를 중심으로」, 『박물관학보』, 36권, 2019. 6, 119~41면 참조.

1997년 개관한 베를린 소재 '도이체 구겐하임'(Deutsche Guggenheim)도 2013년 문을 닫았다. 2001년 개관한 라스베이거스의 '구겐하임 에르미타주'(Guggenheim Hermitage) 역시 2008년 폐쇄되었으며, 과달라하라 분관과 헬싱키 분관은 해당 도시와의 이견 조율 실패로 계획으로만 남았다. 그리고 뒤에 좀더 자세히 논의하겠지만, '구겐하임 아부다비'(Guggenheim Abu Dhabi)는 사업 시작 20여년이 지난 지금까지 개관하지 못한 상태이다. 따지고 보면, 크렌스의 야심 찬 활동 가운데 지금까지 뚜렷한, 아니 놀라운 성과를 거둔 것은 MGB뿐이다. 크렌스 편에서 보면, 새로운 해외 분관 설립을 위한 첫 시도였던 빌바오에서 '성공'을 거둔 것은 행운이었고, 그로 인해 세계 유수 미술관과 박물관이 구겐하임 재단의 활동을 모방하는 일이 생겼다. 그러나 지역적인 행위자인 도시의 물리적 자원 동원과 미술관의 상징자본이 유기적으로 결합하지 않는 한 성공은 어려운 일이다. 그리고 크렌스의 여러 시도 가운데 빌바오의 독보적 '성공'이 웅변하듯이, 두 요인 가운데 더 중요한 요소는 전자라 할 수 있다.[16]

지역적 행위자와 지구적 상징자본의 매끄러운 결합이 필요한 이 복제하기 까다로운 프로젝트와 관련해서 흥미로운 사례는 아랍에미리트의 아부다비이다. 아랍에미리트는 2005년 설립된 공공합자회사 '관광 개발 및 투자 회사'(Tourism Development & Investment Company, TDIC) 주도로 아부다비 외곽에 있는 사디야트 섬을 문화예술 관광지구로 개발하기

---

16 그러나 여전히 구겐하임 재단과 뉴욕 구겐하임 미술관이 가진 상징자본의 영향력은 무시될 수 없다. 만일 구겐하임이 아니었다면, 미술관 건물 공모에 프랭크 게리, 쿱 힘멜블라우(Coop Himmelb(l)au)사 그리고 이소자키 아라타(磯崎新, 1931~2022) 같은 명성 있는 건축가와 건축회사가 경합하지는 않았을 것이다.

6-4. 루브르 아부다비의 돔 내부

로 하고, '루브르 아부다비', '구겐하임 아부다비', '자이드 국립박물관', '아부다비 예술공연센터', '아부다비 해양박물관' 등 8개의 미술관 및 예술센터를 건립했거나 건립 중이다(루브르 아부다비는 2017년 개관했다).[17] 언급한 건축물을 설계한 이는 각각 장 누벨, 프랭크 게리, 노먼 포스터(Norman Forster, 1935~), 자하 하디드(Zaha Hadid, 1950~2016), 그리고 안도 타다오(安藤忠雄, 1941~)이다. 이들 모두 건축계의 노벨상이라고도 하는 '프리츠커 건축상'(Pritzker Architecture Prize) 수상자이며, 세계 유수 도시의 기념비적 건축물의 설계자들이다. 아부다비의 프로젝트는 MGB 사례를 모방하는 동시에 더 과감한 투자를 기반으로 그것을 몇십배쯤 증폭한 프로젝트인 셈이다.

아부다비 프로젝트에서 특히 주목할 만한 것은 루브르 같은 공공미술

<hr />

17 미술관이나 예술센터 이외에 소르본 대학, 뉴욕 필름 아카데미, 뉴욕 대학 같은 서구의 유명 대학들의 분교도 사디야트 섬에 유치되고 있다.

관이 분관을 설치했다는 것이다.[18] 아랍에미리트와의 협상에서 프랑스는 루브르를 비롯한 프랑스의 여러 공공미술관 소장 작품을 대여해주고, 30년간 '루브르'라는 명칭을 쓸 수 있게 해주는 댓가로 약 10억 유로라는, 프랑스 국내 학예사들의 거센 반대를 뚫을 만한 큰 수익을 얻었다. 생각해보면, 이 일은 세계에서 가장 저명한 공공미술관이 구겐하임 재단을 흉내내며 신자유주의적인 운영방식을 도입한 매우 놀라운 사건인데, 그럴 수 있었던 것은 아부다비가 빌바오만큼이나 간절하고(이 간절함에는 세계문화가 얼마나 서구 중심적인 상징적 위계 아래 있는가를 말해주기도 한다), 빌바오보다 훨씬 더 담대한 투자를 했기 때문이다. 그러나 그것이 MGB 같은 '성공'을 거둘지는 불확실하다. 구겐하임 아부다비는 여전히 개관하지 못하고 있다. 사디야트의 여러 미술관과 예술센터 공사장에서 일하는 외국 출신 노동자들의 노동환경이 너무 열악했고, 이 때문에 "현대판 노예제"라는 비판이 쏟아졌으며, 구겐하임 아부다비와 루브르 아부다비에 대해 여러 나라 수백명의 예술가들이 보이콧을 선언하기도 했다. 또한 유대인의 이름인 것이 너무 뻔한 '구겐하임' 분관이 아랍 세계 한복판에 건립되는 것이 테러를 유발하지 않을까 하는 것에 대한 우려도 있다. 그런 중에 구겐하임 아부다비는 개관이 지연되고 있다. 그리고 주목할 점은 아부다비 이후로는 그보다 작은 규모로라도 서구 미술관

---

18 다음 글들을 참고했다. 송기형 「아부다비 루브르(Louvre Abu Dhabi) 박물관을 둘러싼 논쟁(I)」, 『프랑스학연구』 44집, 2008. 5, 215~40면; 「아부다비 루브르(Louvre Abu Dhabi) 박물관을 둘러싼 논쟁(II): '공공소장품의 양도불가성' 원칙을 중심으로」, 『한국프랑스학논집』, 62권, 2008, 215~34면; 신상철, 앞의 글; 박소정·권지연 「아부다비 도시재생 프로젝트와 구겐하임 분관 건립 계획: 쟁점과 과제」, 『예술경영연구』, 49집, 2019, 117~47면; Karolina Fabelová, "Museums for Sale: The Louvre and Guggenheim in Abu Dhabi," *Přítomnost*, No. 3, 2010, pp. 53~58.

의 신자유주의적 확장을 보여주는 눈에 띄는 사례가 없다는 것이다. 짐작건대 2008년 전지구적 주택금융위기로 신자유주의가 덜컹거리자, 미술관의 신자유주의적 지구화 동력도 약해진 듯하다.

구겐하임 빌바오 미술관의 조형물들

MGB는 확실히 그 자체로 하나의 거대한 조형물이다. 네르비온 강가의 캄포볼란틴 산책로(Paseo Campo Volantín)를 따라 입구를 향해 다가가면, 더욱 그렇게 느껴진다. MGB 주변의 몇몇 조각들 사이를 지나다보면, 미술관에 들어가기도 전에 이미 갤러리를 거니는 듯하다. 파란 하늘과 네르비온강이 MGB와 몇몇 조각품을 전시한 미술관인 듯이 느껴진다고나 할까.

몇개의 조각작품 가운데 제일 먼저 마주쳤고 가장 인상적이었던 것은 거대한 거미 모양을 한 루이즈 부르주아(Louise Bourgeois, 1911~2010)의 「엄마」(Maman)였다. 머리 아래 알을 배고 있는 거대한 금속성 거미 형상을 파란 하늘을 배경으로 올려보았다. 신화적 풍경으로 느껴졌다. 거미 아래 있자니 거미가 나를 가두고 있는 것도 같고, 감싸고 있는 것도 같이 느껴졌다. 그래서 거대하지만 앙상하고, 앙상하지만 강인해 보이는 금속성의 거대한 거미가 어머니에 대한 모종의 트라우마적 체험을 형상한 것인지 힘겹게 아기를 보호하고 있는 모성을 구현하고 있는지 모호했다.

좀더 앞으로 걸어가자, 미술관 옆의 얇고 넓게 펼친 수조에서 안개가 확 밀려왔다가 서서히 물러가길 반복했다. MGB의 안내책자를 읽어보기 전까진 그것이 나카야 후지코(中谷芙二, 1933~)의 설치미술 「안개 조각」

6-5. 루이즈 부르주아 「엄마」, 2002, MGB(위)
6-6. 나카야 후지코 「안개 조각」, 1998, MGB(아래)

(Fog Sculpture)이란 걸 모르고, 그저 뭔가 인공적인 장치가 있나보다 했다. 아무튼 안개가 갑자기 밀려오자, 풍경이 새롭게 보였다. 이미지를 형상화하는 것이 아니라 존재하는 이미지를 지각할 조건을 변환한다는 발상이 신선한 작품이었다.

다음으로 제프 쿤스(Jeff Koons, 1955~)의 「튤립」(Tulips)이 보였다. 쿤스는 유아적이거나 키치적인 대중문화 요소들을 과장된 색감과 광택을 지닌 물체로 표현하는 작업을 해온 작가이다. 그의 작품들은 미국인들의(우리도 상당히 동기화된) 일상을 구성하는 광고나 엔터테인먼트 산업적 요소들을 유희의 대상으로 삼고 그것에 대해 성찰을 유도한다. 하지만 그 성찰은 꽤 모호해서 '비판적' 성찰로 다가오진 않았다. 「튤립」은 1994년부터 제작되기 시작한 그의 '축하 시리즈'(Celebration series) 가운데 한 작품이다. 어린이용 형광색 풍선 튤립을 거울 처리 마감된 스테인리스스틸로 다시 만들어낸 것인데, MGB 앞에 놓인 축하 꽃다발인 듯이 놓여 있다. 하지만 그런 구실을 하기에는 너무 외진 곳에 놓여 있고, 거대한 MGB에 비해 너무 작다. 사실 MGB의 규모를 생각하면 야외 조형물도 존재감을 보이기 위해서는 「엄마」 정도 크기는 되어야 할 듯했고, 그런 점만 놓고 보면 '아기레 광장'에 놓인 쿤스의 또다른 작품 「강아지」(Puppy)가 더 잘 어울렸다.[19] MGB라는 피라미드 앞에 서 있는 스핑크스처럼 보이는 11미터 높이의 커다란 「강아지」는 형형색색의 꽃으로 장식되어 있는데, 애완견처럼 방문객을 맞아준다. 그렇게 꽤 멋지고 존재감이

---

19 ETA는 국왕 후안 카를로스 1세가 참석하는 MGB 개관식에 폭탄테러를 기획했다. ETA 요원들은 정원사로 위장해서 '강아지' 옆에 폭탄이 든 화분을 설치하려 했는데, 그것을 저지하려다가 바스크 경찰관 호세 마리아 아기레(Jose María Aguirre, 1962~97)가 사망했다. 그를 추모하는 뜻에서 강아지가 있는 광장을 '아기레 광장'(Plaza Aguirre)으로 명명하게 되었다.

6-7. 제프 쿤스의 「튤립」(1994, 왼쪽)과 애니시 커푸어의 「키 큰 나무와 눈」(2009, 오른쪽)

6-8. 제프 쿤스 「강아지」 1992, MGB
뒤로 이베르드롤라 타워와 데우스토 대학 도서관이 보인다.

뚜렷하긴 했지만, 「강아지」의 경우 티타늄으로 지어진 건축물 앞을 지키 듯이 놓인 형상으로는 그렇게 잘 어울려 보이진 않았다. 그런 점에서, 그러니까 옆에 서 있는 티타늄 건물의 질감과의 조화를 생각하면 「튤립」이 「강아지」보다는 더 잘 어울리고, 그보다 더 잘 어울리는 것은 크기도 '적절한' 애니시 커푸어(Anish Kapoor, 1954~)의 작품이었다. 광택 나는 구 (球) 모양의 스테인리스스틸들을 이어 붙인 수직적 조형물에 커푸어는 '키 큰 나무와 눈'(Tall Tree & The Eye)이라는 표제를 붙였다. 실제로 '눈' 처럼 구들은 외부 세계를 비추고 있다(가까이에서 보면 아주 선명하게 그렇다). 그리고 나무처럼 구들은 복제를 거듭하면서 자라나고 있는 듯이 보인다. 세계를 지각하면서 서로를 복제하면서 위로 자라나는 형상은 풍부한 은유적 자질을 품고 있었다.

리처드 세라와 「시간의 질료」

MGB는 외부에서 내부를 짐작하기 어려운 건물이다. 그래서 과연 MGB의 굉장한 외관이 미술품을 전시하는 미술관 본래의 기능에도 부합하는 것인지 궁금한 마음으로 입장했다. 멀리서 보면 티타늄 패널만 두드러져 보이지만, 그것이 슬쩍 가리고 있던 철골과 유리 그리고 석회암으로 이뤄진 모습이 드러났다. 하긴 티타늄만으로 건물을 세울 수가 있겠는가.

입장하니 곧장 아트리움이 나타났다. 밖에서는 철골과 유리가 잘 보이지 않았는데 아트리움으로 들어서니 글래스커튼월이 활짝 펼쳐졌다. 빛이 한가득 쏟아져 들어오고 외부도 시원하게 조망되었다. 이 아트리움을

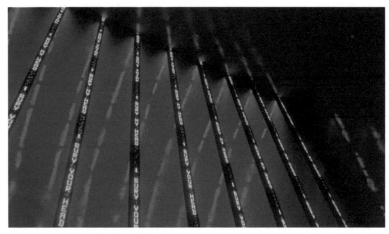

6-9. 제니 홀저 「빌바오를 위한 설치」, 1997, MGB

중심으로 2층과 3층에 갤러리가 배치된 구조였다. 비교적 빛이 적게 드는 아트리움 한쪽 구석에는 제니 홀저(Jenny Holzer, 1950~)의 「빌바오를 위한 설치」(Installation for Bilbao)가 전시되어 있었다. 영어, 스페인어, 바스크어의 메시지가 담긴 아홉줄기의 표지판에 LED로 쓰인 텍스트가 위에서 아래로 혹은 아래에서 위로 흐르고 때로 점멸하기를 반복했다. 처음에는 표지판 위를 빠르게 흘러가는 대문자의 외국어 텍스트 내용을 알아채기 쉽지 않았다. 그 가운데 영어 메시지 몇개만 눈에 들어왔다. 대략 이런 것들이다. "(…) I search you. I breath you. I speak. I smile. I touch your hair. You are the one who did this to me. You are my own. You are part of me…"(구두점은 필자 추가.) 홀저는, 도심의 광고용 전광판에서 상업적인 내용만이 아니라 좀더 긴급하고 중요한 메시지, 삶과 타인의 의미에 대한 사유를 촉구하는 메시지를 볼 수 있기를 간청한다.

좀더 안으로 들어가자, 아트리움의 한쪽 편으로 커다란 공간이 펼쳐졌다. 밖에서 볼 때 MGB를 커다란 배나 물고기처럼 보이게 했던 부분

6-10. 2층 발코니에서 본 리처드 세라의「시간의 질료」

의 내부 공간이 바로 그곳이었다. 거의 40미터쯤 되는 긴 전시장은 통상
적인 미술관 갤러리와 달리 컨벤션센터의 중앙홀처럼 큰데다 넓어졌다
가 다시 좁아지는 유선형이어서 '물고기 갤러리'라고 불렸다 한다. 이 커
다란 갤러리를 채우고 있는 작품은 리처드 세라(Richard Serra, 1938~2024)
의「The Matter of Time」이다. '시간의(이라는) 문제? 질료? 질량?' 작품
을 다 둘러보고 나서도 'matter'를 어떤 말로 옮겨야 좋을지 잘 알기 어려
웠다(편의상 '시간의 질료'로 옮긴다). 8개의 (짓다가 만 건물이라고 해
도 좋을) 조각이 연이어 세워져 있다. 각각에 붙여진 이름은「비틀린 나
선: 닫힌 열린 닫힌 열린 닫힌」(Torqued Spiral: Closed Open Closed Open
Closed),「비틀린 타원」(Torqued Ellipses),「비틀린 이중 타원」(Torqued
Double Ellipses),「뱀」(Snake),「비틀린 나선: 오른쪽 왼쪽」(Torqued Spiral:
Right Left),「비틀린 나선: 열린 왼쪽 닫힌 오른쪽」(Torqued Spiral: Open
Left Closed Right),「원환면과 구(球) 사이」(Between the Torus and the
Sphere),「역전된 맹점」(Blind Spot Reversed)이다. 일부 표제는 생김새를

그대로 묘사하고 있지만, '원환면과 구 사이'나 '역전된 맹점'은 표제와 형태 사이에 괴리가 있고, 3개의 긴 띠 모양의 벽이 병렬하고 있는 '뱀'의 경우는 은유적인 표제이다. 그러나 명명과 형태의 변이에도 불구하고 암청색과 황갈색 사이의 색조를 띤, 같은 강철 재질에 4미터 좀 넘는 같은 높이의 벽으로 이뤄진, 그래서 통일성이 느껴지는 조각들이 연작으로 장대하게 펼쳐진다.

미니멀리스트 조각가인 리처드 세라는 '장소 특정적 미술'(site-specific art)을 둘러싼 논쟁으로 유명하다.[20] 1979년 미국 연방 행정청은 공공예술 프로그램의 일환으로 맨해튼의 연방광장(Federal Plaza)에 설치할 조각을 세라에게 의뢰했고, 세라는 1981년 높이 약 3.7미터에 길이 약 37미터의 약간 기울어진 호 모양의 철강 패널을 세웠다. 논란 끝에 이 조형물은 1989년 철거되었다. 기울어진 호가 어떤 느낌을 주는지 경험할 기회가 더는 없는 셈이다. 하지만 설치 당시의 사진들을 보면, 대략적인 짐작은 가능하다. 광장을 반분하는 「기울어진 호」는 공공 조형물에 요청되는 기념이나 장식 같은 관습적 기능을 거부하고, 광장과 맺는 우리의 관계를 바꾸는 일을 시도한 것으로 보인다. 요컨대 그것은 관람자의 삶에 침범하고 기성의 질서에 도전한다. 철거를 주장했던 이들은 '기울어진 호'로 인한 동선(動線)의 불편과 시각적 차단을 호소했는데, 그것이야말로 「기울어진 호」가 유발하고자 한 효과였다. 그런 불편이야말로 사물에 대한 새로운 지각과 새로운 동선, 그리고 생활양식의 변화를 함축하기 때문이다. 세라의 이런 시도는 장소 특정성이 장소와의 유기적 관계 형성만을 뜻하는 것만은 아니라는 것, 오히려 "공격적으로 장소를 가로질러 분할하며,

---

20 장소 특정적 예술 전반에 대한 논의는 권미원의 빼어난 저서 『장소 특정적 미술』(김인규 외 옮김, 현실문화 2013) 참조.

그럼으로써 심미적으로 순화된 공공공간이 숨기고 있는 사회적 분화와 배제 그리고 파편화를 그대로 드러"[21]냄으로써 장소의 의미를 재구성하려고 시도하는 것일 수 있음을 보여준다.

그렇다면, 「시간의 질료」는 장소 특정적인가? 만일 그렇다면 어떤 의미에서 장소 특정적인가? 「시간의 질료」 가운데 한 작품인 「뱀」은 1997년 MGB 개장에 맞춰서 의뢰되었고, 물고기 갤러리에 설치하기 위한 작품이었다. 이와 달리 「비틀린 타원」은 1999년 로스앤젤레스 MOCA(The Museum of Contemporary Art)에서 처음 전시된 작품이었다. 토마스 크렌스와 MGB의 관장 후안 이그나시오 비다르테(Juan Ignacio Vidarte)는 「비틀린 타원」에 감명을 받았고, 「뱀」에 이어 이 작품도 MGB 영구전시를 제안했다. 더 논의가 진행된 뒤, 2003년 지금과 같은 8개 작품으로 구성된 「시간의 질료」 제안서를 MGB가 수용했다. 세라는 2004년 독일에서 제작된 38개의 거대한 철판을 들여와 미술관 주차장에서 조립한 다음 미술관 안에 설치했고, 2004년 6월 대중에게 공개했다. 순차적인 과정이지만, 「시간의 질료」는 특이한 형태의 빈 공간을 채우면서 그것을 구성한 프랭크 게리와 자신을 담은 건물에 말을 건네고 있다는 점에서, 오직 그곳에서만 수행할 수 있는 일을 하고 있다는 의미에서 장소 특정적이다. 다시 말해 「시간의 질료」는 배정된 공간에 있다기보다 자신이 자리한 공간 자체를 구조화하는 역할을 한다. 관람자는 「시간의 질료」 사이를 돌아다니게 되는데, 그때 그는 어떤 건물들 사이를 돌아다닌 것처럼 느낀다. 그는 관조적으로 작품을 감상한다고 하기 어렵다. 오히려 「시간의 질료」가 만들어낸 굴곡과 협곡, 완만한 기울어짐과 둥글게 감김, 비틀어진 금이 그

---

21 같은 책 119면.

어진 듯한 천장 풍경과 안식처처럼 느껴지는 둥그런 내부를 경험한다. 원환면과 나선면 그리고 타원면을 따라 걷다보면, 방향감각은 물론이고 평형감각마저 약간씩 흔들린다. 그렇게 공간을 특정하게 구조화하는 「시간의 질료」는 매끈한 티타늄의 거대한 하이테크 물고기 같은 MGB의 암갈색 또는 녹청색 내장 같기도 하다. 그렇게 외부에 대항하는 또는 어긋나는 내부를 구성하면서 MGB 자체를 새롭게 느껴보게 한다.

「시간의 질료」를 거닐면 당연하게도 새로운 '공간'경험에 유도된다. 그런데 왜 '시간'의 질료일까? 공간경험은 일련의 시간적 경과를 요구하는 동선과 그것을 따라가는 동작을 통해서 이뤄질 수밖에 없음을 염두에 둔 것일까? 「시간의 질료」를 구성하는 조각들은 표제가 말한 대로 휘어지고 감기고 좁아지고 다시 넓어지는 경로를 관람자에게 제시하고 그들을 인도한다. 우리는 조각의 안팎을 걷고, 멈추고, 돌고, 누군가와 마주치고, 문득 올려다보고, 틈 사이로 내다보고, 더듬어본다. 짧지만 순례와 같은 이 과정에서 일상의 시간은 우리 호주머니 밖으로 삐져나오고, 우리는 어딘가에서 그것을 마침내 떨군다. 그리고 그 대신 따스한 황갈과 녹청의 색조를 띤 두꺼운 열간압연 강철(hot-rolled steel)의 녹슨 벽이 자아내는 눅눅한 시간을 만나게 된다. 그것은 안식과 휴식을 주는 정결한 사원의 시간이다.

MGB의 2층 발코니는 「시간의 질료」를 거닐며 내가 겪은 체험을 다시 조망할 기회를 준다. 거기서 보면, 수백 톤의 강철들인데도 유연하게 구부러져 둥지를 튼 듯한 타원과 나선형 조각품들은 유기체적인 느낌을 준다. 어떤 것은 앵무조개 같다. 그리고 그곳을 돌아다니는 관람자들이 조형물의 일부인 듯이 다가온다. 사실 언제나 관람자들과 섞이고 어울리도록 조형물이 설치되었으므로 어떤 의미에서 관람자들은 초대되고 예

정된, 움직이는 조형물이라고 해도 이상할 게 없다. 관람자는「시간의 질료」를 더 동적이고 생기 있게 만든다.

302호 갤러리의 안젤름 키퍼

2층에 올라가니 '데이비드 호크니: 82점의 초상화와 한 점의 정물화'라는 특별전이 열리고 있었다. 평소 데이비드 호크니(David Hockney, 1937~)에 대해 큰 관심이 없었던 터라, 반색하고 본 것은 아니었다. 호크니가 2012년 이후 몇년간 가족과 지인들을 자신의 스튜디오로 초대해서 같은 크기의 화폭에, 같은 파란색 배경에, 같은 의자에 앉은 모습을, 3일이라는 같은 시간 내에 그렸다는 초상화들이 전시되어 있었다. '모두'를 '기념할 만한 장중한 존재'로 만드는 이 시도는 민주주의와 귀족주의가 융합하고 있다. 하지만 비슷한 구도와 색감의 초상화가 계속 이어져서

6-11. MGB '데이비드 호크니 특별전'(2017) 풍경

개별 작품 하나하나에 관심을 기울이기 어려웠다. 개별자들의 '기념할 만한 장중한' 면모를 감지하려면, 좀더 호크니의 생활세계적 맥락에 가까이 다가가야 할 것이다. 하지만 몇몇 작품들은 나처럼 호크니의 생활세계로부터 동떨어진 관람자에게도 쏘는 듯이 강렬하게 개별성을 주장했다. 그런 작품들은 사진을 찍어두고 싶었으나 촬영금지였다. 아쉬운 마음에 전시회 풍경만 한장 슬쩍 찍었다.

3층으로 올라갔다. 여러 작품이 있었지만, 인상적인, 아니 충격적이라 해도 좋을 만한 작품은 302호 갤러리의 안젤름 키퍼(Anselm Kiefer, 1945~)의 것들이었다. 파울 첼란(Paul Celan, 1920~70)에 관심을 가졌을 때, 관련 자료를 뒤적이다가 첼란의 시를 모티브로 한 작품을 그린 화가로 그를 접했고 인터넷에서 도판 몇개를 보긴 했지만, 그렇게 끌리진 않았다(뒤에 언급하겠지만, 키퍼의 작품은 작은 도판으로 봐서는 그 힘과 매력을 느끼는 것이 불가능하다).

키퍼는 홀로코스트를 자행한 국가인 독일의 시민이 제2차 세계대전 후 자국 역사와 어떤 관계를 맺어야 하는지를 철저히 탐구하는 '역사적 회화'를 추구한 화가로 알려져 있다. 그를 유명하게 만든 초창기 작품으로 「점령」(Besetzungen, 1969)이 있다. 나치 독일의 옛 점령지를 찾아가 아버지의 낡은 군복을 입고 나치식 경례를 하는 모습을 찍은 연작 사진이다. 꽤 충격적이어서 작품의 의도와 의미에 대해 의문이 생기지 않을 수 없는 작품이며, 실제로 작품에 대해 "친(親)나치적"이라는 비판이 쏟아지기도 했다. 그러나 「점령」을 어떻게 해석할지는 「점령」이 점령의 '재연(再演)' 또는 '반복'이라는 점에 주목하면서, 반복행위가 어떤 작용을 한다고 보는지와 관련된다.

반복행위는 그 대상을 되찾으려는 욕망에 이끌린다. 그런 의미에서 반

복에는 어떤 맹목성과 위험이 있다. 그러나 반복은 원초적 행위를 재구성하는 동시에 그것과의 차이를 가시화하는 과정이기도 하다. 다시 말해 우리는 반복을 통해서만 최초의 행위를 이해할 수 있다. 완전히 일회적인 행위는 이해의 피안에 있고, 그것이 바로 트라우마의 특성이다. 가상적이고 정신적인 반복은 최초 행위를 다루고 순치하여 의미화하는, 즉 트라우마를 극복하는 기본적인 방법인 셈이다.

1945년생인 키퍼는 아마도 독일의 역사적 수치와 죄의식을 체험이 아니라 전승의 형태로 떠안았을 것이다. '전승된 죄의식'은 주체화되지 않은 선험적 형벌과 같다. 주체화되지 않는 죄의식은 내적 회피에 어색하게 덧댄 외적 포즈일 뿐이다. 주체를 과거의 상실과 제대로 된 관계를 형성하는 '애도'(mourning)에 이르게 하지 못하고, 그것의 실패 상태인 '멜랑콜리'(melancholy)로 몰아넣는다.[22] 이런 궁지를 벗어나려면 과거의 잘못된 순간, 타국을 점령한 순간을 '점령하는', 반복하는 작업이 필요하다. 그것은 과거의 망령에 점령 '될' 수도 있는 불길한 일이지만, 위험을 감수하는 철저함 없이 역사적 정체성을 제대로 구성하기는 어려울 것이다.

키퍼가 첼란의 시에 기울인 관심 그리고 그의 시 「죽음의 푸가」를 모티브로 해서 그린 30여점의 회화도 그런 독일인의 자기탐구 그리고 애도 작업과 관련된다. 키퍼에게 지속적인 영감을 불어넣은 첼란의 「죽음의 푸가」의 일부를 보자. 몇개의 문장(주제)이 바흐의 『푸가의 기법』에서처럼 대위법적으로 교직되는 첼란의 「죽음의 푸가」는 우리의 마음을 싸늘한 심연으로 밀어 넣는 시다.

---

22 '애도'와 '멜랑콜리'의 차이에 대해서는 프로이트의 고전적 논의를 참조하라(국역판으로는 「슬픔과 우울증」, 『정신분석학의 근본 개념』(개정판), 윤희기·박찬부 옮김, 열린책들 2020).

새벽의 검은 우유 우리는 마신다 저녁에

우리는 마신다 점심에 또 아침에 우리는 마신다 밤에

우리는 마신다 또 마신다

우리는 공중에 무덤을 판다 거기서는 비좁지 않게 눕는다

한 남자가 집 안에 살고 있다 그는 뱀을 가지고 논다 그는 쓴다

그는 쓴다 어두워지면 독일로 너의 금빛 머리카락 마르가레테

그는 그걸 쓰고는 집 밖으로 나오고 별들이 번득인다 그가 휘파람으
로 자기 사냥개들을 불러낸다

그가 휘파람으로 자기 유대인들을 불러낸다 땅에 무덤 하나를 파게
한다

그가 우리에게 명령한다 이제 무도곡을 연주하라

새벽의 검은 우유 우리는 마신다 밤에

우리는 너를 마신다 아침에 또 점심에 우리는 너를 마신다 저녁에

우리는 마신다 또 마신다

한 남자가 집 안에 살고 있다 그는 뱀을 가지고 논다 그는 쓴다

그는 쓴다 어두워지면 독일로 너의 금빛 머리카락 마르가레테

너의 잿빛 머리카락 줄라미트 우리는 공중에 무덤을 판다 공중에선
비좁지 않게 눕는다[23]

---

23 「죽음의 푸가」 1연과 2연이다. 전문은 『어두운 시대와 고통의 언어』, 전영애 지음, 문학과
지성사 1986, 47면을 보라. 인용하면서 "너의 재가 된 머리카락"이라는 전영애의 번역을
"너의 잿빛 머리카락 줄라미트"로 바꾸었다. 독일식으로 발음하면 줄라미트(Sulamith)인
술람미트(shulammit)는 「아가」에 등장하는 '보랏빛' 머리카락의 아름다운 예루살렘의 처
녀이다〔국역본 『성경』(한국천주교교회의, 2005)은 "술람밋"으로 옮기고 있다〕. 그러므로

6-12. 안젤름 키퍼 「줄라미트」 1983, 288.29×370.84cm, SFMOMA

　"마르가레테"와 "줄라미트"라는 두 소녀, "한 남자", 그리고 불려 나와서 사역(事役)하는 유대인("우리")이 등장한다. "우리"는 생명의 원천인 하얀 우유가 아니라 (죽음의) 검은 우유를 마시고(또 마시고), 제 무덤을 파는 일에 동원되고, 또 그 작업을 위무하는 음악을 연주해야만 한다. 독일인 "한 남자"(그는 유대인 수용소의 경비원이다)는 독일 고향 마을에 있는 "마르가레테"의 "금빛 머리카락"을 그리워하며 그녀에게 편지를 쓴다. 그 사랑에 빠진 남자가 "우리"를 향해서 "사냥개"를 부르고 허

　"잿빛 머리카락"은 의미상 나치에 의해 불태워져 "재가 된 머리카락"으로 옮기는 것이 적절하지만, 시의 함축성을 살리기 위해 그리고 그것이 키퍼의 회화 제목이기도 해서 "잿빛 머리카락"으로 바꾸었다. 줄라미트가 아름다운 유대인 여성을 상징한다면, 『파우스트』의 여주인공 이름인 마르가레테는 아름다운 독일 여성을 상징한다.

리에 찬 "총"을 휘두르고, 보랏빛 머리카락을 가진 유대인 소녀 "줄라미트"를 불구덩이로 밀어 넣는다.

키퍼는 이 시에 등장하는 두 소녀를 제목으로 한 「너의 금빛 머리카락, 마르가레테」(dein goldenes Haar, Margarethe, 1981)와 「너의 잿빛 머리카락, 줄라미트」(dein aschenes Haar, Sulamith, 1981)라는 두폭의 풍경화를 그렸다. 두 그림은 모든 게 갈아엎어지고 불타버린 농토를 그린 것이라, 풍경화라고 하기에 너무 비참하다.

아마도 「죽음의 푸가」와 연관된 키퍼의 작품 가운데 가장 섬뜩한 작품은 「줄라미트」(Sulamith)일 것이다. 아치형의 빨간 벽돌로 지은 지하실을 그린 그림이다. 그림 속 건축물은 1938년 나치 건축가 빌헬름 크라이스(Wilhelm Kreis, 1873~1955)가 설계한 베를린 군사령부 지하에 있는 '위대한 독일 병사를 위한 장례식장'(Funeral Hall for the Great German Soldiers, in the Hall of Soldiers)을 모티브로 하고 있다. 키퍼는 제2차 세계대전 종전 이전에 지어진 독일의 기념비적 건물에 대한 비판적 성찰을 수행하는 작품을 여럿 제작했는데,[24] 「줄라미트」도 그런 작업과 연장선에 있다. 이 그림에서 장례식장은 애국적인 깃발을 흔드는 위인들의 기념관이 아니라 어두운 벽돌로 지어진 지옥으로 가는 길이다. 낮은 아치로 인해 머리를 낮추고 들어가야 하는 화면 깊숙한 곳에서는 지옥의 불길이 타오르고 있다. 그곳은 거대한 저주의 벽돌 오븐인 것이다. 그곳으로부터 연기가 천장을 타고 앞으로 밀려 나온다. 무엇이, 누가 탄 것인가? 유대인 소녀 줄라미트와 그녀의 보랏빛 머리카락일 것이다. 그러했음은 왼편 상단에 하얀 페인트로 휘갈겨진 이름을 통해 증언되고 있을 뿐이다(그 글씨마저

---

24 나치 총리 관저의 집무실을 주제로 한 「내부」(Innenraum, 1981)나 총리 관저의 '명예의 안뜰'을 주제로 한 「아타노르」(Athanor, 1991)가 그런 예이다.

없었다면, 줄라미트의 실존은 재와 연기만 남기고 침묵에 빠져들었을 것이다).

302호 갤러리에서 만난 키퍼의 작품은 독일 역사와 신화에 대한 성찰 작업이 서구 역사와 신화 전반에 대한 성찰로 확장한 1980년대 말 이후의 작품들이었다. 고작 네 작품이 전시되고 있었지만, 모두 매우 강렬한 작품들이었다.

가장 인상적인 것은 「두 강 사이의 땅」(Zweistromland)이었다. 'Zweistromland'는 가운데를 뜻하는 '메소'(μεσο)와 강을 뜻하는 '포타미아'(ποταμία)를 합성한 그리스어 '메소포타미아'(Μεσοποταμία)에 해당하는 독일 말이다. 실제로 그림 좌우에 회색의 스티커 같아 보이는 곳에 각각 "유프라테스"와 "티그리스"라고 씌어 있다. 그림은 인간문명의 기원이라 일컬어지는 메소포타미아 문명을 형상화하고 있는 셈이다.[25]

---

25 회화 안에 텍스트를 도입하는 것은 키퍼가 자주 사용하는 기법이다. 「두 강 사이의 땅」에서 텍스트는 메소포타미아 문명이 처음 발명한 문자의 위대한 영향사를 상징하는 듯이 보인다. 키퍼의 다른 회화에서는 텍스트가 이보다 더 적극적인 역할, 화면 내용과 충돌하거나 그것에 대한 성찰을 촉구하기도 한다. 예컨대 1976년 작 「바루스」(Varus)가 그렇다. 뭔가 처연한 분위기가 풍기는 눈 내린 숲에 여기저기 핏자국 같은 것이 뿌려져 있는 그림인데, 왼쪽 구석에는 검은 글씨로 '바루스'(Varus)가, 그리고 중앙과 오른쪽 아래에는 흰색 글씨로 각각 '헤르만'(Hermann)과 '투스넬다'(Thusnelda)라고 씌어 있다. 바루스는 게르마니아에 파견된 로마 총독이다. 그는 서기 9년 토이토부르크(Teutoburg) 숲에서 헤르만을 중심으로 뭉친 게르만족과의 전투에서 대패했다(투스넬다는 헤르만의 부인이다). 이 그림은 독일적 정체성의 뿌리에 있다고 주장되는 '토이토부르크 숲의 전투'를 그린 것이다. 그런데 그림 상단에 여린 흰색 글씨로 "피히테"(Fichte), "클롭슈토크"(Klopstock), "클라이스트"(Kleist) 같은 독일 철학자와 작가 이름이 거미줄 같아 보이는 선으로 연결되어 있고, 이 선이 헤르만까지 이어진다. 이들은 모두 낭만주의 시대에 활동하면서 헤르만을 독일 민족의 영웅으로 신화했던 이들이며, 로마 역사서에 '아르미니우스'(Arminius)로 표기된 게르만 장수를 독일식 이름인 헤르만으로 재명명하는 작업을 했던 이들이다. 키퍼는 이런 문자들을 도입함으로써 천년도 더 지난 과거가 현재의 평범한 숲을 의미화했던 방식, 그리고 그렇게 구성된 '독일 됨'이 초래한 나치의 범죄에 관해 성찰을 촉구한다.

6-13. 안젤름 키퍼 「두 강 사이의 땅」 1995, 416×710cm, MGB

　키퍼는 자신이 익숙하게 사용해온 (물감이 돌출될 정도로 두껍게 칠하는) 임파스토(impasto) 기법과 이질적인 소재를 붙여 넣는 콜라주(collage) 기법들을 여기서도 사용했다. 아크릴에 수지(shellac)와 유화제(emulsion)를 사용해서 산화한 납이나 구리 같은 금속, (종종 불태운) 짚이나 면(綿) 또는 나무 조각이나 전기 분해된 소금 등을 얼기설기 붙이면서 유화를 그려나갔다. 이렇게 회화의 물성(matière)이 강조되는 그림은 직접 대면하지 않는 한 그것이 전달하는 강렬한 감정을 느끼기가 거의 불가능하다. 더구나 너비가 7미터가 넘는 대작인 「두 강 사이의 땅」은 더욱 그렇다.

　거칠고 폭력적으로 붓질 된 이 그림을 통해 키퍼는 우리를 문명의 시원으로 데려간다. 그 풍경은 불길하다. 깊은 한숨만으로도 땅으로 무너져 내릴 듯한 회백색과 청록색의 무거운 하늘이 있고, 그 아래로 거칠게 흐르는 그러나 윤곽이 불분명한 두줄기 강물이 있다. 그리고 그 사이로 얕

480

6-14. 302호 갤러리
안젤름 키퍼의 「해바라기」(1996)와 「밤의 저명한 기사단」(1997)이 보인다.

고 맑은 물과 고운 진흙땅처럼 보이는 부분이 있다. 전체 화면은 무심하
고 먹먹한 느낌을 주지만 동시에 매우 역동적으로 화면 중앙 수평선의
소실점을 향해 흐른다. 문명이 그것을 낳은 강물처럼 하염없이 흘러가는
느낌이다. 창조와 파괴, 생명과 죽음, 희망과 절망, 이런 것들이 모두 뒤
섞여 지금 우리가 서 있는 자리일 소실점을 향해 쇄도한다. 아마 그 소실
점에는 키퍼에게 언제나 질문으로 되돌아오는 홀로코스트가 있을 것이
다. 그리고 아마도 이스라엘에 의한 가자지구에서의 학살과 기후위기도
놓여 있을 것이다.

　「두 강 사이의 땅」 옆에는 「해바라기」(Tournesols)와 「밤의 저명한 기사
단」(Die berühmten Orden der Nacht)이 걸려 있다. 둘은 유사한 구도의 그
림이다. 「해바라기」에서는 한 사내가 땅속에 누워 있는데 그위로 검은 해
바라기, 그러니까 노란 꽃잎이 다 떨어지고 씨를 수확할 시기가 된 해바
라기가 서 있고, 「밤의 저명한 기사단」에서는 한 사내가 메마르고 갈라진

땅바닥에 누워 있고 그위로 별이 가득한 밤하늘이 펼쳐져 있다. 「해바라기」의 사내는 죽은 듯이 보이고, 해바라기들의 뿌리가 그의 신체로부터 양분을 빨아들였던 것으로 보인다. 검은 해바라기들은 꽃 머리에 그득하게 영근 씨앗을 대지에 떨구고 사라지기 직전이다. 사내의 죽음이 해바라기의 생명으로, 해바라기의 죽음이 곧 발아할 수많은 씨앗으로 순환하는, 깊은 어둠과 신비를 간직한 힘겨운 탈바꿈 과정을 보여주는 듯하다. 미술관 팸플릿을 읽어보니 대우주와 소우주(인간과 개별 생명체)의 연관을 강조한 16세기 신비주의자 로버트 플러드(Robert Fludd, 1574~1637)의 영향이 뚜렷한 작품이라는 간략한 해설이 붙어 있었다. 그 해설을 실마리로 해/해바라기, 해 진 뒤 밤하늘/노란 꽃잎이 진 검은 해바라기, 밤하늘의 별/빼곡하게 영근 해바라기씨 같은 상징적 상응(相應)을 추론할 수는 있을 것 같다. 그러나 여전히 플러드에 대한 이해(그리고 공부) 부족으로 이 그림이 주는 심미적 충격을 감당할 만한 이해에 이르기는 어려웠다.

「밤의 저명한 기사단」도 이해하기 쉽지 않은 그림이었다. '기사단'이 뭘 뜻하는지 제목부터 이해하기 어려웠다. 하지만 「해바라기」와 달리 그림의 정서에 쉽게 동화되었다. 그림 속 사내는 고요하지만 약간은 긴장된(그래서 단정한) 자세로 누워 있다. 그는 눈을 감고 명상에 잠긴 듯이 보이기도 하고, 밤하늘을 응시하고 있는 듯이 보이기도 했다. 이 그림은 독일 낭만주의 화가 카스파르 다비드 프리드리히(Caspar David Friedrich, 1774~1840)의 「안개 바다 위의 방랑자」(Der Wanderer über dem Nebelmeer, 1818년경)를 떠올리게 한다. 이 작품은 거대한 자연의 위력 앞에서 감성적으로는 두려움과 경외감을 느껴도 정신의 힘으로 그것을 감당하는 주체와 그런 주체가 자신에게 느끼는 숭고 감정을 표현한다. 그리고 관람자

는 긴장한 근육이 느껴지는 등만 보이는 방랑자와 자신을 동일시하게 된다. 그러나 「밤의 저명한 기사단」의 사내는 다르다. 그는 수없이 많은 별로 가득한 밤하늘과 대결하지 않고, 오히려 거대한 하늘의 힘을 메마른 대지에 전하는 전도체인 양 순명(順命)의 자세로 고요히 누워 있다. 그리고 관람자 또한 「안개 바다 위의 방랑자」의 경우와 달리 사내와 자신을 동일시하지 않는다. 밤하늘과 대지를 매개하는 사내의 고요한 집중을 경이롭게 바라보게 될 뿐이다. 그것은 분명 칸트가 생각한 것과는 다른 숭고였다.[26]

나머지 작품인 「베레니케」(Berenice, 1989)는 302호 갤러리 한가운데 놓여 있는, 추락한 비행기의 날개(위에 "Berenice"라고 쓰여 있다)와 그 아래 깔린 동체 일부 그리고 그 동체의 입구에 기이하게도 삐쭉이 나온 머리카락 뭉치로 이뤄진 조형물이다. 이 작품이 의미하는 바는 베레니케라는 인물에 대해서 모르고는 알기 어렵다. 베레니케(Berenice, AD. 28~81 이후)는 「마태오 복음서」에서 새로 태어난 아기들을 죽이라고 명령했다는 (물론 실제 역사에서 그런 일은 없었다) 헤로데 대왕의 증손녀이다. 그러니까 기원 1세기 로마제국의 속국이었던 유대왕국의 공주였다. 그녀는 열살 이상 연하였던 로마 황제 티투스(Titus Caesar Vespasianus, AD. 39~81)의 연인으로도 유명하다. 티투스가 66년 발발한 제1차 유대-로마전쟁

---

26 칸트는 숭고와 관련해서 다음과 같이 말했다. "자연이 우리의 미감적 판단에서 숭고하다고 판정되는 것은, 자연이 두려움을 일으키는 한에서가 아니라, 오히려 자연이 우리 안에서 (자연이 아닌) 우리의 힘을 불러일으키기 때문이다. (…) 자연이 숭고하다고 일컬어지는 것은 순전히, 자연이 상상력을 고양하여 마음이 자기의 사명의 고유한 숭고성이 자연보다도 위에 있음을 스스로 느낄 수 있는 그런 경우들을 현시하게끔 하기 때문이다"(『판단력 비판』, 백종현 옮김, 아카넷 2009, 271면). 관련해서 졸저, 앞의 책 3장 ''그곳'을 향하여'도 참조하라.

(AD. 66~70)에 참여했고, 유대인들에게는 '제2 성전의 파괴와 약탈'로 기억되는 로마군단의 '예루살렘 점령'(AD. 70)의 주역이었던 탓에 적의 장수와 사랑에 빠진 공주라는 낭만적 이미지가 씌워졌고, 그래서 17세기 이후 여러 소설과 드라마의 소재가 된 인물이다. 그러나 지금은 제1차 유대-로마전쟁과 그로 인한 학살을 막기 위해 한편으로는 유대인 지도자들을 설득하고 다른 한편으로는 로마총독 게시우스 플로루스(Gessius Florus, 생몰연대 미상)를 설득하기 위해 진력했던 모습이 더 조명되고 있다. 이런 전쟁과 약탈을 막기 위해 그녀는 「민수기」 6장에 규정된 "나지르인"(Nāzīr)이 되었다. 나지르인은 자신의 서원(誓願)을 위해 스스로 성별(聖別)된 존재이다. 나지르인은 머리카락을 자르지 않고 엄격한 계율을 지키며 지내다가 서원한 바를 간구하는 제사에 희생제물과 함께 제 머리카락을 잘라 바친다. 베레니케는 나지르인이 되었고, 그런 상태로 총독 플로루스를 찾아가 그를 설득하기 위해 애썼으며, 전쟁과 학살을 막겠다는 서원을 위해 머리카락을 잘라 제물과 함께 바쳤다.[27] 키퍼의 작품은

---

27 플라비우스 요세푸스(Flavius Josephus, 37~100)는 『유대 전쟁사 1』(박정수·박찬웅 옮김, 나남출판 2008) 제2권 제15장에서 이 사건을 다음과 같이 설명한다. "예루살렘에 있던 그(헤로데 아그리파 2세)의 여동생 베레니케는 로마군인들의 잔혹한 행위를 생생하게 목격하며 마음의 고통을 겪고 있었다. 그래서 그녀의 기병대와 경호부대를 수차례 플로루스에게 보내어 학살을 중지해달라고 간청했다. 그러나 플로루스는 희생된 자들의 숫자에 신경을 쓰지도, (…) 그녀의 요청은 완전히 무시되었다. 로마군인들의 잔인한 포악성은 베레니케마저 위협했다. 그들은 베레니케의 눈앞에서 포로들을 고문하고 살해했을 뿐 아니라, 그녀가 서둘러 왕궁으로 피신하지 않았다면 그녀마저도 죽음을 당할 뻔했다. 베레니케는 군인들이 습격해 올지도 모른다는 공포 때문에 자기 경호부대와 함께 밤을 지새웠다. 그녀가 예루살렘에 온 이유는 하나님께 드린 서원을 이행하기 위해서였다. 이 서원 관습에 의하면, 병이나 위급한 상황에 처해서 하나님께 서원을 한 사람은 누구나, 공식적 서원 제사를 드리기 전 30일 동안 술을 멀리하고 머리카락을 잘라야 했다. 베레니케는 당시 이러한 서원을 이행하고 있었기 때문에 맨발로 플로루스의 법정에 찾아가 청원했다. 이때 그녀는 아주 소홀한 대우를 받았을 뿐 아니라 목숨까지도 위험에 처했던 것이다"(238~39면). 괄호는 인용자 보충.

한편으로는 베레니케의 노력을 짓밟은 전쟁을 고발하는 동시에 평화를 향한 베레니케의 열렬한 실천이 여전히 요청됨을 역설하고 있다.

키퍼의 작품이 주는 선연한 충격을 가슴에 담고 MGB를 나섰다. 우리는 네르비온강 상류 쪽으로 아주 가볍게 살랑이는 저녁 바람을 맞으며 걸어 올라갔다. 주비즈리를 지나 제법 걸어가다보니 강 반대편에 빌바오 시청이 보였다. 불이 환하게 밝혀져 있었고 일군의 사람들이 집회 중이었다. 간혹 구호도 외치고 노래도 불렀다. 구호는 알아들을 수 없었고, 플래카드는 멀어서 읽어낼 수 없었다. 그러나 공적 사안에 대한 활력적인 관심이 느껴졌다. 공기가 무척 맑았지만, 기온이 빠르게 떨어졌다. 구도심의 빌바오 대성당에 이르렀다. 너무 늦어서 안에 들어가진 못했다. 근처 바스크 음식을 하는 식당에 들어갔다. 대구오믈렛과 스테이크 그리고 홍합찜을 시켰다. 화이트와인도 한잔씩 했다. 그리고 마요르 광장으로 가서 타파스 바에 갔다. 타파스는 모두 떨어져서 치즈플래터와 맥주와 와인을 더 마셨다. 그렇게 밤이 깊었다.

도노스티아와 라콘차 해변

아침 햇살을 받은 MGB를 보러 나갔다. 확실히 MGB의 티타늄 패널은 시간과 날씨에 따라 색조가 다양하게 변했다. 어제 오후의 햇살 아래서와 달리 훨씬 선명한 은백색으로 빛났지만, 각도와 음영에 따라서는 분홍빛이나 연한 푸른빛이 감돌기도 했다. 1시간쯤 산책을 하고 난 뒤, 호텔로 돌아와 짐을 꾸려서 도노스티아로 가는 버스를 타러 나갔다. 터미널이 그리 멀지 않아서 걸어서 갔다. 빌바오 중심부에 있는 '페데리코모

유아 광장'(Plaza de Federico Moyúa)이 가는 길에 있었다. 화단에는 꽃이 그득했고 아침 햇살이 퍽 따사로웠다. 아내와 후배 교수는 광장 벤치에서 커피 한잔을 해야겠다고 했다. 근처 커피숍에서 커피를 사서 마시며 느긋하게 사진도 몇장 찍었다. 그렇게 한가롭게 있었더니 버스 시간이 빠듯해졌다. 서둘러 터미널에 갔고 겨우 시간에 맞춰 버스를 탔다. 대략 1시간 15분 정도의 이동이었다. 그리 멀지는 않았지만, 꽤 험한 산길을 지났다.

도노스티아로 들어서니 도로 오른편으로 구불구불하게 흘러가는 우르메아(Urumea)강이 보였다. 네르비온강만큼이나 멋지지만, 그보다 강폭이 좁고 유속이 빨라 보이는 강이었다. 버스는 강변도로를 얼마쯤 내려가더니 마리아크리스티나 다리(Maria Kristina Zubia) 건너에 있는 터미널에 도착했다. 점심 무렵이었다. 아내가 UNED에서 만난 멕시코 교수가 도노스티아에 가면 꼭 들르라고 한 '보데가 도노스티아라 그로스'라는 식당을 찾아갔다. 철제꽂이에 새우와 문어를 끼워서 숯불에 구워낸 요리였는데, 꽂이를 세로로 세워서 플레이팅한 것이 멋들어진데다가 숯불 향이 훅 끼치는 문어 맛이 아주 좋았다.

식사 후에는 택시를 타고 후배 교수가 예약해둔 '니자 호텔'로 갔다. 해변이 보이는 전망 좋은 호텔은 아니지만 가격도 적당하고 해변이 가까워서 그리로 정했다고 했다. 가보니 작은 구식 엘리베이터를 비롯해서 전체적으로 귀엽게 꾸며진 호텔이었다. 짐을 정리하고 좀 쉬다가 해변으로 나갔다. 호텔 바깥이 바로 라콘차 해변이었다.

도노스티아에는 두개의 유명한 해변이 있다. 하나는 바다를 향해서 우르메아강 왼편에 있는 라콘차(La Concha, '조개껍질'이라는 뜻이다)이고 다른 하나는 오른편의 주리올라(Zurriola)이다. 둘은 인접한 해변이라고 믿

6-15. 우르굴 언덕에서 바라본 라콘차 해변

기지 않을 만큼 서로 다른 뚜렷한 개성을 지녔다. 주리올라는 아주 완만한 호를 그리는 해변이고 바다에서 밀려오는 너울성 파도가 심해서 파도타기로 인기가 있다. 이에 비해 라콘차는 우르굴 언덕(Monte Urgull)[28]과 이겔도 언덕(Monte Igeldo) 사이의 움푹 들어간 해변인데, 이름 그대로 조가비 모양의 해안선 곡선이 정말 '심하게' 아름다웠다. 파도도 주리올라와는 달리 '너무나' 잔잔했다. 두 언덕 사이 바다 한가운데 산타클라라(Santa Klara)라는 돌섬이 있는데, 밀려오던 너울성 파도가 이 섬에 부딪혀 갈라진 뒤 해변으로 서서히 다가와서 그런 듯했다. 라콘차와 주리올라는 도노스티아가 저명한 휴양지가 된 이유를 잘 보여준다.

　　라콘차 해변에 앉아 북쪽 바다에서 밀려오는 느긋한 파도를 한참 바라보았다. 제주도의 함덕해수욕장이나 김녕해수욕장에서도 그렇지만, 남

28　'Monte'라 불리니 '산'이라 옮기면 되지만, 해발 88미터에 불과해서 우리 감각으로는 '언덕'이라고 하는 것이 더 적당한 듯하다.

6-16. 우르굴 언덕에서 본 주리올라 해변과 너울성 파도

쪽 해변에 앉아 해를 등지고 북쪽 바다를 바라보는 건 눈부심이 없어서
좋다. 그래서 평안하게 오래 바다를 완상할 수 있다. 여유 있게 거닐며 바
다를 보고 사진을 찍으며 시간을 보내던 중에 해가 뉘엿해졌다. 개를 데
리고 해변을 산책하는 이들이 몇 있었다. 아주 평화로워 보였다. 해가 지
고 가로등이 켜졌다. 우리도 해변을 떠나 구도심 방향으로 걸어갔다.

　해변이 끝나는 지점에 바스크어로 'Udal Liburutegi Nagusia'라는 간판
이 걸린 꽤 멋진 건물이 나타났다. 병기된 스페인어에 따르면 '시립 중
앙도서관'이라는 뜻이었다. 궁금한 마음에 들어가보았다. 서가에서 책을
몇권 빼서 보았는데, 대부분 바스크어로 쓰인 것들이었다. 바스크어 책을
읽는 사람들로 북적이는 도서관에서 바스크 문화의 독자성과 강인함이
느껴졌다. 도서관을 나오니 저녁 7시경이었다. 배가 고팠다. 후배 교수가
저녁식사를 위해 식당을 예약했는데, 문제는 예약시간이 8시 30분이라는
것이었다. 스페인 식당의 저녁식사 타임은 빨라야 8시이긴 하다. 좀더 시

간을 보내야 했다. 쿠르살 다리(Kursaal zubia)를 건너 주리올라 해변으로 가보았다. 밤이라서 그런지 바람이 세차고 파도도 심했다. 발걸음을 돌이켜 구도심으로 갔다. 예쁜 과자점, 옷 가게, 가방 상점 들이 즐비했다. 이곳저곳을 구경하다가 식사시간이 되어 예약된 식당에 갔다.

후배 교수에 따르면, 도노스티아는 단위면적 기준으로 유럽 내에서 미슐랭 스타 식당이 가장 많아서 '요리 관광'(Culinary tourism)으로도 유명한 도시라 한다. 그래서 괜찮은 식당에서 저녁 한끼를 하는 것이 좋겠다고 생각했고, 아내와 내 취향을 몰라서 아시아 음식과 스페인 음식의 퓨전을 시도하는 미슐랭 원스타 식당을 예약해보았다고 했다. 들어가보니 테이블이 7개쯤 되는 아담한 식당이었고, 그날 요리는 전채에서 후식까지 여섯가지 코스였다. 생선요리가 기억에 남았다. 구운 도미에 도미 뼈로 우린 육수를 조미한 소스를 넉넉히 끼얹고 게살로 속을 채운 굵은 리가토니(Rigatoni, 튜브 모양의 짧은 파스타)를 곁들인 요리였다. 서양의 생선요리는 소스가 너무 강해서 생선 맛을 죽이는 경우가 많은데, 한결 맛이 가벼운 일본풍 생선국물 요리를 활용한 소스로 생선 맛을 잘 살린 요리였다. 이 경우 퓨전이 성공적이었지만, 퓨전요리는 원천이 되는 음식에 익숙한 이들에게는 어색하거나 미진하게 느껴질 위험이 크다. 김치를 이용한 게 요리가 그랬다. 튀겨진 게에 끼얹는 크림소스의 느끼함을 잘게 썰어 넣은 김치로 잡으려 한 듯했다. 게의 따끈함도 좋고 크림소스도 괜찮았지만, 베이스가 되는 김치가 한국인 입맛으로는 그리 뛰어나질 못했다(일본을 경유한 김치 맛이랄까). 그래도 전체적으로 매우 만족스러운 식사였다. 식당에서 반주 곁들여 1차 하고 또 2차로 술집에 가서 노는 우리 문화와 달리 한자리에서 저녁 내내 다양한 요리를 먹고 술도 요리별로 다양하게 맞추어 마시며 노는 서양 음식문화가 더 나은 면이 있다는

생각이 들었다. 식사를 마치고 나니 11시가 훌쩍 넘었고, 해변을 걸어 호텔로 돌아오니 12시가 넘었다.

우르굴 언덕

다음 날 아침 해변에 있는 '라콘차 카페'에 갔다. 바다 전망이 아주 좋은 식당이었다. 손님이 별로 없어서 제일 전망 좋은 창가에 앉았다. 오믈렛과 빵 그리고 오렌지와 커피 정도를 시켜 먹었다. 식사 후에는 아침의 라콘차를 산책했다. 차고 신선한 공기가 바다 냄새를 몰고 왔다. 내 그림자를 바다 쪽으로 길게 드리우는 해가 등을 따뜻하게 비춰주었다. 해변을 걷다가 구도심 뒤편에 있는 우르굴 언덕 아래에 도착했다. 꼭대기 전망이 좋을 것 같아서 올라가보기로 했다. 지그재그로 제법 넓은 길이 잘 닦여 있고 수풀이 울창해서 걷기에 그만이었다. 오래전부터 요새였고 20세기 초까지도 개보수가 이어졌던 곳이라 조금 올라가니 성벽이 나타났다. 성벽에는 '전망대 요새'(Begiratokiko baluartea)라는 팻말이 붙어 있었다. 더 올라가니 '모타코 성'(Motako Gaztelua)이 나타났다. 성 꼭대기에는 상당히 큰 '예수성심상'이 세워져 있었다.

성은 박물관으로 꾸며져 있었는데, 성과 요새가 겪었던 전쟁을 소개하고 관련된 유물을 전시하고 있었다. 박물관을 나와 조금 내려오니 포대진지 '산티아고 바테리아'(Santiago bateria)가 나타났다. 그리고 더 내려오니 햇살이 따스하게 내리는 아담하고 근사한 카페, '우르굴의 폴보리냐'가 나타났다. 야외용 빨간 플라스틱 의자가 촌스러웠지만, 그것만 빼면 커피 맛과 풍광이 일품이었다.

6-17. 모타코 성 위의 예수성심상

커피를 마신 뒤 우르굴 언덕을 천천히 내려왔다. 호텔로 돌아가 짐을 챙겨 나왔다. 후배 교수는 런던행 비행기를 타러 공항으로, 우리는 마드리드행 기차를 타러 빌바오로 돌아갈 시간이었다. 짐을 끌고 버스터미널로 가는 길에 짬을 내서 도노스티아 대성당에 들렀다. 성당은 평범했다. 버스터미널에서 후배 교수를 먼저 보내고, 터미널 내 카페테리아에서 샌드위치를 먹은 뒤 버스에 올랐다. 멋들어진 마리아크리스티나 다리를 뒤로하고 그렇게 도노스티아를 떠났다.

바스크의 예술가들

침대가 킹사이즈보다 더 넓었고 베개와 이불도 좋아서 숙면했던 기억에 빌바오 첫날에 묵었던 호텔로 되돌아갔다. 호텔 직원은 우리를 알

6-18. 파코 프란시스코 두리오 「아리아가」, 1933,
빌바오 미술관

아보고 다시 찾아준 것에 무척 반가워했다. 이미 늦은 오후여서 호텔에
짐을 두고 곧장 빌바오 미술관(Bilboko Arte Ederren Museoa)으로 갔다.
MGB와 달리 빌바오가 오랫동안 수집해온 미술품들과 지역 예술가들의
작품이 풍성하다는 안내문을 보았기 때문이다.

　미술관 건물은 평범했다. 미술관 마당에는 파코 프란시스코 두리오
(Paco Francisco Durrio, 1868~1940)의 조각 「아리아가」(Arriaga)가 놓여 있
었다. 「아리아가」는 빌바오 출신의 요절한(고작 스무살에 죽었다) '천
재' 음악가 후안 크리소스토모 데 아리아가(Juan Crisóstomo de Arriaga,
1806~26)를 기념하는 동상이다. 이전에 아리아가의 현악사중주 음반을
들어본 적이 있었다. 괜찮게 들었지만, '스페인의 모차르트'라는 별명이
붙을 정도인지는 의문이었다. 하지만 그가 모차르트만큼이라도 살았다
면, 그런 별명에 값하는 작품을 낼 수도 있었을 것이다. 아무튼 빌바오로
서는 기념할 만한 인물을 위한 조각상인데, 두리오는 통상적인 기념비처

6-19. 주세페 아르침볼도 「봄」, 1573,
76×63.5cm, 산페르난도 미술관

럼 인물의 흉상이나 전신상을 조각하지 않고, 아홉명의 뮤즈 가운데 하
나인 멜포메네(Μελπομένη)가 수금(竪琴)을 들고 있는 누드로 제작했다.
아리아가를 뮤즈의 현신으로 떠받든 것일까? 조각의 의도가 그런 건지
의문스러웠다. 의도와 무관하게 긴장된 모습으로 하늘을 향해 고개를 쳐
든 채 수금을 움켜쥐고 있는 멜포메네의 모습이 무척 인상적이었다.

　미술관 안으로 들어가니 특별전 '아르침볼도: 두 플로라와 봄'[29]이 열
리고 있었다. 주세페 아르침볼도(Giuseppe Arcimboldo, 1526~93)는 과일
과 꽃 그리고 벌레 등으로 조합하여 인물을 형상화하는 독특한 초상화
를 그린 화가이다. 스페인 각지의 미술관과 개인이 소장한 아르침볼도의

---

29 '두 플로라'(Two Flora)는 아르침볼도가 그린 「플로라」(1589)와 「플로라 메레트릭스」
　(1590)를 가리킨다. 두 작품은 아르침볼도의 대표작으로 꼽힌다. '봄'은 아르침볼도의 작품
　'사계' 가운데 「봄」을 가리킨다. 전시회에는 「봄」이외에 「가을」과 「겨울」도 와 있었다. 그러
　나 아쉽게도 빈 미술사 박물관이 소장한 「여름」은 섭외 불발이었는지 전시되지 않았다.

작품 10여점이 전시되고 있었는데, 그 가운데 하나는 얼마 전 마드리드의 산페르난도 미술관에서 보았던 「봄」이었다. 내가 산페르난도 미술관에서 「봄」을 본 지 일주일 뒤, 마치 나를 다시 만나려는 듯이 「봄」은 빌바오로 이동한 것이다. 묘하게 반가웠고, 여러 미술관에 하나둘씩 띄엄띄엄 있는 아르침볼도 작품을 한번에 여럿 보게 된 것도 좋았다. 그래서 사진 몇장을 찍어두고 싶었는데, 산페르난도 미술관의 상설전시에서는 가능했던 촬영이 빌바오 특별전에서는 금지되었다. 관람자에게는 좀 우스꽝스럽게 느껴지는 정책이었다.

빌바오 미술관은 20세기 초에 설립되어서인지 19세기 중반부터 20세기 중반에 걸친 바스크 지역 예술가들의 작품들을 잘 모아놓고 있었다. 특히 이그나시오 술로아가의 걸작들을 잘 갖추고 있다고 알려져 있다. 그런데 우리가 방문했을 때는 그의 대표작 「추기경」(El cardenal, 1912)과 「마티외 드 노아유 백작부인의 초상」(Retrato de la condesa Mathieu de Noailles, 1913)은 마프레 재단이 마드리드에서 개최한 대규모 술로아가 전시회로 가고 없었는데, 다행스럽게도 우리는 그것들을 이미 마드리드에서 보고 왔다(다만 아르침볼도의 「봄」처럼 우리를 다시 만나러 돌아와 있지 않을 뿐이다!). 대신 어쩐 일인지 미국히스패닉협회의 소장품이고 술로아가의 또다른 걸작으로 꼽히는 「잔치의 희생자」(La víctima de la fiesta)가 전시되고 있었다.[30] 스페인 사회의 어두운 면모를 그려서 '검은 스페인'(España negra)의 화가로 알려졌던 술로아가의 스타일이 잘 살아 있는 그림이었다. 어둡고 폭풍우 치는 하늘을 배경으로 늙은 피카도르[31]

---

30 스페인에서 '잔치'(fiesta)는 '투우 행사'를 가리키는 말이기도 하다.
31 투우사는 하나의 팀(cuadrilla)으로 활동한다. 팀은 팀장에 해당하는 마타도르(matador), 2~3명의 반데리예로(banderillero), 그리고 2명의 피카도르(picador)로 구성된다. 투우의 첫

6-20. 이그나시오 술로아가 「잔치의 희생자」, 1910, 284×334cm, 뉴욕 미국히스패닉협회

가 투우에서 죽은 황소의 피를 다리에 잔뜩 묻힌 백마를 타고 지친 모습으로 귀환하고 있다. 준비 그림에 술로아가는 '로시난테'라는 제목을 붙였다고 한다. 영광을 추구했지만, 여전히 그것에 도달하지 못한 채 또다른 늙은 로시난테를 타고 오래된 마을로 귀환하는 또다른 돈키호테의 처진 어깨에는 스페인 사회의 이런저런 비애가 한꺼번에 얹어져 있는 듯했다.

단계에 등장하는 피카도르는 말을 타고 창으로 황소를 공격하는 투우사이고, 반데리예로는 말을 타지 않고 짧은 창으로 소를 찌르는 투우사이며, 마지막 단계에 등장하는 마타도르는 물레타(muleta, 붉은 천이 매달린 막대)를 들고 황소를 유인해 통과시키는 연행(faena)을 하며 칼로 찔러 죽이는 역할을 한다.

술로아가의 작품 이외에도 바스크 출신 예술가들의 작품 가운데 인상적인 것들이 많았다. 앞서 언급한 두리오의 「성 고스마」(San Cosme, 1903~1906), 모이세스 데 우에르타(Moisés de Huerta, 1881~1962)의 「어떤 에타이라」(Una hetaira, 1911), 아돌포 기아르드(Adolfo Guiard, 1860~1916)의 「빨간 카네이션을 들고 있는 마을 소녀」(Aldeanita del clavel rojo, 1903), 킨틴 데 토레(Quintín de Torre, 1877~1966)의 「소극」(La farsa, 1930), 앙헬 라로케(Ángel Larroque, 1874~1961)의 「모성」(Maternidad), 에두아르도 칠리다(Eduardo Chillida, 1924~2002)의 「공허 주변 1」(Alrededor del vacío 1, 1964) 등이 내게는 두드러져 보였다.

이 가운데 라로케의 「모성」만 잠시 살펴보자. 라로케가 고작 스물한 살에 그린 그림인데, 여성의 욕망을 읽어내는 직관적 능력이 감탄스럽다. 그는 이 그림을 그린 직후 파리의 외젠 카리에르(Eugène Carrière, 1849~1906)의 문하생이 된다. 하지만 카리에르의 상징주의 회화의 영향을 받기 전에 이미 그는 조숙하고 독자적인 미학을 지녔던 듯하다. 일견 「모성」의 화면 구성은 약간 어설프다. 연한 황토색의 바닥과 회색과 황토색의 벽지로 인해 공간적 깊이가 흐릿해졌고, 토네트(Thonet) 스타일의 소파[32]도 원근감 없이 놓여 있다. 하지만 그 덕분에 오히려 관람자는 여성과 아기에 더 집중하게 되고, 그림도 더 심리적으로 읽게 된다(그림에 흐르는 심리적 힘이 공간을 살짝 휘어놓았다고 말할 수도 있다).

빨간 드레스를 입은 젊은 여성이 하얗고 커다란 쿠션에 머리와 등을 기댄 채 소파에 누워 있다. 그녀의 몸 위에는 단추가 풀린 흰색 재킷만 입은 아기가 성기를 드러낸 채 잠들어 있다. 잠든 아기의 천진한 표정과 조

---

32 미하엘 토네트(Michael Thonet, 1796~1871)는 독일 가구 제작자이며, 구부러진 목재 프레임을 가진 의자나 소파로 유명하다.

6-21. 앙헬 라로케 「모성」, 1895, 129×201cm, 빌바오 미술관

그맇지만 방만하게 드러난 성기의 공존으로 인해 아기가 순결한 동시에
성적인 존재로 보인다. 어쨌든 아이의 존재는 젊은 그녀를 어머니로 소
환한다. 그런 만큼 그녀의 섹슈얼리티를 억제하는 듯도 하다. 하얗고 커
다란 쿠션도 그녀의 머리를 후광처럼 순하게 감싼다. 하지만 바로 그렇
기 때문에 그녀의 검은 머리카락과 홍조 띤 얼굴, 호소하는 듯한 입술과
말을 건네는 듯한 검은 눈동자가 더 부각되는 면이 있다. 아기와 대조적
으로 그녀의 몸은 드레스가 완전히 덮고 있지만, 드레스의 빨간색과 드
레스의 주름으로 희미하게 드러나는 몸매는 나른한 관능성을 시사하고
있다. 「모성」은 고야의 「옷을 입은 마하」의 전통을 이으면서 섹슈얼리티
와 모성(임신, 출산, 양육) 사이의 복잡한 관계를 은은하게 포착하고 있
다. 『섹슈얼리티에 대한 세 개의 논문』(1905)보다 10년 앞서서 라로케는
프로이트의 메시지를 웅얼거리고 있다.

빌바오 미술관의 무리요와 수르바란

바스크 예술가들의 작품을 잘 모아놓은 것은 빌바오 미술관의 큰 미덕이었다. 하지만 이런 작품들보다 훨씬 더 나를 사로잡은 것은 바르톨로메 에스테반 무리요의 「눈물 흘리는 성 베드로」(San Pedro en lágrimas)와 프란시스코 데 수르바란의 「베로니카의 수건」(Santa Faz)이었다.[33] 무리요는 프라도에서 (이 책의 4장에서 언급했던) 「작은 새와 함께 있는 성가족」(그림 4-31 참조)으로 접한 바 있지만, 그 이전 내셔널갤러리에서 보았던 「문턱에 기대어 있는 시골 소년」(A Peasant Boy leaning on a Sill)을 통해 처음 인상적으로 만났다. 이 작품을 처음 봤을 땐 인상주의 회화인 줄 알았다. 약간 멀리서 얼핏 보면, 르누아르풍의 작품이라고 해도 믿길 정도로 부드러운 그림이었다. 가까이 다가가서 인상주의와는 사뭇 다른 붓터치를 보고야 그리고 옆에 붙은 작가 및 작품 제작연도 표기를 보고야, 그때까지 내가 몰랐던 17세기 화가의 작품임을 알게 되었다.

작품 속 '시골 소년'은 하얀 셔츠가 헐렁하게 흘러내려선지 오른쪽 어깨가 드러나 있다. 느슨한 옷차림으로 보아 잠자리에서 일어난 지 얼마 되지 않은 아침 시간이 아닐까 싶다. 가벼운 장난기가 서린 소년의 한번 보면 결코 잊지 않는 미소는, 그를 웃게 만든 게 무엇인지, 그의 시선이 쏠린 곳에 어떤 풍경이 있는지 궁금증을 자아낸다. 거기에 펼쳐진 풍경이 어떤 것인지 알 길은 없지만, 소년의 표정은 소년과 그를 둘러싼 세계

---

33 빌바오 미술관에서 이 작품의 이름은 'Sudarium of St. Veronica'(베로니카의 수건)가 아니라, 'Santa Faz'(성스러운 얼굴)로 되어 있었다. '베로니카의 수건'을 지칭하는 다른 말인 'Volto santo'의 스페인어이다.

6-22. 바르톨로메 에스테반 무리요 「문턱에 기대어 있는 시골 소년」, 1675~80, 52×38.5cm, 런던 내셔널갤러리(왼쪽)
6-23. 바르톨로메 에스테반 무리요 「눈물 흘리는 성 베드로」, c. 1650~55, 148×104cm, 빌바오 미술관(오른쪽)

사이의 관계가 (아직은) 평화로움을 충만하게 드러내고 있다(어린 시절은 그래야 마땅하지 않은가!).[34]

무리요의 「눈물 흘리는 성 베드로」는 스페인에서 두번째로 큰 은행인 BBVA(빌바오 비스카야 아르헨타리아 은행)가 세금을 감면받는 대신 빌바오 의

---

34 무리요는 이 작품 외에도 어린이를 주제로 하는 그림을 많이 그렸고, 그 가운데는 성가족과 같은 성서적 주제와 상관없는 세속적인 것도 여럿이다. 무리요의 어린이를 향한 관심은, 그가 '어린이'라는 생애주기가 사회적으로 각별한 의미를 갖기 시작한 시대의 시작을 알리

회에 기증했고, 의회에서 다시 빌바오 미술관으로 넘어와 2000년부터 대중에게 공개된 작품이라고 한다(2000년대에 이만한 걸작을 예산 지출 없이 획득했다는 것은 미술관으로서는 대단한 행운이다). 확실히 이 작품은 빌바오 미술관이 안내 팸플릿의 표제화로 쓸 만큼 뛰어난 작품이다. 그림의 주제는 종교화의 영역에서는 아주 잘 알려진 성서의 한 장면이다. 베드로는 예수 체포 뒤에 예수의 예언대로 그를 세번 부인한다. 「눈물 흘리는 성 베드로」는 예수를 세번 부인한 베드로가 회개의 눈물을 흘리는 장면이다.

무리요는 카라바조 스타일의 어둡고 균일한 배경 앞의 바윗돌에 베드로를 앉혔다. 베드로는 청록색 튜닉에 흰옷을 받쳐 입고 붉은빛이 도는 황토색 망토를 다리에 둘렀는데, 그 일부는 바위 위에 펼쳐져 있다. 하얀 띠로 허리를 질끈 묶은 베드로는 양손을 견고하게 깍지 끼고 비스듬한 자세로 정면 위의 하늘을 응시하고 있다. 그는 도상학적 전통을 따라 약간 대머리이고 앉은 자리 옆에는 예수에게서 받은 '천국의 열쇠' 그리고 두툼한 책 한권이 있다. 그리고 그의 눈 밑에는 눈물이 정말 이슬처럼 맺혀 있다. 살짝 힘없이 벌어진 그의 입을 보면, 그가 한참 통곡하고 난 뒤 지쳐서 고요한 슬픔으로 접어든 상태인가 싶지만, 그의 목울대는 언제든 격렬한 슬픔을 울컥 쏟아낼 태세이다. 하늘을 바라보는 그의 눈빛은 "주

는 화가였음을 보여준다. 그렇다고 해서 무리요가 어린이들이 처한 실상을 무시하고 그들을 이상화한 것은 아니다. 「벼룩 잡는 소년」(1648) 같은 그림이 보여주듯이, 그는 역병과 재해로 시달리고 제국의 힘이 몰락해가던 17세기 스페인의 어린이들이 처한 비참한 상황도 그려냈다. 그러나 「멜론과 포도를 먹는 두 소년」(1645~50)에서 보듯이 잔치에서 남은 음식을 얻어먹는 맨발의 어린이들에게서도 낙천적인 즐거움이 나타난다. 무리요의 어린이 그림에 대한 분석과 논의는 Kanthe Brooke & Peter Cherry, *Murillo, Scenes of Childhood*, Dulwich Picture Gallery, Lonon, 2001 참조.

님, 내가 이렇게 한심합니다" 하며 탄식하는 듯도 하고, "주님, 이 한심한 놈을 도와주실 수 없나요" 하고 간청하는 듯도 하다. 아니다. 베드로의 얼굴과 손에 떨어지는 환한 빛을 보라. 무리요가 명암법(tenebrism)을 활용해 강조한 하늘로부터의 빛은 우리가 보고 있는 장면이 베드로의 회오에 찬 눈물에 마침내 하느님이 위로의 말씀을 건네는 장면일 수 있음을 시사한다. 그렇다면 베드로의 뺨으로 흐르는 눈물은 슬픔에서 희망으로 이행하는 중의 눈물인 것 아닐까? 무리요는 인간 나약함의 원형이자 그 나약함에서 벗어나려는 인간 분투의 원형인 베드로와 그 인간의 약함을 위무하는 하느님의 따뜻한 빛을 더할 나위 없이 부드러운 색조로 묘사하고 있다.

무리요의 「눈물 흘리는 성 베드로」 다음으로 페드로 오렌테(Pedro Orrente, 1580~1645)의 「이사악의 희생」(El sacrificio de Isaac, 1616년경)이 있었고, 다음에는 호세 데 리베라의 「성녀의 보살핌을 받는 성 세바스티아노」(San Sebastián curado por las santas mujeres, 1620~23년경)가 있었다. 비스듬하게 기울어진 성 세바스티아노의 몸과 한쪽 다리를 감고 있는 망토가 묘하게 「눈물 흘리는 성 베드로」의 구도와 닮은 점이 있어 한참 들여다보았다. 그러고서는 발걸음을 옮기다가 그옆에 걸린 작고 누르스름한 그림 하나를 스쳐 지나갈 뻔했다. 뭘 그린 건지 금방 눈에 들어오지 않았는데 다행히 멈춰 서서 살펴보았고, 옆에 붙은 표지도 읽어보았다. 수르바란의 「베로니카의 수건」이었다. 무리요의 「눈물 흘리는 성 베드로」는 미술관에 들어오기 전부터 그것을 보게 되리라는(그리고 감동하게 되리라는) 기대를 품고 있었다. 하지만 수르바란의 「베로니카의 수건」은 그런 기대 전혀 없이, 그 존재 자체를 모른 채 만난, 아니 '마주친' 그림이었다.

6-24. 프란시스코 데 수르바란 「하느님의 어린 양」, 1635~40, 37.3×62cm, 프라도 미술관

　사실 나는 스페인에 오기 전까지 수르바란이라는 화가에 대해 알지 못했다(스페인 회화사를 다룬 책을 읽었으니, 그의 이름을 틀림없이 보았을 테지만 기억에 없었다). 그를 주목할 만한 화가로 처음 인지한 것은 프라도에서 「하느님의 어린 양」(Agnus Dei)을 보고서이다. 내가 가진 음반 중에 니콜라우스 아르농쿠르(Nikolaus Harnoncourt, 1929~2016)가 지휘한 바흐의 『마태 수난곡』(워너 클래식)이 있는데, 그것의 표지 재킷이 희생제에 바칠 양 한마리를 덩그렇게 그려놓은 그림이었다. 일찍이 세례 요한이 자신에게 온 예수를 두고 "세상의 죄를 없애시는 하느님의 어린 양"(「요한 복음서」 1:29)이라 일컬었다. 예수의 수난과 죽음은 세상의 죄를 씻어내기 위한 희생의 길이었으니, 『마태 수난곡』에 잘 어울리는 그림으로 느껴졌다. 하지만 그것이 누구 그림인지 찾아보진 않았다. 그러다가 프라도에서 바로 그 그림을 보게 되었다. 수르바란의 「하느님의 어린 양」은 37.3×62센티미터이다. 그리 큰 작품은 아니다. 그래도 섬세한 붓 터치

를 느낄 수 있어서, 자그마한 CD 재킷에 인쇄된 것과는 사뭇 다른 감동을 주었다.

네발이 한데 묶여서 불편할 텐데, 저항하는 것에 지친 것인지 주어진 운명을 받아들인 것인지 양은 고요하다(이 고요함이 우리를 더 처연한 심정에 빠지게 한다). 예수도 네발이 묶인 양처럼 십자가에 매달렸지만, 고요한 표정이었을 것이라고 수르바란은 말하고 있는 듯하다. 수르바란의 「하느님의 어린 양」은 그 이상의 메시지도 품고 있다. 수르바란은 "하느님의 어린 양"을 그린다면서 (하느님의 어린 양이신) 예수를 그리지 않고 양 한마리, 제의 때를 위해 발이 묶인 채 놓여 있는 순한 양 한마리를 그렸다. 그는 은유에 대해 은유로 짝을 맞춰 응답한 셈이다. 그러면서 은유야말로 곧 신비가 아니겠느냐고 넌지시 말하고 있다.[35]

빌바오 미술관의 「베로니카의 수건」으로 돌아가보자. 수르바란의 「베로니카의 수건」은 그 얼마 전 톨레도에서 보았던 엘 그레코의 「베로니카의 수건」과 여러모로 달랐다. 우선 베로니카가 등장하지 않는다. 수르바란은 엘 그레코처럼 베로니카가 수건에 남은 거룩한 얼굴을 우리에게 보여주는 '역사적' 장면을 그리고 있지 않다. 수르바란은 우리를 기적의 현장이 아니라 기적을 보존하고 있는 성유물로 인도하려고 한다. 물론 엘 그레코도 베로니카 없이 수건만 그리기도 했으므로 이렇게 말하는 것은 둘 사이의 차이를 과장하는 것일 수 있다. 하지만 엘 그레코의 경우, 수건만 그린 그림이든 베로니카가 등장하는 그림이든 그것이 성유물 자체로 보이게 하려는 의도, 그러니까 트롱프뢰유를 사용하지 않는다. 하지만 수르바란은 명백히 수건 '그림'을 수건 '자체'로 보이게 하려고 했다. 그는

---

35 그러나 8장에서 다시 언급하겠지만 프라도에 걸린 그의 다른 작품들, 특히 '십자가에 못 박힌 그리스도'를 주제로 한 두 그림 때문에, 그를 그렇게 높게 평가하지는 않았다.

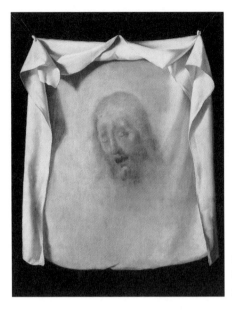

6-25. 프란시스코 데 수르바란 「베로니카의 수건」, c. 1660, 104.3×84.5cm, 빌바오 미술관

엘 그레코보다 정교하게, 정말 너무도 정교하게 벽에 걸린 수건의 늘어짐과 주름 그리고 주름의 그림자를 그렸고, 수건 양 귀퉁이를 묶은 가느다란 실이 벽의 못(못은 그리지 않았다)에 매달려 있는 모양으로 그렸다. 수르바란의 의도를 살린다면, 이 그림은 빌바오 미술관에서처럼 액자에 넣어져 다른 전시품들 사이에 걸려서는 안 된다. 작더라도 독립적인 방에 「베로니카의 수건」의 배경색과 같은 색으로 칠해진 벽에 액자 없이 걸려야 한다.

수건에 드러난 예수의 얼굴도 엘 그레코와는 사뭇 다르다. 엘 그레코의 경우, 예수의 얼굴에 수난의 흔적이 없다. 수건이라는 물질적 기체 위로 살포시 떠오른 거룩한 얼굴은 수난 저 너머의 영광된 모습을 전한다. 그러나 수르바란이 묘사한 예수의 얼굴은 '리얼리즘적'이다. 그는 예수의 얼굴을 정면으로 그리지 않고 왼쪽으로 약간 돌아보는 듯한 모습으

로 그렸다. 오른쪽 어깨로 십자가를 메고 피와 땀을 흘리며 걷는 중에 왼편에서 나타난 베로니카가 얼굴을 닦아주었고, 그 얼굴의 자취가 수건에 남았다면 필시 이런 각도의 이런 모습이었을 것이다. 예수의 피와 땀이 남긴 '거룩한 얼굴' 또한 수건에 붉은 기운이 감도는 윤곽으로 남았을 것이고 세월이 감에 따라 '보혈(寶血)'의 색채도 누르스름하게 변했을 것이다.[36]

예수의 표정도 엘 그레코에서 보던 맑은 모습이 아니다. 눈꺼풀이 많이 부어서 예수는 거의 눈을 뜨지 못하고 있다. 반쯤 벌어진 입은 그가 몹시 지쳐 있음을 드러낸다. 수르바란의 「베로니카의 수건」은 관람자들에게 예수의 수난을 섭리적 과정으로서 상징적으로 수용할 것이 아니라, 생생한 육체적 고통과 기진할 것 같은 정신적 고뇌의 과정으로 추체험할 것을 촉구한다. 그것이 함의하는 바는, 수르바란이 「베로니카의 수건」을 통해 추구한 것이 종교적 기적의 증언이 아니라 우리의 영적 수련의 촉진이었다는 것이다.

빌바오의 타파스

미술관을 다 둘러보고 나니 창밖으로는 어둠이 내렸다. 허기가 밀려오지 않았다면, 저녁 미술관의 고즈넉함을 더 즐길 수도 있었을 것이다. 하

---

36 바야돌리드의 국립조각박물관이 소장하고 있는 수르바란의 또다른 「베로니카의 수건」 (1658)의 경우, '거룩한 얼굴'은 주황색 감도는 얼룩으로만 남아 있다. 수르바란이 그린 여러 「베로니카의 수건」들을 비교 분석한 글로는 Odile Delenda, "The 'Cloth of Veronica' in the Work of Zurbarán," *Buletina Museo de Bellas Artes de Bilbao*, no. 7, 2013, pp. 125~61 참조.

지만 점심을 샌드위치로 간단히 때운데다가 이미 여러시간 미술관에 머문 터라 몹시 배가 고팠다. 미술관을 나서며 식당을 검색해보았다. 평점 높은 식당은 모두 8시까지 브레이크타임이었다. 그때까지 기다리긴 힘들어서 호텔 근처로 가서 문을 연 식당에 가기로 했다. 호텔로 돌아가는 길에 밤의 MGB를 다시 보았다. 가로등 불빛에 비친 MGB도 나름 괜찮았지만, 밤의 자태로는 MGB보다 뷔랑의 '붉은 호'가 단연 돋보였다. 조형물을 설치하면서 조명까지 함께 고려한 게 틀림없었다.

호텔 근처 식당 한군데가 문을 열어서 들어갔더니 역시나 디너타임은 아직 더 있어야 한다고 했다. 그런데 꽤 먹음직스러운 타파스가 진열대에 보여 디너 말고 타파스 정도를 먹고 싶다고 하니, 자리를 내주었다. 타파스를 몇개 고르고, 하우스와인도 시켰다. 빌바오의 타파스는 마드리드의 타파스와 달리 크기가 컸다. 마드리드의 타파스는 한입 크기였는데, 빌바오의 타파스는 두세 입에 나눠 먹어야 했다. 그리고 마드리드의 타파스는 대부분 차가웠는데, 갓 튀긴 생선을 올린 빌바오의 타파스는 뜨끈했다. 베어 무니 생선의 즙과 뜨거운 열기가 기분 좋게 입 안으로 훅 끼쳐왔다. 순대 같은 것이 얹어진 타파스도 맛났고, 곁들여 나온 고추절임과 올리브절임도 좋았다. 마드리드의 타파스처럼 예쁘진 않지만, 푸짐하고 따뜻한 빌바오의 타파스가 훨씬 맘에 들었다. 타파스로 시장기를 달랜 뒤 이름난 식당을 찾아가려던 계획을 어느새 잊어버리고 타파스와 와인을 더 주문했다. 그 식당이 디너타임을 개시하며 손님을 받으려 할 때, 우리는 이미 충분히 부른 배로 식당을 나섰다. 빌바오는 내게 바스크 예술가들, 무리요, 그리고 수르바란이 베풀어준 예술적 포만감에 따끈한 타파스의 포만감까지 얹어준 도시로 기억될 터였다.

말라가 가는 길

빌바오를 떠나 마드리드를 경유해서 말라가로 가는 날이다. 스페인에 와서 가장 번잡한 하루가 될 참이었다. 그리된 이유 일부는 물론 우리가 일정을 그렇게 짰기 때문이다. 빌바오에서 마드리드로 와서 하루를 묵고 다음 날 말라가로 간다면, 번잡할 까닭이 없다. 그러나 이미 두달 넘게 지내서 딱히 하고 싶은 일이 없는 마드리드에서 그저 하루를 더 묵을 이유도 없었다. 일이 번잡스럽게 된 더 중요한 이유는 마드리드의 기차역이 통합되어 있지 않기 때문이다. 만일 차마르틴 역에 내려서 곧장 말라가행 기차를 탈 수 있다면, 번잡할 게 뭐가 있겠는가? 그러나 기차 노선이 그렇게 이어지질 않았다. 마드리드와 스페인 북부의 빌바오를 잇는 기차는 마드리드 북쪽 차마르틴 역에 있지만, 마드리드와 남부의 말라가를 잇는 기차는 마드리드 남쪽 아토차 역에 있다. 그러니 차마르틴 역에 내려서 마드리드 동북쪽에 있는 UNED로 가서 보관한 짐을 꺼내 들고, 다시 아토차 역으로 이동해야 했다. 게다가 그렇게 이동하는 데 고작 3시간 남짓의 시간밖에 없었다. 성공의 관건은 서투른 스페인어 실력으로 차마

르틴에서 UNED로 이동할 때 타게 될 택시 기사와 이런 일정을 잘 합의하는 것이다. 만일 UNED에서 새로 택시를 잡아야 한다면, 일정이 어그러질 가능성이 꽤 컸다. 다행히 차마르틴에서 잡은 택시의 기사가 영어를 좀 할 줄 알아서 이야기가 잘되었다. 그는 차마르틴에서 UNED를 거쳐 아토차까지 데려다주면 좋겠다는 우리 제안을 받아들였다.

차마르틴에서 UNED까지는 길이 잘 뚫려 시간을 벌었다. 하지만 UNED에서 아토차로 출발할 때는 오후 2시를 넘어섰고, 금요일이어선지 차량이 늘고 길이 막히기 시작했다. 그래도 탑승시간보다 30여분 이르게 아토차 역에 도착했다. 붉은 벽돌 건물인 아토차 역사는 상당히 웅장해 보였다. 열대정원 같은 것을 안에 들일 만큼 실내도 꽤 널찍했다. 그런데도 사람들이 아주 많이 몰려드니 비좁고 답답하게 느껴졌다. 배가 고파서 카페테리아에서 보카디요(Bocadillo, 스페인식 바게트 샌드위치)를 주문해서 먹고 탑승하려고 했으나, 주문이 밀려선지 2~3분이면 만들어줄 수 있을 것 같은 샌드위치가 20분이 넘어서야 나왔다. 미처 입도 대기 전인데 개찰이 시작되어 매장에서 종이봉투를 얻어 보카디요를 담고 개찰구로 이동했다. 아내와 나는 각자 20킬로그램짜리 캐리어, 10킬로그램짜리 캐리어, 그리고 배낭까지 짊어진 터라, 손에 보카디요 봉지 하나 더 드는 것도 귀찮았다. 기차에 타고 보니 보카디요를 사느라 애쓴 게 멍청한 짓이었단 걸 알게 되었다. 우리가 끊은 기차표는 '프레페렌테'(Preferente)였다. 그저 우리의 KTX 우등실처럼 한줄에 좌석이 셋이어서 공간이 여유로운 정도겠지 생각했는데, 와인에 후식으로 초콜릿케이크까지 곁들인 저녁까지 제공되었다. 보카디요를 사느라 애쓸 필요가 없었다.

말라가행 기차는 쾌적했다. 차창으로 보이는 석양의 안달루시아 지방 풍경도 꽤 인상적이었다. 미국 중서부를 지나는 것 같은 느낌이 들 정

7-1. 과달메디나 수변의 벽화

도로 광활한 지역을 자주 통과해서 이베리아반도의 드넓음을 새삼 느꼈다. 해가 거의 떨어질 무렵 말라가에 도착했다. 택시를 타고 예약한 숙소로 갔다. 에어비앤비 숙소는 말라가 구도심에서 걸어서 15분 정도 떨어진 막다른 골목 안쪽의 3층짜리 아파트의 3층에 있었다. 이 집을 고른 이유 가운데 하나는 바로 옆에 말라가를 관통하며 흐르는 과달메디나(Guadalmedina)강이 있기 때문이다. 그러나 지도를 보고 예상한 것과 달리 수변이 시멘트로 잘 마감된 건천이었다(물론 우기에는 강물이 불어나겠지만 내가 본 것은 건천이었다). 사람들이 이 시멘트벽에 멋진 벽화를 그려놓기도 했지만, 나무가 늘어선 강변을 따라 산책하며 강을 바라볼 생각을 했던 나로서는 매우 실망스러운 일이었다.

우리의 에어비앤비 호스트 후안마(Juanma, '후안 마누엘'의 애칭이다)는 40대 중반의 컴퓨터 엔지니어로, 마드리드에서 묵었던 에어비앤비 호스

트와 사뭇 다른, 아주 친절하고 교양 있는 사람이었다. 그의 에어비앤비는 그야말로 "큐트"했고, 구석구석에서 호스트의 정성을 느낄 수 있었다. 침구도 좋은 호텔만큼이나 깨끗하고 편안했다. 근처 슈퍼마켓에서 냉동문어와 치즈를 사 와서 후안마가 우리를 위해 미리 냉장고에 재워준 맥주를 마시고 포근한 침대에서 잠을 청했다.

메르카도

다음 날 아침에는 스페인식 전통시장 '메르카도'(Mercado)에 갔다. 마드리드에서 지낼 때는 가까운 곳에 메르카도가 없었다. 체인 슈퍼마켓 '디아'(Dia)와 꽤 고급스럽고 훌륭한 식료품점 그리고 빵집이 가까이 있어서 굳이 멀리 있는 메르카도까지 갈 필요가 없었다. 하지만 말라가의 숙소에서는 걸어서 5분 거리에 메르카도가 있었다. 메르카도에 가보니 어물전이 눈에 띄었다. 막상 어물전 앞에 서니 스페인에 와서 거의 해산물을 먹지 않았다는 걸 깨닫게 되었다. 값싸고 질 좋은 쇠고기나 하몽 그리고 '리베라' 또는 '리오하' 와인에 취해 지냈던 셈이다. 오랜만에 생선을 보자 입맛이 다셔졌다. 많아야 30대 초반으로 보이는 생선가게 주인은 내게 "어디서 왔냐"고 물었다. "한국"이라고 하자, 작은 앨범을 열어보이며, 자신이 세상 여러 나라 손님에게서 온갖 돈을 받았다며 수집된세계 여러 나라의 돈을 보여주었다. 그러면서 아직 한국 돈을 받은 적이 없는데, 한국 돈을 내면 생선을 후하게 주겠다고 했다. 가지고 나온 한국돈이 없어서 다음에 올 때 주마, 하고 넙치류의 생선 두마리를 샀다. 생선장수의 생선 다듬는 솜씨가 일품이었다. 내장을 깔끔하게 걷어내는 것이

야 그렇다 치더라도 칼로 생선 머리를 고정하고는 깜짝 놀랄 정도로 재빠르게 칼집 낸 껍질을 휙 잡아당겨서 단번에 제거해버렸다. 숙소로 돌아와 한국에서 가져와 아껴 먹던 미역을 마지막으로 털어 넣고 국을 끓였다. 봄도 아니고 어린 쑥도 넣지 않아서 도다리쑥국은 아니었지만, 생선에 기름기가 적어 광어미역국보다는 도다리쑥국 분위기가 났다. 생선 살은 보드랍고 국물은 시원했다.

이날 이후로 말라가에서는 물론이고 세비야 그리고 바르셀로나에서도 메르카도에 자주 갔고 생선도 자주 사 먹었다. 메르카도는 과채류, 육류, 어류, 치즈나 올리브를 이용한 다양한 가공식품, 반찬류 등을 파는데, 식료품이 얼마나 아름답고 다채롭게 진열될 수 있는지를 보여주었다. 특히 말라가의 중심가에 있고, 관광명소로 널리 알려진 '메르카도 센트랄 데 아타라사나스'(Mercado Central de Atarazanas)가 그렇다. 그곳은 내부 상점들의 진열 상태가 아름다울 뿐 아니라 상점을 덮은 철골구조물의 파사드를 장식한 스테인드글라스 또한 아주 멋지다.

이런 메르카도의 어물전은 우리나라 어물전과 달리 매대에 얼음을 깔지 않았다. 물론 엘코르테 잉글레스(El Corte Inglés) 같은 백화점 지하층 슈퍼마켓의 어물전 매대에는 얼음이 깔려 있지만, 그런 곳을 제외한 어물전은 어디나 얼음이 없었다. 그리고 영업시간도 백화점 어물전은 백화점 개점시간과 일치하지만(저녁 8시까지도 한다), 메르카도의 어물전들은 같은 메르카도 안의 다른 상점보다 이르게 장사를 시작해 12시도 되기 전에 문을 닫아버린다. 이렇게 일찍 문을 열고 일찍 닫기 때문에 얼음을 매대에 깔아서 생선의 신선도를 유지하려고 할 필요가 없는 듯이 보였다(또는 얼음 없이도 신선하게 생선을 팔 수 있는 시간까지만 장사하는 듯이 보였다). 그리고 모두 그런 장사 방식에 익숙해선지, 생선가게는

늘 오전 8~9시쯤 가장 붐볐다.

말라가는 지중해 연안의 항구도시로 발전해서인지, 생선과 해산물 요리가 풍부했다. 그래서 스페인에 와서 처음 생선을 사 먹은 곳도 말라가였다. 물론 해산물 일반을 사 먹지 않은 것은 아니다. 특히 풀포(pulpo), 그러니까 문어로 만든 요리는 자주 사 먹었다. 스페인 사람들은 문어를 숯불구이로 요리했는데, 삶은 문어만 먹어왔던 나에게 이 요리법이 아주 인상적이었을 뿐 아니라 풍미와 맛이 기가 막혔기 때문이다. 풀포를 비롯해 새우나 조개가 든 요리는 사 먹었어도 생선요리는 먹은 적이 없었다(도노스티아에서 구운 도미요리를 먹은 것을 제외하면 그렇다). 말라가에서 생선요리를 주문한 것은 우리의 호스트인 후안마가 적극 권해서였다. 그래서 그가 소개해준 식당 '레세르바'에서 안달루시아 해안지역의 대표적인 생선요리인 '페스카이토 프리토'(Pescaíto frito)[1]를 먹었다. 크기가 작은 잡어들을 머리에서 꼬리까지 통째로 튀김옷에 싸서 튀긴 것인데, 별로 비싸지 않으면서 푸짐해서 화이트와인 안주로 제격이었다. 아마도 이런 간단한 요리가 나름 이름 있는 전통요리가 된 것은 고대부터 지중해 교역으로 이 지역에 풍부했던 올리브유와 역시 이 지역에 풍부했던 생선이 결합해서 만들어진 요리이기 때문인 듯하다. 듣기로는 중세시대에 이 지역에 살았던 유대인들이 레콩키스타 이후 진행된 박해를 피해 유럽 전역으로 흩어졌다고 하는데, 그때 그들이 안식일에 즐겨 먹던 이 요리도 함께 퍼져나간 듯하다. 그러니 페스카이토 프리토가 유럽 전역에서 먹는 생선 튀김 요리, 예컨대 영국의 '피시앤칩스' 같은 것의 기원이었을 가능성도 농후하다. 이것이 무리한 추정이 아닌 것이, 말라가가 그

---

1 '작은 생선 튀김'을 뜻하는 '페스카도 프리토'(Pescado frito)의 안달루시아 방언이다. 따지고 보면 요리 이름이 그저 "잡어 튀김"이라는 것이 소박하기도 하고 좀 우습기도 했다.

렇게 큰 도시는 아니어도 아주 오래된 도시이기는 하기 때문이다.

히브랄파로 성

말라가는 도시권역 기준으로 약 80여만명 정도가 거주하는 스페인에서 여섯번째로 큰 도시이고 안달루시아 지역에서는 세비야 다음으로 큰 도시이다. 대개 한 국민국가의 도시 규모는 1위, 2위, 3위로 갈수록 기하급수적으로 줄어든다. 2위 도시의 규모가 1위 도시의 절반이라면, 3위 도시는 2위 도시의 절반이 되는 식이다(1위급 도시의 개수가 하나라면, 2위급 도시는 두세개, 3위급 도시는 네다섯개가 되는 식이다). 물론 국가마다 약간씩 편차가 있긴 하다. 스페인의 경우 광역 마드리드 인구가 약 670만명인데, 2위 도시인 광역 바르셀로나 인구는 약 480만명이다. 여러 가지 역사적·정치적·경제적 요인이 작용해서 1위급 도시가 두개 형성된 셈인데, 그것이 바르셀로나를 중심으로 한 카탈루냐 분리주의 운동이 활성화되는 이유 가운데 하나이다. 2위 도시가 상당히 큰 대신 3위급 도시인 발렌시아와 세비야(역시 도시권역 기준이고, 이하 다른 도시도 마찬가지다)는 150만명을 밑도는 수준으로, 바르셀로나 인구의 절반에 한참 못 미친다. 그리고 그 뒷자리를 인구 80만~90만 규모의 빌바오, 말라가, 오비에도, 알리칸테, 사라고사 등이 잇는다.

그러나 말라가는 이 모든 도시보다 오래된 도시이다. 중세에 형성된 마드리드는 물론이고 그보다 오래된 바르셀로나도 기록상으로는 기원전 3세기 무렵 로마인들이 거주하고 건립되었다. 하지만 말라가는 그보다 더 이른 기원전 8세기에 페니키아인들이 정착하고 건립한 도시라

고 한다. 말라가에 페니키아인들의 유적이 남아 있진 않다. 하지만 그 이후 역사는 유적들로 남아 있다. '무어인'들이 건립한 히브랄파로 성(Castillo de Gibralfaro)과 그 아래 구역에 남아 있는 고대 로마의 '원형극장'(amphitheatre)이 그것이다.

말라가에서의 이튿날 아내와 나는 느긋하게 아침을 먹고 말라가 구도심으로 걸어갔다. 말라가는 과달메디나강을 중심으로 동편 해안가가 구도심이고, 서편이 신도시 지역이다. 박물관, 미술관, 유적지, 그리고 휴양 리조트와 쇼핑센터 등은 구도심과 인접한 해안가에 밀집해 있다. 도심을 지나서 꽤 기분 좋게 꾸며진 부둣가를 산책했다. 부둣가를 걸어서 미술관 '말라가 퐁피두센터'(Centre Pompidou Málaga)를 지나자, 히브랄파로 성으로 올라가는 길이 나타났다. 지그재그로 경사를 조절해 오르기 좋게 조성한 길인데, 그래도 꽤 가파르고 길어서 11월의 시원한 날씨에도 제법 땀이 났다.

히브랄파로 성은 그라나다를 중심으로 이 지역을 지배하던 나스르왕조의 유수프 1세가 15세기에 건립했다고 한다(그 이전 11세기 초에 이 지역을 지배했던 함무드왕조의 흔적은 남아 있는 것이 없는 듯했다). 바닷가 봉우리 꼭대기에 지어진 히브랄파로 성이 가진 군사적 의미는 성에 올라가 주변을 내려다보면 실감이 난다. 도시 북쪽의 말라가 산(Montes de Málaga)에서 성이 있는 히브랄파로 언덕 사이의 모든 지역이 한눈에 들어왔고, 지중해 쪽도 훤히 내려다보였다. 감제고지(瞰制高地)로서나 요새로서 탁월한 곳이었다. 이런 입지(그리고 성의 견고함)의 탁월성은 레콩키스타 시기 스페인 군대가 치른 공성전 중에 가장 힘겨웠던 것이 말라가 포위공격(1487)이었다는 것에서도 잘 드러난다. 길고 어려운 공성전을 끝낸 것은 군사적 공격이 아니라 식량 공급 차단이었다고 한다.

7-2. 말라가 대성당 지붕에서 본 히브랄파로 성과 알카사바

성벽 한편에 서서 지중해 쪽을 한참 내려다보았다. 그렇게 한참 바라
본 이유는 그쪽 편에서 바람이 시원하게 불어와서이기도 했지만, 그토록
많은 문헌에서 지중해에 관해 읽었는데도 이탈리아나 그리스 또는 튀르
키예에 가본 적이 없는 나에게는 이때의 지중해가 내가 직접 체험한 첫
지중해였기 때문이었다. 호메로스가 『오디세이아』에서 늘 "와인색"이라
고 묘사했던 지중해가 내 눈에는 아름다운 푸른색이었다.[2] 오히려 내게
더 특징적으로 다가온 점은 말라가 일대의 수심이 낮은 탓인지 모르겠지

---

2 호메로스의 지중해 묘사를 실마리로 색채에 대한 지각과 언어 및 문화 사이의 관계를 다
  룬 저작으로는 기 도이처 『그곳은 소, 와인, 바다가 모두 빨갛다』, 윤영삼 옮김, 21세기북스
  2011 참조.

만, 지중해가 마치 개펄 같은 질감을 지닌 듯이 보인 것이었다(같은 인상을 나중에 바르셀로나의 몬주이크 언덕에서 지중해를 바라볼 때도 느꼈다). 푸른 개펄, 그것이 지중해에 대한 나의 첫인상이었다.[3]

성에는 부속박물관이 있었는데, 정확히 1487년 말라가가 스페인에 의해 함락된 때로부터의 역사를 전시하고 있었다. "16세기(1487~1599)"라는 팻말이 붙은 방에는 히브랄파로를 공성한 스페인 군인의 모형과 그의 칼과 총은 전시되어 있지만 맞서 싸운 나스르왕조 군인의 모습을 보여주는 상이나 무기는 전시되어 있지 않았다.

박물관을 나와 성벽 길을 따라 아래로 내려오니 '알카사바'(Alcazaba)가 나타났다. 스페인 남부의 오래된 도시 언덕 위에는 거의 공식처럼 무어인이 세운 알카사르(Alcazar)가 있다. 알카사르는 궁전을 뜻하는 말이다. 그런데 말라가에서는 알카사르가 아니라 알카사바라는 명칭을 사용했다. 관광 팸플릿에는 '궁전 같은 요새'(palatial fortification)라고 번역되어 있을 뿐, 그 의미를 정확히 알려주지 않았는데, 히브랄파로 성이 외벽으로 있는데도 알카사바는 별도의 두꺼운 외벽을 지니고 있었고, 하나의 견고한 문(Puerta de los Cuartos de Granada)을 통해서만 안으로 들어갈 수 있게 한 설계가 요새의 면모를 지니고 있었다. 하지만 막상 들어가보면 아름다운 파티오와 예쁜 정원과 분수 그리고 아라베스크 문양으로 장

---

3 생각해보니 크로아티아를 관광/여행할 때 지중해를 이미 본 셈이었다. 하지만 나는 그 바다를 지중해로 기억하지 않고 아드리아해로 기억했다(지중해는 브로델이 지적했듯이 여러 바다의 복합체인 셈이다). 아드리아해는 사실 지중해 평균 수심이 미치지 못하는 얕은 바다임에도 불구하고 내게는 수심이 깊은 듯이 보였다. 아마도 크로아티아 해안이 매우 가파르고 그래서 해안에서 빠르게 수심이 깊어지는 데 비해, 말라가는 '말라게타'(Malagueta)라는 유명한 모래 해수욕장이 있을 정도로 수심이 완만하게 깊어지는 지역이어서 아드리아해와는 사뭇 다른 인상을 주었던 듯싶다.

7-3. 매우 방어적인 형태의 쿠아르토스 데 그라나다의 문과 내정

식된 다중박 아치(polylobed arch) 등을 갖추고 있어서 '궁전 같은' 곳이
기도 했다. 이 궁전 같은 내부 공간은 특이하게도 '쿠아르토스 데 그라나
다'(Cuartos de Granada)라는 이름을 갖고 있었다. 그라나다를 중심으로
한 나스르왕조가 건립한 곳이라, 그라나다의 알람브라 '궁전'에 견주어
'쿠아르토스'(영어로 하면 'quarter') 수준의 소박한 곳이라 여기고 그렇
게 명명했나 싶었는데, 뒤에 알람브라 궁전을 방문해보니 말라가의 궁이
실제로 규모 면에서도 대략 쿠아르토스쯤 되는 듯했다.

　궁전을 나와서 아래로 계속 내려오니 로마시대 원형극장 유적이 나타
났다. 로마의 콜로세움에 비하면 아주 소박한 원형극장이었다. 원형극장
을 돌아보며 로마시대 지어진 원형극장의 규모는 그 도시가 로마제국 내

7-4. 말라가의 로마시대 원형극장

에서 차지하는 위상을 보여주는 지표가 아닐까, 하는 생각이 들었다. 아무튼 말라가의 원형극장은 원형극장 옆에 세워진 방문자센터(발굴 기록관과 출토물 전시관을 겸하고 있는, 강철과 아크릴로 지어진 작고 인상적인 건축물이다)에 자세히 소개되어 있듯이, 무어인들이 알카사바 건설을 위해 원형극장의 석재를 일부 뜯어내면서 황폐해져 15세기 이래로 500년간 땅속에 묻혀 있다가 1951년에 발굴되기 시작했으며, 복원을 거쳐 2011년부터 대중에게 공개되었다고 한다.

말라가 퐁피두센터와 다니엘 뷔랑

말라가에서 일주일 지내다가 세비야로 이동할 예정이었다. 이동수단을 살펴보니 말라가와 세비야 사이에는 직행하는 기차가 없었다. 그래서 시외버스를 타기로 했다. 스페인에서 시외버스로 원거리를 이동하는 건 처음이라 미리 표를 예매해두기로 했다(당일 발권해도 될지 확신이 서지 않아서 그랬는데, 사실 좀 일찍 나서기만 하면 별 어려움 없이 당일 발권이 가능했다). 예매를 위해 찾아가야 할 곳은 ALSA 터미널이었는데, 위치가 과달메디나강 서편에 있어서 그 지역을 가보게 되었다. 아파트가 많이 들어서고 차로가 넓은 말라가 서편 시가지는 평범한 현대도시의 외관을 지니고 있었다. 숙소에서 걸어서 40분 정도 거리에 있는 터미널에 가던 중에 '성 베드로 사도 교구'(Parroquia de San Pedro Apóstol)라 쓰인 성당에서 꽤 크게 음악소리가 나서 들어가보았다. 사람들이 꽉 들어차 미사 중이었는데, 지역의 중요한 행사와 미사를 겸한 듯했다. 음악이 좋아서 한참 앉았다가 나와서 터미널로 향했다. 터미널에서 돌아오는 길에는 전날 히브랄파로 성에 오르느라 스쳐 지나갔던 '말라가 퐁피두센터'에 가보기로 했다.

말라가 퐁피두센터는 2015년에 개관한 미술관이다. 파리 퐁피두센터의 소장품을 반영구 그리고 특별전시하기로 5년간 협약했고, 계약이 연장되어 2025년까지 협약이 유효한 상태이다. 말라가 항구 2번 부두 옆에 있는 퐁피두센터는 파리 퐁피두센터만큼이나 혁신적인 외관을 지니고 있다. 큐브 모양의 철골에 다채로운 색깔의 아크릴 패널을 헐렁하게 이어 붙인 채광창으로 이뤄진 건물의 지상층이 특히 그렇다.

우리가 방문했을 때는 유감스럽게도 상설전시는 시설 개보수 중이라

7-5. 말라가 퐁피두센터의 지상층(위)
7-6. 다니엘 뷔랑 전시회 가운데 한 방의 모습(아래)

관람불가였고, 특별전만 관람할 수 있었다. 특별전은 빌바오의 살베 다리 주탑의 '붉은 호'를 제작한 다니엘 뷔랑의 작품 전시회였는데, 말라가 퐁피두의 지상층 또한 '정육면체'(El Cubo)라는 이름이 붙은 뷔랑의 설치 미술품이었다. 우리가 방문한 2017년 말라가 시의회가 이 작품을 작가로부터 사들였고, '정육면체' 설치를 계기로 그의 작품전을 연 것이었다.

전시된 뷔랑의 작품은 이어지는 방들을 각기 다른 문양의 광선을 비춰서 연속적으로 경험하게 하는 것이었다. 매우 신선하고 다채로웠으며, 한 전시공간에서 다른 전시공간으로의 이동이 흥미진진하기는 했다. 특히 밝은 원색을 사용한 줄무늬 패턴의 반복이 인상적이었다. 하지만 빌바오의 '붉은 호'나 말라가의 '정육면체'가 보여주듯이, 뷔랑의 재능은 건축적 규모의 설치미술(장소 특정적 예술)에서 더 빛나는 듯했다.

말라가 대성당의 지붕

여느 도시에서와 마찬가지로 말라가에서도 대성당을 방문했다. 스페인의 대성당은 그 지역을 기독교도가 언제부터 지배했느냐에 따라 양식이 다르다. 성당을 짓기 시작한 시기에 일반적인 양식으로 따라 지어지기 때문이다. 예컨대 산티아고 데 콤포스텔라는 중세 내내 기독교인들이 거주했던 지역이었고, 대성당이 지어지기 시작한 것은 11세기부터이다. 따라서 산티아고 데 콤포스텔라 대성당(Catedral Basilica de Santiago de Compostela)은 로마네스크 양식이다. 이에 비해 1248년에 레콩키스타가 이뤄진 뒤 15세기부터 본격적으로 짓기 시작한 세비야 대성당(Catedral de Sevilla)은 고딕 양식이다. 말라가의 레콩키스타는 1487년이고, 말라가 성육신 대성당(Catedral de la Encarnación de Málaga)이 지어지기 시작한 것은 그 이후인 1528년부터이다. 말라가 대성당은 당연하게도 당대에 유행하던 르네상스 양식으로 지어졌다. 물론 준공연도가 1782년이어서 성당 파사드와 외부 장식에는 바로크 분위기가 나기도 한다.

성당에서 파는 입장표는 성당 내부 관람만 하는 것과 지붕 방문도 포

함하는 것, 그렇게 두 종류였다. 성당 지붕에 올라본 적이 없어서 그것도 포함하는 표를 끊었다. 성당 내부는 성가대석의 조각이 정교하고(바로크 목공예의 걸작이라고 하는데, 바로크 목공예 전반에 대해 아는 바가 없어서 다른 성당의 성가대석과 비교해서 평가하기는 어려웠다), 스테인드글라스가 훌륭하다는 인상을 주었을 뿐 여느 성당과 크게 다르지 않았다. 다만 성당에 걸려 있는 그림 가운데 「사도 바오로의 참수」(Decapitación de San Pablo)가 매우 인상적이었다.

사도 바오로의 죽음은 그 세부사항까지 전승되지는 않았다. 바오로의 행적을 소상히 다룬 「사도행전」은 바오로의 죽음 또는 순교에 대해 아무런 말을 남기지 않았다.[4] 「사도행전」이 바오로의 최후와 관련해 밝히고 있는 바는 그가 예루살렘에서 체포되어 로마로 이송되었다는 것,[5] 그

---

4 마커스 J. 보그와 존 도미닉 크로산은 「사도행전」이 사도 바오로(바울)의 죽음에 대해 자세히 밝히지 않은 이유를 이렇게 추정한다. "바울보다 한 세대나 두 세대 이후에 글을 쓴 누가는 바울에게 무슨 일이 벌어졌을지를 잘 알고 있었을 것으로 보인다. 그러나 자신의 첫 번째 책인 누가 복음서가 예수에 대한 로마의 단죄로 끝냈던 것과 똑같이, 자신의 두 번째 책인 사도행전마저 바울에 대한 로마의 단죄로 끝내기를 아마도 원하지 않았을 것이다"(『첫 번째 바울의 복음: 급진적인 바울이 어떻게 보수 신앙의 우상으로 둔갑했는가?』, 김준우 옮김, 한국기독교연구소 2010, 297면). 즉, 루카(누가)는 로마와 기독교 사이의 대립과 갈등을 강조하고 싶지 않았던 것이다.

5 초기 기독교에서는 유대인 기독교도와 비유대인 기독교도 사이에 이런저런 논쟁과 갈등이 존재했는데, 그런 논쟁점 가운데 하나는 이방인 출신 남성 기독교도가 할례를 받을 필요가 있는가 하는 문제였다. 이 문제를 둘러싸고 제1차 예루살렘공의회가 열렸다(4장 각주 73 참조). 이 회의에서 할례를 받을 필요가 없다는 합의가 이뤄졌는데, 이 합의를 기념하기 위해 바오로는 예루살렘의 야고보 공동체에 비유대인 기독교 공동체에서 모은 헌금을 제공하고자 했다. 유대 율법을 여전히 준수하려던 야고보 공동체는 바오로가 예루살렘 성전에서 정결 예식을 위해 그 헌금의 일부를 사용한다면, 헌금을 받아들이겠다고 했다. 그들의 요구를 수용한 바오로는 성전에 들었는데, 이 과정에서 바오로가 자신과 함께 온 비유대인들을 유대 성전에 들게 했다는 혐의를 받게 된다(이 혐의가 사실인지는 확인되지 않으나 허위일 가능성이 크다). 체포된 바오로는 자신의 무죄를 주장했고, 혐의 사실에 대한 판결을 받기 위해 로마로 이송되었다. 초기 기독교의 논쟁과 바오로의 운명에 대해서는 알랭 바디우 『사도

7-7. 엔리케 시모네 「사도 바오로의 참수」, 1887, 400×700cm, 말라가 대성당

리고 로마에서 "바오로는 자기의 셋집에서 만 이 년 동안 지내며, 자기를 찾아오는 모든 사람을 맞아들였다. 그는 아무 방해도 받지 않고 아주 담대히 하느님의 나라를 선포하며 주 예수 그리스도에 관하여 가르쳤다"(이것이 「사도행전」의 마지막 문장이다)라고 한다. 이후 바오로가 무죄 방면되어 스페인 선교여행을 떠났다는 주장과 그렇지 않고 계속 구금 상태로 있었다는 주장이 대립하지만, 둘 다 마지막에는 바오로가 로마에서 순교했다고 주장한다(앞의 주장에 따르면, 바오로는 스페인에서 로마로 돌아와서 순교한다).

그렇다면 바오로의 순교는 어떤 형태로 이뤄졌을까? 그 점에 대해서는 참수형에 의한 것이리라는 추측이 이어져왔다. 추측의 근거는 바오로가 로마시민이었다고 기록한 「사도행전」이다. 당시 사형 판결을 받은 로

바울: '제국'에 맞서는 보편주의 윤리를 찾아서』(현성환 옮김, 새물결 2008)와 보그·크로산, 앞의 책 참조.

마시민은 참수형에 처했으니, 「사도행전」의 주장을 따른다면 바오로는 참수되었으리라는 것이다. 그러나 「사도행전」의 저자인 루카의 기술과 달리 바오로는 자신이 쓴 서신에서 스스로 로마시민이라 칭했던 적이 없다. 더구나 「사도행전」 16장에는 바오로가 지역 행정관들에 의해 매질당하는 장면이 나오는데, 매질은 로마시민에게는 허용되지 않는 형벌이었다. 루카 스스로 자신의 주장과 배치되는 형벌을 기술하고 있는 셈이니, 그의 주장만을 근거로 바오로가 로마시민이었다고 믿기는 어렵다.

논란의 여지가 있지만, 기독교 세계에서 바오로가 참수형을 당했다는 것은 꽤 널리 받아들여진 생각이었다. 그러니 「사도 바오로의 참수」 같은 그림이 그려진 것이 이상한 일은 아니다. 하지만 바오로의 참수형을 주제로 한 성화나 조각은 그리 많지 않고, 제작된 경우에도 참수하려는 장면을 묘사하지(틴토레토의 「바오로의 순교」 Ll martirio di san Paolo, 1588가 그런 예이다), 머리가 몸에서 떨어져 땅에 구르는 모습을 묘사한 경우는 흔치 않다. 이런 점 때문에 말라가 대성당의 그림은 매우 각별하게 다가왔다. 그래서 숙소로 돌아와 화가에 대해 검색해보았다. 화가가 엔리케 시모네(Enrique Simonet, 1866~1927)라는 건 쉽게 확인했지만, 그에 대한 상세한 정보는 별로 없었다. 발렌시아 출신이고 같은 발렌시아 출신이면서 말라가에서 활동한 베르나르도 페란디스 바데네스(Bernardo Ferrándiz Bádenes, 1835~85)의 워크숍 일원으로 지냈으며, 이후 이탈리아를 여행하고 로마에서 활동했는데, 「사도 바오로의 참수」는 그 시기 작품이라는 정도를 찾을 수 있었다. 그의 대표작으로 거명되는 것은 「심장 해부학」(Anatomía del corazón, 1890)이었다. (성매매 여성으로 추정되는) 하층계급 여성을 부검한 의사가 그녀의 몸에서 적출한 심장을 꺼내 들고 바라보는 모습을 그린 그림인데, 이 그림을 보자 사도 바오로의 참수형을 그

렇게 묘사한 것은 화가가 신체 절단에 대해 특별한 관심이나 집착을 지녔기 때문이 아닐까, 하는 생각이 들었다. 그러나 찾을 수 있는 자료가 더는 없어서 그림의 구성 방식과 그 연유, 그리고 시모네와 말라가 사이의 뚜렷한 연고가 없음에도 불구하고 그 그림이 말라가 대성당에 걸리게 된 구체적 경위를 알기는 어려웠다.

성당 내부를 돌아본 다음 탑을 통해 성당 지붕으로 올라가는 투어가 시작되기를 기다리며 성당 경내를 돌아보았다. 정해진 시간이 되자 안내원이 탑의 문 앞으로 나왔는데, 성당 지붕을 관람하려는 사람이 아내와 나뿐이었다. 우리는 안내원 한 사람과 경비원 한 사람의 인도를 받으며 성당의 탑 일부와 성당 지붕 구경을 했다. 말라가 대성당은 장방형의 성당 주 건물에 비해 북쪽 탑이 84미터로 꽤 높고 큰 편이다. 그래서 탑 꼭대기까지 올라가보고 싶었다. 하지만 투어코스는 탑과 지붕이 만나는 지점에서 탑을 나와 지붕을 거니는 것이었다. 안내원은 스페인 말로 성당에 관해 설명하려다가 우리가 잘 알아듣지 못하자 서툰 영어로 말했다. 요점은 대략 이런 것이었다. 이 성당은 1528년에서 1782년까지 250여년에 걸쳐 지어졌다. 하지만 16세기 후반부터 100여년간 공사 중단 상태였고, 18세기 초에 공사가 재개되었으며 1776년부터 급속도로 작업이 진척되어 현재 형태에 이르렀다는 것이다. 하지만 본래 예정되었던 두번째 탑이 여전히 건설되지 않았고, 장식적 세부는 물론이고 돔을 지지하는 천장 구조물도 완결된 것은 아닌데, 이 때문에 2000년 이후로는 성당 내부 곳곳이 약해져 문제를 일으키고 있다.

설명을 들었지만, 성당 내부와 지붕의 형태 사이에 구조적 연관은 희미하게만 짐작되었다. 그보다 마음에 오래 남았던 것은 안내원과 경비원밖에 없는 대성당 지붕을 아내와 내가 마치 개인 정원처럼 거닐었다는

7-8. 말라가 대성당 지붕과 지붕에서 본 북쪽 탑의 모습

것이다. 사방이 막힌 데 없이 탁 트여 있고, 고개를 돌림에 따라 말라가
시, 히브랄파로 성과 알카사바, 그리고 말라가 항이 시원하게 펼쳐졌다.
안내원이 그만 내려가야 한다고 할 때까지 눈치 없이 맑은 날씨와 지붕
을 아주 한가롭게 즐겼다.

제임스 앙소르와 대중

말라가에는 유명한 미술관이 둘 있다. 하나는 '말라가 피카소 미술
관'(Museo Picasso Málaga, 이하 '피카소 미술관')이고 다른 하나는 '말라가 카
르멘티센 미술관'(Museo Carmen Thyssen Málaga, 이하 '카르멘티센 미술관')
이다.[6] 말라가는 피카소의 출생지이고, 그래서 피카소를 기념하는 미술

---

6 이외에 안달루시아 주립박물관 중에 가장 규모가 크다는 '말라가 미술관'(Museo de Málaga)
이 있다. 하지만 어쩌다 보니 방문해보지 못했다. 피카소 미술관과 카르멘티센 미술관의 명

관이 있는 것은 일견 당연한 듯하다. 하지만 논의는 오래되었어도 미술관 건물이 마련되어 피카소 가족이 기증한 285점의 피카소 작품을 전시할 수 있게 된 것은 비교적 최근인 2003년이다. 그리고 카르멘티센 미술관은 한스 하인리히 티센-보르네미사 남작의 다섯번째 아내인 카르멘 세르베라(Carmen Cervera, 1943~)의 컬렉션을 기반으로 2011년에 세워진 미술관이다.

미술관이 대부분 그렇듯이 상설전시와 특별전시가 열리고 있었는데, 휴관 요일, 개관 시간, 요일 및 시간별로 입장료가 다 달랐다. 아내와 나는 말라가에 일주일간 머무르므로 여유가 있는 편이었다. 그래서 무료관람 시간을 찾아서 방문했다. 그러다보니 피카소 미술관은 한번에 상설전시와 특별전시를 모두 보았지만, 카르멘티센 미술관은 상설전시와 특별전시를 따로 관람했다. 방문 순서에 특별한 의미는 없으니, 미술관별로 관람했던 바를 이야기하려 한다. 우선 카르멘티센 미술관부터 보자.

카르멘티센 미술관은 두개의 특별전시를 하고 있었다. 하나는 '고야/앙소르: 날개 달린 꿈' 전이었고, 다른 하나는 '후안 그리스/마리아 블란차르드 그리고 입체주의〔1916~1927〕' 전이었다. 왠지 전자는 카르멘티센 미술관의 기본 색조와 어울리지 않는 전시회였고, 후자도 피카소 미술관에서 하면 좋은 것 같은 전시회였다. 후안 그리스와 마리아 블란차르드(María Blanchard, 1881~1932)는 피카소와 조르주 브라크를 이은 이른바 '2세대' 입체주의 화가들 아닌가? 그러나 미술관은 매우 다양한 계기로 다양한 특별전시를 하기 마련이다.

'고야/앙소르' 전은 고야의 판화집 『광상』과 『어리석음』의 몇몇 작품

성에 이끌려 미처 일정을 챙기지 못한 것 같다.

들과 제임스 앙소르(James Ensor, 1860~1949)[7]의 판화작품들을 비교 전시하는 것이었다. 고야와 앙소르를 함께 감상해볼 것을 제안하는 이 전시회는 두 화가 모두에 흐르는 카니발리즘적 상상력에 주목하고 있다. 사실 앙소르는 독일 표현주의 회화에 상당한 영향을 주었는데, 고야와 앙소르를 겹쳐서 보면, 고야 또한 표현주의 회화에 영감을 불어넣은 화가로 볼 수 있겠다는 생각이 든다.

고야와 앙소르의 판화를 함께 보니, 앙소르가 판화로 고야만큼의 명성을 누리진 못했지만, 그 역시 고야만큼이나 판화에 관심이 깊었음을 느낄 수 있었다. 전시된 작품 수가 많지는 않았지만, 3점의 판화가 인상적이었다. (에드거 앨런 포의 단편소설을 주제로 한)「홉-개구리의 복수」(1898),「군중을 쫓는 사신(死神)」(1896), 그리고 앙소르의 가장 잘 알려진 대표작이자 대작인「1889, 그리스도의 브뤼셀 입성」(Christ's Entry Into Brussels in 1889)의 에칭 판본이 그것이다. 그 가운데서도 가장 마음에 남는 것은 역시「1889, 그리스도의 브뤼셀 입성」이었다. 이 그림이 인상 깊었던 이유 일부는 마침 스페인에 오기 직전에 읽은 스테판 욘손(Stefan Jonsson)의『대중의 역사: 세 번의 혁명 1789, 1889, 1989』(그린비 2013)를 떠올리게 해서이다.

욘손은 프랑스대혁명 이후 서구 역사를 통해 대중 또는 군중(거리로 쏟

---

7 제임스 앙소르는 벨기에 화가인데, 벨기에는 네덜란드어, 프랑스어, 독일어가 공용어인 나라이고(앙소르의 출생지인 브뤼셀은 프랑스어와 네덜란드어가 공용어이다), 앙소르의 부친은 독일과 영국에서 활동했고 모친은 벨기에인 그리고 친조부모는 영국인이라 하니 'James Ensor'를 어떻게 읽어야 할지 난감하다. 국내 문헌 가운데 '제임스 앙소르'로 영국식 읽기와 프랑스식 읽기를 혼용해서 표기한 것이 많다. 아마도 가정에서는 영국식으로 이름을 불렀지만, 성은 벨기에 사회에서 프랑스식으로 불렸기 때문으로 그렇게 표기한 것 아닌가 한다. 여기서는 관례를 존중해서 '제임스 앙소르'로 표기했다.

7-9. 제임스 앙소르 「1889, 그리스도의 브뤼셀 입성」, 1899, 에칭, 31.8×49.5cm

아져 나온 다수)에 대한 이해 방식이 세 단계를 거치며 바뀌어왔다고 말한
다.[8] 우선 대혁명을 통해서 그 존재를 드러낸 인민으로서의 대중이 있다.

---

8 '대중'(mass)과 '군중'(crowd) 그외에 '다중'(multitude) 같은 표현은 약간씩 다른 뉘앙스를
지니고 있지만(일상적으로든 학문적으로든 뉘앙스 차이에 대해 합의된 견해는 없다), 기본
적으로는 같은 집단, 즉 자본주의적 발전 과정에서 형성된 대도시 길거리를 지나다니는 익
명적 다수를 지칭한다. 이들은 특정한 의제를 중심으로 모여 집합적인 의지를 표현하기도
하고, 도시에서의 특정한 생활방식, 예컨대 통근, 외식 또는 쇼핑 등에 의해서 일정한 유형
을 형성하기도 하고, 그저 각자의 사무(事務)로 부심(腐心)하고 있으면서도 동시에 길거리
를 채우는 다수가 되기도 한다. 그들이 매우 큰 규모로 모여서 정치적이고 집합적인 의지를
표명할 때는 (한 사회의 전체 의지를 함축하는 인민의 존재를 현상하는 것으로 여겨져) '인
민'으로 불리며, 원자적인 상태로 머무를 때는 '대중'으로 불리며, 전체 사회의 의지라는 느
낌을 주지는 않는 집회와 시위를 주도할 때는 '군중'으로 불릴 때가 많다. 기존 용어와 다른
의미를 부여하기 위해서 상대적으로 자주 쓰이지 않은 '다중' 같은 말을 사용하기도 한다.
무엇으로 지칭하든 이들은 집합체(통일체, 인민)일 수 있는 동시에 바로 그런 상황일 때도
서로 별다른 관련이 없는 개인(사회적 원자)이기도 하다는 양면성을 언제나 지니고 있었
다. 아마도 우리 사회에서의 집회와 시위(그것으로 인해 일어나기도 했던 심층적인 역사적

인민은 하나(통일체)이면서 동시에 다수인 존재이다. 이런 인민은 부르주아와 노동계급(과 빈민)이 연대하여 왕정과 싸우는 과정에서 출현했다. 그러나 대혁명이 좌절하고 왕정복고의 시대가 도래하자 부르주아와 노동계급이 분리되었다. 부르주아들은 자신을 대중과 구별한 다음 그들을 '레 미제라블(비참한 이들)'이라 칭했다. 그런데 레 미제라블이 1848년 2월혁명을 일으키고 실업과 빈곤을 끝낼 "사회적 공화국"(La République Sociale)을 요구하자, 부르주아는 그들을 '질서'의 이름으로 단호하게 진압하고자 했다(이런 위압적 전략을 택한 이유는 그들이 노동계급과 연대했던 프랑스대혁명이 노동계급에 의해 얼마나 위험한 지점까지 끌려갔는지 뼈저리게 학습했기 때문이다). 맑스는 이런 1848년 혁명의 상황을 두고 "근대적 두 계급인 부르주아와 프롤레타리아 사이의 첫 정면 대결"이라고 논평했다. 이때부터 거리로 뛰쳐나온 빈민과 노동자들은 '위험한 계급'(classes dangereuses)으로 인식되었다.

1848년 혁명에서 패배한 위험한 계급은 1871년 파리코뮌으로 승리를 거둔다. 물론 그 승리는 일시적이었고 보수파의 잔인한 진압으로 종결되었지만, 어쨌든 파리코뮌은 당시 세계에서 두번째로 큰 도시를 노동계급/대중이 장악하고 민주적으로 통치할 능력이 있음을 입증했다. 지배계급은 이런 노동계급/대중의 능력을 문화적으로 훼손하고 정치적으로 통제하기를 원했으며, 그런 선상에서 고안된 이론이 '군중 또는 대중 심리학'이다. 귀스타브 르봉(Gustave Le Bon, 1841~1931)으로 잘 대변되는 군중심리학은 대중이 광기와 정신적 장애를 앓고 있어서 과격하고 폭력적으로 행동하는 위험한 존재인 동시에 지도자가 거는 최면에 걸려 수동적

변화) 그리고 도심의 일상적 인파들을 떠올려본다면, 대중이나 군중이라는 말의 함의를 이해하기 어렵지 않을 것이다.

으로 복종하는 존재라고 폄훼했다. 우리 사회에서도 "군중심리에 휩쓸리지 말라"는 권고가 일상적 대화 속에서 흔히 등장한다는 것은 '르봉'류의 군중심리학이 19세기 말~20세기 초에 형성된 군중/대중 인식에 얼마나 큰 영향력을 행사해왔는지 보여준다.

욘손은 이런 대중에 대한 표상이 회화에서 어떻게 나타나고 또 어떤 점에서 회화가 그런 표상을 비판적으로 다뤘는지 살피고자 했는데, 그가 보기에 프랑스대혁명 100주년이 되던 해인 1889년을 대변할 만한 회화가 바로 앙소르의 「1889, 그리스도의 브뤼셀 입성」이다. '1889년'이라는 제목이 보여주듯이, 이 작품은 대혁명 100주년이라는 자의식을 품고 있다. 그 시기는 벨기에에서 노동운동이 매우 강력하게 발전하던 때인 동시에 파리코뮌 이래로 형성된 군중심리학적 군중 표상이 지배력을 행사하던 시기이다. 앙소르의 작품은 바로 그런 문화적·이론적 지형 그리고 사회 계급적 지형 속에서 그려진 것이다.

이 그림에 대한 해석을 위해서는 아마도 로스앤젤레스의 폴게티 미술관이 소장하고 있는 가로 길이 4미터가 넘는 유화 판본(1888)을 보아야 할 것이다. 확실히 가로 길이 50센티미터쯤의 에칭판으로는 브뤼셀 대로를 점령한 대중을 형상화하기 위해 헤아릴 수 없이 많은 이들을 그려 넣은 이 그림의 의도와 표현력을 '실감'하기는 쉽지 않다. 그 자체로 사회의 다수성과 이질성을 표현하는 유화 판본의 다채롭고 현란한 색채감이 나타나지 않는 점도 아쉬운 점이다. 그외에도 이런저런 차이점이 있다. 예컨대 에칭 판본은 유화 판본의 거울 이미지이다. 유화를 모사해서 에칭을 제작하고 그것을 종이에 찍어서 좌우가 바뀌었을 뿐인데도 느낌도 미묘하게 다르다. 가로 대 세로 비율이 다른 점도 느낌 변화에 함께 작용한다. 에칭판이 세로 비율이 높은데, 그래선지 유화 판본에서는 대중이 화

면 밖으로 넓게 흘러넘치는 느낌이 나지만 에칭 판본에서는 대중이 화면 안에서 더 우글거리는 느낌이 든다. 끝으로 유화 판본 상단에는 "VIVE LA SOCIALE"라고 적힌 플래카드가 걸려 있지만, 에칭 판본에는 플래카드가 아예 없다. 앙소르는 유화 판본을 1920년대 말까지 공개하지 않고 자신의 스튜디오에 태피스트리처럼 걸어두었고, 유화를 그린 지 10년 뒤에 에칭 판본을 따로 만들어 배포했다고 한다. 그에 대한 전기적 연구서를 읽어보지 못해 연유를 정확히 알기 어려우나 "사회(주의) 만세"라는 구호를 다수에게 팔릴 판화 판본에 넣기가 정치적으로 부담스러웠을 수도 있다. 아무튼 지금은 미술관에 전시되고 있는 유화 판본보다 대부분 개인 소장품인 에칭 판본이 관람하기 더 어렵다(그러니 그런 작품을 감상할 수 있었다는 것은 행운이었다).

유화 판본과 에칭 판본의 이런저런 차이에도 불구하고 찬찬히 들여다보면(한번에 시각적으로 장악하기 어려운 장대한 규모의 유화와 달리 크기가 작은 에칭 판본은 전체와 부분을 동시에 조망할 수 있다), 유화 판본의 구성과 의도가 에칭 판본에서도 그대로 느껴진다. 가톨릭 중심의 보수적인 사회였던 벨기에에서는 19세기 말에도 사회혁명을 표상하기 위해서는 여전히 기독교적 상징을 채택해야 했다. 성지주일에 예루살렘에 나귀를 타고 입성하던 그리스도의 모습을 끌어온 이 그림은 뚜렷하게 혁명적인 동시에 평화주의적인 의도를 지니고 있다. 그렇지만 그리스도는 화면 전체에서 중심성을 획득하지 못하고 있다. 그리스도는 그저 새로운 질서를 가능성으로만 환기하고 있을 뿐이다. 그 가능성을 실현하기 위해서는 길거리를 가득 채운 주권적 인민이 필요하다. 다종다양한 군중들이 흘러들어와 화폭 전면까지 꽉 차게 밀려드는 느낌은 분명하다. 그들은 분명 어떤 흐름을 형성하기는 한다. 하지만 매우 개성적인 인물들

하나하나가 전체 흐름에서 이탈하여(또는 전체 흐름에 대해 무관심한 태도로) 제멋대로 행동하고 있다. 우스꽝스러운 가면을 썼거나 분장을 한 수많은 인물도 카니발리즘적 무질서를 조장하고 있다. 이렇게 전복적인 분위기는 선명하지만, 아직 주권적 인민의 존재가 감지되고 있지는 않다.

총평하자면, 욘손이 지적하듯이 이 그림은 당대의 지배적인 군중 표상, 즉 비이성적 광기에 젖은 군중이라는 표상이 작용하고 있지만(모든 게 아수라장이다), 동시에 카니발리즘적 평등주의를 통해 군중심리학적 군중 표상을 비판하고 있다고 할 수 있다.[9] 그러나 그 군중이 새로운 질서를 창출할 수 있는 단계에 도달하진 못한 것으로 보인다(그것이 1880년대 벨기에의 정치적 상황에 정확히 대응하기도 한다).

그리스의 창문, 블란차르드의 여성적 입체주의

'후안 그리스/마리아 블란차르드 그리고 입체주의(1916~1927)' 전은 전시 표제가 여러가지를 함축한다. 우선 후안 그리스와 마리아 블란차르드, 이렇게 둘의 작품을 모은 것은 그들이 깊은 교감을 나눈 예술적 동지였기 때문이다. 전시되는 작품의 창작 시기를 1916년에서 1927년까지로 한정하고 있는데, 이는 두 화가에 공통된 전기적 사실과 관련된다. 둘은 모두 제1차 세계대전 이전에 파리에 가서 활동했으나 전쟁이 발발하자 마드리드로 돌아와 지내다가, 종전 전인 1916년에 다시 파리로 귀환했는데, 그리스와 블란차르드가 만난 것도 바로 그때이다. 그리고 그리스는

---

9 스테판 욘손 『대중의 역사: 세 번의 혁명 1789, 1889, 1989』, 양진비 옮김, 그린비 2013, 2부 참조.

1927년 40세의 이른 나이로 파리에서 사망했다. 1916년에서 1927년까지가 둘 간의 우정의 시간이자 함께 입체주의 미술에 헌신하던 때이다.[10]

전시된 작품은 대략 60여점쯤 되었다. 그리스와 블란차르드의 작품 이외에도 피카소, 장 메챙제르, 알베르 글레이즈의 회화를 비롯해 자크 립시츠의 조각도 몇점 전시되고 있었고, 그리스와 블란차르드의 영향을 받아서 입체주의적으로 작업했던 스페인 화가들의 1920년대 작품, 예컨대 마누엘 앙헬레스 오르티스(Manuel Angeles Ortiz, 1895~1984)나 살바도르 달리의 작품도 전시되어 있었다. 달리의 초현실주의 회화에 익숙했던 나로서는 거기 전시된 달리의 「페데리코 가르시아 로르카의 입체주의적 초상」(Retrato cubista de Federico García Lorca, 1923)이 매우 신선하게 다가왔다.

그리스 작품 가운데서는 「앉은 여인」(Mujer sentada, 1917)이나 「만(灣) 너머의 풍경」(Vista a través de la bahía)에 오래 눈길이 머물렀다. 특히 후자는 10여년 전 파리의 퐁피두센터에서 이미 보았던 작품인데 다시 보니 더 마음이 끌렸다. 그 이유는 아마도 얼마 전 소피아 미술관에서 본 그리스의 「열린 창문」(La fenêtre ouverte, 1921)과 대조되어서인 듯하다. 「만 너머의 풍경」은 「열린 창문」과 같은 시기, 같은 계열의 작품이지만, 내게는 후자보다는 전자가 훨씬 매력적으로 다가왔다.

「만 너머의 풍경」에는 내부와 외부의 분리선을 드러내고 빛을 투과하는 창문이 등장하지 않지만, 창 없이도 명암법을 새롭게 해석해서 얻어

---

10 그리스의 죽음은 블란차르드에게 큰 충격이었다. 본래 극심한 척추측만증과 고관절탈구 증세로 몸이 약했던 블란차르드는 그리스의 사망 이후 심각한 우울증에 빠졌고, 작품활동 중지로 인해 재정적으로도 큰 어려움에 처한다. 점차 병약해진 블란차르드는 그리스가 죽은 지 5년 뒤 사망했다.

7-10. 후안 그리스 「만 너머의 풍경」, 1921, 65×100cm, 말라가 퐁피두센터

진 풍부한 색감 그리고 서책이나 기타 같은 사물을 통해서 내부와 외부가 뚜렷이 구별된다(외부에는 자연이 있고, 내부엔 지적이고 감상적인 활동을 암시하는 소품들이 있다). 그러나 동시에 하늘, 바다 물결, 탁자의 나뭇결, 그리고 오선지가 유사한 문양을 띠고, 산과 기타의 윤곽 또한 형태적 유사성을 보이며, 산과 하늘이 문을 뚫고 부드럽게 침투함으로써 내부와 외부를 연결하고 있다. 서양회화에서 창이란 빛이 들어오는 곳이자 내부와 외부를 중계하는 중재자였다. 그래서 회화는 그 자체가 하나의 창으로 여겨지기도 했다.[11] 그리스는 그 창을 해체하여 창 없이 내부와 외부가 만나는 방식을 그려내고 있는 셈이다. 아마 창을 해체하거나

그것에 대한 성찰을 유도한다는 점에서는 르네 마그리트(René Magritte, 1898~1967)가 그리스보다 훨씬 더 다양한 실험을 했다고 할 수 있다(「인간 조건」La condition humaine, 1933, 「마당의 열쇠」La clef des champs, 1936나 「아른하임의 영토」Le domaine d'Arnheim, 1949가 그런 예일 것이다). 하지만 그리스는 초현실주의가 아닌 입체주의적 방식의 창 해체를 보여주며, 그렇기 때문에 마그리트풍의 지적 실험이 아니라 감성적인 구성이 시도된다.

블란차르드의 작품 가운데서는 「지혜롭거라 (혹은) 잔 다르크」(Sois sage (ou) Jeanne d'Arc)가 단연 눈에 띄었다.[12] 이 작품은 입체주의가 여성주의적 감수성과 만날 때 어떤 양상을 보일 수 있는지를 보여주는 예라는 점에서 각별하게 다가왔다.

전체적으로 몽환적 부드러움이 흐른다. 제목에 '잔 다르크'가 들어 있는 것으로 보아 인물은 소녀로 보인다. 소녀는 굴렁쇠와 막대를 가지고 놀고 있는 듯이 보인다. 위쪽으로 벽지처럼 그려져 있는 다마스크(damask, 綾織) 문양이 여성의 힘겨운 직조 노동을 연상시킨다. 소녀의 얼굴은 입체주의적으로 분해되어 있다. 그리고 화폭 중앙에 그림의 제목이

---

11 원근법을 체계화한 레온 바티스타 알베르티는 이렇게 말했다. "다른 모든 것은 제쳐두고 내가 그림을 그릴 때 하는 일을 말할 것이다. 먼저 칠할 표면에 직각으로 원하는 만큼 큰 사각형을 그린다. 이 장소에서 그것[직사각형]은 확실히 역사가 관찰되는 열린 창으로 기능한다"(Leon Battista Alberti, *On painting: a new translation and critical edition*, tr. by Rocco Sinisgalli, Cambridge University Press, 2011, p. 39, 〔 〕은 영역자 보충, 강조는 인용자). 창은 회화를 넘어서 세계 조망의 메타포 일반으로도 쓰인다. "눈은 정신의 창"이라 불리고, 텔레비전은 "세계의 창"이라고 불린다. 자신들의 컴퓨터 운영체제를 "창"(window)이라고 명명했을 때, 마이크로소프트사도 이런 메타포의 역사를 염두에 두었을 것이다.

12 이 작품도 퐁피두센터에서 대여해온 작품이다. 그러니 그리스의 「만 너머의 풍경」을 보았을 때 함께 보았을 법한데, 전혀 기억나지 않았다. 아마도 내가 블란차르드에 대해 관심이 적어서였거나 퐁피두센터의 전시 작품이 워낙 방대해서 주목하지 못했던 듯하다. 찾아보니 퐁피두센터 홈페이지의 표제는 '굴렁쇠를 가진 소녀'(L'Enfant au cerceau)이다(카르멘티센 미술관의 영어 표제는 "Be Good/Joan of Arc"였다).

7-11. 마리아 블란차르드 「지혜롭거라 (혹은) 잔 다르크」, 1917,
140×85cm, 말라가 퐁피두센터

활자 형태("SAGE SOIS")로 박혀 있다. 활자의 도입은 입체주의가 자주
활용하던 콜라주기법으로 보인다. 그렇지만 현실의 인쇄물을 잘라 붙인
형태가 아니어서 다마스크 문양 벽지와 마찬가지로 콜라주라고 하기에
는 약간 애매하다. 그래도 대문자로 쓰인 이 명령문은 콜라주처럼 물질
적인 존재감을 지니고 외삽적으로 소녀에게 개입해 들어온 느낌이다. 이

명령문은 계명처럼 문자적이지만 음성적 울림도 갖고 있다. 그로 인해 인물의 입체주의적 분해와 결합이 한 인물에 대한 여러 시점에서의 관찰을 조합한 것이 아니라 소녀의 상징적 자아가 소녀에게 명령문을 속삭이고 있는 모습을 묘사한 것처럼 보인다. 그런 식으로 입체주의가 자아의 심리적 분열과 접합의 구조를 묘사하는 기법으로 활용되는 듯하다. 얼마나 많은 소녀들이 "착하거라"에서 시작해 "지혜롭거라"로 변환해간 명령문, 잔 다르크에게 내린 신탁과 같은 지시의 압제 아래 놓여 있었던가? 블란차르드 또한 여성으로서, 장애인으로서 그리고 화가로서 당대의 문화적 최전선이었던 파리에서 분투했지만, 언제나 "잘 처신해야 한다"라는 압박 아래 있었을 것이다. 이 그림은 블란차르드 자신, 그리고 많은 여성을 옥죄었던 거부하기 어려웠던 계명의 힘을 드러내고 있는 듯하다.

코스툼브리스모와 프레시외

사흘 뒤 카르멘티센 미술관에 다시 가서 상설전시를 보았다. 카르멘티센 미술관의 토대가 된 카르멘 세르베라의 핵심 컬렉션은 19세기 스페인 회화, 그 가운데서도 안달루시아의 회화였다고 한다. 마드리드에 있을 때, '낭만주의 미술관'(Museo del Romanticismo)에 간 적이 있다. 반나절이면 돌아볼 수 있는 작은 미술관이었지만, 19세기 스페인 상류층의 생활양식과 그들의 실내를 채웠던 가구와 소품 그리고 미술품을 잘 느낄 수 있는 곳이었다. 카르멘티센 미술관은 낭만주의 미술관과 달리 회화로만 19세기 스페인을 조명한다고 할 수 있다. 그러니까 고야와 피카소 사이를 메꾸는 19세기 스페인 화가들의 작품과 경향을 살필 기회를 제공한다.

특별전을 하는 3층을 제외한 0층에서 2층까지가 상설전시 공간인데, 0층은 '낭만적 풍경과 코스툼브리스모'(Costumbrismo), 1층은 '구시대 거장, 프레시외 양식(Précieux style)과 자연주의 풍경', 2층은 '세기말'이라는 푯말이 붙어 있다. 중세 말에서 17세기까지의 회화와 조각(그중에는 수르바란의 「성녀 마리나」$^{Santa\ Marina,\ 1640-50}$ 같은 뛰어난 작품도 있다)을 전시한 '구시대 거장' 구역을 제외하면, 19세기 초의 코스툼브리스모 양식, 19세기 중반 이후의 프레시외 양식과 자연주의 풍경, 그리고 세기 말로 이어지는 19세기 스페인 회화로 채워져 있다.

하지만 예술사를 코스툼브리스모 양식에 이은 프레시외 양식의 등장으로 정리하는 카르멘티센 미술관의 방식은 막상 그림을 볼 때는 혼란스러웠다. 두 섹션에 나뉘어 전시된 회화의 양식적 차이가 무엇인지 확연하게 알기 어렵기 때문이다. 미술관에 붙은 설명에 따르면, 전자는 당대 풍속을 그린 장르화를 뜻하는 것이어서 그리 이해하기 어렵진 않다. 이에 비해 프레시외 양식에 대한 설명은 다소 복잡했다. 1층의 '프레시외 양식과 자연주의 풍경'으로 들어가는 입구 벽에는 이렇게 쓰여 있었다.

이 섹션은 스페인에서 19세기 후반 마리아노 포르투니의 작품을 통해 일어난 예술적 취향의 급진적 변형을 반영한다. 포르투니는 프레시외로 알려진 양식으로 세부에 엄청난 주의를 기울인 그림을 색채감과 자연스러움과 적절한 주제를 작은 크기의 구성으로 다루어 엄청난 성공을 거두었다. 중간계급을 중심으로 확장되던 예술시장에서 그가 거둔 성공으로 인해 호세 베니우레(José Benlliure), 라이문도 데 마드라소(Raimundo de Madrazo), 호세 모레노 카르보네로(José Moreno Carbonero), 에밀리오 살라(Emillio Sala) 같은 매우 재능 있는 여러 화

가가 같은 양식을 채택했다.

설명의 요점은 두가지이다. 하나는 마리아노 포르투니의 엄청난 중요성이고, 다른 하나는 프레시외 양식이란 회화적 세련됨과 정교함을 최고도로 끌어올리는 것을 말한다는 것이다. 전시품을 볼 때 느낀 혼돈은 코스툼브리스모가 회화의 주제를 통해서 정의되는데 반해, 프레시외는 회화의 표현기법과 관련해 정의되는데서 기인하는 것이었다. 코스툼브리스모 양식 안에서 작업하던 화가가 프레시외가 유

7-12. 호세 가르시아 라모스 「스페인식 구애」, 1883, 54.3×33.5cm, 말라가 카르멘티센 미술관

행하자 그런 기법을 채택한 코스툼브리스모를 그릴 수 있기 때문이다.

호세 가르시아 라모스(José García Ramos, 1852~1912)의 「스페인식 구애」(Cortejo español)가 그런 예였다. 이 작품의 제작연도는 코스툼브리스모가 유행하던 시기가 지나서도 여전히 그런 화풍의 그림이 그려졌음을 말해준다. 그림이 포착하고 있는 것은 말을 탄 피카도르(picador)가 창턱에 기대어 앉은 아가씨에게 구애하고 있는 장면이다. 창살을 사이에 두고 사랑을 나누는 두 연인과 그들을 바라보는 세 여인 그리고 그뒤 그라나다 알바이신 지구 가옥들이 묘사되고 있다. 구애하는 피카도르에게 창

문의 높이와 창살은 장벽이 되지 않는 듯한데, 이는 피카도르가 누리던 인기와 사회적 지위를 말해준다. 연인을 바라보는 세 여성도 당대의 풍속을 잘 드러내고 있다. 둘은 두 연인을 더 잘 보기 위해 부채와 손으로 눈부신 햇살을 가리고 있고, 한 여성은 흥을 돋우려는 듯 탬버린을 치고 있는데, 왼편 여성이 손에 든 양산이나 세 여성이 입은 드레스는 그 시대 유행을 반영하고 있다. 주제 면에서 코스툼브리스모적인 이 그림에서 세부를 다루고 묘사하는 방식은 당대에 유행하던 프레시외 양식을 따르고 있다. 예컨대 말머리 장식이나 피카도르의 의상, 양산의 소재인 공단의 질감이나 세 여성이 입은 드레스의 무늬와 접히고 펼쳐진 상태에 대한 정밀하고 화려한 묘사는 프레시외적이다.

카르멘티센 미술관의 분류 방식이 헷갈리기는 하지만, 그래도 한가지는 분명하게 알려주었다. 그것은 19세기 스페인 화단에서 마리아노 포르투니가 차지하는 비중이다. 스페인에 오기까지 나는 포르투니라는 화가에 대해 알지 못했다. 하지만 프라도에서 「일본풍 방에 있는 화가의 아이들」(Los hijos del pintor en el salón japonés, 1874), 「햇빛 아래 벗은 노인」(Viejo desnudo al sol, 1871), 「포르티치 해변의 누드」(Desnudo en la playa de Portici, 1874) 같은 작품을 보고, 단번에 그에게 매혹되었다(누가 매혹되지 않겠는가?). 그의 회화에는 놀라운 정교함과 아름다움이 깃들어 있었다. 물론 포르투니에 불만스러운 점이 없진 않다. 그가 모로코 여행 이후 그린 모로코에 대한 회화에는 오리엔탈리즘이 무반성적으로 드러나고, 스페인 사회에 대한 리얼리즘적 묘사는 부르주아적 삶의 재현에 머무르고 있다. 다시 말해 그는 '사회적' 리얼리즘으로까지 나아가지는 못했다(물론 그것이 그가 스페인 부르주아의 사랑을 받은 이유일 것이다). 그가 그 너머로까지 나아가기엔, 그러니까 예술시장에서의 실추를 무릅

7-13. 마리아노 포르투니 「투우. 다친 피카도르」, c. 1867, 80.5×140.7cm, 말라가 카르멘티센 미술관

쓰고라도 새로운 작품을 추구하기엔(또는 후기 베토벤이 그랬듯이, 자신의 명성과 권위를 이용해 혁신적인 작품을 대중에게 강제하기엔) 36년의 삶이 너무 짧았다.

그래도 카르멘티센 미술관에 전시된 포르투니의 비교적 초기작인 「투우. 다친 피카도르」(Corrida de toros, Picador herido)는 그가 '고야적인' 사회적 리얼리즘 가까이 서 있고, 프레시외적이라기보다는 인상주의적 붓 터치를 활용해 투우의 역동성을 스케치하는 데 집중하고 있음을 보여준다. 한 피카도르는 부상으로 들려 나가는 중이고, 또다른 피카도르는 타고 있는 말의 옆구리를 황소가 들이받는 바람에 낙마하기 직전에도 창으로 황소 머리를 찌르고 있다. 그렇게 그는 그 투우를 즐기는 관중은 무시해버리고(영화적으로 말하면, 흐릿하게 그려진 관중의 모습은 투우에 열중한 투우사 시점의 샷인 듯이 보인다), 투우사의 분투(어쨌든 그것이 그들의 삶이다!)에 주목하고 있다.

소로야와 쿠벨스/술로아가 사이의 간극

세기말 섹션에서는 호아킨 소로야, 이그나시오 술로아가, 엔리케 마르티네스 쿠벨스(Enrique Martínez Cubells, 1874~1947), 훌리오 로메로 데 토레스(Julio Romero de Torres, 1874~1930) 등의 작품을 볼 수 있었지만, 이런 작가들의 컬렉션으로는 빈약하게 다가왔다. 이미 마드리드의 소로야 미술관을 방문했고, 마프레 재단이 개최한 술로아가 특별전을 본 터라 더 그랬다. 그래도 쿠벨스의 「귀선」(歸船, Vuelta de la pesca, 1911년경)은 반갑게 느껴졌다. 쿠벨스는 같은 테마의 작품을 비슷한 구도와 색감으로 여러번 그렸다. 나로서는 프라도와 산페르난도 미술관에 이어 세번째로 「귀선」을 본 셈이었다. 내 보기에는 산페르난도 미술관의 작품이 가장 나았지만(휴대폰으로 찍은 사진이 있을 뿐, 인터넷에서 도판을 찾아볼 수 없었다), 카르멘티센 미술관의 것도 괜찮았다. 쿠벨스는 소로야의 아류로 취급되기도 했던 화가이다. 오르세 미술관에 전시된 소로야의 유명한 「귀선, 보트 견인」(Retour de la pêche, le halage de la barque, 1894)과 비교하면, 확실히 빛이나 물결을 다룸에 있어 쿠벨스는 소로야에 미치지 못한다. 하지만 소로야가 파리에서 성공을 거두며(거두기 위해) 포기한 사회적 리얼리즘을 더 견실하게 유지한 면은 높이 사줄 만하다고 생각되었다.

소로야도 초기 작품에서는 사회적 리얼리즘을 강하게 지향했다. 이 점은 소로야 미술관에 전시된 「인신매매」(Trata de blancas)라는 작품이 여실히 보여준다. 그림의 주제는 네명의 앳된 성매매 여성과 그들을 감시 감독하는 늙은 여성 포주(celestina)[13]이다. 이들은 동물 수송용 기차 칸에

7-14. 엔리케 마르티네스 쿠벨스 「귀선」, c. 1911, 84×105cm, 말라가 카르멘티센 미술관

타고 있다. 그들은 새로운 영업 지역으로 팔려 밤새 이동 중인 것으로 보인다. 기차 창으로 어렴풋이 아침 햇살이 들고 있다. 포주는 잠에서 깼지만, 앉은 채 노곤하게 잤던 탓인지 앳된 여성들은 아직도 졸고 있다. 프레시외풍의 정교한 세부묘사와 인상주의적 화법을 이용하고 있는 이 그림은 좁은 공간에 원근법적 심도를 부여하고 명암법을 활용해 소녀들의 앳된 얼굴에 아침 햇살을 떨어뜨림으로써 그들의 애처로운 잠을 그려내고 있다. 코스툼브리스모를 사회적 리얼리즘으로 이끌어가고 있는 셈이다.

　하지만 소로야가 파리로 이주하여 성공을 거둠에 따라 그의 회화에서

13　'포주'(celestina)에 대해서는 이 책 4장 각주 35 참조.

7-15. 호아킨 소로야 「인신매매」, 1894, 166.5×195cm, 소로야 미술관

사회적 리얼리즘은 흐릿해졌다. 파리에서 그에게 명성을 안겨준 작품들은 빛과 물결을 놀라울 정도로 능란하게 다룬 것들이다. 그는 구성과 표현기법 면에서 최고의 경지에 이르렀다. 그러나 그의 작품들은 부르주아적 일상을 다룰 뿐, 자기 삶의 뿌리였던 발렌시아 앞바다에서 물고기를 낚다가 다친 어부(「그리고 그들은 여전히 물고기가 비싸다고 말합니다!」 ¡Aún dicen que el pescado es caro!, 1894), 어선에서 조촐한 식사를 하는 어부 가족(「배 위의 식사」Comida en la barca, 1898), 또는 바닷가에서 물장구치는 장애인 어린이들(「슬픈 유전」Triste Herencia, 1899)의 세계로부터는 멀어졌다. 그는 최고의 표현력과 그것에 수반한 국제적 명성(후자를 향한 충동이 전자를 끌어당기기도 했을 것이다)을 위해 상실했던 사회적 맥락을 말년에 다시 발렌

시아 바닷가로 돌아와서야 어느 정도 만회할 수 있었다.

　소로야가 굴복했던 '사회적 법칙'은 스페인 화가에게만 작용한 것은 아니다. 마드리드에 있을 때 암스테르담의 반고흐 미술관을 방문했었는데, 그때 '파리의 네덜란드인: 1789~1914'라는 특별전을 하고 있었다. 전시 테마는 프랑스대혁명 이후부터 제1차 세계대전 발발 전까지 헤라르트 반 스파엔돈크(Gerard van Spaendonck, 1746~1822)에서 요한 바르톨트 용킨트(Johan Bartold Jongkind, 1819~91), 빈센트 반 고흐, 헤오르허 브레이트너르(George H. Breitner, 1857~1923), 케이스 판 동언(Kees van Dongen, 1877~1968)을 거쳐 피트 몬드리안(Piet Mondrian, 1872~1944)에 이르기까지 네덜란드의 재능 있는 화가들 모두가 파리로 갔던 이유와 그들이 거기에서 이룬 성취였다. 그들이 그렇게 파리로 갔던 이유는 벤야민이 지적했듯이 문화예술의 수준에서 파리는 "19세기의 수도"였기 때문이다(그런 현상은 19세기를 넘어서 1930년대까지 이어졌다).[14] 네덜란

---

14 이런 점을 유머러스하게 다룬 영화로 우디 앨런 감독의 「미드나잇 인 파리」(2011)가 있다 (이하 스포일러 주의). 할리우드 영화 각본작가이지만 소설가가 되기를 열망하는 주인공 길 펜더(오언 윌슨 분)는 약혼녀와 파리에 간다. 매일 밤 약혼자 이네즈(레이첼 맥아담스 분)를 혼자 두고 밤거리를 배회하던 중, 갑자기(마술적으로) 자신이 동경하던 1920년대 파리로 들어가게 된다. 거기서 그는 헤밍웨이, 피츠제럴드 부부, 콜 포터(재즈음악 작곡가), 거트루드 스타인(입체주의 미술을 유명하게 만든 큐레이터이자 수집가), 피카소와 그의 연인, 달리 등을 만난다. 그리고 길은 피카소의 연인이었던 아드리아나(마리옹 코티아르 분)와 사랑에 빠진다. 이 영화의 멋진 부분은, 길이 사랑에 빠진 뒤 두 사람이 한밤중 파리의 길거리를 산책하던 중에 일어난 일이다. 둘은 한밤중에 산책하던 중 (마술적으로) 벨에포크 시대(1890년대) 파리 속으로 빠져든다. 그 시대는 아드리아나가 동경하던 시대였다. 벨에포크 시대의 파리에서 아드리아나는 폴 고갱(Paul Gauguin, 1848~1903)과 에드가 드가(Edgar Degas, 1834~1917)를 만나게 되고, 그러자 그녀는 그 시대에 머물기를 원한다. 아드리아나와 헤어진 길은 모든 이들이 자기 시대 이전의 어떤 황금시대를 동경한다는 것, 그래서 자기 시대 또한 후대의 누군가가 동경하는 황금시대가 될 수 있음을 깨닫고 현실로 복귀한다. 길의 '건강한' 깨달음과 별도로 이 영화가 말해주는 바는 파리가 1920년대는 물론이고 19세기 말에도 문화적 헤게모니를 행사하며 동경의 대상이 된 도시였다는 점이다.

드의 화가들은 물론이고 스페인의 화가들도 국제적 인정과 명성을 얻기 위해 당대 예술의 중심지였던 파리로 계속해서 진출했다.

파리에서의 성공과 실패의 기준은 모호하고 그것이 화가의 작품에 미친 영향도 복잡하다. 하지만 커다란 성공을 거두었던 소로야의 경우 그 영향은 그를 스페인 사회라는 맥락으로부터 벗어나게 하는 쪽으로 작용했던 듯하다. 그에 비해 소로야만큼의 인정과 성공을 거두지 못한 쿠벨스나 술로아가는 파리에서 귀환했고 스페인 사회와 자신들의 작품 사이의 연관을 강화했다. 술로아가의 경우 이런 영향이 단지 작품에서의 사회성이나 민족성을 강화하는 것을 넘어서 정치적인 것으로 표출되기도 했다. 그는 바스크 출신임에도 불구하고 스페인내전에서 프랑코 진영에 합류했다. 매우 유감스러운 방향 설정이었지만, 아무튼 그가 자기 사회의 정치적 상황에 깊이 관여하고자 했던 것은 분명하다. 예술에서 인정의 전지구적 위계 체제는 예술가의 작품과 삶에 이렇게 복잡한 주름을 남긴다.

말라가의 피카소 미술, 미성숙과 천진함

엄청난 다작이었던 피카소의 작품은 온 세상에 퍼져 있다. 웬만큼 이름 있는 미술관이면서 피카소 작품 한두 점을 소장하지 않은 경우는 거의 없는 듯하다. 마치 피카소 작품이 하나도 없으면 명성에 금이 간다고 여기는 듯이 보일 정도이다. 암스테르담 중앙역 근처에 있는 유명한 홍등가에 갔을 때의 일이다. 홍등가 한가운데 '섹스 박물관, 비너스의 사원'(Sexmuseum Amsterdam Venustempel)이 있어서 들어가보았는데, 그곳

마저 피카소의 작품(음란하지만 생명의 풍요로움을 자아내는 적나라한 누드와 섹스를 그린 연필 스케치)을 꽤 여럿 전시하고 있었다(참고로 이 박물관은 오노 요코小野洋子, 1933~ 의 누드 그리고 자신과 요코 간의 섹스를 그린 존 레넌John Lennon, 1940-80의 스케치들도 전시되어 있다. 존 레넌 팬이라면 가볼 만하다). 하지만 피카소를 애호하는 사람이라면 피카소 작품을 풍성하게 소장하고 있는 파리, 바르셀로나, 말라가 이렇게 세곳의 피카소 미술관을 가봐야 한다. 나로서는 이제 바르셀로나에 이어 말라가의 피카소 미술관에 왔으니, 파리만 남은 셈이다(사실 연전에 파리에 갔을 때 피카소 미술관을 찾았다. 그런데 하필이면 피카소 미술관이 내부 수리 중이라 휴관이었다. 그 때문에 나의 파리 관광/여행은 내내 아쉬운 것이 되고 말았다).

말라가는 피카소가 태어난 곳이다. 그러나 그의 가족은 그가 열살 때 말라가를 떠나 북부 갈리시아 지방의 라코루냐(La Coruña)로 이사했고, 열네살 때는 바르셀로나로 이주했다. 그러니 말라가가 피카소의 삶과 예술에 큰 영향을 미쳤다고 단언하기는 어렵다. 하지만 미술교사였던 피카소의 아버지는 태어나서 53세까지 말라가에 거주했다. 피카소가 바르셀로나의 미술학교에서 새로운 미술사조를 흡수하고 있을 때도 말라가는 아마도 가족 하비투스(habitus)를 통해서 그에게 심층적인 영향을 미쳤을 것이다.

말라가 피카소 미술관은 2003년에 개관했다. 미술관 건물은 16세기에 지어진 말라가 구시가지 내의 '팔라시오 데 부에나비스타'(Palacio de Buenavista)를 개조한 것이다. 그렇게 큰 건물은 아니지만 파티오와 그것을 둘러싼 회랑과 회랑의 기둥이 멋진 건물이었다. 피카소의 작품들은 1번에서 11번 방까지 전시되고 있었다. 바르셀로나의 피카소 미술관과

7-16. 롤라의 초상
왼쪽은 피카소가 열세살에 그린 것(1894)이고, 오른쪽은 열일곱에 그린 그림(1900, 바르셀로나 피카소 미술관)이다.

마찬가지로 사진촬영을 금지해서 답답했다. 누구나 나름의 기억 방법이 있을 것이다. 하지만 사진기가 발명된 이후, 사진은 누구에게나 기억술의 핵심이 되었고, 이제는 오래된 기억의 경우 낡은 사진의 모습을 띤다. 사진을 찍을 수 없으면, 아주 인상적인 작품 한두개만이 선명하게 남는다.

내게는 두 작품이 선명하게 남았다. 하나는 첫번째 방에서 본 「롤라의 초상」(Retrato de Lola, 1894)이었다. 얼핏 보기에는 열세살 소년이 그렸다고는 믿기지 않는 회화적 성숙함이 엿보이는 그림이다. 그러나 다른 한편 모델인 롤라 루이스 피카소(Lola Ruiz Picasso)가 당시 고작 열살이었다는 사실을 염두에 두면, 그리고 인터넷에서 쉽게 찾을 수 있는 그녀

의 사진이나 피카소가 그린 다른 롤라 초상화와 대조해서 보면, 이 그림은 롤라와 닮지 않았음을 알게 된다. 그림 속의 롤라가 너무 성숙해 보여서 20대 중후반이라고 해도 믿길 정도이다. 바르셀로나 피카소 미술관에서 그의 15~16세 시절의 그림, 예컨대 「페파 아주머니」(La tía Pepa, 1896)나 「과학과 자선」(Ciencia y Caridad, 1897)을 보고 감탄했던 터라, 「롤라의 초상」은 놀랍게 다가왔다. 나는 피카소의 초상이 언제나 (특히 입체주의적으로 그려진 것은 더 그런데) 대상의 인격적 특징과 복잡한 내면을 잘 표현한다고 생각해왔고, 그의 평생에 걸친 양식적 실험 또한 그런 복잡성을 포착하려는 욕구에 연원을 두고 있다고 생각해왔다. 어쩌면 나는 「롤라의 초상」을 통해 피카소가 대상의 특징을 제대로 포착하지 못한 사례를 본 셈이었다. 엘 그레코적인 표현양식을 활용하면서도 자유로운 붓터치로 매우 심리적인 이미지를 그려냈던 「페파 아주머니」와 비교할 때 새삼 깨닫게 되는 것은 열세살과 열다섯살의 거리, 뛰어난 재능이 불꽃을 내며 타오르기 이전과 이후의 차이였다. 누구도 미성숙의 여울을 건너기 전에는 그저 어린이일 뿐이다.

머리 깊숙이 남은 또다른 작품은 「황소 머리」(Cabeza de Toro)이다. 이 작품은 파리 피카소 미술관과 뉴욕 MoMA에도 전시되어 있다고 한다. 파리에서는 미술관이 휴관이어서 보지 못했고, MoMA에서는 내가 갔을 때 다른 곳에 대여되었는지 본 기억이 없다. 6번 방 벽 한가운데 높이 걸어둔 「황소 머리」는 자전거 손잡이에 자전거 안장을 얹고는 그것을 "황소 머리"라 명명한 작품이다.

이 작품을 보며 마르셀 뒤샹(Marcel Duchamp, 1887~1968)의 「샘」(Fountain, 1917)을 떠올릴 사람들이 많을 것 같다. 「샘」은 도기로 제작된 소변기를 90도 돌려 설치하고 그 표면에 "R. Mutt 1917"(그래서 전시 주

2024-Succession Pablo Picasso-SACK(Korea)

7-17. 파블로 피카소 「황소 머리」,
1942, 말라가 피카소 미술관

최였던 미국독립작가협의회 측은 처음에 그것이 뒤샹의 작품인 줄 몰랐다고 한다)이라는 글씨를 써놓은 작품이다. 이 작품은 사실 "R. Mutt 1917"이라는 서명을 제외하면, '기성품'(ready made)에 아무런 변화를 준 것이 없다. 그런데도 그것은 하나의 예술작품으로 여겨진다. 그것을 작품으로 만드는 것은 그것이 본래 지녔던 기능적 맥락인 화장실을 떠나 전시공간에 놓은 행위, 그리고 그것에 '샘'이라는 재치 있지만 짓궂은 표제를 부여한 행위이다. 그런 점에서 이 작품은 예술작품의 본질에 대해 다음과 같은 급진적 질문을 던진다. "어떤 대상이 예술작품인 것은 대상 자체의 속성이 아니라 맥락과 지각의 문제 아닌가?" 보기에 따라서 「황소 머리」는 「샘」과 같은 선상에 있다. 「황소 머리」가 작품인 것은 역시 기성의 자전거 부품을 조합하고 그것에 창의력 있게 '황소 머리'라는 이름을 부여했기 때문으로 보인다.

하지만 「황소 머리」는 두 측면에서 「샘」과 다르다. 우선 후자와 달리 전자는 기성의 부품들을 새롭게 '조합'하고 있다. 이 조합이라는 요소, 즉 자전거 손잡이 위에 곧장 안장을 얹고 둘을 용접하는 행위는 뒤샹에

7장 말라가와 여성 초현실주의 553

게는 없는 측면이다. 뒤샹에게서 사물은 그저 달리 지각되지만, 피카소에게서 사물은 달리 결합한다. 그 결과 「황소 머리」는 황소처럼 '보인다'. 그런데 놀랍게도 그것은 계속해서 '자전거 핸들과 안장으로도' 보인다. 「황소 머리」는 그것이 무엇으로 그리고 어떻게 만들어졌는지를 상기시키면서 황소를 닮았다. 그래서 뒤샹이 예술 '작품'이란 무엇인가를 '생각하게' 하지만, 「황소 머리」는 예술적 '작업'이 어떤 것인지 '보여준다'.

다음으로 「샘」과 「황소 머리」는 소재와 관계 맺는 방식이 다르다. 전자는 멀쩡한 소변기를 화장실이라는 기능적 맥락에서 뜯어내는 작업을 통해 형성되지만, 후자는 고물상의 뒤죽박죽으로 쌓인 더미에서 녹슨 안장과 그옆에 떨어져 있는 손잡이를 집어 올림으로써 만들어졌다. 다시 말해 낡았거나 버려진 사물들로부터 새로운 심미적 가능성을 찾아내는 작업을 통해서 이뤄졌다. 이렇게 폐기된 사물과 새로운 방식으로 만날 수 있는 능력은 어린아이의 천진난만함 속에 보존되어 있다. 어린아이는 조약돌, 깨진 유리조각, 부서진 널빤지, 굴렁쇠, 몇개의 못으로 종일 놀 수 있으며, 그런 중에 낡아진 사물 안에서 졸고 있던 꿈이 깨어난다. 많은 이들이 어른이 되면서 천진함을 잃는다. 하지만 「황소 머리」는 피카소가 천진함을 잃지 않은 어른이었다는 것을 알려준다.

어른이 된다는 것은 미성숙을 넘어서는 것이다. 「롤라의 초상」이 그렇듯이, 우리의 어린 시절은 미성숙을 넘어서고자 했으나 실패에 그쳤던 시도들로 채워져 있다. 아마도 제대로 된 어른이란, 미성숙을 넘어서려는 수많은 치기 어린 시도 끝에 문득 어느 날 더는 그럴 필요가 없어진 사람일 것이다. 많은 이들이 거기에 도달하며, 그 댓가로 천진함을 상실한다. 성숙하지만 천진함을 보존하고 있는 이는 정말 드물다. 종종 천진한 어른을 만나게 되지만, 그런 이들 대부분이 충분히 성숙하지 못하다. 피카

소는 어느 쪽일까? 그는 성숙해도 여전히 천진한 어른이었을까, 아니면 천진한 대신 충분히 성숙하진 못한 어른이었을까? 어느 쪽일지 모르겠지만, 그는 분명 성숙하고 그래서 더이상 천진하지 않은 그런 어른은 아니었다.

여성 초현실주의

미술관 2층의 특별전시실로 올라갔다. '우리는 완전히 자유롭다: 여성 예술가와 초현실주의'(Somos plenamente libres: Las mujeres artistas y el surrealismo)라는 전시회가 열리고 있었다. 전시회 제목이 보여주듯이 주제는 초현실주의 운동에 참여했던 여성 예술가들의 작품을 소개하고 그 의미를 탐구하는 것이었다. 제르맨 뒬락(Germaine Dulac, 1882~1942)에서 레오노라 캐링턴(Leonora Carrington, 1917~2011)에 이르기까지 17명이나 되는 화가들의 비중 있는 작품이나 대표작을 여러점씩 모아낸 대규모 전시회여서, 기획의도가 넉넉하게 구현된 전시회라 할 만했다. 이만한 전시회를 개최한 말라가 피카소 미술관과 큐레이터의 역량이 감탄스러웠다.[15] 그리고 그때까지 전혀 몰랐던 여성 초현실주의에 풍성하게(작품 수

---

15 언급된 두 사람 이외에 작품이 전시된 화가를 출생순으로 열거하면 다음과 같다. 발랑틴 위고(Valentine Hugo, 1887~1968), 클로드 카욍(Claude Cahun, 1894~1954), 케이 세이지(Kay Sage, 1898~1963), 에일린 아거(Eileen Agar, 1899~1991), 마루하 마요(Maruja Mallo, 1902~95), 토엔(Toyen, 1902~80), 프리다 칼로(Frida Kahlo, 1907~54), 도라 마르, 리 밀러(Lee Miller, 1907~77), 레오노르 피니(Leonor Fini, 1907~96), 레메디오스 바로(Remedios Varo, 1908~63), 도로시아 태닝(Dorothea Tanning, 1910~2012), 앙헬레스 산토스(Ángeles Santos, 1911~2013), 메레트 오펜하임(Meret Oppenheim, 1913~85), 우니카 취른(Unica Zürn, 1916~70). 아마도 아이설 커훈(Ithell Colquhoun, 1906~88) 정도가 빠졌을 뿐 명성 있

가 매우 많은 대규모 전시회였다) 접할 수 있게 해주었다는 점에서 내게
는 스페인에서 본 최고의 특별전이었다고 주저 없이 말할 수 있다.

　초현실주의는 앙드레 브르통(André Breton, 1896~1966)의 『제1차 초
현실주의 선언』(1924)을 기점으로 프랑스에서 발흥하여 유럽 여러 나라
(벨기에, 스페인, 체코, 영국 등)와 미국 그리고 중남미로 퍼져나갔던 예술운
동이다. 초현실주의가 가장 탁월한 성과를 낸 것은 회화, 사진, 조각(그
리고 영화) 같은 시각예술 분야였으며, 1925년 피에르 갤러리에서 열
린 집단 전시를 시작으로 '초현실주의 오브제'(1936), '초현실주의 국제
전'(1938), '초현실주의 제1차 서류전'(1942), 그리고 '파리 초현실주의 국
제전'(1947)으로까지 이어진 파리에서의 전시회,[16] 그리고 1935년 코펜
하겐과 프라하, 1936년 런던과 뉴욕, 1940년 멕시코시티, 1942년 뉴욕
에서 개최한 국제적 전시회를 통해 논란과 명성을 얻었다. 그러나 대략
1947년 파리 전시회를 기점으로 초현실주의는 예술운동으로서의 역동성
을 잃게 된다(초현실주의 집단이 공식적인 해체를 선언한 것은 브르통이
죽은 지 3년 뒤인 1969년이었다).[17]

　하나의 운동으로서의 초현실주의에 대해 큰 관심이 없다 하더라도 그

　는 초현실주의 여성 화가 거의 전부를 망라했다고 할 수 있는 이 전시회의 큐레이터는 마드
　리드 자치대학의 미학과 교수 호세 히메네스(José Jiménez, 1951~)이다(뒤샹 전문가라는
　것 이외에 자세한 학문적 이력을 찾기는 어려웠다).

16 파리에서 열린 초현실주의 미술의 전시회 역사에 대해서는 전영백 『현대미술의 결정적 순
　간들: 전시가 이즘ism을 만들다』, 한길사 2019, 3장 참조.

17 초현실주의와 20세기 사회변동과의 관계를 체계적으로 다룬 '사회학적' 저술은 없다. 하
　지만 벤야민이 규정했듯이 "혁명을 위한 도취의 힘들을 얻기"(『역사의 개념에 대하여 / 폭
　력비판을 위하여 / 초현실주의 외』, 162면)를 추구했던 초현실주의가 제2차 세계대전 직후
　서구에서 전개된 이른바 '영광의 30년'으로 불리는 발전주의 시대에 예술적 위력과 위광을
　유지하기는 어려움을 짐작하기는 어렵지 않다. 그리고 1968년 다시 혁명적 시간이 도래
　했을 때, 적어도 초현실주의 남성 예술가들은 이미 죽었거나 노쇠했다.

것의 중심에 있었던 인물들, 예컨대 앙드레 브르통, 폴 엘뤼아르(Paul Éluard, 1895~1952), 필리프 수포(Philippe Soupault, 1897~1990), 로베르 데스노스(Robert Desnos, 1900~45), 루이스 부뉴엘, 막스 에른스트, 호안 미로, 만 레이(Man Ray, 1890~1976), 르네 마그리트, 조르조 데 키리코(Giorgio de Chirico, 1888~1978), 한스 벨머(Hans Bellmer, 1902~75), 이브 탕기(Yves Tanguy, 1900~55), 앙드레 마송, 살바도르 달리 등을 떠올려보면, 그것이 20세기 초 예술사의 찬란한 한 장(章)이었음을 느낄 수 있다. 어떤 의미에서 그 영향은 오늘날에도 이어지고 있다. 초현실주의는 우리의 감성과 지각 방식을 바꾸어놓았고, 핼 포스터(Hal Forster)가 지적했듯이 "현대의 근본 담론 세가지, 즉 정신분석학, 마르크스주의 문화론, 초기의 인류학이 교차하는 결절점"이기도 하기 때문이다. "초현실주의에는 이 세 담론이 모두 스며들어 있고, 또 나아가 그 담론들을 초현실주의가 발전"시켰다.[18]

그러나 초현실주의 여성 예술가들은 앞서 언급한 여러 초현실주의 전시회에 작품을 출품하며 활발하게 활동했음에도 불구하고 1970년대 들어서서야 독립적으로 조명되기 시작했다. '초현실주의 여성'을 주제로

---

18 핼 포스터 『강박적 아름다움: 언캐니로 다시 읽는 초현실주의』, 조주연 옮김, 아트북스 2018, 17면. 이어지는 문장에서 포스터는 초현실주의 세 담론의 발전에 이바지한 경로에 대해 약간 더 자세히 언급한다. 이론적 관심을 지닌 독자를 위해 옮기자면, 그것은 다음과 같다. "실제로, 세 담론의 정교한 발전은 초현실주의 환경에서 시작되었다. 자크 라캉이 프로이트의 나르시시즘 개념을 발전시켜 저 유명한 거울 단계 모델, 즉 주체는 인지와 오인이 일어나고 동일시와 소외와 공격성이 펼쳐지는 상상의 상황에서 출현한다는 모델을 만든 것이 바로 이 초현실주의 환경에서였다. (…) 그리고 발터 벤야민과 에른스트 블로흐가 마르크스주의 사상을 문화정치학으로 발전시킨 것도 초현실주의 환경에서 처음 일어난 일이다. (…) 마지막으로 조르주 바타이유, 로제 카이유아, 미셸 레리스가 모스의 설명을 급진적인 비판으로 발전시킨 것 역시 초현실주의 환경에서 처음 일어났다"(같은 책 17~18면).

한 프랑스 저널 『사선』(斜線, Obliques)[19] 1977년 14권과 15권 특집호나 휘트니 채드윅(Whitney Chadwick, 1943~)의 저술이 대표적인 예이다.[20] '우리는 완전히 자유롭다' 전을 통해서 나 역시 여실히 느낀 것이지만, 작품성 면에서 초현실주의 여성 예술가들은 남성 예술가에 미치지 못할 바가 없고, 상상력의 측면에서도 새로운 방향을 개척했다. 그런데도 왜 초현실주의 여성 예술가들은 이렇게 늦게 조명된 것일까? 거기엔 그럴 만한, 그러나 여성 예술가들에게는 곤경일 수밖에 없는 이유가 있었다.

초현실주의 남성 예술가와 여성 예술가 모두 사랑과 예술 작업에 열정적이었다. 정신분석학과 맑스주의의 영향 아래서 그들은 예술적 상상력과 성적 충동 모두에 개방적이었다. 그러나 그들이 서로에게서 기대한 바와 추구한 바에는 연령적·젠더적 어긋남이 있었다. 연인 관계였던 에른스트와 캐링턴을 보자. 에른스트는 1891년생이고 캐링턴은 1917년생이다. 둘이 처음 만난 1937년에 에른스트는 이미 국제적인 명성을 누리는 46세의 화가였지만, 캐링턴은 자신이 속한 답답한 영국 부르주아 가문에서 탈출해 예술가가 되기를 앙망하는 19세의 여성이었다. 에른스트는 캐링턴을 사랑했지만, 예술과 관련해서 그에게 캐링턴은 예술적 영감을 자극하는 '뮤즈'였고, 브르통이 썼던 표현을 따르면 "팜므-앙팡"(femme-enfant), 그러니까 "아이 같은 여성"이었다.[21] 이에 비해 캐링턴에게 에른

---

19 1972년에서 1992년까지 발간된 프랑스 문예 저널이다.

20 채드윅의 저서 가운데 1985년 저서 *Women Artists and the Surrealist Movement*와 2017년 저서 *The Militant Muse: Love, War and the Women of Surrealism*이 각기 『쉬르섹슈얼리티: 초현실주의와 여성예술가들 1924-47』(편집부 옮김, 동문선 1992)과 『뮤즈에서 예술가로: 이제는 역사가 된 초현실주의의 여성들』(박다솜 옮김, 아트북스 2019)로 번역되어 있다.

21 팜므-앙팡은 소아성애적인 표현으로 느껴질 수도 있다. 그러나 브르통이 팜므-앙팡으로 지칭하고자 했던 것은 세계에 대한 경이감에 차 있는 어린이와 같은 심성과 무의식에 더 가깝게 접촉하는 순수성을 지닌 여성이었다. 브르통의 주장을 십분 수용한다고 해도, 거기엔

스트는 연모할 만한 멋진 남성이자 성숙한 예술가가 되려는 자신을 위한 디딤돌이었다. 둘이 동등하게 성숙한 성인 간의 사랑을 나누었다거나, 대등한 예술적 동지 관계 속에 있었다고 하기는 어려웠던 셈이다.[22]

　세계사적 변동도 여성 초현실주의자들에게 불리하게 작용했다. 그들이 완숙한 작품을 생산하기 시작한 것은 대체로 1940년대 들어서였는데, 그때 세상은 제2차 세계대전의 소용돌이 한복판에 있었다. 왕성하게 활동하며 작품을 발표해야 할 시기를 전쟁이 덮친 셈이었다. 더구나 나치는 1937년 '퇴폐미술전'을 통해 표현주의와 초현실주의에 대해 강렬한 증오심을 드러낸 바 있었다. 나치가 유럽 여러 지역을 점령함에 따라 미국인이어서 상대적으로 안전했던 태닝이나 세이지 등을 제외한 대부분의 여성 예술가들이 체포되거나 도주하고 망명해야 했다(물론 남성 예술가들도 그랬다). 예컨대 유대계 프랑스인이었던 카윈은 2차 대전 종전까

여성을 예술 창작의 주체가 아니라 창작의 매개자로 여기는 남성중심주의적 태도가 완연함은 부인할 수 없다.

22 캐링턴이 초현실주의 여성 예술가 가운데 가장 어린 편이고 초현실주의 집단에 가장 늦게 진입한 편임을 염두에 두면, 둘의 관계를 예로 드는 것이 적절하지 않다는 비판이 있을 수 있다. 엘뤼아르의 부인이었다가 달리의 연인이 된 갈라 엘뤼아르처럼 여성이 한참 연상인 경우도 있다. 그외에 국외자에게는 다소 난잡해 보일 수 있는 초현실주의자 집단 내부의 복잡한 연애 관계와는 처음부터 거리를 둔 토옌이나 양성애자였고 일찌감치 독립적인 작업과 전시회를 개최한 레오노르 피니 같은 사례도 있었다. 하지만 전체적으로 보아 여성 예술가들이 연령 차이로 인해 그리고 젠더적인 사회질서 때문에 어려움을 겪은 것은 사실이다. 관련해서 레메디오스 바로는 1957년 인터뷰에서 다음과 같이 말한다. "그래요, 나는 그들(남성 초현실주의 예술가들)이 많이 말하고 참석한 이들은 많은 것을 배우는 그런 회합에 참석했어요. 때때로 나도 그들의 전시회에 작품으로 참여했어요. 하지만 제 자리는 소심하고 겸손한 청취자의 자리였지요. 저는 그들, 그러니까 폴 엘뤼아르, 벵자맹 페레(Benjamin Péret), 앙드레 브르통과 대등하게 이야기를 나눌 만큼 나이가 많지도 않았고, 침착하지도 않았어요. 나는 이 총명하고 출중한 재능을 지닌 사람들의 모임 안에서 그저 입을 딱 벌리고 있었지요. 내가 그들과 함께했던 것은 어떤 친화력을 느꼈기 때문이었습니다"(채드윅 『쉬르섹슈얼리티』, 13면. 번역은 인용자가 수정했고, 괄호 역시 인용자 보충).

지 나치에 의해 사형선고를 받고 수감되었고, 역시 유대계였던 오펜하임은 스위스로 도피해야 했다. 캐링턴은 순조롭지 못한 망명 과정으로 인해 스페인에서 정신병원에 수감되었다. 토옌은 나치가 점령한 프라하에서 모든 공적 활동을 금지당했고, 전쟁 후에는 체코가 공산화됨에 따라 스탈린주의를 피해 프랑스로 망명해야 했다.

그러나 이런 불운에도 불구하고 그들은 예술가로서 자립했다. 채드윅의 말, 그리고 그녀가 전하는 캐링턴의 말은, 그녀가(그리고 그녀의 동료 여성 예술가들이) 초현실주의 운동 안에서 성취한 것을 잘 요약하고 있다.

초현실주의는 레오노라를 비롯한 '자매' 초현실주의자들에게 예술가로서, 작가로서 우뚝 서고 더 넓은 세상에서 자기 작품을 인정받을 수 있게 하는 지적, 정치적, 예술적 환경을 제공했다. 이 여자들 가운데 일부는 남성 예술가들의 삶에서 뮤즈의 역할을 받아들였으나, 뮤즈의 삶이 예술가의 삶을 능가한다고 믿은 이는 한 사람도 없었다. 1983년에 남성 초현실주의자들이 여성을 뮤즈로 보는 관점을 어떻게 생각하느냐는 질문을 받은 레오노라는 과거를 돌이켜보고는 명료한 어조로 통명스럽게 답했다. "헛소리라고 생각했어요. 내게 다른 누군가의 뮤즈가 될 시간이 없었습니다. (…) 가족들에게 반항하고 예술가가 되는 법을 배우느라 바빴거든요."[23]

---

23 채드윅 『뮤즈에서 예술가로』, 305면. 캐링턴의 말을 앞의 각주 22에서 인용한 바로의 말과 대조해보면, 남성 예술가들은 캐링턴이 "예술가가 되는 법을 배우"는 데 도움을 주었다고 하는 것이 정당할 것이다. 그러나 캐링턴의 말은 그녀가 60대 후반이라는 회고 시점에서 남성 예술가의 객관적 기여분을 부당하게 깎아내리고 있음을 보여준다기보다는 그녀에게 생애를 건 과제는 오로지 예술가가 되는 것이었다는 점을 보여준다 하겠다.

토옌의「휴식」

  수백 점에 이르는 그림과 조각 중에도 오래 남는 작품이 있다. 이미지가 조금도 퇴색하지 않고 몇년이 흘러도 어제 본 것처럼 선명하게 남는 작품 말이다. 내게는 오펜하임의「새의 발을 가진 탁자」(1939)[24], 피니의「희생자는 여왕이다」, 토옌의「휴식」(Relâche)과「금고」(1946), 그리고 캐링턴의「거인 소녀: 알의 수호자」(The Giantess: The Guardian of the Egg)가 그런 작품들이었다. 이 가운데 토옌의「휴식」과 캐링턴의「거인 소녀」[25]만 간단히 살펴보자.

  토옌[26]은 프라하에서 1902년에 태어났다. 그녀의 본명은 마리 체르미노바(Marie Čermínová)이다. 무성(無性)적인 예명 토옌은 프랑스어 '시민'(citoyen)에서 따온 말이라고 하는데, 1918년 오스트리아-헝가리 군주국으로부터 독립한 조국 체코슬로바키아에 대한 시민적 참여를 표상하고자 한 것으로 보인다. 20세기 초 프라하에서는 아방가르드 운동이 활발하게 전개되었다. 1920년에는 이 운동을 대표하는 좌파예술인협회 '데

---

24 오펜하임의 이 작품은 1939년 파리 전위 가구 전시회에서 처음 전시되었으며, 그 이후 작가의 감독 아래 1973년 30개 한정판으로 제작되었다고 한다.

25 원제는 'Giantess'이므로 '여자 거인'으로 옮기는 것이 적절하다. 하지만 그림을 직접 보면, 여자 거인보다는 '거인 소녀'가 그림이 주는 인상에 더 부합한다고 여기리라 생각해서 그렇게 옮겼다.

26 이하 토옌에 대한 논의는 Whitney Chadwick, "Toyen: Toward a Revolutionary Art in Prague and Paris," *Symposium: A Quarterly Journal in Modern Literatures*, Vol. 42, Issue 4, 1988, pp. 277~95; Karla Huebner, "In Pursuit of Toyen: Feminist Biography in an Art-Historical Context," *Journal of Women's History*, Volume 25, Number 1, Spring 2013, pp. 14~36; Sayer, Derek, "Surrealist Prague (this little mother has claws) 1," *New Perspectives*, Vol. 26, Iss. 2(Special Issue), 2018, pp. 85~96에 의존하고 있다.

7-18. 토옌 「휴식」, 1943, 110×55cm, 체코 흘루보카나트블타보우 AJG

베츨'(Devětsil)이 결성되었으며, 토옌은 그녀의 예술과 삶의 동반자였던 인드리흐 슈티르스키(Jindřich Štyrský, 1899~1942)와 함께 1922년 이 단체에 가입했다. 이후 토옌은 슈티르스키와 함께 파리로 이주했고, 거기서 초현실주의자들과 교류하게 된다. 1934년 프라하로 돌아온 그녀는 슈티르스키, 카렐 타이게(Karel Teige, 1900~51), 비테즈슬라프 네즈발(Vítězslav Nezval, 1900~58), 그리고 1984년 노벨문학상을 받은 야로슬라프 사이페르트(Jaroslav Seifert, 1901~86) 등과 함께 '체코슬로바키아 초현실주의 그룹'을 창립한다. 그것은 프랑스 이외의 국가에서 최초로 결성된 초현실주의 그룹이었다. 파리의 초현실주의 그룹과 달리 매우 남성 중심적이었던 프라하 그룹에서 토옌은 유일한 여성 회원이었으나, 그런 분위기 속에서도 다른 성원들로부터 완전한 존경을 받는 화가였다.

토옌의 「휴식」을 보자. 이 작품은 1943년에 그려졌다. 1942년에 그녀의 삶과 예술의 동반자 슈티르스키가 죽었다. 이후 그녀는 유대인이어서 체포되면 수용소로 끌려갈 처지였던 또다른 예술적 동지 인드리흐 하이슬러(Jindřich Heisler, 1914~53)를 자기 집에 숨기고 지냈다. 동시에 「전쟁을 숨겨라」(Schovej se, válko!, 1944) 그리고 하이슬러의 시를 캡션으로 단 「사격」(Střelnice, 1946) 같은 반전주의적 드로잉 연작 작업을 했다. 하지만 「휴식」은 전쟁을 주제로 삼은 연작들과 달리 20세기 전반기 체코에서의 여성의 지위와 페미니즘을 맥락으로 삼고 있는 듯이 보인다. 작품명은 체코어로 'Relâch'(/렐라흐/로 발음되며, 영어 'relax'에 해당한다)이다. '휴식'이라고 옮겼으나 '이완,' '안식,' '긴장 풀기,' '한숨 돌리기'로 옮길 수도 있다. 기법 면에서 이 그림은 두드러지게 초현실주의적인 것은 없다. 콜라주나 프로타주 같은 기법을 쓰지 않고 매우 '자연스럽게' 그렸다. 하지만 그림 구도와 내용은 충격적이다. 머리 없는 어린 소녀가 발레 봉에 거꾸로 매

달려 있다. 그녀의 발은 거칠게 마감되고 녹물이 흘러내린 듯한 벽으로 스며들어 사라지는 듯이 보이기도 하고 벽으로부터 빠져나오는 중인 듯이 보이기도 한다. 그녀가 입은 캐미솔은 거꾸로 매달린 자세 때문에 뒤집혀 머리 쪽으로 늘어뜨려져 있다. 그녀의 헐렁한 속옷 가장자리에 금색 수가 예쁘게 놓인 것이 눈에 띈다. 주변의 사물은 둘뿐인데 하나는 머리에 해당하는 부분 아래 마룻바닥에 있는 (재질이 무엇인지 불분명한) 빈 봉지이고 다른 하나는 그림 오른편에 있는 승마용 채찍이다.

이 그림의 세부들이 지닌 의미를 정돈하긴 그리 어렵지 않다. 캐미솔과 가랑이 없는 짧은 반바지는 코르셋에서 벗어난 여성의 신체적 이완, 그리고 그것을 전제로 하는 심리적 안식을 상징한다. 하지만 여성을 신체적으로 해방하는 헐렁한 속옷도 여전히 여성적인 매력을 더하기 위해 금색 수로 장식되고 있다. 소녀가 휴식에 도달하지 못하고 있음은 강력한 신체적 규율을 상징하는 발레 봉에 소녀가 여전히 힘겹게 매달려 있는 것에서 잘 드러난다. 그녀의 발이 벽에 잠겨 있는 상태는 그녀가 신체적 독립성과 자율성에 미달하는 상태에 있음을 말해준다. 그녀의 머리 없음은 지성이 부인되고 있음을 말하고, 승마 채찍 또한 강력한 규율을 상징하는 것으로 보인다. 그러나 이 그림이 우리의 지각을 힘차게 장악하는 힘의 원천은 이런 세부가 뜻하는 것보다 그런 세부의 앙상블을 통해 여성 해방의 현 상태를 단번에 직관적으로 그리고 강력하게 드러내주는 동시에 여성 해방의 본질이 무엇인지를 명료하게 보여준다는 점이다. 여성 해방이란 무엇인가? 이 그림은 아주 단호하고 간결하게 말한다. 몸 전체의 완전한 긴장 이완이다.

캐링턴의 「거인 소녀: 알의 수호자」

앞서 초현실주의 내부에서의 젠더 문제를 언급하면서 캐링턴의 경우를 예로 들었다. 확실히 캐링턴은 초현실주의 운동에 뛰어든 여성 예술가 가운데 가장 어린 편이었고, 에른스트와 그녀의 관계는 앙드레 브르통과 나자(Nadja)[27]의 관계와 유사했으며, 캐링턴은 브르통이 말한 '팜므-앙팡'의 전형처럼 보인다. 그러나 자신은 뮤즈가 아니며, "가족들에게 반항하고 예술가가 되는 법을 배우느라 바빴"다고 했던 캐링턴의 말에는 그녀의 생애를 건 투쟁이 아주 간결하게 요약되어 있다. 그 점을 이해하기 위해, 그리고 「거인 소녀: 알의 수호자」를 이해하기 위해, 1940년대 중반까지 그녀가 겪은 삶의 궤적을 간단히 살펴보자.[28]

캐링턴은 1917년 영국 랭커셔의 부유한 섬유 공장주였던 아버지와 아일랜드계 어머니 사이에서 태어났다. 아버지는 매우 보수적인 사람이었고, 그래서 캐링턴을 수녀원 학교에 보냈다. 수녀원 학교에서 적응하지 못했던 캐링턴은 학교를 그만두고 미술학교에 다녔다. 그리고 초현실주의자들과 접촉하게 되고, 1937년 거기서 에른스트와 만나 사랑에 빠진다. 이미 혼인 상태였던 에른스트는 부인과 이혼하고 캐링턴을 아내로 맞이했다. 딸이 에른스트와 사귄다는 것을 알았을 때부터 분노했던 아버지는

---

27 브르통은 젊은 여성 '나자'〔실명은 레오나 카미유 기슬렌 델라쿠르(Léona Camille Ghislaine Delacourt)〕와 실제로 함께 했던 열흘간의 생활을 기반으로 해서 『나자』(1928)라는 소설을 썼다. 이 소설에서 나자는 브르통에게 영감을 주는 팜므-앙팡으로 제시된다.

28 이하 캐링턴의 생애와 작품에 대한 논의는 다음 글을 참조했다. 채드윅 『뮤즈에서 예술가로』, 2장; Susan Aberth, *Leonora Carrington: Surrealism, Alchemy and Art*, Lund Humphries New edition, 2010; Ailsa Cox, James Hewison, et al., *Leonora Carrington: Living Legacies*, Vernon Press, 2019; 신혜성 「멕시코의 여성 초현실주의자들: 레메디오스 바로와 레오노라 캐링턴」, 『기초조형학연구』, 2019, 20권, 5호, 통권 95호, 251~68면.

에른스트가 영국에서 전시회를 열자, 그의 작품을 포르노그래피라며 당국에 고발하기도 했다.

1939년 캐링턴은 부인과의 관계를 정리한 에른스트와 프로방스 지역의 생마르탱다르데슈에 자리를 잡았다. 둘은 거기서 함께 살며 작품 활동에 매진한다. 그러나 비교적 행복했던 시간은 1년여 만에 끝난다. 프랑스가 독일에 선전포고하면서, 관련 조치로 독일인인 에른스트를 체포했다. 폴 엘뤼아르 등의 적극적인 구명활동으로 에른스트는 몇주 뒤 풀려났다. 하지만 1940년 봄, 독일이 프랑스를 침공해 점령하게 되자, 이번엔 게슈타포가 에른스트를 퇴폐 예술가라는 이유로 체포했다. 두번째 체포는 캐링턴에게 심각한 트라우마였다. 공포에 빠진 그녀는 자신을 찾아온 영국인 친구들과 함께 생마르탱다르데슈를 떠났다.

1940년 7월 마드리드에 도착한 캐링턴은 가족이 지분을 가지고 있어서 재정적 도움을 주기로 한 영국 회사로부터 버림받았고 스페인 파시스트 장교집단에 납치되어 강간까지 당하게 된다. 심각한 정신적 불안과 망상에 시달리던 캐링턴은 영국 영사관으로 도망쳤다. 그런데 영사가 진단을 의뢰했던 의사는 그녀를 "치료 불가능하게 미쳤다"라고 판정했다. 딸의 상태를 전해들은 캐링턴의 아버지는 영사에게 그녀를 스페인 북부 산탄데르에 있는 정신병원/요양원에 수용하라고 지시했다. 한편 캐링턴이 생마르탱다르데슈를 떠난 뒤 수용소에서 출소한 에른스트는 페기 구겐하임의 도움을 받아 미국으로 망명했고, 1941년에는 그녀와 결혼했다.

캐링턴은 요양원에서 전기경련요법과 약물치료를 받았으며, 이 때문에 오히려 심신이 황폐해졌다. 하지만 요양원을 찾아온 유모의 도움으로 그곳을 빠져나온 그녀는 아버지가 자신을 다시 남아프리카공화국에 있는 요양원으로 보내려 한다는 것을 알게 된다. 그녀는 마드리드의 카페

화장실 창문으로 탈출해 멕시코 대사관으로 갔고, 거기서 피카소의 친구이자 멕시코 대사인 레나토 레둑(Renato Leduc, 1897~1986)을 만나 스페인을 벗어나게 해주기를 요청했다. 레둑은 캐링턴을 멕시코로 데려가기 위해 그녀와 결혼했다. 외교관 부인 신분을 획득한 캐링턴은 레둑과 함께 리스본을 통해 뉴욕을 거쳐 1942년 멕시코로 갔고, 거기에 정착하자 이듬해인 1943년에 레둑과 이혼했다. 그리고 1944년 평생의 동반자가 될 헝가리 출신 유대인 사진작가 에메리코 바이스(Emerico Weisz, 1911~2007)를 만났다. 폭풍 같은 시절을 보내고 멕시코에서 상대적인 안정을 얻었을 때 캐링턴의 나이는 고작 스물여덟이었다.

20대 내내 캐링턴이 겪었던 인격적이고 예술적인 고난의 중심에는 그녀가 간결하게 말한 대로 "가족에 대한 반항"이 있었는데, 이때 "가족"이란 사실은 삼중의 가부장제를 응축하고 있다. 그 첫번째가 낡은 부르주아적 질서를 강요하는 친부라면, 두번째는 아방가르드 예술가들 내부에서조차 여전히 관철되는 가부장적 질서이다. 26세 연상의 명성 높은 예술가 에른스트는 그녀가 인격적·예술적 독립을 위해서는 극복해야 할 또다른 아버지였다. 그런 아버지 '들'로부터의 강요된 탈출의 길에서 그녀는 세번째로 공적 가부장제에 직면한다. 나치즘과 프랑코주의란 노동운동과 페미니즘의 도전으로부터 가부장제를 지켜내려는 공공연하고 공격적인 시도가 아니고 무엇이겠는가? 그 과정에서 그녀는 정신병원에 유폐되는데, 이 또한 가부장제에 도전하는 여성을 미쳤다고 규정하고 감금하는, 정신의학이란 이름의 또다른 공적 가부장제였다.

고향 영국으로부터 멕시코에 이르는 장소 이동은 캐링턴의 가부장제 탈출의 공간적 궤적을 말해준다. 이 공간적 이동 속에서 일어난 탈출의 심리적 과정은 자아의 심층적 재구성 작업을 통해서였다. 캐링턴은 에른

스트와 헤어진 이후 겪은 일과 산탄데르의 요양원에서 겪은 정신적 붕괴에 대해 기록한 『저 아래로』(*Down Below*)를 1944년에 출간했는데, 그녀는 '저 아래' 밑바닥으로부터 다시 수면 위로 솟아오를 부력을 신화와 상징의 세계에서 찾았다. 아일랜드인이었던 유모에게서 어린 시절 들었던 얘기로 거슬러 올라가는 켈트신화 그리고 영적 탈바꿈(metamorphosis)을 추구하는 영지주의, 연금술이나 오컬트의 상징주의 등이 그녀에게 의미론적 자원이 되어주었다.[29] 정신병원에서의 경험을 일종의 정신적 죽음과 재탄생의 과정으로 받아들였던 그녀가 그것을 해석해줄 상징을 신화와 오컬트에서 찾았던 것은 당연한 일이기도 하다. 우리가 살펴보려고 하는 「거인 소녀」는 캐링턴이 힘겨운 고통에서 벗어나 안정을 찾고 바이스와의 사이에서 첫아들을 낳은 뒤 그린 여신 또는 신화적인 여성 인물을 중심에 둔 일련의 상징적 회화 가운데 하나이다.[30]

「거인 소녀」는 템페라화(tempera)이다. 템페라화는 나무 패널 위에 달걀노른자와 섞은 안료로 그린 그림인데, 내구성이 매우 좋아 1세기 무렵부터 유화가 발명되기 전 15세기까지 널리 사용된 회화 기법이다. 그러나 유화와 달리 안료가 빨리 말라 재빨리 그려야 하며 두껍게 칠할 수 없어서 유화와 같은 깊이감을 주기 어려운 것이 약점이다. 캐링턴은 이 그림을 그리던 시기에 히에로니무스 보스(Hieronymus Bosch, 1450~1516)나 피터르 브뤼헐(Pieter Brueghel, 1525/30~69)의 상징적 회화를 연구했으며, 연장선상에서 그들처럼 여러 작품에서 템페라화도 시도했다. 그래선지

---

29 캐링턴은 멕시코 정착 후 마야신화에도 깊은 관심을 가졌으며, 1963년 멕시코 국립인류학 박물관의 의뢰를 받아 「마야인들의 마술적 세계」라는 벽화를 그리기도 했다.
30 「태양과 다른 별들을 움직이는 사랑」, 「친절한 충고」, 「고(故) 미즈 패트리지의 초상」, 「미노스에서의 성사」, 「늙은 부인들」 등이 그런 작품이다.

7-19. 레오노라 캐링턴 「거인 소녀: 알의 수호자」, 1947, 120×69.2cm,
멕시코시티 레오노라캐링턴 미술관

그림 하단 육지 풍경에는 보스의 「세속적 쾌락의 동산」(1503~15)과 유사한 분위기가 엿보인다. 우리가 템페라화를 접하는 것은 대체로 르네상스 이전 성화나 오래된 비잔틴 성화를 통해서이다. 그런 템페라화들과 마찬가지로 「거인 소녀」도 납작한 느낌이고 도상학적인 분위기가 풍긴다. 「거인 소녀」 같은 신화적인 분위기의 그림에 템페라는 적합한 기법이라 할 수 있다.

「거인 소녀」에는 화면 가득히 거대한 여자아이가 그려져 있다. 이 소녀의 거대함은 땅에서 시작해 바다를 등지고 하늘까지 곧추선 모습, 그리고 배경에 그려진 사람들, 짐승들, 그리고 몇척의 배와의 대비 속에서 뚜렷하게 다가온다. 그런데 무엇보다 '거대한' 몸을 지닌 이 소녀의 몸이 확고한 신체적 통합성을 지닌 듯이 보이지 않는다. 몸통은 붉은 드레스와 하얀 망토에 가려져 있다. 우리가 직접 볼 수 있는 소녀의 신체는 얼굴, 손, 그리고 발뿐이다. 그래서 소녀가 드레스와 망토를 입고 있는지, 드레스와 망토가 소녀의 신체가 결여한 통합성을 가상적으로 부여해주고 있는지 알기 어렵다.

소녀의 얼굴은 앳되어 보이지만 우리와 시선을 맞추지 않고 제 망토 아래서 부화하여 날아올라 자신의 주변을 선회하는 기러기들을 모성적이라 해도 좋을 자상함으로 주의 깊게 바라보고 있다. 아마도 전체 그림에 통일성을 부여하는 것은 바로 이 소녀의 얼굴과 표정일 것이다. 그런데 그 얼굴이 황금빛으로 영근 자그마한 밀밭 속에 잠겨 있다. 밀밭은 숙녀의 목도리처럼 소녀를 우아하게 감싸고 있지만, 그 때문에 그녀의 얼굴은 몸에 직접 결합된 듯이 느껴지지 않는다.

흰 망토 속에서 비죽 나온 손은 거대한 몸집에 비하면 앙증맞고 여려보인다. 그러나 알을 소중하게 품고 있는 이 손에는 어린이의 소유욕 같

7-20. 피에로 델라 프란체스카 「자비의 성모」 다폭 제단화 중 중앙화, 1460~62, 토스카나 산세폴크로 시립 박물관

은 것이 서려 있다(어린아이는 종종 아무것도 아닌 것에 맹렬한 소유욕을 뿜어내며 아무도 못 건드리게 한다). 알은 지극히 상징적이다. 숱한 신화가 알을 모든 생명 그리고 우주의 근원으로 간주해왔다. 온 세상은 알에서 나온 것이며, 세계의 탄생이나 부활은 부화와 같은 것으로 여겨졌다. 세계의 근원이 여성적인 것에 닿아 있다면, 그것은 여성이 알을 품은 자이기 때문일 것이다. 그러므로 얼마나 어리든 그리고 얼마나 조막손이든, 알의 수호자로서 여성은 거대하고, 거인이다. 손과 달리 거인 소녀의 발은 투박하고 늙었다. 알의 수호자는 세계의 기원만큼이나 늙을 수밖에 없기도 하기 때문인 듯이 말이다.

소녀 거인이 입은 붉은 튜닉과 흰 망토 그리고 그녀가 품고 있던 기러기들은 기독교 상징주의, 특히 '자비의 동정녀'의 도상학에 대한 페미니즘적 도전으로도 보인다. '자비의 동정녀'의 한 예로 피에로 델라 프란체스카(Piero della Francesca, ?1415~1492)의 다폭 제단화 「자비의 성모」

(Madonna della Misericordia)의 중앙화를 보자. 「자비의 성모」는 자신의 너른 망토 안으로 왕과 귀족, 수도사와 농민 들을 품고 있다. 이렇게 자비의 성모는 세계의 고난으로부터 피신해 온 이들을 망토 안에 품지만, 캐링턴의 소녀 거인은 망토 안에서 알/생명을 품고 부화시켜 세상으로 내보낸다. 그녀가 품어 부화시키는 존재는 「자비의 성모」에서처럼 기독교 공동체의 성원으로 한정되지 않고, 자유롭게 날개를 펼치는 뭇 생명이다. 「거인 소녀」에서는 땅의 모든 이들, 바다의 생명들과 어부들, 그리고 기러기 모두가 자신의 삶을 영위하고, 소녀 거인은 그들의 살아감을 평화롭게 바라본다. 동정녀의 자리를 대신하는 거인 소녀가 꿈꾸는 세계가 이러한 것이다.

아마도 세속적인 사회개혁을 추구하는 페미니스트들 가운데 어떤 이는 캐링턴식의 페미니즘, 가부장적 상징체계를 파괴하고, 몸, 마음, 영성, 자연을 키워드 삼아 어떤 새로운 여신을 찾아가려는 시도가 젠더화된 권력구조의 개혁에는 이르지 못하고 그저 여성의 자기숭배에 그칠 수도 있음을 우려할 수도 있다. 그러나 아마도 「거인 소녀」가 예시하는 여성적 자기치유와 자아 정체성의 재구성 없이는 젠더화된 권력구조를 어떤 방향으로 바꿀지 그 방향감각을 획득하기는 쉽지 않을 것이다.

말라가를 떠나며

어떤 곳을 떠나던 순간이, 떠나던 그 순간에는 잘 못 느꼈지만, 특별히 애틋한 때가 있다. 내게는 말라가가 그랬다. 떠나는 날 후안마는 친절하게도 우리를 태울 택시를 직접 타고 숙소 앞에 나타나서 짐을 싣는 것까

지 도와주었다. 버스터미널에서 짐을 다 싣고 샌드위치를 사서 차에 오르자 잠시 후 시외버스가 출발했다. 아쉬움 없이 잘 있다 떠난다 싶었는데 지나고 보니 아주 각별하게 지냈다는 느낌이 들었다. 아마 구도심을 걷다가 달달한 아랍풍 후식을 사고, 말라게타 해변에서 해수욕을 즐기고 (11월인데도 해수욕을 할 수 있었다), 부둣가에서 지는 해를 보며 차를 마시고, 뒷골목 작은 극장에서 플라멩코 공연을 보며, 사이사이 미술관에 가는 생활의 느긋함 덕분이었을 게다. 스페인에서 묵었던 여느 숙소보다 말라가의 숙소가 안락했던 것도 작용했다. 그리고 여성 초현실주의 예술가와의 만남이 큰 몫을 했다. 우리는 어떤 그림이나 명소가 보고 싶어서 어떤 도시를 향해 관광/여행을 떠난다. 긴 시간이 걸려 온갖 비장소 (non-lieux)[31]를 경유해 도착한 미술관에서 그 그림을 볼 때 또는 명소를 바라보거나 그 안에 들어가 서 있을 때, 우리는 커다란 행복감에 젖게 마련이다. 하지만 그보다 더 행복한 경험은 어떤 곳에서 생각도 해본 적 없는 작품을 만나는 일이다. 언제나 뜻한 것보다 뜻밖에 얻은 것이 경이로움이라는 삶의 본질을 깨우치게 해주고 삶에 감사하게 한다.

그러나 무엇보다 말라가에서 지낸 시간이 좋았던 것은 스페인에서 아내와 내가 둘만의 시간을 보낸 유일한 도시이기 때문일 것이다. 우리는 스페인 편에서 보면 잠시 찾아온 손님이었지만, 우리에 의탁해 스페인을 관광/여행하려는 한국에서 온 손님을 맞는 주인 노릇을 해야 하거나 누군가와 함께 스페인이나 유럽 어느 곳을 함께 관광/여행해야 했다. 그것에는 그것대로의 즐거움이 있었다. 그러나 우리를 찾아오거나 만나야 할 사람 없이 지낸 말라가의 호젓함이란… 우리는 한갓지게 그리고 오롯이

---

31 비장소 개념에 대해서는 졸저, 앞의 책 211~15면 참조.

둘이서만 말라가 길거리를 걷다가 장을 보고 밥을 지어 먹고 와인을 마시며 지냈다. 그런데 그 한가로움과 오롯함, 그리고 그것이 주는 아늑함은 낯선 땅에서도 그렇게 흔하진 않은 일이었다.

ALSA를 타고 세비야로

스페인의 도시 간 대중교통수단은 고속철, 일반철도, 그리고 시외버스인 ALSA로 요약된다. ALSA는 20세기 초 여섯 명의 사업가가 모여서 세운 버스회사이다. 이후 숱한 인수합병을 거치며 성장해서 지금은 스페인에서 거의 독점적 지위를 지닌 시외버스 회사가 되었으며, 스페인을 넘어서 중국에도 진출한 다국적기업이 되었다. 지배주주는 1960년대부터 이 회사를 지배해온 코스멘(Cosmen) 집안이었다가 2005년 영국의 '내셔널 익스프레스'로 넘어갔다. 마드리드에 머물며 세고비아와 톨레도를 다녀올 때 ALSA를 이용한 적이 있다. 이때는 직행버스를 탔었다. 그런데 말라가에서 세비야로 갈 때는 멍청하게도 직행이 아니라 완행표를 끊었다. 꼼꼼히 살피지 않은 탓에 2시간 반이면 갈 수 있는 세비야를 11번의 정거장을 거치며 4시간 넘게 걸려서 갔다.

정보 탐색이 충실하지 못해서 쓸데없이 고생한 셈이지만, 내가 세비야에 꼭 2시간 반 만에 가야 할 사무가 있는 것도 아니라 그리 속상하진 않았다. 더구나 관광/여행에서는 실수가 기억할 만한 새로운 체험의 입구

가 되기도 하지 않는가? 이 경우도 약간은 그랬다. 완행을 탄 덕분에 대부분 경유지로 잠시 정거할 뿐이었지만(한번은 좀 길게 쉬어서 버스에서 잠깐 내리기도 했다), 그래도 몰리나(Molina), 라로다(La Roda), 에스테파(Estepa), 오수나(Osuna), 엘아라알(El Arahal), 알칼라 데 과다이라(Alcala de Guadaira) 같은, 일부러 찾아갈 일정을 잡긴 어려웠을 안달루시아의 여러 도시를 버스 차창을 통해서나마 구경할 수 있었다. 특히 오수나를 지날 때는 고야가 그린 「오수나 공작 가족 초상」이 떠올랐다. 오수나 공작의 영지인 이곳에 그의 흔적이 남아 있지 않을까, 하는 생각에 내려서 둘러보고 싶기도 했다(나중에 알았지만, 「왕자의 게임」에서 투우경기장이 무대로 나온 뒤 오수나 관광객이 부쩍 많아졌다고 한다).

버스가 거쳐 갔던 안달루시아의 도시들은 하나같이 흰색으로 벽을 칠한 가옥과 건물로 이뤄졌다. 햇살이 좋은 날이어서 그랬겠지만, 그렇게 흰색 집들로 이뤄진 도시를 향해 가면 멀리서부터 눈이 부셨다. 그런 가옥들이 언덕 꼭대기에 자리잡은 (그 지역 이슬람 지배자가 지었고 레콩키스타 이후 스페인 지배자가 개보수해서 사용했던) 알카사르를 에워싸고 있었다. 15세기 말까지 800여년 동안 스페인 남부를 지배했던 무슬림의 유산이 아직도 안달루시아 여러 도시의 기본 형태 속에 남아 있는 듯했다.

대략 4시간 반이 지나서야 버스는 세비야 도심으로 들어섰다. 우리가 예약한 에어비앤비 숙소는 세비야의 유명한 투우장 '레알 마에스트란사'(Real Maestranza) 근처에 있었다. 숙소가 골목길 안쪽에 있어서 구글 지도가 정확한 위치를 짚어주질 못했다. 그래서 지척까지 갔는데도 바로 옆 도로에서 헤맸다. 그때 뭔가 기분 나쁜 액체가 아내와 내 등 뒤에 확 끼얹어졌다. 새똥을 맞았구나, 하는 생각이 들었다. 마드리드의 레티로

공원에서 커다란 새가 날아가며 뿌린 똥에 맞은 적이 있다. 역하고 불쾌할 뿐 아니라 그 양이 엄청나서 낭패스러웠던 적이 있었는데, 흡사한 느낌이었다. 그런데 바로 그때 한쌍의 스페인 남녀가 안타까워하며 다가와서는 도와줄 테니 자기네를 따라오라고 했다. 그러면서 우리의 캐리어를 건네받으려 했다. 난감한 상황인데 다행이다 싶었다. 그런데 아내가 갑자기 정색하고는 그들의 호의를 거부했다. 일순 당황했지만, 다시 한번 돕겠다며 다가서는 그들에게 아내는 또 한번 세차게 거부 의사를 표했다. 그들이 물러나자, 아내가 말했다. "새똥 아니야. 쟤들이 뿌린 거야." 감각이 예민한 아내는 등을 덮친 액체에서 나는 냄새가 이전에 겪은 새똥과는 다르다는 것을 곧장 알아챘고, 이어서 주변에 날아가는 새가 없었다는 것도 인지했다. 아내는 그들이 가짜 새똥을 이용해 접근한 사기꾼이라는 걸 간파했고, 그런 아내의 순발력 넘치는 대응 덕분에 악운을 피한 셈이었다.

도시에도 첫인상이라는 게 있기 마련이다. 그런데 그 첫인상이 때로는 그 도시의 중앙역에 내리자마자 소매치기를 당하거나 숙박지를 찾는 중에 사기꾼을 만난 것으로 결정되기도 한다. 예컨대 내게 코펜하겐은 안데르센이나 키르케고르의 도시로보다는 비를 맞으며 걷다가 백팩에 넣은 태블릿 PC를 도난당한 곳으로 기억된다. 그러나 악운에서 비켜서면 (아슬아슬하게 비켜설수록), 그 도시의 '천사'가 나를 각별하게 보호해주는 듯한 느낌이 든다. 혹 그 과정에서 자신의 재치가 작용했다면 그 도시에 대해 자신감마저 품게 된다. 리스본의 코메르시우 광장(Praça do Comércio) 인근 식당에서 저녁을 먹고 관광객에게 꼭 타보라고 추천되는 '28번 트램'을 타고 숙소로 돌아갈 때였다. 몹시 붐비는 트램에서 덩치가 큰 한쌍의 남녀가 우리에게 꽤 호의적으로 자리를 배려해주었다. 그런데

내릴 때가 되자 덩치가 큰 남자가 이상하게 내 앞길을 가로막는 듯이 느껴졌다. 아내가 이미 트램에서 내린 터라, 따라 내리느라 마음이 조급했다. 몸을 빼내 겨우 트램에서 내리고 보니 호주머니에서 지갑이 반쯤 나와 있고, 지갑에서 다시 몇백 유로가 삐져나온 상태였다. 놀라서 떠나간 트램을 바라보니 내리려던 나를 막아섰던 남자가 트램 뒤편 창으로 화난 얼굴로 손을 위로 치켜들고 나를 보며 뭐라고 떠들어대고 있었다. 상황을 복기해보니, "너, 오늘 운 좋았어" 같은 말 아니었을까 싶다. 그들이 처음에 나와 아내에게 '친절하게' 자리를 내준 것은 우리 옆에 붙기 위한 것이었고, 우리가 내리려 할 때 남자가 나를 가로막은 것은 나를 허둥대게 만들어 주의력을 뺏고 그 틈에 한패인 여자가 뒤편에서 지갑 속 돈을 빼내려는 것이었다. 아마도 내 돈이 무사했던 것은 둘 사이에 사인이 맞지 않아서, 여자가 이미 돈을 빼냈다고 생각한 남자가 나에게 하차할 틈새를 열어주었던 때문이었을 것이다. 생각해보면 리스본 관광/여행을 망칠 수도 있는 아슬아슬한 순간이었다. 그러나 악운을 피하고 나니, 그날 오후에 먹었던 제로니무스 수도원 옆 '파스테이스 드 벨렝'의 달콤하고 따끈한 에그타르트를 다시 한입 베어 문 느낌이었다.

세비야에서 가짜 새똥을 뿌리는 사기꾼을 피한 것은 리스본에서 소매치기를 피한 체험처럼 달콤하지는 않았다. 어쨌거나 평정을 찾기 위해서는 숙소를 찾고 샤워도 해야 했기 때문이었다. 그들을 '물리치고' 숙소를 찾아가니, 예정보다 늦는 우리를 걱정하던 호스트가 반갑게 맞아주었다. 그는 이것저것 상세하게 안내하고 싶은 눈치였으나, 우리가 당한 일을 알게 되자 어서 샤워하고 쉬라며 인사를 하고 떠났다. 샤워를 마치자, 그제야 몇주를 보낼 숙소 모습이 눈에 들어왔다. 더불어 세비야가 우리에게 적대적이지만은 않다는 느낌, 그리고 아내의 센스 덕분에 이 도시에

대해 슬며시 자신감마저 생겼다.

세비야 도심과 크루스캄포

몇주 묵을 숙소에 들게 되면, 언제나 먹거리를 구해서 냉장고에 쟁이는 것이 첫번째 일이다. 말라가 경험 이후로 우리는 메르카도를 선호하게 되었다. 하지만 이미 저녁시간이어서 메르카도는 다음 날 가기로 하고, 당장 먹을 것 몇가지를 사러 세비야 도심에 있는 아시아 식료품 연쇄점인 '하이퍼오리엔테'로 갔다. 외국을 떠돌다보면, 가끔 라면을 먹고 싶어진다. 뜨끈한 국물이 있는 친숙한 음식을 가장 손쉽게 먹을 수 있는 방법이기도 하고 암암리에 길들인 MSG 맛이 그리워서이기도 한 듯하다. 하이퍼오리엔테로 가려니 세비야 도심을 거쳐야 했다.

세비야 도심은 세비야 대성당에서 세비야 시청을 거쳐 '세비야의 버섯'(Setas de Sevilla)이라고 불리는 메트로폴 파라솔(Metropol Parasol)이 있는 엥카르나시온 광장(Plaza de la Encarnación)으로 이어진다. 이 중심 통로를 축으로 백화점과 상가, 레스토랑, 그리고 성당이 어우러진 도심이 원형으로 퍼져 있다. 세비야는 도시 발전이 오랜 세월에 걸쳐 느리게 진행된 곳이고, 급진적인 도시 재개발 사업이 없었던 곳이다. 그래서 도심과 그 외부 지역이 확연하게 구별되지 않는다. 도심 외곽에서 도심을 향해 걸어가면 마치 부드럽게 채도가 바뀌는 그림 속을 걷듯이 도심에 이른다.

숙소를 나와 시청 앞에 접근하자 다가올 크리스마스를 위한 장식 조명이 벌써 즐비했다. 게다가 마침 '블랙프라이데이'였다. 세비야로 오는 버

스에서 푹 잔 아내는 사람들로 흥청거리고 할인 광고가 점포 창문마다 나붙은 거리에 들어서자, 눈에 생기가 돌았다. 그래서 라면 사는 건 제쳐 두고 쇼핑부터 하고 싶어 했지만, 그러기 위해서라도 허기는 면해야 했다. 엘코르테 잉글레스 백화점 앞길 모퉁이에 있는 음식점에서 나는 타 파스와 맥주를, 아내는 추로스를 먹었다. 그러고서 화장품을 비롯해 몇 가지를 샀는데, 아내가 쇼핑을 주도해서인지 여러개의 쇼핑봉투를 들었 는데도 뭘 샀는지 기억이 잘 나지 않는다. 그저 타파스와 함께 먹은 맥 주 맛만 입가를 맴돌았다. 맛이 좋아서 상표를 유심히 봤었다. '크루스캄 포'(Cruzcampo)였다.

스페인의 술 하면, 리오하 또는 리베라의 와인을 떠올릴 사람이 많을 것이다. 하지만 더운 나라인 스페인 사람들이 맥주를 즐기는 것은 당연 한 일이고, 실제로 오전 11시면 길거리 카페에 앉아 커피가 아니라 카냐 한잔(una caña)을 즐기는 이들이 꽤 많다. 스페인 사람들은 지역 브랜드 선호가 강한 듯했다. 소규모 브루어리에서 생산하는 로컬 맥주를 제외하 면, 마드리드에서는 마오우(Mahou), 바르셀로나에서는 에스트렐라 담 (Estrella damm), 산탄데르나 빌바오에서는 에스트레야 갈리시아(Estrella galicia), 사라고사에서는 암바르(Ambar), 그리고 안달루시아에서는 크루 스캄포가 주로 팔렸다. 큰 슈퍼마켓이 아니면 다른 지방 맥주를 사기가 어려운데다가, 내게 맥주에 각별한 취향이 있는 것도 아니어서 가는 곳 마다 사기 쉬운 것을 사 마셨다. 그러니까 빌바오에 갔을 때는 에스트레 야 갈리시아를 마시는 식이었다. 그러나 말라가에서만은 그라나다에서 생산되는 '알람브라' 맥주를 자주 마셨다. 값이 약간 비싼 게 흠이지만, 그래도 그때까지 마신 스페인 맥주 중에는 알람브라가 최고였고, 말라가 의 상점은 어디든 알람브라를 팔았기 때문이다. 그러다 세비야에 와서

크루스캄포를 마셔보니 알람브라보다 내 입맛에 더 잘 맞았다. 옅은 빛깔 라거(pale lager)여서 호박 빛깔 라거(amber lager)처럼 화려한 느낌은 없지만, 페일 특유의 미묘하고 섬세한 맛에 라거다운 시원함이 일품이었다(알람브라는 이 시원함이 부족했다). 세비야 도심의 높은 건물 꼭대기에는 크루스캄포 광고판이 걸린 데가 많다. 크루스캄포 광고판 위로 해가 뉘엿해질 때 야외 카페에서 타파스와 함께 마시는 크루스캄포가 적어도 내게는 세비야가 내게 준 최고의 즐거움 중 하나였다. 한국으로 돌아와 유감스러운 점은, 4병에 1만원 또는 1만 2000원 하는 편의점 '세계 맥주' 덕에 한결 다양한 맥주 맛을 보게 된 요즘도 크루스캄포는 수입이 되지 않는다는 것, 그래서 그때 그 맛을 다시 떠올려볼 길이 없다는 것이다.

과달키비르강과 트리아나 시장

노독에 맥주도 제법 마셔서 늦게까지 잤다. 전날 블랙프라이데이 쇼핑을 하느라 식료품을 충분히 사지 못했다. 상점 문 닫기 전에 간신히 산 바게트와 우유로 아침식사를 했다. 아무래도 식료품점부터 다시 가야 할 상황이었다. 지도에서 메르카도를 검색해보니 세비야 도심 쪽이 아닌 과달키비르강(río Guadalquivir) 건너 트리아나 시장(Mercado de Triana)이 제일 가까웠다. 그리로 걸어가면서 과달키비르강을 처음으로 유심히 봤다.

많은 도시가 강가에서 번성한다. 강은 사람들에게 물을 공급한다. 그뿐 아니라 도로 역할도 한다. 구불구불하고 울퉁불퉁하며 오르락내리락해야 하는데다가 조금만 사용 빈도가 떨어지면 다시 수풀로 돌아가는 전

근대의 도로 사정을 생각하면 강이 지닌 이점은 엄청난 것이었다. 돛과 노만 잘 운용하면 강은 매끄러운 도로나 다름없기 때문이다. 물론 요즘은 강을 이용한 이동과 운송의 비중이 아주 작아졌다. 그러나 여흥과 휴식 그리고 감정생활의 원천으로서 강은 여전히 중요한 의미를 지닌다. 그런데 세비야로 오기 전에 보았던 스페인 도시에 인접한 강들은 빌바오의 네르비온을 제외하면 그리 멋지지 않았다. 마드리드의 만사나레스강은 도시 규모에 비해 강폭이 좁고 유량이 보잘 데 없었다. 톨레도의 타호는 강이라기보다 요새 같은 톨레도를 감싸는 거대한 해자 같았다(해자 구실을 할 강이 있어서 그 자리에 도시를 건설한 게 틀림없다). 바르셀로나는 해안 도시라서 강보다 바다가 전면에 부각된다. 바르셀로나 도심 북서쪽 베조스(Besòs)는 아예 보지 못했고, 말라가의 과달메디나강은 수변이 콘크리트로 마감된데다가 내가 방문했을 때는 건기(乾期)여서 볼품이 없었다. 이들에 비해 과달키비르는 수량과 유속 그리고 강폭까지 모든 면에서 도시와 아늑하고 넉넉하게 어울렸고, 네르비온보다 더 마음에 들었다.

물론 포르투갈까지 흐르는 두에로(Duero)나 발렌시아를 흐르는 카라익세트(Carraixet)를 보지 못한데다가 길이가 수백 킬로미터에 이르는 강은 어느 지점에서 보느냐에 따라 전혀 다르게 다가온다. 그러니 스페인의 강에 대해 이말 저말 늘어놓을 처지가 못 된다. 실제로 내가 매료되었던 과달키비르는 세비야 지역의 과달키비르일 뿐이다. 세비야에 와서 얼마 안 되어 코르도바에 갔는데, 거기서 세비야보다 한참 상류의 과달키비르강을 만났다. 해 질 무렵 로마 다리(Puente Romano de Córdoba) 아래서 사람들이 목욕을 즐기는 풍경이 아름답게 묘사된 소설 『카르멘』의 구절이 떠올라 기대를 품었지만, 강폭에 비해 유량이 너무 적고 물이 맑지

8-1. 과달키비르강 풍경(위)
가운데 멀리 보이는 것이 이사벨 2세 다리이고
그뒤로 '세비야 탑'이 있다. 오른편에는 '황금 탑'
이 보인다.
8-2. 황금 탑 뒤로 보이는 히랄다 탑

못해서 목욕은 고사하고 발 담그기에도 꾀죄죄했다. 그러나 코르도바로
부터 100여 킬로미터 내려온 과달키비르는 비할 데 없이 아름답다. 한강
이나 템즈강과 달리 아늑했고, 센강과 달리 넉넉했으며, 포토맥강과 달리
가깝고 친근했다.

옥에 티라면, 강 북쪽으로 보이는 '세비야 탑'(Torre Sevilla)이었다.
2015년에 완공된 이 사무실용 건물의 높이는 180미터이다. 12세기에 처
음 세워졌고 16세기 이래로 현재 형태로 자리를 지켜온 세비야의 랜드마
크 히랄다 탑(La Giralda, 104m)을 한참 초과한다. 유네스코는 세비야 탑
이 구시가지의 스카이라인에 위협적이므로 층고(層高)를 낮추라고 했지

만, 시 정부는 권고를 무시했다. 세비야 탑의 경제적 가치가 어느 정도인지 모르겠지만, 그것의 심미적 가치는 내 보기에 형편없었다.

트리아나 시장으로 가려면 과달키비르를 가로지르는 이사벨 2세 다리(Puente de Isabel II)를 건너야 한다. 1852년에 준공된 이 다리는 그보다 20여년 먼저 세워진 센강의 카루셀 다리(Pont du Carrousel)를 모방했다고 하는데, 모양새가 카루셀 다리보다 한결 우아했다. 다리 건너 오른편에 있는 트리아나 시장에 들어가보니 활기차긴 해도 과일과 채소의 어우러진 색채가 아름답기조차 한 바르셀로나나 말라가의 메르카도만큼 매력적이진 않았다. 그래도 물건이 싱싱하고 소박한 맛이 있었다. 닭고기와 쇠고기 그리고 과일과 채소를 조금씩 샀다. 세비야가 대서양을 향해 열린 도시여서인지 어물전에는 대구가 많았다. 대구 이외에 알 만한 어종은 도미였다. 이런저런 생선에 관해 물어보고 싶었지만, (마드리드나 바르셀로나와 달리) 영어가 전혀 통하지 않아서 설명을 듣긴 어려웠고, 그래서 도미를 필레로 한 덩어리 사고, 조개 한 봉지를 샀다. 그리고 하몽도 조금 샀다.

스페인에 와서 먹어본 음식 가운데 가장 인상 깊은 것을 들라고 하면, 하몽이다. 우리나라 관광안내 책자에는 하몽이 스페인 사람들이 사랑하는 음식이고 멜론과 함께 먹으면 맛있다고 소개한다. 그러나 스페인의 모든 지역에서 하몽이 사랑받고 있는 건 아닌 듯했다. 안달루시아와 마드리드 사람들은 하몽을 좋아하고, 마드리드의 경우 동네 곳곳에 하몽 전문점(Museo del Jamón)이 있었다. 돼지 뒷다리 모양 그대로인 하몽이 주렁주렁 매달린 전문점에 들어가면, 호주머니가 넉넉해 보이지 않는 노인이 먹고 싶은 부위를 지정하고는, 점원이 돼지 뒷다리를 얇게 저며내는 모습을 근사한 맛에 대한 기대에 부푼 눈빛으로 지켜보는 풍경을 볼

수 있다. (아마 들이켠 탁주 사발을 내려놓고 잘 삭힌 홍어 한 점을 집어 든 목포 토박이 노인의 눈빛이 그와 비슷하지 않을까?) 그러나 바르셀로나에 가니 하몽 전문점이 드물었다. 간혹 있는 하몽 전문점에서도 마드리드에서 손님과 판매원 사이에 흐르던 묘한 설렘 같은 게 느껴지지 않았다.

하몽을 멜론과 함께 먹는 것도 일반적 풍습은 아니었다. 내게 하몽 맛을 '가르쳐준' 사람은 아내와 공동작업을 하던 UNED의 하우레나 교수 (우리는 퍼스트네임 "이네스"로 불렀다)의 애인이었다. 아내와 나, 그리고 이네스와 그의 애인이 함께 와인 시음회에 간 적이 있다. 와인 시음회는 별로였다. 그러자 아내와 내가 스페인 문화에 실망하는 것이 싫었던지 이네스의 애인은 우리를 안달루시아 음식 전문점으로 데려갔다. 거기서 꽤 비싼 하몽과 와인을 시켜주었다. 그러면서 좋은 하몽은 올리브유를 조금 바른 바게트에 얹어서 먹으면 될 뿐, 멜론 같은 건 전혀 필요치 않다, 오히려 멜론 같은 건 하몽의 섬세한 맛을 죽일 뿐이다, 라고 했다. 그가 시키는 대로 도토리를 먹인 이베리코 돼지로 만든 고급 하몽, 이른바 '하몽 이베리코 데 베요타'(Jamón Ibérico de Bellota) 한 점을 바게트에 얹어 조심스럽게 베어 물었다. 얇게 썰어서 잘 녹아드는 지방과 차지게 씹히는 고기 부분이 입 안에서 어우러지자, 참나무 향이 은은하게 밀려왔다.

사실 돼지 뒷다리는 통상 돼지고기 중에 가장 저렴한 부위이다. 그런 부위로 만든 하몽은 어떤 식자재든 귀하게 여기고 그것에서 최상의 가치를 뽑아내려는 정성의 결과물이라는 점에서 의미가 깊은 요리다. 더 나아가 돼지도 뭘 먹느냐에 따라 그 살에서 풍기는 향이 달라진다는 게 충격적이었다. "Der Mensch ist, was er ißt"(당신이 먹는 바가 당신이다)라

8-3. 에밀리오 산체스 페리에르 「트리아나」, 1888~90, 68×122cm, 세비야 미술관
현재의 세비야 탑 쪽에서 바라본 과달키비르강과 트리아나 풍경이다. 멀리 이사벨 2세 다리가 보인다.

는 독일의 유명한 격언 그대로인 셈이다. 그 이후로 기회가 닿는 대로 하몽을 사서 와인과 함께 먹곤 했다.

하지만 그날은 그간 자주 먹었던 하몽보다 도미에 관심이 쏠렸다. 아무래도 여행 중에는 신선한 해산물 요리를 직접 해 먹을 기회가 별로 없기 때문이다. 에어비앤비의 주방에서 매운탕을 끓이거나 튀겨서 중화풍 도미탕수를 만들긴 어렵지만, 버터를 둘러 굽는 정도는 그리 어려울 것 같진 않았다. 같이 산 화이트와인과 함께 먹을 생각을 하니 미리부터 입가에 도미 향이 희미하게 번지는 듯했다.

트리아나 시장을 방문하고 얼마 뒤 세비야 미술관에 갔는데, 거기서 에밀리오 산체스 페리에르(Emilio Sánchez Perrier, 1855~1907)가 그린 「트리아나」(Triana)를 보았다. 페리에르는 카르멘티센 미술관에서 프레시외 양식으로 그려진 「안달루시아의 겨울」(Invierno en Andalucía)이라는 작품으로 인상 깊었던 화가였다. 잎이 떨어져 앙상한 은사시나무 군락 사

8-4. 에밀리오 산체스 페리에르 「안달루
시아의 겨울」, 1880, 45×31.9cm, 말라가
카르멘티센 미술관

이로 예닐곱마리의 양들이 여릿하게 나타나고 있는 그림이었는데, 쓸쓸
하고 고즈넉한 겨울 풍경을 아주 미세한 필치로 그려냈다. 19세기 말 세
비야의 빈곤지역이었고, 도시화가 그리 진척되지 못한 채 도자기 공장을
비롯한 몇몇 공장만이 들어섰고 집시 거주지였던 이 지역 모습을 그려낸
「트리아나」도 「안달루시아의 겨울」처럼 쓸쓸한 분위기의 그림이었다. 그
리고 19세기 말 카르멘 같은 가난한 집시들의 거주지였던 트리아나와 현
재를 비교해서 보게 해주는 그림이었다.

마리아루이사 공원, 고고학박물관, 그리고 스페인 광장

숙소를 나서면 바로 과달키비르강과 같은 방향으로 뻗은 넓은 길이 나왔다. 길 이름은 크리스토퍼 콜럼버스 거리(Paseo de Cristóbal Colón) 이다. 이 길은 대략 북쪽의 이사벨 2세 다리에서 시작해 그 남쪽의 '마에스트란사 투우장'(Plaza de Toros de la Maestranza), '마에스트란사 극장'(Teatro de la Maestranza), 그리고 '황금 탑'(Torre del Oro)에 이른다. 13세기 초 무어인들이 건립한 황금 탑은 세비야에서 가장 오래된 건축물이다. '황금 탑'이란 명칭은 처음 지어졌을 때 탑의 상단 외곽을 황금 타일로 장식했다고 해서 붙여진 이름이라고 한다. 이 탑 맞은편에는 함께 지어졌으나 지금은 사라지고 없는 '은 탑'이 있었다고 한다(리스본 대지진 때 무너졌다고 하는데 정확히 그 때문인지 확인해보진 못했다). 은 탑이라는 명칭은 황금 탑과 대칭적인 위치에 있어서거나 그 탑의 상단이 은으로 장식되었기 때문일 것이다.

중요한 것은 두 탑의 용도이다. 두 탑이 군사적 망루였으리라는 건 쉽게 추측할 수 있다. 하지만 망루라면 굳이 두개일 필요가 없다. 탑을 둘 세운 이유는 둘을 강철 체인을 연결하는 앵커로 쓰기 위해서였다고 한다. 두 탑 사이에 강철 체인을 연결하고 평상시에는 강바닥에 늘어뜨려 놓았다가 침입하는 선박이 있으면 체인을 당겨 배의 진로를 막았다는 것이다. 13세기 초에 그런 장치를 마련한 것은 스페인 군대가 침공해 올 것을 대비하기 위해서였을 것이다. 실제로 1247년 카스티야가 세비야를 침공했을 때, 무어인들은 카스티야 함대를 막기 위해 이 장치를 썼다고 한다. 물론 그런 장치만으로 카스티야 함대를 막을 순 없었고, 세비야의 알카사르는 카스티야에 함락되었다. 그렇게 무어인들이 쫓겨난 후 이런저

런 보수와 최상층부 증축을 거쳐 지금의 형태를 갖춘 황금 탑은 현재 해양박물관으로 사용되고 있다. 들어가 보면 내부는 생각보다 비좁다. 멀리서 보면 리스본의 '벨렝 탑'(Torre de Belém)을 떠올리게 하지만, 다가서 보면 그보다 한참 작고, 들어가 보면 더더욱 그렇다. 그래도 이런저런 역사적 문서와 항해 차트 등을 알차게 모아놓았고, 탑 꼭대기에서 보는 과달키비르강 풍경도 꽤 멋졌다.

황금 탑을 지나서 계속 남쪽으로 내려가 로스레메디오스 다리(Puente de Los Remedios) 못 미쳐 왼편 골목으로 들어서면 세비야 공공도서관이 있다. 도서관의 정식명칭은 'Biblioteca Pública Infanta Elena'이다. 현 국왕 펠리페 6세의 누나 엘레나 공녀가 도서관 건립에 기여한 바가 커서 그런 이름이 붙었다고 한다. 창이 넓게 난 나지막한 2층 건물인데, 외관은 미스 반 데어로에(Mies van der Rohe, 1886~1969)풍이지만, 한쪽이 살짝 열린 'ㅁ'자 형태라 내정(內庭)을 품고 있는데, 그 점에서는 안달루시아풍이었다.

어느 도시에 가든 직업적 습관 때문인지 도서관에 가보는 편이다. 조금 오래 체류하게 된다면 대출증을 만들어 들락거리며 책과 음반을 빌린다. 세비야도 비교적 오래 체류할 예정이라 도서관을 찾았다. 뒤에 더 이야기하겠지만, 세비야 대학에 있는 고풍스러운 도서관을 먼저 방문했는데, 겨울방학이라 도서관 개방시간이 짧은데다가 요일별로 들쭉날쭉했다. 그래서 세비야 공공도서관을 찾아갔는데, 채광이 꽤 좋고 쾌적하게 설계되어 있었다. 하지만 2층 열람실은 이상하게도 수험생 공간이 되어버린 우리나라 도서관을 연상케 하는 분위기였다. 20~30대 청년들이 꽤 빼곡하게 자리를 차지하고 있었는데, 다들 노트북 컴퓨터를 펴고 작업이나 학습에 열중하고 있을 뿐, 도서관 소장 서책을 붙잡고 있는 경우는 거의 없었다. 어느 나라든 청년들이 시험과 경쟁에 내몰리고 있는 듯했다.

도서관에서 동쪽으로 길을 건너면 곧장 세비야의 가장 큰 녹지인 '마리아루이사 공원'(Parque de María Luisa)에 들어서게 된다. 마리아루이사 공원은 1929년 개최된 '이베리코-아메리카 엑스포'(Exposición Iberoamericana)[1]를 위해 건립된 것이다. 키 큰 나무가 즐비하고 물길이 잘 나 있어서 다양한 물새가 서식하는 공원이다. 공원 중심부를 따라 내려가면 '사자 분수'(Fuente de los Leones)를 비롯해 이런저런 볼거리들이 꽤 있다.

그리고 공원 남쪽 끝에는 '세비야 예술 및 전통 박물관'(Museo de Artes y Costumbres Populares)이 있다. 이 박물관은 이베리코-아메리카 엑스포를 위해 지어진 파빌리온 가운데 하나였던 '무데하르 파빌리온'(Mudéjar Pavilion)[2]을 활용한 것이다. 그 맞은편에 '세비야 고고학박물관'(Museo Arqueológico de Sevilla)이 있는데, 이 역시 엑스포를 위해 지어졌던 파빌리온을 활용한 것이다. 두 박물관 사이의 광장 가운데에는 얕은 인공호수가 있는데, 거기에 비친 물그림자와 어우러진 세비야 예술 및 전통 박물관의 외관은 매우 아름답다. 그에 비해 훨씬 더 많은 건축비용이 들었다는 고고학박물관의 외관은 그리 멋지게 느껴지지 않았다. 하지만 전시품의 면에서는 정반대였다. 소장품의 규모와 가치 면에서는 고고학박물

---

1 만국박람회(Universal Exposition), 즉 모든 국가에 참여 기회를 주는 박람회와 달리 이베리코-아메리카 엑스포는 스페인과 포르투갈 그리고 이 두 나라와 인연이 깊은 아메리카대륙 여러 나라의 참여로 이뤄진 약간 작은 규모의 엑스포였다. 과달키비르강을 통해 대서양을 향해 열려 있는 세비야는 그런 엑스포를 열기에 최적의 장소였다.

2 파빌리온은 전시회 등을 위해서 지어진 임시 건조물을 가리키는 말이다. '무데하르'는 스페인의 레콩키스타 이후에도 스페인을 떠나지 않고 계속해서 그 지역에 산 무어인(무슬림)을 가리키는 말이었다. 이후 스페인의 여러 예술 및 건축에서 나타나는 무슬림 양식을 가리키기도 한다. 무데하르 파빌리온의 공식명칭은 '고대 예술 파빌리온'(Pabellón de Arte Antiguo)이다.

8-5. 세비야 예술 및 전통 박물관 전경

관 쪽이 한결 눈길을 끌었다.

고고학박물관 전시품은 크게 두 갈래로 나뉜다. 한 갈래는 대략 후기 청동기부터 기원전 6세기까지 오늘날의 세비야와 카디스 인근 지역에 존속했던 타르테소스(Tartessos) 문명 유적 출토물이고, 다른 하나는 지금의 산티폰세 지역인 고대 로마의 속주도시 이탈리카(Itálica)에서 출토된 유적들이다. 타르테소스 문명에 대해서는 이 박물관에 게시된 설명을 읽고 그 존재와 의미를 처음 알았다. 이 문명은 고대 스페인과 페니키아의 특성이 혼합된 문명이며 독자적인 문자 체계를 가지고 있었다. 고대 그리스 문헌은 이 문명을 헤라클레스의 기둥 너머에 있는 가장 오래된 서구 문명으로 묘사한다고 한다. 개인적으로 좀 놀란 것은 페니키아 문명의 흔적이 타르테소스 문명에서 나타난다는 점이었다. 그것은 이 지역에서 페니키아의 여신 아스타르테(Astarte) 상이 출토된 것 등을 비롯해 여러 증거에 의해 입증되는데, 이미 기원전 7세기에 지중해 서부 바깥 지

역인 세비야 인근과 페니키아 문명이 있던 지중해 동부 레반트 지역 사이에 활발한 교류가 있었음을 뜻한다. 관련해서 페르낭 브로델은 다음과 같이 지적한다.

페니키아의 번영은 장거리 항해 위에서 시작되었다. 솔로몬 왕이 준비한 배가 페니키아 선단과 함께 멀리 스페인의 타르테소스까지 항해를 떠나 3년 뒤에 돌아왔다는 성경의 구절이 있다. 기원후 16세기에도 세비야에서 중남미까지 항해로 다녀오는 데 거의 3년이 걸렸다!

타르테소스까지 항해하고 중남미까지 항행할 수 있었다는 것은 충분한 자본을 갖춘 도시들이 있었다는 뜻이기도 하다. 즉 3년이라는 시간과 비례한 이익들을 기대하면서 그 기나긴 시간을 기다릴 수 있는 자본력이 있었다는 뜻이다. 두 항해 모두에서 그러한 기적을 가능하게 한 것은 은(또한 안달루시아의 북쪽에서 구한 주석)이었다.[3]

하지만 박물관에 전시된 유물 가운데는 은보다는 금으로 된 것이 더 많았다. 타르테소스는 (아스테카와 잉카가 그랬듯이) 은뿐 아니라 금도 풍부했고, 수천년의 세월을 거뜬히 견디며 아름다움을 보존하고 있는 것은 역시 금이었기 때문일 것이다.

타르테소스 문명으로부터 수백년 후 스페인에 로마가 건립한 속주들, 이른바 '이베로-로마' 지역에서 나온 유물 가운데도 수준 높은 것이 많았는데, 그 가운데서도 베누스, 디아나, 메르쿠리우스 상이 매우 훌륭했다. 가장 보존 상태가 훌륭한 것은 디아나였다. 이에 비해 메르쿠리우스

---

3 페르낭 브로델 『지중해의 기억』(개정판), 강주헌 옮김, 한길사 2012, 309면.

8-6. 사냥의 여신 디아나(왼쪽)와 메르쿠리우스의 신발(오른쪽)

와 베누스는 모두 머리가 유실되었다. 조각상을 찬찬히 보고 있노라면, 메르쿠리우스와 베누스가 좀더 온전한 상태였다면 디아나를 능가하는 예술미를 보여주었을 것으로 판단하게 된다. 그러나 아쉬움과 상실감 없는 디아나 상이 베누스보다는 더 좋게 다가왔다. 밀로스의 베누스가 그렇듯이, 상실된 신체 부위가 오히려 우리의 상상을 자극하여 온전한 이미지를 그려내도록 자극할 수도 있다. 하지만 얼굴을 잃은 미의 여신은 우리의 상상력에 지나친 부담을 안기는 듯했다. 이에 비해 메르쿠리우스는 머리가 없어도 우리의 상상력을 자극할 힘을 지닌 듯이 보였다. 그것은 온전하게 남은 날개 달린 신발과 발걸음을 재촉하는 역동적 자세가 메신저로서의 정체성을 확연하게 드러내주기 때문일 것이다.

마리아루이사 공원 남쪽에 박물관이 있다면, 북쪽 옆에는 스페인 광장(Plaza de España)이 있다. '연식'이 좀 되는 우리나라 사람들은 스페인 광장 하면 아마도 「로마의 휴일」(윌리엄 와일러 감독, 1953)에서 앤 공주(오드리 헵번 분)가 아이스크림을 먹던 로마의 스페인 광장(Piazza di Spagna)을 떠

8-7. 세비야의 스페인 광장

올릴 것이다. 하지만 요즘은 배우 김태희가 플라멩코를 추던 핸드폰 광고의 배경이었던 세비야의 스페인 광장을 떠올리는 사람이 더 많을 것이다. 이제 로마의 스페인 광장보다 더 높은 명성을 우리나라에서 누리는 세비야의 스페인 광장도 마리아루이사 공원과 더불어 1929년 이베로-아메리카 엑스포를 위해 지어진 광장이다. 1911년에 시작되어 거의 20여년간 지어진 이 광장은 양쪽 끝에 '히랄다'를 모방한 두 탑 사이를 완만한 호를 그리며 잇고 있는 건물이 분수대가 있는 광장을 품고 있는 모양이다. 광장의 길이는 170미터이다. 광장으로서 그리 넓다고 하기는 어렵다. 하지만 광장 전체를 건축물이 아늑하게 품고 있는 형태여선지 상당히 넓은 공간감을 제공한다. 건축물 앞에는 작은 운하(해자처럼 보이기도 한

8-8. 스페인의 46개 지역을 상징하는 타일 벽화와 벤치의 일부

다)와 운하를 건네는 4개의 다리가 운치 있다. 다리의 타일 장식도 매력적이다. 건축물 하단에는 스페인의 46개 지역 각각의 상징적인 역사적 사건을 타일 모자이크로 재현한 벽화가 새겨져 있다.

겨울에도 오후면 꽤 따뜻한 햇볕이 내리쬐는 이 광장을 거니는 것은 쾌적하다. 보트를 빌려서 운하를 노 저어 다닐 수도 있다. 일요일에는 늘씬하고 건강한 세비야 여성이 기타리스트와 함께 나와 플라멩코를 추며 길거리 공연을 하기도 한다. 밤에는 분수에 여러가지 색깔 조명을 비추어주니, 황혼에서 밤으로 이어지는 산책에도 좋다.

그러나 그뿐이다. 유럽 도시의 수많은 광장에는 언제나 민주주의의 기억이 새겨져 있다. 물론 광장이 형성된 시기에 따라 그 형태와 모양은 다양하다. 중세 자유도시의 광장이 다르고, 르네상스 시기 이탈리아에서 형성된 광장이 다르고, 절대주의 왕정과 결부된 바로크 광장이 다르다. 그러나 어떤 시기에 어떻게 형성되었든, 민주적 실천이 광장의 의미를 재정의해왔다. 예컨대 루이 15세 시기에 지어진 바로크풍의 콩코르드 광장

(Place de la Concorde)은 대혁명의 장으로 변모했고, 오스트리아-헝가리 제국 시기에 건설된 헝가리의 영웅 광장(Hősök tere)은 1989년 임레 너지 (Imre Nagy, 1896~1958)를 위한 역사적 장례식을 계기로 동구 사회주의를 무너뜨리는 대중운동의 장이 되었다.

그러나 스페인 광장은 이런 유의 역사와 접맥된 적이 없다. 그것은 박람회를 위해서 지어졌다. 그러니까 사회 성원을 불러 모으고 민주적 열정을 불사르는 곳이 아니라 관람자와 관광객의 시선을 향해 열린 곳이다. 예쁘고 아기자기해서 사진 찍기 좋고 쾌적한 이 장소의 가벼움은 역사적 기억의 가벼움 '덕분'인 셈이다. 그러나 광장, 넓게 탁 트여 모든 사람이 모든 사람을 바라볼 수 있고 모두의 외침이 모두에게 들리는 곳은 언제나 새로운 역사에 대해 열려 있으므로, 스페인 광장의 미래를 예단할 일은 아니다.

동네 성당이 된 세비야 대성당

도시마다 많이 한 일이 조금씩 다르다. 그것에 가장 큰 영향을 주는 것은 체류 기간이다. 짧게 머물수록 그 도시의 명소에 집착한다. 이틀을 머물렀던 빌바오에서는 미술관을 돌아본 것 이외에 별달리 한 일이 없었다. 체류 기간이 적절했던 말라가에서는 명소 이외의 지역도 많이 산책했다. 아무튼 대체로 체류 기간이 길어지면, 관광/여행은 일상에 접근해 간다. 체류 기간이 길기도 했고 절기 때문에도 세비야에서는 쇼핑을 많이 했다. 세비야에 도착한 날이 마침 '블랙프라이데이'였던데다 그때부터 크리스마스에 이르기까지 세비야 전체에 축제와 쇼핑 분위기가 넘실

댔다. 우리에겐 겨울옷이 필요했고(한국에서 떠날 때부터 겨울옷은 현지에서 조달하기로 마음먹었다), 크리스마스가 다가와서 한국으로 보낼 선물도 필요했다. 그래서 세비야의 쇼핑 분위기에 곧장 휩쓸렸다. 의상과 화장품은 글로벌 브랜드가 번성하고 있는 대표적 분야여서, 쇼핑에서 고려할 점은 어떤 이유에서든 더 싼값에 나온 물건을 고르는 것뿐이라 해도 과언이 아니다.

세비야는 쇼핑을 위한 도심 상가만 잘 발달한 것이 아니었다. 도시 외곽에 대규모 패션아울렛이 있고, 그리로 가는 셔틀버스가 하루 종일 세비야 시내를 돌아다녔다. 셔틀버스에 단점이 없진 않았다. 여러 정류장을 들르는 셔틀은 자가용이면 30분이면 될 거리를 1시간 이상 걸려서 갔다. 시간 소모 때문에 한번 가보고는 그만 와야겠다 했지만, 반품 때문에 할 수 없이 다시 가고, 간 김에 더 사고, 하자 있는 제품 교환을 위해 또 가야 했다.

쇼핑한 것을 선물로 보내는 것도 일이었다. 선물로 산 옷을 부치려고 우체국에 갔다가 부치는 김에 그간 불어난 짐도 미리 한국으로 보내기로 마음을 고쳐먹고 우체국에서 파는 큰 표준박스를 사서 숙소로 돌아왔다. 다시 포장한 소포를 지고 우체국에 가서 보니 송료가 예상보다 너무 비쌌다. 적절한 크기의 소포 상자를 다시 사서 우체국 구석에서 선물만 단출하게 재포장해서 부쳤다. 쇼핑이든 소포 발송이든 이래저래 '소비자본' 부족 때문에 고생한 셈이었다. 결국 한국으로 보내려던 우리 짐의 상당 부분을 버릴 수밖에 없었고, 그 가운데 한국에서 가져와 이미 다 읽은 책은 우리가 묵고 있는 숙소에 비치해 두기로 마음먹었다. 언젠가 그 숙소에 한국인이 투숙하게 되면, 그 책들을 재미있게 읽을지는 몰라도 반가워는 하지 않을까, 생각했다.

관광/여행과 일상의 경계가 흐려져 일상이 확장되면, 관광/여행은 뒤로 밀려나기 마련이다. 취향에 따라 다르긴 하겠지만, 유럽 도시를 방문한 많은 관광객에게 성(城), 박물관, 미술관 또는 대성당을 찾는 일은 필수 코스이다시피 할 것이다. 그런데 백화점 가느라 그런 곳에 가는 일이 자꾸 미뤄졌다.[4] 그래도 대성당에는 자주 갔다. 하지만 그곳에 가는 이유도 관광/여행이 아니라 미사를 드리는 것으로 바뀌었다. 우리 숙소에서 도보로 채 10분이 걸리지 않는 곳에 있는 세비야 대성당은, 세계 10대 성당에 꼽히는 기념비적인 곳이 아니라 동네 성당 같은 곳으로 다가왔다.

세비야 대성당이 있는 곳은 본래 무어인들이 세운 '알모하드 모스크'(Almohad mosque)가 있던 자리였다. 스페인인들은 1248년 '세비야 레콩키스타' 이후 이 모스크를 약간 개조해 기독교 성당으로 사용했다. 그러다가 15세기 들어서 고딕식 대성당을 짓기 시작했고, 완공된 것은 16세기 초이다(하지만 그 이후에도 이런저런 개보수와 증축은 계속되었다). 대성당이 들어서면서 이전 모스크의 모습은 완전히 지워졌지만, 종탑으로 개조된 히랄다와 북쪽 편 오렌지나무 정원은 상당 부분 원래 모습으로 남아 있다.[5]

---

4 그러다가 챙겨서 방문하지 못한 곳이 카리다드 병원(Hospital de la Caridad) 성당이다. 사실 두번 찾아갔지만, 그때마다 이런저런 이유로 개관시간을 맞추지 못해서 관람에 실패했다. 그 이후로는 이런저런 일정에 밀리고 다른 일에 정신이 팔려 결국 가보지 못했다. 17세기 서구의 죽음에 대한 감수성의 절정을 보여주는 후안 데 발데스 레알(Juan de Valdés Leal, 1622~90)의 「세속적 영광의 종말」(Finis gloriae mundi, 1670~72)과 「눈 깜짝할 순간에」(In Ictu Oculi, 1670~72)를 끝내 보지 못하고 만 것이다.

5 히랄다 꼭대기에 기독교 신앙을 상징하는 여성상 히랄디요(Giraldillo)를 세워 풍향계 역할을 하게 했다(탑의 명칭도 풍향계를 의미하는 '히랄다'에서 왔다). 멀어서 잘 보이지 않는 이 여성상은 복제품이 세비야 대성당 '왕자의 문' 앞에 세워져 있어서 그것을 통해 공 위에 올라서서 풍향판을 잡고 서 있는 모습을 세세히 볼 수 있다. 너무 아름답고 정교해서 부술 수는 없던 이슬람문화의 유산을 그 모습 그대로 존중하지는 못하고 어떻게든 기독교적으

8-9. 저녁 무렵 남서쪽에서 바라본 세비야 대성당

세비야 대성당은 고딕 성당 가운데 가장 높지는 않지만 가장 크다고

한다(길이 135m, 너비 100m, 높이 42m). 그런 만큼 사방의 파사드에 문이 15개

나 있다. 문 가운데는 역시 정면에 해당하는 웨스트엔드 중앙의 '승천의

문'(Puerta de la Asunción)이 가장 인상적이다. 아주 정교하고 웅장하면서

도 간결한 모습이 일품인데, 퍽 오래되어 보이지만 사실은 19세기 말 리

카르도 베이베르(Ricardo Bellver, 1845~1924)가 완성한 작품이라고 한다.[6]

그러나 네 파사드 가운데 역시 가장 근사한 것은 본당에서 돔으로 이어

지는 대성당의 구조와 규모가 널찍하게 조망되는 남서쪽이다.

로 전유하고자 했던 스페인적 심성의 단면을 보여준다.

6 그는 마드리드의 레티로 공원 한복판에 있는 분수대 꼭대기에 올려진 (산페르난도 미술관
  복도에도 그 복제품이 놓여 있는) 동상 「타락한 천사」(El Ángel Caído, 1877)의 작자이기도
  하다.

하지만 이 대단한 규모와 파사드의 대성당이 일요일 미사 때 '승천의 문'을 활짝 열어젖히는 것은 아니다. 그저 그 오른편의 한결 작은 '산미겔의 문'(Puerta de San Miguel)을 삐죽 열 뿐이다. 문 앞을 지키고 선 경비원은 미사를 보러 온 것으로 보이거나 그러려고 왔다고 말하는 이들만 문을 조금 더 열어서 들여보낸다. 성당 안에 들어서면 곧장 본당을 향해 가드라인이 쳐져 있다. 성당의 여타 구역 관람을 막으려는 조치인데, 그러는 이유는 성당 관람비가 대성당의 운영과 관리를 위한 중요한 수입원이기 때문이다. 이해는 갔지만 옹색해 보였다.

일요일엔 미사가 여러번 있지만, 오전 미사 기준으로 대략 100~150명 정도가 참석했다. 대성당의 덩치에 비하면 소박한 미사이다. 그래도 겨울 햇살이 황홀하게 번지는 스테인드글라스 아래서 엄청난 규모의 파이프오르간이 쏟아내는 성가 연주가 깔리는 가운데 온통 황금색으로 칠해진 '주 제단'(Retablo Mayor)의 찬연한 목공 부조를 바라보며 바치는 미사는 뭉클한 데가 있었다. 때로는 평일 저녁에 오르간 연주를 봉헌하는 미사도 있었는데, 그때 들은 바흐의 「예수, 인간 소망의 기쁨」(BWV, 147)이나 「골드베르크 변주곡」(BWV, 988)의 아리아는 마음을 푸근하게 적셔주었다.

세비야 대성당 관람

주일에 미사를 보고, 바로 그앞의 '라캄파냐'나 '카페테리아 파스텔레리아'에서 크루아상과 케이크를 사서(정말 싸고 맛있었다) 돌아오는 곳이었던 '동네' 성당이나 다름없던 세비야 대성당이 다시 관광/여행의 장

소로 되돌아간 것은 한국에서 딸들이 오면서이다. 휴가를 낸 첫째가 겨울방학을 맞은 둘째와 함께 왔다. 막 집을 떠나와 관광/여행의 열정이 충만한 두 딸과 함께 제일 먼저 찾은 곳이 대성당이었다. 관람료를 내고 평일 낮에 들어서니, 본당과 제단만 조명을 밝히고 나머지는 어둠에 잠겨 있던 미사 때 성당과 사뭇 달랐다. 높이는 물론이고 압도적인 너비 그리고 사방의 스테인드글라스로부터 비춰 오는 빛이 장엄한, 그야말로 (주교좌가 있다는 뜻에서가 아니라 거대하다는 의미에서) '대'성당이었다.

여느 대성당과 마찬가지로 네 방면으로 예배당들이 늘어서 있었다. 성당이 커서 그런지 예배당도 80개나 되었다. 단연 두드러지는 것은 '왕실 예배당'(Capilla Real)이었다. 세비야 레콩키스타의 주역인 페르난도 3세(Fernando III, 1199/1201~52), 그리고 그의 아들 알폰소 10세(Alfonso X, 1221~84)가 모두 세비야 대성당에 묻힌 만큼, 그들을 위해 후진에 르네상스식으로 크고 웅장하게 덧붙여진 예배당이다. 궁륭도 거창하고 '황금 성모상'은 물론이고 기도하는 모습의 조각상이 세워진 '알폰소 10세 무덤'도 인상적이었다. 다른 예배당들도 그곳에 걸린 회화와 조각상의 수준이 범상치 않았다. 그중에서도 산티아고 예배당에 걸린 후안 데 로엘라스(Juan de Roelas, ?1570~1625)의 「클라비호 전투의 산티아고」(Santiago en la batalla de Clavijo, 1609)와 안티과의 성모 예배당(Capilla de la Antigua)의 금박 입힌 성모 프레스코화가 눈길을 끌었다.

그러나 모든 예배당들 가운데 가장 압도적인 것은 북서 면의 '산안토니오 예배당'(Capilla de San Antonio)이었다. 예배당 안으로는 들어갈 수 없게 해놓은 것이 아쉬웠지만, 펜스 너머에서 보기에도 대단한 걸작들이 즐비했다. 성녀 후스타(Santa Justa)와 성녀 루피나(Santa Rufina)[7]를 묘사한 스테인드글라스로 빛이 들어오는 예배당 한쪽 벽에는 야코프 요

르단스의 「동방박사의 경배」(Adoración de los Magos, 1669)와 「할례」(La Circuncisión, 1669)가 걸려 있었는데, 보존 상태가 좋아서 색감이 아주 생생했다. 또다른 벽에는 익명의 화가들 작품과 엘 그레코의 제자 루이스 트리스탄(Luis Tristán, ?1585~1624)의 「삼위일체」(La Trinidad, 1624)가 걸려 있었다. 이렇게 빼어난 그림들이 잔뜩 걸린 예배당 중앙에는 커다란 흰 대리석 '세례반'(pila bautisma)이 놓여 있었고, 그뒤 제단 꼭대기 쪽에는 무리요의 「그리스도의 세례」(Bautismo de Cristo, 1668)가, 그 아래에는 그 방에 있는 모든 그림을 압도하는 무리요의 걸작 「파도바의 성 안토니오의 환상」(La visión de San Antonio de Padua)이 걸려 있었다. 이 그림은 1874년 도둑들이 그림에서 성 안토니오 부분만 잘라서 훔쳤던 일로 유명하다(그러나 「모나리자」의 경우처럼 절도 사건이 이 그림에 엄청난 명성을 더해주진 않았다). 어렵게 회수된 그림조각은 살바도르 마르티네스 쿠벨스가 복원했다고 하는데, 다소 어두운 조명 아래 펜스 너머로 봐서 그런지 잘린 자국이 보이지는 않았다. 다소 바랜 느낌이긴 해도 세로 5.6미터, 가로 3.3미터의 대작인데다, 대가의 필치가 아름답게 펼쳐졌다. 특히 아기 예수로부터 비춰 나오는 빛이 파도바의 안토니오에게서 그치지 않고 그것을 바라보는 우리까지도 환하게 비춰주는 듯이 느껴졌다. 그것은 환상이라기보다는 은총이었다.

세비야 대성당이 여느 대성당과 달리 각별하다고 하긴 어렵다. 성당에 걸린 그림이나 조각의 수준이 남다르긴 해도 배열은 다른 대성당과 마찬

---

7 성녀 후스타와 루피나는 3세기경 로마가 통치하던 세비야 지역에서 기독교 신앙을 위해 로마가 요구하는 베누스 숭배를 거부했고, 그 때문에 이교도의 박해를 받아 순교한 자매이다. 1504년 지진에도 불구하고 세비야 대성당과 히랄다가 무너지지 않자, 세비야 사람들은 그것이 두 성녀의 중보기도 덕분이라고 여겼다. 이후 이들은 세비야의 수호성인으로 떠받들어졌다.

8-10. 바르톨로메 에스테반 무리요 「파도바의 성 안토니오의 환상」, 1656, 560×330cm, 세비야 대성당. 위에는 무리요의 「그리스도의 세례」가 보인다.

가지이고, 거대한 성체현시대도 대부분이 금이 아니라 은으로 만들어졌다는 점만 다를 뿐, 톨레도 대성당과 같은 스타일이었다.[8] 그러나 두가지

8 세비야 대성당의 성체현시대는 후안 데 아르페(Juan de Arfe, 1535~1603)가 제작했는데, 그는 톨레도의 성체현시대를 제작한 엔리케 데 아르페의 손자이다. 중세의 장인적 생산이 가

8-11. 콜럼버스의 무덤

면에서 세비야 대성당은 여느 대성당과 달랐다. 하나는 크리스토퍼 콜럼버스의 무덤이 남쪽 면에 상당히 큰 부분을 차지하며 전시되고 있는 것이고, 다른 하나는 성당 남동쪽 모서리에 르네상스 양식의 커다란 부속건물이 있다는 것이다.

콜럼버스의 무덤부터 보자. 왕족도 아닌 콜럼버스가 대성당 안에, 그것도 지하무덤 같은 곳의 말석도 아닌, 성당 남쪽 면에 큰 자리를 차지하고 있는 것은 특이한 일이다. 그러나 경위를 알고 나면, 이해가 간다. 콜럼버스는 살아서도 '항해자'였지만, 죽어서도 그런 운명이 이어졌던 듯하다. 콜럼버스는 1506년 바야돌리드에서 죽었고 거기에 안장되었다. 그러나 얼마 지나지 않아 그의 형 디에고의 명령에 따라 세비야로 옮겨졌다. 1542년에 그의 유해는 다시 산토도밍고 섬(현재 도미니카공화국)에 새로 지어진 산타마리아 대성당으로 옮겨졌다. 그리고 그곳에 몇세기 동안 머

문 중심으로 승계되고 발전되었음을 보여주는 사례이다.

물렀다. 그러다가 1795년 스페인이 도미니카공화국의 지배권을 상실하자 쿠바의 아바나로 옮겨졌다. 다시 100여 년이 지나고서 미서전쟁에서 패배한 스페인은 미국과 맺은 파리조약(1898)에서 쿠바를 포기해야 했는데, 그때 스페인인들은 콜럼버스의 유해를 쿠바로부터 세비야로 모셔 와 대성당 안에 안치했다. 스페인의 영광과 콜럼버스의 영광은 하나이고, 그래서 스페인의 세계가 아메리카로 확장되었다가 이베리아반도로 다시 축소될 때 스페인인들은 콜럼버스의 마지막 안식처도 그 축소의 흐름을 따라야 한다고 무심결에 생각한 듯하다. 조각가 아르투로 멜리다(Arturo Melida, 1849~1902)는 콜럼버스 시대에 스페인에 있었던 카스티야, 레온, 나바라, 그리고 아라곤 왕국을 상징하는 네 인물이 정중하게 그의 관을 받들고 있는 형태로 무덤을 디자인했다. 땅의 인간이 아니라 바다의 인간이었던 콜럼버스의 관은 땅에 묻히기보다 여전히 이동 중인 모습으로 있는 것이 적절하다고 생각했던 것일까? 아무튼 세비야 사람들은 콜럼버스에게 주어져야 할 마땅한 예우는 그런 모습이라고 생각한 게 틀림없다.

다음으로 독특한 건축적 구성과 압도적인 전시품으로 우리를 놀라게 한 부속건물을 보자. 부속건물은 '구술의 방'(Casa de cuentas), '전실'(Antecabildo), '주 성구실'(Sacristía mayor), '성배(聖杯)의 성구실'(Sacristía de los Cálices), '사제단 회의장'(Sala capituar)으로 구성되는데, 16세기 초에 건축가 디에고 데 리아뇨(Diego de Riaño, ?~1534)가 짓기 시작해서 마르틴 데 가인사(Martín de Gainza, 1505~56)[9], 에르난 루이스 2세(Hernán Ruiz II, ?1514~69)[10]를 거쳐 아센시오 데 마에다(Asensio de

___
9 '주 성구실'과 '성배의 성구실' 완공자이다.
10 '사제단 회의장'의 설계 및 시공자이다. 그는 세비야 대성당의 부속건물 공사 이전에 코르도바 대성당 공사로 명성을 얻었다. 레콩키스타 이후 스페인들은 코르도바나 세비야나

Maeda, 1547~1607)에 의해 16세기 말에 완성됐다고 한다.

주 성구실은 금으로 된 성광과 성구들 그리고 왕관이 즐비해서 보물 창고처럼 느껴졌다. 그 많은 금이 아메리카에서 약탈하고 추출한 것임을 생각하면 마냥 아름답게만 보긴 어려웠다. 물론 이 방이 금세공술만을 보여주는 것은 아니다. 한가운데 벽에 크게 걸린 페드로 데 캄파냐(Pedro de Campaña, 1503~80)의 「십자가에서 내리심」(El Descendimiento de la Cruz, 1547)이나 오른쪽 벽 높은 곳에 걸린 무리요의 「성 이시도로」(San Isidoro, 1655) 같은 회화가 매우 인상적이다.[11] 그러나 그보다 더 눈길을 끄는 것은 '최후 심판'이 부조로 정교하게 조각된 천장 돔이었다. 돔 가장자리에 창을 내었고, 오큘러스 위로 랜턴을 세웠는데, 덕분에 빛이 위와 옆에서 부드럽게 밀려들어 부조들이 선명하게 보였고, 랜턴 천장에 심판하시는 하느님의 모습을 부조로 새겨두었는데, 채광 조건의 차이 덕분에 아래 부조와는 다른 색조를 띠며 선명하게 보인다.

주 성구실보다 더 눈길을 끄는 것은 성배의 성구실이었다. 즐비한 황금 성배도 뛰어난 세공술을 자랑했지만, 그것을 에워싼 회화의 위용이 대단했다. 한가운데 고야가 그린 「성녀 후스타와 루피나」(Las santas Justa y Rufina, 1817)가 자리를 잡고, 수르바란의 「십자가에 못 박히신 그리스도」(Cristo Crucificado, 1650년경)를 비롯해 후안 데 발데스 레알의 「성 베

무어인들이 남긴 모스크를 일부 개조해서 성당으로 사용했다. 세비야에서는 앞서 언급했듯 이 탑만 남기고 모스크를 허문 뒤 대성당을 지었지만, 코르도바에서는 모스크를 일부만 개조하는 작업을 계속했다. 그 결과 유례가 없는 멋진 하이브리드 건축물이 만들어졌는데, 그 코르도바 모스크-대성당(Mezquita-Catedral de Córdoba)의 현재 본당은 에르난 루이스 2세의 아버지(Hernán Ruiz, 1514~69)가 공사를 시작했고, 공사를 마친 것은 에르난 루이스 2세이다.
11 성 이시도로(San Isidoro, 560~636)는 7세기 초 세비야의 대주교로, 서고트족을 기독교로 개종하는 데 크게 기여한 것으로 알려져 있다.

8-12. 주 성구실 천장 돔의 부조

드로의 해방」(Liberación de San Pedro, 1650년경)[12] 같은 걸작들이 전시되어 있었다.[13]

그러나 가장 압도적인 것은 '사제단 회의장'이었다. 사제단 회의장에 들어서면, 무엇보다 독특한 공간감에 사로잡힌다. 그리고 고개를 들어 천장을 보자마자 그 독특한 공간감의 연원이 무엇인지 알게 된다. 천장 돔은 보통 원형이지만, 그곳은 타원형이다. 고대 로마와 중세 유럽은 타원형 돔이나 궁륭을 만들지 않았다. 타원형은 원형과 달리 완전한 모양이 아니라고 생각했기 때문이기도 하고, 돔이나 궁륭을 만들 때 곡률에 따

---

12 '성 베드로의 해방'은 헤로데에 의해 옥에 갇힌 베드로에게 "갑자기 주님의 천사가 나타나더니 감방에 빛이 비치는 것이었다. 천사는 베드로의 옆구리를 두드려 깨우면서, '빨리 일어나라.' 하고 말하였다. 그러자 그의 손에서 쇠사슬이 떨어져 나갔다"라는 「사도행전」 12장 7절 장면을 주제로 한 그림이다. 역동적인 구도와 화려한 색채감이 돋보이는 발데스의 「성 베드로의 해방」은 이 주제를 다룬 그림 중에 최고 수준의 걸작이다.
13 이 방에 전시되어 있다는 '성배의 그리스도'(Cristo de los Cálices, 1603)라 불린 후안 마르티네스 몬타네스(Juan Martínez Montañez, 1568~1649)의 다색 삼나무 조각상은 다른 곳으로 이동했는지 보지 못했다.

라 정확하게 석재를 절단하고 쌓아가는 작업이 원형일 때보다 한결 까다롭기 때문이다. 그러나 타원형 돔이나 궁륭은 바닥이 정사각형이 아니라 직사각형인 건물의 지붕으로서 매우 유용하며, 돔의 높이를 낮출 필요가 있을 때도 도움이 된다.

이런 타원형의 장점을 활용하려는 노력은 르네상스 시기부터 본격화되었고, 세바스티아노 세를리오(Sebastiano Serlio, 1475~1554)는 『건축과 투시법의 모든 것』(*Tutte l'opere d'architettura et prospetiva*, 1619)에서 타원형 돔에 대한 체계적인 이론을 제시했는데, 이 저술은 금세 당대에 가장 유명한 건축학 저술이 되었다. 사제단 회의장의 설계자이자 착공자인 에르난 루이스 2세도 이 저술을 광범위하게 참조했다고 한다.[14] 그가 세를리오의 타원형 돔 건축법을 채택한 이유는 사제단 회의장이 성당의 노스엔드인 왕실 예배당보다 더 바깥으로 불거지지 않게 하려면 직육면체로 지어야 하고, 직육면체인 한에서 타원형이 적합했기 때문으로 보인다.

타원형 채택의 실용적인 이유가 무엇이든 결과적으로 그것이 빚어내는 독특한 미감은 매혹적이다. 돔의 꼭대기는 타원형 오큘러스로 개방되어 있어서 그리로 빛이 쏟아져 들어왔는데, 밑에서 올려보면 돔이 원형일 때보다 전체 공간이 더 역동적으로 꼭대기를 향해 모이며 상승하는 느낌을 주었다. 그리고 타원형 천장에 걸린 무리요의 「무염시태」(La Inmaculada Concepción, 1667)가 천장 전체에 분명한 초점을 제공하고 있었다. 천장 오큘러스와 랜턴을 통해 내려 퍼지는 빛이 무리요의 그림에 아주 부드럽게 떨어졌다.

무리요는 평생 '무염시태'를 주제로 24점의 회화를 제작했다. 그 모두

---

14 타원형 돔에 대한 연구로는 Santiago Huerta, "Oval Domes: History, Geometry, and Mechanics," *Nexus Network Journal*, 2007, vol. 9, pp. 211~48 참조.

8-13. 사제단 회의장의 타원형 돔과 무리요의 「무염시태」

에서 성모는 흰옷에 푸른 망토를 걸쳤고, 오른쪽 무릎을 구부린 채 왼 다리를 내민 콘트라포스토(contrapposto) 자세로 초승달을 디디고 서서 하늘을 바라보고 있다. 그러나 사제단 회의장 천장에 높이 걸린 「무염시태」는 애초에 그곳에 걸릴 예정으로 그려졌다. 그래선지 무리요의 다른 무

염시태와 세부가 모두 같은 패턴이지만 성모의 시선만은 하늘이 아니라 아래를 향하고 있었다. 화면 내부의 빛도 실제 타원형 돔에서 내리는 빛과 유사한 각도로 그려져 있다. 그림 양편에는 스테인드글라스가 배치되어 있는데, 거기서 들어오는 빛도 그림에 부드러운 조명을 추가했다. 덕분에 그림이 감상하기에는 꽤 멀리 걸려 있는데도, 수줍게 고개를 숙인 그래서 마치 우리를 내려다보는 듯한 성모의 자태를 생생하게 느낄 수 있다.

「무염시태」아래로 대주교의 책상과 의자가 놓여 있다. 회의 참석자를 위한 모든 책상과 의자가 보존·전시되고 있는 톨레도 대성당의 사제단 회의장과 달리 여기에는 왜 대주교의 책상과 의자만 덩그렇게 놓이게 되었는지 알 수 없었다. 다만 단정하고 견고해 보이는 책상에는 관심이 갔다. 직업적인 이유 때문인지 내게는 막연하게 좋은 책상에 대한 희구 같은 것이 있다(내 책상은 집이나 사무실이나 모두 LPM^{Low Pressure Melamine} 상판에 철제 프레임으로 된 싸구려들이다. 보잘것없는 책상을 쓰고 있는 이유는, 마음에 그리는 책상이 아니라면 다 거기서 거기라는 식의 체념 때문일 것이다). 내가 지금까지 보았던 책상 가운데 가장 마음에 들었던 것은 파리 '발자크의 집'(Maison de Balzac)에서 보았던 오노레 드 발자크(Honoré de Balzac, 1799~1850)의 책상이었다. 날씬하고 장식적인 책상다리를 아랫단에서 역시 장식적인 봉으로 서로 연결하여 견고함을 만들어낸 것이 좋아 보였고, 작업 중에 발을 올려놓을 수도 있게 해놓은 가로 연결봉도 아주 마음에 들었다. 대주교의 책상은 대작가의 책상같이 멋들어진 형태는 아니었지만, 도무지 흔들림 없는 신앙을 닮은 모습이었다. 신앙이란 어떤 의미에서 사태의 변화에 더는 유연하게 적응하지 않겠다는 단호함, 그리고 단호함을 통해 사태 자체가 자신의 신앙을 향해 구부러

8-14. 세비야 대성당의 공중부벽

지게 할 중력 중심이 되려는 의지일 것이다. 대주교의 책상은 그런 태도
의 물질적 구현인 듯했다.

사제단 회의장을 나와서는 미처 다 보지 못한 성당들을 둘러보며 천천
히 대성당 지붕 투어 집결장소로 갔다. 대성당 관람 티켓을 예매할 때 말
라가 대성당에서 지붕에 올라갔던 좋은 기억 때문에, 지붕 투어를 포함
하는 티켓을 택했다. 우리 가족 포함 대략 20여명의 사람들이 모이자, 가
이드는 티켓을 확인한 뒤 남쪽 벽면에 있는 작은 문으로 우리를 안내했
다. 무척 좁고 가파른 나선형 계단을 올라갔다. 벽에는 가다가다 이름들
이 새겨져 있었는데, 가이드에 의하면 성당 건축에 종사한 석공들이 제
이름을 새긴 것이라 한다(석공들이야말로 이 거대한 성당의 저자라는
걸 새삼 느꼈다). 계단이 끝나는 지점에서 가이드가 나가는 문을 열어주

8-15. 주 성구실 지붕 위의 돔과 상부 랜턴

었다. 눈앞에 공중부벽(flying buttress)이 잔뜩 펼쳐졌다. 성당이 커서 그런지 공중부벽도 상당히 웅장했다. 공중부벽들 아래를 지나니 오른쪽으로 주 성구실 돔과 상부 랜턴이 나타났다. 그 모습을 보니 주 성구실 내부 풍경이 왜 그런 모습을 띠는지 더 잘 알 수 있었다.

계단을 따라 익랑(transept) 가장자리로 난 통로까지 올라갔다. 우리를 포함한 관람객들은 열을 지어 성당 지붕 가장자리를 절반쯤 걸어서 돌았다.

히랄다에서 가까운 왕실 예배당 위에 이르자 가이드가 자유시간을 주었다. 덕분에 한가롭게 세비야를 내려다보고 히랄다를 배경으로 기념사진도 찍었다. 시원한 바람도 불어와 무척 기분이 좋았다. 그런 중에 노을이 비쳤고, 이어서 어둠이 내리기 시작하자, 가이드는 우리를 데리고 다시 성당 안으로 들어갔다.

다시 좁은 계단을 내려가니 성당 내부는 이미 조명이 밝혀져 있었다. 말라가 대성당에서와 달리 가이드는 트리포리움[15]을 따라 걸으며 성당 내부를 살펴보게 해주었다. 트리포리움에서 보는 것은 본당 바닥에서 올

---

15 고딕 성당 내부 벽의 중간 높이에 설치된 좁은 통로이다. 고딕 성당의 구조는 이 책의 4장 부록 2 참조.

려다보던 것과는 사뭇 다른 경험이었다. 스테인드글라스가 정면에서 보이고, 높다랗던 십자가상이 눈높이에 있었다.

트리포리움을 따라 걷다가 가이드가 열어준 문으로 나와서 다시 또다른 문으로 들어가니 처음 올랐던 계단이 나타났다. 그 계단을 내려오니 본당으로 이어졌다. 그렇게 성당 관람이 끝났다. 성당을 나오니 이미 해가 진 뒤였다. 제법 긴 시간 동안 수많은 미술품을 관람했고, 성당을 오르락내리락해서인지 꽤 배가 고팠다. 타파스 몇점과 맥주가 간절했다. 정신적 포만감에 어울리는 포만감을 선사할 식당을 향해 산타크루스 지역으로 발길을 옮겼다.

세비야 미술관 특별전

스페인으로 떠나기 전 아내와 나는 '국제교사증'이라는 걸 만들어서 왔다. 덕분에 여러군데 미술관을 공짜나 할인된 가격으로 관람했다. 그럴 때마다 교사의 문화적 자질 향상은 교육적 가치가 크기 때문에 지원할 필요가 있다는 생각이 스페인 사회에 흐르고 있다는 느낌을 받았다. 물론 무료나 할인 혜택이 없는 곳도 있었다. 티센보르네미사에서는 국제교사증을 내민 나에게 매표소 직원은 교사인 건 맞지만 '예술' 교사는 아니어서 무료나 할인 입장은 안 된다고 했다. 바르셀로나는 마드리드와 달리 어디에서든 할인 혜택이 전혀 없었다(쏟아지는 관광객 때문에 피로에 지친 도시다웠다). 늘 그랬듯이 세비야 미술관(Museo de bellas artes de Sevilla) 매표소에서도 국제교사증을 제시했는데, 직원은 심드렁하게 교사증을 흘깃 보고 돌려주며, "두 사람 3유로"라고 큰 소리로 말했다. 그의 표

정은 고작 1.5유로 입장료에 무슨 할인이냐는 것이었다. 괜히 무안했다.

어쨌든 습관처럼 찾은 미술관이었는데, '무리요와 세비야 카푸친 수도회'(Murillo y los Capuchinos de Sevilla)라는 특별전이 열리고 있었다. 빌바오에서 무리요의 「눈물 흘리는 성 베드로」를 감명 깊게 보고 그에게 관심이 깊어진 터라, 무리요 탄생 400주년을 기념하는 전시회를 보게 되어 무척 좋았다. 무리요가 태어난 날은 정확히 알려지지 않지만, 태어나고 얼마 지나지 않은 1618년 1월 1일에 영아세례를 받았다는 기록이 남아 있어서, 그의 출생은 1617년 12월 말로 추정되고 있다. 우리가 세비야에서 지낸 2017년 12월은 무리요 탄생 400주년이 되는 때였던 셈이다.

세비야 미술관은 평생 세비야에 살았고 세비야를 대표했던 화가 무리요의 탄생 400주년을 기념하기 위해 무리요가 1665~68년 사이에 그린 세비야의 카푸친 수도원(Convento de Capuchinos de Sevilla)[16] 제단화 가운데 반도전쟁[17]으로 인해 이런저런 경로를 거쳐 세비야 외부로 흘러 나간 작품을 찾아와서 최대한 본래 모습에 가깝게 제단화를 복원한 특별전을 열었다. 제단화 가운데 가장 중요한 작품은 쾰른으로부터 특수차량에 싣고 엄중한 경호 속에서 운송해 온 높이 약 4.3미터, 너비 약 3미터의 대작 「포르시운쿨라의 희년」(El jubileo de la Porciúncula)이다.[18]

---

16 카푸친 수도회는 프란체스코 수도회 산하의 수도회이며, 1525년 이탈리아의 마테오 다 바시오(Matteo da Bascio, 1495~1552)가 수도회 개혁운동 과정에서 창립했다. '카푸친'이라는 명칭은 이탈리아어로 '카푸치오'(cappuccio)라 불리는, 그들이 쓰던 뾰족한 후드에서 유래했다. 세비야의 카푸친 수도회는 1627년에 창립되었다.

17 반도전쟁에 관해서는 이 책의 2장을 참조하라.

18 반도전쟁 때 세비야를 점령한 나폴레옹 군대는 세비야의 여러 성당과 성당에 있는 미술품들을 약탈했다. 이 약탈을 피하려고 카푸친 수도회는 무리요의 제단화를 카디스로 대피시켰는데, 이 과정에서 「성 미카엘 대천사」(Arcángel San Miguel)는 사라졌고 「거룩한 얼굴」은 알 수 없는 경로를 거쳐 개인 소장품으로 흘러들어가 버렸다. 그리고 「수호천사」는 제단화 대피 작업을 도운 세비야 대성당에 반도전쟁 이후 양도되었다(그래서 세비야 대성당의 '수

8-16. 바르톨로메 에스테반 무리요 「포르시운쿨라의 회년」 1665~68, 430×295cm, 쾰른 발라프리하르츠 미술관

늦은 오후에 미술관을 찾았는데도 전시회는 행사가 진행되는 분위기 였고 사람들이 많았는데 쓱 보기에도 미술관 관계자나 언론인 또는 지

___

호천사 예배당'에 걸려 있어야 할 그림이지만, 특별전을 위해 세비야 미술관에 와 있었다). 제단화 가운데 너무 커서 카디스로 옮기지 못했던 「포르시운쿨라의 희년」은 나폴레옹 군 대가 약탈해서 세비야의 알카사르에 보관했다가 마드리드로 옮겼으나 프랑스로 가져가지 는 못했다. 반도전쟁 후에 카푸친 수도회에 반환된 이 작품을 수도회는 전쟁 중에 손상된 여 러 작품 복원에 애쓴 지역 화가 호아킨 베하라노(Joaquín Bejarano, 생몰 미상)에게 급료 대 신 주었고, 이후 여러 경로를 거쳐 현재 쾰른 소재 발라프리하르츠 미술관(Wallraf-Richartz Museum)이 소장하게 되었다. 반도전쟁 후 카푸친 수도회에 반환된 그외의 작품은 세비야 미술관에 기증되었다.

역 유지인 듯했다. 이들 때문에 그림을 가까이에서 찬찬히 보기가 쉽지 않았다. 게다가 촬영금지 팻말이 군데군데 붙어 있고 경비원들의 감시도 엄중해서 그림을 향해서는 카메라는 고사하고 스마트폰조차 쳐들 엄두조차 내지 못할 분위기였다(그래도 작은 그림 두개를 촬영하긴 했다). 관람 환경이 좋진 않았던 셈이다.

그래도 전시관 구석의 넓은 벽에 걸린 「포르시운쿨라의 희년」의 위용은 대단했다.[19] '포르시운쿨라'(이탈리아어로는 포르치운콜라Porziuncola)는 아시시의 '산타마리아 델리 안젤리 성당'(Basilica di Santa Maria degli Angeli) 안에 있는 작은 성당이다. 그곳은 본래 안젤리 성당 옆의 헛간으로, 아시시의 프란체스코(Francesco d'Assisi, 1181~1226) 주변에 제자 12명이 합류하면서 프란체스코 수도회가 시작된 장소이다. 이곳에 성당을 세우고 그것을 봉헌한 날에 성 프란체스코에게 예수그리스도와 성모가 환영(vision) 속에 나타나 그가 원하는 바를 물었다. 그러자 성 프란체스코는 성당을 방문한 이들에게 모든 죄의 완전한 용서가 주어지길 희망했다. 예수그리스도는 성모의 중재를 받아들여 "교황 호노리오 3세(Honorius PP. III, 1150~1227)에게 수도회 회칙과 포르시운쿨라 성당에 전대사(全大赦, plenary indulgence)의 권한을 부여할 것을 요청하라"고 명했다고 한다. 「포르시운쿨라의 희년」은 바로 그 장면을 그린 것이다.

가톨릭에서는 고해성사를 통해 죄를 사면받지만, 사면에는 벌이 수반된다. 그것이 잠벌(暫罰), 즉 '잠시 받아야 할 벌'이다. 고해성사 때 사제가

---

19 크기로만 놓고 보면, 이 작품보다 세비야 대성당의 「파도바의 성 안토니오의 환상」이 더 크지만 가까이에서 볼 수 없었던 「파도바의 성 안토니오의 환상」에 비해 가까이에서 본 「포르시운쿨라의 희년」의 실물감이 더 대단하게 느껴졌다. 세비야 미술관이 전시 팸플릿에 자랑스럽게 적을 만큼 운송에 어려움이 많았겠다는 생각이 들었다.

주는 보속(補贖)은 바로 이 잠벌을 치르는 방법이다. 그런데 이 잠벌을 다 갚지 못한 신자뿐 아니라 다 갚지 못한 채 세상을 떠난 영혼을 위해 교회가 예수그리스도에게서 받은 권한으로 그것을 면해주는 제도가 흔히 '면죄부'라 불리는 '대사'(大赦)이다. 대사에는 모든 잠벌을 풀어주는 '전대사'(전면 대사)와 일부만 풀어주는 '한대사'(限大赦, 부분 대사)가 있다. 성 프란체스코가 환영 중에 보고 들은 예수그리스도의 메시지를 전하자, 교황 호노리오 3세는 그것을 받아들였으며, 이후 8월 1일 오후부터 8월 2일 일몰 사이에 포르시운쿨라 성당을 방문하는 모든 이는 전대사를 받을 수 있게 되었다고 한다(그러나 이후 교황들은 프란체스코 수도회에 속한 모든 교회로 그 특권을 점차 확대했다. 그리고 그런 확장의 끝에서 우리는 종교개혁의 한 원인을 만나게 된다.)[20]

「포르시운쿨라의 희년」 상부 가운데에는 예수그리스도가 있고, 옆에는 예수그리스도가 전대사 권한을 부여하길 간구하는 성모가 서 있다. 이 밝은 상부 아래 성 프란체스코가 무릎 꿇고 예수그리스도의 말을 듣고 있다. 그림을 보면서 매우 놀랍게 다가온 것은 아기 천사들이 뿌리는 꽃이었다. 꽃들은 마치 그리스도 메시지의 물질적 현현인 듯이 성 프란체스코를 향해 떨어지고 있는데, 실제로 꽃잎이 날리고 꽃송이가 떨어지고 있는 듯이 아름답고 생생했다.

「포르시운쿨라의 희년」이 워낙 압도적이긴 했지만, 전시된 다른 그림들 하나하나가 걸작이었다. 그 가운데서도 개인적으로 가장 매력적으로

---

20 「포르시운쿨라의 희년」에서 '희년'은 본래 유대교에서 일곱번째 안식년, 그러니까 49년(또는 50년)째 되는 해를 가리킨다. 야훼는 그 해의 일곱째 달 초열흘날에 모든 부채를 탕감하고 토지를 재분배하라고 명했다(「레위기」 25:8~10). 그래서 그 해가 공동체가 다시 평등해지는 기쁜 한 해, 희년이다. 그러나 무리요의 회화 제목에서 희년은 '전대사'를 뜻하는 말로 쓰였다.

8-17. 바르톨로메 에스테 반 무리요 「냅킨의 성모」, 1665~66, 72×67cm, 세 비야 미술관

다가온 것은 「냅킨의 성모」(Virgen de la servilleta)였다. 무리요가 수도사가 건네준 냅킨에 그렸다고 하는 '전설' 때문에 그런 이름이 붙은 자그마한 작품이다(처음에는 수도원 식당에 걸렸다가 나중에 제단화에 통합되었다고 한다). 그림 하단의 갈색 난간은 성모가 창문을 통해서 (관람자의 자리에 있는) 누군가에게 아기 예수를 보여주고 있는 장면임을 암시한다. 성모는 그 누군가에게 아주 친밀한 감정을 표하고 있다. 그리고 동그랗게 눈을 뜬 아기 예수는 성모를 뒤로 밀치면서 그 누군가를 향해 몸을 내밀며 화폭(창틀)을 넘어 나오려는 듯이 보인다. 트롱프뢰유를 유발하는 이 장면을 보는 관람자는, 아마 남성이라면 자연스럽게 성 요셉과, 여성이라면 (성모마리아의 어머니) 성 안나와 동일시하게 되지 않을까? 헤아릴 수 없을 만큼 수많은 성모자화(畵)가 그려졌다. 그 대부분이 성모와 아기 예수 사이의 친밀성을 묘사한다. 그러나 무리요는 성모와 아기 예

8-18. 바르톨로메 에스테반 무리요 「거룩한 얼굴」 1665, 개인 소장

수 사이가 아니라 성모자와 관람자 사이에 부드럽고 따뜻한 친밀감을 자아낸다. 그림을 통해 그림과 관람자 사이에 감정이 흐르는 공간을 창출한 것이다.

몹시 아쉬웠던 작품은 제단화 정중앙에 있었다고 하는 「거룩한 얼굴」 (La Santa Faz)이었다. 무리요가 베로니카의 수건을 주제로 얼마나 여러 작품을 그렸는지 모르겠지만, 남아 있는 작품은 몇점 되지 않는데다가, 특별전이 아니고는 보기 어려운 개인 소장품을 볼 수 있다는 건 정말 반가운 일이었다. 그러나 이 작품은 본래 형태에서 가장자리가 제거되고 예수의 얼굴 부분만 남은 형태였다. 반도전쟁 이후 어느 시점에서 회화의 가장자리가 훼손되었고, 그래서 소장자가 가장자리를 정돈해서 타원형 액자에 넣은 것으로 보인다. 그로 인해 예수의 얼굴을 담고 있는 베로니카의 수건을 무리요가 어떻게 묘사했는지 알아볼 길이 없다. 빌바오에

서 본 수르바란의 작품과 비교해볼 수 있는 것은 오직 예수의 얼굴 부분 뿐이다.

수르바란은 50대 들어서면서(1650년대) 자신보다 열아홉살 어린 무리요와의 경쟁에서 밀려 일감을 찾기 어려웠다고 한다. 그는 작품을 아메리카대륙에 팔기도 했으나 결국 1658년 세비야를 떠나 마드리드로 이주했고, 그 몇해 뒤에 죽었다. 확실히 무리요의 그림은 수르바란과 달리 색감이 '부드럽다'. 그리고 '예쁘다'. 수르바란의 인물들과 달리 무리요의 인물들은 어두운 종교적 열정에 사로잡혀 있지 않고 현세적이면서도 긍정적이다. 17세기 중엽 페스트로 황폐해지고 기근을 겪은 세비야 사회가 원했던 것이 바로 그런 현세적 긍정성이었다.[21]

그러나 바로 그렇기 때문인지 가혹한 수난을 겪은 예수의 얼굴이 찍힌 베로니카의 수건에 대한 무리요의 탐구는 다소 안이해 보였다. 수난의 고통과 그런 고통을 뚫고 솟는 예수의 격정이 드러나 있지 않았다. 무리요는 베로니카의 수건이라는 주제를 말년에 이르기까지 집요하게 연구하고 다양한 시도를 했던 수르바란의 깊이에 이르지는 못했고, 수르바란처럼 양식적 혁신을 이룩하지도 못한 듯했다.

세비야 미술관 상설전시, 비예가스, 그리고 수르바란

무리요 특별전을 둘러본 다음 상설전시실로 이동했다. 북적대던 특별전시실과 달리 관람객은 우리 외에 한두 사람밖에 없었다. 빌바오 미술

---

21 재니스 톰린슨 『스페인 회화』, 이순령 옮김, 예경 2002, 3장 참조.

관도 그랬지만, 세비야 미술관도 그 지역 출신 예술가들의 작품을 많이 수집하고 있었다. 벨라스케스의 장인이었던 프란시스코 파체코와 세비야 출신은 아니지만 역시 세비야가 주 활동 무대였던 조각가 후안 마르티네스 몬타녜스의 작품이 있었다. 일찍 세비야를 떠난 탓인지 벨라스케스의 작품은 아쉽게도 두엇에 불과했고 수준도 고만고만한 것들이었다. 파체코가 감탄했던 젊은 시절 벨라스케스의 보데곤(bodegón)[22]류의 작품을 기대했지만, 그런 작품을 소장하고 있진 않았다. 대신 궁정화가로서 벨라스케스의 확고한 지위 때문에 궁정화가가 되지 못하고 세비야를 주 무대로 활동해야 했던 수르바란(1634~35년에 벨라스케스의 천거로 잠시 궁정화가로 활동하며 몇몇 작품을 그리기는 했다)과 무리요의 작품 (그 가운데 여러 작품이 특별전시실로 이동해 있었지만)이 풍성하게 전시되어 있었다. 그리고 그뒤를 이어 17세기 후반에 무리요와 인기를 경쟁했던 후안 데 발데스 레알의 작품이 여러점 걸려 있었다. 그런데 발데스가 세비야 바로크 회화의 정점을 찍고 난 뒤, 18세기 세비야를 대표할 만한 화가도 작품도 눈에 띄지 않았다. 마드리드에 새로 들어선 부르봉 왕조는 프랑스 회화의 영향권으로 들어갔고, 경제적으로 쇠퇴한 세비야에서 회화도 쇠퇴했던 것 같다. 그러나 19세기 중반부터 세비야 화단은 다시 활성화된 듯했다. 호세 비예가스(José Villegas, 1844~1921), 호세 가르시아 라모스, 에밀리오 산체스 페리에르, 라파엘 세네트(Rafael Senet, 1856~1926), 그리고 곤살로 빌바오(Gonzalo Bilbao, 1860~1938) 같은 세비야 화가들의 좋은 작품들이 여럿 전시되어 있었다.

---

22 선술집인 '보데가'에서 나온 말로 풍속적인 정물화 장르를 가리키는 말이다. 서민층 인물이 함께 나오는 경우도 많으며, 벨라스케스의 작품으로는 「계란을 부치는 할머니」(Vieja friendo huevos, 1618년경)나 「세비야의 물장수」(El aguador de Sevilla, 1618~22)가 유명하다.

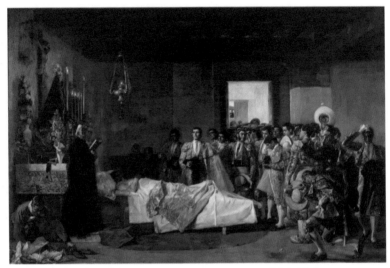

8-19. 호세 비예가스 「마에스트로의 죽음」, c. 1893, 330×505cm, 세비야 미술관

　이들의 작품 가운데 그림 앞에 특별히 오래 서 있게 했던 것은 호세 비예가스의 「마에스트로의 죽음」(La muerte del maestro)이었다. 가로 5미터, 세로 3미터가 넘는 이 대작의 실물감은 상당했다. 「시녀들」처럼 오른쪽 문을 통해서 쏟아져 들어온 빛은 죽은 투우사를 덮은 하얀 이불을 밝게 비춘다. 죽은 투우사의 얼굴은 그늘에 묻혀 있고, 슬프고 황망한 표정으로 조문하는 투우사들의 예복은 임파스토를 활용해서 질감이 풍부하게 묘사되었다. 프레시외 기법에 기초한 코스툼브리스모 회화의 매력이 잘 살아나고 있었으며, 그런 묘사에서 비예가스는 마리아노 포르투니에 조금도 뒤지지 않았다.

　비예가스가 10여년에 걸쳐 수정을 거듭하며 이 작품을 완성해갔던 계기는 1880년 세비야 투우장(Plaza de Toros de la Maestranza)에서 열린, 투우로 사지를 절단했던 투우사 안토니오 산체스(Antonio Sánchez,

1831~95)를 기리는 투우경기를 관람한 일이라고 한다. 이후 그는 투우사의 부상이나 죽음을 주제로 한 그림을 구상했고, 1889년 위기에 처한 후배 투우사를 구하려다가 입은 부상으로 사망한 마타도르 보카네그라(Bocanegra, 본명은 마누엘 푸엔테스Manuel Fuentes, 1837-89)의 죽음을 주제로 이 그림을 그렸다

이 그림이 투우와 관련된 스페인 회화사에서 어떤 새로움을 이룩했는지 보자. 투우는 18세기 내내 그것에 대해 거부감을 가진 부르봉왕조에 의해 일정한 억제를 받았으나, 19세기 초 페르난도 7세가 재집권한 뒤에 합법화하면서 급속하게 팽창하고 정교해졌다. 그러자, 고야 이래 스페인 화가들은 투우경기장의 넘실대는 흥분이나 성장(盛裝)한 관중의 이런저런 모습을 다양하게 묘사해왔다. 그러나 초점은 언제나 죽음이 어른거리는 긴박함에 있었다. 포르투니의 걸작 「투우. 다친 피카도르」(그림 7-13 참조)도 투우사가 처한 죽음의 문턱을 그렸다. 그러나 비예가스는 투우라는 '잔치의 희생자'를 이그나시오 술로아가보다 명료하게 그려내고 있다.[23] 잔치는 끝났고 투우사는 부상 끝에 죽음을 맞이했다! 그렇지만 이 그림은 그 죽음을 단순한 희생으로 묘사하고 있지는 않다. 죽음의 침상 앞에 모인 투우사의 규모는 마에스트로가 거느린 팀원들뿐 아니라 지역 투우사들 거의 모두가 임종을 지키러 왔음을 보여준다. 그들은 예를 갖추기 위해 투우 행사에 입는 화려한 예복을 입고 왔다. 비예가스는 화려한 필치로 투우사라는 독특한 직업집단의 세계 그리고 그 집단 성원들을 결속하는 유대감을 장중하게 묘사해내고 있다.[24] 그런 의미에서 비예가

---

23 이 책 6장의 그림 6-20과 그것에 관한 서술 참조.
24 이런 점이 결여된 채(즉 공동체 없이), 노년에도 일을 떨치지 못한 비정규 일용직 노동자 같은 분위기를 풍기며 쓸쓸히 집으로 돌아가는 술로아가의 피카도르가 어떤 의미에서 더

스는 투우의 한 장면이 아니라 투우사라는 집단을 실존케 하는 '일루지오'(illusio)를 그려냈다고 할 수 있다.[25]

무리요와 비예가스의 작품이 마음에 긴 여운을 남겼지만, 세비야 미술관을 나설 때 내 마음에 각인된 듯이 무겁고 선명한 영상으로 남았던 것은 그들이 아니었다. 마치 빌바오 미술관에서도 무리요의 「눈물 흘리는 성 베드로」에 매료된 뒤 스치듯이 만난 수르바란의 「베로니카의 수건」이 나를 더 사로잡았듯이, 세비야 미술관에서도 수르바란의 「십자가에 못 박히신 그리스도」(Cristo crucificado)들이 불현듯 등장해서 나를 움켜쥐고 놓지 않았다.

사실 '십자가에 못 박힌 그리스도'를 주제로 한 수르바란의 그림은 이미 프라도에서 보았던 바가 있다. 「화가와 함께 십자가에 못 박히신 그리스도」(Cristo crucificado con un pintor)가 그것이다. 그런데 이 그림도 그렇지만, 프라도가 소장한 (전시되지 않아서 도판으로만 본) '유사한' 구도의 또다른 작품인 「기증자와 함께 십자가에 못 박히신 그리스

희생자라고 할 수도 있을 것이다.

25 피에르 부르디외에 따르면, 어떤 제도적이고 문화적인 장(場, field)이 형성되면, 그 장은 그 나름의 가치 있고 명예로운 일이나 대상을 형성한다. 장에 속한 이들은 그런 일이나 대상이 보편적 가치를 가진 것이라는 '일루지오'를 갖는다(부르디외는 이 말을 하나의 개념으로 확립하기 위해 'illusion'이라는 프랑스어 대신 라틴어로 표기한다). 그리고 그것을 획득할 때 받게 되는 보상 때문에 경쟁을 벌이며, 경쟁에서 우위를 점하기 위해서 많은 물질적·정신적 자원을 투자한다. 그리고 그것을 얻기 위한 기술과 지식 그리고 경험이 문화자본으로 축적되고 전수된다. 이 모든 과정은 일루지오를 확장하고 강화하는 역할을 한다. 투우사는 투우라는 장에서 가치 있고 명예롭게 여겨지는 것을 향한 열정을 품게 된 이들이다. 예컨대 투우사는 물레타를 휘둘러 황소를 이리저리 유인하다가 검(estoque)으로 황소의 대동맥을 단번에 꿰뚫는 '에스토카다'(estocada)에 깊은 경탄과 열망을 품는 존재가 된 자이다. 황소에게 부상을 입어 사망한 투우사를 마에스트로에게 어울리는 죽음으로 존숭하는 투우사 무리의 침통한 표정은 장의 일루지오를 공유한 이들이 그 일루지오를 재생산하는, 그럼으로써 투우사라는 한 집단과 투우라는 한 세계를 재생산하는 장면이라고 할 수 있다.

8-20. 프란시스코 데 수르바란의 「십자가형 1」과 「십자가형 2」
서로 다른 방에 걸린 두 작품을 함께 촬영했다.

도」(Cristo crucificado con un donante)도 첫눈에 회화의 의도가 파악되지 않았다. 제목 그대로 한 그림에는 화가 자신이, 다른 한 그림에는 신원 미상의 기증자가 그려져 있다. 그로 인해 그림 안에 등장하는 십자가에 못 박힌 예수의 '지위'가 모호했다. 「기증자와 함께 십자가에 못 박히신 그리스도」를 조리 있게 이해할 길은 기증자가 십자가에 못 박힌 예수의 '조각상'과 함께 있는 장면을 그렸다고 보는 것이다(그러니까 기증자는 조각상을 기증하는 것이다). 그리고 그런 장면을 그릴 만한 이유는 '파라고네'(paragone, '비교'라는 뜻의 이탈리아어) 문제밖에 없다. 친퀘첸토(Cinquecento, 16세기 르네상스) 이래로 조각과 회화 가운데 어떤 것이 더 우월한 예술인지 비교하는 논쟁(파라고네)이 계속되었다. 이 논쟁이 스페인에서는 이탈리아보다는 늦게 17세기에 활발하게 이뤄졌는데, 화가였던 수르바란은 회화의 우위를 그림으로 입증하고자 했다.[26] 요컨대 회화는 조각과 달리 색채를 자유롭게 구사할 뿐 아니라 조각이 잘 표현한

8-21. 프란시스코 데 수르바란 「기증자와
함께 십자가에 못 박히신 그리스도」, 1640,
244×167.5cm, 프라도 미술관

다고 하는 입체감마저 그만큼 또는 그 이상으로 잘 표현할 수 있다는 것
이다.

「화가와 함께 십자가에 못 박히신 그리스도」 또한 파라고네 관점에서
이해할 수 있다. 여기서도 십자가에 못 박힌 예수가 그림임을 암시하는
화폭이 그림 안에 보이지 않는다. 어두운 배경에서 분리되어 관람자에게
로 다가와 있는 그리스도는 조각상과 같은 입체감을 보이고 있고, 그림
에 필요한 색을 구비하고 있는 팔레트를 든 화가는 조각을 능가하는 회

---

26 「기증자와 함께 십자가에 못 박히신 그리스도」를 중심으로 같은 주장을 피력하는 글
   로 Lisandra Estevez, "The Artist as Visionary in Francisco de Zurbarán's Crucifxion with a
   Painter," *Sixteenth Century Journal*, 2019, L/4 pp. 1033~62를 보라.

8-22. 프란시스코 데 수르바란 「화가와 함께 십자가에 못 박히신 그리스도」, c. 1650, 105× 84cm, 프라도 미술관

화의 표현력에 스스로 경탄하고 있는 듯이 보인다.

그러나 어두운 배경 아래편의 희미한 지평선에서 뚝 떨어져 관람자를 향해 바짝 다가와 있는 예수의 모습은 어딘가 모르게 환영적(visionary)이다. 그리스도는 거의 피 흘림 없이 깨끗하고(못 박힌 손에서만 약간의 피가 흐르고, 발등에는 피가 없다),[27] 그래서 수난을 드러내기보다 화가와 대화하기 위해 거기 있는 듯하다. 왼쪽 위에서 내려오는 빛은 예수의 얼굴을 거쳐 화가로 뻗고, 둘은 (가정된) 관람자에게는 무관심한 채 둘 사이의 내밀한 상호작용에 몰입해 있다. 화가는 그림을 그리던 중도 아

---

27 그러니 '십자가에 못 박힌 그리스도'는 제작 중인 상태를 그린 그림으로 볼 수도 있다.

니다. 그의 오른손은 붓을 들고 있는 것이 아니라 경건한 감정을 표하며 가슴에 모아져 있다.[28] 물론 수르바란이 자신이 본 환상을 묘사한 것이 아닐 수도 있다(그렇게 해석할 명확한 근거가 있는 것은 아니다). 예수가 환영이 아니고 자신이 그린 존재라고 해도, 이 그림은 화가가 대상과 내밀한 영적 대화에 들어섰음을 보여준다. 우상(idol)과 달리 참된 성상(vera icon)은 영성을 고무하고 구원의 길을 열어준다는 트리엔트공의회의 교의를 구현하는 그림이라 하겠다.[29]

다른 한편 이 그림은 화가의 자의식을 담은 자화상으로도 읽을 수 있다. '제 그림 속에 등장하는 화가'라는 주제는 알브레히트 뒤러 이래로 하나의 정착된 양식이었지만, 거기서 더 나아가 수르바란의 「화가와 함께 십자가에 못 박히신 그리스도」 속의 팔레트를 든 화가는 역시 팔레트를 든 화가가 등장하는 「시녀들」을 떠올리게 한다. 둘의 영향관계는 알 수 없고 작품의 선후관계도 확정되지 않았다. 그러나 두 화가는 잘 아는 사이였다. 수르바란은 벨라스케스보다 한살 많고, 둘은 모두 파체코의 공방에서 그림을 배웠다. 벨라스케스는 수르바란을 마드리드로 불러 레알 부티로 궁정을 꾸밀 회화를 함께 제작하기도 했다. 그러나 생애 경로의 차이로 인해, 둘은 모두 팔레트를 들긴 했어도 다른 상황 속에 자신을 그려 넣었다. 궁정화가로 살았던 벨라스케스는 국제적이고 미학적으로 개방적인 마드리드 궁정에서 (왕, 왕의 가족, 왕이 총애하는 귀족, 비서, 난쟁이 그리고 광대 같은) '궁정인'의 초상화 그리고 왕의 무훈이나 전승

---

28 화가는 왼손으로 팔레트 이외에 여러자루의 붓을 쥐고 있다. 오른손에 들고 그림을 그리던 붓을 잠시 왼손에 넘겨줬거나 아직 왼손의 붓 가운데 하나를 골라서 들고 있지는 않은 상태로 보인다.

29 트리엔트공의회의 성상(icon)에 대한 교의에 관해서는 이 책의 5장 참조.

(戰勝)을 주제로 한 그림을 그리며 살았다. 벨라스케스가 종교화를 드물게만 그린 것이나 자신의 자화상을 왕가의 초상화랄 수 있는 「시녀들」 안에 직무에 충실한 무사심한 표정의 화가로 그려 넣은 것은 그의 후원자(patron) 집단이 궁정인이었기 때문이다. 이에 비해 후원자가 종교집단(주로 수도원)이었고, 그래서 평생 반종교개혁 운동의 영성을 고무하는 반동적이고 신비주의적인 종교화를 그려야 했던 수르바란은 제 모습을 '십자가에 못 박힌 그리스도' 앞에 선 깡마른 수도승으로 그려 넣었다.[30]

그런데 이런 점이 내게는 그가 '십자가에 못 박힌 그리스도'라는 주제를 지나치게 나르시시즘적으로, 그러니까 자신을 종교적 영성과 예술적 환상의 대가(大家)로 제시하는 데 소비하는 듯이 보였다. 그림이 의도한 바는 궁극적으로는 예수의 수난과 십자가형에 대한 묵상을 고무하는 것이었을 텐데, 그림의 이모저모를 뜯어보고 회화에 개입한 화가의 다면적 의도를 따라가보느라 그런 묵상에 몰입하기 어려웠다. 그래선지 프라도에 걸린 수르바란의 「하느님의 어린 양」은 나를 매혹했지만, 「화가와 함께 십자가에 못 박히신 그리스도」는 나를 밀쳐냈고, 수르바란의 작품에서 그리 멀지 않은 곳에 걸린 벨라스케스의 「십자가에 못 박히신 그리스도」(Cristo crucificado)가 그 주제에 대한 그림으로는 더 직접적이고 간결하며 강렬하게 다가왔다. 미술관에서 속으로 이렇게 중얼거렸다. "역시

---

30 그러나 수르바란의 초상화 또는 자화상은 남아 있는 것이 없다. 그래서 「화가와 함께 십자가에 못 박히신 그리스도」 속 화가가 수르바란이라고 확정하기는 어렵다. 이 그림 속 화가는 복음사가 루카로 수용되기도 했다. 성 루카는 성모를 그렸다고 전해지며 그래서 화가의 수호성인이기도 하기 때문이다. 확실히 그림 속 화가가 입은 옷은 17세기 세속적 화가의 복장은 아니다. 그림 속 화가가 수르바란인지 루카인지는 확정할 수 없지만, 둘은 양자택일적인 것이 아닐 수 있다. 수르바란이 자신을 루카로 그린 것일 수 있기 때문이다. 이 경우 말년에 그려진 이 그림은 수르바란이 성 루카와 심원한 동일시 상태에 있었음을 보여준다고 할 수 있을 것이다.

8-23. 디에고 벨라스케스 「십자가에 못 박히신 그리스도」, c. 1632, 248×169cm, 프라도 미술관

벨라스케스야. 종교화를 그릴 일이 없어서 그렇지 일단 그리면 역시 급이 다른 것 같아."

그러나 세비야 미술관이 소장한 수르바란의 「십자가에 못 박히신 그리스도」 두 점[31]은 프라도에서의 내 판단을 뒤집어버렸다(3점을 소장하고 있다는데, 한 점은 복원작업 중인지 전시되고 있지 않았다). 다소 어두운 미술관의 한 방에 들어섰을 때 내 앞에 나타난(정말 나타났다) 「십자가형 1」은 매우 놀라웠다. 아래로 떨궈진 머리가 바로 내 눈높이에 맞춘 듯이 걸린 이 그림에서 예수는 어두운 배경화면으로부터 하얗게 솟아

---

31 두 작품은 제목도 같고 제작 연대도 모두 1630년에서 1640년 사이로 추정된다. 그래서 이하에서는 「십자가형 1」과 「십자가형 2」로 구별할 것이다.

나오는 듯했다(그림 8-20 참조). 명암법을 활용하여 예수의 근육을 섬세하게 드러내고 있었고, 허리에 두른 수건의 주름과 질감이 정교하고 선명했다(뒤에 알게 된 것이지만, 수르바란은 직물업자의 자식이었다). 통상 십자가에 못 박힌 예수는 두 다리가 꼬여 있고, 커다란 못 하나가 두 발등을 단번에 꿰고 있다. 그러나 파체코의 도상학 연구에 영향을 받은 수르바란(이 점은 파체코의 사위인 벨라스케스도 마찬가지다)은 예수의 두 발이 받침대에 각각 못 박힌 것으로 묘사했다.[32] 통상적인 묘사법을 따른다면, 예수의 발등은 사실 체중을 견디느라고 처참하게 찢겨 있을 것이다.[33] 그러나 파체코의 도상학을 따라 발 받침대에 못 박힌 것으로 그려진 그리스도는 고통받으며 죽었어도 자세만은 평정했다(그것이 그의 죽음을 더 고요한 슬픔으로 이끌었다). 벨라스케스의 그림에서는 십자가에 못 박힌 예수의 머리에 후광(halo)이 있으며, 그렇게 죽음을 넘어선 권능을 빛내고 있다.[34] 그러나 수르바란의 그림에서는 죽음이 예수의 몸을 사정없이 덮친 상태였다. 예수는 정말로 완전히 죽은 것이다!

이웃한 방에 있는 「십자가형 2」는 아직 죽기 전의 예수를 묘사하고 있

---

32 파체코의 도상학 연구와 수르바란 및 벨라스케스의 '십자가에 못 박힌 그리스도'의 여러 요소를 다룬 글로는 Juan José Lahuerta, "The Crucifixions of Velázquez and Zurbarán," *Anthropology and Aesthetics*, 2014/2015, No. 65/66, pp. 259~74 참조.

33 「마르코 복음서」에 의하면 예수는 아침 9시에 십자가에 못 박혀서(15:25) 오후 3시경에 사망한 것으로 되어 있다(15:33~37). 양손의 못 하나씩과 발 받침대도 없이 두 발등에 못 하나 박혀서 그렇게 긴 시간 동안 십자가에 매달린 상태로 있기는 쉽지 않을 것이다.

34 수르바란의 「십자가형 1」은 벨라스케스의 「십자가에 못 박히신 그리스도」에서 내가 느낀 약간의 위화감이 뭔지도 알려준 셈이다. 벨라스케스의 그리스도에는 죽음의 권능을 넘어서는 힘을 상징하는 후광이 비추고 있다. 그는(적어도 그의 신성은) 완전히 죽지 않았다(그렇게 느껴진다). 십자가에 쓰인 나무가 샌딩(sanding)된 듯이 매끈한 것도 부자연스러웠다(로마가 죄수에게 내리는 극형에 쓸 십자가를 그렇게 정성스럽게 만들었을까?). 이외에도 살짝 콘트라포스토를 취하고 있는 그리스도의 자세도 발이 받침대에 못 박힌 자세로는 다소 부자연스러웠고 (그저 '멋지기' 때문에 채택된) 관습적 표현법으로 보였다.

8-24. 프란시스코 데 수르바란 「십자가형 1」 157×107.5cm, 세비야 미술관

다. 죽기 전이라 로마 병사가 사망을 확인하기 위해 찌른 옆구리 상흔(「요한 복음서」 19:34)이 없다. 피부색도 「십자가형 1」과 달리 살아 있는 자의 온기가 부드럽게 남아 있다. 그는 고개를 약간 쳐들어 하늘을 올려다보고 있다. 힘없이 벌어진 입으로 예수는 '십자가 위의 일곱 말씀' 가운데 어느 말을 하는 것일까? 그의 거의 말라버린 눈물로 보아 "저의 하느님, 저의 하느님, 어찌하여 저를 버리셨습니까?"(「마르코 복음서」 15:34; 「마태오 복음서」 27:46)보다는 "아버지, '제 영을 아버지 손에 맡깁니다'"(「루카 복음서」 23:46)이지 않을까?

「십자가형 1」과 마찬가지로 「십자가형 2」도 어두운 배경에서 솟아 나온 듯이 보인다. 그런 점에서 이 두 그림에도 파라고네의 동기가 엿보인다. 그렇다면 수르바란의 의도를 구현하는 방식의 전시는, 빌바오 미술관의 「베로니카의 수건」 전시에 대해서 생각했던 바와 마찬가지로 두 그림을 액자를 제거한 채 어두운 벽에 걸어두는 것이다. 그랬다면 두 그림은 트롱프뢰유 효과 덕에 조각상으로 지각되었을 것이다.

그러나 그런 효과 이상의 것 또는 그런 효과와 무관한 것을 수르바란

이 추구했다고 볼 수도 있다. 십자가에 못 박힌 그리스도 이외에 아무것도 없는 어두운 배경은 그것을 조각상처럼 보이게 하거나 우리의 인식을 그리스도의 죽음에 대한 묵상에 집중시키기 위한 기법일 뿐 아니라 성서에 기록된 장면 그대로를 그려낸 것일 수 있는 것이다. 공관복음서는 입을 모아 예수가 죽어가는 때에 골고타를 어둠이 덮었다고 기록하고 있다. "낮 열두 시쯤 되자 어둠이 온 땅에 덮여 오후 세 시까지 계속되었다"(「루카 복음서」 23:44;

8-25. 프란시스코 데 수르바란 「십자가형 2」, 255× 193cm, 세비야 미술관

「마르코 복음서」 15:33; 「마태오 복음서」 27:45).[35] 수르바란은 그리스도가 수난을 겪으며 죽어가는 그리고 죽어버린 장면의 환영으로 우리를 이끌고자 한 것이다(마치 「화가와 함께 십자가에 못 박히신 그리스도」의 화가 자신처럼 말이다).

---

35 물론 「마태오 복음서」와 「루카 복음서」가 먼저 쓰인 「마르코 복음서」를 참조했으므로, 세 복음이 같은 증언을 한다고 해서 객관성이 높아지는 것은 아니다. 「루카 복음서」는 어두움의 원인이 일식인 듯이 "해가 어두워진 것이다"(23:45)라고 덧붙이고 있으나 개기일식으로 인한 완전한 어둠은 7~8분밖에 지속하지 않는다. 그러므로 3시간 동안 지속된 어둠은 징조나 기적 또는 상징적 서술로 보는 것이 옳을 것이다. 그리고 이 문제가 어떻게 해석되든 수르바란은 복음이 전하는 바를 그대로 믿었을 것이다.

마에스트란사 극장과 조르디 사발

세비야 미술관에 다녀온 날 밤에 무리요 탄생 400주년과 관련된 자료를 검색했다. 특별전시장의 사진촬영 금지 때문에 기억나는 것 중심으로 그날 일을 정리하기 위해서였다. 그러다가 무리요 탄생 400주년 기념 공연이 열리는 걸 알게 되었다. 지휘자가 조르디 사발(Jordi Savall, 1941~)이었다. '알리아 복스'(Alia Vox)에서 출시한 그의 음반 몇장을 좋게 들었던 터라 흥미가 갔다. 연주 장소는 마에스트란사 극장이었다. 숙소에서 걸어서 5분 거리에 있고, 모퉁이에 모차르트 기념비가 세워져 있는 극장이다(한쪽 다리를 의자에 올리고 오른손으로 바이올린을 쥐고 있고 왼손으로 악보를 들고 있는 모차르트의 자세가 하도 어정쩡해서 기억에 남아 있었다). 바로 예약을 시도해보았다. 웹페이지의 지시를 따라 제대로 한 것 같은데 결제 승인이 떨어지지 않았다. 카드를 바꿔가며 몇번 시도하다 맥이 풀려서 인터넷 예매를 포기하고, 다음 날 직접 극장으로 찾아갔다. 하지만 매표소가 닫혀 있었다. 숙소로 돌아와 다시 인터넷 예매를 시도했는데, 잘 안 되더니 어떻게 했는지 모르는 채 예매가 되어버렸다. 어리둥절했다.

연주회 날 좌석에 앉아보니 시각적으로는 상당히 좋은 극장이지만 공간이 넓게 펼쳐진 편이라 음향이 다소 메마르게 들리지 않을까 걱정했다. 그러나 막상 연주를 들어보니 예상보다 음향이 풍윤했다. 연주 레퍼토리는 대부분 낯선 것들이었다. 팸플릿에 따르면, 사발이 무리요의 인생에서 주요한 사건 20개를 고르고, 그 사건에 부합하는 그 시대 음악을 선별해서 구성했다고 한다. 예컨대 무리요가 「성모의 탄생」(Natividad

de la Virgen, 1655)³⁶을 그려서 명성을 얻은 일에 마르크-앙투안 샤르팡 티에(Marc-Antoine Charpentier, 1643~1704)의 「성모 탄생」(Nativité de la Vierge, 1671)을 대응시켜 연주하는 식이다. 연주곡과 마찬가지로 가수들 도 바로크음악 전문을 기용했고(트릴 솜씨가 정교했다), 악기도 17세기 것들을 사용했다. 덕분에 '치리미아'(Chirimía, 혼파이프의 일종)나 '사카부 체'(Sacabuche, 바로크 트롬본), '아르파 트리플라'(Arpa tripla, 현대 하프보다 작고 음계가 다르게 구성된 바로크 하프의 일종) 같은 처음 보는 악기들의 연주를 들을 수 있었고, '비올라다감바'(Viola da gamba)도 음역에 따라 소프라 노, 테너, 베이스, 세 종류가 모두 등장해서 협주하는 것을 보게 되었다. 연주회 중간쯤 사발의 '비올라다감바 소프라노' 독주가 있었는데, 비르 투오소적인 현란함을 보여주었다.

스페인에 와서 플라멩코 연주나 기타 독주회를 제외하곤 처음 가본 큰 규모의 연주회인데다 연주도 좋아서 퍽 만족스러웠다. 극장에 걸린 포스 터를 보니 크리스마스 무렵엔 헨델의 「메시아」 공연도 있었다. 보러 와야 지 했으나, 12월 중순에 갑자기 모로코로 떠났다가 크리스마스이브에 돌 아오는 바람에 마에스트란사 극장을 다시 방문하지는 못했다.

오페라 속의 세비야

공연이 끝난 뒤 마에스트란사 극장 앞에 놓인 모차르트 기념비를 지나 칠 때, 여느 때와 달리 《피가로의 결혼》에서 피가로가 부르던 아리아 「백

---

36 그려진 연대는 1655년이라는 설과 1661년이라는 설이 있다. 반도전쟁 때 프랑스가 약탈해 갔고 현재 루브르 미술관이 소장하고 있다.

작 나리가 춤을 추고 싶으시다면」(Se vuol ballare, signor contino)의 멜로디가 입안을 맴돌았다. 그제야, 그러니까 이 도시에 오고 며칠이 지나서야 비로소 18세기 말 이래로 유럽인의(그리고 이제는 인류의) 마음속에 세비야가 그려지는 방식에 가장 큰 영향을 미친 것이 오페라였겠다는 생각이 떠올랐다.

볼프강 아마데우스 모차르트(Wolfgang Amadeus Mozart, 1756~91)의 《피가로의 결혼》(Le nozze di Figaro, 1786)과 《돈 조반니》(Don Giovanni, 1787),[37] 조아키노 로시니(Gioachino Rossini, 1792~1868)의 《세비야의 이발사》(Il barbiere di Siviglia, 1816), 그리고 조르주 비제의 《카르멘》(Carmen, 1875), 이렇게 오페라 역사에서 손꼽히는 명작 네편이 세비야를 무대로 삼고 있다. 아마도 오페라의 역사에 이렇게 자주 무대가 된 도시는 세비야 말고는 없을 것이다.

이 가운데 《세비야의 이발사》와 《피가로의 결혼》은 피에르 보마르셰(Pierre Beaumarchais, 1732~99)의 '피가로 3부작' 가운데 1부와 2부를 토대로 한 것이다.[38] 둘 다 사랑하는 남녀가 조력자의 도움을 받아 방해자를 극복하고 결혼에 이르는 이야기이다. 1부 '세비야의 이발사'는 대학생 린도르로 위장한 젊은 시절 알마비바 백작이 아름다운 로지나와 결혼하는 이야기이다. 이 결혼을 방해하는 이는 로지나의 늙은 후견인 바르톨로이

---

37 작중에서 무대는 스페인의 '어느 도시'라고만 지칭되지만, 세비야로 볼 수 있다. 《돈 조반니》의 저본(底本)인 티르소 데 몰리나(Tirso de Molina, 1583~1648)의 『세비야의 유혹자와 석상 손님』(El burlador de Sevilla y convidado de piedra, 1616~30년경)의 주 무대가 세비야이기 때문이다.

38 보마르셰 『세빌리아의 이발사, 피가로의 결혼, 죄지은 어머니: 피가로 3부작』, 이경의 옮김, 경북대학교출판부 2018 참조. 본문에서 인물명은 프랑스어가 아니라 이탈리아어로 쓰인 오페라 대본을 따랐으나, '세비야'는 이탈리아식 표기인 '세빌리아'로 하지 않았다.

다. 백작은 재치 넘치는 피가로의 도움을 받아 결혼에 성공한다. 2부 '피가로의 결혼'은 피가로가 백작부인(로지나)의 하녀인 수잔나와 결혼하는 이야기이다. 결혼을 방해하는 이는 스스로 폐기한 봉건적 특권인 초야권을 복구해서라도 수잔나를 탐하려는 알마비바 백작이다. 그러나 백작부인과 수잔나의 영리한 공모 덕에 피가로와 수잔나는 무사히 결혼하게 된다.[39]

알마비바 백작으로 대변되는 봉건적 구체제를 격렬하게 조롱했던 《피가로의 결혼》은 빈에서는 인기가 없었다. 그러나 프라하에서는 큰 인기를 끌었다. 후속작을 의뢰한 것도 프라하 오페라계의 흥행사였던 파스콸레 본디니(Pasquale Bondini, ?~1789)였다.[40] 《피가로의 결혼》이 프라하에서 거둔 성공 덕에 빈에서의 인기 하락으로 경제적 어려움이 심했던 모차르트는 한숨 돌릴 수 있었다. 모차르트로서는 프라하에서의 성공을 이어가기 위해 《피가로의 결혼》의 '프리퀄'인 '세비야의 이발사'를 오페라로 만들 법도 했으나(물론 그러기엔 지금은 잊었지만 '세비야의 이발사'를 다룬 오페라가 당대에 꽤 많기는 했다), 전혀 방향을 달리해서 유혹자에 대한 오래된 신화에 기초한 《돈 조반니》를 작곡했다. 그러나 조금 뜻

---

39 3부 '죄지은 어머니'는 백작의 대녀(代女)이지만 사실상은 백작의 사생아인 플로레스틴과 백작부인이 케루비노와의 불륜으로 낳은 레옹이 서로 사랑하고 결혼에 이르는 이야기이다. 방해자는 백작의 비서인 베가르스이다. 백작과 백작부인을 설득한 피가로와 수잔나가 기지를 발휘해 베가르스의 음모를 물리친다. 3부도 이야기의 기본 구조는 1, 2부와 유사하지만, 1966년 다리우스 미요(Darius Milhaud, 1892~1974)가 작품화할 때까지 오페라가 되지 못했다. 이렇게 20세기 중반까지 오페라로 제작되지 못한 이유는 이 작품이 1, 2부와 달리 극 진행이 너무 진지하고, 프랑스대혁명 직후에 쓰인 만큼 혁명 이후 상황을 반영하고 있는데(예컨대 알마비바 백작은 하인들에게 자신을 '나리'라고 부르지 말라고 한다), 나폴레옹 전쟁이 끝나고 반동화된 유럽에서 그런 점이 받아들여지기 쉽지 않았던 때문으로 보인다.

40 피터 게이 『모차르트: 음악은 언제나 찬란한 기쁨이다』, 정영목 옮김, 푸른숲 2006, 195~96면; 볼프강 힐데스하이머 『모차르트』, 양도원 옮김, 한국문화사 2014, 265면 참조.

어보면 《돈 조반니》는 《피가로의 결혼》과 묘한 연속성을 지니고 있다.

《세비야의 이발사》에서 알마비바 백작은 순수한 낭만적 사랑을 지향하고, 그것을 성취한다. 그러나 《피가로의 결혼》에서 알마비바 백작은 젊은 시절의 순수를 잃었고 초야권 같은 낡은 봉건적 특권을 놓지 않으려는 음란한 가부장의 모습을 띤다. 백작부인과 수잔나의 '계략'에 빠져 궁지에 처한 백작은 어쩔 수 없이 자신의 욕망을 단념하고 화해의 제스처를 취한다. 그런데 만일 알마비바 백작이 제 욕망을 고수하고 무제한으로 실현하고자 했다면 어떻게 될까? 돈 조반니는 바로 그럴 때 출현하는 인물이라고 할 수 있다. 즉, 돈 조반니는 모든 사회적 규범과 제약을 돌파한 알마비바 백작이다. 돈 조반니의 하인 레포렐로는 저명한 아리아 「아씨, 이게 바로 그 명부예요」(Madamina, il catalogo è questo)에서 이렇게 노래한다.

> 이탈리아에서는 640명
> 독일에서는 231명
> 프랑스에서는 100명
> 터키에서는 91명
> 그러나 스페인에서는 1000명 하고도
> 3명이랍니다
>   (…)
> 각계각층이 두루 섞인 크고 작은 여인
> 나리는 나이도 가리지 않았습죠
>   (…)
> 나이 든 여인은 그저 명부의 수를

늘리려고 장난삼아 정복했고
나긋나긋한 어린 여자에게는
언제나 입맛을 다셨지요
누구든 치마를 두르기만 하면
나리는 가난하든 부유하든 가리지 않아요…

돈 조반니는 계급, 연령, 용모를 불문하고 모든 여성을 향해 욕망을 표출한다(그는 순수한 충동 자체인 인물인 셈이다).

'모차르트의 돈 조반니'의 기원이 알마비바 백작에 한정되는 것은 아닌 듯하다. 《피가로의 결혼》에 등장하는 백작의 시종 케루비노는 사랑에 달뜬 사춘기 소년이다. 그런데 모차르트는 독특하게도 케루비노 역에 메조소프라노를 배정했다. 변성기가 채 다 지나지 않은 소년으로 설정한 셈이지만, 결과적으로 시대를 앞선 '퀴어적' 존재가 된 그는 첫번째 아리아 「내가 누구인지 더이상 모르겠네」(Non so più cosa son)에서 "모든 여자가 날 변하게 하지 / 모든 여자가 모두 날 떨리게 하지"라고 노래한다. 그는 수잔나에게 매혹되면서 동시에 백작부인을 연모한다. 수잔나는 그가 늙은 마르첼리나에게도 끌린다고 놀린다. 그도 돈 조반니처럼 "치마를 두르기만 하면" 누구에게나 끌리는 셈이다.[41]

케루비노는 그와 백작부인 사이를 의심하던 백작에게 미움을 사서 군

---

41 "치마를 두르기만 하면"은 주인을 두려워하는 동시에 미워하는 레포렐로의 관점에서 나온 경멸적 표현이다. 돈 조반니와 케루비노 편에서 보면, 여성을 향한 그들의 보편적 충동은 성적 충동의 수수께끼 같은 속성(그 이면은 존재만으로 모든 여성에게 성적 충동을 일으키는 자신들의 수수께끼 같은 속성이다)을 향한 반복적 탐구라 할 수 있다. 케루비노의 또다른 아리아 「당신들은 알지요」(Voi che sapete)는 그런 점을 잘 드러낸다. 이 아리아를 통해 케루비노는 타자(여성)를 통해서 자신의 충동을 이해하려 한다고 말한다.

대로 쫓겨 가게 된다. 그 소식을 들은 피가로는 케루비노를 향해 아리아 「더 이상 날지 못하리」(Non più andrai)에서 이렇게 조롱한다. "요 귀여운 나비, 이젠 더이상 날지 못하리 / 밤이나 낮이나 재잘재잘 날아다니며 / 여인들의 마음을 설레게 하는 사랑의 요정아 / 이젠 더이상 날지 못하리."[42]

흥미롭게도 이 노래가 《돈 조반니》에서 다시 등장한다. 피날레 부분에서 자신이 초대한 석상을 기다리며 돈 조반니는 식탁에서 음식을 먹는다. 그때 악사들이 당대에 유행한 오페라에서 나오는 곡을 연주하는데, 그 가운데 하나가 「더 이상 날지 못하리」이다. 그때 레포렐로가 "이 곡은 나도 잘 알아"라고 말한다. 언뜻 보기엔 프라하에서 초연하는 《돈 조반니》에 1년 전 프라하에서 성공을 거둔 《피가로의 결혼》 가운데 히트곡을 다시 등장시키는 식으로 청중을 즐겁게 해주는 모차르트의 유머 같다.[43] 그러나 곰곰이 생각해보면, 이 부분은 악사들이 사춘기의 순수한 충동을 결국 남김없이 실현한 케루비노인 돈 조반니[44]에게 피가로가 케루비노에게 했던 조롱을 반복하는 것인 동시에 "더 이상 날 수 없는" 때(그의 충동의 실현이 가로막히는 때)가 마침내 도래했음을 돈 조반니에게 예고하는

---

42 피가로 역시 케루비노가 수잔나의 "마음을 설레게" 하지 않을까 우려하고 그가 군대에 가는 것에 안도하고 있는 셈이다. 그러나 이어지는 장면에서 피가로가 우려한 일이 결국 일어난다. 그의 제안을 받아 백작부인과 수잔나가 케루비노를 여장(女裝)시키는 (최근 상연된 오페라일수록 더 에로틱하게 묘사되는) 장면에서 수잔나가 부르는 아리아 「이리 와서 무릎을 꿇어봐」(Venite, inginocchiatevi)가 보여주듯이 수잔나(그리고 함께 있던 백작부인)는 케루비노를 보며 마음이 설렌다.

43 《돈 조반니》 프라하 초연에서 레포렐로 역을 맡은 펠리체 폰지아니(Felice Ponziani, 생몰미상)가 《피가로의 결혼》에서 피가로를 맡은 가수이기도 하다.

44 《돈 조반니》에 대한 논의로 유명한 쇠렌 키르케고르도 같은 의견을 표하며, "이 시동(케루비노)이야말로 미래의 돈 환(돈 조반니)이다"라고 말한다(『이것이냐/저것이냐 제1부』, 임춘갑 옮김, 다산글방 2008, 181면, 괄호는 인용자 보충).

장면이라고 할 수 있다.

물론 돈 조반니의 날개를 꺾는 것은 외적인 힘이 아니다.《돈 조반니》의 피날레에서 그는 결국 불꽃에 휩싸인 채 땅속으로 끌려 들어간다. 뭔가 신성한 힘에 의한 이 징벌의 일차적 원인은 물론 그의 '엽색 행각'이다. 클로드 레비-스트로스를 끌어들일 것도 없이, 성적 분배 질서와 규범이야말로 자연과 사회를 나누는 기본 질서 아닌가? 이런 사회질서의 초석을 해체하는 돈 조반니는 도냐 안나, 돈 옥타비오, 도냐 엘비라, 체를리나, 마제토, 그리고 거기에 더해 죽은 기사장에 이르기까지《돈 조반니》에 등장하는 모든 인물의 공적이 된다. 그와의 적대를 통해 모든 사람의 연대가 이룩된다고 해도 과언이 아니다.[45] 그러나 그에게는 지옥을 피할 길이 있었다. 초대받은 석상이 돈 조반니에게 했던 "회개하라"(Pentiti)라는 (종교적 뉘앙스가 분명한) 요구를 수용하기만 하면 됐다. 하지만 그는 그것을 단호히 거부함으로써 욕망의 일관성을 고수했으며, 그 결과로 돈 조반니는 지옥으로 끌려간다(더이상 날지 못하게 된다).

기꺼이 몰락을 자처하는 것을 포함해 돈 조반니의 수수께끼와 같은 면모에 대해 키르케고르에 이어[46] 알베르 카뮈나 조지 버나드 쇼 같은 철학자와 작가들이 다양한 고찰을 시도했다. 그러나 결을 다소 달리해서《돈 조반니》를《세비야의 이발사》나《피가로의 결혼》과 더불어 사회사적 문맥 속에 놓아볼 수도 있다. 모차르트의 작품은 프랑스대혁명 직전에 제

---

45 모차르트는《피가로의 결혼》 피날레에서 모두가 다른 멜로디로 노래하지만 함께 화음을 이루는 공동체의 존재를 그리지만,《돈 조반니》에서 사회적 연대의 토대는 일자(一者)에 대한 만인의 적개심일 수 있다는 으스스한 비밀을 드러내고 있다.
46 키르케고르의《돈 조반니》 논의를 포함해서 모차르트 오페라들에 대해 포괄적이고 정치하게 분석한 연구로 슬라보예 지젝·믈라덴 돌라르『오페라의 두 번째 죽음』(이성민 옮김, 민음사 2010)의 1부「음악이 사랑의 양식이라면」 참조.

작되었고, 로시니의 작품은 나폴레옹 전쟁이 끝나고 빈회의(der Wiener Kongress, 1814~15)를 통해 수립된 반동적 '유럽협조체제'(Concert of Europ) 아래서 제작되었는데, 이런 제작 시기는 세 작품의 정치적 무의식을 짐작할 수 있게 해준다. 로시니는 대혁명을 거스르는 반동적인 체제 아래서 구체제의 낭만적 시절을 그린 '세비야의 이발사'를 오페라로 만들어 성공을 거두었다. 혁명 후의 반동적인 사회가 혁명 이전 시대의 이야기를 오페라로 소환한 셈이다.

이에 비해 혁명 직전 시기는 도래할 혁명을 무대에 올린 듯하다. 모차르트는 주인을 조롱하는 하인이나 남성들을 압도하는 여성적 연대 같은 전복적(혁명적) 주제들이 가득한 '피가로의 결혼'을 오페라로 만든 것이다. 사회적 화해로 끝을 맺는《피가로의 결혼》은 유혈적 과정의 이미지를 지닌 혁명과 어울리지 않아 보일 수도 있다. 그러나 놀랍게도 그런 사회적 화해야말로 혁명 주도 세력이 열렬히 추구한 것이기도 하다. 그것을 잘 보여주는 것이 프랑스대혁명 1주년인 1790년에 개최된 '연맹제'(Fête de la Fédération)이다. 이 혁명적 축제는 폐위된 루이 16세마저 시민의 한 사람으로 포함하는 전체 사회의 만장일치를 추구했다.[47]

그러나 혁명적 축제가 추구한 것은 성취되지 않았다. 루이 16세가 국외로 탈출하려다가 체포되고 재판을 받아 단두대에서 처형되는 일련의 과정에서 걷잡을 수 없는 유혈적 사태들이 일어났다.[48] 모든 규범과 질서를 전복하는 사나운 힘을 풀어놓은 혁명의 속성이 드러난 것이다. 왕

---

47 Mona Ozouf, *Festivals and the French Revolution*, tr. by Alan Sheridan, Harvard University Press, 1988 참조.

48 루이 16세와 마리 앙투아네트의 처형 과정에 대한 논의로는 Michael Walzer ed., *Regicide and Revolution: Speeches at the Trial of Louis XVI*, Columbia University Press, 1993 참조.

을 살해한 혁명은 자신을 국왕/가부장에 대항하는 '동맹한 아들들'의 모습으로 표상되었다. 프랑스대혁명의 세 이념 가운데 하나가 형제애(fraternity)인 것은 바로 그런 상징의 흐름 때문이었다.[49]

《피가로의 결혼》에서 《돈 조반니》로의 이행은 혁명의 변화 과정과 평행한다. 돈 조반니는 구체제의 귀족으로 설정되어 있으면서도 음란한 가부장이 아니라 모든 사회규범에 반항하는 아들의 면모를 보인다. 그런 의미에서 돈 조반니는 프랑스대혁명이 형상화할 혁명적 아들을 선취하고 있다고 할 수 있다. 석상이 상징하는 종교적이고 가부장적인 권위에 의해 전혀 제어되지 않는 돈 조반니는 모든 권위에 도전하는(도냐 안나의 아버지 기사장을 거리낌 없이 죽이고, 석상의 저주에 자신의 의지를 내세우며 도전하는) 계몽주의가 함축하는 무제한성과 자기파괴적 속성을 모차르트가 프랑스대혁명 이전에 이미 예감했음을 시사한다.[50]

흥미로운 점은 봉건적 구체제의 낭만이든, 구습을 조롱하든, 혁명적 계몽주의의 과잉을 묘사하든 그 모든 걸 상상력의 제약 없이 그리고 검열의 압력에서 풀려나 자유롭게 펼칠 수 있는 무대로 세비야가 소환되었다는 것이다. 그런 심리-정치적(psycho-political) 상상력의 전개가 세비야를 무대로 해서만 가능한 것은 아니겠지만, 그렇다고 해서 세비야의

---

49 정치는 (프로이트적 의미에서) '가족 로맨스'로 표상될 때가 많다(역으로 가족의 이야기는 왕국의 이야기로 변형된다. 얼마나 많은 아버지가 제 딸을 '공주'라고 불렀는가?). 이런 점에 주목해서 프랑스대혁명의 상징구조를 분석한 저술로 린 헌트 『프랑스 혁명의 가족 로맨스』, 조한욱 옮김, 새물결 1999 참조.

50 잘 알려진 영화 「아마데우스」(밀로시 포르만 감독, 1984)는 석상을 《돈 조반니》를 작곡하던 즈음 사망한 모차르트의 부친을 표상하는 것으로 그린다. 모차르트가 어린 시절 아버지로부터 대단히 엄격한 음악적 훈련을 받았던 점을 생각하면, 모차르트가 욕망을 제한 없이 추구하는 돈 조반니를 자신과 동일시하고 가부장적 권위를 상징하는 석상을 아버지와 동일시했다는 것이 아주 무리한 해석은 아니다.

선택이 전적으로 우연적인 것만도 아니다. 세비야는 한때 스페인 황금시대의 주역이었던 '영광스러웠던' 도시였기에 피가로가 「길을 비켜라. 마을의 재간둥이 나가신다」(Largo alfactotum della città)를 부르며 요란하게 나타날 듯한, 낭만적으로 윤색된 구체제의 무대로서 손색이 없다. 또한 그곳은 한참 낡은 봉건적 특권인 초야권을 주장하려고 하는 음란한 영주가 있는 건 물론이고 그것에 도전하는 당돌한 하인들이 있는 게 이상할게 없는 곳이기도 했다.[51] 그리고 세상을 휘젓고 다니는 난봉꾼이 종교적 징벌을 받은 것이 그럴듯할 만큼 종교재판의 기억이 생생하게 남아 있는 지역이기도 했다.

누군가가 상상을 투사하는 대상이 될 때, 그 대상에게는 어떤 왜곡과 모욕이 안겨질 공산이 크다. 서구와 비서구 사이에 형성된 '오리엔탈리즘'이 그 전형이다.[52] 하지만 당연하게도 오리엔탈리즘은 서구와 비서구 사이에서 발생하기 이전 서구 안에 이미 형성되어 있었다. 모리스코(레콩키스타 이후 스페인에 남은 무어인의 후손), 유대인, 집시, 아일랜드인 등이 그런 대상이었다. 그렇다면 파리의 보마르셰와 빈의 모차르트 그리고 로마의 로시니에게 아주 경멸하기는 어렵지만 약간 마음 편하게 깔보아도 괜찮았던 세비야를 향한 상상의 투사는 어땠을까? 그들도 현실의 세비야를 어느 정도는 왜곡했고 또 어느 정도는 모욕했다. 로시니는 반동적인 페르난도 7세 시대의 세비야를 낭만적으로 분칠했고, 모차르트는 나름대로 계몽주의를 꽃피웠던 카를로스 3세 시대의 스페인을 봉건적인 구습에

---

51 실제로 보마르셰는 애초에 파리가 무대였던 이야기를 세비야로 바꾸고서야 검열을 통과했다.
52 이 개념의 새로운 정립과 그것에 대한 풍부한 분석 면에서 누구나 빚지고 있는 저술은 Edward W. Said, *Orientalism*, Vintage, 1979이다.

시달리는 곳으로 묘사했다.[53] 그러나 그 왜곡과 모욕은 그렇게 야멸차진 않았다. 애초 '매운맛'은 아니었던 이 오페라들에 나타난 서구 내부의 오리엔탈리즘은 야만적이었던 스페인의 20세기를 건너서 21세기에 이르자 아리고 맵고 고약한 맛이 모두 빠진 것이 되었고, 이제는 세비야를 우리 모두에게 더 친근한 도시로 만들어주고 있을 뿐이다. 수잔나와 백작부인의 「편지 이중창」이라도 들려올 듯이 저녁의 "산들바람이 너무도 달콤할 때"(Che soave zeffiretto), 세비야 대성당 동쪽 산타크루스 지역으로 걸어가면, 오래되고 근사한 이층집 발코니로부터 화사한 콜로라투라 음색으로 로지나가 「방금 들린 목소리」(Una voce poco fa)를 부르는 소리가 들릴 것 같은 그런 곳으로 말이다.

담배공장 아가씨, 카르멘

모차르트와 로시니로부터 한참 시간이 흐른 19세기 후반에 제작된《카르멘》에서는 세비야가 어떻게 재현되었는지 보자. 세비야가 상상의 지리학 속에 있던 모차르트와 로시니의 오페라에 비하면《카르멘》은 상당 정도 스페인 현실을 참조하고 있다. 그렇게 된 이유는《카르멘》의 저본(底本)인 중편소설 『카르멘』(1845)의 작가인 프로스페르 메리메(Prosper Mérimée, 1803~70)의 실제 스페인 여행 경험에 기초해 있기 때문이다.

작가 메리메는 실베스트르 드 사시(Silvestre de Sacy, 1758~1838)나 에르네스트 르낭(Ernest Renan, 1823~92)같이 뛰어난 동양학자(orientalist)는

---

53 카를로스 3세와 페르난도 7세의 통치에 관해서는 이 책 2장 참조.

아니었지만, 스페인이나 근동의 문물이나 역사에 관심이 많았던 낭만주의적 작가이자 아마추어 동양학자였다. 그는 1830년대 스페인을 여행했는데, 여행 중에 몬티호(Montijo) 백작 부부를 사귀었다.[54] 그는 백작부인과 대화 중에 자신만 사랑해달라는 요구를 거부했다고 정부(情婦)인 집시를 살해한 말라가 출신 농부 이야기를 듣게 된다. 백작부인은 신문에서 읽은 안달루시아 집시에 관한 일화로 들려준 것이었지만, 메리메는 그 일화에 담긴 주제인 '폭력적 살인에 이른 열정적 사랑'에 크게 매혹되었다. 10여년 뒤 그 주제를 집시 여성에 대한 자신의 민속지적 탐구와 긴밀히 엮고 스페인 여행의 여러 경험을 짜 넣어서 『카르멘』이라는 작품을 탄생시켰다.

메리메 자신이 여행했던 시기보다 10여년 앞서는 1820년대의 세비야를 무대로 설정하고 있는 『카르멘』은 주인공 카르멘이 살던 트리아나 지구나 그녀가 일하던 왕립 담배공장(Real Fábrica de Tabacos), 그리고 코르도바를 비롯한 안달루시아의 여러 지역이 꽤 실감 나게 묘사되고 있다. 특히 오페라 첫 장면에 등장하는 왕립 담배공장은 실재했던 공장일 뿐 아니라 지금도 외형을 그대로 간직하고 있다. 세비야 대성당에서 10여분 걸어가면 마리아루이사 공원 좀 못 미쳐서 담배공장이 나타난다. 지금은 세비야 대학의 도서관으로 쓰이고 있는 이 건물은 오페라 무대에서 재현

---

54 이 친분은 평생을 이어갔을 뿐 아니라 그의 생애에 큰 영향을 미쳤다. 백작의 딸 에우헤니아 데 몬티호(Eugenia de Montijo, 1826~1920)가 1853년 나폴레옹 3세와 결혼하게 된다. 이 덕분에 메리메는 1853년 상원의원이 되었고 죽을 때까지 그 지위를 유지했다. 『카르멘』과 《카르멘》그리고 메리메와 비제에 대한 이하의 논의는 다음 저술들에 빚지고 있다. 엘리자베스 라부 랄로 외『카르멘』, 정희경 옮김, 이룸 2004; Susan McClary, *Goerges Bizet Carmen*, Cambridge University Press, 1992; Ninotchka Bennahum, *Carmen, a Gypsy Geography*, Wesleyan University Press, 2013.

8-26. 세비야 대학 도서관 후문 상단에 새겨진 '왕립 담배공장' 명판

된 것들보다 훨씬 웅장하다. 건물이 해자로 완전히 둘러싸여 있는 것도 인상적이다. 오페라에서도 경비병이 출입을 통제하는 모습이 나오지만, 국가 전매사업이었던 담배공장에 대한 실제 통제는 오페라에 비친 것보다 한결 엄격했었음을 보여준다.

유럽에 처음 담배를 가져온 것이 콜럼버스이고, 콜럼버스 항해 이래로 세비야가 대서양 교역의 중심지였음을 생각하면, 거기에 커다란 담배공장이 세워진 것은 충분히 있을 법한 일이다. 실제로 담배의 중독성과 도취성이 가진 상업적 잠재력 때문에 세비야는 16세기부터 담배 무역을 독점하고자 했고, 유럽 최초로 담배회사가 설립된 곳도 그곳이다. 17세기에는 중앙정부가 직접 담배산업에 뛰어들었다. 세비야 왕립 담배공장은 18세기 초부터 담배 무역과 생산을 모두 통제했던 중앙정부가 설립했다. 18세기 중반에 완공된 이 담배공장은 그 세기에 지어진 스페인의 산업 건물 가운데 가장 크고 훌륭한 것이었다.[55] 그러니 대항해시대 이래 400여년간 유럽인들 사이에서 담배로 명성 높은 도시였던 세비야를 배경

으로 삼은 《카르멘》에 담배공장이 등장한 건 자연스럽기조차 한 일이다. 더 나아가서 그것은 당대 유럽인들이 가진 담배에 대한 (그리고 담배와 연관된 계급, 인종, 젠더에 대한) 사유와 태도를 투사해 보일 수 있는 최적의 소재이기도 했다. 실제로 그런 투사는 《카르멘》 첫 장면에서 담배공장 경비병들이 퇴근하는 여공들을 보며 부르는 노래에서부터 나타난다.

저 여자들 좀 봐. 뻔뻔스럽게 눈빛에
교태 하며,
이빨로 담배를 물고
피우고 있네.

오늘날에도 완전히 사라지지 않은 여성 흡연에 대한 경멸이 노골적으로 나온다. 이어지는 장면에서 여공들 사이에는 커다란 소동이 벌어지고 카르멘은 다른 여공의 얼굴을 칼로 긋는다. 《카르멘》이 그려낸 '담배'공장 '여자' 노동자의 이미지는 성적 난잡함과 폭력성인 셈이다.

하지만 곤살로 빌바오의 「담배공장」(Las Cigarreras)은 《카르멘》이 그려낸 모습에 상당한 과잉과 왜곡이 있음을 시사한다. 20세기 초에 그려진 이 그림은 그때까지도 담배공장의 기계화는 이뤄지지 않았다는 것, 그래서 담배가 19세기와 다름없이 여공들의 수작업으로 제작되고 있었다는 걸 보여준다. 그런데 작업 중이어서 그런 것이겠지만, 「담배공장」에

---

55 이런 담배산업의 융성은 오히려 스페인 경제의 취약성을 보여주는 것이기는 하다. 식민지와의 무역을 내부의 산업발전과 연계하지 못했던 스페인에서는 중독적 쾌락으로 인간을 옭아매는 담배산업 같은 것이나 발전했고, 당대 가장 '근사한' 산업 건물이 담배산업을 위해 지어졌던 셈이다.

8-27. 곤살로 빌바오 「담배공장」, 1915, 305×402cm, 세비야 미술관

는 연기가 전혀 없다. 그림의 분위기로 보아서는 퇴근 후라고 해서 그들이《카르멘》의 경비병들이 묘사하듯이 곧장 건들대며 담배를 피울 것 같지도 않다. 게다가 한 여공은 작업 중에 아기에게 젖을 먹이고 있다. 여공들 사이에서 칼부림이 벌어지는《카르멘》과 달리 그림에는 화기애애한 여성적 유대감이 흐르고 있다. 물론《카르멘》에서 벌어지는 난투극만큼이나 세비야 출신 토박이 화가가 그린 담배공장의 평화로움 또한 전적으로 신뢰할 수는 없다(여기엔 여공의 저임금과 고달픔이 전혀 비치지 않는다). 하지만 적어도 「담배공장」은《카르멘》이 그리는 여공의 모습이 현실과 거리가 있음을 충분히 느끼게 해준다.

《카르멘》은 여성의 흡연에 대해서는 뚜렷이 부정적 편견을 드러내지

만, 오늘날처럼 담배 자체를 경멸하지는 않는다. 담배공장 여공들은 오페라 첫 부분에서 이렇게 노래한다.

우린 공중의 연기를
쳐다보네. 향기롭게 하늘로
솟아오르는 연기를
감미롭게 연기는
머리로 오르고 부드럽게
영혼의 기쁨으로 채워주지만
연인들의 감미로운 말은
연기에 불과해
그들의 환희와 맹세 또한
연기와 같지.

오늘날 간접흡연을 유발하는 담배연기는 타자에 대한 심각한 무례이자 실질적 위협으로 여겨지지만, 여공들의 아리아가 보여주듯이, 비제 그리고 《카르멘》의 첫 청중이었던 19세기 프랑스인들에게 담배연기는 '감미로운' 것이었다. 그러니 담배로 명성이 높았던 세비야도 어느 정도는 감미로운 도시로 상상되었을 것이다.[56]

---

56 사실 지난 세기 중후반까지 담배가 지닌 매력의 절반 이상은 연기에 있다고 생각되었다. 혹 빨아들이면 담배 끝의 지옥의 불꽃처럼 맹렬히 타오르고, 악마적 영기(靈氣)처럼 순식간에 머릿속을 아득히 흽싼 뒤 뿜어져 나온 연기는 눈앞의 공간 속으로 넘실거리며 천천히 퍼져나간다. 그로부터 우리는 호흡의 물질성, 영혼의 표상, 존재의 시간성, 그리고 《카르멘》의 여공들이 노래하듯이 연인이 건네는 향긋한 말의 덧없음을 느꼈다. 그러므로 수중기를 뿜을 뿐 연기를 피워내지 않는다고 주장하는 전자담배는 담배의 매력을 잃은 비루한 것이

담배공장에서 시작한 《카르멘》은 담배에 대한 연상을 이어간다. 담배 공장에서 퇴근하는 여공 가운데 단연 거리 남성들의 '숭배'를 받는 이가 카르멘이다. 카르멘은 구애하는 남성들에게 흔히 '하바네라'(Habanera) 라 지칭되는 유명한(아마도 오페라 역사에서 가장 유명하다고 해도 과언 이 아닌) 아리아 「사랑은 길들지 않는 새」(L'amour est un oiseau rebelle) 를 부른다. '하바네라'는 영어식 발음이고, 스페인어 발음은 '아바네라' 로, 쿠바의 수도 아바나 스타일의 춤곡을 뜻하는 말이다. 오늘날 세비야 에서 담배를 떠올릴 사람은 많지 않지만, 쿠바는 여전히 품질 좋은 씨가 (Cigar) 산지로 유명하다. 담배는 쿠바(아바나)와 스페인(세비야)을 이어주 고, 쿠바는 다시 담배 플랜테이션 농장에서 일했던 아프리카 출신 노예 들, 그리고 그들과 라틴아메리카 사이의 혼종(hybrid)인 '아프리카-쿠 바 음악'의 일종인 하바네라로 이어진다.[57] 이런 하바네라의 유래는,《카 르멘》을 찬미했던 프리드리히 니체(Friedrich W. Nietzsche, 1844~1900)가 그 안에서 발견한 '아프리카적인 것'이 레콩키스타 이전 무어인들이 남 긴 것이 아니라 근대 세계체제가 새롭게 빚어낸 혼종이란 걸 말해준다.[58]

___

라 해도 좋을 것이다. 담배 그리고 담배연기의 문화적 의미에 대한 고찰로는 리처드 클라인 『담배는 숭고하다』, 허창수 옮김, 문학세계사 1995 참조.

[57] 비제의 「하바네라」는 세바스티안 이라디에르(Sébastien Iradier, 1809~65)의 「사소한 약 속」(El Arreglito)의 표절곡이다. 비제는 스페인의 오래된 민요라고 생각하고 아무 생각 없 이 사용했다가 이라디에르의 항의를 받게 되자 오페라 악보에 출처를 표기하는 식으로 갈 등을 무마했다. 「사소한 약속」은 물론이고 이라디에르의 훨씬 더 유명한 작품 「비둘기」(La paloma)도 모두 그가 쿠바를 여행한 뒤, 쿠바 음악 스타일을 흉내내서 작곡한 하바네라 이다.

[58] 니체는 『바그너의 경우』에서 《카르멘》을 스무번이나 관람했다면서 이렇게 말한다. "여기 (《카르멘》)서는 모든 면에서 기후가 바뀌어 있습니다. 여기서는 다른 감성, 다른 감수성, 다 른 명랑함이 입을 엽니다. 이 음악은 명랑합니다; 그렇지만 프랑스나 독일의 명랑함은 아닙 니다. 그 명랑함은 아프리카적입니다; 그것은 숙명을 이고 있으며, 그 행복은 짧고 갑작스럽 고 가차 없습니다. 유럽의 교양 있는 음악에서 지금까지 표현되지 않았던 이러한 감수성에

《카르멘》은 집시, 안달루시아 전역에 끈적하게 남은 무어인의 후예들, 아메리카(쿠바), 아프리카 같은 서구 근대성의 타자를 세비야라는 무대 위에 불러 모은다.

흥미로운 점은 그렇게 모인 타자성을 묶는 결절점이 안달루시아 출신 집시 여인 카르멘이라는 것, 아니 카르멘이라기보다 카르멘이 표상하는 사랑, 좀더 정확히 말하면 '충동으로서의 사랑'이라는 점이다. 카르멘은 이렇게 노래한다.

> 사랑은 길들지 않는 새
> 아무도 길들일 수 없어
> 　　　(…)
> 사랑은 집시 아이
> 도무지 법(loi)이라곤 몰라
> 당신이 싫다 하면 나는 사랑할 테야
> 내가 당신을 사랑한다면! 그때는 조심해!
> 　　　(…)
> 당신이 잡았다고 생각한 새는
> 날개를 펼치고 날아가버릴 테니까
> 　　　(…)

대해 ―더욱 남방적이고 더욱 갈색이며 더욱 그을린 감수성에 대해 비제가 용기를 내었다는 점 때문에 나는 그를 부러워합니다."(프리드리히 니체 『바그너의 경우·우상의 황혼·안티크리스트·이 사람을 보라·디오니소스 송가·니체 대 바그너』, 백승영 옮김, 책세상 2002, 20면, 괄호는 인용자 보충) 니체는 《카르멘》에서 스페인의 과거 더 나아가서 유럽이 망각한 고대 그리스의 '디오니소스적인 것'을 발견한다. 그러나 앞에서 지적했듯이, 니체가 《카르멘》에서 발견한 것은 근대 세계체제가 매일매일 빚어내는 혼종성의 양태라고 해야 할 것이다.

당신이 붙잡았다고 생각할 때는
도망칠 거고
당신이 벗어나려 하면
꼭 움켜잡을 거야.

'법이라곤 모르기'로는 돈 조반니도 마찬가지이다. 그 역시 법의 대척점에 선 성적 충동을 인격화한다. 하지만 충동의 남성적 현현인 돈 조반니는 카르멘 같은 복잡한 혼종성을 갖지 않는다. 자신의 충동을 향해 충실성을 표하고, 자기 행동의 귀결을 온전히 감당하려고 하는 돈 조반니에게서는 '영웅적' 면모마저 은밀하게 감지된다. 그러나 여성-조반니인 카르멘은 이미 언급했듯이 서구적 근대의 부정적 타자를 응집한다. 카르멘은 돈 조반니의 단순한 여성 판본은 아닌 셈이다. 사실 돈 조반니는 미묘하고 매혹적인 유혹자의 언어를 구사하지 않는다. 돈 조반니가 여성을 유혹하는 아리아들, 체를리나와의 이중창인 「우리 이제 손 맞잡고」(La ci darem la mano)나 「아, 창가로 와 주오」(Deh, vieni alla finestra)는 키르케고르가 지적하듯이 감성 자체인 음악의 수준에서는 매혹적이지만 가사의 면에서는 『위험한 관계』의 발몽이 구사하는 세련된 유혹자의 언어와 달리 투박하다. 그러나 '세기디야'(seguidilla)를 부르며 돈 호세를 유혹하는 카르멘은 음악과 가사, 그리고 몸짓(춤)이 어우러지며 총체적으로 남성을 흔든다. 돈 호세에게 묶인 손을 풀어달라고 한 카르멘은 풀려난 손을 꼬고 풀고 되감는 플라멩코 특유의 고혹적 동작으로 춤을 추며 유혹의 노래를 부른다.

세비야의 성벽 부근,

내 친구 리야스 파스티아의 선술집에서

세기디야를 춤추고,

만사니야[59]를 마실 거예요.

그래요, 그러나 혼자서는 지루해요.

진정한 즐거움은 두 사람이 나누어 갖는 것,

그래서 동무로 삼기 위해

연인과 함께 가겠어요.

        (…)

이제 주말이 되었어요. 누가 나를 사랑하길

원하나요? 난 그 사람을 사랑하겠어요.

누가 내 가슴을 원하나요? 가져가 주세요,

당신은 알맞을 때 왔어요.

난 시간이 없어요.

새로운 연인과

세비야 성벽 부근

내 친구 리야스 파스티아의 선술집에서

세기디야를 춤추고

만사니야를 마셔야 하니까요.

그 모습 앞에서 마치 깊게 담배 한 모금을 빨아들인 듯이 정신이 아득
해진 돈 호세는 군대(법과 질서)를 버리고 밀수업자가 되고, 어머니가 보

---

59 만사니야(Manzanilla)는 카디스(Cadiz)에서 생산되는 셰리(sherry), 즉 화이트와인에 주정
을 섞은 강화 와인이다. 보통의 와인보다 달고 도수가 높다. 우리나라에서 잘 알려진 포르투
와인도 강화 와인의 일종이다.

낸 미카엘라를 버리고 카르멘을 택한다. 이 위반은 최종적으로 사랑하는 카르멘을 살해하는 죽음과 에로스의 융합으로 치닫는다. 카르멘의 또다른 연인인 투우사 에스카미요가 투우경기장에서 검은 눈의 황소를 죽일 때, 돈 호세는 검은 눈의 집시 여인 카르멘을 죽인다. 어느 지역보다도 비서구와의 밀접한 경계선에 있었던 서구적 근대성의 대리자였던 세비야는 투우장에서 매혹적인 검은 눈으로 자신을 바라보는 황소를 반복해서 죽임으로써만 자신의 정체성을 유지했던 듯하다. 그 상징적 살해의 검(estoque)이 향했던 것은 황소의 대동맥뿐 아니라 서구적 근대성의 모든 타자였고, 그 모두를 총괄하는 억제할 수 없이 매혹적이지만 치명적으로 위험한 여성성이었다.

비제의 '카르멘'의 대척점에《라 트라비아타》(La Traviata, 1853)의 비올레타 발레리(Violetta Valéry), 혹은 니체가 대비했던《방랑하는 네덜란드인》(Der fliegende Holländer, 1843)의 젠타(Senta)가 있다. 아마도 19세기 서구(의 남성들)는 남성을 위해 자신을 희생하는 비올레타나 젠타의 죽음에서 연민을 느끼고, 카르멘의 죽음에서는 안도감을 느꼈을 것이다. 그러나 그로부터 한 세기를 더 건너온 지금 누가 비올레타나 젠타에게 매력을 느끼겠는가? 인종정치와 성정치 그리고 경제적 양극화로 인해 계급정치와 범죄가 뒤섞이는 세계 자본주의 체제의 위험한 질주 속에서 우리들이 매일 직면하는 현실은 알프레도와 비올레타 또는 네덜란드인 선장과 젠타의 만남보다는 돈 호세와 카르멘의 비극적 조우에 한결 가깝다. 서구와 비서구의 혼종적 경계면에 있던 세비야는 세상 어느 도시보다 먼저 그런 비극의 무대가 될 수 있었다. 그리고 그 비극이 그렇게 슬프지 않은 것은 세비야에서는 지금도 여전한 "행복의 노란 오후"[60]에 "아프리카적 명랑함" 속에서 상연되었기 때문일 것이다. 행복하게도 과달키비

르 강변 카페에서 모히토를 마시던 아내와 크루스캄포를 마시던 나도 그 노란 오후를 잠시 느껴보았다.

---

60 니체, 앞의 책 20면.

9장

모로코에서,
사막 혹은 무한에 대하여

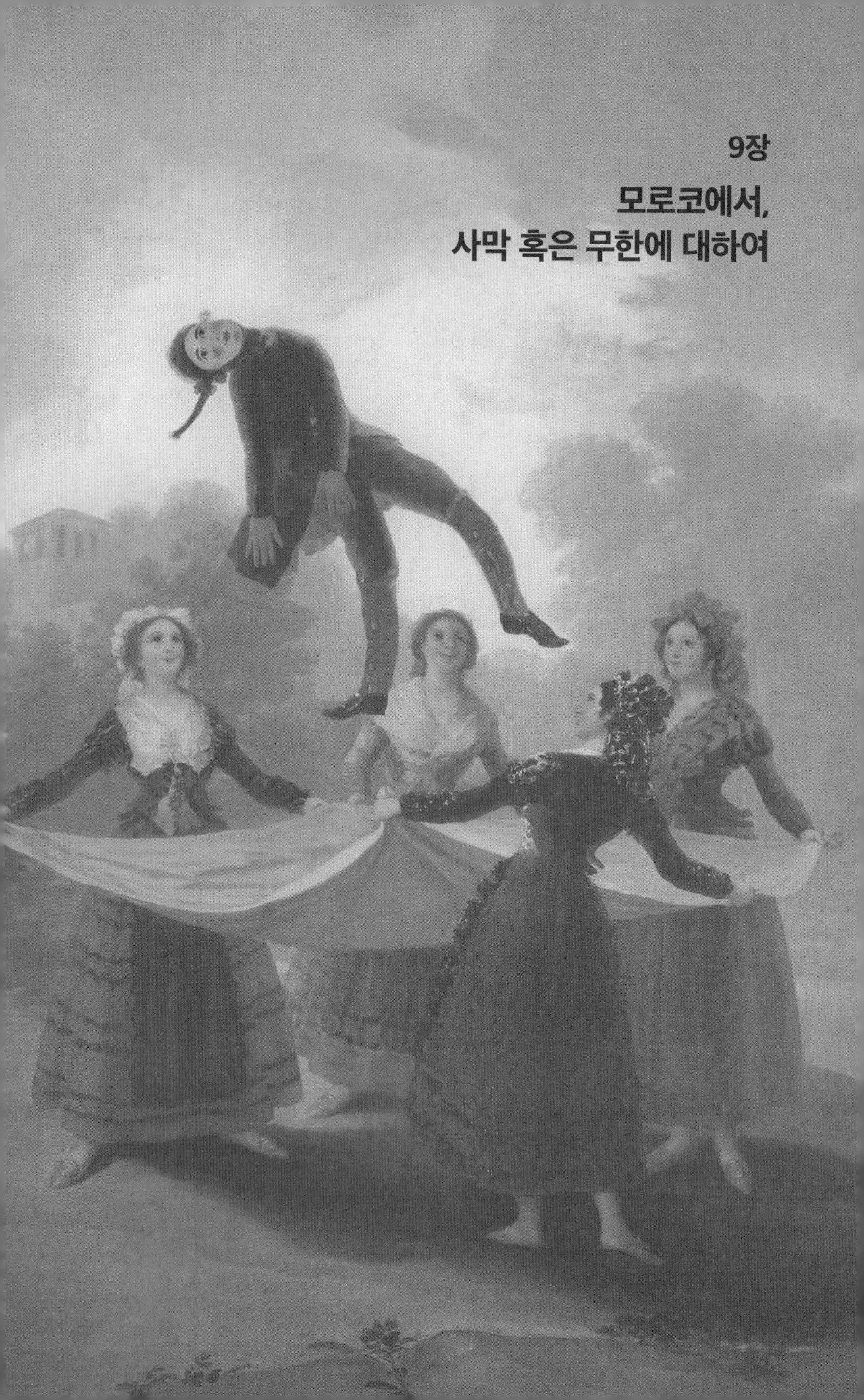

성가신 솅겐조약

세비야에서 아내와 나는 조금 지쳐 있었다. 여정이 이미 꽤 길어졌기 때문이기도 하고, 따뜻한 지역의 집들이 오히려 겨울에는 으슬으슬 추운 법인데 우리가 세든 숙소도 여지없이 그랬기 때문이다. 쉬어도 몸이 가뿐해지질 않았고, 온돌이 그리웠다. 세비야 여기저기를 구경 다니고 나니, 아침이면 집을 나서서 15분쯤 걸어가 이사벨 2세 다리 건너에 있는 트리아나 시장에서 찬거리를 조금씩 사 와서 밥을 해 먹으며 지내는 일상이 이어졌다. 밤에는 아이패드로 한국 드라마를 보기도 했다.

그렇게 느긋하게 일주일쯤 시간을 보내고 나니 론다에나 다녀올까, 하는 생각이 들었다. 하지만 절벽 위에 파라도르가 있는 론다 풍경은 마드리드 있을 때 다녀온 쿠엔카와 크게 다르지 않아 보였다. 물론 얼핏 사진만 봐도 쿠엔카보다 론다가 더 대단한 듯했다. 게다가 관광 예능 프로그램인 「꽃보다 할배」에 나온 이래로 우리나라 사람들에게 꽤 인기를 누리는 곳이기도 했다. 귀국한 뒤에 스페인에 다녀왔다고 하면, 누군가 론다에 가봤냐고 물어볼 것 같았다. 그럴 때, "아니"라고 답변하면, 론다의 아

름다움에 관한 이야기를 한참 들어주어야 할 의무가 발생하기 마련이다. 그런 일이 귀찮아서라도 가볼까 싶었다(관광/여행에서는 그런 이유로 가보는 곳이 생각보다 많고, 그런 이유로 가보길 포기하는 데는 결단 비슷한 것이 필요하기도 하다). 하지만 그것이 우리가 묵고 있는 숙소에서 고작 5분 거리에 있는 과달키비르 강변에 앉아 제법 따듯한 초겨울 오후 햇볕을 쬐며 책을 읽는 '게으른' 생활에서 나를 끄집어낼 만큼 매력적이지는 않았다.

그런 중에 아내가 아프리카에 가자고, 모로코에 가자고, 사하라사막에 가자고 했다. 사하라사막이라는 말에 이상하게도 귀가 번쩍 뜨였다. 론다에 비하면 엄청나게 '들뜨게' 하는 제안이었다. 게다가 모로코에 다녀오는 것은 우리가 걱정하고 있던 '셍겐조약' 문제도 해결해줄 수 있었다. 곧 방학이 될 작은딸 그리고 같은 시기에 휴가를 낼 큰딸이 우리를 만나러 올 예정이었는데, 딸들과 함께 스페인을 여행할 시간까지 가지면, EU 무비자 입국자에게 '지난 6개월 가운데 90일 이하 체재'만을 허용하는 셍겐조약을 위반할 처지였다. 그러나 딸들이 오기 전에 EU 바깥인 모로코에 다녀오면, 셍겐조약이 허용한 체제 기간을 정확히 지켜서 스페인을 떠날 수 있었다.

하지만 그러자니 다른 걱정, 모로코에서 스페인으로 돌아올 때, 스페인 출입국 관리 직원이 셍겐조약이 허용하는 날짜가 고작 열흘쯤 남은 상황에서 재입국하는 것을 불허할 위험은 없을까, 하는 걱정이 들었다. 스페인이 얼마나 셍겐조약을 엄격히 준수하는지, 우리 같은 사례와 관련해서 스페인의 출입국 정책이나 관행이 어떤지 알 수 없었다. 스페인 주재 한국 영사관과 대사관에 전화를 걸었다. 어렵게 이뤄진 통화를 통해 들은 답변은 예상대로 아주 관료적이었다. "셍겐조약을 지키는 것이 좋

습니다. 모로코로부터의 재입국은 아마 가능하겠지만, 보증할 수는 없습니다." 내가 걱정하고 있는 바로 그 점을 반복해서 말할 뿐이었다. 여행 블로그들도 뒤져보았지만, 참조할 만한 경험이 기록된 것은 없었다. 불확실성하의 결정의 고전적 사례에 처한 셈이었고, 남은 건 동전던지기였다. 그리고 던져진 동전이 가리킨 것은 "모로코에 간다" 쪽이었다.

논 플루스 울트라

마드리드에 있다면, 당연히 마라케시나 카사블랑카를 향해 비행기를 타고 가겠지만, 세비야에 있으니 비행기 이용이 까다로웠다. 세비야에서 모로코로 가는 직항이 가물에 콩 나듯 해서 마드리드의 바하라스 공항을 경유하는 것이 거의 불가피했다. 그에 비하면 배를 타고 가기는 한결 쉬워 보였다. 버스를 몇시간 타고 지브롤터해협에 있는 항구로 가서 배를 타고 탕헤르 항으로 들어가면 된다. 일단 뱃길을 확인하고 나니, 더욱 지브롤터해협을 건너보고 싶었다.

지구상에는 몇개의 중요한 해협이 있다. 보스포루스해협과 다르다넬스해협, 믈라카해협, 그리고 호르무즈해협 같은 곳이 그렇다. 이런 해협들은 수운에서 결정적인 중요성을 지닌 곳들이다(보스포루스해협 없이 이스탄불의 명성을, 그리고 믈라카해협 없이 싱가포르의 번영을 생각할 수 있겠는가?). 하지만 지브롤터해협은 지중해와 대서양을 연결하는 위치에 있음에도 불구하고 그렇게 중요한 역할을 담당하지 못했다. 유속이 빠른 해협인데다가 대서양은 지중해를 누빌 정도 실력으로는 감당할 수 없는 바다여서 이 해협을 주요한 이동 경로로 삼는 것은 고대에는 엄두

도 낼 수 없는 일이었다. 중세 말에 이르러서야 유럽인들은 대서양으로 나설 실력을 갖추었다. 그러나 막상 '대항해시대'에 이르자, 지중해와 대서양의 연결은 그렇게 중요한 과제가 아니었다. 이미 꽤 발달한 육로와 연결된 리스본이나 과달키비르강을 통해 스페인 내륙 깊숙이 이어질 수 있는 카디스 같은 항구가 대서양의 관문이 되었다.

상업적 또는 군사적 중요성이 크진 않아도 지브롤터해협은 오래된 신화가 깃들인 문화사적 장소이다. 나에게도 그렇지만 많은 이들에게 지브롤터해협은 어린 시절 읽은 헤라클레스 이야기를 떠올리게 할 것이다. 헤라클레스는 헤라가 내린 광기에 사로잡혀 자기 아들을 죽인 죄과를 씻기 위해 에우리스테우스 아래서 12가지 노역을 하게 된다. 그 가운데 열 번째 노역은 메두사의 후손인 게리온이 소유한 황소를 훔쳐 오는 것이었다. 헤라클레스는 소를 훔친 자신을 추격했던 게리온을 죽인 뒤 바다를 건너기 위해 아틀라스산의 일부를 무너뜨렸다고 한다. 이때 무너진 아틀라스산의 일부가 바닷가에 우뚝 서 있게 되었는데, 그것을 '헤라클레스의 두 기둥'이라 한다. 그것이 정확히 어디를 가리키는지는 모르지만, 대략 지금의 지브롤터 암벽과 모로코 북동부 스페인령 세우타로 추정되며 (사실 그렇다고 우기는 것이지만), 거기엔 헤라클레스의 기둥을 상징하는 기념비가 세워져 있다.

헤라클레스의 기둥은 고대인들에게는 "넘어서는 안 되는"(Non plus ultra) 세계의 경계로 여겨졌다. 그래서 대항해시대 이후 대서양과 대서양 너머 아메리카대륙으로 영토를 확장한 스페인의 왕이자 신성로마제국의 황제였던 카를 5세는 (헤라클레스의 기둥을) "넘어서"(Plus ultra)를 자신의 모토로 삼기도 했다. 자신의 '위업'을 오랜 신화에 기대어 확인받고자 한 것이다.

지브롤터 건너기

7시 기상. 아침을 먹고 짐을 챙긴 다음 프라도 버스터미널로 걸어서 갔다. 12월 초의 제법 쌀쌀한 날씨에 코가 시큰했다. 캐리어를 끌고 대략 20분쯤 걸었던 듯싶다. 별 어려움이 없이 9시 출발 알헤시라스행 버스표를 샀다. 알헤시라스 항구라면, 헤라클레스의 기둥으로 간주하는 지브롤터 암벽을 볼 수 있다. 물론 상당히 멀리서 바라보는 것이라, 우뚝 선 바위가 풍기는 위압적인 금지의 분위기를 느끼긴 어려울 듯했다. 하지만 일정을 더 짜내서 암벽에 오른다거나 하는 계획을 세우진 않았다. 그렇게 하더라도 크게 달라질 것이 없어 보였기 때문이다. 어차피 갤리선을 탄 고대인이 암벽을 보며 압도되었던 느낌을 비슷하게라도 느껴보려면 지중해 안쪽 편에서 항해해 나오며 암벽을 바라보아야 하는데, 그렇게 하기는 어려웠다. 그저 먼발치에서나마 헤라클레스의 기둥을 보자는 심정으로, 알헤시라스로 향했다.

차를 빌려서 갔으면 대략 1시간 반이면 충분할 거리를, 시외버스를 타니 4시간 넘게 걸려 갈 예정이었다. 실제로 버스는 카디스를 들르는 것은 물론이고, 고속도로를 벗어나 스페인 남서부 시골 동네를 모조리 들르다시피 하며 갔다. 덕분에 대서양에 면한 해안도로 풍경을 즐길 수 있는 구간들이 있었지만, 아무튼 사천에서 완도까지 가는데, 보성, 장흥, 강진, 그리고 해남의 여러 마을을 두루 훑으며 가는 완행버스를 탄 것 같은 느낌이었다. 요금과 승객수로 보건대, 안달루시아주 정부가 보조금을 잔뜩 주지 않으면 운행이 어려워 보였다.

출발한 지 3시간쯤 지나서 타리파에 도착했다. 그리고 타리파 휴게소

에 거의 다다를 즈음, 거기서 출발하는 배를 타는 것이 모로코에 더 빨리 갈 수 있다는 것을 알게 되었다. 알헤시라스까지 더 가기 위한 버스 탑승시간도 줄이고, 타리파가 모로코에 더 가까운 항구라 페리 탑승시간도 더 짧았다. 대신 타리파에서 배를 타면, 헤라클레스의 기둥을 멀리서나마 볼 기회를 놓친다. 어쩔지 잠시 고민하다가 낯선 모로코에 오후 늦은 시간에 도착하는 게 아무래도 부담이 될 듯해서 그냥 버스에서 내렸다. 그러고는 버스 휴게소에 서 있던 택시를 타고 타리파 항구로 갔다. 항구에 도착하니 오후 1시 배편이 있었다. 출국 절차는 생각보다 간단했지만, 그래도 시간이 촉박해서 꽤 서둘러 배에 올랐다. 날씨는 아주 청명했다. 배가 항구를 빠져나오자, 무어인들이 10세기경 세웠다는 타리파 성곽이 멀리서 보였다. 더 여유 있게 일정을 짜고 저기에 가볼 생각을 왜 못했을까, 싶었다. 하지만 더 일정이 여유 있었다면 알헤시라스에 가고 헤라클레스의 기둥을 둘러보았을 테니, 타리파 성곽에 아쉬움을 느낄 기회도 없었을 것이다. 그러니 타리파 성곽에서 느끼는 아쉬움은 관광/여행에 늘 들러붙는, 꼭 봐야 할 어딘가를 지나칠지 모른다는 초조감에서 비롯된 것일 뿐이다.

타리파-탕헤르를 오가는 페리 탑승시간은 매우 짧았다(왕복권 기준 66유로라는 요금에 비하면 더욱 그렇다). 날씨가 맑고, 항해가 너무 순조로워서 왜 고대인들이 이 해협을 넘어서는 것을 두려워했는지 전혀 실감이 나지 않았다. 이 해협이 아주 위험하게 다가올 수 있다는 것은 모로코 여행을 끝내고 돌아오는 길에 체험할 수 있었다. 스페인에서 모로코로 갈 때와 달리 모로코에서 스페인으로 귀환하는 날엔 구름이 많았고 으슬으슬한 바람에 눈발이 휘날리는 날씨였다. 배가 지브롤터해협 중앙으로 진입하자, 승무원들은 아주 익숙한 일인 듯 잰걸음으로 승객들 사이를

누비며 모두에게 비닐봉지를 나눠 주었다. 그러고 나자 곧장 거센 파도가 페리를 때렸다. 뱃머리가 높이 들렸다가 다음 순간 바다 깊숙이 빠질 듯이 내리꽂혔다. 승용차와 화물차를 족히 200여대는 싣는 크기의 대형 고속 페리가 파도에 들어 올려졌다가 팽개쳐지길 반복했다. 객석 테이블 위의 이런저런 물건이 휩쓸려 떨어졌고 음료수가 담긴 컵들이 쏟아져버렸다. 모든 승객이 꼼짝없이 좌석에 몸을 밀착시킨 채 울렁거리는 속을 감당하느라 끙끙댔고, 거의 절반쯤의 승객이 나눠 준 봉지에 토했으며, 더러는 멀미를 견디지 못하고 옆으로 쓰러지기도 했다. 타리파 항구에 도착할 즈음이 되어서야 배의 출렁임이 잦아들었다. 울렁이는 속을 겨우 달래며 배에서 내리고 보니, 고작 수십명 노잡이의 힘으로 운항했던 고대 갤리선에게 지브롤터해협이 다다랐음을 알리는 거대한 헤라클레스의 기둥이 "논 플루스 울트라"의 장중하고 위압적인 금지로 다가왔던 것이 약간은 이해되었다.

탕헤르 호텔의 으슬으슬함

나의 세계사나 지리학적 지식은 중고교 시절 몇몇 과목에서 얻은 것들이고, 나머지는 사회학을 공부하면서 이리저리 뒤적여본 역사서들 덕에 형성된 산만한 것들이다. 그리고 사회학은 19세기 유럽의 사회적 격변에 대한 반응이자 성찰로서 출현한 학문이라 내가 읽은 역사서 대부분이 유럽사와 관련된 것들이다. 모로코 탕헤르에 도착해서 짐을 이끌고 항구 밖에 나선 내 앞에 나타난 것은 커다란 언덕 위의 '카스바'(Kasbah)와 그 주변에 형성된 '메디나 지역'(Medina Quarter)이었다. 기묘한 아름다움

을 가진 메디나의 외관을 멀리서 보며, 나는 스페인 왕들의 이름 심지어 왕조 변천사에 대해서는 어느 정도 알아도 모로코에 대해 아는 것은 아무것도 없다는 것, 정말 아무것도 아는 게 없는 나라에 왔다는 것을 깨달았다. 그러니 모로코에서 만나는 모든 것 위를 떠도는 나의 시선은 매끄러운 기름 표면에 떨어진 물방울처럼 대상에 조금도 스미지 못하고 굴러떨어질 게 분명했다.

모로코는 영어가 어느 정도 통하는 나라이기는 하지만, 항구를 나서자 곧장 흥정을 시도하며 다가서는 택시기사들과 뭐라고 말하며 어떤 식으로 거래해야 할지 당황스러웠다(계속 까다롭고 심리적으로 번잡했던 모로코에서의 이런저런 거래는 뒤에서 따로 이야기하겠다). 너무 적극적이고 공세적인 택시기사들에게 조금 위축되어서 마중 나온 지인이라도 있는 듯이 손사래를 치며 항구를 벗어났고, 내심 "뭐, 버스 타면 되겠지"했다. 그런데 예상과 달리 항구 밖 큰길에는 버스가 전혀 보이질 않았다. 난감했지만, 계속해서 호객해오는 택시기사들을 상대하는 게 피곤해서, 바닷가 길 따라 걸어서 호텔로 가기로 마음먹었다. 바닷가 인도(人道)는 잘 정비되어 있었고, 풍경도 훌륭했다. 스쳐 지나가는 모로코 청년들 가운데 일부는 약물에 취한 듯 눈이 휑하긴 했지만, 위협적이진 않았다. 다만 호텔까지의 거리가 거의 4킬로미터쯤 되어서, 걷기 좋은 선선한 날씨라 해도 캐리어를 끌며 가기엔 꽤 멀었다.

호텔에서 짐을 풀고 나서, 이메일 체크 등을 위해 노트북 컴퓨터를 켰지만, 와이파이가 제대로 잡히지 않았다. 호텔 프런트에 부탁해서 와이파이가 잘 잡히는 방으로 바꾸었는데, 처음 배정받았던 방에 비해 한결 넓고 전망이 좋은 방이어서 만족스러웠다. 좀 쉬었다가 번화가의 은행에 가서 ATM으로 모로코 화폐 디르함을 인출하고, 힐튼호텔 옆의 마로

크 텔레콤(Maroc Telecom)[1]에서 5기가짜리 심카드를 70디르함(약 8500원)을 주고 구매했다. 통신사 직원의 일솜씨가 매우 뛰어났다. 푸에르타델솔 광장 보다폰(Vodafone) 매장 직원에 비하면 2배쯤 빠른 속도로 모든 일을 깔끔하게 마무리했다. 보다폰의 데이터 요금은 마로크 텔레콤 요금의 5배쯤이다. 그 차이가 국가 간 경제력 격차와 대략 일치하고, 더 못한 능력을 지닌 스페인 청년이 더 유능한 모로코 청년보다 유복한 삶을 살 수 있는 토대일 것이다. 이 정치·경제적 격차는 마로크 텔레콤의 유능한 청년과 대비되는 탕헤르 해안가를 하릴없이 거니는 약물에 취한 듯이 보이는 모로코 청년들의 존재를 설명해주기도 할 것이다. 택시를 몰고 나와서 끊임없이 호객하고 요금을 흥정하는 청년 운전기사를 포함하면, 모로코 첫날에 세 부류의 청년을 본 셈이다. 이 세 부류가 모로코 사회에 대해 무언가 말해주는 듯했다.

통신회사 옆의 쇼핑몰에서 모로코풍 가락국수로 저녁식사를 하고, 아래층 슈퍼마켓에서 과일을 몇개 사서 숙소로 돌아왔다. 그리고 모로코의 겨울밤을 맞았다. 건물 전체가 난방을 거의 하지 않는 듯했다. 밤이 깊어지고 건물이 식자, 으슬으슬한 한기가 스멀스멀 밀려왔다. 호텔 방의 온도조절기를 한껏 높였지만, 별 소용이 없었다. 세비야의 숙소에서도 겪은 으슬으슬함이지만, 왠지 냉랭함은 모로코가 더했다. 침대에 누워 이불을 온몸으로 꽁꽁 잡아당겼다. 위도가 낮아질수록 건물 벽은 얇아지다가 이윽고 적도에서는 사라지는 것 아닐까, 더 남쪽에 있는 카사블랑카의 호텔은 더 추운 것이 아닐까, 그런 '쓸데없는' 상상이 밀려들었다. 모로코를 돌아다닐 동안 밤마다 내내 우리를 힘겹게 할 냉기를 그렇게 처음 만났다.

---

1 '마로크'(Maroc)는 '모로코'에 해당하는 프랑스어이다.

탕헤르 메디나의 파란 대문

모로코에서 사하라사막으로 들어가는 입구인 메르주가는 탕헤르에서 700킬로미터 이상 떨어져 있다. 렌터카를 몰고 가든 기차나 버스를 이용하든 최소 이틀이 걸리는 먼 곳이었다. 가능한 한 빨리 메르주가로 가려면, 차를 몰고 페스를 경유해 남쪽으로 곧장 내려가야 하고, 에두른다면 모로코의 해안 도시들을 거쳐 마라케시로 간 다음, 거기서 메르주가로 갈 수 있다.

목표로 한 사막 투어에서 우선 고려해야 할 것은 풍속이다. 바람이 너무 세차게 불면, 사막을 걷고 거기서 자는 일이 너무 힘들 수 있다. 달의 주기도 중요하다. 그믐이라면 별을 보기 좋을 것이고, 보름이면 사막의 달을 즐길 수 있겠지만, 상현달이나 하현달이라면 별과 달 모두를 볼 수 있지만 어느 편이든 아쉬움이 남을 것이다. 우리는 별을 택했고, 그 점을 고려하면 서둘러 메르주가로 가기보다는 조금 천천히 가는 것이 나았다. 그래서 카사블랑카와 마라케시를 경유해서 메르주가로 가기로 했다. 그렇게 방향을 잡으니, 열차가 편리했다. 기차 시간을 검색해보고 1시 20분 출발 카사블랑카행을 택했다. 그리고 오전 시간은 어제 탕헤르 항구를 나서며 보았던 메디나 지역을 돌아보기로 했다.

아침식사 후 호텔을 나서서 택시를 타고 기사에게 메디나 지역으로 가자고 했는데, 기사는 우리를 영 엉뚱한 곳에 내려주었다. 우리가 내린 곳은 꽤 부촌으로 보였다. 집들을 구경하며 천천히 걷다가 인근의 이제는 황폐해진 커다란 투우장(Plaza de Toros Tanger)에 이르렀다. 스페인이 모로코 지역 일부를 지배할 때, 식민지에서도 스페인인들이 투우를 즐겼던

9-1. 탕헤르 메디나 지역의 벽화와 거리 풍경

흔적이다. 투우장을 지나서 그 지역 가장 높은 언덕 위에 보이는 붐게 모스크(Mosquée Boumghait)까지 걸어가보았지만 딱히 흥미로운 것이 없어서, 다시 택시를 타고 메디나로 갔다.

메디나에서는 성곽을 따라서 걸었다. 사진도 몇장 찍었다. 언덕바지에 오르니, 이런저런 건물에 옥상 카페가 많았다. 그래서 그 가운데 한곳에 찾아가 달콤한 민트차를 시켜 마시며, 탕헤르 항구와 건너편 타리파 항, 그리고 두 항구를 잇는 가상선 좌우로 펼쳐진 대서양과 지중해를 오랫동안 바라보았다. 해협은 지중해와 대서양 그리고 유럽과 아프리카라는 확연히 구별되는 지리적·문화적 정체성을 가르기엔 너무 좁고 평화로워 보였다.

카페를 나와서 카스바 성채로 연결된 문을 통과하자 아라베스크 문양의 타일 벽이 눈에 뜨였다. 좀더 걸어 내려가서 좁은 골목으로 들어서자, 모로코 특유의 짙푸른 물감이 칠해진 바탕에 다채로운 벽화가 그려진 집들이 나타났다. 골목을 뛰어다니던 아이들은 관광객들의 요청을 받은 경

험이 제법 있었는지 스스럼없이 함께 사진을 찍어주었다. 골목 곳곳에 있는 작은 가게들에서 파는 빵과 잡화는 보잘것없어 보였고, 가게 주인의 이마에도 노곤한 궁핍이 배어 있었다. 하지만 벽화는 그것과 대조적으로 너무나 아름다웠다. 집 밖에 내놓은 화분들과 거기 떨어지는 햇살에서는 여유로움이 느껴졌고, 파란색 대문에서는 어떤 당당함마저 느껴졌다.

더 돌아다녀보고 싶었지만, 어차피 모로코를 떠날 때 다시 탕헤르로 돌아와 하루를 묵을 예정이었기에 호텔로 돌아와 짐을 꾸렸다. 그리고 카사블랑카로 가는 기차를 타기 위해 탕헤르 역으로 갔다. 기차역은 공사 중이어서 몹시 어수선했다. 지정된 좌석에 앉을 수 있는 일등석 표를 끊었고, 점심으로 먹을 약간의 샌드위치도 사서 기차에 올라탔다. 기차는 정시에 출발했다. 카사블랑카까지는 5시간이 걸릴 예정이었지만, 실제 운행시간은 50분 정도 더 걸렸다. 기차 좌석은 우리의 '새마을호'만큼 여유 있었지만, 속도는 그만 못했다.

우리에게 배정된 객실 좌석 맞은편에는 꽤 덩치가 큰 중년의 모로코 여성이 앉았는데, 계속해서 시끄럽게 통화를 했다. 다소 격앙된 목소리와 분위기로 보아 중요한 업무인 듯해서 참았지만, 통화가 끝나질 않았다. 아내가 좀 작게 통화했으면 좋겠다고 하자, 그제야 미안했는지 복도로 나갔는데, 거기서도 거의 1시간쯤 통화를 이어갔다. 카사블랑카에 도착하기 40여분쯤 남았을 때에야 겨우 통화를 끝냈는지, 객실로 돌아와 조용히 앉았다. 아내가 말을 걸어서 인사를 나누었다. 건네준 명함에 의하면, 그녀는 모로코의 '여성 개발 및 문화 연합'(Woman's Association of Development and Culture)의 간사였다. 아내는 자신과 연구 분야가 많이 겹치는 모로코 여성에게 상당한 흥미를 느꼈고, 둘은 꽤 즐겁게 대화를

이어갔다. 그러나 얼마 지나지 않아 기차는 카사블랑카에 도착했다. 유감스럽게도 그날 그녀의 업무가 유난히 바빴던 탓에 아내와의 대화가 너무 늦게 시작된 셈이었고, 다시 만날 기약 없이 헤어졌다.

카사블랑카와 「카사블랑카」

석양빛이 까뭇하게 내리는 시간에 카사보야제르(Casa-Voyageurs) 역을 나섰다. 곧장 택시를 타고 예약한 멜리버 아파트 호텔로 이동했다. 대략 15분 거리였는데, 도시 곳곳이 대규모 공사 중이었다. 외지 자본이 빠른 속도로 쏟아져 들어오는 느낌이었는데, 모로코인들이 내게 친근한 미소를 지으며, "니하오(你好)"라고 하는 것으로 보아 중국 자본이 아닐까, 싶었다. 우리가 묵은 호텔 근처에는 모로코뿐 아니라 아랍 세계 내에서도 상당한 명성을 지닌 '하산 2세 모스크'가 있다. 도착해서 호텔 방에 들어가 창을 열자 거대한 모스크의 탑이 바로 보였다.

저녁은 산책을 겸해서 바깥으로 나가서 먹기로 했다. 아내가 속이 편한 국물요리를 원했다. 덜컹대는 기차를 탄 시간이 길어서 속이 볶일 만도 했다. 밤거리를 여기저기 걷다가 베트남 식당에 들어가서 스프링롤과 새우국수를 시켜 먹었다. 저녁을 다 먹고 나서야, 영화 「카사블랑카」의 무대인 '릭스 카페'(Rick's Café)[2]가 생각났다. 그 영화를 본 사람이면 누구나 잊을 수 없는 여러 장면도 생각났다. 릭(험프리 보가트 분)의 카페에 나타난 일사(잉그리드 버그먼 분)가 릭의 부하이자 재즈 연주자인 샘(둘리 윌슨

---

2 영화 안에서 간판은 프랑스어로 표기된 "Rick's Café Américain"이다.

9-2. 카사블랑카 도착 다음 날 아침 호텔 창에서 바라본 '하산 2세 모스크'

분)에게 다가가 "Play it, Sam. 'As Time Goes By'"라고 말하고, 샘이 머뭇거리다가 마침내 연주를 시작하자 일사의 눈빛이 꿈꾸는 듯 추억에 젖어가는 장면 같은 것 말이다. 그리고 더불어 왠지 영화의 무대인 릭스 카페 같은 곳이 관광 명소로도 있을 듯했고, 그런 곳에서 저녁을 먹었다면 더 좋았을걸 하는 생각도 들었다.

호텔로 돌아와 검색해보니 과연 예상대로 '릭스 카페'가 있었다. 물론 이 '릭스 카페'가 영화 촬영지일 가능성은 전혀 없다. 「카사블랑카」는 1942년에 만들어졌고, 영화의 시간적 배경은 독일에 협력하는 비시 정부가 카사블랑카를 통제하던 1941년이라서, 「카사블랑카」를 카사블랑카에서 찍는 것은 불가능했다. 영화는 미국의 한 스튜디오에서 촬영되었고, 그래서 영화에는 카사블랑카 거리 풍경 같은 것이 나오지 않는다. 그저 릭스 카페 아니면 일사와 그녀의 남편이 타고 갈 리스본행 비행기가 이륙할 안개 짙은 공항 활주로만 나올 뿐이다.

9-3. 하산 2세 모스크 내부 모습

　하지만 셜록 홈즈 때문에 런던에 베이커가 221B 번지가 생긴 마당에
「카사블랑카」 때문에 카사블랑카에 릭스 카페가 생기지 말란 법이 어
디 있겠는가? 「쉰들러 리스트」나 「왕좌의 게임」은 아예 그 이름을 딴 투
어 상품이 개발되기도 했다. 삶을 모방한 것이 허구(fiction)이지만, 삶 또
한 허구를 모방하게 마련이다. 커다랗고 안전한 고속 페리를 타고 고작
30분 만에 해협을 건너면서도 헤라클레스에 관한 신화 속에 자신을 한뼘
이라도 끼워 넣어보려는 것이 사람들이 하게 마련인 짓 아닌가. 해서 나
또한 릭스 카페에 전화를 걸어 다음 날 점심을 예약했다. 그때는 다음 날
이면 마치 영화의 한 장면 안으로 걸어 들어갈 것 같은 기분이었다.
　다음 날 아침 하산 2세 모스크를 돌아봤다. 느긋했던 아침식사 탓에 모
스크 내부 관람을 허용하는 9시 타임을 놓쳤다. 한번에 2만명 넘는 사람
이 예배를 볼 수 있다는 거대한 모스크 내부를 보지 못한 아쉬움 때문에
문가에서 고개를 삐죽 밀어 넣고 안을 들여다보고 사진을 몇장 찍기도

했다. 그래도 푸른 바다와 맑은 하늘을 배경으로 우뚝 선 탑의 자태가 아쉬움을 어느 정도 달래주었다. 탑만으로도 연신 카메라 셔터를 누르지 않을 수 없는 장관이었기 때문이다.

호텔로 돌아와 체크아웃한 다음, 곧장 릭스 카페로 향했다. 입구에 캐리어를 맡기고 들어선 릭스 카페는 영화의 '릭스 카페'처럼 널찍하게 느껴지진 않았다. 그래도 3성급 이상의 호텔이 아니면 술을 팔지 않는 모로코에서도 릭스 카페는 주류 판매가 허가된 곳이었다. 그래서 맥주를 시켰다. 하지만 거기서의 식사란 일사가 아니라 나와 같은 동기로 거기에 와서 연신 카메라 셔터를 누르고 있는 관광객들과 더불어 고만고만한 맛의 음식을 먹는 것일 뿐이었다. 게다가, 아니 당연하게도, 샘의 피아노 연주 대신 녹음된 음악이 스피커를 통해 들렸고, 카페 내부를 희뿌옇게 감싸던 릭의 담배연기 대신 금연 스티커가 붙어 있었다! 삶을 모방한 허구는 근사할 수 있어도 허구를 모방한 삶은 허구보다 너절하고 엉성했다.

모로코에서의 환대와 거래

카사블랑카에서 마라케시로 가는 기차는 일등석이 매진이라 이등석을 끊어야 했다. 4명이 배정되는 일등석과 달리 이등석은 객실에 할당된 인원이 8명이다. 그래서 자리가 다 채워지면 좀 비좁게 느껴진다. 8명이 넘어서 복도에 서서 간다고도 하던데, 우리가 탄 날은 그 정도로 붐비진 않았지만 객실은 꽉 찼다. 그런 중에 그래도 아내와 나는 운이 좋아 기차의 순방향으로 자리를 잡았다. 종점인 마라케시까지 거의 5시간 반을 타고 가야 하는데, 역방향으로 앉는 것은 사실 꽤 괴로운 일이다.

같은 객실에 6명의 모로코인이 탔는데, 기실 카사블랑카에서 마라케시 사이에 있는 이런저런 도시에서 내리거나 새로 타고 하면서 탄 사람들이어서, 계속 동승자가 바뀐 셈이다. 하지만 처음에는 그런 사실을 제대로 지각조차 하지 못했다. 동승자들끼리 너무 친밀하고 너무 허물없이 가져온 음식을 나누며 모두가 큰 목소리로 떠들어대서 처음엔 동승자들끼리 친척인 줄 알았을 정도였다. 물론 그들이 나누는 대화는 한마디도 이해하지 못했다. 프랑스어처럼 들리는 단어가 많았지만, 프랑스어는 아니었다. 그래도 그들과 조금씩 대화를 나눌 수 있었던 것은 동승자 가운데 영어를 할 줄 아는 이가 있었기 때문이다. 그는 우리가 탄 카사보야제르 다음 역에서 타서 종점인 마라케시까지 함께 기차를 탄 치과의사였다. 셰프샤우엔에 거주하는 40대 중반의 이 치과의사는 학회 때문에 마라케시로 가는 중이었는데, 프랑스와 영국에 유학을 다녀온 경력이 있었다. 그는 동승자들이 모로코식 아랍어로 대화하는 것이고, 프랑스어처럼 들리기도 하는 것은 모로코가 프랑스의 식민통치를 받았기 때문에 프랑스어 단어가 모로코 일상어에 많이 스몄기 때문이라고 알려주었다. 그는 매우 지적이고 친절했으며, 이슬람과 모로코 문화에 대한 나의 이런저런 질문에 친절하게 설명해주었다. 그는 헤어질 때, 모로코 여행 중에 셰프샤우엔에 오게 되면 차 한잔 대접할 테니 자신의 병원으로 오라고 했다. 우리는 귀환 길에 셰프샤우엔에 들를 계획이 있었기 때문에 그의 초대에 기꺼이 응할 생각이었지만, 애석하게도 우리가 셰프샤우엔으로 가려는 당일 차편이 일찍 매진되어 그를 방문하지는 못했다. 아무튼 그의 통역 덕분에 우리는 동승자 모두와 '친해졌다'. 모로코에서는 이렇게 기차에서 만난 사람들끼리도 시끌벅적하게 대화를 나누고, 즉시 '왓츠앱'[3] 주소를 공유하고, 함께 찍은 사진을 서로의 '왓츠앱'에 전송했다. 그리고 마라케

시 역에 내리자 역 광장에서 기념사진을 함께 찍고, 심지어 우리의 동승자를 마중 나온 사람과도 즉석에서 인사를 나누고 함께 사진을 찍었다.

이들의 모습을 비롯해 모로코에서 접한 현지인들의 모습을 보며, 타자, 그 가운데서도 낯선 사람과 관련된 행위 유형을 분류해볼 수 있겠다는 생각이 들었다. 우선 대도시 경험이 일반화된(그런 의미에서 충분히 근대화된 또는 '발전된'developed) 나라의 행위 양식이 있다. 어빙 고프먼(Erving Goffman, 1922~82)이 이미 1960년대 미국 사회에 대한 관찰에 기반해 '공손한 무관심'(civic inattention)이란 개념으로 정식화한 것이 그것이다. 즉, 낯선 이들과 항상적으로 접하게 되는 '도시적'(civic) 삶에서는 모르는 사람에게는 관심을 보이지 않는 것(말을 걸기는커녕 눈길도 주지 않는 것)이 '예절 바른'(civic) 행위이다. 버스와 지하철을 갈아타며 1시간쯤 통근하는 대도시 거주자는 매일 수십명의 낯선 사람과 바짝 붙어서 이동하고 길거리에서 스치는 사람까지 포함하면 수백 혹은 수천의 낯선 사람과 스친다. 그들은 그에게 의미 있는 사람이 아니라 행로에서 고려해야 할 지형지물에 가깝다. 그래서 그들에게 관심을 표명하는 것은 대부분 무례한 일이 된다(가령 지하철 맞은편에 아름다운 아가씨가 앉았다고 해보자. 그녀에게 눈길이 갈 것이다. 하지만 절제심을 잃고 그녀를 계속 바라본다면, 그것은 추행이 된다).

이런 태도는 관광객에 대해서는 더 '강화'된다. 카메라로 또는 스마트폰으로 연신 사진을 찍고 있는 느슨한 옷차림의 산보자 또는 캐리어를 밀고 정류장에 서 있거나 키 높은 백팩에 등을 기대고 공원 계단에 앉아 지도를 들여다보는 사람들을 그저 이 도시에 돈을 뿌리고 사라질 어리숙

---

3 우리나라에서는 카카오톡에 밀려 별로 쓰이지 않지만, 사용자가 10억명 넘는 인스턴트 메신저의 일종이다.

한 이들로 무심하게 바라보며, 그들이 때와 장소에 걸맞지 않게 행동해도 한결 관대한 태도로 바라본다. 고프먼을 응용해 관광객에 대한 이런 태도를 '관대한 무관심'(tolerate inattention)이라고 개념화해볼 수 있을 것이다.

하지만 '발전 도상의'(developing) 국가에서는 다르다. 충분히 근대화되지 않았고, 그래서 타자에 대한 배려와 낯선 이에 대한 환대라는 전통적 규범이 여전히 힘을 발휘하는 이런 나라에서는 무관심은 예의 없는 짓으로 여겨진다. 그런 나라들은 급격한 도시화로 인해 사실 서구 대도시보다 훨씬 더 과밀한 경우도 많다. 그런데도 그들은 낯선 사람에게도 친밀한 이웃 대하듯 '공손한 관심'(civic attention)을 보이고, 관광객에 대해서는 더 많은 관심과 배려, 그러니까 '관대한 관심'(tolerate attention)이라고 할 만한 태도를 보인다. 미로처럼 복잡하기로 유명한 모로코의 고도(古都) 페스의 구도심(메디나)에 있는 한 허름한 길거리 식당에 들어갔을 때, 나는 그런 관대한 관심을 받았다. 아내와 나는 '타진'과 빵 그리고 모로코식 소시지를 좀 시켜서 먹었는데, 소시지가 좀 느끼했다. 아내에게 민트차를 곁들여 먹으면 좋겠다고 했더니, 옆자리에 앉은 사람이 영어로 뭐 불편한 점이 있냐고 물었다. 그래서 이 식당에서 민트차를 팔면 좋겠다고 했다. 그랬더니 그는 자리에서 일어나 식당 입구에 앉은 이에게 뭐라고 얘기했고, 잠시 후 옆 식당에서 민트차가 배달 왔다. 우리 사회에서는 '오지랖'이 되어버린 친절이 아닐 수 없다.

이런 친절, 또는 환대는 무조건적일 때도 있지만, '발전되지 않은'(underdeveloped) 사회 또는 '발전 도상의'(developing) 사회에서는 그것이 근대적인 경제적 타산과 기묘하게 혼합되기도 한다. 페스는 가죽제품으로 아주 유명한 곳이다. 멋진 가죽 재킷을 살 수 있지 않을까 싶어 적

당한 상점을 찾아 두리번대고 있었는데, 딱 『천일야화』에 나올 법한 옷차림에 터번을 두른 키 작은 노인이 우리에게 다가와 상점을 안내해주겠다고 했다. 얼떨결에 따라가게 된 그 노인은 거의 1시간 반 동안 미로 같은 통로를 거쳐 우리를 상점으로 안내했다. 쇼핑을 마치고 헤어지려는 어둑한 길모퉁이에서 그는 집에 돌아가면 손자가 기다리고 있다는 말을 반복했다. 그러냐고 하는 나에게 그는 손자 사진도 보여주었다. 손자가 예쁘다고 하자, 그는 정말 꺼내고 싶지 않은 말이었지만 어쩔 수 없다는 듯이, 손자에게 과자를 사다 주고 싶으니, 자신의 친절에 보답하는 뜻에서 약간의 돈을 주면 좋겠다고 했다. 그가 보인 친절이 이런 뜻이었나 하는 생각이 들었지만 몇푼 쥐여 주지 않을 수 없었다. 그는 그대로 내가 준 돈이 생각보다 적었는지 못마땅한 표정이었지만, 마지막엔 예의 바르게 인사하고 총총히 사라졌다.

이 경우는 내가 눈치 없었던 경우였다. 하지만 환대와 경제적 거래가 이해하기 몹시 어렵게 뒤얽혀 있을 때도 있다. 마라케시에서 숙박한 호텔에서 체크아웃하고 와르자자트행 장거리 버스 터미널에 가려고 프런트 직원에게 택시를 잡아달라고 부탁했다. 호텔 직원이 택시기사에게 다가가 몇마디 나누고 난 뒤 알려준 요금은 40디르함이었다. 표를 미리 사두느라 전날 버스터미널에 택시로 다녀올 때 냈던 요금의 2배였다. 직원에게 택시비가 너무 비싸다고 했더니, 택시기사가 호텔 앞에서 상당히 오래 대기했기 때문에 요금이 비싸진 것이라고 답했다. 내가 부른 것도 아닌데, 그가 대기한 비용을 치러야 하느냐고 항의하듯이 말했더니, 그는 서둘러 택시기사에게 내 말을 전했고, 그런 중에 우리는 캐리어를 밀고 호텔 밖으로 나섰다. 그러자 택시기사는 우리를 태우길 포기했지만, 대신 지나가는 택시를 손수 불러들여 그 택시기사에게 우리가 원하는 바를 전

달하고 우리 짐을 함께 실어주기까지 했다. 기이한 요구에 이어진 이상한 친절이었다.

우선 기이한(물론 '나에게' 기이한) 요구. 왜 택시기사는 내가 호출한 것도 아닌데 자신의 대기시간을 내가 보상해야 한다고 주장한 것일까? 곰곰 생각해보니 모로코인들이 사물이나 서비스의 가격을 책정하는 방식 때문인 듯했다. 여러 도시에서 택시기사와 요금을 협상할 때, 페스에서 카펫과 가죽재킷, 또는 '아르간 오일'을 살 때, 또는 탕헤르에서 가죽가방을 살 때, 늘 그들에게는 상품이나 서비스에 '객관적' 또는 '정당한' 가격이라는 관념이 없다는 인상을 받았다. 우리의 경우 원료비와 유통비 그리고 인건비 따위를 근거로 상품/서비스의 가격을 설정하고 그것을 그 상품/서비스의 '정당한' 가격 또는 '객관적' 가격이라고 주장한다. 미리 붙어 있는 가격표나 게시된 요금표가 그것을 표현한다. 설령 가격 협상이 있더라도 그것은 가격표/요금표를 심리적으로 수락한 후에야 일어나는 일이다(나의 협상 제안에 대해 판매원은 "회원 할인", "행사 할인", "특정 신용카드 할인", "현금 구매 할인" 같은 다시 한번 '객관적' 기준을 제시하며 협상에 임할 텐데, 이때도 가격표는 기준 역할을 한다). 하지만 모로코인들에게는 그런 '객관적' 가격 같은 것이 없는 듯이 보였다. 그들에게는 물건의 제작 원가 따위는 전혀 중요해 보이지 않았다. 관건은 그것을 파는 자신에게 그날 필요한 돈 또는 벌어야 할 돈이었다. "여보게, 해는 저물어가고, 나는 오늘 내 일당을 들고 가족에게로 돌아가야 하는 가장이라네." 수다스럽고 격앙된 듯한 점원의 말투 밑에는 이런 '주관적' 가격 체계가 배음(背音)으로 깔린 듯했다.

내 편에서 보면 사기나 다름없는 짓을 한 모로코인조차 흥미롭게도 똑같은 논리를 구사했다. 사하라를 돌아보고 스페인으로 귀환할 때, 페스를

경유했다. 10시간쯤 택시를 타고 페스의 '올드 메디나' 앞 광장에 도착했다. 우리가 예약한 리야드(모로코식 여관)의 직원이 우리를 마중 나오기로 되어 있었다. 그런데 택시에서 내릴 즈음 후리후리한 키의 청년 하나가 우리에게 다가왔다. 그리고 우리를 태우고 온 택시기사와 몇마디 나눈 뒤, 우리 짐을 기사와 함께 내리고는 나에게 "어느 리야드에 오셨죠?" 하고 물었다. "리야드 기즈라인데요"라고 하자, "따라오세요" 하고 말했다. 아내와 나는 우리의 캐리어를 끌며 앞장선 그를 따라 걸었다. 예약할 때 안내받기로는 10분 거리라고 했는데(다음 날 페스 관광을 위해 걸어 나와보니 우리가 묵은 리야드에서 광장까지는 실제로 10분도 걸리지 않았다), 그는 우리를 이끌고 미로 같은 메디나 구석구석을 거치며 거의 30분을 걸었다. 낌새가 이상했지만, 길이 너무 복잡해서 그를 따라가지 않을 방도가 없었다.

그렇게 해서 어렵게 도착한 리야드 앞에서 그는 나에게 길 안내의 대가로 200디르함을 요구했다. 터무니없는 액수였고, 그때야 그가 우리를 마중 나온 직원이 아니라는 의심이 맞았음을 확인했다. 아무튼 그렇게 큰돈을 줄 수 없다고 버티자, 무거운 짐을 들고 길 안내를 하느라 엄청나게 고생했으니 200디르함은 받아야 한다고 했다. 그럴 수 없으니, 억울하면 경찰을 부르라고 했다. 그러자 금세 100디르함으로 내려갔다. 그것도 많다고 버티자, 그 정도는 받아야 한다고 우겼다. 언성이 높아지자 주변 모로코인들이 웅성거리며 모여들었는데, 우리를 흘끔거리며 모인 그들이 부담스러웠던지 아내는 어서 돈을 좀 주고 리야드로 들어가자고 했다. 할 수 없이 30디르함은 줄 수 있으니 그걸 받고 떠나든지 마음대로 하라고 했다. 그러자 고개를 떨구며 자신의 서비스에 비해 형편없이 적은 액수지만, 뭔가 오해가 있는 듯하니 그것만 받겠다며 물러섰다.

그에게 돈을 주고 리야드에 들어서니 리야드 주인은 마중 내보낸 직원이 우리를 만나지 못해 크게 걱정하고 있었다. 리야드에서 내준 저녁을 먹고 난 뒤 곰곰이 생각해보니, 이 일은 내 편에서는 사기였지만, 그렇다고 해서 '사기꾼'이 자신을 리야드 기즈라의 직원이라고 소개하며 나를 속인 건 아니었다. 그의 편에서 보면, 그는 자신의 서비스 가격을 올리기 위해 (종종 택시기사들이 그렇게 하듯이) 지름길을 벗어나 에둘러 간 다음 비싼 요금을 책정해서 나와 흥정을 벌였을 뿐일 수도 있다. 이 일로 모로코에서의 거래에 대해 나의 경계심은 바짝 높아졌다. 이렇게 '터무니없는' 가격을 들이밀어보는 것은 '정상적인' 상점에서도 일어났다. 가령 페스에서 카펫을 살 때가 그랬다. 애초에 제시된 가격의 절반 이하의 가격으로 카펫을 샀으니 말이다.

그런데 그렇게 높은 가격 책정 뒤에는 '주관적' 가격 체계를 나에게 전가하는 심리도 작용하는 듯했다. 예컨대 그들은 어떤 물건을 두고 망설이는 나를 향해 이렇게 묻는 듯하다. "얼마면 사겠는가?" 이런 은근한 질문 뒤에는 다음과 같은 말이 스며 있다. "사물의 공정한 가격은 네 욕망의 크기 자체이다. 왜 네 욕망을 가격 체계 안에 구겨 넣으려 하는가?" 이렇게 모로코인과 나 사이에서 '주관적' 가격 체계와 '객관적' 가격 체계가 충돌했고, 필연의 가격("이 물건의 생산비는 얼마인가?")과 욕망의 가격("너는 얼마나 이 물건을 원하느냐?")이 충돌했다. 나로서는 매번 쉽지 않은 거래였다. 편의점과 백화점에서 길들인 하비투스를 버리고 어린 시절 외갓집 시골장터에서 겪은 경험을 되살려야 했다.

다음으로 이상한 친절. 그는 왜 자신의 택시를 거절한 나를 위해 다른 택시를 잡아주고 짐까지 함께 실어주는 것일까? 알제리 하층 노동자들 사이에 만연한 후견-수혜 관계에 관해 피에르 부르디외(Pierre Bourdieu,

1930~2002)의 지적이 이해의 실마리가 되었다. "'직업'도 없고, '학력'도 없고, 금전도 없는 사람들은 운명을 타개하고 부당한 적을 이기기 위해 '보호', '원조', '지인'의 힘에 의존한다."[4] 사실 후견-수혜 관계에는 지배/종속과 사회적 연대감이 뒤엉켜 있기 마련이다. 내가 상대에게 베푼 혜택은 상대에게 채무로 남는다. 그래도 나의 호의는 채무를 안기려는 의도 없는 단순하고 담백한 것으로 표상되어야 하며, 채무상환이 가능하지 않을 때조차 품위 있는 처신으로 표현되어야 한다. 베풀 기회가 있을 때는(그리고 그것이 큰 비용이 드는 일이 아니라면 더욱더) 언제든 선뜻 나서서 베푸는 것이다. 여기 민트차가 필요한 사람이 있다. 그것을 민트차 파는 사람에게 알려주자. 그러면 나는 좋은 사람이 되고, 민트차가 필요했던 사람과 그것을 파는 사람 둘 다 내게 신세를 지게 된다. 내 택시를 타지 않는다면, 그를 다른 택시기사에게 알선하자. 관광객이야 이 도시를 떠나겠지만, 이 택시기사는 언젠가 다시 만날 수도 있는 같은 업종 종사자 아닌가.

환대의 윤리와 선물경제(gift economy)가 자본주의 경제의 소용돌이를 겪으며 일으킨 여러 종류 및 단계의 변형태는 사실 내 어머니의 경제적 하비투스 그리고 그것과도 다른 나 자신의 하비투스에서도 찾을 수 있다 (나는 어린 시절 왜 어머니가 자식에게도 아끼는 배와 곶감을 손님에게 는 아낌없이 내놓는지 이해할 수 없어, 뾰로통해지곤 했다). 그리고 모로코에서 어느덧 나는 어머니와 내 경제적 하비투스 사이 어디쯤 놓여 있는, 그리고 이미 나에게는 꽤 낯설어진 경제적 하비투스를 만난 셈이다. 게다가 그 만남은 이미 지적했듯이, 일반적인 주인/손님 관계가 아니라

---

4 피에르 부르디외 『자본주의의 하비투스: 알제리의 모순』, 최종철 옮김, 동문선 1995, 58면.

더 경제적으로 풍요로운 나라에서 온 관광객과 그들을 맞는 환대산업 종사자 사이의 관계라는 점에서 다시 한번 비틀린 것이었다.

당연히 '인종주의'도 개입했을 것이다. 나는 더 풍요로운 나라에서 왔지만, 그들을 식민화했던 유럽에서 온 사람은 아니다. 나 같은 사람들에게 그들이 어떤 인종주의적 심리를 품을지 짐작조차 되지 않았고, 나 역시 그들과 쉽사리 친구가 될 수 있을 거란, 그러니까 마음 깊은 환대가 있으리란 기대를 품지 않았다. 그런 탓에 모로코를 떠나기 위해 탕헤르로 돌아와 '1947년 4월 9일 광장'에서 '올드 메디나'로 접어드는 길가에 있는 가죽제품 상점에서 서류가방 하나를 사기 위해 주인 '오마르'와 흥정하게 될 때까지 모든 거래와 흥정이 힘겨웠다. 그러니까 모로코를 떠나기 하루 전 오마르와의 흥정이 모로코에서 유쾌했던 처음이자 마지막 거래였다(그때쯤에야 나는 내 나라에서 사는 것보다 싸게 산 것에 만족하고, '관광객다운 품위'를 내비치며 조금 비싸게 사주어 그들을 만족시켜 주어야 하지만, 단번에 그래서는 안 되고 한동안 민트차를 함께 마시며 떠들썩하게 흥정하며 그 상황을 즐기는 것이 최선임을 깨달았다).

제마엘프나 광장과 구엘리즈 쇼핑몰

마라케시에서는 이틀을 묵었다. 도착한 시간이 저녁이었던데다 메르주가로 가기 위해서 경유해야 하는 와르자자트행 버스가 아침에 출발하는 터라, 마라케시를 조금이라도 둘러보려면 이틀을 묵을 수밖에 없었다. 호텔에서 아침을 먹고 나와서 와르자자트행 버스터미널로 가서 버스표부터 예매했다. 다음으로 찾아간 곳은 '제마엘프나'(Jemaa el-Fnaa) 광장

9-4. 제마엘프나 광장의 땅꾼

이었다. 마라케시에 온 사람들 모두가 찾다시피 하는 광장은 아주 활기
찼다. 오전에 우둑거리던 비가 반쯤 개이고 구름 사이로 햇볕이 드문드
문 떨어졌다. 아내와 아이스크림을 하나씩 사 들고, 광장 여기저기를 돌
아다녔다. 그러다가 코브라를 앞에 두고 앉아 있는 터번 두른 노인을 만
났다. 노인은 20디르함을 내면 피리를 불어서 코브라가 춤추게 해주겠다
고 했는데, 과연 피리를 부니 코브라들이 머리를 흔들며 '춤'을 추었다.
너무나 상투적인 풍경이며, 나 같은 관광객이 은연중에 찾고 있는 '아프
리카적 아우라'에 부응하기 위해, 즉 나를 '위해' 그리고 나를 '향해' 상
연되고 있는 것이었다. 그런데도 아직 경험되지 않은 스테레오타입은 그
것에 상응하는 대상을 만날 때 즐겁고 행복하다. 그 스테레오타입이 유
년 시절 동화책을 통해 형성된 환상일 경우에는 더욱 그렇다.

　시장 속으로 들어가보았다. 좁은 통로에 은제품, 스카프와 터번, 가죽
신발과 모자, 카펫가게 등이 줄지어 나타났다. 직장 동료들에게 선물로
주기 적당한 소품들을 계속 고민했던 아내는 신이 났고, 오후 3시가 넘도

록 쇼핑을 멈추지 않았다. 배가 등가죽에 붙었다고 하자 겨우 아내는 쇼핑을 멈췄다. 그리고 함께 식당을 찾아 나섰다. 명동이나 남대문시장에서 외국인들이 많이 찾는 식당을 우리가 가진 않는다. 하지만 제마엘프나 광장에서는 나도 별수 없이 명동의 외국인처럼 되었다. 서양인 관광객 서넛이 앉아 식사하고 있는 곳으로 들어가 닭고기 타진과 쿠스쿠스 그리고 민트차를 시켜 먹었다. 예상대로 별로 맛은 없었지만, 그래도 허기는 면했다.

다시 광장으로 나와 1디르함을 내야 하는 화장실을 다녀왔다. 노파가 화장실 앞을 지키고 있었다. 화장실은 유료인 것치고는 상태가 그리 좋지 않았다. 그때 한 청년이 다가와 자신은 세네갈에서 일거리를 찾아 모로코로 왔는데, 돈이 필요해서 자기가 조각한 가면을 팔았으면 한다고 했다. 망설이다가 그에게서 가면을 샀다. 젊은 시절 피카소가 아프리카 예술에 심취해 사들여 자신의 아틀리에에 걸어두었을 법한 모양의 가면이었다. 쇼핑으로 점점 짐이 불어나는 게 부담스러웠지만, 그래도 가면을 산 건 아주 기분 좋은 일이었다.

광장을 가로지르며 여기저기를 구경하다가 길을 '잘못' 들었던 것 같다. 이때 '잘못'의 기준은 당연히 다른 관광객이 보이지 않는다는 것이다. 관광객에게는 다른 관광객의 평화로운 현존만큼 안전감을 주는 것이 별로 없다. '관광지'란 사실은 일정 수준 이상의 치안이 관철되는 곳, 그들의 존재에 이권이 걸린 상인들이 은연중에 그들을 비호하는 곳이며, 그래서 그런 곳에 관광객이 모이고, 관광객은 그 장소를 관광지로 만든다. 이런 상호강화적 과정 때문에 관광객은 다른 관광객을 자신의 안전지표로 삼게 마련이다. 그러므로 관광객이 전혀 보이지 않는 공간에서 관광객이 취하는 본능적인 행위는 다른 관광객 또는 환대산업 종사자(예

컨대 택시기사)가 보이는 공간을 찾아가는 것이다.

습관적으로 전화기를 꺼내 구글지도를 켰다. 그런데 우리가 들어선 골목에서는 이동통신 서비스가 이뤄지지 않았다. 이런 곳도 있나 싶었고 방향감각을 잃어 당황스러웠다. 그저 길을 따라 앞으로 걸을 수밖에 없었다. 주택, 식당, 상점, 정육점, 음식점이 부지런히 교체되는 길을 따라 한참을 걸었는데, 길거리를 지나가는 모든 모로코인의 걸음걸이가 하도 분주해서 우리도 빨리 걸었다. 자전거와 오토바이가 쉴 새 없이 지나갔고, 모든 행인의 눈빛은 또렷한 목표에 사로잡힌 듯이 보였다(그들은 정말 바빠서 낯설어 보일 법도 한 우리에게 전혀 관심이 없었다. 공손함이나 관대함과 무관한 진짜 무관심이었다). 모로코에서 벌어지는 자본주의적 근대를 향한 돌진, 우리가 지난 몇십년 동안 거쳤던 그 숨 가쁜 속도의 세상이 지금 여기서 열리고 있다는 느낌이 후끈 밀려왔다.

그렇게 정신없이 한참을 걷다보니 택시가 보였고, 이미 꽤 지친 우리는 택시를 잡았다. 그리고 우리가 묵는 호텔을 이야기했다. 알았다며 운전을 시작하면서 택시기사는 가다가 손님이 있으면 합승하겠다고 일방적으로 통보했다. 곧장 택시를 향해 손을 흔드는 두 사람을 태웠다. 그들은 조수석과 아내와 내가 탄 뒷좌석에 탔다. 택시가 우리 목적지인 호텔을 향해 곧장 가고 있는지, 아니면 우리가 어딘가로 납치되는 것인지 혼란스러웠다. 앞뒤로 앉아서도 시끄럽게 대화를 이어가는 두 모로코인을 무시하고 다시 구글지도를 켰다. 이번엔 작동했다. 택시는 조금 우회했지만, 호텔로 향하고 있었고, 그것을 나와 모로코인 사이에 불편하게 끼여 앉은 아내에게 보여주었다.

호텔에 들어오니 피곤이 밀려왔다. 점심이 헐했던 터라 근사한 저녁을 위해 레스토랑을 찾아 나서고 싶은 생각이 없진 않았지만, 몸이 말을 듣

지 않았다. 그래서 호텔 앞 빵집에서 빵을 사다가 먹었다(생각보다 괜찮은 빵집이어서 만족스러웠다). 밤이 되자 아내는 늘 쓰던 화장품 가운데 두어가지가 다 떨어졌다며, 사막으로 가기 전에 그것들을 사러 나가자고 했다. 귀찮았지만 어쩔 수 없었다. 호텔에서 가까운 쇼핑몰 지역인 '구엘리즈'(Guéliz)에 가보기로 했다. 낮에 그쳤던 비가 다시 조금씩 부슬거렸고, 가는 길은 꽤 어두워서 그리 기분이 좋진 않았다. 하지만 이미 구엘리즈에 도착하기 멀찍이 전부터 보인 '자라'(ZARA) 상호가 그 지역이 마드리드의 그랑비아와 많이 다르지 않은 분위기일 것을 예고했다. 실제로 서구의 유명 브랜드 상점들이 즐비했고, 네온사인 아래 올드 메디나에서와는 전혀 다른 세련된 분위기의 모로코인들이 관광객들과 스스럼없이 뒤섞여 커피를 마시고 있었다. 그들의 생활양식과 향유의 원천이 무엇인지 모르지만, 어쨌든 모로코 경제의 복잡성을 조금 엿본 듯했다.

아틀라스를 넘어 와르자자트로

마라케시에서 렌터카를 빌려서 아침 일찍 출발한다면 밤 깊은 시간에 도착하긴 해도 하루 안에 목적지인 메르주가에 이를 수 있을 듯했다. 하지만 아프리카 국가 가운데 비교적 교통 인프라가 좋다고는 해도 여전히 모로코 도로의 간선도로는 고속도로급은 아니었다. 이미 모로코 여행을 시작할 때 이모저모 따져보다 렌터카를 포기했고, 여기서도 판단을 바꿀 만한 사정은 없었다. 그런데 마라케시에서는 메르주가 직행이 없었다. 먼저 와르자자트로 가서 거기서 다시 메르주가행 버스를 타야 하는데, 와르자자트에 도착하자마자 바로 탈 수 있는 메르주가행 버스가 없었다.

와르자자트에서의 일박이 불가피했다.

모로코에 와서는 한 도시에 도착하면 다음 도시에서 묵을 호텔을 예약하며 이동했으니, 마라케시에서 묵을 호텔에 도착했을 때 다음 경유지인 와르자자트에서 묵을 곳부터 찾고 예약하는 것은 늘 하던 대로였다. 이번에 처음으로 시도한 것은 숙소를 '리야드', 그러니까 모로코식 여관 가운데서 찾은 것이다. 모로코에서 숙박 예약을 하느라 에어비앤비 사이트를 여기저기 뒤적이니 자연스레 거기 올라온 이런저런 리야드를 들여다보게 되었다. 그러다가 흥미가 갔고 한번은 리야드에서 숙박해보고 싶어졌다. 그래서 와르자자트 지역에서 평점이 가장 좋은 축에 드는 '르프티 리야드'를 예약했다. 사이트에 올려진 리야드 내부 모습도 무척 예뻤다.

사실 에어비앤비에 자신의 숙박업소를 올린 이들은 그들의 영업 성패의 상당 부분이 거기 게시한 사진에 달려 있다는 것을 잘 안다. 그래서 에어비앤비 숙박업자들은 숙소 사진을 공들여 찍고 신중하게 선별한다. 그리고 실제는 사진만 못한 경우가 대부분이다. 하지만 에어비앤비에서 예약을 자주 하다보면, 차츰 사진과 실제 상황의 낙차를 줄일 '촉(觸)'이 생기기 마련이다.

9시 반쯤 수하물마다 5디르함씩 따로 표를 끊어서 와르자자트행 버스에 실었다. 9시 55분에 탑승했고, 버스는 오전 10시에 출발했다. 와르자자트까지 거리는 200킬로미터 남짓이지만, 예정된 운행시간은 4시간 30분이었다. 왜 그렇게 오래 걸리는지는 버스를 타보면 이해가 간다. 북아프리카에서 가장 높다는 아틀라스산맥을 넘어야 하기 때문이다. 아틀라스산맥에서 가장 높은 툽칼(Toubkal, 해발 4167m)이 마라케시 남쪽에 있다. 마라케시에서 와르자자트로 가는 길은 툽칼 쪽이 아니라 마라케시 남서쪽 능선을 넘는 것이지만, 그 역시 툽칼에서 그리 멀지 않은 매우 험준

한 지역이다. 이런 높은 능선 아래로 터널을 여러번 뚫어야 고속도로 건설이 가능할 텐데, 그러기엔 아직 모로코의 기술력이나 경제력이 모자라 보였다. 고도가 높아지면서 길은 아주 구불구불해졌고 마주친 버스가 한 대씩 교행해야 하는 좁은 구간도 꽤 있었는데, 그런 경로에서 버스 운행은 걷는 속도나 다름없었다. 한계령의 2배쯤 높은 고개를 한계령 도로 절반 너비의 비포장도로로 넘는 것이라 할까? 그래도 버스의 느린 속도 덕분에 아틀라스산맥의 장대함을 많이 느낄 수 있었다.

운행시간이 긴 또다른 요인은 휴게시간 때문이었다. 아틀라스산맥을 넘은 뒤 버스는 아구임(Agouim)이라는 작은 마을에 정차했다. 버스기사는 여기서 30분간 쉬며 점심을 먹고 가겠다고 했다. 속으로 "30분이나" 했는데, 실제로는 45분 넘게 머물렀다가 출발했다. 아틀라스산맥을 넘는 운전을 하고 난 버스기사가 충분한 휴식과 점심식사 시간을 갖고 싶은 심정을 이해 못 할 바는 아니다. 아내와 나 역시 평탄치 않은 길을 오래 지나왔고, 버스 안에서 점심 삼아 먹은 빵과 과일이 얹힌 듯 속이 편치 않았다. 그래서 인근 찻집에서 차를 마시며 쉬었다. 찻집에서 바라본 마을 바깥쪽 풍경은 황량했지만, 햇볕과 공기는 더할 나위 없이 청량했다.

아틀라스산맥 이야기가 나온 김에 다른 방면에서 경험한 아틀라스 이야기도 하고 싶다. 아내와 나는 사막 투어를 끝내고 스페인으로 귀환하기 위해 다시 탕헤르로 돌아갈 때 당연하게도 아틀라스산맥을 다시 한번 넘어야 했다. 이때는 버스가 아니라 택시를 타고 한결 속도감 있게 넘었다. 그럴 수 있었던 것은 비단 택시여서만은 아니었다. 와르자자트로 내려갈 때 탔던 N10 도로보다 북쪽에 있는 N13 도로의 폭이 훨씬 넓었고 고속도로로 손색없는 구간도 많았던 덕분이다. 확실히 N13은 곳곳에서 진행 중인 토목공사와 도로공사 그리고 곳곳에 설치된 태양광 발전 패널

9-5. 건조지대 한복판에 펼쳐진 담청색의 '바라지 알하산 아다크힐' 호수

들이 모로코 경제의 발전 속도와 활력을 느끼게 해주는 도로였다.

그러나 나에게 이 길의 매력으로 오래 남은 것은 아틀라스에서 흘러내리는 강 지즈(Ziz)가 형성한 호수 '바라지 알하산 아다크힐'(Barrage Al-Hassan Addakhil)이었다. 황토색 건조지대 한복판에 펼쳐진 거대한 담청색 호수는 거대한 산맥이 품은 수량과 강렬한 햇빛이 빚은 건조한 토양의 극적 조우를 보여주는 듯했다. 거기에 한가지 매력을 더한다면, 아틀라스산맥 자락에 있는 도시인 미델트에 다가갈 즈음 아틀라스산맥 북쪽으로 펼쳐진 평원지대가 보인다는 점이다. N13 도로는 산맥 남쪽 도로보다 고도가 낮지만, 넓은 평지대를 굽어보는 자리로 우리를 데려다주고, 그럼으로써 산맥의 웅장함을 더 강렬하게 느끼게 해주었다.

아틀라스산맥을 넘은 와르자자트행 버스가 터미널에 도착한 것은 예정 시간을 20분 넘긴 2시 50분이었다. 터미널을 나와 곧장 택시를 타고 예

약한 르프티 리야드로 갔다. 리야드는 꽤 쾌적하고 예뻤다. 작은 수영장 가장자리에 야외식당이 차려져 있고, 리야드 주인이 그린 유화가 여러 점 걸려 있는 거실도 매우 운치 있었는데, 유화 솜씨가 보통이 아니었다. 교양 있고 부유한 모로코인 집 실내 풍경이 어떨지, 조금은 짐작이 갔다.

리야드에서 휴식을 좀 취한 뒤, '아이트벤하두'(Ait Ben Haddou, '하두족의 마을'이라는 뜻이다)에 가보기로 했다. 아이트벤하두는 영화 「글라디에이터」와 드라마 「왕좌의 게임」 촬영지로 유명한 곳이지만, 그래서 가보고 싶었던 것은 아니다. 영화 촬영지를 가보고 싶었다면, 와르자자트에서 제법 떨어진 아이트벤하두에 갈 것 없이 와르자자트 외곽에 있는 이른바 '왈리우드' 세트장에 가면 된다. 이 세트장에서 찍은 영화는 여럿이지만, 그 가운데는 「아라비아의 로렌스」(1962)도 있다. 사실 사막에 대한 나의 인상은 이런저런 영화나 다큐멘터리를 통해서 형성되었지만, 그 가운데서 가장 강렬한 것 가운데 하나가 어린 시절 'KBS 명화극장'을 통해서 본 「아라비아의 로렌스」이다. 하지만 세트장에 가볼 생각이 나지 않았던 이유도 「아라비아의 로렌스」가 서구 식민주의의 편견이 아주 깊게 밴 영화여서였다. 아이트벤하두에 가보고 싶었던 것은 그곳이 몇백년 전에 지어진 요새(ksar)이면서도 전통 모로코식 점토주택 형태를 보존하고 있는 유네스코 문화유산(1987년에 등록되었다)이어서였다. 아틀라스산맥을 넘자, 황토색 집들이 늘어선 마을을 여러번 지나쳤다. 물론 그런 집들은 주변에서 가장 흔한 소재인 흙으로 지어진 것들이었는데, 아이트벤하두는 그런 집들로 이뤄진 마을의 원형이라고 할 수 있다.

리야드 주인에게 아이트벤하두에 가보고 싶은데 어떻게 하면 좋겠느냐고 물었더니, 이미 오후라 택시를 타고 빨리 가보는 것이 좋겠다며 택시기사 '히샴'을 소개해주었다 히샴은 덩치가 큰 20대 중반의 청년이었

다. 유감스럽게도 영어를 할 줄 몰랐지만, 구글 번역기만으로도 큰 어려움은 없었다. 사실 그가 우리에게 해줄 일, 그러니까 운전을 하고 사진 찍어주는 일은 눈빛과 손짓만으로도 요청할 수 있는 일이긴 했다.

아이트벤하두에 도착하고 보니 이미 해가 꽤 서쪽으로 넘어가 있었다. 입구에 들어서니 할머니가 간이의자에 앉아 입장표를 팔았다. 매표소도 따로 없고 표 자체가 하도 허술해서 이게 무슨 공식성을 지닌 표인가 싶었지만, 냉큼 표를 사고 아이트벤하두로 들어섰다. 날이 아주 맑아서 서둘러 아이트벤하두 정상에 오르면 멋진 석양을 볼 수 있을 것 같아서였다. 그래서 다소 가파르지만 빨리 정상에 오를 수 있는 서쪽 사면으로 방향을 잡았다. 서편에서 비춰오는 석양 덕분에 단조로운 황토색 집들의 양달과 응달의 명암 차이가 아주 선명해져서 또렷이 각진 모습이 상당히 멋졌다.

정상에 올라 사방을 둘러보니 아주 먼 곳까지 탁 트인 풍경이 펼쳐졌다. 확실히 요새 구실을 하기 좋은 감제고지였다. 멀리 지붕 위에는 푸른색 옷을 입은 모로코인이 햇볕을 완상하고 있었다. 나 역시 시간이 넉넉하다면, 그렇게 어느 지붕 위에 앉아 차라도 한잔 마시고 싶었다. 하지만 해가 떨어지고 나면, 금세 어둠이 닥쳐 내려가는 길이 만만치 않을 듯해 올라온 편 반대쪽으로 내려가기 시작했다. 아이트벤하두를 나와 주차한 곳에 돌아왔을 때는 어둠이 훅 내려앉았다.

히샴에게 구글 번역기로 혹시 와르자자트의 카스바에 들렀다가 리야드로 돌아가도 좋겠냐고 했더니, 히샴이 연신 고개를 끄덕이면서 자신도 구글 번역기로 꽤 긴 문장을 작성해 보여주었다. 자세히 읽지 않았고, 끄덕이는 고개만 믿었다. 그런데 그는 어두운 길을 한참 달려 인적이 거의 없는 좁은 골목길을 이리저리 운전하며 헤매고 돌아다녔다. 뭔가 의사소

9-6. 아이트벤하두

통이 잘못된 듯하여, 카스바는 그만두고 리야드로 돌아가자는 말을 번역기로 보여주었다. 그제야 잠시 차를 세운 그가 번역기로 보여준 문장을 통해, 그가 친구를 픽업해서 어딘가로 데려다주려고 하고 있다는 것을 알았다. 내 기준으로는 영업 중인 택시기사로서 할 일은 아니지만, 그의 태도는, 여기서는 그리 이상할 게 없는 행태임을 암시하고 있었다.

약간 당황스러운 귀환이었지만, 그래도 리야드에 예약해둔 저녁식사 시간에 많이 늦지 않게 돌아왔다. 사실 리야드의 저녁식사 가격은 좀 비싼 듯했다. 하지만 버스 탄 시간이 꽤 길었던데다가 아이트벤하두까지 둘러보고 나면 와르자자트 시내 식당을 찾아 돌아다니기엔 체력이 달릴 것 같아 예약을 했는데, 잘한 결정이었다. 메뉴는 이제는 약간 익숙해진 쿠스쿠스와 타진이었는데, 그때까지 모로코에서 먹었던 여느 쿠스쿠스나 타진과 비교할 수 없는 훌륭한 맛이었다.

이때의 리야드 경험이 너무 좋아서, 며칠 뒤 페스에서 일박할 때도 숙소를 리야드로 정했다. 카스바 앞의 광장에서 리야드까지 가는 길에 끼어든 '사기꾼' 때문에 맘이 상하긴 했지만, 페스의 리야드 또한 새로운 즐거움을 주었다. 와르자자트의 리야드가 고급 민박이었다면, 과거 귀족이 살았다는 800년 된 저택을 현대적으로 약간 개조한 페스의 리야드에서의 일박은 우리로 치면 북촌 한옥마을 체험 같은 것이었다. 리야드는 내정(patio)을 갖춘 'ㅁ'자 모양의 주택이었다. 이런 내정이 있는 주택 양식은 세비야에서도 익숙했지만, 내정 위로 하늘을 개방된 상태로 두는 세비야와 달리 페스의 리야드는 천장을 유리로 덮었다. 지붕의 채광창이 여름엔 열 수 있게 되어 있는지는 확실치 않았지만, 겨울철 실내 온도를 높여주는 구실을 하는 듯했다. 내정을 두되 그것을 거의 마당처럼 넓게 쓰기도 하고, 실내로 내부화하면서 채광에 활용하는 등, 내정이 세비야보다 더 다양하게 활용되는 인상이었다.

와르자자트의 타우리르트 카스바

버스를 오래 탄 날이라 몸이 노곤했다. 자기 위해서 방에 설치된 난방장비를 모두 가동했다. 하지만 난방장치를 다 틀고 우리 몸을 지그시 눌러줄 정도로 두꺼운 이불을 덮었지만, 벽이 얇은지 새벽에 밀려드는 으슬으슬한 냉기를 피할 순 없었다. 아마도 떠날 때가 돼서야 북부 아프리카의 겨울밤에 익숙해지려나 싶었다.

아침식사는 아침 햇살이 떨어지는 리야드 정원의 작은 수영장 옆에 놓인 테이블에 차려졌다. 오믈렛, 빵, 커피 같은 것이었는데, 정갈하고 맛있

었다. 메르주가로 향하는 버스 시간이 12시 30분이라서 그 전에 와르자
자트 도심의 '타우리르트 카스바'(Taourirt Kasbah)를 돌아보기로 했다.
17세기에 이 지역 토호세력을 중심으로 처음 형성되어 융성했다가 프랑
스 식민통치기에 심하게 쇠퇴했지만, 유네스코가 복원했고 그 이후로는
여러 영화의 세트장으로 쓰였다는 곳이다. 타우리르트 카스바는 우리 숙
소에서부터 도보로 25분쯤 되는 거리였다. 사람들이 사는 동네를 걸어가
며 볼 수 있는데다 날씨가 아주 좋아 걸어갔다. 타우리르트 카스바에 이
르기까지 주택가를 경유했는데 마주친 사람이 생각보다 적었다. 인적이
드물고 거의 같은 색깔 집들이 늘어선 풍경이 묘하게도 조르조 데 키리
코의 그림을 연상시켰다.

타우리르트 카스바는 바깥에서 보던 것보다 훨씬 규모가 크고 내부가
미로처럼 복잡했고, 겉보기에 허술한 흙집 내부가 얼마나 촘촘하고 아름
다운지 보여주었다. 그래서 전체 카스바 가운데 아주 적은 부분만 공개
되어 있다는 게 아쉬웠다.

카스바를 나와서 올 때도 마찬가지로 걸어서 숙소로 돌아갔다. 체크
아웃하고, 택시를 불러 짐을 싣고 버스터미널로 갔다. 버스표를 사고 잠
시 남은 시간에 터미널 앞의 벤치에 앉아 샌드위치로 점심을 때웠다. 버
스는 오후 1시에 출발했다. 우리 목적지인 메르주가 인근의 하실라비드
(Hassilabied)는 와르자자트에서 대략 350킬로미터 정도 떨어져 있다. 구
글지도에 따르면, 자동차로 달리면 대략 5시간 반 정도면 갈 수 있는 거
리였다. 하지만 우리가 탄 버스는 장거리 완행버스여서 이런저런 도시
를 들러서 갔다. 와르자자트로부터 티네즈다드(Tinejdad)까지는 자주 서
긴 해도 특정 도시를 들르기 위해 에둘러 가진 않았다. 하지만 거기서부
터는 빠른 길을 두고 굴미마(Goulmima)로 방향을 잡았다. 그리고 이어

9-7. 옥상 쪽에서 본 타우리르트 카스바

서 에라시디아(Errachidia)까지 더 크게 우회했다. 그런 다음 에르푸드
(Erfoud)와 리사니(Rissani)를 거쳐서 하실라비드에 도착했다. 이렇게 우
회하니 운행시간이 2시간쯤 더 길어졌고, 목적지에 도착할 즈음엔 이미
밤이었다.

　밤 버스를 타니 그때까지 전혀 느끼지 못했던 사실, 그러니까 모로코
의 버스가 냉방은 물론이고 난방도 제공하지 않는다는 걸 알게 되었다.
마라케시에서 와르자자트로 갈 때는 우리나라 가을 날씨 같아서 냉방이
나 난방이 필요 없었다. 와르자자트에서 메르주가로 가는 길도 처음엔
그랬다. 그러나 해가 지자, 난방이 안 되는 버스는 곧장 썰렁해졌다. 마치
버스 여기저기에 구멍이 난 듯이 느껴졌다. 아내와 나는 두꺼운 코트를
거의 뒤집어쓰다시피 했다. 사실 자동차의 난방이란 엔진을 식히느라 데
워진 냉각수를 이용하는 것이라 추가로 연료비가 더 드는 것도 아닌데,
왜 난방이 안 되는지, 또는 왜 난방을 틀어주지 않는지 이해할 수 없었지

9-8. 타우리르트 카스바 내부

만, 모로코인 승객 가운데 난방을 틀어달라고 요구하는 이는 없었다.

그래도 그렇게 썰렁한 버스가 되기 전까지 차창 밖으로 펼쳐진 풍경은 아름다웠다. 버스가 정차하는 곳마다 아이트벤하두에서 원형을 보았던

흙집들이 펼쳐졌는데, 특히 와르자자트를 떠나고 처음 정차했던 부말네 다데스(Boumalne Dades)가 그랬다. 판잣집이 즐비했던 1980년대 봉천동 고개의 서너배쯤 되는 규모의 경사면에 누렇고 각진 흙집들이 빽빽이 늘어서 있었고, 버스터미널 주변의 번화가는 나름대로 활력이 넘쳤다. 하루 이틀 묵으며 돌아보고 싶은 흥미를 불러일으키는 곳이었다.

창밖에 펼쳐지는 자연 풍광은 단조로웠다. 버스가 아틀라스산맥을 넘을 때는 태백산맥을 넘던 경험이 많이 떠올랐지만, 그와 달리 탁 트인 황량한 건조지대를 달리니 미국에서 모하비사막을 지났던 때가 떠올랐다. 그러나 모하비사막을 겨울에 지나본 적이 없어 비교하기가 어려웠다. 어쨌거나 우리나라처럼 산이 많은 곳에서 살다가 탁 트인 공간을 여행하게 되면, 단조로운 풍광일지라도 '트여 있음' 자체에 매혹된다. 그 탁 트임이란 하늘과 땅의 경계까지 시선이 아무런 막힘없이 뻗는 느낌에서 오는 것일 거다. 에라시디아로 가는 중에 겨울 태양의 붉은 숨결이 하늘과 땅의 경계를 마지막으로 길게 긋고 있었다. 낮에 빛은 보게 하는 것이지 보이는 것은 아니다. 밤에는 이와 달리 빛은 거기에 무엇이 있음을 보여준다. 그러니까 빛이 사물과 결합해 있다고 할 수 있다. 노을에서만 빛은 자기 존재의 유희를 펼친다. 그 유희가 찬란하게 드러나기 위해서는 무대가 막힘없이 넓게 펼쳐져야 한다.

알리네

버스는 사위가 캄캄해진 다음에야 목적지 하실라비드의 정류장에 도착했다. 아내와 내가 사막 관광가이드를 겸해 예약한 숙소는 메르주가

지역 사막을 찾는 한국인들 사이에서 '알리네'로 잘 알려진 '오베르주 로아시스'(Auberge l'Oasis) — 영어로 하면 '오아시스 호텔' — 이었는데, 버스정류장에 도착하니 알리네 사람들이 SUV를 몰고 마중 나와 있었다.

9-9. 베르베르 깃발

짐을 싣고 5~6분 정도 이동하니 알리네 문 앞이었다. 들어서 보니 알리네는 내정이 있는 'ㅁ'자 모양의 이층집이었다.

직원들이 우선 저녁식사부터 하라며 차에서 내린 우리를 먼저 안내한 곳은 동시에 20명 이상이 식사할 수 있을 듯한 널찍한 식당이었다. 식당 문을 열고 들어가니 한가운데 벽난로 주변에 모인 이들이 우리를 맞아주었다. 식당 여기저기에 다른 나라에서 온 이들도 몇 있었지만, 난롯가에 앉았다가 우리를 맞아준 이들은 '놀랍게도' 모두 한국인이었다. 마치 세계 여러 나라의 유명 관광지 어디에나 있는, 한국인이 운영하는 '민박'에 온 것 같은 느낌이었다.

알리네를 떠나기 전날 밤, 난롯가에서 오베르주 로아시스의 주인 알리와 이야기를 나눌 시간이 있었다. 베르베르인인 그는 자의식이 강한 베르베르주의자였고, 내게 베르베르인에 대해 이런저런 이야기를 해주었다. 예컨대 모로코에 사는 베르베르인만 해도 2000만명이나 된다는 것, 베르베르인 가운데는 내가 알 만한 인물들이 많다는 것, 가령 한니발, 성 아우구스티누스, 지네딘 지단이 그렇다고 했다. 그는 벽난로 위에 그가 가져다 놓은 베르베르 깃발을 가리키며, 그 의미도 알려주었다. 알리에 따르면, 베르베르 깃발의 푸른색은 바다, 초록색은 산과 나무, 노란색은

사막(대지)을 상징한다. 가운데 붉은색 형상은 오리온자리의 모습을 딴 것이자 라틴문자 ‘z’에 해당하는 베르베르어 철자 ‘야즈’(ⵣ)에 해당하며, 베르베르인들이 스스로를 호명하는 말인 ‘아마지그’(Amazigh), 즉 ‘자유로운 인간’을 뜻하기도 한다.[5] 아마지그의 붉음은 생명과 저항을 상징한다.

인류사를 통해서 어디서나 자위력을 갖춘 정치조직을 이룩하지 못한 민족이나 종족의 운명은 슬픈 것이고, 그런 민족이나 종족 성원의 삶에는 깊은 상실의 그림자가 드리우기 마련이다. 그러나 그것은 기실 가진 적 없는 것의 상실인 경우도 많으며, 그런 의미에서 그 상실은 정신분석학에서 말하는 멜랑콜리와 같은 것이다. 부족적 삶의 번성과 쇠퇴를 반복하며 살아온 이들에게 근대적인 국민국가 체제는 자위력 있는 근대적 정치조직에 대한 소망을 심는다. 억압과 박해라는 공동의 경험, 자신을 억압하는 자와 동등한 지위를 가지려는 자존을 향한 인간적 의지가 민족주의와 분리주의라는 정치적 열망으로 전이되며, 시간상으로는 과거를 향한 역사적 회한으로 퍼져나간다. 그 결과 헤로도토스의 『역사』에 기록된 어떤 종족과 자신을 동일시하고, 지역에서 번성했던 대추장들의 자취는 베르베르 ‘왕국’에 대한 기억으로 재구성된다.

그러나 알리에 따르면 수천만명에 이른다는 베르베르인의 수천년에 걸친 삶의 실체란 가부장에서 부족장으로 그리고 대추장으로까지 강성해지다가, 때로는 서구의 침략에 대응하는 과정에서 군사적 조직과 서구를 모방한 정치조직으로 발전하다가(리프전쟁을 이끈 아브드 엘-크림이

---

5 ‘아마지그’는 단수형이고, 그것의 복수형이자 종족으로서의 베르베르인을 지칭하는 말은 ‘이마지겐’(Imazighen)이다. 베르베르는 ‘야만인’(barbarian)에서 파생된 모욕적인 함의가 있는 말이다.

세운 리프공화국이 그런 예일 것이다[6]), 서구에 패배해 다시 가부장제 수준으로 해체되거나, 때로는 그보다 잘게 부서지기도 하는, 그리고 다시 힘을 얻어 커지기도 한 정치·경제적이고 문화적인 조직의 명멸이었을 것이다. 내 보기에 알리의 삶도 그런 과정에 실려 있다. 적어도 내가 보았던 2017년의 그는 오베르주 로아시스를 중심으로 일가친척과 이웃 수십 명에게 일자리를 마련하는 데 성공한 가부장이자, 메르주가 인근 하실라비드 지역에 번영을 가져온 사람, 한마디로 해서 부족장 문턱에 선 인물이었다.

『어린 왕자』 테마 관광

도착한 날을 포함해 알리네에서 지낸 기간은 4일이다. 첫날 아내와 나는 난방장치가 있는 비싼 방을 택해 지친 몸을 달래고자 했다. 족장의 방처럼 넓고 좋았다. 그래도 냉랭한 기운은 어쩔 수 없었다. 둘째 날은 예정된 사막 관광, 그러니까 낙타를 타고 사막 한가운데로 들어가 알리가 설치한 베이스캠프에서 유숙했다. 셋째 날은 사막 '외곽'을 관광했다. 이틀어 일정은 알리가 짠 것이지만, 더는 그가 가이드 노릇을 하지는 않았는데, 마침 알리에게 다른 일정이 없어서 직접 가이드를 해주었다. 그리고 넷째 날 오전 10시쯤 알리네를 떠나 페스로 갔다. 날짜순으로 이야기하는 것이 편하겠지만, 내 마음속에서는 둘째 날에서 셋째 날 아침까지 사막에서 유숙한 일정이 모로코 여행의 최종 귀착지이자 최종적 경험

---

6 리프전쟁에 대해서는 이 책의 3장에 서술된 것을 참조하라.

으로 다가온다. 그래서 실제 일정과 달리 알리와 함께 다녔던 셋째 날 일정을 먼저 이야기하려 한다.

알리는 자기가 짠 일정은 사막 '외곽' 관광이라고 불렀는데, 그렇게 명명한 데는 '사막의 의미론'이 은연중에 개입했기 때문일 것이다. 사막(沙漠)에 대응하는 영어는 'desert'다. 그런데 둘은 그 의미가 미세하게 다르다. 전자는 광활하게 펼쳐진 '모래땅'을 가리키지만, 후자는 버려진 야생 그대로의 땅, '황무지(荒蕪地)'로 옮기는 것이 더 적절할 말이다. 그러나 지리학적으로는 두 단어 모두 연간 강수량이 250밀리미터 이하인 건조지대를 지칭하는 데 쓰이고, 상응하는 역어(譯語)로 사용된다. 그러다보니, 고비나 사하라를 두고 다른 건조지대로서의 사막과 구별해 (마치 '역전앞'처럼) '모래사막'이라고 하기도 한다. 같은 방식으로, '사하라'는 그 지역 사람들에게 고유명사이자 '사막' 또는 'desert'에 해당하는 보통명사이니, '사하라사막'이란 말은 '모래사막' 또는 '사막사막' 같은 말인 셈이다.

아무튼 우리나라엔 사막이 없지만, '사막'이라는 한자어의 뜻이 그렇고, 우리에게 사막이 뜻하는 바는 어림잡아 통일신라시대부터 비단길 인근의 고비사막에 대한 경험이 전해져 형성된 것일 테니, 알게 모르게 우리는 사막에서 '모래'를 떠올릴 수밖에 없다. 그래서 미국 서부의 '모하비 데세르' 같은 곳은 그저 덥고 건조한 황무지로 여겨지지, '사막'으로 느껴지지 않는다. 이런 탓에 알리가 안내한 코스 또한 건조지대로서 사막임에도 불구하고, 모래가 있는 곳 가장자리였으므로 그곳들을 사막 '외곽'으로 인지하고 그렇게 부른 것이다.

알리가 짠 코스는 이랬다. 먼저 인근의 간헐성 호수인 '다예트 스리즈'(Dayet Srij)에 가본 다음, 사막여우를 보고, 베르베르족 민속음악 공연

을 감상한 다음, 용암 분출로 솟은 봉우리인 '미피스'(Mifis)에 올라가고, 이어서 여전히 유목민으로 사는 베르베르 가족을 방문하고, 오아시스 지역과 그것에 인접한 화석지대를 본 다음, 해 질 녘에 사막 경계선에서 석양을 보고 돌아오는 일정이었다.

전체 일정이 모두 흥미롭지는 않았다. 베르베르족 민속음악 공연은 그 음악적 의미를 알기 어려웠고, 연주 수준이 높은 것도 아니었다. 기념 삼아 그들의 공연을 담은 CD를 살까 했으나 그러지 않았다(한국으로 돌아와 다시 들을 것 같지 않아서였다). 사실 일정 못지않게 신나는 것은 정해진 도로가 없는 평원을 재빠르게 운행하는 것이었다. 하지만 그 신남이란 오프로드를 빨리 달릴 때 겪는 충격에서 오는 짜릿함은 아니었다. 오히려 울퉁불퉁하고 붉거진 돌들이 있는 넓은 지대에서 시속 60킬로미터 이상의 속도로 달릴 수 있는 경로를 눈 밝게 그리고 솜씨 좋게 찾아 매끄럽게 달리는 것이 주는 쾌감이었다. 알리는 지형과 흔적을 예민하게 감지하고 재빨리 기어를 변환하며 이리저리 차를 몰았는데, 그 모습이 하도 능숙해서 그에게만 보이는 도로가 있는 것 아닐까, 하는 생각이 들 정도였다.

용암 분출로 솟은 봉우리 미피스에 오른 다음 베르베르 유목민이 사는 곳을 향하던 중, 이런저런 이야기 중에 알리는 이제는 정확히 기억나지 않는 어떤 맥락에서 "여기는 아프리카다"라고 말했다. 그러고는 큰 소리로 "아프리카"라고 외쳤다. 차에 탄 일행 모두가 그를 따라 "아프리카"를 외쳤다. 달리는 차 속에서 목이 쉴 때까지 말이다. 아시아 동편 끝에서 온 우리는 모두 아프리카가 생애 처음이어서, "아프리카"라고 소리치는 중에 국지적 삶에서 벗어나 우리가 이 행성에 사는 존재임을 느낀 듯했고, 더불어 묘한 희열감도 밀려왔다.

제일 처음 들른 간헐성 호수 다예트 스리즈는 물이 있긴 했지만, 길었던 가뭄이 갓 해소된 수준이었다. 그래선지 그렇게 인상적이진 않았지만, 이 호수가 메르주가 일대에 마을이 형성된 토대임을 알 수 있었다. 다음에 들른 마을의 한 가정집에서 '페넥'(Fennec) 또는 '페넥 여우'(Fennec Fox)라고 불리는 '사막여우'를 만났다. 사막여우는 잘 길들지 않지만, 태어날 때부터 기르면 길들일 수 있다고 한다. 우리가 본 사막여우가 그렇게 애완동물이 된 경우였다.

많은 이들이 생텍쥐페리의 『어린 왕자』를 읽었고, 어린 왕자에게 여우가 했던 이야기를 기억한다.

넌 아직까지는 나에게는 다른 수많은 꼬마들과 똑같은 꼬마에 불과해. 그러니 나에겐 네가 필요 없지. 물론 너에게도 내가 필요 없겠지. 네 입장에서는 내가 다른 수많은 여우와 똑같은 여우에 지나지 않을 테니까. 그러나 만일 네가 날 길들이면 우린 서로를 필요로 하게 돼. 나에게는 네가 세상에 하나밖에 없게 될 거고, 너에게는 내가 세상에 하나밖에 없게 될 거야.[7]

그리고 이런 말도 기억나는 말이다. "예를 들어 네가 오후 네시에 온다면 세시부터 난 행복해지기 시작할 거야."[8]

그런데 국역 『어린 왕자』에서 '여우'라고 했던 것은 실은 여느 여우가 아니라 사막여우이다. 그 사막여우를 마침내 보고, 품에 안아도 본 것이다. 베이지색의 털을 가졌고, 아주 몸집이 작고 재빠르며 귀가 크고 눈이

7 앙투안 드 생텍쥐페리 『어린 왕자』, 김현 옮김, 문학과지성사 2012, 99면.
8 같은 책 102면.

동그랗다. 안고 있을 때 사막여우의 심장이 빠르게 뛰는 것이 느껴졌다. 섬세함을 지나 섬약하게 느껴질 정도였다.

생텍쥐페리는 『인간의 대지』에서 사하라사막에 불시착했을 때, 사막여우를 발견하고 그가 가는 길을 따라가본 경험을 적고 있다.

> 이 동물은 사막에서 무엇으로 살아가는 것일까? (…) 나는 호기심을 억누를 수 없어 그중 한마리의 발자국을 따라간다. (…) 부채꼴의 발가락 세개로 이루어진, 예쁜 종려나무 모양의 그 발자국을 감탄하며 바라본다. (…) 마침내 나는 내 여우들의 식료품 저장실에 다다른다. 여기에는 모랫바닥에 100미터 간격으로 스프 그릇만 한 작고 메마른 관목이 솟아 있고, 그 줄기에는 조그만 금빛 달팽이들이 잔뜩 매달려 있다. 페넥은 새벽에 먹이를 마련하러 나온다. (…) 나의 페넥이 모든 나뭇가지에 멈춰서는 것은 아니다. 달팽이가 잔뜩 붙어 있어도 무시하고 지나가기도 한다. (…) 다가가기는 하지만 먹어치우지는 않는 나무도 있다. 거기서는 달팽이를 두세마리만 먹고 다른 식당으로 바꾼다. (…) 그가 조심하지 않고 먹어치웠다면, 달팽이는 존재하지 않을 것이다. 달팽이가 없다면 페넥 역시 존재할 수 없을 것이다.[9]

생텍쥐페리의 사막여우는 사막의 어떤 구역을 자신의 농원처럼 관리하고 거기서 필요한 만큼을 채취해서 살아가는 정원사 같은 동물이다. 아마도 이런 섬세한 모습 때문에 생텍쥐페리는 사막여우가 길들임에 대해 말하는 역할을 맡을 자격이 있다고 생각한 것 같다.

---

9 앙투안 드 생텍쥐페리 『인간의 대지』, 허희정 옮김, 펭귄클래식코리아 2015, 156~57면.

9-10. 모로코 사하라의 우물

우리 일행은 모두 사막여우를 안고 사진을 찍었다. 차례가 되어 아내가 사막여우를 안았고, 나는 사진을 찍었다. 뷰파인더 안에서 나는 내 생애의 '사막여우'가 사막여우를 안고 있는 모습을 보았다.

사막여우를 본 다음 일정 가운데 인상적인 것은 베르베르 유목민을 방문한 것이었다. 유목민적 삶은 가족, 몇 마리의 양과 당나귀, 그리고 몇 개의 천막 모음인 집으로 이뤄졌다. 천막은 각각의 용도가 있었다. 어떤 천막은 주방, 어떤 천막은 거실, 어떤 천막은 창고였다. 천막가옥은 건조한 평원 위에 정말 홀로 있었다. 수만평의 마당에 고졸한 집, 사막의 바람 때문에 정말 낮은 집이 서 있는 셈이었다.

말도 통하지 않는 그들과 짧은 시간 동안 차 한잔 나눈 걸로 그들의 삶과 생각에 대해 알게 되진 않는다. 그러나 그들이 스스로를 가난하다고 느끼지 않고 오히려 자유롭게 산다는 자부심을 지니고 있다는 알리의 말과 현대적 조건 속에서 부모가 택한 삶의 양식 때문에 유목민으로 사는

708

9-11. 「아라비아의 로렌스」 우물 장면. 멀리 수평선에서 알리가 나타나고 있다.

소년의 눈빛은 마음에 오래 남았다.

유목민과 헤어져 차를 달리다가 사막 한가운데 있는 우물 앞에서 알리는 차를 세웠다. 그리고 우리에게 우물물을 길어보게 해주었다. 그렇게 사막의 우물에서 물을 긷자니, 많은 이에게 사막에 대한 원형적인 이미지를 심었을, 그리고 나에게도 그랬던 영화 「아라비아의 로렌스」속 우물 장면이 떠올랐다.

영국군 정보장교 토마스 에드워드 로렌스(피터 오툴 분)는 제1차 세계대전 중 시리아 지역 아랍왕국이 영국 편에 서서 오스만튀르크에 대항하도록 회유하라는 지시를 받는다. 임무 수행을 위해 로렌스는 시리아 지역 아랍왕국의 파이살 왕자(알렉 기네스 분)를 만나기 위해 안내자 타파스(지아 모헤딘 분)와 함께 사막을 건넌다. 그런 중에 사막 한복판에서 우물을 발견하고 실컷 물을 마시며 휴식을 취한다. 그때 그 지역을 순시하던 부족장 알리 엘 카리시(오마 샤리프 분)가 멀리 지평선에서 낙타를 타고 나타나 자

기 부족의 우물물을 다른 부족 사람이 허가 없이 마셨다는 이유로 타파스를 총살한다. 그런 알리를 두고 로렌스는 아랍인들이 겪는 부족들 사이의 분열과 반목을 비난한다.

이 비난이 얼마나 가소로운 제국주의적 오리엔탈리즘인지 우리는 잘 안다. 그러나 「아라비아의 로렌스」에 깃든 이데올로기적 편향과 무관하게 우물 멀리 지평선에서 2분 넘는 시간 동안 낙타를 타고 다가오는 알리와 그를 바라보는 로렌스를 보여주는, 영화사적으로 기념비적인 롱테이크는 내게 깊은 인상으로 남아 있었다. 바로 영화 속 그 장면에 내가 '들어선' 것 같았다. 물론 나의 안내자는 타파스가 아니라 알리이지만, 우물 장면은 로렌스와 알리가 만나는 장면 아닌가? 기묘한 즐거움이 밀려왔다 (오랫동안 마음속에 자리잡고 있던 어떤 액자 속에 자신이 등장하는 것 같은 환영은 늘 행복감에 가까운 즐거움을 주는 것 같다). 그러나 나중에 집에 돌아와 「아라비아의 로렌스」를 다시 보았고, 영화 속의 우물은 내가 만난 우물과 달리 나지막한 형태임을 알았다. 두 우물은 어느 만큼은 닮았지만, 내가 똑 닮은 장면 속에 '들어선' 것이라 말할 정도는 못 되었다. 기억은 그것을 소환하는 경험의 거친 붓질을 피하진 못하는 듯했다.

우물을 지나서 오아시스를 지나 예전에 이곳이 바다였음을 보여주는 화석지대를 보고 이어서 모래로 된 사막이 시작하는 지점에 있는 넓은 사구(沙丘)에 올랐다. 가볍게 부는 바람에도 모래가 바르르 일렁이며 일어나 모래 없는 건조지대로 스산하게 몸을 뻗고 있었다. 바람이 좀더 세게 불면 사구는 수 킬로미터에 이르는 엷은 너울로 펼쳐 일어나기도 했다. 사막은 확장되고 있었다. 모든 걸 모래 알갱이들이 덮어가는 이 과정은 마치 세계 종말의 상징처럼 다가왔다. 무상하게도 모든 것이 자신의 내적 짜임 그리고 이웃한 존재와의 차이를 잃게 될 것임을, 서로 다르지

9-12. 우산가시나무 아래서 포즈를 잡은 일행

않게 될 것임을, 엔트로피 증가라는 맹목적 과정에 굴복할 것임을 예시하는 듯했다. 이 무시무시한 과정을 위로라도 하는 것처럼 석양은 사구를 밝고 붉게 물들였다.

해가 뉘엿해지자, 알리는 우리를 재촉해 평원에 외롭게 서 있는 사막 식물 '우산가시나무'(Umbrella thorn) 아래로 데려갔다. 그러면서 기념이 될 만한 사진을 찍고 싶다며, 우리를 나무 아래 일렬로 세우고, 일일이 자세를 지시한 다음, 땅바닥에 엎드려 사진을 찍어주었다. 그에 의하면, 우리가 취한 자세는 베르베르인들의 속담을 구현한 것이라고 했다. 열심히 사진을 찍기는 했는데, 그 속담이 무엇인지는 유감스럽게도 기억이 나지 않는다.

사진을 찍은 뒤, 알리는 마지막으로 우리를 생텍쥐페리가 불시착했던

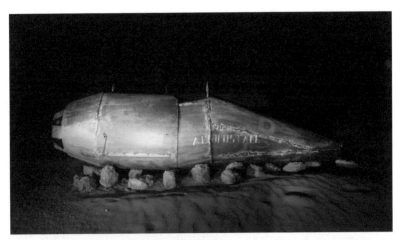
9-13. 메르주가에 불시착한 생텍쥐페리의 비행기 잔해

비행기 잔해가 있는 곳으로 데려갔다. 생텍쥐페리가 1920년대에 카사블랑카에 배치된 프랑스 공군으로 복무했고, 여러차례 항공사고를 겪고 사막에 불시착한 일이 있으니, 이 비행기가 생텍쥐페리가 탔던 것이 맞는지 아니면 그저 생텍쥐페리의 명성 때문에 만들어진 신화인지 알 길은 없다.

　이미 해가 지고 어둑해진 상태에 도착해서 만난 생텍쥐페리의 비행기 잔해는 앞과 뒤가 잘리고 날개는 모두 사라진, 그저 2미터쯤 되는 몽당연필 모양의 고철덩어리였다. 그러나 비행기가 운전석에 덮개도 없이 그저 날개를 단 오토바이 같았던 1920년대라면, 이 고철덩이에 근사한 날개와 바퀴가 달리고 엔진이 제대로 헐떡이며 숨을 내쉬었다면, 그것이 피레네산맥을 넘고 아틀라스산맥을 비껴서 칠레를 향해 날아가는 '남방 우편기'(Courier Sud)이지 말란 법도 없을 것 같았다.

　이미 어둑해서 알리의 지프 전조등 불빛 속에서 봐야 했던 비행기 앞

에서 사진 몇장을 찍었다. 관광을 사막여우에서 시작해 생텍쥐페리의 비행기 잔해로 끝내는 알리의 일일 투어는 마치 『어린 왕자』 테마 투어'인 듯이 다가왔다. 그러고 보니, 어쩌면 '우산가시나무'가 '바오밥나무'의 모델이었지 않을까 하는 생각마저 들었다. 일정을 마친 알리는 숙소를 향해 차를 몰았다. 해는 졌지만, 지평선은 이미 져버린 해의 자취가 노란 띠로 남아 있었고 중천에는 초승달이 떠 있었다.

낙타와 오리온

알리네에서 둘째 날, 사막에 들어가 하룻밤을 지내다 오는 사막 관광에 나섰다. 함께 나선 일행은 고교 동창생인데 우연히 알리네에서 만난 윤경과 성현, 대학에서 건축을 공부하고 취업이 확정된 직후 함께 휴가를 온 경택과 영보, 모로코로 신혼여행을 온 영섭과 혜민(영섭은 경택과 영보의 대학 건축학과 선배인데, 여기서 우연히 만났다), 세계일주 여행 중인 동창생 은영과 수빈, 아일랜드에서의 교환학생을 끝내고 귀국 전에 사막을 찾아온 지연이었다. 모두 20대 중반에서 30대 초반까지의 청년들이었다.

대략 10시쯤 출발했다. 날씨는 아주 맑았다. 숙소를 나와서 100미터쯤 걸어 사막 입구에 이르자 우리가 타고 갈 낙타들이 무리 지어 기다리고 있었다. 내가 탈 낙타를 배정받았다. 그 낙타가 내 앞에 무릎을 꿇고 있었다. 그 무릎 꿇음이 등자에 발을 걸고 펄쩍 올라타야 하는 말과 달랐다. 낙타가 아주 고분하게 내가 올라타기를 기다리는 듯이 느껴졌다. 그러나 낙타에 올라타자, 낙타는 구부린 앞다리를 펴며 벌떡 일어섰다. 앉았다

일어나거나 서 있다가 주저앉는 낙타의 동작이 무척 급속해서, 목이 뒤로 홱 젖혀져 깜짝 놀랐다. 하도 놀라선지 이후로도 타게 될 때마다 긴장됐다.

낙타에 타고 보니 그리 안락하지는 않았다. 그 이유는 낙타가 본래 그런 것이 아니라 내게 배정된 낙타가 덩치가 작고 기운이 없어서였다. 낙타가 크고 힘이 좋으면 낙타에 타는 게 한결 안락하다고 한다. 큰 낙타가 대형 세단이라면 작은 낙타는 경차쯤 되는 셈이었다. 그래서 안내인들은 비교적 체력이 약한 여성들에게 큰 낙타를 배정하고, 남자들에게는 작은 낙타를 배정했다. 대신 큰 낙타에게는 짐을 더 싣고, 작은 낙타에게는 짐을 줄여주었다.

이연실의 「목로주점」이라는 노래가 유행했고, 그 노래를 따라 불러본 경험이 있는 우리 세대에게 낙타는 낭만을 자극한다. 그 노래 2절 가사는 이렇다.

> (…)
> 월말이면 월급 타서 로프를 사고
> 연말이면 적금 타서 낙타를 사자
> 그래 그렇게 산에 오르고
> 그래 그렇게 사막에 가자
>
> 가장 멋진 내 친구야 빠뜨리지 마
> 한 다스의 연필과 노트 한 권도
>
> 오늘도 목로주점 흙바람 벽엔

삼십 촉 백열등이 그네를 탄다.

크고 좋은 낙타 가격이 괜찮은 자동차에 맞먹는다니 적금을 꽤 부어야
했던 셈이다. 알리도 우리를 태울 낙타를 모두 소유할 정도는 못 되어서,
규모가 있는 사막 관광에 나서려면 이웃의 낙타를 대여한다고 했다. 어
쨌든 노래대로 낙타를 사진 않았지만, 오래전 술집에서 목청껏 불렀듯이
사막엘 가게 되었다.

낙타는 나를 어린 시절 창경원 나들이 기억으로도 데려갔다. 초등학교
입학 전 부모님과 '창경원'에 벚꽃놀이를 간 적이 있다. 1960년대엔 창경
원이 동물원이기도 했다(식물원도 있었다). 일제는 조선왕조의 정통성
을 실추시키기 위해 왕궁인 창경 '궁'을 창경 '원'으로 격하하여 이국적인
동물들의 똥이 굴러다니는 곳이자 벚꽃놀이 장소로 만들었다. 어쩌면 우
리가 사라진 왕조에 대한 아무런 그리움을 갖지 않은 이유는 왕조의 권
위를 실추시키는 비속화가 이렇게 모질게 진행된 탓일 수도 있다. 이렇
게 역사적 유산인 궁전이 동물원으로 쓰인 것은 1980년대 초 동물원이
과천으로 이전될 때까지 계속되었다. 생각해보면 해방 후에도 수십년간
창경궁을 그렇게 내버려둔 것은 '민족적' 수치인 면이 있지만, 수많은 사
람이 창경 '원'에서 추억을 쌓은 것도 사실이고, 나 역시 그렇다(지배의
역사는 이렇게 늘 쾌락의 역사와 뒤엉킨다). 벚나무 그늘에서 부모님과
함께 김밥을 먹고 난 뒤, 동물원 여기저기를 구경했고, 이런저런 동물우
리 앞에서 사진을 찍었다. 그런데 낙타만은 우리 안에서 나오질 않아, 낙
타를 배경으로 사진을 찍을 수 없었다. 그래도 나는 꼭 낙타를 보고 싶었
고, 낙타와 '함께' 사진을 찍고 싶었다. 낙타가 나오질 않으니 그만 기다
리고 다른 동물을 보러 가자는 부모님 말씀을 거스르고 낙타우리를 부여

잡고 버텼다. 부모님은 내 고집을 꺾지 않았고, 거의 30분을 기다려 우리에서 나온 낙타를 배경으로 사진을 찍었다.

지금도 다섯살배기의 고집이 배어 있는 그 사진을 들여다보면, 내 고집을 꺾지 않은 부모님께 감사하게 된다. 고집은 살아가면서 만나는 많은 문제를 해결해주는 동시에 문제를 일으키는데, 대체로 해결은 내 편에서 이뤄지고, 문제는 남의 편에서 일어난다. 이기적인 관점에서 보면 고마운 성격적 특질임을 부인할 수 없다. 고집에는 젖은 인내심을 태울 때 나는 매캐한 연기가 자욱하지만, 그래도 어쨌든 인내심과 고집은 내 면적으로 연결되어 있다.

낙타도 탁월한 인내심 그리고 어쩌면 지독한 고집을 지닌 동물인 것 같다. 낙타의 원산지는 북미대륙이다. 낙타는 빙하기 이전 180만년 전쯤 지금의 베링해협이 연결되어 있던 시절 그곳을 통해 아시아로 왔다. 빙하기가 끝날 무렵엔 북미대륙에 남았던 낙타는 자취를 감췄다. 아메리카대륙에서 살아남은 낙타과 동물은 모두 남미로 이동했다. 알파카, 라마, 비쿠냐 등이 그 후손이다. 낙타과 동물들이 남미로 이동한 것은 베링해협을 통해 아시아로부터 건너온 동물들과의 생존경쟁이 심해졌던 때문으로 추측된다. 물론 아시아에서 동물들이 건너온 이유는 아시아 지역의 생존경쟁이 심한 탓이었을 것이다. 그런데 낙타는 다른 동물들이 아시아를 떠나 아메리카대륙으로 넘어올 때, 오히려 그들이 떠나온 아시아로 갔다.

아시아로 흘러들어온 낙타는 사바나 지역같이 대형 초식동물들이 선호하는 지역을 피해서 조용하고 한적한 곳, 너무 덥고 너무 춥고 너무 건조해서 모두가 피하는 곳, 사막으로 들어갔다. 낙타는 경쟁자도 포식자도 없는 곳, 그래서 오롯이 평화를 누릴 수 있는 곳으로 향했고, 그 평화를

얻기 위해 자연의 모든 가혹함을 순순히 받아들이기로, 가능한 모든 적응을 해내기로 한 듯하다. 모래 위를 걷기 위해서 발바닥은 평평해졌고, 모래로부터 올라오는 열기를 피하려고 다리는 길어졌다(낙타는 발에서 발목까지도 매우 길어서 발목을 무릎으로 착각하는 경우가 많다). 눈썹은 두툼해졌고, 속눈썹은 길어졌다. 모래폭풍에 대비해 눈꺼풀은 얇아졌다. 그래서 모래폭풍 속에서 눈을 감아도 눈꺼풀 너머의 풍경을 볼 수 있다. 코에도 근육이 있어서 모래바람이 불면 뜻대로 닫을 수 있다.

수분을 절약하는 신체시스템도 놀랍다. 눈물샘을 발달시켜 눈이 마르지 않게 했으며, 눈물은 코와 연결된 관을 통해 다시 몸 안으로 재순환된다. 낙타는 코밑에 구멍이 있어서 호흡으로 인해 빠져나온 습기조차 재활용한다. 땀 배출을 최소화하기 위해서 피부는 두꺼워졌고 털은 무성해졌다. 더운 날엔 오줌을 제 다리에 눠서 몸을 식힌다. 낙타는 포유류인데도 거의 변온동물 수준으로 폭넓은 체온 변화를 견딘다. 그래서 체온을 낮에는 41도까지 밤에는 34도까지 떨어뜨릴 수 있다. 몸에 수분이 많이 빠진 상태라면 10분에 100리터 정도의 물을 마실 수 있고, 하루에 200리터까지 마실 수 있다. 혈류 속에 물을 저장하는 특수한 능력이 있기 때문이다. 그리고 여분의 영양분인 지방을 몸 전체가 아니라 혹에 모아서 저장함으로써 비만을 피한다. 또한 지방대사로 에너지원과 함께 물을 만들어낸다.[10]

낙타는 이렇게 온 힘을 다해 사막에 적응하고, 그럼으로써 경쟁 없는 평온을 얻어낸 '고결한' 동물이다. 낙타는 적응과 진화가 얼마나 치열하고 아름답고 품위 있을 수 있는지 보여준다. 인간은 그런 낙타를 길들이고 그의 등에 올라탐으로써, 낙타가 개척한 사막을 자신의 영토에 편입시켰다. 내가 낙타에 대해 알고 있는 모든 지식은 낙타가 애써 이뤄낸 멋

진 적응을 착취하는 인간의 야멸참을 지적한다. 그러나 정작 낙타를 타고 있는 나는 "마침내 낙타를 탔다"는 도취감에 사로잡혔고, 사막에 길게 드리운 낙타와 나의 그림자에 매료되었다.

그렇게 낙타를 타고 1시간 반쯤 사막으로 걸어 들어가니, 베이스캠프가 나타났다. 우리와 함께 온 안내자들이 낙타에 실어 온 식자재로 빵과 타진 등을 요리했다. 우리는 천막 안에서 마치 어떤 부족에게 초대된 귀한 손님인 양 한가롭고 맛있는 식사를 대접받았다. 안내자들은 길이 없어 보이는 사막을 정확한 방향으로 횡단할 수 있게 돕는 역할 이외에도 그렇게 여러가지 역할을 했다. 낙타를 능숙히 다룬다는 점에서 그들은 운전기사였고, 음식을 마련하는 요리사였으며, 사막을 건너는 우리 모습을 찍어주는 사진사이자, 밤이 되면 모닥불가에서 베르베르족의 음악을 신나게 연주하여 우리의 흥을 돋우는 민속음악가이기도 했다.

식사 후에는 모두 자유로운 시간을 가졌다. 그리고 저녁이 다가올 즈음, 베이스캠프 옆의 가장 높은 사구에 올랐다. 경사가 꽤 가파르고 높아서 마을 뒷동산 정도는 오르는 것처럼 느껴졌다. 높은 사구에 오르자 탁 트인 사막 풍경이 펼쳐졌다. 뉘엿해지는 해를 바라보았다. 그리고 일행인 청년들이 공중을 향해 펄쩍 뛰어오르는 기념사진에 아내와 나도 함께하자고 했다. 사진이 잘 나오게 하려고 아내와 나도 힘차게 뛰었다.

나는 처음 찍어보지만, 우리나라 청년들이 이런 사진 찍기를 좋아하는 것을 알고 있었다. 거기에 청년세대를 관통하는 어떤 마음의 흐름이 있는지 정확히 알진 못하지만, 그런 사진에서 직관적으로 느낀 것은 그들이 '중력'을 이겨내고 싶어 한다는 것, 혹은 중력 없는 상태를 꿈꾼다는

---

10 최형선 『낙타는 왜 사막으로 갔을까: 살아남은 동물들의 비밀』, 부키 2011, 3장 참조.

것, 그리고 잠시나마 중력을 벗어난 순간을 (사진으로나마) 기록하고 싶어 한다는 것이다. 아마 그들을 사막으로 이끈 것도 중력으로부터의 '수평적인' 탈주 의지였을 테니, 그 사막에서 하늘로 높게 박차고 오른 모습을 사진으로 남기고 싶은 것은 심리적으로 필연적일 듯했다.

사구를 내려올 때, 눈썰매 비슷한 모양의 널빤지를 썰매 삼아 타고 내려온 친구들도 있었다. 제법 요령이 필요한지, 썰매는 빠르게 하강하다가도 비틀대며 멈추곤 했지만, 그래도 비명을 지르며 좋아들 했다.

해가 거의 저물 무렵 저녁을 먹었다. 메뉴는 점심과 비슷하고 육류가 좀 늘었다. 일행 가운데 누군가 챙겨 온 술도 나눠 마셨다. 밤이 깃든 사막에서 안내인들은 모닥불을 피웠고, 우리를 위해 베르베르 악기를 연주하고 노래를 불러주었다. 약간 낯선 리듬과 알아들을 수 없는 가사의 노래였지만, 흥겨워하며 손뼉 치고 춤을 추며 함께 놀았다. 그들이 물러난 다음엔 일행만 계속 남아 이야기를 나누고 노래를 부르며 놀았다. 꽤 떠들썩하게 놀았지만, 사막은 반향 없이 그 소리를 삼켰다. 우리가 피운 모닥불은 별빛만 남은 어두운 사막에서는 아주 작은 인간의 거처일 뿐이었다.

초승달이 떴다가 이내 져버렸다. 그리고 은하수가 점점 진해졌다. 쏟아질 듯이 그득한 별들을 올려다보니, 위도에 따라 별자리가 달리 보인다는 게 실감이 났다. 북두칠성은 서울에서보다 훨씬 낮게 떠올랐다. 그 때문에 주기(週期)의 일부가 지평선에 가려 서울에서처럼 하룻밤 동안 북극성 주위를 한바퀴 도는 모습을 보여주지 못했다. 가장 인상적인 것은 오리온자리였다. 서울에서는 오리온자리가 밤이 되면 곧장 중천에 나타난다. 그런데 사하라에서는 오리온자리가 지평선에서부터 서서히 나타나 밤새 은하수를 타고 올라서 하늘 꼭대기에 이른다. 오리온자리는 하늘을 가득 채운 별 무리 가운데 단연 우뚝한 주인이었고, 밤하늘을 자신

9-14. 모닥불가에 모인 일행. 하늘에 오리온자리가 보인다.

의 행로를 상연하는 무대로 만들고 있었다. 그런 오리온자리를 보게 되자, 베르베르인들이 왜 자신들을 오리온성좌와 동일시하고, 그것을 '아마지그'(자유로운 인간)라고 불렀는지 이해할 수 있었다.

12시가 넘자 낙타 똥을 연료로 쓴 모닥불이 잦아졌고, 일행은 하나둘 잠자리에 들기 시작했다. 천막 안은 간결하게도 모래 위에 놓인 침상이 전부였다. 노곤한 몸을 누이려니, 낙타가죽으로 된 이불이 침상과 놀라울 정도로 단단하게 여며져 있어 침대에 눕는 것이 침상과 이불 사이에 틈을 벌려 거기에 몸을 끼워 넣는 작업으로 느껴졌다. 낙타 냄새가 물씬 나는 두꺼운 이불 속에서 옴짝달싹 못 하고 누워서, 왜 이렇게 불편하게 만들어놨을까 생각했지만, 새벽이 되자 그 이유를 짐작할 수 있었다. 기온이 떨어지면서 사막엔 폭풍이라 해도 과언이 아닌 바람이 불기 시작했다. 천막이 휘청거렸고, 바람소리가 너무 커서 자다 깨다를 반복했다. 바람이 잦은 맑은 날이 없는 것은 아니지만, 사막의 겨울은 우리나라 가을

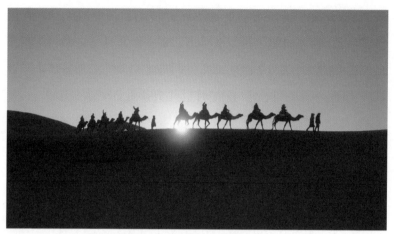
9-15. 아침 햇살을 받으며 사막을 나오고 있는 필자와 일행의 모습

같은 쾌청한 낮에 이어 이렇게 험한 새벽의 광풍을 안길 때가 많다고 한다. 그런 날에는 낙타 이불 속에 납작하게 숨어 있는 것이 그나마 온기를 유지하며 잠들 수 있는 길이었다.

　다들 새벽잠을 설쳤고, 해뜨기까지 날이 너무 궂어 해돋이를 보기 위해 높은 사구에 오르는 일정은 소화할 수 없었다. 간단히 아침을 먹고 짐을 챙겨서 사막을 빠져나왔다. 해가 뜨자 바람은 시나브로 잦아졌다. 청량하고 맵싸한 아침 공기가 기분 좋았다. 해를 등지고 서쪽으로 낙타를 타고 천천히 걸어 나왔다. 내가 사막을 스쳐 지나간 것인지, 사막이 내게 밀려왔다가 사라져간 것인지 몽롱했지만, 사막에서의 하룻낮 하룻밤은 그렇게 지나갔고, 아침 해를 등에 지고 아내와 나 그리고 일행은 사막을 천천히 벗어났다.

　모래와 별과 바람이 머리카락을 스치며 수많은 생각을 뿌려놓았지만, 그렇게 낙타 등에 실려 사막을 나오는 동안, 숱한 사념들은 손에 쥔 모래

가 그랬듯이 손가락 사이를 빠져나와 떨어졌다. 나는 약간의 모래라도 남겨보려고 손을 더 꽉 쥐어보았지만, 그럴수록 모래는 더 빨리 사막으로 되돌아갔다. 손가락을 풀어보자, 손바닥엔 반짝이는 그저 모래 몇알 같은 '무한'에 대한 약간의 사념만이 남아 있었다.

무한에 대하여

짐을 지기 위해 무릎을 꿇는 낙타로부터 니체는 정신의 변화 단계에 대한 첫번째 은유를 얻었다. "짐깨나 지는 정신은 이처럼 더없이 무거운 짐 모두를 마다하지 않고 짊어진다. 그러고는 마치 짐을 가득 지고 사막을 향해 서둘러 달리는 낙타처럼 그 자신의 사막으로 서둘러 달려간다."[11] 사막에 가본 적이 없었던 니체에게는 사막이 "그 자신의 사막"이라는 은유로 던져졌다. 그러나 사막에 직접 와서 니체가 말한 바로 그 낙타를 타고(그렇게 낙타처럼 되어) 사막 한가운데로 들어와도 사막은 내 앞에 펼쳐진 '현실'이기보다는 여전히 하나의 은유로 나타나고 또 그렇게 남았다. 은유, 메타포란 '너머로'(meta) '데려감'(pherein)이다. 사막은, 여행을 온 어떤 도시에서 만나는 가로등이나 쭉 뻗은 도로 또는 멀리 보이는 산등성이와 다르다. 사막은 모래와 그것의 음영 그리고 하늘이라는 간결한 풍경만을 내 앞에 펼친다. 그것은 아름답기조차 하다. 하지만 그것의 아름다움은 마치 르네 마그리트의 그림 같은 것이다. 거기엔 독특한 초현실성 또는 비현실성이 깃들어 있다. 그것은 현실로 환원되지

---

11 프리드리히 니체 『차라투스트라는 이렇게 말했다』, 정동호 옮김, 책세상 2007, 39면.

9-16. 걸을 때마다 선명한 자취를 남기는 사막

않으면서 끊임없이 너머를 지시하는, 그 자체로서 은유이다.

　　사막으로 들어가 알리가 설치한 베이스캠프에 도착한 뒤, 우리 일행 각자에게는 자유시간이 주어졌다. 그때, 나는 베이스캠프를 떠나 동쪽 편을 향해서 혼자 걸어갔다. 내 앞에는 높다란 사구가 있었다. 사구 위로 걸어 올라가는 동안 발이 계속해서 모래에 잠겼다. 그래서 서늘한 겨울 날씨인데도 불구하고 꽤 땀이 흘렀다. 분명 사막은 대지가 아니다. 대지 위에 서 있거나 걷고 있을 때, 우리는 대지를 의식하지 않는다. 대지는 견고하게 우리를 떠받치고 있다. 그래서 세상 어느 모퉁이든 대지 위에서 우리는 안락하다. 이 안락함과 안정감은 대지와 나 사이의 정합성에 근거한다. 그러나 사막에서는 발이 계속해서 빠져든다. 나를 떠받쳐주지 않는다. 경사면을 오르면 그것의 힘겨움이 발자국이 패인 깊이를 통해 고스란히 표현된다. 모래는 굴러도 다치지 않게 부드럽게 감싸지만, 그와 동시에 언제든 우리를 더 깊이 삼킬 수 있다고 은연중에 말한다. 그래서 흘

러내리는 모래 위를 걷는 이는 모래의 유동성만큼이나 자아의 유동성을, 대지 위에서와 같은 정합성을 상실한 자아를 실감한다.

사구에 올라 뒤돌아보니 내 발자국이 길고 선명하게 남아 있었다. 가늘게 바람이 불었다. 발자취가 슬며시 옅어지는 것이 보였다. 사막에서는 모든 게 쉽게 자취를 남기고, 또 쉽게 사라진다. 사막에 길이 없는 까닭이다. 길이 없기에 모든 방향이 동등한 가능성으로 나타나고, 장소와 (장소에 이르는, 또는 장소들을 이어주는) 길의 구별도 사라진다.

사구 정상 너머의 내리막 경사까지 걸어갔다. 사구를 등지고 나니, 베이스캠프는 보이지 않았다. 무수한 모래가 나를 감싸고 그위로 하늘뿐이었다. 움푹 팬 부분을 다시 지나 면도날처럼 가느다란 선을 중심으로 해서 좌우로 음영이 나뉘는 능선에 앉았다. 모래를 한줌 쥐어보았다. 쥐자마자 모래가 스륵 손가락 사이로 흘러내렸다. 우리는 사태를 '파악(把握)'하려고 한다. 파악이란 '손으로 잡아서 쥠'이다. '잡음'과 '쥠'이야말로 이해와 소유의 원초적 형식이다. 손아귀를 빠져나가는 모래는 이해와 소유의 불가능성을 선언하는 듯했다.

이렇게 사막은 현실 너머로, 몽환과 상상력으로 데려가고, 또 데려간 곳에서 나에게 또다른 '너머'를 펼친다. 사고가 쉼 없이 흔들리며 일어난다. 칸트라면 사막을 '주관적 합목적성'을 지닌 아름다움의 장소이자, 모래의 무한성이 불러일으키는 '수학적 숭고'의 장소 그리고 모래바람과 뜨거운 햇살이 우리를 휘감는 '역학적 숭고'의 장소라고 했을지 모르겠다. 내 보기에 사막은 그 셋을 동시에 구현한다. 그리하여 사막 편에서는 나를 어떤 너머로 데려가는 은유의 힘이, 내 편에서는 상상력이 일렁인다.

사막으로 인해 열리는 사유의 중심에는 무한성이 있다. 그리고 무한성 앞에서 무너져 내리는 것은 무엇보다 '부분(part, share)과 전체(the

whole)의 변증법' 그리고 '총체성'(totality)이라는 관념이다. 모래알은 사막이라는 유기적 전체를 이루는 부분이 아니다. 모래는 이미 직접적으로 사막이고, 사막은 직접적으로 모래일 뿐이었다. 사막은 모래를 자신 안에서 하나로 총괄하지 않으며, 개별 모래알에 존재의 의미를 부여하지 않는다. 사막은 모래의 헤아릴 수 없는 다수성이 열어주는 무한의 이름일 뿐이다.

오랫동안 근대 사회는 세계사를 피와 우연의 바다에서 건져내고 모든 존재와 사건에 의미를 부여할 이념을, 헤겔을 쫓아 총체성에서 찾았다. 헤겔은 세계사를 이성의 발달사로 전환함으로써 세계사의 모든 순간에 의미와 역할이 있었음을 보여주고자 했다. 전체에 진리의 자리를 부여하고 개별자에게 부분 또는 계기의 지위를 부여함으로써 그것을 구제하는 헤겔의 논증은 오래된 사유 방식의 근대적 갱신이었지만, 그 이후 맑스를 비롯한 여러 사상가에게 계속해서 큰 영향을 발휘할 만큼 매력적이었다. 달리 어떻게 그 끔찍하고 잔혹한 근대사로부터 안식을 얻어낼 수 있었겠는가? 그의 변증법은 개별자를 덮치고 개별적 사건을 휩싸는 희생이 무가치와 무의미의 나락으로 떨어지는 것을 막기 위해 자주 소환될 수밖에 없었다. 전체란 드넓은 궁륭(穹隆), 천개(天蓋)와 같은 것이기 때문이다. 그 궁륭에는 외부가 없다. 지상의 모든 것이 다른 모든 것과 함께 그 전체 안에 담기고, 다른 모든 것과 함께 그 전체 안에서 상대적 위치와 역할을 할당받는다. 저이는 저기에, 그는 그곳에, 나는 여기에 있다. 나에게 주어진 자리가 내게 허락된 몫의 삶이고 의미이다. 그렇게 부분으로서 자리 매겨진 자를 전체는 환하고 따뜻한 시선으로 감싼다.

자크 랑시에르(Jacques Rancière, 1940~)는 그런 전체가 근원적 배제 위에 설립될 수 있음을 강조했다. 그가 "몫 없는 자의 몫"을 말하며 제기한

바의 핵심은, 전체에 속해 있으나 부분으로는 인정되지 않은 무엇에게 부분의 지위와 몫을 주어야 하며, 바로 그렇게 부분 아닌 것이 부분의 지위를 획득하고 몫을 얻기 위해서는 전체 자체가 이전과는 다른 새로운 것으로 전환되어야 한다는 것이다.[12] 이런 그의 주장은 부분과 전체의 변증법을 날카롭게 비판함으로써 현존하는 총체성의 비진리성을 폭로하고 그것의 역동적 변화를 촉구한다. 그러나 그것은 여전히 부분과 전체의 변증법 안에서 제기되는 것이기도 하다. 그는 누구도 부분이 되지 못하는 일이 없는 더 온전한 전체를 꿈꾸고 있는 셈이다.

좀더 폭넓은 관점을 제시한 것은 내 보기에 리처드 로티(Richard Rorty, 1931~2007)이다. 그는 전체 또는 총체성이라는 거창한 말을 비실체화하기 위해 그것을 "마지막 어휘"라는 소박한 유명론적 개념으로 대치한다.

모든 인간 존재는 그들의 행위, 그들의 신념, 그들의 인생을 정당화하기 위해 채용하는 일련의 낱말들을 갖고 있다. 그것들은 친구에 대한 칭찬, 적들에 대한 욕설, 장기적인 프로젝트, 가장 심오한 자기의심 그리고 가장 고결한 희망 등을 담은 낱말이다. 그것들은 우리가 때로는 앞을 내다보면서 때로는 뒤를 돌아다보면서 우리의 삶에 대해 이야기하는 낱말이다. 나는 그런 낱말들을 "마지막 어휘"(last vocabulary)라고 부르겠다.[13]

그는 자신이 말하는 '마지막 어휘'가 총체성을 대신하는 말임을 이어지는 문장에서 다음과 같이 드러낸다.

---

12 자크 랑시에르 『불화: 정치와 철학』, 진태원 옮김, 길 2015 참조.
13 리처드 로티 『우연성 아이러니 연대성』, 김동식·이유선 옮김, 민음사 1996, 145면.

그것이 "마지막"이라는 것은, 만일에 그러한 낱말의 값어치를 의심한다면 그 낱말의 사용자는 의존할 비순환적인 논변을 전혀 갖지 못한다는 뜻이다. 그 낱말들은 사용자가 언어와 더불어 끝까지 함께 하는 것이며, 그것들 너머에는 오직 어찌할 수 없는 피동성, 혹은 힘에의 호소만 있을 따름이다. 마지막 어휘의 비교적 작은 부분은 "참이다", "좋다", "아름답다" 등과 같은 엷고도 유연하며, 어디에나 있는 용어들로 이루어져 있다. 더 큰 부분은 가령 "그리스도", "잉글랜드", "전문적 기준들", "고상함", "친절", "혁명", "교회", "진보적", "엄밀하다", "창의적이다" 등과 같이 더 두텁고, 더 고정적이며, 더 편협한 용어들을 포함한다.[14]

로티는 마지막 어휘 '들'에 대해 말함으로써, 부분과 전체가 아니라 전체 '들'이 투쟁하는 우주를 우리 앞에 그려준다. 그리고 그 안에 있는 우리가 어떤 입장을 취해야 할지 논의한다. 그는 우리가 마지막 어휘 없이, 즉 우리의 실존에 의미를 부여하는 전체 없이 살아갈 수 없음을 받아들인다. 그렇지만 그 전체에 대해 아이러니스트(ironist)의 입장을 견지해야 한다고 주장한다. 그 입장이란, 자신의 마지막 어휘에 대해 지속적으로 의심할 수 있어야 하며(그리고 자신의 마지막 어휘에 머무르는 한 그 의심을 해소할 수는 없음 또한 자각하고 있어야 한다), 그것의 근원적 우연성을 응시함으로써 다른 마지막 어휘보다 자신의 마지막 어휘가 더 실재에 가깝다는 주장을 단념하는 것을 뜻한다.

하지만 그가 말하는 '자유주의적 아이러니스트'가 되는 길은 어떤 실

---

14 같은 책 145~46면. 강조는 인용자.

존적 궁지(窮地)를 포함하고 있다. 그에 따르면, 우리는 자신의 존재에 의미를 부여하는 총체성을 받아들여야 하지만, 동시에 그로부터 얻은 의미에 내적 거리를 지니고 있어야 한다. 다시 말해 자신이 그릇된 어휘를 받아들였을 가능성에 대해 염려해야 한다. 그의 권고를 따를 때, 우리는 나와는 다른 마지막 어휘 속에서 실존의 의미를 구하는 이에게 나의 마지막 어휘를 폭력적으로 강제하는 것을 자제하고 그를 존중할 수는 있다. 하지만 그런 나에게 나의 마지막 어휘는 그것이 줄 수 있는 의미, 최종적 의미를 온전히 줄 수는 없을 것이다.

로티는 마지막 어휘들의 투쟁을 지양하는 어떤 마지막 어휘를 제시하고자 하는 것을 또다른 형이상학적인 시도로 기각하지만, 그렇다고 해서 마지막 어휘들 사이에 어떤 새로운 연대성의 원리를 제시하지도 못한다. 그러므로 로티는 사적인 아이러니스트들이 공적인 장에서 인류와 연대할 수 있게 하는 원리를 어휘가 아니라 "고통" 그리고 "굴욕"에 대한 "감수성" 같은 것에서 길어 올릴 수밖에 없었다. 그러나 마지막 어휘에 의해 영향을 받지 않거나 구성적 외부에 대한 폭력성을 이겨낼 (로티에 따르면 결코 인간의 '본성'은 아닌) 감수성은 어떻게 확보되고 양성되는가?

결국 전체나 총체성의 너머 또는 바깥의 무엇에 의한 윤리적 요구 없이 그런 감수성에 도달하기는 어려울 것이다. 그렇다면 무엇이 우리를 총체성 외부로 데려갈 수 있을까? 그것은 헤아릴 수 없음, 한정할 수 없음, 궁극성 혹은 최종성(finality)의 부재를 통해 열리는 무한성일 것이다. 무한 앞에서 개별자는 부분의 지위를 할당받아 전체 속으로 지양되지 않는다. 개별자는 개별자에 머무른다. 그것은 설령 어떤 존재로부터 분리되어 나온 것이라 해도 그 자신의 독립성을 유지하며, 타자와 외적 관계를 맺는다. 모래는 모래와 마주하고, 이웃하지만, 서로에 대해 독립적이다.

그런 모래의 다수성이 곧 사막이다. 마찬가지로 나는 타인과 이웃하고, 마주하고, 서로에 독립적으로 존재한다. 그리고 타인 또한 나에 대해서 그렇다. 우리는 전체가 지정한 관련 속에서 만나지 않는다. 그러므로 나와 타인은 서로에 대해 한정된 의미를 갖지 않는다. 타인은 한정되지 않은 현존, 무한으로서 내게 다가온다.

모래에 남은, 곧 사라질 발자국과 다름없는 이런 사념 속에서 나는 아내를 떠올렸다. 내가 앉았던 사구 아래 능선의 고요함으로 내 생애의 타자인 아내를 초대하고 싶었다.

플라톤은 『향연』에서 에로스란 분리되어 반쪽, 즉 부분이 된 인간이 단일한 전체를 회복하려는 충동이라고 묘사했다. 그러나 생각해보면 사랑이란 전체를 이루는 운동이 전혀 아니었다. 만일 "사랑이 사랑받는 이가 내게 품는 사랑을 사랑하는 것이라면, 사랑은 사랑 속에서 자신을 사랑하는 것이고, 그렇게 하여 자신에게 돌아가는 것이다." 사랑은 그렇게 타자를 지양하여 자신을 전체화하는 과정이 아니다. "사랑은 함께하는 만족이다. 사랑은 쾌락이고 둘의 에고이즘이다. 그러나 이 만족 속에서 사랑은 꼭 그만큼 자기에게서 멀어진다. 사랑은 어떤 의미 작용도 명확히 밝히지 못하는 타자성의 심오함 ─ 노출되고 세속화된 심오함 ─ 위에서 현기증을 겪는다."[15]

나에게 아내도 그렇다. 아내와 내가 하나의 전체 속으로 지양된 적은 없다. 우리는 '함께' 살았을 뿐이다. 서로를 만지고 대화하고 밥을 나누고 아이를 낳고 키우며 같이 놀고 여행하고 함께 잠들었다. 사막의 모래가 모래 옆에 있듯이, 아내는 그렇게 내게 가장 근접한 이웃, 늘 현존하

15 에마뉘엘 레비나스 『전체성과 무한: 외재성에 대한 에세이』, 김도형·문성원·손영창 옮김, 그린비 2018, 404면.

는 이웃, 내 얼굴을 보는 얼굴이었다. 우리에게 주어진 과제는 각자의 주체성, 그리고 서로에 대한 타자성을 온전히 보존하면서 서로에게 욕망의 대상이 되는 것이었고, 서로를 향유하는 것과 서로 존중하는 것을 동시에 성취하는 것이었다. 그것이 매끈한 무늬일 때도 있고 한참 엉클어진 것일 때도 있었지만, 그래도 아내와 나는 늘 곁에 있음으로써 하나의 자취를 함께 만들어왔다.

　나는 아내와 내가 그려낸 생애의 자취들을 기념하는 또다른 자취를 사막 위에 남기고 싶었다. 그래서 사막이 무한성을 열어 내비치고 있는 이 고즈넉한 모래 언덕으로 아내를 초대하기 전에 능선 아래 경사면에 커다랗게 아내의 이름을 새기고 역시 커다랗게 "사랑한다"고 썼다. 말하고 보니 "새겼다"거나 "썼다"고 하는 건 적절치 않다. 잠시 그 형태를 유지할 만큼 모래를 깊게 걷어냈다고 하는 것이 맞겠다. 모래는 끊임없이 흘러내렸다. 파낸 자리의 가장자리로부터 형태를 무너뜨리며 모래가 흘러들어왔다. 흘러내리는 모래보다 더 많은 모래를 더 빨리 파내고서야 글꼴이 유지되었다. 어쩌면 사랑뿐 아니라 삶 일반, 그리고 삶의 자취는 이렇게 흘러내리는 모래보다 더 많은 모래를 재빨리 파내어 잠시 이룩된 것일 게다.

　아내를 그 자리로 초대하기 위해 글 쓴 자리를 떠났다. 언젠가 아마도 아주 오래지 않아 아내와 나의 삶도 사랑도 끝날 것이고, 그 사랑을 적은 자취도 그와 마찬가지로 두어줌의 바람에 지워질 것이다. 모래 위의 자취뿐 아니라 우리의 생애 또한 그와 다르지 않게 지극히 미소한 것 아닌가. 하지만 그것이 허무는 아니다. 사막의 모래는 모래로 이어지고, 해변의 파도는 계속해서 모래톱과 바위 위로 뿌려지고, 연인들은 어제의 애무에도 불구하고 오늘 다시 서로에게 손을 뻗는다. 이 모든 게 무의미한

반복처럼 보인다. 그러나 모래알들과 모래의 자취 그리고 바위에 부서지는 한번의 파도는 모두 개별성의 노래를 부른다. 그 모든 것이 유한하지 않다. 그것을 유한한 것으로 규정할 어떤 전체도 상정되지 않기 때문이다. 아내와 나의 삶과 사랑도 무한이 그려낸 작은 무늬이다. 사막은 내게 그렇게 일러주고 있었다.

모래 위에 쓴 것들이 금세 무너져 내리지 않을까 근심하며 아내를 향해 발걸음을 재촉했다. 그때 나는 알았다. 내게는 페스를 거쳐 탕헤르로 돌아가 다시 한번 카스바를 돌아다니고 이튿날 지브롤터해협을 건넌다는 '여정'이 남았지만, 나의 모로코 '여행'은 아내의 이름을 모래 위에 커다랗게 쓰던 그때 종착지에 이르렀음을…

이미지 출처

김종엽　177, 189, 287, 293, 295, 296, 299, 300, 303(아래), 311, 313, 318, 323, 330, 333, 341(오른쪽), 359, 361, 423, 445, 448, 464, 466, 468, 469, 473, 481, 487, 488, 491, 492, 511, 517, 519, 522, 528, 585, 593, 595, 596, 597, 601, 605, 606, 609, 611, 613, 614, 620, 621, 627, 649, 671, 674, 675, 686, 695, 698, 699, 708, 711, 712, 720, 721, 723

뉴욕 MoMA　248, 249, 250

레이나소피아 국립미술관　224, 239

말라가 피카소 미술관　553

바르셀로나 피카소 미술관　243, 551

세비야 미술관　588, 624, 634, 635, 651

톨레도대성당　422

티센보르네미사 미술관　185

프라도 미술관　347, 372, 378, 386, 432, 502, 628, 629, 632

한국저작권위원회　402, 403, 415, 416, 429

Alexey Komissarov(pexel)　282

Alya Abourezk　461

©Anselm Kiefer　477(The Doris and Donald Fisher Collection at the San Francisco Museum of Modern Art), 480(Guggenheim Bilbao Museoa)

commons.wikimedia.org　25, 31, 32, 51, 52, 53, 57, 66, 74, 77, 92, 107, 112, 114, 116, 118, 119, 121, 122, 123, 125, 128, 129, 134, 137, 138, 144, 145, 148, 149, 150,

153, 155, 156, 161, 163, 165, 167, 171, 173, 175, 179, 192, 221, 231, 278, 301,
303(위), 305, 329, 334, 336, 341(왼쪽), 358, 398, 401, 416, 418, 424, 425, 447, 493,
495, 497, 499, 504, 520, 525, 531, 537, 539, 544, 546, 547, 571, 588, 589, 617,
692, 701

Daniel Schwabe(flickr)　425

©Hugo P. Herdeg　194

Humanite.fr　215

labeillefrancaise.net　340

Marko Kudjerski(flickr)　193

Joel Snyder　42

rarehistoricalphotos.com　220, 222

Raychenon(flickr)　38

Samuel Ludwig(flickr)　317

일러스트: 한승민　205, 365, 366

* 이 책에 수록된 사진은 대부분 저작권자의 사용 허가를 받았으나, 일부 저작권자를 찾
　지 못한 경우는 확인되는 대로 허가 절차를 밟겠습니다.

인명 찾아보기

보르본, 마리아 루이사 데(María Luisa de Borbón) 135

보르본, 마리아 테레사 호세파 데(María Teresa Josefa de Borbón) 126, 127 → 친촌 백작부인

보르본-파르마, 루이스 데(Don Luis de Borbón-Parma) 135

보마르셰, 피에르(Pierre Beaumarchais) 638, 646

보스, 히에로니무스(Hieronymus Bosch) 568, 570

보스코, 리카르도 벨라스케스(Ricardo Velázquez Bosco) 187

보카베야, 호세 마리아(José María Bocabella) 343, 350

보케리니, 루이지(Luigi Boccherini) 126

본디니, 파스콸레(Pasquale Bondini) 639

부뉴엘, 루이스(Luis Buñuel) 228, 557

부르디외, 피에르(Pierre Bourdieu) 626, 683, 684

부르주아, 루이즈(Louise Bourgeois) 463, 464

부셰, 프랑수아(François Boucher) 115

뷔랑, 다니엘(Daniel Buren) 446, 506, 521~23

뷔퐁, 조르주-루이 르클레르 드(Georges-Louis Leclerc de Buffon) 27

브라운, 조너선(Jonathan Brown) 44, 47, 48, 73, 385, 404

브라크, 조르주(Georges Braque) 233, 251, 529

브레이트너르, 헤오르허(George H. Breitner) 548

브로델, 페르낭(Fernand Braudel) 382, 383, 386, 387, 392, 518, 594

브루넬레스키, 필리포(Filippo Brunelleschi) 41

브뤼헐, 피터르(Pieter Brueghel) 568

브르통, 앙드레(André Breton) 556~59, 565

블란차르드, 마리아(María Blanchard) 529, 535, 536, 538~40

블랑코, 루이스 카레로(Luis Carrero Blanco) 450

블룸, 레옹(Léon Blum) 218

비기, 자코모(Giacomo Vighi) 76, 77

비야르, 프란시스코 데 파울라 델(Francisco de Paula del Villar) 327, 328, 359

비예가스, 호세(José Villegas) 622~26

비오 5세(Pius PP. V) 383, 384

비오 9세(Pius PP. IX) 348~50, 408

비오 12세(Pius PP. XII) 223, 350, 408

비제, 조르주(Georges Bizet) 369, 638, 648, 652~54, 657

빌라-그라우, 조안(Joan Vila-Grau) 334, 338, 339

빌바오, 곤살로(Gonzalo Bilbao) 623, 650, 651

빙켈만, 요한 요아힘(Johann Joachim Winckelmann) 167